十年集

东亚汉学研究学会

主　编

李继凯
杨晓安
江淑君

东亚汉学研究学会历届年会影集

2010年7月，东亚汉学回顾与展望国际研讨会在长崎召开

2011年6月，第二届东亚汉学研讨会在西安召开

2012年4月，东亚汉学研究学会第三届国际学术会议在真理大学召开

2013年9月，东亚汉学研究学会第四届国际学术会议在厦门召开（闭幕式）

2014 年 5 月，东亚汉学研究学会第五届学术年会在中国传媒大学召开

2015 年 5 月，东亚汉学研究学会第六届学术年会在澳门召开

2016 年 4 月，东亚汉学研究学会第七届学术年会在淡江召开

2017 年 4 月，东亚汉学研究学会第八届学术年会在台中召开

2018 年 9 月，东亚汉学研究学会第九届学术年会在北海道大学召开（分会场）

2019 年 11 月，东亚汉学研究学会第十届国际学术研讨会在名古屋召开

东亚汉学研究学会历任会长简介

连清吉 | 第一任会长
长崎大学

1955年生于台湾苗栗县。1975年就读淡江文理学院中文系，1979年进东海大学中文研究所，1987年留学日本九州大学中国哲学研究室，1995年取得博士学位。1998年任教长崎大学环境学院，现任长崎大学多文化社会学院教授。

陈学超 | 第二任会长
陕西师范大学

文学博士，教授、博士生导师。现为陕西师范大学人文社会科学高等研究院、加拿大汉语教学学会学术顾问，国务院侨办专家委员会委员。曾任陕西师范大学国际汉学院院长，任北京师范大学、中山大学、苏州大学、华侨大学、台湾中原大学等高校客座教授，并兼任中国现代文学研究会理事、国际汉语教育学会理事。1993年被国务院授予有突出贡献专家称号并享受特殊津贴。其主要研究领域为中国现代文学、国际汉学、跨文化交际及汉语国际教育等。著有《中国现代文学思潮史》(合著)、《认同与嬗变——中国现代典型理论发展史通论》、《现代文学思想鉴识》等，在国内外发表论文百余篇。

周彦文 | 第三任会长 淡江大学

1955年生于台湾台中市，祖籍浙江省平湖县。东海大学中国文学系学士、中国文学研究所硕士，东吴大学中国文学博士。博士期间，在实践大学、铭传大学共同科任教；1987年转至淡江大学中国文学系任教，2017年退休，获淡江大学荣誉教授衔。曾任"东亚汉学研究学会"台湾分会副会长、会长，现为荣誉会长。著有《中国目录学理论》《中国文献学理论》《中国文学史年表》等。1995年起在淡江大学设置"田野调查研究室"，长期追踪记录淡水地区的历史发展及文化变迁，前后共22年，出版《淡水生活风情》一册、《淡水人物志》五册、《淡水立体方志》纪录片八部。

杨晓安 | 第四任会长
长崎大学

1959年生于陕西安康，祖籍陕西城固。1978年考入汉中师范学院（现陕西理工大学）中文系，毕业后任陕西工学院附中教师。1984年考入西北大学研究生，攻读现代汉语专业。1987年硕士毕业后留西北大学中文系任教。1994年3月赴日本国立福井大学任教。1999年赴日本北海道，任北海道文教大学外国语学部和研究科教授。其间在南开大学文学院读博，从事语言学与应用语言学研究，2003年获博士学位。2006年南下九州，任日本国立长崎大学语言教育研究中心教授和多文化社会学院教授。多年以来一直致力于实验语言学研究，重点为日汉语音与语义、语法之关系的比较研究。著有专著四本、合著六本、教材八本及论文六十余篇。

李继凯 | 第五任会长　陕西师范大学

1957年生于江苏睢宁，祖籍江苏宿迁。文学博士，教授、博士生导师。现任师范大学人文社会科学高等研究院院长，兼任中国鲁迅研究会副会长、中国茅盾研究会副会长、加拿大《文化中国学刊》中方主编等。主要从事现代文学与文化、现代文人与书法文化等方面的研究。著作有《全人视境中的观照——鲁迅也矛盾比较论》《20世纪中国文学的文化创造》《秦地小说与"三秦文化"》《墨舞之中见精神》等十余部。在《中国社会科学》（中、英文版）、《文学评论》、《文艺研究》、《中国现代文学研究丛刊》等期刊上发表论文二百余篇。主持和参与国家社科基金重大项目、国家重点出版项目等多项。获教育部、陕西省等省部级科研奖一等奖、二等奖多项。

东亚汉学研究学会会刊及
"青年学者奖"奖杯、证书

东亚汉学研究学会会刊
《东亚汉学研究》1—9号及特别号书影

东亚汉学研究"青年学者奖"奖杯 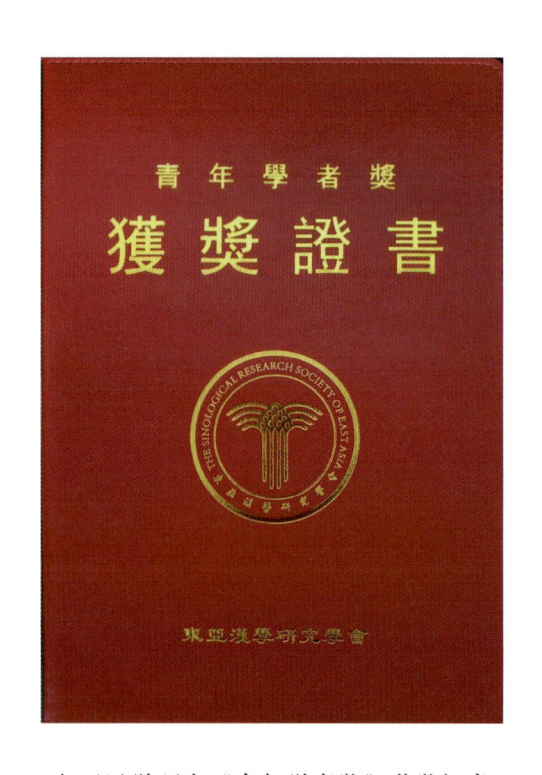　　　东亚汉学研究"青年学者奖"获奖证书

十年集

东亚汉学研究学会

主编

李继凯
杨晓安
江淑君

陕西师范大学出版总社

图书代号：WX20N1961

图书在版编目(CIP)数据

东亚汉学研究学会十年集／李继凯，杨晓安，江淑君主编. —西安：陕西师范大学出版总社有限公司，2020.10
 ISBN 978-7-5695-1874-0

Ⅰ.①东… Ⅱ.①李… ②杨… ③江… Ⅲ.①汉学—东亚—文集 Ⅳ.①K207.8-53

中国版本图书馆CIP数据核字(2020)第189078号

东亚汉学研究学会十年集
DONGYA HANXUE YANJIU XUEHUI SHI NIAN JI
李继凯 杨晓安 江淑君 主编

责任编辑	张旭升 雷亚妮 刘存龙
责任校对	杨 杰
封面设计	李 琳
出版发行	陕西师范大学出版总社
	(西安市长安南路199号 邮编 710062)
网　　址	http://www.snupg.com
印　　刷	陕西龙山海天艺术印务有限公司
开　　本	787mm×1092mm 1/16
印　　张	32.5
插　　页	12
字　　数	670千
版　　次	2020年10月第1版
印　　次	2020年10月第1次印刷
书　　号	ISBN 978-7-5695-1874-0
定　　价	128.00元

读者购书、书店添货或发现印刷装订问题，影响阅读，请与营销部联系、调换。
电话：(029)85307864　85303635　传真：(029)85303879

序 一
天干周始以开风雨名山之端绪

  友朋之乐在于来自远方,而可以共学适道与权变,至于和而不同的莫逆于心,则是悦乐的泉源。"东亚汉学研究学会"的成立,倡议于 2010 年 7 月"长崎中国学会"会后的伊王岛夜宴。酒酣耳热的诗赋吟咏,逸闻趣事的传颂,是文人的雅兴。而夜光嶙峋,壮言斯文开展的宏观巨构,则是儒生传承文化慧命的历史情怀。李继凯教授以为"长崎"虽是传播中华文化的摇篮,近世东西经贸的港市,而僻处东瀛西海的角隅。"中国学"固然渊源悠久,涵蕴赅博,然就文化符号而言,"汉学"更能朗现汉字儒雅流芳广播的幽微。"长崎中国学会"是同学文会的萌芽,"东亚汉学研究学会"则有广披流传的含义。

  "一会一地",在日、韩,以及中国内地、香港和台湾地区循环举办,历观汉字文化圈的分殊,纵横东亚螺旋循环的视域。义理、辞章、考据并赅,古典与新学兼容,国学、日本汉学、韩国汉学具存,以探索儒学文化圈的精微,而演绎东亚汉学的英华。

  "一期一刊"是杨晓安教授传承文化的执着所在。学会召开之际,人手一册付梓的论文集,俾质疑论辩,通塞解碍。苦心运作期刊于学会网页的登载,可资浏览,检寻斯文赓继发展的轨迹。年度期刊既收录庠序教师的论文,也录用博士生的研究成果,又设置"青年学者奖",以提携后进,广开立言途径。

  十年来,既有年刊,又有特集的发行,收录的论文凡四五百篇。李继凯会长欲抽绎十分之一,汇集成册,或叙学会于东亚时空之万里纪行,或存旧雨新知之交会,彰问学适道之盛事,而显存异谐调之和乐。盖有以第一个十年为起点,转益永续,又师法前贤,以文会相知,而维系斯文,成就名山事业之微意。吾心亦戚戚共感。

连清吉

庚子五月于长崎

序 二

筚路蓝缕，十年有成

十周年了，学会在台湾分区的会员从只有我一个人，到目前为止，正式提出完整个人资料申请入会者，已经增加到174人。

这个数字在外人看来实在是微不足道的，但是在台湾的文史哲学界来说，却是一件十分特殊且别具意义的事。

学会采会员制，一位学者是否为东亚汉学研究学会的会员，是个泾渭分明的事。在台湾若要成立一个学会，依规定要有至少30位发起会员才能成立。但是成立以后，到底谁是会员谁不是会员，往往是没法分辨清楚的。所以通常一个学会成立以后，大家只知道这个学会是属于那一个学术领域，但是参与的学界人士有什么群体属性，就没法厘清了。

台湾分区的174名会员，最特殊的共同属性，就是年龄层的分布。会员中绝大多数都是"70年"以后出生的青年学者。也就是说，大多是四十多岁的年纪，以及少数五十多岁的学者，而年纪最大的就是我。或许在别的学科领域，尤其是尖端科技之类的，四十多岁已经是老前辈了。但在文科，四十多岁往往是刚站上学术舞台的新进人员。其中有部分会员，甚至是还没找到专职的兼任教师，或者是还没毕业的博士生。这个属性的特殊性，在于台湾分区的会员绝大多数都是处在全力向前冲刺的时期，他们正在努力发展学术，建立自己的学术成就，也为他们所属的学术领域开创新局。

台湾分区在每次开年会时，都有审查制度。由于会员人数远远超过能在年会中发表论文的名额，所以我们制定了很严格的审查制度。如果投稿超过时限，或是格式不合要求，甚至总字数超过了规定的一万字，哪怕超过的字数只是个位数字，都会被直接退稿，连第一关都过不了。接下来就是第二关双向匿名的审查。我们把来稿删去姓名，分交给各个不同领域的资深会员，或是与会长、副会长有交情的学者，请他们义务帮忙审稿，从中挑选出该年额度的篇数。审查的结果会分别通知投稿的会员，但是不会公布审查者是谁。这种双向匿名审查制，确保阻绝了关说包庇的学术门阀恶习。所以，每年参与年会的论文，虽然不能说是台湾最好的，但是一定是该年度会员稿件中最优秀的。

这种会员制的学会，无疑使我们的论文集没法进入台湾的核心期刊之列。除了只能在有限条件下接受投稿之外，我们的论文集出版地是日本，这使我们在台湾的论文期刊评比中只能被边缘化。这个情形，所有入会的会员都心知肚明，但是每年来投稿的会员人数依然众多，有一年论文的淘汰率甚至接近百分之六十。再者，某些大学或是学术机构，并不接受我们的论文集，会员们的论文入选，并不能让他们在升等或评鉴上加分加点。也就是说，许多会员在争取到发表权后，自费前往参加会议，其实是没有任何实质上的利益的。

　　在当今一切量化、随处评比的恶劣学术环境中，台湾分区会员们争取发表论文，事实上彰显了一个很纯粹的现象，就是摆脱功利，回归到在学术领域中交游共心、增长见闻的初心。大家公平竞争后欢喜参与，发表会场上与任何名利都无关，所以许多会员因为这个学会结成了真心的好友，也远距结交了不少异域学友。

　　回顾这一切，都得由衷地感谢东亚汉学研究学会。只有这个学会，允许我们依照自己的理想去建构台湾分区的制度；学会推行青年学者奖以及博士生论坛，也与台湾分区会员年轻化相互共鸣。举行年会时，学会不但不会有任何经费补助，反而要求与会的会员要缴纳费用；而且登入论文集，并不一定有实质的利益，这都去除了会员们的名利心。但是一年一地，不限会议主题的模式，却深深吸引会员们以荣誉、喜乐的心情积极参与。

　　感谢陕西师范大学、西北大学、长崎大学诸位一起戮力成事的先生，以及台湾分区江副会长的接力努力，使得学会十年有成。十年并非只是一个数字而已，它在学术传承的意义上，是无与伦比的。

周彦文

2020年5月30日于台北

目 录

— 十年遴选文集 —

中国现当代作家论书法文化 ……………………………………… 李继凯 / 002
老子之学非独任虚无——以薛蕙《老子集解》为观察之核心 ……… 江淑君 / 016
近现代华北村落中的宗族与村政 ………………………………… 祁建民 / 026
吉川幸次郎的《论语》研究 ……………………………………… 吴 鹏 / 035
文献研究的时序 …………………………………………………… 周彦文 / 045
宫崎市定的东洋近世论——宋代是中国文艺复兴时代 …………… 连清吉 / 053
《史记·楚世家》与新出清华简《楚居》篇王名校读 ……………… 张连航 / 062
疑问句类型辨别的韵律特征 ……………………………………… 杨晓安 / 075
论元杂剧的本色派 ………………………………………………… 贾三强 / 088
态势语在对外汉语教学中的作用与运用策略 …………………… 刘 惠 / 099
从言意之辨到语义解构——对钱锺书"字名论"的阐释 …………… 方环海 / 103
赖际熙的港大岁月 ………………………………………………… 方 骏 / 111
论皮锡瑞（1850—1908）的经学正统观 …………………………… 宋惠如 / 121
唐通事与日本近代汉语教育 ……………………………………… 高 芳 / 131
王国维超功利的文学观 …………………………………………… 陈学超 / 143
从小说到电影叙事视角的改变——以《风声》为例 ……………… 黄淑贞 / 153
白居易的科考及科举观 …………………………………………… 付兴林 / 164
释性通《南华发覆》解庄系统初探：以"心性""真宰"为解读进路 … 李懿纯 / 179
女子弄文——论张漱菡50年代的女性教育小说 ………………… 戴华萱 / 188
中国西北地区戏曲歌谣语言文化研究概述 ……………………… 赵学清 / 197
新疆佛教石窟燃灯佛授记图像初探 ……………………………… 李幸玲 / 204

论民族语的口语 ······ 侍建国 / 213
论朱淑真之民俗词 ······ 金贤珠 李秀珍 / 222
殖民语境裂痕与"满映"娱民片的复杂装置及认识视角 ······ 逄增玉 / 228
新文学初期上海城市现代性表达中的日本因素 ······ 张鸿声 / 237
新世纪台湾现代小说中的"被侮辱与被损害的"——以胡淑雯、黄丽群、徐誉诚的代表作为例
······ 黄文倩 / 247
《论语》内外的时空考论 ······ 杨义 / 255
为历史而烦——《白鹿原》的乡土生命哲学及其叙事价值 ······ 段建军 / 270
路遥作品在日本的传播 ······ 梁向阳 丁亚琴 / 280
汉水流域三国戏中的曹操故事与曹操形象 ······ 王建科 / 288
西周金文字体演变三例 ······ 王帅 / 296
《水浒传》三写元宵节的叙事意义 ······ 林伟淑 / 307
论晚清幻想小说中的疾病意象 ······ 冯鸽 / 316
《总目》的历史图像构成分析——以"苏轼"为个案 ······ 赖位政 / 324
二里头文化及其同时期陶器文字性符号研究 ······ 王晖 高芳 / 334
"明清乐"在长崎的传播与变迁 ······ 王维 / 344
宋代士人古琴论述与"直溯三代"理想析探 ······ 郭玲妦 / 354
文津阁《四库全书》复印件所载誊录生员信息 ······ 黄明理 / 366
政治美学的两张面孔——论"翻身"叙事中文学与图像的互文性 ······ 李跃力 / 379
情为何物——从"白石有格而无情"看《人间词话》所论之"情" ······ 许嘉玮 / 389
古文"字"字形义构建解析 ······ 吕亚虎 / 399
汉日并列结构顺序的制约因素 ······ 雷桂林 / 409
小说研究的"内"与"外"——评小南一郎《唐代传奇小说论》 ······ 李彦姝 / 423
隐匿的太伯：六朝吴地太伯庙考察 ······ 何维刚 / 430

— 蓦然回首 卷首语小集 —

东亚汉学回顾与展望·发刊词 ······ 连清吉 / 440
东亚汉学研究（创刊号）·卷首语 ······ 陈学超 / 441
东亚汉学研究（第2号）·卷首语 ······ 戴华萱 / 442
东亚汉学研究（第3号）·卷首语 ······ 郑通涛 / 443
东亚汉学研究（第4号）·卷首语 ······ 逄增玉 / 444
东亚汉学研究（第5号）·卷首语 ······ 侍建国 / 446
东亚汉学研究（第6号）·卷首语 ······ 周彦文 / 447

东亚汉学研究(第7号)·卷首语 ……………………………………… 黄淑贞 / 449
东亚汉学研究(第8号)·卷首语 ……………………………………… 连清吉 / 451
东亚汉学研究(第9号)·卷首语 ……………………………………… 李继凯 / 452
东亚汉学研究(2013年特别号)·卷首语 …………………………… 贾三强 / 453
东亚汉学研究(2014年特别号)·卷首语 …………………………… 连清吉 / 454
东亚汉学研究(2016年特别号)·卷首语(一) ……………………… 段建军 / 455
东亚汉学研究(2016年特别号)·卷首语(二) ……………………… 连清吉 / 456
东亚汉学研究(2017年特别号)·卷首语(一) ……………………… 付兴林 / 457
东亚汉学研究(2017年特别号)·卷首语(二) ……………………… 曾守正 / 459
东亚汉学研究(2018年特别号)·卷首语 …………………………… 连清吉 / 460
东亚汉学研究(2019年特别号)·卷首语 …………………………… 陈学超 / 461

— 附　　录 —

附录一　东亚汉学研究学会章程 ………………………………………………… / 464
附录二　《东亚汉学研究》编委会 ………………………………………………… / 466
附录三　东亚汉学研究学会历任理事会名单 …………………………………… / 467
附录四　东亚汉学研究学会历届青年学者奖获奖名单 ………………………… / 472
附录五　东亚汉学研究学会会刊《东亚汉学研究》十年总目 …………………… / 474

跋:十年艰辛不寻常 ……………………………………………………… 陈学超 / 509

十年遴选文集

中国现当代作家论书法文化

陕西师范大学 李继凯

如果将"中国现当代作家"并不局限于"新文学"或"白话文学"范畴,且能够理解"作家与书家"通常具有的复合性身份或文化角色①,同时也能够将古今中外会通视为近代以来中国文化、文学发展的"常规"或"新国学"建构的"常态",那么就会以学者的理性和宽容的心态面对文化史、文学史上的诸多纷争,摆脱二元对立思维模式及机械的进化论文化观的束缚,从而将新旧人物和文学加以通观,继续拓展现当代文学研究的文化空间,深入探讨传统文化包括书法文化的传承、创化与现当代作家的关联,并给出恰如其分的评断。长期以来,无论是现当代文学研究还是书法研究大都忽视了作家与书法文化这一课题的研究,从作家或文学的角度切入书法世界的探讨也较为浅表,而对现当代作家书法文化观的忽视则更加严重,在书学研究方面也是一个非常薄弱的环节。因此,笔者认为理应对此有所纠正,对相关问题展开一系列研究。本文即拟就中国现当代作家对书法文化进行的多方面思考和研究性贡献进行一些梳理,同时对存在的若干问题也进行初步的揭示和分析。

一、现当代作家的书法美学观及价值观

我们知道,对中国近代以来的文学发展有重大影响的康有为、梁启超,其诗文创作可谓相当宏富,书法创作也成绩显赫,此二子的文化创造和传奇人生为后人留下了很多话题。事实上,他们在书法理论方面的造诣也达到了很高的层次。如康有为的《广艺舟双楫》堪称中国书学史上标志性的理论专著,体现了清末民初时期书法理论的最高水平;梁启超的《书法指导》等著述对书法美学的初探饱含激情,诸多言论都颇为精彩并具有持久

---

① 如果从大历史、大艺术的角度进行考察,作家(包括文学批评家)与书家的复合确是一个非常值得关注的现象。作家原本就是书法家的"底色",而从广义看取作家,更可以将作家与书家的舞文弄墨都视为"文本化"的文化创造行为。许多作家对书法不仅有爱好和兴趣,而且有追求有成就;许多书家对文学亦可谓修养甚深且常常是"有诗为证",如将书家的诗文集汇总起来,堪称洋洋大观甚至应该进入文学史或独立成史的;自然也有兼善诗文和书法并皆有杰出成就者。因此本文关于"作家"的视野或理解较宽,并将复合的作家与书家所包括的作家书家型、书家作家型和双美兼备型等三个类型都纳入了考察范围。

的理论魅力;五四新文学先驱者之一的著名诗人与书法家沈尹默,诗书同辉,其对书法技巧特别是"执笔五字法"的缜密探索,引起了世人对书法技巧和功底的高度重视,意义非常深远。至于郭沫若的古文字及其书法研究、林语堂的书法评述、于右任的草书研究、马叙伦的随笔《石屋余沈》、朱光潜的《艺文杂谈》、丰子恺的《艺术三昧》等,大都可以视为可圈可点的书论成果。其中亦多有对书法文化的美学特征和价值的认定(也包括对书法娱乐、消闲等审美因素的恰当肯定),以此对抗和消解20世纪不绝如缕的"书法死亡论"的负面影响。

从西方美学角度研究中国书法的理论自觉起自蔡元培的"美育代宗教"思想,宗白华、林语堂、朱光潜等人继之,而埋头考究书法技巧者却常常缺乏这种宏观的理论思考。所以有学者指出:"与传统的书史、书录、书评、书体等研究相比,书法美学崛起的第一个标志,即是强化书法研究的思辨性……书法美学的发展已成为当务之急。不从一个美学的立场对书法进行整体观照,书法家们还是懵懵懂懂地身处其中执迷不悟,书法也还是写字而不是视觉艺术形式。"[1]作家们从事诗文创作关注的是文本的美学特征,习惯上所形成的心理定式使然,其对书法也自然会抱有求美审美的心态。比如,作为一个"脚踏东西文化"的作家、学者,林语堂非常关注东西方审美文化,也非常善于进行中外文化交流或跨文化对话,他精通如何对外国人讲述中国文化,对中国人讲述外国文化,其中也包括书法文化。在他的心目中,源远流长的中国书法文化带有"文化原型"的意味,是"源文化"。在审美意识形成方面也是如此。他看重中国人几千年逐渐形成的"生活的艺术",他赞赏"吾国与吾民"的关切幸福问题胜于物质进取问题的精神取向。他认为由此可以寻求精神的自足,包括从书画艺术中寻求精神补偿和审美乐趣。他的"中国心"使他丝毫没有民族文化虚无主义的文化自卑,对中国艺术精神推崇备至,而他的世界文化视野又使他能够欣赏不同的民族文化个性,从而试图寻求积极的跨文化对话与互补。他会通中西的通达和智慧使他乐于"与古为邻",更容易亲近具有诗意的古人和具有古意的书法。当然,林语堂也喜欢接触西方文化,从语言到艺术,修养也相当深厚。如今学界已经公认林语堂是一个拥有世界眼光且修养深厚的现代知识分子,是一个通才且努力于文化创造的大气磅礴的现代中国学者。从文学角度看他是一个成就显赫的作家,从书法思想史角度看,他也是现代书学丛林中的翘楚。尽管他本人的书法艺术造诣未必能够获得普遍承认,但他的书学思想却获得了相当普遍的推崇。如中国第一部《民国书法史》作者孙洵在评介"民国时期书法研究的发展"时说:"林语堂的研究,独领一代风骚。"且认定"他的论书观念最为新颖",认为林语堂的两本代表论著《中国人》和《苏东坡传》"比较深刻地涉及到书法艺术"。[2] 其实,林语堂在《生活的艺术》和《中国人的生活智慧》等著作中也都比较深刻地论及书法文化。综合来看,林语堂的书法美学思想多为人们称道,其中最主要的观点体现在这样几个方面:其一,比较

---

[1] 陈振濂:《中国现代书法史》,河南美术出版社2009年版,第139—140页。
[2] 孙洵:《民国书法史》,江苏教育出版社1998年版,第133页。

文化研究方法对审美文化包括中国书法文化研究具有重要意义,进入现代就应该摆脱宗祖式、诠经式研究方法而自觉从世界文化视野中审视书法文化,甚至也要努力打破学科界限、突破时空壁垒从而进入跨文化对话的语境中,才能获得对中国书法艺术文化的"通识"。他指出:"中国书法在世界艺术史上的地位实在是十分独特的。毛笔使用起来比钢笔更为精妙,更为敏感。由于毛笔的使用,书法便获得了与绘画平起平坐的真正的艺术地位……书法标准与绘画标准一样严格,书法家高深的艺术造诣远非凡夫俗子所能企及,如同其他领域的情形一样。"[1]其二,林语堂认为西方艺术总是到女性人体那里寻求最理想、最完美的韵律,把女性当作灵感的来源,而中国人对韵律的崇拜却是从书法艺术中发展起来的,书法代表的韵律是最为抽象的原则,他认为书法是抽象艺术,可以把中国书法当作一种抽象画来解释其特性,它是抽象的构图和自然的律动。[2] 其中,通过"师法自然"的美学原则,则可以深入领会主导性的中国艺术精神。其三,书法提供给中国人以基本的美学和美感形式,书法常用的诸多术语如平衡、匀称、虚实、对比、呼应等构成了中华民族美学观念的基础。林语堂曾多次强调他的这种书法文化观。他认定通过书法可以训练国人对各种美质的欣赏力,如线条上的刚劲、流畅、蕴蓄、迅捷、优雅、雄壮、谨严与洒脱,在形式上的和谐、匀称、对比、平衡、长短、紧密,有时甚至是懒懒散散或参差不齐的美。也正是在艺术发生学的意义上,林语堂认为,书法艺术给美学欣赏提供了一整套术语,我们可以把这些术语所代表的观念看作中华民族美学观念的基础。据此,他还向西方人士告白:"我觉得中国人不会放弃他们传统的书写方式,因为这与中国文化和书法韵味深厚的美感联系在一起,书法作为一门艺术可以与绘画相媲美并与绘画唇齿相依。"[3]其四,从传统书法的文化价值和审美价值判断上,林语堂强调"中国的书写对中国文化产生了历史性的影响。书写成为统一中国的重要手段"。[4] "也许只有在书法上,我们才能够看到中国人艺术心灵的极致"[5],因此他格外强调只有懂得中国书法及其艺术灵感,才能领略中国的艺术奥妙。从林语堂的这些观点或启示性思路中,可以看出他是从发生学的意义上指出了中国书法在中国文化特别是审美文化中的核心价值,同时也指出了书法美学对中国作家思维特征的渗透性影响。值得注意的还有,林语堂曾从书法文化而非纯粹的书法艺术的角度,充分肯定了胡适所领导的"汉字书写的革命",他认为这是"一次最重要的革命",从而使得"书写汉字更容易"。他甚至还高明地指出中国传统书写方式"对中国来说是一把双刃剑……这种追求漂亮书法的练习消耗了难以估量的时间。它也限制了文化在民众中普及。读写

---

[1] 林语堂:《中国人》,浙江人民出版社1988年版,第257页。
[2] 林语堂于1936年发表的这个观点对最近二十年多来的中国"现代派"书法也产生了重要影响。参见刘灿铭:《中国现代书法史》,南京大学出版社2010年版,第200页。
[3] 林语堂:《中国人的生活智慧》,杨平译,陕西师范大学出版社2005年版,第61—62页。
[4] 林语堂:《中国人的生活智慧》,杨平译,陕西师范大学出版社2005年版,第59页。
[5] 林语堂:《中国人》,浙江人民出版社1988年版,第258页。

能力成为知识阶层的特权。"①由此可以看出林氏的辩证思维以及受到革命文化影响的痕迹，同时从中也可以领略林语堂书法文化思想的丰富及其重要意义。

与林语堂强调书法与绘画等艺术的关系密切且地位独特的思路相类似，早年著有诗集《流云小诗》的著名诗人、美学家宗白华也指出："中国的书法本是一种类似音乐或舞蹈的节奏艺术。它具有形线之美，有感情与人格的表现……中国音乐衰落，而书法却代替了它成为一种表达最高意境与情操的民族艺术。"②宗白华还认为，中国人写的字，能够成为艺术品，有两个主要因素：一是由于中国字的起始是象形的，二是中国人用的笔。由此他还特别指出"中国字若写得好，用笔得法，就成功一个有生命有空间立体味的艺术品"，就会化为一脉生命之流、一回舞蹈、一曲音乐。③ 这种书法美学思想在他于20世纪60年代撰写的专题论文《中国书法里的美学思想》以及30年代撰写的《笔法之妙》等"编辑后语"中，则有更为专业化的分析。不过，无论其对笔法书艺分析多么细致，字里行间都仍渗透了他在五四新文学运动高潮时期即形成的"生命文艺观"。有学者据此指出了宗白华书法美学观的特色："把书法与音乐、舞蹈、建筑相比，是一种艺术门类学的审视立场；强调书法形式中的文字媒介具有生命的'空间单位'的特征，是洞察书法视觉美的点睛之笔；而指出书法线条的构成是非静态的、有节奏趋势的，则更是牵涉到书法空间背后包含时间规定的深层美学性格。"④从宗白华的书法美学思想中，我们可以看出他对书法内容与形式的丰富性确实非常重视，即使论述绘画与诗歌，也常以书法作为典型论据，由此暗示或体现出书法作为一种"综合艺术"的审美倾向。事实上，书法作为艺术文化往往可以将线条之美与诗书、哲语、篆刻、装帧等熔于一炉，有荟萃之美和复合效应，从而体现出中国人对艺术美的追求和创造思维的精妙。此外，宗白华也格外强调书法艺术要"有感情与人格的表现"，笔力或风骨作为书法家内心力量的外化，要求"笔墨落纸有力、突出，从内部发挥一种力量，虽不讲透视却可以有立体感，对我们产生一种感动力量"。⑤ 一般说来，作家们的书法功底总体看较之于专业书法家当是相对的弱项，但其"内在力量"即文化素养的深厚、情感意象的丰富以及所谓书卷气等，却往往会显现出某种优势，并对其书法研究也颇有帮助。因为在他们看来，书法和文学一样也要受到创作主体的价值观念和审美理想的影响。而在艺术审美范畴，作家书法与文学的关系较之于专业书法家通常会建立更为紧密的关系。诗文、对联、妙语不仅是作家书法中最重要的表现内容，而且作家会更率性更真挚更不拘

---

① 林语堂:《中国人的生活智慧》，杨平译，陕西师范大学出版社2005年版，第61、52—53页。
② 宗白华:《中西画法所表现的空间意识》，见金雅主编:《中国现代美学名家文丛·宗白华卷》，浙江大学出版社2009年版，第256页。
③ 宗白华:《中西画法所表现的空间意识》，见金雅主编:《中国现代美学名家文丛·宗白华卷》，浙江大学出版社2009年版，第257页。
④ 陈振濂:《中国现代书法史》，河南美术出版社2009年版，第141页。
⑤ 宗白华:《中国美学史中重要问题的初步探索》，见金雅主编:《中国现代美学名家文丛·宗白华卷》，浙江大学出版社2009年版，第171页。

形式地将情感内容外化到书法的情感线条符号中,将情意和线条融合为内外谐美的"意象"。不过,将书法与文学细加比较,应该说书法更注重形式美,文学更注重意蕴美,"双美"复合则更是韵味无穷。

对书法的价值认同在五四前后也仍有较为普遍的共识。如梁实秋1919年在清华求学期间就曾撰写《戏墨斋丛话》,表达了他初步形成的书法观:"我国字学,由来久矣。历代莫不尊崇。科举时代,尤为注重。近数年来,学子竞竞于西学,而所谓书法者,殆无问津者焉。呜呼谬矣。我国字学,美术之一也。文明日昌,美术岂有荒废之理。且我国习俗,字学常能代表一人之学问。字如涂鸦,望而知为斗筲之辈;行列整齐,常可断为饱学之士。至善书者,尤能受社会之欢迎。然则字学又为社会上之应酬品,当无疑义。由此观之,书虽小道,岂可忽哉!岂可忽哉!"①时为青年的梁实秋能发表这样的书法价值观,并对忽视书法的倾向以"呜呼谬矣"给予痛斥,确实难能可贵。而在此文中还能够见出他对执笔、习帖、书体、用腕、用墨、用纸、书风等的精到见解,虽然尚属感悟、体会性的书论,亦堪称是现代书学早期的一篇代表作,发出了类似于"救救孩子"的"救救书法"的呼声。五四以降,中国现代作家固然非常关注外来文化,甚至在"文化习语"和"文化磨合"的意义上进行了很多探索,奉行的是积极的"拿来主义",但他们却在灵魂深处仍然亲近或难以摆脱自己的文化传统,甚至在无意识中会抵抗着西方文化的宰制或文化殖民主义的压力,话语中仍会经常强调中国文化的独立自主和融合创新的可贵与必要。即使那些曾激烈抨击过传统文化惰性的作家,如鲁迅、郭沫若、闻一多等,也都曾由衷赞美中国传统文明的魅力。鲁迅早在1907年即曾撰文称中国文明"负令誉于史初,开文化之曙色",而且还"自具特异之光彩,近虽中衰,亦世稀有"。② 在上海书画社近年来出版的《二十世纪书法研究丛书》七册之一的《文化篇》③中,就收有梁启超的《论书法》、鲁迅的《论毛笔之类》、林语堂的《中国书法》、梁实秋的《书法》、台静农的《我与书艺》、沈从文的《谈写字》等多篇谈论书法文化的文章。这些文章从不同角度表达了现代作家的"书法观",尽管角度不同,却大都注意到了中国书法所具有的文化价值与审美价值。如梁启超从比较文化视野反思了中国传统的书法观,同时也强调书法应具"悲壮淋漓之笔"和"伟大高尚之理想",从中体现了他的"新民说"的精义;梁实秋也强调了书法与文人的休戚相关,同时表达了对中国书法前途的乐观:"或谓毛笔式微,善书者将要绝迹,我不这样悲观。……读书种子不绝,书法即不会中断。"而当代作家都梁在其长篇历史小说《荣宝斋》结尾借助人物之口,也表达了这种历史性可持续的美好愿景:"……我们首长说,荣宝斋是代表中国文化的一张名片,只要中国文化在,荣宝斋就会永远存在下去。"④

---

① 解志熙:《从"戏墨斋"少作到"雅舍"小品——梁实秋的几篇佚文及现代散文的知性问题》,载《新文学史料》2005年第2期。
② 鲁迅:《摩罗诗力说》,见鲁迅著:《鲁迅全集》(第1卷),人民文学出版社1981年版,第66页。
③ 上海书画出版社:《二十世纪书法研究丛书》,上海书画出版社2000年版。
④ 都梁:《荣宝斋》,长江文艺出版2008年版,第456页。

应该说，作家中的书法家们关于书法的思考和实践，对现代书学包括书法美学的发展也或多或少地贡献了自己的智慧，特别是对文人书法和书法文化提供了较为丰富的思想资源。笔者以为，中国书法作为一种文化现象，堪称是中华民族伟大的文化创造：中国逐渐创化和积累的"书法文化"以书法艺术为核心，建构了一个多学科交叉而又深邃宏大的文化场，与文字学、文艺学（诗学）、文化学、历史学等都有着密切关系。其实，稍加留意，也会发现一些现当代作家的文艺观与其书法观也有潜在的相通，并在其书法实践中体现了出来。如闻一多的诗书画印皆有较深造诣，其影响甚大的"三美"新格律诗学原则其实也在他本人的书法篆刻创作中，得到了很好的体现，也就是说闻一多的书法篆刻，也将韵律之美、绘画之美和建筑（结构）之美作为其自觉追求的美学目标。而他在论述书画关系的专文《字与画》①中所提出的诸多美学观点：字与画在历史上是愈走愈近，且经过了"装饰的"和"表现的"两个阶段；在表现的阶段书法则成为一种"纯表现的艺术"，并成了"画的理想"；与其说是"书画同源"，毋宁说是"异源同流"，字与画只是近亲等，至今也仍耐人寻味，也许可以不同意他的观点，却要承认他的一家之言。散文家和书画名家丰子恺也高度认同书法的美妙，他认为中国书法和东洋书道，有其特有的"优胜"之处，工具简便，应用广泛，且具有美感："创作与鉴赏的机会很多。写好字的人，在一张明信片，一个信壳，甚至账簿上的一笔账中，都作着灵巧的结构，表着美满的谐调。"即使在数分见方的金石小空间中，"布置，经营，钻研，创造一个完全无缺的具足的世界，是西洋人所不能梦见的幽境。"②此外，现当代许多作家如钱锺书、臧克家、骆宾基、周而复、汪曾祺、李英儒、刘亮程、贾平凹、马识途、余秋雨、熊召政、汪曾祺、张贤亮、赵丽宏、汪国真等作家都很喜爱书法，且都有或多或少的相关言论存世。如骆宾基曾高度关注"露天博物馆"和"书法文化山"泰山，为《泰山诗联集墨》写下令人动容的序言。其中写道："它为我们展现了历代著名诗人到达了这个圣境的非凡感受。诗词如此，书法也不例外。从中我们就可以体会到人类古今都有一个共同的追求——对于美的崇高境界的追求，这种追求精神是伟大的。它的伟大，就体现在'攀登者'的那种坚毅不息的步履间。"③诚哉，斯言。中国源远流长的文学和书法造就了巍峨的中国文化山，进入现当代时空的现代作家文人也仍须成为崇尚美的坚毅的攀登者。

二、现当代作家论说书法创作及体验

在许多人的印象中，作家书法是率性的，既对书法艺术性重视不够，也缺乏临池功底，对书法技巧较少修炼。这种印象自然并非全然没有根据，但事实上却忽视了部分作家对书法艺术包括书法技巧的重视和坚守，尤其是忽视了一些作家出身的书法家或复合型的

---

① 该文被选入《二十世纪书法研究丛书·品鉴评论篇》，上海书画出版社2008年版，第15—17页。
② 丰子恺：《人间情味》，北京大学出版社2010年版，第57页。
③ 安廷山：《泰山诗联集墨·序一》，山东友谊出版社1989年版。

作家兼书法家的文化名人对书法创作与理论方面的实际贡献。比如前述的先期以"五四"文学先驱和诗人名世的沈尹默[①]，就堪称是重视书法技巧的典型人物。尽管他自幼喜欢练习书法，但原来在书法技巧和创作方法上仍然存在着较为明显的问题，陈独秀在沈尹默25岁时曾当面夸奖他的诗歌，却对他的书法给予过"其俗在骨"之类的酷评，并对他产生了很大的精神刺激。兹后遂苦练书法，且多年坚持不懈，终成大家。[②]同时他也结合自己的书法学习和创作经验，非常注重对书法理论和书写技巧的研究，写出了《书法漫谈》《二王书法管窥——关于学习王字的经验谈》和《历代名家学书经验谈辑要释义》等论著，并结集为《学书有法：沈尹默讲书法》[③]行世。在此之前，沈尹默已有《书法论丛》等著述问世。[④]他的书学文章无论单独发表，还是结集出版，都对书法界特别是年轻学子产生了重要影响。

沈尹默格外重视书法之"法"，对其进行了相当全面的研究。尤其注重的是笔法、笔势和笔意。他认为中国书法的艺术性与柔软毛笔的巧妙使用和书家的才情修养等密切相关。笔法是写字点画用笔的方法，是人们在长期的写字过程中逐渐发现和积累而成的。笔法体现着书写的规律，只有遵循着它去做，其书法才有成就和发展的可能。值得注意的是，作为诗人的沈尹默，在他思考书法之法的过程中，却极其自然而又自觉地与文学创作规律联系了起来，体现了文学思维与书法思维的融会与沟通。他说："就旧体诗中的律诗来看，齐梁以来的诗人，把古代诗中读起来平仄声字配合得最为协调的句子，即是律句……选择出来，组织成为当时的新体诗，但还不能够像新体诗那样平仄相对，通体协调……所谓律诗之律，自有五言诗以来，就在它的本身中自在地存在着，经过了后人的发现采用，奉为规矩，因而旧体诗得到了一个新的发展。"[⑤]由诗歌的合律及诗歌史的深刻启示，沈尹默据此特别强调要对书法之"法"给予必要的尊重，认定"不懂得应用写字规律的人，就无法写好字"；他还特别强调了执笔法，并且经过反复比较研究选取了"执笔五字法"向大家推荐，还就此写了专门的文章给予详细的介绍，其细致入微的程度远过于古人。他坚持认为执笔要讲求指法，运笔则要讲求腕法。从用腕或运腕，他又讲到用臂和悬肘，讲到指实掌虚、肘腕并起、提按适宜等，由此可见沈尹默对笔法的介绍已经达到了权威专家的水平。同此，他对与笔法密切关联的笔势也给予过相当周详和深入浅出的介绍，对所谓

---

① 著名学者吴泰昌认为沈尹默的新诗写得好，"旧诗更好"，其新诗中也有旧诗的韵味。沈氏有自书精印的旧体诗词集《秋明室杂诗》等存世。1921年还曾应邀完成了《沈尹默书曼殊上人诗稿》，并附己作题诗二首，可以见出他在创作新诗时期也精于格律诗的书写。参见吴泰昌：《艺文轶话》，安徽人民出版社，第10、13页。笔者以为文学家的书画可入书画史、书画家的诗文可入文学史，在这方面还存在不少欠缺。"学科化"学者为了所谓纯粹，使很多史著失去了应有的丰富，留下了太多的遗憾。
② 鲁迅也曾对书法上颇为自得的钱玄同做过类似的评点，说他"议论虽多而高，字却俗媚入骨也"。
③ 沈尹默：《学书有法：沈尹默讲书法》，中华书局2006年版。
④ 沈尹默：《书法论丛》，上海教育出版社1979年版。沈尹默的书法理论著作，多发表于1949年以后，如《谈书法》（1952）、《书法漫谈》（1955）、《文学改革与书法兴废问题》（1957）、《学书丛话》（1958）、《答人问书法》（1960）、《和青年朋友们再谈书法》（1961）、《怎样练好使用毛笔字》（1962）、《历代名家学书经验谈辑要释义·上》（1963）、《二王法书管窥》（1964）等。
⑤ 沈尹默：《书法论丛》，上海教育出版社1979年版，第3—4页。

"笔笔中锋""永字八法"以及笔势与笔法的异同更是给予了审慎的辨析,将前人理解的混乱、混淆之处也予以辨明。在讲到笔意时,更在严谨的逻辑思维引导下,申明了诸多精彩的见解,如"要离开笔法和笔势去讲究笔意,是不可能的一件事情……三者都具备在一体中,才能称之为书法";"我国文字是从象形的图画发展起来的。象形记事的图画文字即取法于星云、山川、草木、兽蹄、鸟迹各种形象而成的。因此,字的造型虽然是在纸上,而它的神情、意趣,却与纸墨以外的自然环境中的一切动态,有自然相契合的妙用";"总起来说,是要用一套'心摹手追'的功夫。书学所关,不仅在临写玩味二事,更重要的是读书阅世";等等。作为"五四"文学先驱者、北京大学文科教师的沈尹默在此表现出循循善诱、诲人不倦的风范。著名学者郭绍虞、陈振濂等都对其书学价值给予了充分的肯定。如郭绍虞认为:沈尹默"善于吸收古人书法理论的长处,但又不受这些理论的束缚。无不学而又无不舍,他不论在艺术实践或书法理论方面总是一贯如此的。清季有碑学帖学之争,而他则兼收并蓄,学碑能不涉于僻,学帖能不流于俗。其于书论也是这样,对于古人的书论无不融会贯通,以丰富自己的营养,真能做到取其精华,去其糟粕"。① 应该承认,沈尹默确实非常看重书法传统的规范性要求,但他也并不是恪守成法的顽固派,这从他对郭沫若、谢无量等反对株守成法、敢于创新的书法实践所给予的诗意的赞肯中,也可以看出他的通达和包容。

在中国现当代文学史上具有重要影响的文人作家中,像诗人沈尹默化身为书法名家的确乎不多,但其学生启功则在诗书画诸方面狠下功夫,也达到了相当高的境界。他的100首《论书绝句》②就显示了他深厚的文学功底和丰富的书学思想,特别是他对书法之"法"的深刻思考和全力坚守,表现了他长期的定见。在他看来书法的技术确实非常重要,即使仅仅从基础的入门的意义上来理解,书法技术也有大楼基石的意义。尽管有人认为启功在技术层次似有"过剩"的倾向,在艺术层次却少有情感与变化,但他的书法个性毕竟卓然可见,其心性的放达和从容的精致使其书法人生依然流光溢彩。③ 其实,从沈尹默、启功身上也可以看出,能诗文、爱文学的主体素质对书法创作和研究都会产生深切而又重要的影响。无论文坛还是书坛,喜欢舞文弄墨者确实很多,其中固然有一些人缺乏书法修养却又喜欢随意挥洒,不重视书法之"法",然而也毕竟有一些作家文人比较重视书法技巧,不仅热衷书法,而且刻苦练习,虽然技巧方面未必十分讲究,却在文人书法的大千世界中拥有了可贵的自家面目,并获得了较大的社会影响。如郭沫若、鲁迅、茅盾、钱锺书、沈从文、贾平凹、冯骥才等就在书法技巧方面也像经营其文学文本一样颇有讲究,或习练成法,或自创新法,对表达或书写技巧给予了高度重视,并时有很好的论述,提出了一些有益的见解。特别是就文学与书法关系方面也表达了具有启示性的思想。即使如翻译家,也可

---

① 郭绍虞:《书法论丛·序》,见沈尹默撰:《书法论丛》,上海教育出版社1979年版。
② 启功:《论书绝句》,上海书画出版社2007年版。该书不仅有"论书绝句",而且有作者的说明和手书等。其中最早的一首是1935年写的论诗绝句《西京隶势》。此外,马叙伦著名的《论书诗二十首》也值得关注。
③ 参见倪文东:《启功谈书法人生》,上海书画出版社2009年版。

以在书法创作和理论方面达到较高的境界。如对现当代文学有重要影响的翻译家、文学家严复和傅雷,其书法在文人圈内也颇有声誉,他们对中国书法文化也都有较多的涉猎,在读帖临池之余亦多有评说,表达了他们鲜活的印象或感悟。又如那位堪称爱国诗人的书法大家于右任,曾花费了很多时间精研书法,创立了"标准草书"体系,对中国现当代书法产生了极大的影响。他对书法研究的精细和深入,有很多事实可资证明。这里仅举个实例借以管中窥豹:于右任曾为了精研标准草书,于1939年9月26日给远在腾冲的老友李根源写信请求帮助,盼老友能多多代为收集相关资料特别是云南先贤草书、书法拓片和名帖等。他还在信中称赞李根源的《云南金石诗》:"文字献彩,山川发香,真伟作也。"李根源为老友严谨的治学精神所感动,遂收集了很多相关资料呈送给于右任。后来,于右任还曾给李氏《曲石诗录》作序,对李的诗歌特别是论书诗,给予了很好的评价。① 即使仅仅从文化创造的动机层面看,作家文人的创造欲望之强烈,也会促使像郭沫若、于右任等致力于书法技巧的探索和总结,不仅为了创造和丰富自己的书法的人生或艺术个性,而且也确实意在影响他人,产生积极的文化建设的作用。

　　值得注意的是,作家从事书法评论,也常常有自己的特征,如感性化言语较多,就是一个鲜明的特征。其印象性和生动性的评说,往往显示着非常"逼真"的感受或文学色彩。比如老作家和著名民俗文艺学学者钟敬文对鲁迅的书法就留下了真切的印象,"既不尖锐也不带刺,倒是拙朴、柔和的","既不有霸气又没有才气,也不冷严。而是在真挚中有着朴实的稚拙味,甚至显现出'呆相'"。② 这里的质朴表达,与曾被选入中学教材并广为人们所熟悉。郭沫若《鲁迅诗稿·序》对鲁迅书法的相关评论,可以说便形成了某种对比:"鲁迅先生亦无心作书家,所遗手迹,自成风格。融冶篆隶于一炉,听任心腕之交应,朴质而不拘挛,洒脱而有法度。远逾宋唐,直攀魏晋。世人宝之,非因人而贵也。"在这里,郭沫若是以诗人、学者与书法家复合的身份从事评论的,字里行间体现了书史和书论的视野和修养,其审美判断也带有浪漫诗人的气质。然而钟敬文却是充分发挥了作家的直觉和体验能力,说出了"稚拙"型书法的独特况味,凸显了鲁迅书法的自我特征,同时表达了对书法语境中崇尚领袖式书法"霸气"和过分逞才使性的"才气"的不满。鲁迅是刚性的硬骨头战士,这只是鲁迅丰富性中的一个重要方面,但从精神补偿的角度看,鲁迅在某些方面的柔韧,比如书法,比如爱情,比如怜子,比如怀旧,比如骨子里爱毛笔胜过钢笔等等,都是维系鲁迅情感世界或精神大厦的某些人文要素。而众多能够吟诗作文的作家们笔下的以诗论书和兴致勃发的书法点评,或者针对碑派、帖派以及著名法帖的讨论,也时见其思想的闪光和见解的独到。如鲁迅的老师章太炎《论碑版法帖》一文③,不仅梳理和论析了崇碑贱帖的学理依据,还从"文艺地理"角度提出了"边鄙之人笃于守旧,都邑之士巧于创新"的看

---

① 腾冲县旅游局:《历代名人与腾冲》,云南民族出版社2007年版,第145—147页。
② 钟敬文:《寻找鲁迅·鲁迅印象》,北京出版社2001年版,第305页。
③ 崔尔平:《历代书法论文选续编》,上海书画出版社2004年版,第770页。

法;作家和编辑徐调孚《闲话作家书法》一文①,对当时一些知名作家的字分别给予点评,如鲁迅、周作人、茅盾、老舍、俞平伯、叶圣陶等人的手迹,他都非常熟悉,娓娓说来,虽未必全都恰到好处,却也相当有趣。又如钱锺书在《管锥编》中对诸多书法史实的评点,施蛰存对海派书法代表书法家白蕉进行的精到点评,丰子恺对吴昌硕、弘一法师书法的独到鉴赏,马叙伦在《论书二十首》对书法技巧和书法家的直率而又精彩的点评,徐訏在《鲁迅先生的墨宝与良言》②中对书法"有用于世"的谈论,齐燕铭对铁云(刘鹗)藏印二册的校读和评介③,等等,都显示了这些文坛精英们相当精到的书法眼光和深厚的学术素养。

值得注意的是,作家书法具有文人书法的一般特点,却也是文人群体中最具有"文学性"和"情感性"的人们,他们不仅在文学文本中体现这些作家文人的本色,而且也会在书法文本及书法思考中体现这样的本色。如冯骥才在《文人画辨》④中对文人书画的评价便显示了这种本色。在该书收录的《文人的书法》《我的书法生活》等文中,冯氏发表了自己对文人(作家)书法的基本看法和自己创作的一些体会。他说:"文人以文章书法心志,其书法天生具有挥洒情感、一任心灵的性质,故此文人书法是以个性为其特征。文人性格彼此迥异,有一千个擅长书法的文人,就有一千个相去千里的书法面貌。故此文人书法风格都不是刻意追求的。""文人的书法,向例是不拘法矩,情之所至,笔墨奋发。文字原本是表达与宣泄心灵的工具。工具缘何反过来要限制心灵? 故此文人要进入书法,天地突然豁朗;一无牵绊,万境俱开。"此外,冯骥才还强调了文人书法多写自己原创性作品、文人进入书法也是"文化的注入"等特征。也许其诸多论文人书法的观点时有偏激之处,却恰恰从这里也显示了文人书法的长处与不足。总之,作家文人的书论往往较之于学者文人更率性、更情感化,更具有诗性和自创性。他们的"双书"(文学书写与书法书写)特征也更加鲜明,从手迹存量看也远多于其他群体。可以说,他们有意无意地"双书"性实践及其理论思考,对中国文化传统的继承和转化,都起到了非常重要的作用。

作家的文体爱好也会在书论中有所体现,如有的作家很喜欢撰写论书诗(包括白话诗),有的作家却喜欢即兴写下对书法的随感等;有的作家虽然不擅长正襟危坐的长篇专论,却在情感化的书法点评中显示出强烈的感受性和情景化效果,同时在字里行间也有其思想的渗透;有的作家还能够将诗人般的激情和想象力带入书法文化的研究中,即使面对远古的甲骨文也会浮想联翩,参透其中许多奥妙。现当代作家以诗词、散文、日记、回忆录、讲学以及随笔札记或报道访谈等形式,"即兴"发表对书法的看法,从表达方式及媒介传播上看也明显较古代更加丰富和自由了。比如,酷爱书法的余秋雨曾在其名著《文化苦

---

① 原载《万象》第 7 期,1944 年 1 月。如文中曾指出一种现象,即硬笔书写不及毛笔:"郑振铎的钢笔字原稿,固然乌里乌糟,人家见了喊头痛,但他的毛笔字,说句上海话,写得真崭呢! 不由得不叫人见了暗地里喝一声彩。他的字,颜鲁公体是底子,再加上写经体,铁画银钩,左细右粗,虽不及疑古玄同的精美,但功力也不小。"
② 徐訏:《场边文学》,上海印书馆 1968 年版,第 225 页。
③ 吴泰昌:《艺文轶话》,安徽人民出版社 1992 年版,第 131—132 页。
④ 冯骥才:《文人画辨》,中州古籍出版社 2007 年版。

旅》所收录的《笔墨祭》一文中,表达了他对工具革命所带来的毛笔文化衰微的忧患及相应的书法悲观论,在社会上产生了不小的影响,而他在接受媒体采访时,也曾尽情发挥了他对中国书法的关切和忧虑。但当他近期与北大学生对谈中,却从年轻人身上看到了希望,也恢复了对中国书法前途的信心。① 又如贾平凹除了时或自我评说之外,还在散文集《朋友》中,对一些文学和书画圈中的朋友及其作品进行了诸多评说,显示了他的书法评论颇有见地。即如他对陕西省美术馆馆长李杰民的书法艺术就给予了相当专业化的评论,认为李的书法已有清晰的自家面目,力沉雍容,真气淋漓,有极高的眼力和腕下功夫,行蹈大方而不乏趣味。日常生活中,作家们对书画的口头评论也许更多一些,但人们能够面对的毕竟还是作家的文字。甚至有的小说家在小说文本中也表达或借人物评述了对书法文化的一些看法。如当代作家都梁在长篇历史小说《荣宝斋》中对晚清杰出书法篆刻家赵之谦就有颇为精彩的评介:"赵之谦和古今中外很多大师级人物一样,他的书法、篆刻虽说在当时已经颇有名气,但远不及死后声名显赫。""赵之谦的篆刻,别具一格、自成一派,人称'赵派'……老赵观察着雨水在宣纸上慢慢晕开,忽有所感,于是在雨后的那个黄昏,赵之谦终于悟出了治印的精髓,吟出了他这行里的千古绝唱:治印之妙,不在斑驳,而在于浑厚。此后他在'浑厚'二字上下足了工夫,又大胆吸取汉镜、钱币、权、诏、汉器铭文、砖瓦以及碑额等文字入印,丰富了金石的内涵,最终形成人称'赵派'的篆刻新风格,开一代风气之先。"② 而当年闻一多在西南联大时曾因困难而治印外卖,并有一群文化名人(其中有朱自清、杨振声、沈从文等作家)联名发布《闻一多教授金石润例》③,撰稿人为浦江清,文为妙文,点评金石篆刻和闻一多艺术亦很有见地。如"秦玺汉印,攻金切玉之流长;殷契周铭,古文奇字之源远。是非博雅君子,难率尔以操觚;倘有稽古宏才,偶点画而成趣。浠水闻一多教授,文坛先进,经学名家,辨文字于毫芒,几人知己;谈风雅之原始,海内推崇。斲轮老手,积习未除,占毕余闲……何当琬琰名章,共榷扬于艺苑。黄济叔之长髯飘洒,今见其人;程瑶田之铁笔恬愉,世尊其学"。也许有人仅以广告视之,但这里体现的学术味和高水平却早已被世人所公认。

三、现当代作家对书法历史及其命运的关切

中国书法堪称"汉字"之俑,这种比享有盛名的"兵马俑"更为悠久也更具文化辐射力的"汉字俑",其造型和意蕴的复合足以体现中国汉字书法的精妙。从书法文化创造的角度看,"汉字俑"即使在世界范围内也堪称精彩纷呈、魅力无穷的文化现象;从接受学的文化史角度讲,被接受的古典文化包括书法文化也就是活着的当代文化。"活着的中国"要

---

① 参见余秋雨:《问学·余秋雨与北大学生谈中国文化》,陕西师范大学出版社2009年版。
② 都梁:《荣宝斋》,长江文艺出版社2008年版,第2页。
③ 此件在云南师范大学校园中的西南联大纪念馆中仍在展出,内容在书画界传播甚广。

靠"活着的古今中外的文化资源"来滋养。在历史长河中,中国作家与书法文化结下了深缘。古代作家文人作为中国书法文化创造的主力军,其超越性的书法实践与自我实现的快乐是不言而喻的,但很多人也曾为练习书法吃过很多苦,为了科举应试而苦练馆阁体书法更是苦上加苦,狭隘的功利和书体要求限制了很多古代作家的个性发展。到了现当代,书法文化作为传统文化也曾一再陷入危机之中,作家与书法文化的关系也变得更加复杂。甚至也有一些现代作家文人曾主张废除汉字而走拼音化道路,也将"汉字佣"移送博物馆。尽管如此,一些现当代作家文人仍然对书法历史及其命运给予了很大的关切和较多的思考。

进入现代社会,分工趋于细致。这也使现当代作家很少去花费许多时间精力从事虽然没有严整的书法史包括断代性质的专著,但相关的著述或文献整理却相当可观,成绩可谓不俗,且以实际的学术选择延续着书法文化的命脉。如郭沫若对古文字及书法史上一些问题的探讨及争鸣,为书学的历史发展也做出了重要贡献。[1] 而擅长诗文的沙孟海所作的长篇论文《近三百年书学》,则体现了鲜明的书史意识,主要对清代书法史进行了梳理与分析,对书法"五派"的界定与介绍对后人也颇有影响。[2] 同时,作家们也会有意无意地面对和触及书法史上一些难题。其中,"文人书法"的特征和命运本身就是个很大的难题。我们知道,现当代书法界有不少人倾向于贬低文人书法特别是作家书法,或者有限地评介古代文人书法而乐于遮蔽、批判现当代作家书法,流露出崇古贬今的倾向。沈尹默就曾多次阐述了他的重返唐贤法度的书法主张,其中也从重法度、重执笔、尊法帖的角度,经常批评不重法度的文人书法。应当承认尺有所短寸有所长,作家书法有自己的长处也有自己的不足。沈尹默的批评对文人书法的薄弱环节给予了善意的提示。自然,也会有人特别是对文学一往情深的作家,面对以创作手稿和书信手札为代表的文人书法,他们因喜其真趣弥漫且有书卷气,常常想方设法加以珍藏,并给予更多的肯定,前述的冯骥才就堪称这方面的代表性作家。

现当代作家在书法文献及其整理介绍方面的贡献主要体现在两个方面:一是现当代作家对前人书法文献资料的重视和收集整理,二是他们自己留下的关于书法的文字资料包括自述、创作谈、书法评论等。在对前人书法文献资料的重视和收集整理方面,现当代作家的实际贡献很多,有些作家如梁启超、鲁迅、郭沫若、钱锺书等就都对部分书法文献进行过潜心的收集和整理,从学术文化角度看,也是对书学的一种切实的努力和贡献。在此笔者要特别强调:仅仅是现当代作家的书法收藏就可谓非常宏富。这从部分作家捐给中国现代文学馆的部分藏品即可管中窥豹。[3] 国家和省市以及一些大学图书馆、博物馆也有一些作家手稿或作家捐赠的书画作品,许多一些作家的私人收藏也很可观。如冯骥才曾

---

[1] 李继凯:《郭沫若:现代中国书法文化的创造者》,载《陕西师范大学学报》(哲学社会科学版)2007年第3期。
[2] 沙孟海:《近三百年的书学》,载《东方杂志》1930年第27卷第2号。
[3] 详参陈建功:《中国现代文学馆馆藏珍品大系·书画卷》(共四辑),文化艺术出版社2006、2007年版。

介绍,由于其外祖父与康有为过从甚密者,家中曾收藏有康有为信手所书手卷条幅多达数十幅。这种因家庭原因而有名家墨宝者也许不多,但作家们相互的馈赠,作家与书法家交往的所获,文学爱好者对作家的追求所得到的书法,自然还有作家自己收藏自己的得意之作等等,皆可构成丰富的宝藏。有些作家书法还流传到海外,由于书法作为中国文化的象征而受到不少有识之士的重视和珍藏。从现代书法文献资料角度看,现当代作家关于书法的文字资料包括自述、创作谈等等,对研究现代书法史、现代书法思想史或现代书法文化史等,都有重要的价值和意义。一是现当代作家提供了大量"留存"的相关资料,为书法史料的积累做出了贡献。如梁实秋的《清华八年》、鲁迅的《论毛笔》、台静农的《静农书艺集·序》、沈从文的《从文自传》以及郭沫若的自传等,都坦率地介绍了自己与书法的难解之缘,有的作家还介绍甚详。二是现当代手札等对澄清一些书法研究中的问题也颇有帮助。如晚年施蛰存曾因喜欢而写信向老友茅盾索墨宝,且认定茅公书法"大有瘦金体笔意"。时已八十三岁高龄的茅盾仍挥毫作书相赠,但在回信中却否定了流行较广的所谓"瘦金体"笔意说。又如钱锺书也曾于书札中对自己的行草书法特征及其不足有过自评,并借此竭力谢绝他人索书,由此可以见出钱氏秉持的人格与书格。三是昭示了抢救书法文献包括作家手迹的紧迫性。即使仅仅是现当代作家关于书法文化的相关言论的收集整理,就暂付阙如。而涉及书法活动的各种文献,在现当代仍有很多至今没有人留心收集整理,即使类似《作家书法集》方面的书也还很少见,也未见《中国现当代女作家书画集》面世。由此也表明,20世纪作家文人书法文献的整理和研究还有很多工作要做,学术空白也亟待有心人给予弥补。

对书法文化命运的关切,也可以说是对历史的一种观照和对未来的殷切期待。众所周知,进入近代的中国,悲剧感、悲情味不期而至,中国传统文化的命运经受了前所未有的煎熬。许多文人志士都在努力从各种向度上探求拯救中国及其文化的途径,即使是所谓"反传统"的文人作家,也往往在文化实践层面为赓续传统文化进行了不懈的努力。鲁迅与胡适就是人们经常提及的典型现代文人。而鲁迅非常欣赏的陈师曾(即陈衡恪),也可以说就是努力拯救文人书画的极有代表性的文人志士之一。他所强调的文人画要有"人品、学问、才情、思想"四要素的观念,也经常在"书画一体"的意义上被用于书法研究。而且人们普遍认为只有兼备这四要素的书画家才能创作出书画佳作,才能为维系书画艺术命脉起到积极的作用。事实上,这种观念在传统艺术评论中可谓是放之四海而皆准的不刊之论,但真正能够达到这种境界且为人们普遍承认的书画家却并不多见。现代亦然。但陈师曾却能臻于此境。他堪称诗书画印的全才,其书法和篆刻风格相近而又彼此呼应,韵味醇厚,风神秀逸,苍劲朴茂。因此鲁迅与之交往较多,且非常赞赏其书法篆刻,早年出书也多请他题签。应该说,陈师曾的诗词书法和绘画都是可以入史的,功力不俗,影响亦显。鲁迅曾在《北平笺谱·序》中对陈师曾的艺术成就给予了很高的评价,梁启超、吴昌硕等大家对陈师曾也都称赞备至。有学者指出,那些在书法或文学抑或两个领域中取得重大成就者,"无一不是文化大家",而"中国历史上很少有专业的书法家,相反,倒是文人在精通经史子集之后'我笔写我心',在笔墨中重新展示自己的心灵的踪迹而成为书法大家。单一的书法技术或许可以成为书法个体户,但是永远不会成为东方文化的代表"。① 这种大文化、大修养造就大作家、大书家的认识,理应成为有志于文学和书法者的共识,为此做出持久的努力,才能为中国书法文化的复兴贡献自己的力量。

站在当今文化建设的立场上,通过积极的建设性思考,促进现当代书法文化研究,包括对书法文化市场的开拓,也是我们应加以关注的命题。因为通过积极的宏观性、建设性思考或深刻的反思,也可以生成一些新的认识,如在文学与书法、古旧与创新之间的艰难选择,是现当代作家所面临的悖论式的文化难题;那些曾断言中国书法进入死亡阶段的话语,在现当代作家亲近书法并积极创造书法文化的文化立场面前已经被无形消解;作家是文化的传人,书法是传播文化的使者,作家在书法文化继承方面应该拥有更高的文化自觉和创新意识;如今人文环境才可能孕育这样的重要观念:我们终于可以大谈"现实生命为本,古今中外为用"这个新的伟大命题了,书法文化由此也可以获得新的发展空间;尽管作家多将书法视为"余事",但从他们与书法文化的关联中还是可以看到他们的真性情和时代的光影,看到他们对文化创造的热衷和对民族文化的创化及弘扬;现代作家将白话诗文作为书法内容,形式上也不拘一格,性情化个性化与规范化的关系需要深思;当代文人作家们应多注意提高书写技巧,把本属于自己的"书写手艺"修炼回来;亲近和创化书法文化与疏离书法文化构成了当代文化发展的一种矛盾运动,恰在这种运动规律中昭示着书法的未来与希望。而通过书法教育事业对当代书法文化建设产生积极影响,这也是我们应该努力的一个方向。

晚年叶圣陶在给丁玲的一首词中曾写道:"兔毫在握,赓续前书尚心热……那日文字因缘,注定今生辙。"②至今读来仍颇为耐人寻味,使人总想起作家与书法、书者与知音的难解之缘。诚然,中国书法文化源远流长,中国文学命脉绵延不断,二者的关联也永无止境,相关的探讨也将持续下去。尽管对现代书法包括作家书法文献的整理、研究方面如今还非常薄弱,现代书法文献学包括作家书法文献的系统研究仍是一个难度较大的新课题,但我们还是要乐观地看到:在"新国学"或"东方学"建构的历程中,作家们以及与他们同在的文学研究者在书法文化研究方面的积极努力,也会对中华文化或东方文化的重新崛起和持久发展做出新的独特贡献。

---

① 王岳川:《当代书法问题与艺术生态重建》,见王冬龄主编:《中国"现代书法"论文选》,中国美术学院出版社2004年版,第31—32页。
② 张香还:《叶圣陶和他的世界》,上海教育出版社1995年版,第326页。

老子之学非独任虚无

——以薛蕙《老子集解》为观察之核心

台湾师范大学　江淑君

一、前言

明代老学研究者喜发议论,对于前人老学观点进行批判反省,盖为其时老学重要特征之一。此中薛蕙(1489—1541)《老子集解》[①],最足以作为代表,《续修四库全书提要》评是书说"明人注《老子》者,此最精审者已"[②],给了极高之评价。其与一般集注作品不同的是,薛蕙乃立足在前人的研究基点上,企图澄清有关老子学说的种种误解,并且进一步衡定老子思想的底蕴。除了逐字逐句训诂阐释之外,时而在各章之后有一段总结性的评语,这些文字,泰半以澄清或批判前人对于老子思想的误解为主,薛蕙当然也自下己意,适时表达个人的老学见解。这些论述似乎更能彰显出薛蕙老学研究的思维向度,对于相关争论性的议题内容而言,当能有再次被充分讨论与发挥的机会。

根据笔者多年来的研究省察,重要议题诸如"老子之学是否为阴谋捭阖之术?""秦愚黔首是否本于老子?"业已有专文加以阐释。[③] 此外,"老子之学是否独任虚无?"在《老子集解》中确实也引发不少讨论的篇幅,这些力道不小的回响与立说,之于薛蕙老学思想的抉发而言,当是一个值得注意的焦点。因此,本文即以"老子之学非弃人事而独任虚无"作

---

① 丛书集成简编《老子集解》,台湾商务印书馆1966年版。以下所引皆依此本,仅于文后标示页数,不另作注。关于薛蕙的生平事迹,参见张廷玉:《明史》,台北鼎文书局1975年版,第191卷"列传·第七十九",第5074—5077页。
② 参见王云五:《续修四库全书提要》(第11册),台湾商务印书馆,1972年版,第2120页。《提要》中又说,"注解亦体玩经文,明白晓畅,所引有《管子》《庄子》《列子》《荀子》《楚辞》《吕览》《淮南》《汉书》文选诸书,依托古谊,极有准绳",第2120页。《续修四库全书》所收明代注《老子》著作,仅明太祖《御注道德真经》、危大有《道德真经集义》、薛蕙《老子集解》三家,此可见对薛蕙是书之重视。
③ 参见拙著《老子非阴谋捭阖之术——以明人诠解〈老〉三十六章为观察之核心》,见台湾师范大学国文学系:《中国学术年刊》2010年第32期春季号,第29—64页;《秦愚黔首非本于老子——以明人诠解〈老〉六十五章为观察之核心》,见连清吉主编:《东亚汉学回顾与展望》,长崎中国学会会刊创刊号:长崎大学环境科学部2010年版,第21—40页。

为论述核心,尝试取径于两个角度的观察:其一,乃就薛蕙所提出"晋室之乱非本于老子"加以申述,其以为晋人亡国的主因,不在于清谈玄虚抑或放达任诞,真正原因盖出自于士人种种贪鄙偷薄的行径,此实与老子学说毫无干涉;其二,则就薛蕙所言"任虚无以应事"的圆融理境加以阐发。此中关涉乎道体无、有的双重性格,说明其间体用、动静的辩证关系,并进一步分析如何将此思维运用落实到政治人事之中,创构出老子"任虚无以应事""体无以用有"的理论间架,借此以阐明老子无为而治、道化天下的政治理念,绝非离弃人事之实,而独任虚无而已。

二、老子之学非弃人事而独任虚无

(一)晋室之乱非本于老子

唐末陆希声《道德真经传》自序中,曾就历代老学予以总结性的批评,明列出"六子"为老氏之罪人,其中即点出"王、何失老氏之道,而流于虚无放诞"①。陆氏以为世人依循王、何解《老子》,遂谓老氏之弊端,在于独任清虚而无以为治,故对老子之道多所批评。事实上,指称老子之学虚无放诞,盖与裴頠《崇有论》中将玄学家"贵无"的"无",释作与"有"相对的"虚无"②,以及范宁将王、何玄思指为"浮虚相扇",导致"玄谈误国"的说法③,有着直接密切的关系。陆氏赞成裴、范之说,故将矛头指向王弼、何晏,指责两人歪曲误解《老子》原意,使得老子学说流于虚无放诞,导致天下大乱无以为治,其认为这是使老子学说"受诬于千载,道德不行于当世"④的主要原因。

针对此"玄谈误国"之说,所衍生出"晋世之乱是否本于老子?"一争论,亦曾引发薛蕙相当之关注。《老子集解》三十八章总评中说:

> 又议者咸曰:仁义礼法,圣人治天下之具也。老子之学,乃欲弃仁义、绝礼法,使其说行,天下恶得不乱乎?至于后世,士果有尚清谈而废实行,嗜放达而遗名教,天下化之,遂以大乱,如晋人者是已,其祸出于祖述老子之道故也。议者之云,既不足以知老子之指,亦未能尽知晋人之弊也。⑤

---

① 陆希声:《道德真经传序》,见严灵峯编:《无求备斋老子集成·初编》,艺文印书馆1965年版,第1B页。
② 《崇有论》中说:"无,虚无之谓也。""夫至无者无以能生,故始生者自生也。自生而必体有,则有遗而生亏矣。生以有为己分,则虚无是有之谓遗者也。……济有者皆有也,虚无奚益于已有之群生哉!"参见严可均编:《全上古三代秦汉三国六朝文》(第4册)《全晋文》(第33卷),世界书局1963年版,第7、8页。
③ 范宁《王弼何晏论》中说:"时以虚浮相扇,儒雅日替,宁以为其源始于王弼、何晏,二人之罪,深于桀纣。"参见《全上古三代秦汉三国六朝文》(第5册)《全晋文》(第125卷),第8页。
④ 《道德真经传序》中又说:"而世因谓老氏之指,其归不合于仲尼,故訾其名则曰搥提仁义,绝灭礼学;病其道则曰独任清虚,何以为治?吁乎!世之迷,其来远矣。是使老氏受诬于千载,道德不行于当世,良有以也。"
⑤ 薛蕙:《老子集解·附考异》,中华书局1985年版,第26页。

非议者皆以为老子主张"弃仁义,绝礼法",设若以此施行教化于天下,天下焉得不乱? 后老子时期,至两晋果然时局大乱、天下滔滔,推其因乃士人"尚清谈而废实行,嗜放达而遗名教"之故,议者遂总结曰"其祸出于祖述老子之道故也"。据此,晋世亡国与老子之道便这样画上了等号。薛蕙认为此说不仅不了解老子思想的旨归,对于晋人之弊亦未能尽知,故乃就"晋室之乱"提出一些个人看法:

> 尝谓晋人本非老子之学,其乱天下,盖有故矣。夫老子之学,所以弃仁义、绝礼学者,而岂徒哉? 其弃仁义,将以宗道德也。其绝礼学,将以反忠信也。如晋人者,吾见其弃仁义矣,未见其宗道德也。吾见其绝礼学矣,未见其反忠信也。自太康之后,讫于江左之亡,士大抵务名高、溺宴安、急权利、好声伎,其贪鄙偷薄极矣! 若夫尚清谈、嗜放达,犹其小者耳。晋室之乱,凡以此也。①

注文首先揭示"晋人本非老子之学",将"晋世之乱"与"老子之学"先一刀两断。其次,则阐述老子的"弃仁义"是为了"宗道德",而"绝礼学"则是为了"返忠信",为了要保住真正自然的道德、忠信,老子乃采取正言若反——"绝""弃"的表述方式,以警惕、告诫世人切记不可矫饰。而晋人则是徒然"弃仁义,绝礼学",从本质上否定仁义、礼学,抛弃仁义、礼学,却未见其"宗道德""返忠信",如此才会导致放荡失真的败德行为。且观太康之后,及至江左亡国,士人大抵"务名高、溺宴安、急权利、好声伎",种种贪鄙偷薄之事层出不穷,此行径与"尚清谈、嗜放达"相较,后者的罪过之于晋世之乱根本不算什么!

因此,薛蕙乃以为晋世之乱,主要即源自于此等士人种种贪鄙偷薄的行为表现与处世态度。他企图厘清两点:首先是清谈玄虚抑或放达任诞,都不是造成晋世亡国的主要原因;其次则是有晋一朝士人贪鄙偷薄的作风,盖与老子学说毫无关涉。薛蕙继续推衍说:

> 彼老子之书,初曷尝有是哉? 老子之言曰:大白若辱,务高名乎? 强行有志,溺宴安乎? 少私寡欲,急权利乎? 不见可欲,好声伎乎? 若畏四邻,嗜放达乎? 多言数穷,尚清谈乎? 以此观之,则晋人之行,其与老子之言,不啻若方圆黑白之相反矣。安在其祖述老子之道哉? 呜呼! 老子之微言,未易言也。若其大较,则可得而知矣! 故曰:大丈夫处其厚不处其薄,故去彼去此。今晋人者,不惟不能庶几道德之意,迹其行事,盖礼法之士所不屑为者,岂不悖哉? 是故去薄而取厚者,老子之指也;去薄而取其至薄者,晋人之行也。②

---

① 薛蕙:《老子集解·附考异》,中华书局1985年版,第26页。
② 薛蕙:《老子集解·附考异》,中华书局1985年版,第26页。

此中一一援引节录《老子》其他各章加以印证说明,企图揭橥老子思想并无任何贪鄙偷薄的主张,注文中谓:"大白若辱,务高名乎?强行有志,溺宴安乎?少私寡欲,急权利乎?不见可欲,好声伎乎?若畏四邻,嗜放达乎?多言数穷,尚清谈乎?"分明刻画出老子学说与晋人行径的巨大鸿沟。最后终结说:"以此观之,则晋人之行,其与老子之言,不啻若方圆黑白之相反矣。"薛蕙以为老子旨归是"去薄而取厚",而晋人行径则是"去薄而取其至薄",其间相去甚远,实不可以道里计。

(二)任虚无以应事的圆融理境

薛蕙所提出"晋世之乱非本于老子",其间相关内容的澄清,盖与其思索"老子之学是否独任虚无?"相攸关。因为一旦视老子之学只是浮虚无为,必然会导出无以为治的结果,而亡国之论亦将推衍而出。因此,更根本的提问或许是如何理解老子形上道体的内蕴?它只是悬虚蹈无、离弃人事之实的虚无之理吗?道的双重特性——无、有当该如何诠解,其间关系又如何铺排?且此一思维理路如何成功转化到无为、有为之间的安顿,而能有效实现老子所谓"为无为,则无不治"的政治理念?薛蕙的诠解模式显然倾向一种圆融的理境,俾使得形上道体的虚无之理,不仅仅只是挂空无用的玄理而已,而能落实到形器世界之中,与政治人事紧密联系,以发挥其无限神妙之作用。

对于形上道体的表述,薛蕙确实有其独特看法,此主要表现在他诠解《老子》首章之中。针对此章,其句读方式虽依王弼以"无名""有名"为读,但在诠解的义理方向上,则与王弼颇有殊异。他说:

> 无名有名,并指道而言。无名者,道之体也;有名者,道之用也。道体虚无,未始有物,无得而名矣。神化变动,自无而有,乃名于有矣。虚无之理,先天地生,此所以为天地之始也;及其有也,则万物自此而生,此所以为万物之母也。或疑道常无名,顾又谓之有名,此何以异于可名邪?夫有名者,非真有形也,特对无名言之,而以为有名耳。且谓之万物之母,非指万物而言也。夫岂可名之比哉![1]

言下之意,乃主张"无名""有名"俱是描绘形上道体的特性,并以体用、静动架构两者的关系。就"道之体"而言,其乃是"先天地生"的"虚无之理",是天地的本始根源,其无形、无象、无以名状,故谓之"无名",是为道体"无"的特性。然就其"道之用"而言,其神妙作用一旦萌动之时,表现道体由无形质落实向有形质——"自无而有"的活动过程,是为宇宙万物的牝母,此有形、有象、得以名状,故谓之"有名",是为道体"有"的特性。因此,"名"是"名状"之意,说明道体同时兼具"无以名状"与"有以名状"两种特性,故其一方面是"无",

---

[1] 薛蕙:《老子集解·附考异》,中华书局1985年版,第1页。

一方面亦是"有"。"无"是"无名"是"静",是"道之体";"有"是"有名"是"动",是"道之用",故言"无名有名,并指道而言"。接着,薛蕙乃将此"无""有"的体用、静动关系推衍到政治人事之上,他说:

> 上言有无二者,乃道之本体也,故人当从事于此,得此二者,天下之能事毕矣!……一动一静,循天之理,乃其常也。若一涉于私意,是则有我之妄心而非真常之谓矣。故无为而顺其常者,至人所以全其天也。有为而益以妄者,众人所以流于人也。易曰:时止则止,时行则行,亦若老子之言是也。①

所谓"得此二者,天下之能事毕矣",即在说明人当效法此形上道体"无""有"的体用、静动关系,若能将此思维运用到政治社会实践之上,则一切人事皆能尽毕尽善。薛蕙以为至人无我,无有私意,故能顺任天道之常,亦即"一动一静,循天之理",故能"全其天";而众人则有我,落入私意,故违逆天道之常,所以"流于人"。最后,其援引《周易》艮卦象传"时止则止,时行则行"②与老子学说相证解,借以阐明动静不失其时的道理③。此是薛氏将形上道体——体用、静动之间的理论模式,落实到人事实践的义理方向,俾使得形上道理不至于悬虚蹈无,而能与人事一面紧紧绾合。

透过体用、静动的理论铺排,薛蕙于是特别强调"道之用"一层面,借以发扬"道之体"绝非仅仅只是虚无之理而已,实有它发挥作用的一面。且在现象世界中,确实可以发现道体所产生的作用无所不在。四章"道冲而用之,或不盈"时,他诠解说:

> 道之体本虚,及夫用之,则亦犹或不盈。迹若有事而实则无物,何盈之有?或静或动,一而不变,盖冲虚者其常也。④

创生万物的道体,其所生发的作用之所以能够无穷无尽、永不衰竭,盖因其道体虚无之故。注文中言"迹若有事而实则无物",以及"或静或动,一而不变,盖冲虚者其常也"之谓,乃是指陈在万物万事之迹中,皆能观察到道体的作用其间。因此,若能本着冲虚的心境以对应人事的搅扰,便能时时"一而不变",以达至全体大用的化境,这就是"体无以用有"。据此,可以明显感受到,所谓道体的虚无,在薛蕙的理论系统中,已转化成为一种"冲虚为用"的心性修养工夫。六章"谷神不死",薛蕙即诠解说:"谷神者,虚而无形,感物而应者也。""谷神"原为道体之譬喻,薛氏以其具有"虚而无形""感物而应"的象征意义,故总评中说:

---

① 薛蕙:《老子集解·附考异》,中华书局1985年版,第1页。
② 王弼、韩康伯注,孔颖达疏:《周易正义》(第5卷),艺文印书馆1989年版,第116页。
③ 十章:"天门开阖,能为雌乎?"薛蕙亦注说:"天门一开一阖,言圣人之道,时止则止,时行则行也。雌,静也,犹夫阖也。圣人之道,虽曰一动一静,然当以静者为本。"
④ 薛蕙:《老子集解·附考异》,中华书局1985年版,第3页。

《史记》曰：老子所贵道，虚无因应，变化于无为，至哉言乎！盖即谷神之说也。尝为之说曰：谓之谷，则非有也；谓之神，则非无也。又曰：谷神之可见者，特其因应焉耳。虽曰可见，而不可见者存焉。是何也？盖可见者，皆彼万物之迹，而非其本体也。显其因应之妙用，藏其虚无之实体。此谷神之所以为神也，非通神明之德者，孰能识之。①

我们可以视而得见的，是形下的万物之迹，形上的虚无之理虽然实存，却无法以感官探求。然而，面对纷纭人事何以能够因应无穷，就因为其间蕴藏着道体之故。因此，把握了冲虚为用的心性修养工夫，以之对事、应迹则能顺任自然、无所躁动，此即《史记》所言"虚无因应，变化于无为"②之谓。因为特别强调"因应"的妙用观念，薛蕙遂在诠解十四章时，强力驳斥将老子之学贬绌为"独任虚无而已"的说法，并且认为这是对《老子》一书"考其文，而不通其意"的结果。其如是说：

> 世俗绌老子之学者，其说虽多，然大抵以谓弃人事之实，独任虚无而已。斯言也，众皆以为信然，而未知其大不然也。老子曰"执古之道，以御今之有"，是盖任虚无以应事，曷尝弃事而独守其虚无哉？然则老子之学，非不应事也，第其所以御之者，在不悖其虚无之本耳。③

众人信以为真的，就在于指称老子"弃人事之实，独任虚无而已"，薛蕙以为此乃"大不然也"。故以"执古之道，以御今之有"阐释其"任虚无以应事"的观点。必须说明的是，此章所言"有"，并非文前所言形上之"有"，乃是专指现象界具体人事之"有"。薛蕙此处亦借用体用义，申述形上道体之"无"与形下人事之"有"的辩证关系。就形上道体而言，其虽然"无物"（指不具任何形象，是没有形体可见的实存体），不可得而见之。但在现象世界中其所产生的作用却又是历历分明的，此即是道体之所以"不皦"，却又"不昧"的原因。

薛蕙大抵资借注解十四章"执古之道，以御今之有。能知古始，是谓道纪"，反驳将老子之学视为虚无的看法，他首先解释"古之道"与"今之有"说：

> 古之道即无也。观其对今之有而言，意可见矣。曰古者，非在今始有也。今之有，谓今天下之事。古始，即古之道也。人之应物也，不知本原之无物，而惑于外物以

---

① 薛蕙：《老子集解·附考异》，中华书局1985年版，第4页。
② 参见泷川龟太郎：《史记会注考证》（第130卷）"太史公自序·第七十"，万卷楼图书股份有限公司2006年版，第1367—1368页。
③ 薛蕙：《老子集解·附考异》，中华书局1985年版，第9页。

自累,此世之通患也。①

其以"无"为"古之道",而以"今天下之事"为"今之有",此处已是形上之"无"与形下之"有"的关系。当人们在对应繁杂的天下世事时,终必要持守"古之道",也就是"复归于无物",亦即复返于道体本始虚静无为的状态。老子的复归哲学与其工夫实践有着深密关系,而体证道体的修养乃取径于"冲虚为用"的工夫入路。这是说在对应人事之时,若能时时保持"冲虚为用"的入世态度,则能使自身免于被外物所系累。此处点出世人的通病,即在于应物之时,常因"不知本原之无物",也就是不能"体无"的结果,导致盲目蠢动,遂为外物所困所惑,形成桎梏而使心灵不得自由。依此,薛蕙接着阐释"执古之道,以御今之有"说:

惟执古以御今者,以无事为真宅,以有事为应迹,事虽万变,而在我之不变者常一也。②

其以为老子深远之意,乃在于将形上道体的"无",落实到形下世界的"有"中。故道体绝非悬虚蹈无的形上存在而已,它必须深植世间,在应事之中发挥它的作用,此即"任虚无以应事",也就是"执古之道,以御今之有"。因此,"任虚无"实是一种"冲虚为用"的工夫修养与境界,要驾驭现象界的一切事物,也就是要成就有为、有事之迹,就必须不悖此虚无之理,也就是显现这个"冲虚为用"的生命态度,如此才能无为无事、淡定自在。因此,老子终究是要人去因应外物的,也就是要有事有为。然而,此有事有为之迹,乃必须以心境的无为无事为本的,如此方能体无用有、动静自如。薛蕙所谓"以无事为真宅,以有事为应迹,事虽万变,而在我之不变者常一也",大抵即此意。因此,老子"无为"并非什么事都不做,离弃人事之实,当个逃世隐遁者,而是一种很深的心性修养工夫。总而言之,"任虚无"即是"冲虚为用"的修身之道,以虚无静定的心境,面对扰攘不安的世界,也就能保有"体无"的心灵,使人在精神上与道体契合为一,怀抱"体道"的生活态度,以安顿现实人生,此即薛蕙所谓"事以无为为事,教以不言为教"道化天下的理境。

薛蕙所提出"任虚无以应事"一说,亦可将道体"虚无"等同"无为",而"应事"则等同"无不为"。老子的"无为"一定要连着"无不为"讲,如果对于"无不为"视而不见,以为老子所主张的"无为",就是无所作为、抛弃人事,当然就专向"虚无"一边倾斜。细观薛蕙所理解的"无为",乃依循王弼以"自然"为抒发"无为"的状辞,其言"大道虚无清静而常无

---

① 薛蕙:《老子集解·附考异》,中华书局1985年版,第8页。
② 薛蕙:《老子集解·附考异》,中华书局1985年版,第8页。二十一章注文亦有类似说法,其云:"予观老子之言道如此,盖极言道体之实也。则其所谓虚无者,岂真断灭而无物邪? 盖不难知矣。论者徒讥老子为虚无之学,不亦异乎?"

为,因自然也",即以"无为"为"顺任自然"之谓。① 而针对"无为""有为"关系的思考,则以三十七章"道常无为而无不为"阐发议论,并进行理论架构。老子"无为",除了本章指称道体之外,其余皆落入政治层面立说。薛蕙先将"道之体"的"无"转化成"无为","道之用"的"有"转化成"有为",针对"无为""有为",同样也以静动、体用的间架加以安顿,创构出老子道化天下的政治理念。他说:

> 道常无为,然天下之物,莫非道之所为也。《列子》曰:"无知也,无能也,而无不知也,无不能也。"即此意也。昔程子曰:"老子曰'无为',又曰'无不为'。当有为而以无为为之,是乃有为为也。圣人作《易》,未尝言无为,惟'无思也,无为也',此戒夫作为也;然下即曰'寂然不动,感而遂通天下之故',是动静之理,未尝为一偏之说矣。"予观老子之言,正与《易》合。而程子与一不与一,其论近于不平矣。其曰当有为而以无为为之,此用其私心,未免有为者之弊。老子之意,本不如此,不知程子何据而言也。夫至人静而无为,有不待言。至于动而应物,则又顺物自然而无容私焉,是亦未始有为也。故曰"在已无居,形物自著。其动若水,其静若镜,其应若响",此至人之心已。世之私意小智之人,固有如程子之所诃,以之议老子之道而语至人之心,殊不然矣!②

薛蕙以为道的主要特性虽是"无为",然而天下万物的生成发展,却又是道之所为,故"有为"亦是其特性。因此,道是无为,又是无不为,此悖论的表述方式,实与《列子·天瑞》中言"无知也,无能也,而无不知也,无不能也"③相一致。其下,薛蕙则借批评程子所理解的"无为而无不为",阐发一己之见。程子首先将《易》《老》合观,凸显两者动静观的不同,其以为《系辞传》言"无思也,无为也",有警戒世人谨慎,不可强作妄为之意。然而,它并非全然不思、不为,其后言"寂然不动,感而遂通天下之故"④,即是申说动静之间的辩证关系,据此进一步评述老子的一偏之说。程子乃以"当有为而以无为为之,是乃有为为也"诠解"无为""有为"的关系,在其以老子思想"入于权诈"⑤的前提之下,这样的理解并不会让人感到讶异。当该"有为"之时,却以"无为为之",是以表面"无为"、内里"有为"的虚矫情状来

---

① 六十三章薛蕙亦诠解说:"夫无为则非为也,而曰为无为者何哉?原夫老子以后,世之好有为而反丧其自然也。于是教之以无为,其曰为者,政所以为夫无为耳,既为无为,岂复有一毫之作为哉!然则从事于道者,固不可执为而背乎无为也。夫心愈为则心愈乱,国愈为则国愈扰,德愈为则德愈不真,道愈为则道愈不大,为之害,盖无往而可。惟易之以无为,则夫数者之理,各反乎自然,斯可以坐而得之矣!"薛蕙:《老子集解·附考异》,中华书局1985年版,第40页。
② 薛蕙:《老子集解·附考异》,中华书局1985年版,第23页。
③ 张湛注:《列子冲虚至德真经》(第1卷)"天瑞·第一",艺文印书馆1975年版,第8页。
④ 语出《周易正义》(第7卷)"系辞上传",第154页。薛蕙乃以《易》之"寂感"言"静动",并与《老子》之"无有"相联结,四十章其即注云:"夫大易之寂感,与老子之有无,其实未始不同也。"薛蕙:《老子集解·附考异》,中华书局1985年版,第27页。
⑤ 关此,参见拙著《薛蕙〈老子集解〉对程、朱老学之评议》,载《国文学报》2009年第45期,第107—138页;

表现。"无为"成为实现一己之私的手段技俩,变成表面什么都不做,暗地里什么都来的机心巧诈。于是,"无为"堕入一种包藏心机的"有为为也",这就是"以退为进"的权谋诈术。薛蕙反对程子的说法,他以为《易》《老》动静观并无二致,老子"无为"亦无私意包藏其中,其援引《庄子·天下》①证成老子动静皆得其宜的道理,最后言"夫至人静而无为,有不待言。至于动而应物,则又顺物自然而无容私焉,是未始有为也"②,则是驳斥程子说法的主要理据。因此,薛蕙以为程子的苛责《老》不如《易》,以为老子处心积虑在"有为"一面,"无为"则只是表面权术而已,实是"私意小智之人"的议论,是不能真正理解老子动静观的奥义。四十七章注文中亦言:

> 损也者,损私心而反无为也。然人之私心甚多,虽日损之,未能遽尽也。故必损之又损,然后私心渐尽,以至于无为也。至于无为,则同乎道矣。内而圣,外而王,天下之事,皆其度内耳。③

世人私心甚多,必须减损再减损,一直到私心渐尽的工夫做足,才能达至"无为"之境。故"无为"绝非私心用尽的机诈之术,而是"冲虚为用""为道日损"的生命实践。其言"内而圣,外而王,天下之事,皆其度内耳",就是说明以内圣的虚静工夫,圆满成就人间繁动的外王事业,如此即能实现"任虚无以应事""体无以用有""内而圣外而王"的理境。因此,薛蕙乃主张老子绝非离弃人事之实,而独任虚无而已。

三、结论

薛蕙对于无为(无)、有为(有)关系的理解,颇为明代老学研究者所因袭。王道《老子亿》、朱得之《老子通义》中,皆有重视体用的观点:

> 常无为者,其本体也;无不为者,其妙用也。本体固无声臭之可言,而大用之妙自然而然,亦非有所作为可得指而拟之也。④

> 无言寂,有言感。寂感同时,有体用无先后……寂然不动之时,无而未尝无也。感而遂通之时,有而未尝有也。故曰:"同谓之玄。"⑤

---

① 郭庆藩编,王孝鱼整理:《庄子集释》(第 10 卷下)"天下·第三十三",木铎出版社 1988 年版,第 1094 页。
② "顺物自然而无容私焉"语出《应帝王》,《庄子集释》(第 3 卷下)"应帝王·第七",第 294 页。
③ 薛蕙:《老子集解·附考异》,中华书局 1985 年版,第 31 页。
④ 王道:《老子亿(一)》(卷上),见严灵峯编:《无求备斋老子集成·初编》,第 71A 页。
⑤ 朱得之:《老子通义》,中国子学名著集成编印基金会 1978 年版,第 45—46 页。

两人诠解皆提出体用义,以说明无为(无)、有为(有)一静一动的关系,此乃是静而能动、动而能静,静不离动、动不离静,静动相依相须的辩证关系,而结合《系辞传》"寂然不动,感而遂通天下之故",发明老子动静皆得其宜的理论思维,更是时人诠解老子动静观的一种义理趋向。一旦将此落实到政治人事之上,则可见指称老子思想离弃人事,殆为严重之误解。

事实上,老子思想盖因其用语的殊异性而产生许多误解。假使对于老子思想中的重要观念与术语,忽略其义理脉络的整全性、连贯性与一致性,而一径采取随意割截、望文生义的方式进行理解,是相当容易造成扭曲的。一般人对于"无为""虚无"所产生的误诠,多半也是如此。"无为"绝非无所事事,而是顺其自然、不强作妄为,而"无为而无不为"则是强调以顺任自然的方式去做去为,便能使种种作为达到最好的效果。因此,老子毕竟还是要人去做去为的。而"虚无"在《老子》文本中只有分开的虚、无二字。我们分别检视虚、无的义理内涵,就会发现老子思想并无消沉出世、离弃人事的意思。相反的,却隐含有一股培蓄待发的精神。[①]《老子》三章中曾言"为无为,则无不治",即主张本着道体虚无之理,也就是一种冲虚为用的工夫修养去应世、对迹,顺任万物自然的情状去发展,以着无所执、无所累的心境去治理天下万事、万机,如此当能静定自在而无所不为、无所不治,此即圣人道治天下的最高理境。因此,经过本文推论衍义之后,薛蕙所提出"老子之学非独任虚无"一见解,当能得到充分的说明与证成。

---

① 参见陈鼓应:《老子今注今译及评介·初版序》,台湾商务印书馆2010年版,第9—10页。

近现代华北村落中的宗族与村政

长崎县立大学　祁建民

对于中国宗族权力构造及其与国家权力关系的研究长期以来主要是依据对儒家经典的阐释和对中国东南地区的人类学调查而展开的。这种研究中有代表性的观点是认为宗族组织的家长制统治原理与专制国家统治原理是一致或相似的，国家统治就是家族长统治的扩展，通过"孝忠"观念，将对家族长的孝和与对皇帝的忠结合起来。这就是"家国同构"论。[1] 但是，儒教经典中所表述的理念并不能等同于下层民众的实际生活信条，东南地区的宗族组织构造也并不具有普遍的典型性，许多学者已经指出了单纯依据文献经典的局限性和东南地区属于"边陲"地区的特征。[2] 另外，根据近年一些社会学或人类学的调查研究所显示，在当代中国农村，宗族关系依然顽强地存在。但是，这种研究主要是从个别的人际关系的角度，将其作为一种前近代的"残存"进行观察，认为在现代社会中宗族关系的存在是有害的并且是将要消亡的。[3] 特别是在方法论上，到目前为止的有关研究或偏重于对国家权力与社会统治的理论概括，或偏重于对具体宗族组织构造的个案类型分析，缺乏对国家全体与地域社会的统一考察，这就造成了对于传统中国基层社会中村落一级国家公共权力机关与宗族组织在构造方面的相互关系依然有许多未能解明之处。[4] 本稿根据对华北村落实地调查的资料，就村落内部宗族组织与国家权力的相互关系进行一些初步探讨。

本项研究所依据的资料来自20世纪40年代和90年代对华北相同五村的两次大规模调查。第一次调查是在40年代，由日本东亚研究所组织东京大学法学部的民法研究者和满铁调查部的调查员合作进行的。在1940—1944年间，依据法社会学的理论在现地对村

---

[1] 参见杨念群：《近代中国史学研究中的〈市民社会〉》，载《二十一世纪》1995年12月号。陈其南：《传统中国的国家形态和民间社会》，见《在亚洲思考》第四卷"社会与国家"，东京大学出版会1994年版。
[2] 橘朴：《东洋共同社会的下部构造》，载《满洲评论》1942年第23卷第10号；王铭铭：《宗族、国家与社会》，载《中国社会科学季刊》1996年第16期。
[3] 何清涟：《当代中国农村宗法组织的复兴》，载《二十一世纪》1993年4月号；川井伸一：《从土地改革看农村的血缘关系》，见小林弘二编：《中国农村变革的再思考》，亚洲经济研究所1987年版。
[4] 参见王铭铭：《村落视野中的文化与权力：闽台三村五论》，生活·读书·新知三联书店1997年版。

落进行访问调查,其目的是"解明中国社会中民众的生活与法的意识"。作为一种基础性调查原来计划要用十年以上,但受战局的影响,只进行到1944年便终止了。其后共整理出《华北农村惯行调查资料》1、2、3册,战后在1952—1958年间由岩波书店分为6卷出版。第二次是在1990—1995年间,由中日联合考察团(中方代表:南开大学教授魏宏运;日方代表:一桥大学教授三谷孝)对相同五村实施再调查,五年间共访问了511人次。笔者作为调查团成员之一也参加了调查和资料整理过程。其调查的成果为《中国农村变革と家族·村落·国家——华北农村调查の记录》(共2卷,汲古书院1999、2000年版)和《农民述说的中国现代史》(内山书店1993年版)。这两次调查主要调查的村落是当时的北京市顺义县沙井村、房山县吴店村,天津市静海县冯家村,山东省平原县后夏寨村,河北省滦城县寺北柴村。关于这些村落的详细介绍请参见三谷孝等编《从村落读中国》一书,恕在此从略。[①]

一、宗族组织的特性与权力构造

对于中国宗族组织的特性,以西方人类学为主流的认识是强调其机能性,认为是个人为了达到其目的而相互结合起来,形成宗族势力。针对这种观点,陈其南认为中国宗族的特性是系谱性,主要在父系血缘的联系上,并不一定要具有机能性。[②] 另外,上田信提出中国农民的"生的欲望"的特征也与此相近。[③] 还有人提出宗族结合的主要原因是心理上的依存感和安定感。[④]

根据本次调查显示,华北农村宗族的首要特征是其系谱性。在20世纪40年代,宗族最主要的活动就是上坟祭祖。即使是在宗族势力最不活跃的沙井村,同族上坟也还存在。[⑤] 在其他村落同族一年一度的活动也是上坟,族长的主要职责即是组织上坟"添土"[⑥],许多村落宗族在上坟之后还有"寒食会"一类同族聚餐。但是,也不能否认宗族组织的机能性。这主要体现在同族救济和同族聚居以及购买土地时的同族优先等方面。华北宗族一般都有同族坟地,其空余的部分可以耕种,收获物用于购买祭用品和当日的同族会餐。耕种族坟地有一些收入,在华北村落耕种族坟地的多为同族中的生活困难者。在杂姓村落中普遍存在同族聚居,以便同族之间相互照应。[⑦] 不过,与同族上坟仪式这种系谱性依然固定存在的状况不同,同族救济等机能性活动在逐渐消失。根据沙井村村民的

[①] 三谷孝:《从村落读中国》,青木书店2000年版。
[②] 陈其南:《房和传统的中国家族制度》,见桥本满编:《现代中国的底流》,行路社1990年版。
[③] 上田信:《农民的〈生的充溢〉愿望》,见小岛晋治编:《岩波现代中国》(第4卷),岩波书店1989年版。
[④] 钱杭、谢维扬:《传统与转型:江西泰和农村宗族形态———项社会人类学的研究》,上海社会科学院出版社1995年版。
[⑤] 中国农村惯行调查刊行会:《中国农村惯行调查》(第2卷),岩波书店1981年版,第260页。
[⑥] 中国农村惯行调查刊行会:《中国农村惯行调查》(第1卷),岩波书店1981年版,第8页。
[⑦] 中国农村惯行调查刊行会:《中国农村惯行调查》(第1卷),岩波书店1981年版,第262页;第3卷,第54页。

回忆,买地的同族优先权在40年代已经没有约束力,甚至让同族穷困者耕种祖坟地的习惯也受到挑战。

所以,系谱性可以认为是汉人宗族的首要特征,但机能性也不容完全否认。是否可以这样理解,系谱性是汉人宗族的本质,是机能性的载体。机能性是汉人宗族的表现,是系谱性的延长。

新中国成立后,宗族结合关系虽然受到政府的排斥,但是其系谱性和机能性都依然存在。中国共产党发动农民运动是以阶级斗争原则进行的,概括起来就是"亲不亲,阶级分"。竭力推动阶级斗争,避免宗族纷争,以阶级关系代替宗族血缘。据沙井村村干部张守俊回忆,新中国成立后"当时虽然上级没有说不能上坟,但是,上坟那样的活动属于迷信,党的话必须要听,所以也就不去了"。① 也有农民说,"文革"时不允许集体上坟,即使上坟也是悄悄去。后夏寨村"文革"时将村民家的家堂(画有祖庙建筑图案的挂轴,上面写有祖先的姓名)全部烧毁。在政治运动特别是四清中,也有批判宗族意识的内容,村民马凤来说,新中国成立以后,"反对宗族活动,不允许八拜结交,上级不允许结成小团体,以家族为单位的活动不允许"。②

同时,宗族活动的物质基础在新中国成立后也消失了。首先是可以耕作的祖坟地在土地改革时被当作耕地分掉了。此后,每年一度的同族聚餐便无法进行了。进而到1958年,"大跃进"时为了扩大耕地面积,将祖坟地完全平掉,只能保留父母的坟墓。宗族的共同祖坟也消失了。③

但是,来自国家权力的压力和祖坟地的消失,并不能彻底将宗族关系消灭。在新中国成立后相当长的一个时期里,拜年和"论辈"(拜年时到同族长辈家时由族中长者确认和说明族内每个人的辈分和相互间的称呼)成为联系宗族关系的主要形式。拜年在"文革"的一个时期虽然也被禁止,但是据农民说,拜年"是禁止不了的,即使是不让拜年的时期,在家庭内部也拜"。那些干部们虽然宣传不拜年,但是,"实际上他们也一样,回家之后照样拜年"。④ 由此可见,以系谱性为基础的宗族关系在新中国成立以后也依然存在,并未消失。

在以往有关涉及中国家庭的文学作品和传统观念当中往往将汉人家庭描述为一种大家长制的"累世而居"的庞大家庭。其实,这种由大家长统治的复杂家庭组织只不过是一种对理想状态进行描述的幻觉。根据多次对华北农村家族的调查,分家是农村家庭生长的铁律,核心家族是农村社会的绝对主体。

根据调查表明,宗族的族长并不是宗族内部的权力核心,族长的主要职责也限于宗族

---

① 三谷孝:《中国农村変革と家族・村落・国家——华北农村调查の记录》(第1卷),日本汲古书院1999年版第842页。
② 三谷孝:《中国农村変革と家族・村落・国家——华北农村调查の记录》(第2卷),日本汲古书院1999年版第331页。
③ 三谷孝:《中国农村変革と家族・村落・国家——华北农村调查の记录》(第1卷),日本汲古书院1999年版第256页。
④ 三谷孝:《中国农村変革と家族・村落・国家——华北农村调查の记录》(第2卷),日本汲古书院2000年版第406页。

内部事务。农民说,族长的主要作用是"调解纠纷,主持分家,操持过继,喜事等"。① 在宗族较为活跃的后夏寨,族长的任务也就是"对于结婚、丧礼仪式和分家进行商量"。② 甚至在拜年时也并不一定首先到族长处。在沙井村,同族内部发生纠纷时,"如果族长有威信就由族长来调解,如果没有威信则要依赖于村内有势力的人"。③ 一些人对于本族族长是谁都不知道,因为"族长没有势力"。有人说分家时族长来了反而不便。族长地位的衰微是由于汉人族长的产生方法造成的。汉人宗族的族长是机械地由最大辈分中的年龄最高者充当的,不问其威信与能力。考虑到生活水平与寿命的关系,这样的长者往往是族内穷人的后裔,受教育的水平不高。造成宗族的代表者与族长往往是不一致的。在寺北柴村直到民国之前,村政是由积谷会行使的,积谷会由十二名董事组成,从当村的七个宗族中选出。十二名董事都不是本族的族长。与日本农村的本家、分家的严格规定不同,中国的宗族权力中心人物是不固定的,是按照威信和能力选出的。

新中国成立以后,有关宗族内部的纠纷,依然保留由同族中的长辈来调节的习惯。但是由村干部来解决的场合也很多,特别是由同族的干部来解决。例如,后夏寨的王玉庆长期任村党支部书记,本姓宗族(该村王姓分为两大宗族)内部的纠纷都由王玉庆调解。同族村民认为他既是书记又是同族,所以最有威信。宗族的系谱性和干部的权威在王玉庆身上合而为一。

新中国成立后,虽然实行集体化,但是,村民的日常生活中仍然离不开互助,据调查,在 1990 年代,农民的求助对象顺序依然为同祖、朋友、邻居。有困难先找同族,"这与过去是一样的"。

在杂姓村中同族聚居是一种普遍的现象。据寺北柴村的村民说,这种现象是"自古以来形成的,兄弟关系好的话,都在父母住宅的两侧盖房,代代相传形成这种样子"。④ 20 世纪 40 年代,该村的同族聚居状况是:最东边的是大姓郝姓,与之相邻的是李姓,然后是张姓;村的中部是大姓徐姓,最西边的是大姓赵姓,接着的是王姓。由于这种村内的同族聚居构成了此后保甲制中的甲和新中国成立后生产队构成的地域基础,为地域组织与宗族组织的重叠创造了条件。

二、族与村政的关系

关于在中国农村中宗族与村政的关系,在先行研究中一般提示出两种类型:一种是弗

---

① 中国农村惯行调查刊行会:《中国农村惯行调查》(第 3 卷),岩波书店 1981 年版,第 155 页。
② 中国农村惯行调查刊行会:《中国农村惯行调查》(第 4 卷),岩波书店 1981 年版,第 443 页。
③ 中国农村惯行调查刊行会:《中国农村惯行调查》(第 1 卷),岩波书店 1981 年版,第 262—263 页。
④ 三谷孝:《中国农村变革と家族・村落・国家——华北农村调查の记录》(第 1 卷),日本汲古书院 1999 年版,第 274 页。

里德曼所揭示的清代东南地区的宗族组织与地域组织(行政组织)合而为一的场合[1];另一种是聂莉莉在对于东北地区的宗族研究时提出的在"满洲国"时期,村落领袖已经是"地域共同的领袖","与血缘集团没有关系"的状况。[2] 但是,在近代华北杂姓村落宗族与地域行政机构的关系却呈现出一种相互交错的关系。

在沙井村,民国时代的村政是由村长与数位会首共同掌握的,村长个人并不能单独作出决断。但是,村长与会首的产生方法与性质却不同。村长作为村落行政机关的首领是由全体村民选举产生的,与宗族没有关系,主要靠威望、能力、财力等。甚至在投票时,同族和姻亲都不参加,以示公正。例如,1941年沙井村在选举村长时,候选人是杨源,所以杨姓家族的人都不参加投票,其姻亲即妻弟和舅父家的人也不参加投票,主动回避。村民说:"如果以后得到你投票的村长办事不好,你也会被人们指责。"[3]在后夏寨村,从清末到抗日战争之前,村落行政首长叫作庄长,虽然当庄长的以王姓的为多,但村民说"这是因为其人格高尚有威望"。据村民说包括附近的村落都没有由本村最大宗族的人当庄长的习惯。庄长都尽量秉公办事,避免偏向本族。但是,办事偏向本族的情况也时有发生,这时会出现其他宗族的人到县里控诉,由此来制衡庄长的不公。

但是,在村长之外,会首等却与宗族有关系。在沙井村,村长任命会首时是要考虑会首作为宗族代表的意义。作为会首的后任,"如果在其同族中有有能力的人就一定由其同族的人接任"[4]。后夏寨村的庄长之下是牌长,由于同族聚居,牌的范围与宗族聚居范围一致,牌长即宗族的代表,村长与牌长共同行使村政。该村下面有三个牌,"东牌是马姓,中牌是王姓,西牌是魏姓"。据说,过去该村不分牌,马姓势力大,常常压迫其他姓,后来按照宗族划分成牌,便没有这种情况了。[5] 清代寺北柴村的积谷会由各宗族代表组成,共同执掌村政,该会属于地域行政机关。但是,在积谷会商议事项之前,各个宗族内部先行开会讨论,然后将意见由作为宗族代表的董事拿到积谷会中商议。积谷会并不能干涉各个宗族内部的事情,其决定要通过各宗族的董事去执行。积谷会的决定的内容也由各个董事带回本族传达。族内纷争都在本族内解决,村民与积谷会不发生直接关系。[6] 不同宗族间的纠纷,首先由各自的董事问明情况,然后交由其他的宗族的董事商议、解决。

值得注意的是,自从杜赞奇(Duara)提出近代华北村落首领由保护型向经纪型转变的观点后,许多人认为华北近代村政的首领的构成发生巨大变化。[7] 实际上,发生巨大变化的是村长一级,而与村长共同执政的会首却变化不大。这些会首在实行保甲制之后变为甲长,作为宗族的代表依然掌握着村落的实权。根据对《惯行调查》资料的统计,沙井村所

---

[1] 莫里斯·弗里德曼:《中国东南的宗族组织》,刘晓春译,上海人民出版社2000年版。
[2] 聂莉莉:《刘堡——中国东北地方的宗族及其变化》,东京大学出版会1992年版。
[3] 中国农村惯行调查刊行会:《中国农村惯行调查》(第1卷),岩波书店1981年版,第128—129页。
[4] 中国农村惯行调查刊行会:《中国农村惯行调查》(第1卷),岩波书店1981年版,第133页。
[5] 中国农村惯行调查刊行会:《中国农村惯行调查》(第4卷),岩波书店1981年版,第424页。
[6] 中国农村惯行调查刊行会:《中国农村惯行调查》(第3卷),岩波书店1981年版,第44—45页。
[7] 杜赞奇:《文化、权利与国家:1900—1942年的华北农村》,王福明译,江苏人民出版社1996年版。

在的顺义县1940年实行保甲制后,在33个村中有26个村依然保留会首制。[①]村民说,"现在的保甲长与会首是一样的","即使村长变了会首也不变"。[②] 沙井村村长杨源说在他当了村长后会首的组成没有发生变化。在寺北柴村宣统年间设立了村正、村副,二人皆为董事,实行保甲制后该村原来的邻闾长有一半成了甲长。后夏寨实行保甲制以后,以前的庄长成为保长、牌长成为甲长,会首制依然保持下来。保长有关村政事宜必须要同甲长商议,不能个人决定。村民说:"不论何种事情,都不可以允许专断,要同甲长商谈。"[③]村长属于村政机关,涉及对外联系,其产生由全体村民选举,在开始推行保甲制时县里还派官员来主持选举。而甲长的产生是由各宗族与村长协商决定的,只代表本族的利益。所以,保长与甲长的产生方法和性质有很大的不同。村政的运营离不开宗族组织的合作。

新中国成立后,在人民公社体制下,公社一级政社合一,村落成为生产大队,下面划分为生产小队(或叫生产队),但是,宗族与村政交错的情况依然存在。首先是在合作化过程中,以同族村干部为核心组织互助组和初级社,在实行高级社时,由于实行按居住范围划分生产队,宗族与行政单位重叠的传统格局并未消失,在有些方面还得到加强。

在组成互助组和初级社时,村落里响应中共集体化号召的积极分子首先要利用个人关系进行串联、组织。关于互助组与搭套的关系,内山雅生已经有深入研究。积极分子依靠邻里关系,亲属关系组成互助组,这在当时是很普遍的。据农民说,选择互助组的伙伴时最先考虑的并不是经济上的原因,而是个人关系是否"合得来",关系好才能合在一起。由于同族聚居,邻里一般都是同族,互助组的核心关系即宗族关系。

高级社建立以后村落全员都已经是社员,这时划分生产队的方法是按照居住区划分,同族划分在同一个生产队的情况很多。例如,寺北柴村在划分生产队时,东部是第1、2队,中部是第3队,西部是第4、5队。这样第1队几乎全是郝姓,第2队除几户徐姓和张姓外其余也都是郝姓,第3队以徐姓为主体,第4队赵姓为主,第5队由赵姓、刘姓和其他一些小姓组成。当时村内住所固定,村民不能自由加入其他生产队。据村民说,徐姓和郝姓大多同在一个队,较为团结。相反在一些由杂姓组成的生产队中,由于宗族存在影响生产,为此要对生产队重新安排。

在人民公社体制下,宗族与村政的关系,最集中的是体现在生产大队(村落)干部的配备上。由于新中国成立以后一直对宗族结合采取排斥政策,在农村调查时村民对宗族与干部安排的关系往往讳莫如深,避而不答。但是,还是有一些村干部在与调查者建立信任关系后,谈出了这方面的情况。例如,寺北柴村的原党支部书记XCM就说:"选干部仍然是看其办事能力,能否秉公办事。但是,一般说来,如果两人的水平都大致相当,这时则要

---

① 内山雅生:《中国华北农村经济研究序说》,金泽大学经济学部1990年版,第187页。
② 中国农村惯行调查刊行会:《中国农村惯行调查》(第1卷),岩波书店1981年版,126页。
③ 中国农村惯行调查刊行会:《中国农村惯行调查》(第4卷),岩波书店1981年版,第406页。

考虑干部安排在宗族关系上的平衡,这样办事比较方便。"①

　　该村的原书记 LYH 就这样说:"农村的关系是户与户的关系。由于很多事与个别的利益相关,处理起来很难,另外也影响到相互关系。"当问到其辞去书记的原因时,他说:"现在当干部很难,必须有人协助,要有人,能来帮忙。如果没有那样的人即使决定的事也会遭到反对。"所以他认为,亲戚多是当干部的"最好的条件。由于有人就有势力,耳目多,能听到各方面的意见,好进行工作"。②

　　吴店村的干部也承认宗族与村政有直接关系。该村的郭、禹、杨是大姓。禹姓在新中国成立前掌握村政,新中国成立后多人被镇压和管制,当干部的很少。而郭姓经过"文革"掌握权力,多人入党。"文革"中该村是以 GZA 为首的造反派与当时的掌权派书记 WDL 进行派性斗争。GZA 是郭姓,带领本族的"Z"字辈为中心的成员组成造反派"全无敌战斗队"。同时,由于 GZA 的母亲出自本村的杨姓,他又得到杨姓的支持,势力颇大。杨姓的 YXM 原为村的政治工作员,被指责为保皇派,这时也反戈一击,参加造反派,成为副队长。GZA 在"文革"后当上公社革命委员会副主任。其"Z"字辈多人入党,掌握村政。③

　　后夏寨以马姓和王姓为主,围绕村干部的配备,经常发生矛盾。多次由上级出面进行解决。在相当长的一段时期,是王姓掌权,但马姓是大姓,对之不服。宗族争斗,影响村落生产。20 世纪 70 年代,上级派来工作组将王姓书记免职,改由张姓人任书记,干部也进行大换班。但是,由于该张姓在村内只有一户,工作依然无法展开。一位村干部就说:"社会上的问题也反映到党内。党内也有宗族问题。"不到两年又改由王姓任书记,不久,王姓书记因病辞职,让吴姓当书记,吴姓也是小姓,工作还是不好展开。公社决定让马姓的 MDC 回村任书记。MDC 的父亲是村内的老干部,在马姓中辈分高。MDC 高中毕业后曾参加县里的"学大寨工作队",后来当民办教师。按照 MDC 的说法:"本村马姓一族最大,王姓家族人少,所以如果村干部主要都是王姓的,工作一定无法顺利展开。乡党委从这点考虑,让我回村工作,所以不能不回来。"以下是调查员与 MDC 的对话:

　　　　问:你担任书记后,王姓的村民会不满意吗?
　　　　答:不会的。我有威信,另外村委会主任是王姓,因为是 WWB。
　　　　问:在干部中照顾到各方面的平衡是必要的吗?
　　　　答:是这样的。
　　　　问:那么,现在的村干部构成是怎样的呢?
　　　　答:马姓 4 人,王姓 6 人,李姓 2 人,朱姓 1 人。
　　　　问:村里人数最多的马姓才有 4 人,王姓却有 6 人,难道马姓没有不满吗?

---

① 三谷孝:《中国農村変革と家族・村落・国家——華北農村調査の記録》(第 1 卷),日本汲古書院 1999 年版,第 334—335 页。
② 三谷孝:《中国農村変革と家族・村落・国家——華北農村調査の記録》(第 1 卷),日本汲古書院 1999 年版,第 319 页。
③ 《农民述说的中国现代史》,第 201 页。

答:没有,我是书记,而且干部的核心是书记和村主任,所以没有问题。①

当然,宗族与村政的关系并不是正比例的互强关系,由村政对于宗族也会带来负面的影响。吴店村的赵姓干部ZFM,从土地改革时期开始就担任村干部。据他说:"现在赵姓同族关系不好,连辈名也不一致。"其原因是"虽然没有大的吵架,但是在计划生育时我对本族成员按规定与族外的人征收一样的罚金,装电灯时同族人要求先装我也未答应,渐渐地关系不和了","在吃大食堂时,同族成员要求多分一份我没有答应,(致使)关系恶化"。这是一个典型的例子。

三、讨论

对于中国宗族内部的权力关系,以往存在着强调其机能性和家长、族长的纵向权力关系的倾向。对此,已经有学者提出修正,陈其南提出了汉人家族的系谱性和"房"这一核心概念。② 仁井田升③、中根千枝④、杜赞奇和中生胜美⑤等都指出了华北宗族关系中并不仅仅是纵向的统治关系,还有横向的力的关系存在。华北宗族内部的权力关系,就其系谱性而言家族长具有一定权威,主要是组织族内活动,解决族内纠纷。真正代表宗族的是族内有能力的人,体现出其机能性的特征。

在国家与宗族的关系上以往则主要有以下两种固定的思维模式:第一种是近代化的角度;第二种是强弱对立的观念。

近代化论的观点把宗族看作是近代的对立物,认为宗族组织及其文化与近代社会组织是水火不相容的,宗族是封建落后的代名词。辛亥革命前的民主主义革命家就有这种观点,五四新文化运动中反对家族制度的思潮形成了高潮。其实,这种思想主要来源于西方的政治理论。古希腊的亚里士多德就认为公共性的城邦与家族是对立的,此后,家族组织与公共政治对立的观点成为西方政治思想的一个原则。这样,在此后相当长的时期里研究宗族组织时,都把其作为旧社会的"残余"对待⑥,没有看到宗族是人们自我组织的一种最基本的形态。

在没有国家的场合,家族制度是维护社会秩序的主要形式。在中国这样有国家存在的场合,宗族与国家的关系较为复杂,学者们已经提示出多种模式,主要来说是两种,一种是国家在基层依靠宗族组织(通过绅士)进行统治;一种是国家通过公共地域行政组织,排除了宗族关系。当然,一些研究证明了即使是在这样的统治形式之中依然有宗族血缘关

---

① 三谷孝:《中国农村変革と家族・村落・国家——华北农村调查の記錄》(第2卷),日本汲古书院2000年版,第289—290页。
② 陈其南:《房和传统的中国家族制度》,见桥本满编:《现代中国的底流》,行路社1990年版。
③ 仁井田升:《中国的农村家族》,东京大学东洋文化研究所1952年版。
④ 中根千枝:《社会人类学——亚洲诸社会的考察》,东京大学出版会1987年版。
⑤ 中生胜美:《中国村落的权力构造和社会变化》,亚洲政经学会1990年版。
⑥ 参见常建华:《二十世纪的中国宗族研究》,载《历史研究》1999年第5期。

系的强大"影响"。① 本文认为，在近现代华北村落一级，国家行政机关与宗族组织的关系，既不是国家完全依靠宗族组织控制基层社会，也不是国家行政机关与宗族无关或者只是在公共机关中"参杂"有个人血缘关系。而是一种国家基层组织与宗族组织相互交错、共同维护社会秩序。

但是，笔者并不认为，宗族组织会这样永久存在下去，应该看到，在近现代华北宗族组织存在的特殊历史背景。从清末开始的新政（从清中期开始华北乡村的基本制度是乡地制）以及民国初期的自治和后来的保甲制、大乡制，都体现出国家要对村落社会加强控制，但是，受时局和政府能力（包括财力）的影响，这种尝试都中途而废，国家对村落的统治不得不依靠传统的宗族组织，形成国家行政机关与宗族组织共同掌握村政的局面。在新中国成立后，人民公社体制严格限制农民的流动，将农民牢牢固定在村落，同族聚居的格局进一步加强。而由村干部主宰的集体生产和生活使村民间的利益、权力争斗激化，宗族关系必然同时强化。到 1990 年代，由于人民公社解体，农民外出劳务、经商人数的增加，村落宅基地进行大规模规划，同族聚居格局消失，宗族组织有弱化趋势。

在国家与宗族组织的力量对比关系上长期以来被认为是一种强弱对立的关系，即认为如果国家在基层的权力扩张，那么宗族的权力就会萎缩；相反，如果宗族的势力坐大，国家权力就会削弱。就近现代而言，认为国家在向近代国家推进的过程中其宗族势力必然会逐步萎缩，最终消失。但是，在近现代的华北农村，宗族势力并不是直线地衰弱，而是在国家权力向村落扩张的时候，宗族权力亦得到生长，宗族组织与国家权力同时增强。在人民公社体制下，国家对社会的控制空前强大，但是，宗族关系并没有因此而消失，而是其机能性显得空前活跃，宗族间的竞争与摩擦得到激化。

这种思考方法运用现代博弈论亦可进行解释。如果按照零和（一定和）博弈的思路，是假定竞争对手所得到报酬总和是固定的，竞争对手之间的得分与失分是相等的，甲得到部分正好是乙失去的部分，反之亦然。以往对国家与宗族力量对比关系的认识是基于这种思路的。但是，如果按照变动和博弈的思路，假定竞争对手所得到报酬总和是变化的，竞争对手之间不断调整自己的行动，有竞争也有合作，双方所得到的报酬总和根据博弈的状况而扩大与缩小。② 按照这种思路，国家与宗族的关系，不只有"此强彼弱"的关系，还可能有"双强"或"双弱"的场合。

本文根据对 20 世纪后期华北五村的调查，初步提出国家基层公共权力与宗族组织的构造交错形态与双方力量对比的互强模式，意在修正一些过去基于西方历史发展模式与理论的研究，试图对以往关于中国国家权力与宗族组织关系的认识进行一些补充，提供新的思路。

---

① 宇野重昭：《静静的社会变动》，见宇野重昭编：《岩波讲座·现代中国（第 3 卷）·静静的社会变动》，岩波书店 1989 年版。
② 诺依曼：《经济行动》，银林浩译，东京图书 1972 年版。

吉川幸次郎的《论语》研究

长崎大学 吴 鹏

一、吉川幸次郎的《论语》著述

吉川幸次郎(1904—1980),日本著名的中国文学研究者,被誉为日本中国文学研究之第一人。[1] 吉川关于《论语》的著述颇多,大抵可分为两类。一类是以《论语》本身作为研究对象。譬如《"论语"入门》《"论语"について》《"论语"の教训》《古典讲座"论语"——NHK 放送》《"论语"について庆应义塾小泉信三记念讲座》《论语私记》以及译注本《论语》等;另一类则为,著述本身虽看似与《论语》无直接关联,其中却以《论语》作为主要依据。譬如《中国の知惠——孔子について》《私の好きなことば》《新しい恸哭-孔子と"天"》《孔子も神の子であるという说》《孔子》《なんぞ殺すを用いん》《思いやりの哲学》《中国の孔子批判》《言语のリズム》等。

吉川关于《论语》的著述可谓数量繁多,种类各异。既有著书、论文,又有演讲笔录和讲义底稿,其中重复之处亦为不少。故难以逐一加以详述。本稿选取其中颇具代表性的著述作为例证,力求实证性的说明吉川《论语》研究的特色所在。

二、吉川幸次郎《论语》研究的特色

(一)对"仁"的解读

《论语》的中心思想,可以"仁"一字概括。此为学界的共识。但对于"仁"的解释却是异说纷纭。譬如,朱子云:"仁者,爱之理,心之德也。"[2]伊藤仁斋云:"慈爱之德,远近内

---

[1] 沟上瑛:《吉川幸次郎》,见江上波夫编:《东洋学の系谱》(第2集),大修馆书店1994年版,第270页。
[2] 朱熹:《四书集注章句》,见朱熹、张存中著:《钦定四库全书荟要:四书集注章句、四书通证》,吉林出版集团有限责任公司2005年版,第15页。

外,充实通透,无所不至,之谓仁。"①而荻生徂徕将"仁"解释为"长上安民之德"。② 狩野直喜则主张"仁"和"孝悌"本为同一物,"仁"的范围广泛,"孝悌"的范围狭小。③

朱子虽将"仁"解释为心之道德,然其主张的理学,却很少言及"心"。在朱子"万物一理"的思想体系下,所谓"心之德"最终还须归着于"爱之理"。而牟宗三先生尝指出:孔子所谓的"仁",绝非仅指朱子所说的"理"或"道",其中亦含有"心",孔子明明是从"心"来说"仁",倘若仁心不存在,"道""理"也不会存在。④ 可见,朱子对"仁"的解释与孔子的原意有所出入。仁斋则脱离心学、理学的禁锢,将"仁"明确解释为"慈爱之德",且扩大"仁"的实践范围,指出"仁"的特性。但尚未明确"仁"与孔子思想、儒教的精神有何关联。而徂徕则偏重"仁"在政治活动中的意义,将其解释为能够"长上安民"的道德,可视为统治阶级立场上的解说。最后的狩野着重说明"仁"和"孝悌"的关系,明确指出两者于实践方面的同一性。但没有对"仁"做出准确的释义。

吉川对"仁"的解读,大抵可分为两方面内容。首先是"仁"的定义:

> "仁"是人与人之间的爱,以及实践这种爱的能力。⑤

继而指出"仁"具有的三点特性:

> 第一,"仁"必须是存在于人与人之间的爱,绝非人和神之间的爱……
> 第二,通过学问而获得广博的知识,是正确实践"仁"的必由之路……
> 第三,政治是实践"仁"的最佳,最有效的手段。⑥

"仁"即为人与人之间的爱,以及其实践能力。此为当今学界的共识。此处须注意的是,吉川所谓"仁"的特性。

第一,"仁"仅指人与人之间的爱。这体现了儒家以人为本的精神。儒家思想的根本为对人的尊重。世间万物,最应该被予以尊重的,既非天地,亦非神明,而是人类自身。此点与佛教、基督教以及伊斯兰教大相径庭,可谓儒家思想的特质。故而,"仁"的第一特性完全符合儒家思想的根本。

第二,为了正确的实践"仁",必须通过学问,具备知识。所谓"兴于诗,立于礼,成于乐"即指此意。《诗》《礼》《乐》皆为孔门教学科目。《诗》泛指文学、诗歌,乃表达人类情感

---

① 伊藤仁斋:《语孟字义》,见《日本思想大系》(第33卷),岩波书店1971年版,第128页。
② 荻生徂徕:《论语徵》,见《荻生徂徕全集》(第3卷),みすず书房1977年版,第23页。
③ 狩野直喜:《论语孟子研究》,みすず书房1977年版,第120页。
④ 牟宗三:《中国哲学十九讲》,台湾学生书局2002年版,第79页。
⑤ 吉川幸次郎:《吉川幸次郎全集》(第5卷),筑摩书房1970年版,第103页。
⑥ 吉川幸次郎:《吉川幸次郎全集》(第5卷),筑摩书房1970年版,第103—104页。

之物;《乐》指音乐,和《诗》相同,为人类情感的表达方式之一。孔子以《诗》《乐》教授弟子,体现了对人类感情生活的重视。而《礼》则记录政府和家庭的仪式,可视为人与人之间正确的交往方式。孔门弟子通过学习《诗》《礼》《乐》,既可细致体察人类的情感,又能深刻会得人类的行为准则。如此,方能正确地实践"仁",达到"仁"的境界。故而,"仁"的第二特性,完全符合孔门的学问观。

第三,实践"仁"的最佳、最有效地手段是参与政治活动。孔子生活在阶级社会,为了有效地推广"仁"的思想,必须依靠强有力的政治力量。《论语》中记载不少孔子的政治论,从中可观孔子欲投身政治的无限热情。再者,孔门教科书中的《书》为典章制度的记录。以其教授弟子之目的,无疑在于使弟子能够顺利地参与政治活动。所谓"学而优则仕",盖为孔门的人才培养方向。故而,"仁"的第三特性,完全符合孔子的政治论。

儒家思想的特质在于,对人类的重视,对学问的重视,对政治的重视。而吉川对"仁"的解读,恰恰和儒家的特质紧密相关,说明人类是善良的动物,可以通过学问与知识,通过政治活动,不断向文明的方向前进,最终可达道德的最高境界——"仁"。吉川的解读,完整再现了孔子所描绘的人类最理想的存在方式,触及儒学两千余年以来的精髓,可谓吉川研究《论语》的特色所在。

(二)日本近代中国学实证学风的具现

京都大学时代的青年吉川,受恩师狩野直喜的影响,逐渐接受清朝考证学的学问方法,形成实事求是的学问风格,并终生以实证主义作为治学宗旨。而《论语》的研究即可堪称实证学风之具现。

1. 何谓"论语"——考证"论""语"的字义

《论语》一书因何冠以"论语"之名?一般以为,"言""语"二字字义相近,但吉川不以为然:

> "语"和"言",大抵同义……却并非完全相同。"言"仅指言语,而"语"则含有对话、讨论之意。《说文解字》中将"语"解释为"论也",即对话。"言"字的注释则为"直言曰言,论难曰语。"故"言"和"语"是相对的,前者指言语,后者表论难,即讨论。

其他古书中,亦可见"言"和"语"的区别。譬如,《礼记·杂记》中有"三年之丧,言而不语,对而不问"一句。郑玄注为"言者,言己之事也,人之为说,为语"。由此可观"言""语"的相违。

如上所述,"语"即有与他人论难之意,亦有为他人而言之意。总之,"语"字带有对他人存在的强烈意识,意义深重。即使不指论难,亦可理解为较为重要、意义深重的言语。

……"语"的读音恰恰可以强调其具有的深重意义……"言"读为"ian",是微微上扬的阳平音。而"语"读为"iu",三声,大有冗长曲折之感,恰到好处地表达出意义的深重。即意义于音声相得益彰。①

吉川首先指出,"语"的本意为论难,和《论语》的形式相符合。其次,"语"包含较为重要、深重的意义。而《论语》编纂者之意图,正在于记录孔子的言行,作为后世的典范。故"语"字的内涵恰与《论语》的内容相符。最后,就声音而言,"语"的发音亦可充分强调《论语》的深重意义。故而,《论语》不可称为"论言"。

利用《说文解字》究明文字的本意,是中国学研究者的常识。而吉川在辨明"言""语"二字本意的基础上,进而检讨两字于其他古书中的用例。更重要的是,吉川能够准确把握两字于发音方面的微妙差异,从三个角度说明问题,可见其精深的语学造诣。

考证"语"字后,吉川继而检讨"论"字的音义,说明"语"字之前为何加以"论"字。一般根据《汉志》的记载认为,孔子殁后,门人弟子编纂孔子言行录之时,争相讨论,故谓之"论语",即"被讨论之语"。对此,吉川援用清儒之说,提出反论:

"论",绝非编纂者之间的讨论。《论语》中的言语多为对话。而对话的开始,即可视为讨论的发生。此为刘宝楠《论语正义》中的主张。清儒段玉裁亦赞同此说。《说文》云:"论,议也。"又云:"议,语也。"又云:"语,论也。"即,此三字皆有对话,讨论之意。而段玉裁于《说文解字注》中指出"论,以仑会意""仑,思也""仑,理也"。即"论"以"仑"旁表示意义,而"仑"又与"理"在声音和意义方面相近。故段氏主张:"凡言语循其理、得其宜谓之论。故孔门师弟子之言谓之论语。"段氏的结论虽有待商榷,但《论语》之"论",即指孔子和门人弟子之间的讨论,并非编纂者之间的讨论这一观点,无疑与刘氏相同。②

吉川认为,《论语》的"论"字虽表讨论之意,但讨论的主体并非《论语》编纂者,而是孔子和门人弟子。换言之,基于《论语》的内容,"语"字之前被加以"论"字。于此,吉川列举了刘宝楠《论语正义》和段玉裁《说文解字注》中的观点,可见其对清朝考证学家学问方法的重视与尊崇。

要之,吉川考证《论语》题名时,首先自检讨"论""语"二字的本意着手,并援用清儒的学说,充分体现了日本近代中国学实证主义的学风和治学宗尚。且对文字音声的考察,达前人未到之境界,实可谓吉川独特的研究。

---

① 吉川幸次郎:《吉川幸次郎遗稿集》(第1卷),筑摩书房1995年版,第283—285页。
② 吉川幸次郎:《吉川幸次郎遗稿集》(第1卷),筑摩书房1995年版,第286页。

2.《论语》冤辞——"以人为本"是儒家思想的核心

江户时代,朱子学被立为官学,《四书集注》贵为国定教科书。宋儒极为重视人伦礼教,主张"存天理,灭人欲"。故以《四书》为中心的朱子学,时常会带给人阴郁的印象。而《论语》正是《四书》中最重要的经典。所以,对日本人而言,《论语》是极为严格的伦理道德规范。提到《论语》,即会联想到"三尺之下不踏师影""男女七岁不同席"等严格的教喻。而吉川却从实证主义的立场出发,为《论语》正名:

> "三尺之下不踏师影"实为唐代佛门戒律中的一条。日本的叡山大师亦于着书中引用此句。江户时代,又被收录于《实语录》。《实语录》为普通私塾的教科书。可见,"三尺之下不踏师影"已经成为日本普遍的道德规范之一。一旦如此,普通人便会将其与《论语》相联系。久而久之,世人便误解其为出自《论语》之语。
>
> ……"男女七岁不同席"并非《论语》之语,出自另一儒家经典《礼记·内则》。故可视为儒家的教喻。《礼记·内则》记录家庭生活法则,包括育儿之法。其中规定:七岁后的男女不可同坐一席;不可使用同一食器用餐。此为"男女七岁不同席"之原意,绝非指男女七岁以后不可见面。①

"三尺之下不踏师影"不仅不是出自《论语》,更非儒家的教喻,而是佛门戒律。而"男女七岁不同席"虽为儒家的教喻,但绝非男女七岁后不可见面之意。从根本上讲,儒家思想本不包含极为严格的道德说教。后世宋儒所谓的"存天理,灭人欲",绝非儒家思想的本质。对人的尊重,即所谓"以人为本"才是儒家思想的核心。以"儒者"自居的吉川,正是着眼于儒家思想的本质,立足原典,以文献实证的手法,一雪《论语》的冤罪。

江户时代兴盛的朱子学,作为阶级社会的伦理道德规范,其主张渐渐脱离儒家思想的本质而远去,以至出现"禁欲"的主张。但吉川认为,以《论语》为代表的儒家思想绝非如此,"禁欲"的主张在《论语》中并不多见:

> 《论语》中少有关于"禁欲"的主张……"克己"虽不乏"禁欲"色彩,但"复礼"则可理解为以向文化基准看齐为己任。向往快乐,崇尚文明是中国文化的特质。这种特质恰恰是基于《论语》的教喻逐渐形成的。②

在日本,"克己复礼"通常被误解为禁欲主义主张。吉川摆脱日本传统汉学的严肃注意,从文化主义的立场出发,论究"克己复礼"的最终目的,强调《论语》的积极性,说明中国文化

---

① 吉川幸次郎:《吉川幸次郎全集》(第5卷),筑摩书房1970年版,第298—299页。
② 吉川幸次郎:《吉川幸次郎全集》(第5卷),筑摩书房1970年版,第104—105页。

的特质和形成究竟。由此可观吉川所谓"诚实的理解中国"[①]的学问意识。而欲"诚实的理解中国",无疑须以实证主义作为出发点。

(三)中国文学研究者的观点

无论中国或日本,《论语》一般被视为伦理道德方面的书籍。明治维新以后,不少日本学者开始试图从多种角度从新审视《论语》。譬如,东洋史学家宫崎市定,尝以史学家的治学角度,将《论语》视为史料,基于文本批判,辨析中国经学史以及中国历史上孔子地位的变迁。[②] 对于东洋史学家而言,凡文献皆为史料,即使作为儒学经典的《论语》亦不例外。再如,中国思想史学家武内义雄,通过考订《论语》文本的篇章字句,究明《论语》的源流,明晰先秦儒学展开的经纬。[③] 对于思想史学家而言,《论语》既为哲学、思想的书籍,亦为思想史学研究中不可或缺的史料。那么,作为中国文学研究之第一人的吉川是如何审视《论语》呢?

> 我(吉川)通常将《论语》视为诗歌。
>
> "……天言何哉?"真是非常美妙的文章。此章位于《论语》的结尾部分,历史学家讨论《论语》的成书,常置疑此章。但无论如何,文章本身的确非常美妙。再者,《论语》开篇"子曰:'学而时习之,不亦说乎。'"中"不亦说乎",不乏稳健又极富说服力。"有朋自远方来,不亦乐乎",节奏骤然一变,表现远方的朋友来到时,高兴得似乎要和"有朋"一起欢呼雀跃的心情。但是,不被人理解时,亦不愤怒。此处,文章的节奏继续延伸,进而缓缓道出"人不知而不愠,不亦君子乎",实在是非常美妙的文章。
>
> 我(吉川)所喜爱的正是《论语》这般美妙的文章。中国古典中,《论语》是最美妙,最有名的文章。[④]

吉川五次强调《论语》的美妙,不难看出,其自身既已为之所倾倒。吉川认为,《论语》中虽有与史实不符之处,作为史料须谨慎甄别。但另一方面,《论语》完全可视为中国文学的一种,绝不能否认其文章的美妙,绝不可否认其具有的文学性。对吉川而言,《论语》是诗歌,其中洋溢着中国文学的独特魅力,是中国文学的典型。笔者认为吉川对《论语》的赞美,源自其作为中国文学研究者的审美眼光与审美角度。可以说,从文学者的审美角度,捕捉《论语》文章的美妙,发掘其文学性,是为吉川研究《论语》独特的观点。

---

① 吉川幸次郎:《尚书正义·译者序》,岩波书店1940年版,第17页。
② 宫崎市定:《论语の新研究》,岩波书店1974年版。
③ 武内义雄:《武内义雄全集》(第1卷),角川书店1978年版。
④ 吉川幸次郎:《吉川幸次郎全集》(第5卷),筑摩书房1970年版,第314页。

1.《论语》的文学性

一般根据《汉志》认为,孔子故去不久,孔门弟子开始编纂《论语》,盖成书于孔门二代或三代弟子之后。但吉川以为:"即使《论语》编纂于孔子故去以后,孔子的口吻却完好的保存于《论语》的字里行间。"① 即,虽然《论语》成书于孔子逝去之后,但编纂者却在极力模仿孔子的音容语气。就此,吉川以《学而篇》第一章为例,进行详细的解说:

> "不亦说乎""不亦乐乎""不亦君子乎"中的"不",均可英译为"Is it so not?"带有强烈敦促对方同意的语气。助词"亦",颇具柔软性、圆滑性,充分缓解了"不"的强烈语气。全句的意思为"如何？愉悦吧。""如何？快乐吧。""如何？很绅士吧?"。既在敦促对方同意,亦留予对方判断的余地,强烈和宽容的语气相伴。这说明《论语》的编撰者在极力模仿孔子的口吻。即使《论语》的行文和当时口语有所出入,亦可视其为美妙的散文。②

《学而篇》第一章中孔子言语的特征在于,并非直接的叙述,而是以反问的句式,口语的语气,间接道出观点。正如吉川所言,"亦"缓和了"不"带有的强烈语气,敦促对方同意的同时,亦留给对方思考的空间。强烈和宽容相结合的语气恰恰和孔子的口吻相吻合。孔子作为思想家和教育家,其高尚的人格备受后人崇仰。试问孔子之言语焉能一味地表达敦促之意,或一味地征求对方意见？由此可见,《论语》的编撰者在极力模仿孔子的口吻。此外,吉川还强调,《论语》的文章亦可视为散文。即明确指出《论语》作为文学作品,在体裁方面的特色。

2.《论语》语言的节奏

吉川认为《论语》是独具魅力的文学作品,经常赞美其文章的美感。譬如,其于"庆应义塾小泉信三纪念讲座讲演"中尝说道:

> 《学而篇》第一章的言语,不但稳健,而且颇具说服力。我(吉川)习惯用汉语朗读这段文章……读至"有朋"时,节奏极具动感……其后,文章的节奏继续延伸,从而缓缓道出"人不知而不愠,不亦君子乎"。实在是非常美妙的文章。③

吉川再次用《学而篇》第一章为例,说明《论语》文章的美妙。其中,"节奏"一词反复出现两次。那么,所谓"节奏"究竟何所指？对此,吉川尝与题为《言语のリズム》的演讲中,详尽讲解:

---

① 吉川幸次郎:《吉川幸次郎全集》(第5卷),筑摩书房1970年版,第102页。
② 吉川幸次郎:《吉川幸次郎全集》(第5卷),筑摩书房1970年版,第102页。
③ 吉川幸次郎:《吉川幸次郎全集》(第5卷),筑摩书房1970年版,第314页。

> 我(吉川)研究的是中国语。既然是语言,必然具有声音。声音并非单独存在,而是若干单词的连结、重叠和流动。大抵而言,单词是不存在的。其虽然单独存在于字典中,但实际的语言却是单词的连结、重叠和流动。所以,实际的语言具有一定的节奏。①

吉川认为,作为声音语言的中国语,由若干单词组成,必定依照一定的节奏,从口中道出。众所周知,《论语》是以春秋时代的口语体编纂的孔子言行录。既然是口语,文章、语言势必具有一定的节奏。对此,吉川同样以《学而篇》第一章中"有朋自远方来"一句的句读为例,更加详细地加以解说:

> "有、朋、自、远方、来"为传统的句读。挽近,武内义雄和贝冢茂树提出了新的句读方法。武内主张读为"有朋、自、远方、来",即将"有"视为"友"的宛字。而贝冢则主张读为"有朋、自远、方来"……在我(吉川)看来,此两种读法,皆逊色于传统句读。按照传统读法,以"有""朋"二字开始发音,再轻声道出"自",其后大声强调"远方"二字,最后以"来"字收尾。如此,声音的节奏最为得当。而武内连读最初的"有朋"二字,节奏颇为混乱;贝冢的读法可视为两音节的三度反复,节奏过于平淡单调。我(吉川)认为,语言、声音的节奏和文章的意思相关联,声音的节奏通常都在强调文章表达的意思。由此看来,传统的句读是最美妙,最妥当的。②

众所周知,句读的不同,往往会导致文章解释的相违。就文章的解释而言,难以断言传统读法和武内、贝冢新读法的优劣。但就节奏而论,武内的句读使文章的节奏混乱;贝冢的句读,使文章的节奏过于单调。"有朋自远方来"之后为"不亦乐乎"。吉川译注的《论语》中,将"乐"解释为"突如其来的快乐"③。即,所谓"乐"并非单纯的快乐、欢乐,而是意料之外的快乐。而快乐的原因正是因为远方朋友突然间的到来。传统的句读恰到好处地表达这种突如其来、意料之外的意义。具体而言,"有"为动词,通过"you"的声音表达期待的意思。其后的"朋"为表示宾语的名词,通过"peng"的声音强调预想之外的意思。此盖为吉川所谓的"声音的节奏通常都在强调文章表达的意思"。而按照武内和贝冢的主张,"有"并非动词,而是与"朋"并列的名词,不能表达出突然性和意外性,即音声的节奏破坏了文章的潜在意义。

武内义雄是中国哲学家、思想史学家,贝冢茂树是中国史学家,二人的文献解读能力是毋庸置疑的,却皆忽略了《论语》文章的节奏。此盖为各自研究立场的不同所致。笔者认为正因为吉川于文学研究者的立场,将《论语》视为文学作品,才可能敏锐洞察《论语》文

---

① 吉川幸次郎:《吉川幸次郎讲演集》,筑摩书房1996年版,第189页。
② 吉川幸次郎:《吉川幸次郎讲演集》,筑摩书房1996年版,第198—199页。
③ 吉川幸次郎:《吉川幸次郎全集》(第4卷),筑摩书房1969年版,第19页。

章的节奏,并且将对节奏的理解,应用于《论语》的研究中。吉川曾译注《论语》,关于此译注本的特色,自身尝自负地说:

> 对原文节奏的理解,即为此书(吉川译注本《论语》)的特色所在,亦为被学界认可之所以。①

深刻理解《论语》文章的节奏,是为吉川《论语》译注的特色所在。由此可观吉川研究《论语》的独特姿态。

3. 从杜诗和俗文学的角度说明《论语》在民间的广泛普及

《论语》是古来最为广泛流传的书籍,从经学史的角度探讨《论语》的地位及普及状况,为学界的共同认识。譬如,狩野直喜尝通过明晰《论语》和六经的关系,说明《论语》于诸古典中地位的变迁。② 宫崎市定于辨析中国经学史的同时,详尽回顾了《论语》的流传、普及状况。③ 但狩野和宫崎所关心是,《论语》于知识分子阶层的普及,完全没有言及《论语》在民间的普及状况。而吉川则通过征引杜诗、元代法令集以及杂剧剧本,具体说明《论语》于民间的广泛性。

> 8世纪,杜甫漂泊至夔州的峡谷时,创作《最能行》,描绘当地人民的生活。诗中"小儿学问止论语,大儿结束随商旅"一句讲:行商之人辗转各地,其子弟只读《论语》。此为朱子学被立为官学以前的状况。根据元代法令集《通制条格》的记载,元代,《论语》作为普通国民教育的教科书,被大力推广至民间。

> 其实,政府大力推广之前,《论语》早已广泛流传于民间。有元杂剧剧本为证。杂剧本来是面向普通百姓的戏剧,其中很少引用古典。但《论语》却常常出现于杂剧的唱词、道白之中。譬如,《渔樵记》中的第三幕,刘二公子和行商者的对话中曾提到:村中私塾先生所读之书中,有"君子固穷"一句。"君子固穷"无疑出自《论语·卫灵公》。可见自元代始,至明清两代,《论语》作为乡间私塾的教科书,倍受青睐。④

《论语》于民间的普及状况,多为学者所忽略。而吉川却能从杜诗、政府法令以及俗文学的三个角度,加以考察。从杜诗的描写可知,唐代,以《四书》为中心的朱子学虽未成立,《论语》却广泛地流传于民间。朱子学确立为官学以后,《论语》当然作为国定教科书,应用于普通国民的教育。即使在元代,学问虽不为人所重视,政府依然将《论语》应用于庶民教

---

① 吉川幸次郎:《吉川幸次郎全集》(第4卷),筑摩书房1969年版,第736页。
② 狩野直喜:《论语孟子研究》,みすず书房1977年版。
③ 宫崎市定:《论语の新研究》,岩波书店1974年版。
④ 吉川幸次郎:《吉川幸次郎遗稿集》(第1卷),筑摩书房1995年版,第273—274页。

育。同时,元杂剧的唱词和道白中多有出自《论语》之语。故而可以说,《论语》是昔日各阶层中国人广为爱读的书籍,具有空前的广泛性、普及性。

历来的研究,虽亦言及《论语》的普及状况,但皆局限于知识阶层的范围内。而吉川却打破此种局限性,通过检讨杜诗、政府法令和杂剧剧本,精心梳理《论语》和普通中国人的关系,从而最大限度地说明《论语》的广泛普及。而杜诗和元杂剧皆为吉川最得意、最自负的研究对象。其尝以《元杂剧研究》获得文学博士学位,又以杜诗的研究,被誉为"杜甫千载之后的异国知己"[1]。由此可见,中国文学研究者的研究立场,成就了吉川《论语》研究的特色。

三、结论

综上所述,吉川《论语》研究的特色大体可概括为以下几点:

首先是对"仁"的解读。从中可以洞悉儒家以人为本的精神、孔门的学问论和政治论,从而把握儒家思想的特质。

其次,吉川的学问圆熟于日本近代中国学的学风之下。可以说,实证主义的治学宗尚始终贯穿于其学问生涯之中。吉川主张"诚实地理解中国","诚实"二字恰好体现了其治学的宗尚。吉川的《论语》研究中,洋溢着浓厚的实证主义色彩,是日本近代中国学学风的具现。

最后是吉川作为文学研究者所特有的观点。对《论语》的审美、说明《论语》的文体、文章的节奏,以及从杜诗和俗文学的角度探讨《论语》的广泛普及性等,皆为中国文学研究者立场上的独特观点,于当时的学界,极具新意。

此外,吉川的《论语》研究对后学的影响深远。譬如,金谷治(1920—2006)著作《论语の世界》时,将吉川译注的《论文》作为重要的参考文献。[2] 吉川的译注本《论语》,以其对原文节奏的理解而著称,可见基于文章节奏的理解,解释古典的方法,颇值得借鉴。又如,下定雅弘于《"论语"の文章》中指出散文的文体和其所特有的节奏变化,使得《论语》的文章能够曲折间接的表达意义。[3] 可以看出,下定继承了吉川关于《论语》的文体,特别是关于文章节奏的学说。总而言之,吉川关于《论语》的论著,是中国文学研究者独特的研究,于日本近代的《论语》研究史上具有重要的意义。

---

[1] 连清吉:《日本京都中国学与东亚文化》,台湾学生书局2010年版,第160页。
[2] 金谷治:《论语の世界》,日本放送出版协会1970年版,第197页。
[3] 下定雅弘:《"论语"の文章》,见《论语の世界》,中公文库1992年版,第82—85页。

文献研究的时序

淡江大学 周彦文

一、前言

所谓时序,指的是一个时间观念的文献研究角度。文献的产生,固然受到当下时间点的时代文化环境或是学术现况的影响,但是在文献流传的过程当中,时间上的差异可以对文献制造出不同的研究角度,也因而使文献产生不同的诠释或运用方法。这个当下的"时间点",以及流传过程中的"时间差",可以视为文献研究的一个切入点。

通常我们在谈到文献的产生,都会提到文献问世的时间。但是文献出现的时间点,却是一个很模糊的概念。这要分两方面来思考:一是文献产生的时间,二是文献被诠释的时间。就前者来说,文献的产生又应分别问世时间与流传时间的不同;就后者而言,每个时代对不同文献有不同的运用方法及诠释角度。这些分别,都构成了文献研究上的"时间差"。我们要先厘清文献研究上的时间差,才能对文献做出正确的认知与解释。

如果在从事文献研究时,要先分辨时间点及时间差;那么相对的,时间点及时间差即可以成为观察文献现象的一个切入角度。也就是说,时序的概念,可以是一种文献的研究方法。

二、从时序观念看文献现象

大多数的文献,其编撰者及编撰时间是确定的。若将这些作者及编撰时间明确的文献称之为"绝对时间点",则文献研究时应要注意的还有与其相对应的、有时间差的时间点。本文在此姑且称之为"对应时间点"。

对应时间点可以由各种不同的面向呈现。这些不同的面向,就是我们利用时间差所找寻的研究切入点。例如说,"诠释时间"就是"创作时间"的对应时间点。像《诗经》的创作年代大抵是西周,但是诠释《诗经》始于汉代,所以就《诗经》而言,汉代就是它的对应时间点。而且,宋代又在汉代的基础上诠释《诗经》,清代又在宋代的基础上继续论释《诗经》,而其学说又各不相同,所以它们之间又互为《诗经》诠释上的对应时间点。

同一体例但是有不同的取材方法或内容的,也可以互为对照。以专类文献为例,如类书,我们知道最早出现的时间点是曹魏时期的《皇览》,唐代也有类书,后来到了宋代以后逐渐兴盛,等等。这些确定的文献史实,都属于绝对时间点的范畴。但是宋代的类书与清代的类书,虽然都因体例相同而皆称之为类书,但是其内容却是大异其趣。因此在相互比较时,每一个时期的类书都为其他类书的对应时间点。

在研究上有延续性的文献最容易呈现这种现象。例如伪书,伪书若已被考证出实情,则作伪者的编撰年代是一个绝对时间点;被它冒名的人的所属时代是一个相对时间点;文献内容被指涉的年代也是对应时间点;而注意到它的真伪、进而从事考证辨伪的年代,又是另一个对应的时间点。所以伪书的研究角度,不止在于文献的真伪,其他的对应时间点,也是研究的切入角度。例如《四库全书总目·尚书正义》二十卷条说:

> 旧本题汉孔安国传。其书至晋豫章内史梅赜始奏于朝。唐贞观十六年孔颖达等为之疏,永徽四年长孙无忌等又加刊定。孔传之依托,自朱子以来递有论辩。至国朝阎若璩作《尚书古文疏证》,其事愈明……①

是则《尚书》的研究,其绝对时间点是梅赜作伪的晋代,而对应时间点,则有孔安国的汉代、文献内容所托的三代,以及辨伪的宋代及清代。晋代、汉代、三代的人,思想不可能一样,所以其间的差别,便是我们研究的切入点。而宋代及清代的学者为什么会对《尚书》加以考辨,必定是有该部文献在当时受到重视的背景因素,因此,这个对应时间点也是我们的研究切入点。

同理,在编撰或创作上有延续性的系列文献,对应时间点也是研究时要留意的议题。例如改写系列的文献,就应该留意原型出现时间、代表性著作写定的时间,以及被改写或续写的时间。以《西游记》为例,早在南宋时就有《大唐三藏取经诗话》行世②,明代时,此一系列具代表性的著作《西游记》行世,到了清初以后,则有后续的作品如《续西游记》《后西游记》等书。所以就《西游记》而言,南宋、明代、清代三者,互为对应时间点。我们在研究此一系列的文献时,即应思考为何在这三个时间点上出现这一系列的文献,是因为时代背景,还是编撰体裁,还是学术思想影响所致?

系列性的文献还时常有后续诠释以及续补的形态。前者例如《西游记》,到了清朝时

---

① 引自永瑢:《四库全书总目》,中华书局1965年版。
② 郭箴一著《中国小说史》第六章论及《西游记》时,认为《西游记》"与《大唐三藏取经诗话》完全无关",但胡适的《中国章回小说考证》却认为《大唐三藏取经诗话》"确是《西游记》的祖宗"。按本文所征引的各种文献,都只是在说明文献的现象,故本文中对于各书的传承、版本源流等问题,皆不再做讨论,只取其大概以辅助说明而已。

有汪淇、黄周星的《西游证道书》,悟一子的《西游真铨》,悟元子刘一明的《西游原旨》,等。这些诠释性质的后续文献,把《西游记》解释成道教的修炼典籍,认为书中暗藏了成道成仙的修炼方法;后者如《汉书艺文志拾补》,姚振宗所补的汉代文献,其部类与原作并不相合。① 这些差距,是由时代环境、学术思想演变等多重因素所构成的,而其根本的肇因,即在于文献构成时的时间差。

以上所举,都是具体以书籍形式所呈现的时间差文献现象,但是某些献篇章内的段落,也可以提供我们时间差的思考。例如《史记·货殖列传》说:

> 关中富商大贾,大抵尽诸田,田啬、田兰。韦家栗氏、安陵、杜杜氏,亦巨万。此其章章尤异者也。皆非有爵邑奉禄弄法犯奸而富,尽椎埋去就,与时俯仰,获其赢利,以末致财,以本守之,以武一切,用文持之,变化有概,故足术也。

这一段话到了《汉书·货殖列传》中的记载就有所不同:

> 关中富商大贾,大氐尽诸田,田墙、田兰。韦家栗氏,安陵杜氏亦巨万。前富者既衰,自元、成讫王莽,京师富人杜陵樊嘉,茂陵挚网,平陵如氏、苴氏……此其章章尤著者也。其余郡国富民兼业颛利,以货赂自行,取重于乡里者,不可胜数。故秦杨以田农而甲一州,翁伯以贩脂而倾县邑……皆越法矣。然常循守事业,积累赢利,渐有所起。至于蜀卓,宛孔,齐之刀间,公擅山川铜铁鱼盐市井之入,运其筹策,上争王者之利,下锢齐民之业,皆陷不轨奢僭之恶。又况掘冢搏掩,犯奸成富,曲叔、稽发、雍乐成之徒,犹复齿列,伤化败俗,大乱之道也。

这段叙述显然是从《史记》增补而来,但是同样记载西汉时期的商业情形。《史记》用的是正面的观点,而《汉书》则用负面观点。这期间的差异,或是《史记》《汉书》的编撰者自身观念的差别,另外还有一个可能性,则是西汉前后期社会政治上对商业行为的观念转变。无论是何者,这两种文献上的时间差,都提供了我们思考的空间。

甚至,有时同一个时间点上也会有文献上的对应性,即同时代的对立面文献。也就是说,时间差的思考,同时可以提醒我们在同一个时间点上的相对问题,这是以时间点考察文献的另一重意义,也是我们在以时序观研究文献时应要留意的情况。而最早出现新说时,往往会有对立面的存在。例如曹丕在《典论·论文》中首倡"以文学取代儒学地位"②,在当时,这是一个新建构的文学观念;而同一时期的曹植《与杨德祖书》,则仍以仁义、大义

---

① 参见拙著《文献学概念下的目录学论述》,收录于《井上义彦教授官纪念论集——东西文化会通》,台湾学生书局2006年版,第153—166页。
② 参见青木正儿:《中国文学思想史》,郑梁生、张仁青译,台湾开明书店1977年版,第41页。

为尊。这样就构成了同一时间点上相对立的两个考察系统,对照系因而成立。

三、时序观的研究面向

从时序观来研究文献,要留意的是时间点或是时间差所构成的研究角度。根据上述的现象,我们可以试着以举例的方式,提出几个可以由时间观点来思考的研究面向。

首先,文献出现的时间点,有其整体性的背景因素。或许我们可以因此考察文献和时代背景之间的互动机制,以确定文献的属性,并进而依属性开展文献的研究角度。例如日本学者酒井忠夫因由"日用类书"的编纂,认为明代是庶民教育和庶民文化兴起的时期。[①] 又如明代成化年间八股文成定式,而官方出版的"五经大全"即为制式的教科书。与此同时,出版界也于成化年间开始大量刻印时文,并促成和政府对立的学说在出版品中出现。是以此一时间点上在民间出版的科考用参考书,它们对经书的诠释与评点,是具有对官方认可的传统注释加以变革的性质。[②]

其次,学术理论或是某学派学说的建构,与该时间点上出现的文献有联系性。例如王铁《汉代学术史》中,认为在司马谈的"论六家要旨"中,只有对道家有好评[③];但王铁认为司马谈所论的并不是原始道家,而是"淮南子式的道家"。[④] 按司马谈"论六家要旨"是后世考察先秦学术很重要的依据,而且是属于早期的整合性观点。如果王铁所论是正确的,那么在汉代时道家就是处于学说分裂的时间点上。与这个学说相对应的文献,即为司马谈"论六家要旨"。因此,当文献的诠释出现歧义时,处理的方法,就是找到最早开始分歧的时间点。当然有时是定义问题,可是有时是时间差的问题。

再次,同一个时间点上的作者和诠释者,或有相同的知识,此为后人所不及者,亦或有后人所不知者。例如陈洪在《论西游记与全真教之缘》一文中[⑤],认为明清两代的解读者与西游记作者同时代,在同一文化体系中,思维方式接近,所以他们可以读出另一些东西。陈洪先生根据这个观点推论,认为《西游记》在漫长的成书过程中,必定有一个"全真化"的历程。虽然这篇论文最后并没有确实的指出这个过程是什么,但是他的观点值得我们思考文献的时序性。同时,如果我们根据这样的观点继续推论,则春秋时期外交上用《诗经》断章取义、《春秋》的微言大义、汉儒说诗、汉赋的劝百而讽一、小说如《觉后禅》的意义由淫书转为劝世之作……我们现在看来不合理的现象,其实在当时可能都是当时人可以听得懂、看得懂的事。

---

① 参见吴蕙芳:《万宝全书:明清时期的民间生活实录·绪论》,"国立"政治大学历史学系2001年版,第8—12页。
② 参见沈俊平:《举业津梁:明中叶以后坊刻制举用书的生产与流通》,2007年新加坡国立大学中文系博士学位论文。此书2009年6月已由台湾学生书局出版。
③ 钱穆先生也认为"司马谈的最后结论是佩服道家的"。见钱穆著:《中国史学名著》,三民书局1973年版,第75页。
④ 王铁:《汉代学术史》,华东师范大学出版社1995年版。司马谈《论六家要旨》,见《史记·太史公自序》。
⑤ 陈洪:《论西游记与全真教之缘》,载《文学遗产》2003年第6期。

最后，因为时间差的关系，时间的排序是我们研究文献时应要运用的一种方法。例如顾颉刚提出的"层累造成的古史说"就是最好的一个例证。① 顾氏看到"时代愈后，传说的古史期愈长"的现象："周代人心目中最古的人是禹，到孔子时有尧舜，到战国时有黄帝神农，到秦有三皇，到汉以后有盘古等"。

从这个例证，我们可以看出文献生成的时代，是可以影响文献的叙述内容。像顾氏这样从时序与文献呈现顺成长的现象，看出其中有不合理之处，其实是十分特殊的。就常理来说，时间顺序和文献的成长应是逆向的。也就是说，时代愈后，文献应该流失的愈多。但是我们从实际的文献现象上来看，许多文献却是时代愈后，实质数量反而愈多。例如西汉时期的东方朔，就是一个典型的例子。

东方朔事首见《史记·滑稽列传》，书中只说他"多所博观外家之语"。异事只有一件："建章宫后合重栎中有物出焉，其状似麋"，只有东方朔识其名为"驺牙"，为"远方当来归义"之象，后一年，"匈奴混邪王果来降"。在《史记》的结局中，东方朔是病死的。② 到了《汉书·东方朔传》，载武帝数使东方朔"射覆"，即猜掩盖起来的物件，东方朔连中数物。其事迹比《史记》多，但是并未提到东方朔的结局。《汉书》本传的结语说："凡刘向所录朔书具是矣，世所传他事皆非也。"传末赞语说："朔之诙谐逢占射覆，其事浮浅，行于众庶，童儿牧竖莫不眩耀。而后世好事者，因取奇言怪语附着之朔，故详录焉。"颜师古注说："谓如东方朔别传，及俗用五行时日之书，皆非实事也。"可见到了后代，东方朔的传说故事已大幅增长，而且附会为东方朔所作的著作也日渐增多。尽管从班固到颜师古都说除了刘向著录之外的书都是假的，但是附会为东方朔的故事，以及挂名东方朔撰的传世文献还是很多。

如魏晋间人所撰的《汉武帝内传》中，就说"朔是木帝精，为岁星，下游人中，以观天下"，其结局则是"其后东方朔一旦乘龙飞去，同时众人见从西北上冉冉，迎望良久，大雾覆之，不知所适"。③ 这样的结局和《史记》所载南辕北辙，而两者的时代也相差了四百年左右。至于题名为东方朔撰的文献，除了真正可信的东方朔的文集外，目前传世的尚有：《灵棋经》二卷、《神异经》一卷、《海内十洲记》一卷。另外，显然曾经流传于唐代以前但现已不存的著作，则有《东方朔传》八卷、《东方朔岁占》一卷、《东方朔占》二卷、《东方朔书》二卷、《东方朔书钞》二卷、《东方朔历》一卷、《东方朔占候水旱下人善恶》一卷等。

我们若是从时序的观点来诠释这个现象，我们可以看出东方朔的案例证明顾颉刚"层累造成的古史说"，是同样适用于古史以外的其他文献的考察。这种"层累"现象，在文献的发展过程中是常见的事，重要的是，我们该如何去看待它。从理论（时序的观念）上来

---

① 参见顾颉刚撰《与钱玄同先生论古史书》。原文作于民国十二年二月二十五日，刊登于民国十二年五月六日的《努力》增刊《读书杂志》第9期。现收录于《古史辨》（或名《中国古史研究》）第一册。
② 见《史记》第162卷。文渊阁本《四库全书》，以下同。
③ 木帝精事见载于《初学记》，今本无此条。按《汉武帝内传》旧题班固撰，《四库全书总目》考证说"殆出自晋间文人"。本文采用《四库全书总目》的说法。

说,时间的先后与文献的多寡是逆向发展。例如东方朔的资料,因为逐渐流失的原因,越到后代应该越少,才是正常的现象。如果文献越来越多,则就是有疑虑的地方。在东方的朔的例子中,《汉书》的资料比《史记》多出很多,就是可疑之处。

但是时间的先后与思想的累积则是正向的发展,亦实时间越向后,思想越发达。王瑶先生在诠释东方朔的文献现象时,就认为:"如同儒家称道尧舜一样,方士选择汉武帝为理想化的标准人物,并且选东方朔为其辅佐。"①换言之,时间越向后,方士的思想越发达。在此条件下,文献才有可能被层累式的托名创作。

这种托名创作的"伪书",被指涉的时间、创作的时间,以及辨疑的时间,可能分别代表了该思想体系的起源时间点、兴盛时间点,以及重新诠释的时间点。以东方朔或方术思想而言,此三时间点即分别为西汉、六朝、清代。这样的思考,提醒我们在做文献研究时,一要厘清时序,二要结合学术环境。

而从这样的研究角度向下延伸,文献的时序观又和学术考证有相互印证的关系。叶庆炳先生所编《中国文学史》中即云:"七言诗的成立,传云为柏梁台诗,但是官名史事皆不合,不悟时代之乖舛也。"②司马迁是太史公还是太史令的争议,源于《汉书·百官公卿表》,但是该表撰成的时间点是在汉宣帝以前或以后?③这些都是时序与考证的相互关系。

我们可以再试举一个以出土铭文考订古文献的例子作为佐证:曹玮在《周代善夫职官考辨》一文中说,"20世纪60年代中期,陕西省博物馆征集了一批铜器",其中有"善夫山鼎一件","其来源据说是解放前在麟游、扶风、永寿交界处(即扶风北岐山一带)的某沟出土"。曹玮由此件器物,发现古文献中所谓"膳夫"颇有疑义。曹氏认为《诗经》中所载的膳夫与卿士、司徒、宰等职并列,地位较高;《左传》中的膳夫石速也是大夫",这些都与西周铜器上的铭文相吻合的。可是"《周礼》膳夫职是主司王和后、世子的用膳的总管,从属于冢宰,爵位只是上士,与前比较地位有一定差距"。这其中的关键,就是在文献的构成时间点。曹氏认为,《周礼》一书的成书年代,以东周时期一说较为符合实际。从对西周金文的考证,曹氏认为西周时"善夫主要掌管宴、飨(飨)等礼仪活动的用膳",但是"这种情况大概到了东周以后发生了变化,善夫由主管礼仪性质活动用膳的职官逐渐变为主管王或诸侯用膳的内侍官,并成为《周礼》作者所依据的蓝本"。前者职位较高,是大夫;但东周以后则降为上士。所以曹氏的结论是:"文献因成书年代早晚的不同,记述的内容也有相互抵牾之处。"④

这个案例有趣的地方,即在于经由考证文献的年代以考证史事。曹氏认为《诗经》《左传》中的记载,与《周礼》是相互抵牾的,原因是成书年代的早晚。亦即前两者是正确的原

---

① 王瑶:《中古文学史论·小说与方术》,长安出版社1986年第3版,第175页。
② 叶庆炳:《中国文学史》,台湾学生书局1987年版,第121页。
③ 参见钱穆:《中国史学名著》,三民书局1973年版,第93—96页。
④ 曹玮:《周原遗址与西周铜器研究》,科学出版社2004年版,第195—202页。

始职掌,后来虽然抑或不误,但是改变过。可是《周礼》没有把这改变记录下来,以致会使后人误以为善夫一直是在当王侯的用膳总管内侍官。所以较早的文献,与后来的文献,看来是抵牾的。

这个案例告诉我们成书年代与文献内容的关系,而且,不一样并不表示一定有一方错误,可能反而是写作时代的真实情况的反映。像《诗经》《左传》没有错,《周礼》也没有错,相互抵牾,是因为写作时代不同,各自反映时代罢了。问题是,如果曹氏对于《左传》及《周礼》的成书年代如果认知有误呢?是否就表示曹氏考证的结果有误?或者,就算曹氏对《左传》及《周礼》的成书年代认知有误,仍不会改变考证的结果?

我们若是抽离文献成书年代的事,其实可以把问题简化为:同样一个名词,在不同的年代,其意义未必是相同的。就这个简化后的观点来说,时序观点不仅是文献成书年代的问题,同时也是文献内容的问题。文献内容的构成,有时固然是开创,但是有时却是延续性的。这种延续性的内容,时序就是解析的关键。

四、结语

"绝对时间点"与"对应时间点"的思考,告诉我们在研究文献时,要留意"时间点"及"时间差"所带来的问题。

其实,我们若是从时间的概念来思考文献问题,很容易看出大多数的文献其实在时间流程上都是属于"后制作"的。例如除了原始性质的史料,凡是被写定的历史都是在发生后才被人以不同的取材角度及体例编写而成。所以只要是纪录性质的文献,我们在阅读并受到文献内容的影响时,其实不是看到事件发生时"绝对时间点"上的真相,而是经由"时间差",只看到"对应时间点"上"后制作"出来的文献。同时,在阅读文献时,只要我们接触到任何的诠释,甚至只是自己对原典的诠释,就都构成了文献上的"对应时间点"。而能产生任何学术作用的,就是这个"对应时间点"。

所以伟人传记的撰成,一定在传主成为伟人之后。既然如此,那么传记的取材和笔法,是否完全可以信赖,就值得我们再思考。晋宋间人范晔撰《后汉书》,始立《文苑传》。但是魏晋以后文学才有独立的生命,后汉时还没有。那些《后汉书·文苑传》中的传主,是魏晋以后定义的"文人",还是后汉时代的"文人"?如果这些伟人或文人的言行对后世产生了某些影响力,那么这些影响力也是在文献被"后制作"出来之后才产生的。即便是看来客观存在的出版品,其实它产生影响力的时间,并不是在原典撰成的年代,而是出版甚或是广为流传的年代。成书年代有其文献学史或是学术史上的意义,但是出版及流传的年代则是影响力发生的年代。文献之"付诸梓",只是用出版行为来诠释了作品的时代意义。可是就事理的逻辑来看,后代的认知,应该是不能取代人物与事件发生时期的认知的。所以,为什么现在我们认为在诗学中地位很高的陶渊明,在梁代钟嵘的《诗品》里只被列入中品？为什么唐代人所编选的唐代诗集中,有很多显然当时是颇受重视、被选进诗集的人,在现行的文学史中却有多人不见词组只字？这些问题,如果用时序观来解释,都是可以得到解答的。

宫崎市定的东洋近世论

——宋代是中国文艺复兴时代

长崎大学 连清吉

一、问题提起：历史学的任务是探究历史发展的新公式

宫崎市定所著《东洋的近世》①主张历史学的任务是在探索历史发展的新公式，而不是以既成的公式梳理历史的事实。历来在架构世界史的体系时，大抵采取西洋为主、东洋为从的立场。然而综观世界史的事实，西亚波斯帝国是世界史上首先出现的古代帝国，其次是中国的秦汉帝国，最后是西洋的罗马帝国。象征近世的文艺复兴（Renaissance）也先后出现三次，首先是8世纪在西亚发生，其次是10—11世纪的中国宋代，然后是14—16世纪的欧洲。以东西洋对等的观点，才能客观详实地厘清历史发展的事实。至于世界史的轨迹，也不是东西世界各自发展形成，而是相互交涉影响的历史循环。宫崎市定以景气变动的观点，强调波斯帝国的衰微是受到欧洲政治和军事势力压制攻击的结果，其后西亚的经济力又夺取了罗马帝国的繁荣，黄金银块逆流东方的现象逐渐显著以后，形成日耳曼民族的大移动，欧洲也因而进入中世的黑暗时代。至于中国秦汉帝国的兴隆也是周边各国金块流入的结果，然而中国金块传统价格的低廉则是造成黄金流出的原因，由于黄金持有量的不足，三国以后的中世，在货币稀少的情况下，经济极为不景气，出现以物易物之货物交换的退倒现象。②

走出中世经济不景气而迎向近世新时代的关键是文艺复兴。至于文艺复兴的发生，根据后藤明《イスラムの都市性》的记载，中东回教地区都市的存在即能说明西亚近世文

---

① 《东洋的近世》一文，首先由教育タイムス社于1950年11月出版，其后分别收入《アジア史論考》（上卷），朝日新闻社1975年版；《東洋における素樸主義の民族と文明主義の社會》，平凡社东洋文库1989年版；《宫崎市定全集》（第2卷），岩波书店1992年版。本文以东洋文库版为底本而论述。
② 宫崎市定于景气变动史观的论述，参见宫崎市定：《自跋集（一）·中国史》，岩波书店1996年版，第8—14页。

明的发达和经济景气的事实。① 宋代于自然科学之所以能飞跃的进步,或许是西亚回教都市文化东移到中国,而在中国开花结实的结果。至于欧洲的文艺复兴则是东西交通下的产物,受到中国近世文化的影响与东西经济贸易往来的结果,才促进欧洲近世文化的形成。此即宫崎市定强调宋代是东洋的近世和东洋近世在世界史上之意义的所在。

二、以东西交通的观点重构世界史的体系

交通是历史发展的关键之一。历史地图所描绘的国境线,可从交通干线解读其历史的意义。如长城之所以连绵万里,横贯中国领土,是因为长城南侧存在着中国通往西域的交通动脉,因此修筑延伸到遥远西方的万里长城,并且于细长的沙漠中,设置郡县,俾与西域诸国交通往来。又如西夏虽是西僻小国,由于位居交通要道,宋朝连年出兵征伐。以故,中国史书记载着西夏的存在。至于西藏和云南大理国的富力远在西夏之上,其存在却被忽视遗忘。史上留名与否,交通是决定性的重要因素。②

人类文化由于交通而发达,某地的发明不但由于交通而为全体人类所共有,也由于受容融合而创新。宫崎市定强调,文化因时间空间而有先后兴衰,地域文化的水平与交通的质量成正比。闭关自守的社会,其文化必定停滞不前。德川幕府的锁国政策,太平洋战争的数年孤立,使日本成为世界的落伍者。再者,文化发达必须要有据点。古来世界交通要津,虽然文化物资交易畅通,由于缺乏积蓄蕴藉,其文化未必繁盛。如草原沙漠地带的游牧民族,虽然是文化的媒介、交通的使者,其文化未必兴隆。就逐水草而居的生活方式而言,物资的囤积堆累毕竟是极重的包袱,因此,文化的累积得待营为定居耕种之农业民族的出现才能实现。唯分散的农村未必能蓄积丰富的文化,密集的都市,如政治或商业的中心才是文化会聚发展的基盘。

文化物资最初定着于政权所在的政治都市,即使交通不便,由于政权的庇护,不但物资集中,交通干线也辐辏交集于朝廷所在的都城。所谓大道通长安,即帮助以中国为中心之东洋古代到中世的社会文化现象。长安是秦汉以迄唐代的都城,除了关中天然要塞可以防卫江山的地理条件以外,交通也是定都的主要因素之一。古代以来,世界交通干线是以天山南路为孔道,而连络东亚和西亚,长安即位于西方进入中国中原的关口。换句话说,长安是东西贸易的陆路港口,中国特产集聚长安,经由西方商人转卖欧陆,外国商品在长安卸货,散布中国全土。此横贯亚洲大陆的陆路交通,由长安向东延伸,经洛阳下黄河而出渤海,再跨海到朝鲜和日本九州岛北部。

交通发达以后,交通路线上四通八达的所在,便成为商业都市,又由于物资转运交易

---

① 收载于《古代史を語る》,朝日选书1992年版。
② 宫崎市定:《东洋的近世》,平凡社东洋文库版,第199—200页。

之经济重要性的剧增,朝廷实施特别的保护措施,商业都市也同时是政治都市。五代北宋以后,中国国都自长安、洛阳迁移至开封,正是着眼于商业发达和交通便利与否的要素,这也显示出宋代社会重视商业和交通的近世性格。

东亚和西亚的交通路线,除横断亚洲大陆的北回陆路交通之外,近世以来,又有南方海上交通的航路。长江以北缺乏良港,海岸与陆上聚落距离遥远,加上海上风波危惧,海路交通不甚发达。然而长江以南的浙江福建的海岸弯曲,不乏避风的港湾,大军输送的记录,古来有之。至于海路贸易的发达则是以广东为起点的南洋航路,由广东出发,途中停泊占城,补给薪粮,一路南下马来半岛,到达新加坡,然后航路二分,东南经爪哇到香料诸岛,或西进马六甲海峡,出印度洋,横断波斯湾到达西亚南部。

连结东西亚南北海陆交通航线的是大运河的开凿。北起白河,纵贯黄河、淮河、长江,南至钱塘江口之完备的水路网,不但促进中国南北交通,更具有发展世界交通贸易的重大的意义。由长安下黄河到开封,转乘运河船舶而抵达杭州,再南下浙闽海岸而到广州,然后经由南洋航路而通达西亚。中国遂成为世界交通网路的重要据点。大运河机能发挥的唐代,大食、波斯的商旅不仅到达长安、广东,也往来甚至居留于运河的通衢和长江江畔的扬州等地,进而促进商业贸易的兴隆。中国近世以来,大资本商业经营的手法,或取法于旅居中国的波斯商人的智慧。

五代的政治分裂,意味着交通路线的分割和国内经济市场的再分配。由于海运与内陆水路的发达,五代诸国竞相推行富国政策,致力于产业的振兴,造成地方特有产业的勃兴,如西蜀、江南的制茶业、制纸业和制陶业的发达而驰名海内外。宋代政治统一的同时,国内经济市场也再统一。地方发达的特殊商品,经由以运河为大动脉的水路网而运搬转卖到境内各地,五代诸国的国都虽然失去政治中心都市的意义,却依然以商业都市而持续发展,尤其是唐代以来,运河沿线上的商业都市发展更为快速,而成为财富蓄积的所在。

中国古代政治经济中心在所谓关中的渭河盆地,关中位居山间盆地,土地高敞干燥,适宜开发。秦汉之所以建都长安,主要是由于关中的农业资源。唐代以来,关中的经济价值到了极限,因为黄河和长江下流冲积平原的开发,关中的地位相形降低,再者,关中的农业生产无法不虞匮乏的供应长安都城广大人口的需求,而必须仰赖运河漕运长江下流米粮生产的补给。在食粮南北运送上,苏杭地带生产的米粮可以顺利地直通运河和黄河交接的开封,至于开封以西,由于运河和黄河水位高低有所差异而难以顺畅。五代以后,梁朝之所以迁都开封,即取决于经济与交通的优势。建都开封以后,运河与淮河交会的楚州,运河与长江交接的真州,江南食粮转送中心的苏州和运河终点的杭州盛极一时。南宋建都杭州以保持半壁江山,也是必然的趋势。因此,宫崎市定强调,宋代以后是以运河为中心的时代,中国社会的中心运移到运河沿线,与商品经济、货币制度和科学技术等社会情势互为因果而形成近世的特质。运河的机能相于交通运输,运河时代即意味着商业社会的发展。近世以后,中国商业面目一新。农业生产的商品化,导致庄园制度的瓦解,商业都市的形成。再者,生产商品化而促成生产的分工化,生产分工而促进工业技术与科学知识的发达。又由于商业的蓬勃发展,货币制度也应运而成立,对应于货币商业社会发达的局势,政府的财政政策也因应变化。由于土地私有征税和商品生产专卖课税的结果,形成资本集中于商工阶级的近世社会的特质。[1]

三、宋代是中国文艺复兴的时代

宫崎市定主张文艺复兴的历史自觉是中世进入近世的关键。[2] 文艺复兴的历史自觉既是人类文化高度发展的结晶,中世长期停滞的必然趋势,也是社会进化的标准。换句话说文艺复兴不仅是思想飞跃的产物,更是在社会综合进步的基础上所形成的精神和社会的象征。东洋社会在10、11世纪的宋代即发生文艺复兴的现象,宋代社会经济的跃进,都市的发达和知识的普及,都与欧洲文艺复兴有并行同位的发展。宫崎市定在其所著《东洋のルネサンスと西洋のルネサンス》[3]一文中,从哲学、文学、印刷术、科学发达、艺术发达的现象,说明东西文艺复兴都具有复古、创造、进步和文化普及的精神。宋儒于新儒学的构筑,古文家的古文复兴和反映都市经济生活之讲唱文学的盛行,是继承传统的开新,火药、罗盘的发明则意味着自然科学的进步,南北画的大成,远近构图的技法不但是中国山水画的基础,也为东西绘画创作所祖述。至于尤其象征文艺复兴初期阶段的印刷术,在宋代即高度的发达,不但中国境内汉籍出版文化事业发达,传播朝鲜、日本,促进朝鲜版和刻本的刊行而形成东亚文化圈。就此意义而言,东洋社会比欧洲社会较具有先进性。

中世儒学以训诂学为主流,唐代以《五经正义》为明经取士的基准,形成经传注疏之解经训诂的学风。宋初虽完成十三经的注疏,却视之为索然无味的形式性论理,转而展开超越汉唐经传注疏,直接体会古代原始儒家思想的运动。宫崎市定强调,否定中世而复归于古代之批判性突破,即是文艺复兴形成的思想根源所在。宋儒主张伦理学的复兴和天人之际的真理探究才是原始儒学的理想所在。盖经传注疏的训诂之学既是统合各家经注之学,也是敷衍经义之学。经传注疏的结果,简要的经文辄衍生成万言经传。如《春秋》经文仅一万六千七百八十一字,《左传》则有十九万四千九百五十五字,注疏合刊就形成汗牛充栋的巨著。解经而经义晦暝的弊端滋生,唐末乃兴起直接解读经书,把握经书真义的新学风。宋代儒者排斥穿凿附会的训诂学风,以直接探究儒家思想的真义为基底,朱子的《四书》和《五经》的新注而论述性理之学则是宋代儒学的大成。盖宋儒所关心的不是五经诠释系统而是孔孟相承的儒家道统和《四书》圣学的真义,其究极的论理乃在于以四端证成仁的意蕴,以中庸解善而肯定中庸之具体化成文化之礼的价值。以仁善经说作为疏解义

---

[1] 宋代以后是运河时代的论述,见宫崎市定:《东洋的近世》,平凡社东洋文库版,第210—224页。
[2] 宫崎市定:《东洋的近世》,平凡社东洋文库版,第281—282页。
[3] 收载于《宫崎市定全集》(第19卷),岩波书店1992年版。

理的依归,以礼为行为的准绳。佛教东传,一般以为儒学于"论部"的论述不及佛典,然周敦颐《太极图说》以下宋儒的著作,皆致力于经书真义的疏解,架构儒家独自的宇宙人生观,而增强"论部"的内涵。明代将宋儒著述收入《性理大全》中,与《五经大全》《四书大全》并列为儒学的正统,定为科考之经书解释的标准。因此,宋儒虽标榜复古,却也完成儒学的再构筑。① 换句话说,朱子学的出现是将中国思想界由中世提升到近世的阶段,其超越训诂学的学问意识是文艺复兴的精神,至于否定佛学的主导地位而重新构筑儒学的思想体系则是儒学的再兴(reform)。②

近世文学的发展也是以宋代为中心而发生文艺复兴的现象,一为古文复兴,一为白话文的诞生。宫崎市定强调,唐宋古文家的古文运动与欧洲文艺复兴时代流行希腊语研究异曲同工。与韩、柳提倡古文的同时,唐末也出现白话文的创作,敦煌写本的出现,即证明唐代口语文学的存在。宋代都市文化发达,讲谈演剧之大众娱乐流行,其唱本大抵是以口语撰述的。明代《水浒传》《三国演义》《西游记》《金瓶梅》等白话小说成立而风靡一时。宋代以后白话文学的兴隆与欧洲文艺复兴时期的国民文学勃兴,皆为近世思潮的象征之一。③

最足以代表欧洲文艺复兴现象的是绘画艺术的发达。文艺复兴不仅是古代的复兴,也是人类文化划时代的开展。东洋文艺复兴时期的宋代,在绘画艺术产生重大转变也非偶然,毕竟绘画的发达起因于人性的自觉意识的昂扬。中国古代绘画局限于封建式同业(guild)的组织,中世则为工会之画工所独占。唐代以来,文人画和士大夫画兴盛而南画的新画风形成。画工组织严密,师弟相传而形成流派,文士绘画则不拘流风而自由展现。

南北宋之交,米芾、米友仁父子承袭唐末五代荆浩、关同淡墨山水,董源、巨然皴法山水的南画风格,曲意于平面的纸上,表现出岩块大地的立体褶曲,世称米点山水,与宣和院体画大异其趣。南画褶曲皴法之立体表现画风的形成,取代唐代中叶以来,从西域引进西洋的阴翳画法,不但独领风骚,东西洋绘画风格更形殊异。宫崎市定强调,皴法山水的风行,盖与中国社会发展有极大的关联。近世社会以文人为主体,诗画合一,题赞与书迹一体鉴赏意识高扬,形成以书法点线的运笔用之于绘画挥洒的趋势,此一倾向于南画尤其显著。东西交通频繁以后,绘画非止于色彩的调和,着意于点线生趣的写境表现方式颇为近代欧洲画坛所重视。④

绘画的方法东西洋异趣。以远近法而言,西洋画如投影于照相机的暗箱中,焦点固定而眺望远近的事象。然则,肉眼观赏景物时,是不断移动焦点,鲜有瞳孔固定于照相机的镜头,画卷的披阅即是如此。随着画卷的伸展,双眼移动焦距而浏览画中的景物。至于纵

---

① 宫崎市定:《东洋的近世》,平凡社东洋文库版,第299—300页。
② 宫崎市定:《东洋的近世》,平凡社东洋文库版,第299—300页。
③ 宫崎市定:《东洋的近世》,平凡社东洋文库版,第301—303页。
④ 宫崎市定:《东洋的近世》,平凡社东洋文库版,第307页。

长的挂轴,则如乘坐飞机而俯瞰山川景色和人间诸相,焦点也是连续推进,居高临下,故远方的山岳或人物与近景的大抵无甚差异。唯东洋绘画的远景与近景投射于同一画面,或从正面描绘,以远近而小大有别,或从反面作画,则远方而幅宽。盖观赏山水画者,自身投入画中,彷徨于小径,蜿蜒而上山麓高岭,观赏山川佳气,悠然而自得。因此,东洋的山水画是一种立体远近法的绘画艺术。东洋绘画于战争或人体的描绘不如西洋而山水绘画则超绝于西洋之上。东洋的山水画虽作为人物画的背景而发生的,然寄情于山水的脱俗赏玩意识的形成,则是文化发达的表征。唐代绘画中的山水大抵是宫殿楼阁的附属,王维的《辋川雪景图》则是纯然的山水画。宋代以后,山水田园的描绘才成为中国绘画的主流。宫崎市定强调,超脱人间俗事情,体悟自然的逸趣,进而入画入诗,是人类对人为造作深沉反思而形成的文化结晶。西洋风景画是宗教画和人物画发挥到淋漓尽致后,才出现的新题材,至17世纪,荷兰开通东西贸易,将东方文化传入西方后,才被社会所认同。因此,就风景画的形成而言,东洋比西洋较为先进,至于山水画所表现的内在意义亦然。东洋山水画缺乏确着的写实性,其实是一种印象主义的表现。绘画不是机械性的写真,所谓以具体写实而传达神韵为究极目的的西洋画,在面临极限而无法突破瓶颈之际,则留意东洋绘画之超越形似之印象主义的表现方式。19世纪西洋印象主义的画风和东洋的截然不同,但是东西交通的结果,受到东洋绘画之印象主义的影响,西洋产生新的审美意识而持续创造新的绘画艺术。[①]

四、东洋的近世和西洋的近世

宫崎市定强调,文艺复兴具有中世自觉、古代发现和近世创造的三种意义,是人类最初的历史自觉,也是测量历史发展尺度的刻度,人类文化社会发展的重要阶段。文艺复兴以后,历史进入近世。欧洲的近世始于13、14世纪,东洋则发生于10、11世纪的宋代。

东西历史的发展由于东西交通贸易而产生启发影响的关系。蒙古元朝帝国横跨欧亚,而东西贸易通行无阻,宋代文艺复兴的文化精华也随之传播西方,促进欧洲文化的发展,绘画艺术是最显著的象征之一。蒙古征服西亚,中国绘画传入西亚伊斯兰世界,占领波斯的伊儿汗国的密画美术空前的发达。伊斯兰教禁止偶像崇拜,绘画雕刻甚少出现人物或动物的描绘,然而蒙古的征服,解除伊斯兰教的禁令,中国绘画方法输入,形成色彩灿烂的密画,装饰波斯文的文学书也广为流传。长年宗教传统踌躇于壁画与额绘的鉴赏,至此,出现写本插画(miniature)。此新兴美术于伊斯兰教复兴后,被西亚世界所默认,形成西亚和印度的伊斯兰文化圈特殊艺术而盛极一时。伊儿汗国密画艺术鼎盛之后,意大利出现第一期的文艺复兴绘画,西亚帖木儿王朝密画隆盛之后,意大利形成文艺复兴绘画第二

[①] 宫崎市定:《东洋的近世》,平凡社东洋文库版,第309—310页。

期的黄金时代。此一历史现象或可帮助西亚美术和意大利绘画之间,文化波动的因果关系。至于题材和笔法是绘画艺术最为特殊的所在,甚难厘清前后承续关系,然欧洲文艺复兴绘画的衣着不少起源于西亚的模样,可见二者之间有着密切的关联。若然,由于西亚艺术在中国绘画的影响下而发展,欧洲文艺复兴时期的绘画也可以说是受到东洋绘画的波及而开展的。

欧洲文艺复兴以后出现的科学技术中,罗盘、火药、印刷述的起源虽未必明确,然此三大发明大抵见载于东洋或非欧洲世界的古代文献,就中世以来的世界形势而言,科学文明和艺术精华如怒潮般的,从东方涌向西方而促进西洋科技的发展。换句话说,世界不是东西二分的两个封闭孤立的圈域。

18世纪后半,欧洲产业革命和以法国为中心的政治革命是世界史上划时代的重大转折。西亚和东洋虽有文艺复兴与思想再兴(reform),却未发生产业和政治的变革(revolution)。欧洲产业和政治革命以后,西洋的科技文明飞跃超越西亚和东洋。虽然如此,宫崎市定强调:欧洲的产业革命并非西洋单独完成的历史事件,毕竟产业革命不仅是机械科技的飞跃,更是社会结构的变革和世界经贸构图的重整。产业革命之所以成功,不但以中产阶级之兴隆为基底,也以与东洋贸易而蓄积的资本为后盾。机械的运转不仅是动力而已,棉花产地和制品贩卖市场的获得都是必需而不可或缺的重要因素,东方世界就是产业原料和商品贩卖市场的所在。因此,如果东西经贸交通不流畅,产业革命或许未必能完成。法国革命亦然。政治革命的原动力不仅是中产阶级的觉醒,东西贸易而自荷兰流入的资本和参酌东方思想而勃兴的指导原则的人文主义(humanism)也是重要根底。革命思想家所思考的东方理想国(utopia)的政治理想是否存在于东方世界是值得商榷的问题,但是新航路和新大陆的发现,西方和中国社会接触的结果,西方人在思想上产生了变化。欧洲的历史是基督教思想与伊斯兰教思想对立为契机而发展,基督教世界与伊斯兰教世界的持续对立交征是西方世界的宿命论世界观。非友即敌,不是神圣就是恶魔,在中世的西方世界,所谓人类的普遍性和共通的人文主义的理想是未必存在的。然而东西海上航路的开通,发现第三世界的存在,东方国度的宗教信仰既不是基督教,也不是伊斯兰教,不但没有宗教的对立,也没有非友即敌的攻伐。对信仰宗教而感受无益苦恼的欧洲社会而言,以和为贵的儒教世界观是其终极理想,因而引发打破欧洲虚幻理想化现状的觉醒而鼓吹革命。敌对的世界中,要探求共通的人性存在并非易事,第三世界出现而体认其超越性存在的当下,或许就能形成新人性的意识。因此,法国革命不仅是政治上的变革,也是文艺复兴以来,东西文化交流下,以人文主义为基底而发展形成的人类史上的大事业。[1]

---

[1] 宫崎市定:《东洋的近世》,平凡社东洋文库版,第316—318页。

五、结语：宫崎市定的东洋近世论是京都中国史学研究的突破

内藤湖南所著《支那近世史》，从中世与近世的文化差异性，如君主权力的确立、官吏任用制度的变化与庶民地位的改变、宰相地位的推移及其风格的变化、经济形态的变化和文化意识的变革等现象来帮助中国的近世开始于宋代。内藤湖南以为贵族政治崩坏而君主专制出现的政治现象，是决定中世与近世之分界点的重要因素。中国中世的君主与贵族的地位并未有明显的差距，特别是外戚的权势更甚，有时甚至凌驾天子之上，篡夺王位。但是宋代以后，天子主宰朝政的地位巩固，外戚的权威失坠，王位篡夺之事也不易产生。又由于君主专制的局势形成，任官制度也随之改变。魏晋以至唐代，重要官位始终为贵族所独占，所谓"九品中正"无非是保障贵族权利的制度。科举始于隋代，唐代因袭，而真正能发挥公平科考，唯才是任之功能的，则是宋代以后。换句话说唐以前的中世，贵族是社会的特权阶级，独领了政治文化的风骚；但是宋代以后，由于科举任官的制度公平地实行，有才学见识的士人庶民取得了政治运作与表现当代文化的发言权。在经济方面，到唐代为止，大抵是以实物经济为主，宋代则改变为货币经济。由于货币经济取代货物交换的形态，一般庶民也取得社会的市民权，即由于生活逐渐安定，庶民都有追求理想生活之共通性心理，其文化生活也有多样性趣味的趋势，进而形成高度的文化，此为中国近世的文化生活的特质。故内藤湖南强调宋代以后的文化是脱离了中世拘束于因袭之生活样式，创造独自性而普及于社会民间的新风气，进而产生极高度的文化。故宋代可以说是中国近世的开端。[①]

宫崎市定的宋代研究是继承内藤湖南的宋代为中国近世说而发展的。然而宫崎市定不但从经济制度的观点补充内藤湖南的论说，使宋代为中国近世说成为京都中国史学的重要主张之一。宫崎市定强调宋代之所以能完成政治的统合，在于货币政策的成功。宋代的中央政府为了保有极大的货币存有量以应天下之所需，又为了推行以铜钱为通行货币的政策，财政官吏乃致力于铸钱额度的增加，因而形成世界无与伦比的铜钱流通社会。至于王安石的"市易法"则类似今日官营银行借贷制度，不但解决经济发达下，借贷资本以运营事业的问题，促进都市商业的繁荣，而一般庶民于都市消费生活也成为可能，此为宋代经济社会之异于中世阶级社会的所在。再者，民间所设立的"连财合本"则类似合资财团或株式会社，略具近代经济的雏形。凡此皆是宋代经济社会之异于中世阶级社会的所在。[②]

宫崎市定又从东洋史的观点强调宋代是东洋的近世。"东洋的近世说"是宫崎市定于

[①] 内藤湖南所谓中国近世文化凌驾欧洲文艺复兴之说，参见宫崎市定：《独创的なシナ学者内藤湖南》，见《宫崎市定全集》（第 24 卷），岩波书店 1994 年版，第 261 页。
[②] 宫崎市定于宋代经济制度的论述，参见宫崎市定：《自跋集（九）·五代宋初》，岩波书店 1996 年版，第 142—153 页。

东洋史学的重要主张,唯其于《東洋に於ける素樸主義民族と文明主義社會》的第三章《近世に於ける素樸主義社會の理想》并未论及中国的文明主义,而其后出版的《东洋的近世》才论述宋代文化于世界史上的地位。其"东洋的近世说"是在与西方诸民族的关系下,帮助东洋文明社会的文化发展。《东洋的近世》首先帮助东洋近世史的意义,其次叙述经由陆、海丝路的东西交流及由于大运河之连结陆、海丝路,代表东洋近世的宋代才成四通八达之交通便利的世界要津。再者,政治安定和经济发达是互为因果的,政治安定是经济发达的重要因素之一,政治之所以能安定,掌握军权之独裁君主是不可或缺的存在。然则独裁君主制的持续,是专卖制度的实施而国库收入增加的结果。独裁君主必须要有忠实的官僚作为其辅佐,官僚选拔自科举,科举官僚制则促使知识阶层的形成。以安定的政治、飞跃的经济和知识阶层为基底而产生了新的文化,不但形成宋代新儒学,也产生象征民众文化的白话文学。宫崎市定强调宋代的景气高昂是中国古代生活形态的复归,宋代的社会经济犹如《史记》《汉书》所记载汉代全盛期的再现。诀别中世而复归于古代,以进入近世之新时代,是宋代知识阶层的自觉,此即文艺复兴的精神,故宋代的文化自觉现象自然可以称之为"中国的文艺复兴"。宋代形成的近世文化果真可以说是文艺复兴,则东洋的文艺复兴要先进于西洋的文艺复兴数个世纪。中国的绘画即经由西亚而输入欧洲,对西洋文艺复兴时期的绘画产生了影响。①

小川环树说内藤湖南的学问是文化史学②,砺波护说宫崎市定的学问是经济制度史学③。就对宋代的探究而言,内藤湖南从社会、文化的观点提出"宋代为中国近世"的主张,宫崎市定又从经济、制度的角度补足藤湖南的学说,使"宋代为中国近世说"成为京都中国史学的重要主张之一。内藤湖南的"宋代为中国近世"是着眼于中国历史的发展而立论的,宫崎市定则立足于世界史的通观而强调宋代的新文化是"东洋的近世"。因此,就研究的领域和宋代论而言,从内藤湖南到宫崎市定是京都中国史学研究的突破。

---

① 有关宫崎市定于"东洋史学论"的论述,参见宫崎市定:《自跋集(二)·东洋史》,岩波书店1996年版,第22—36页。
② 小川环树:《内藤湖南》,中央公论社1984年版,第48页。
③ 砺波护、间野英二:《东洋史学宫崎市定》,见《京大东洋学の百年》,京都大学学术出版会2002年版,第220—250页。

《史记·楚世家》与新出清华简《楚居》篇王名校读

香港教育学院　张连航

2008年,清华大学从香港文物市场购入了一批竹简,据统计超过两千多枚,学术界称之为清华简。① 竹简经碳十四等科学的检测,被鉴定为战国中期偏晚的重要文物。在整理后,第一批面世的竹简中,有一篇体裁与《世本》类似的《楚居》②,内容详细记录了楚国起源、楚王世系及历代楚王都所在地。李学勤先生认为《楚居》与其他八篇(按:指《清华大学藏战国竹简(壹)》,该书共收录九篇文章)均事涉上古不同,《楚居》涉及的是楚国历史。而且,《楚居》一篇在清华简中非常长,堪为九篇中较特殊的一篇。该篇内容一旦问世,将引起学术界热烈讨论。③

一、背景

楚国乃周代芈姓国,是颛顼和祝融的后裔。④ 楚人在季连之世,已形成邦国,居于楚丘。后迁有熊,再迁于鄢。据学者研究,楚国国名、姓氏皆与早期居住过的地方有关联。《诗经·鄘风·定之方中》谓:"升彼虚矣,以望楚矣。"这里"楚",指的就是北楚丘,早期楚人曾居于此。那是一片荆木丛林之地。⑤ 谭戒甫说:"考楚的先公中,初有穴熊,复有鬻熊,自后即以熊为氏。然则楚部落初居有熊氏故墟,即新郑之地,是没有疑问的。"⑥ 顾铁符说:"现在河南省鄢陵县,在古代就叫鄢,它的故城在今治西北约20公里。它西北约90里,就是祝融之墟的郑;西南45里,就是昆吾的旧居许。所以芈姓的故地很可能就在鄢陵境

---

① 据李学勤教授对外公布的资料,"经缀合编排后估计,清华简共有2388枚至少有63篇书"。
② 《楚居》共16枚简,收录在《清华大学藏战国竹简(壹)》。释文请参阅附件释文部分。
③ 清华简之《楚居》史料价值无可估量,参考 http://blog.sina.com.cn/s/blog_49638e770100oeex.html。
④ 诗人屈原在《离骚》篇中曾提及"帝高阳之苗裔兮,朕皇考曰伯庸"。高阳乃颛顼之号,伯庸即祝融。
⑤ 芈姓楚人早期活动地域,大体在今河南滑县、濮阳及山东曹县一带。而楚丘有二分南、北:南楚丘在今山东省曹县东南二十公里的"楚丘亭";北楚丘在今河南省滑县东三十公里赵营乡白云观的"沮丘城"。马世之:《中原古国历史与文化》(第二十节),大象出版社,第50—55页。
⑥ 谭戒甫:《周初矢器铭文综合研究》,载《武汉大学学报》(人文科学版)1956年第1期。

内。"①《左传·桓公二年》孔颖达《正义》引《世本》云："楚鬻熊居丹阳,武王迁郢。"《史记·周本纪·集解》引刘向《别录》说："鬻子名熊,封于楚。"鬻熊是商末周初楚部族之国君。楚人在南迁的岁月里,终于到达丹淅之会处,即中原南部边陲的丹阳,在此建都立国,开创长达八百年的宏伟基业。

楚国自春秋以来,不断向江汉地区扩张,影响力逐渐扩大。春秋中叶以后,楚国的影响,除包括对吴、越、徐、蔡、宋这些较大的国家外,还包括汉、淮二水之间星罗棋布的小国。到了战国时期,楚国经过长期的征伐,"吞五湖三江"奄有中国南方的广袤疆土,成为当时最大的国家。

然而,战国中期以后,迫于秦国的军事压力,楚国曾先后徙都陈(河南淮阳)②、巨阳(安徽太和)、寿春(安徽寿县)③。《战国策·秦策四》云："(楚顷襄)王徙东,保于陈城。楚遂削弱,为秦所轻。"到了公元前223年,楚王负刍兵败被掳,楚终为秦所灭。④

二、出土材料中的楚国

过去,楚史的研究,主要依靠传世文献的资料。古籍中除了《史记》以外,零星有一些资料隐身在浩瀚书籍中,学者须花很大的工夫,才能将相对零散的资料汇编成册,嘉惠学林。例如郑昌琳的《楚国史编年辑注》、徐显之的《楚事编年辨》,都是这方面的代表作。然而,地不爱宝,随着考古发现,也不断挖掘出土楚国遗留下来的去对象。可能是青铜器、帛书或竹简,材料不一而足。逐渐地,这些零星的材料汇总在一起,可以告诉我们一些已经被遗忘的历史真相。这些出土材料正见证了楚国历史的沧桑兴替。

下面笔者尝试以《史记·楚世家》所载楚世系与新出清华简《楚居》篇及其他出土材料做一校读。⑤ 这大致可以让我们了解到出土材料在哪些方面,为还原楚史提供证据。

帝系	金文称谓	清华简《楚居》篇	其他出土材料/参考器目	文献材料	备注
黄帝					
昌意					
颛顼					

---

① 顾铁符：《周原甲骨文"楚子来告"引证》,载《考古与文物》1981年第1期。
② 根据《史记·楚世家》记载楚顷襄王二十一年(公元前278)："秦将白起遂拔我郢,烧先王墓夷陵。楚襄王兵散,遂不复战,东北保于陈城。"
③ 楚考烈王二十二年(公元前241)东徙寿春。
④ 《史记·楚世家》："楚王负刍五年,秦将王翦、蒙武遂破楚国,掳楚王负刍,灭楚名为郡云。"
⑤ 表最左栏"帝系",按顺序罗列楚国世系;第二栏列出见于金文的楚王称谓;第三栏列《楚居》篇王名的写法。当中空白的,表示目前仍未有出土材料佐证。

续表

帝系	金文称谓	清华简《楚居》篇	其他出土材料/参考器目	文献材料	备注
称					
卷章（老僮）			按：包山楚简217号：举祷楚先老僮祝融鬻熊各一羊	先秦古籍《世本》《大戴礼记·帝系》《山海经·大荒西经》《史记·楚世家》	按：卷章乃老僮的误读。从包山简中已可证明
重黎			楚帛书		又号祝融，为两兄弟。时在帝高辛时火正
吴回					
陆终	陆融		邾公钘钟《集成》102		
昆吾　参胡 彭祖　会人 曹姓　季连		季连			按：兄弟六人
附沮					按：附沮或作付祖
穴熊……		穴酓			
鬻熊①				周文王时	李学勤说
熊丽		丽季？			
熊狂		酓狂？			
熊绎		酓绎			按：成王时，封于楚蛮。或与周公曾于此避难有关
熊艾		酓㠯？			

---

① 楚王世系据《先秦简史》，参照《史记·楚世家》编订。

续表

帝系	金文称谓	清华简《楚居》篇	其他出土材料/参考器目	文献材料	备注
熊旦		畣[舟旦]			
熊胜		畣樊			
熊扬		畣赐			
熊渠	楚公家	畣巨	楚公家钟及戈①		周夷王时楚自称公，诸侯称之为子
毋康（早夭）		畣辟？			
红（早夭）		畣挚			
执疵（熊延）		畣延？			
熊勇 847—838		畣甬			
熊严 837—828		畣严			
伯霜（熊霜）827—822		畣相 畣雪			按：周宣王时 仲雪 叔堪

---

① 张亚初：《论楚公家钟和楚公逆镈的年代》，载《江汉考古》1984年第4期，第95—96页。

续表

帝系	金文称谓	清华简《楚居》篇	其他出土材料/参考器目	文献材料	备注
季徇（熊徇）821—800		盦训			按：十六年，郑桓公初立
熊咢 799—791	楚公逆	盦咢	楚公逆钟① （摹本）		
熊仪（若敖）790—764		若敖盦义			若敖 20 年，周幽王死
熊坎（霄敖）763—758		宵敖盦鹿			
熊昫（蚡冒）757—741		焚冒盦帅			
熊通（楚武王）740-690		武王盦			按：楚始称王②
熊赀（楚文王）689—677		文王			始都于郢

---

① 孙诒让：《古籀拾遗　古籀余论》（卷中），中华书局 1989 年版，第 7—9 页。
② 《史记·楚世家》："蚡冒弟熊通弑蚡冒子而代立，是为楚武王。""五十一年，周召随侯，数以立楚为王。楚怒，以随背己，伐随。"《国语·楚语上》："灵王虐，白公子张骤谏。"《左传·桓公二年》："蔡侯、郑伯会于邓，始惧楚也。"杜预注："楚武王始僭号称王。"《左传》中，常称楚王为子。

续表

帝系	金文称谓	清华简《楚居》篇	其他出土材料/参考器目	文献材料	备注
熊 喜（杜敖）676—675		堵嚣			
熊恽（成王）671—626	楚王颔	成王	楚王颔钟①、黑敢钟		
商 臣（穆王）625—614		穆王			
侣（庄王）613—591		臧王			
審（共王）590—560	楚王審	龚王	楚王審盏②		李学勤认为楚王另有其人③
招（康王）559—545		康王			
员（郟敖）544—541					
围（灵王）540—529					
比④					
弃疾（熊居）平王 528—516		平王			

① 详见拙文《楚地出土材料的纪年》，载《东亚汉学回顾与展望》长崎中国学会会刊创刊号，第213—216页。
② 详见李学勤：《楚王審盏及有关问题》，载《中国文物报》1990年5月31日。
③ 李学勤据国外的一件传世品——楚王審盏，证楚王颔非楚共王。详见《楚王審盏及有关问题》，载《中国文物报》1990年5月31日。
④ 《先秦简史》楚国世系表缺"比"及22代王作"庄敖"，未知孰是？

续表

帝系	金文称谓	清华简《楚居》篇	其他出土材料/参考器目	文献材料	备注
珍（昭王）515—489	珍①	昭王	昭王謀鼎、簠		十年冬，吴王阖…伐楚
章（惠王）488—432	章	献惠王	楚王酓璋钟、镈、剑、戈②		按：楚简中有记载
简王 431—408		柬大王			
声王当 407—402	圣趄		曾姬无恤壶③		按：楚简中有记载。江陵望山M1竹简楚声王作"圣桓王"
悼王（熊疑）401—381		悼析王			
肃王臧 380—370					
熊良夫（宣王）369—340					
熊商（威王）339—329					
熊槐（怀王）328—299					

---

① 说见张政烺：《邵王之諻鼎及毁铭考证》，载《国立中央研究院历史语言研究所集刊》1939 年第 3 期。
② 详见拙文《楚国青铜器铭文的形体与纪年特征》，见张光裕编：《第三届国际中国古文字学研讨会论文集》，香港中文大学中国文化研究所 1997 年版，第 887—896 页。
③ 刘节：《寿县所出楚器考释》，见刘节著：《古史考存》人民出版社 1958 年版，第 105—140 页。

续表

帝系	金文称谓	清华简《楚居》篇	其他出土材料/参考器目	文献材料	备注
顷襄王（横）298—263	酓任		楚王酓任盥盘	张光裕：《新见楚式青铜器器铭试释》，载《文物》2008年第1期，第73—84页	按：王名从任从心
考烈王（熊元）262—238	酓肯		楚王酓肯匜、池鼎、簠、盘①		
幽王悍 237—228	酓忎		楚王酓忎鼎、盘②		
犹代（哀王）					
负刍					

从上表的校读结果来看，出土材料与传世文献确能互相呼应。这一方面证明了太史公撰写《史记》的严谨；另一方面，也证实了古史的真实可信。从上表校读，我们初步发现以下情况：

（1）《楚世家》从"楚之先祖出自帝颛顼高阳"开篇，涉及古帝王传说③；而《楚居》则起自"季连初降于騩山"。从简文内容看，季连年代相当于商代盘庚时期（前1314—前1287）。而《楚世家》内容终结在楚被秦国所灭，亦即战国时代的终结；但《楚居》终篇则至楚悼王时期（约战国中期偏早）。太史公《史记》成书于汉代，用今文字书写。而《楚居》篇抄录于战国中期，无论从科学的检测还是内容上止于楚悼王，都说明年代早于《史记》。当然从记录的文字看，书写的文字是战国的楚文字。两篇文章的首尾有别，所反映的现象值得探讨。

（2）《楚居》记录王名序列及楚国都城所在。除王名外，内容与《楚世家》迥异，例如当

---

① 刘彬徽：《楚系青铜器研究》，湖北教育出版社1995年版，第357页。
② 郭沫若：《两周金文辞大系考释》（增订本），科学出版社1957年版，第169页。
③ 学者研究认为古代中国的帝系在历史的过程中，不断被修改、增加，发展成一套帝王世系。当中许多内容均参杂神话成分。《大戴礼记·帝系》："颛顼娶于滕氏，滕氏奔之子谓之女禄氏，产老童。老童娶于竭水氏，竭水氏之子谓之高娲氏，产重黎及吴回。吴回氏产陆终。陆终氏娶于鬼方氏，鬼方氏之妹谓之女嬇氏，产六子。孕而不粥三年，启其左胁，六人出焉。"类似的说法在《楚居》篇指的是楚先祖穴酓的妻子妣列。"穴酓迟徙于京宗，爰得妣列，逆流哉水，厥状聂耳，乃妻之，生侸叔、丽季。丽不从行，溃自胁出，妣列宾于天，巫[并戈]赅其胁以楚，抵今曰楚人。"

中提及的地名,具体地点目前仍不容易确定。例如隈山、乔山、方山、京宗、夷屯、发渐、郢、焚、宵、大、郢、大郢、美郢、鄂郢、朋郢等等①,不一而足。这对了解楚国的历史,意义重大。

（3）楚王名研究,透过对比,并参照古籍,可信度高。经初步校读,已能发现,《楚世家》与《楚居》所列楚世系,基本一致。可证明《史记·楚世家》的准确可信。当然,这些王名的用字与传世文献记载差异颇大,因而更可反映出楚人当时使用文字的真实面貌。② 王名的写法与古籍记载的称呼有别。一方面因为记录书面语的文字在当时仍处于发展状态；另一方面也反映古籍在转写为今文字时往往有讹误的情况出现。例如楚王以熊为氏。古文字作 ▨ ,当是本字。古籍借作"熊"乃是假借。然后世却一直沿用。

（4）从几类材料的对比上,我们发现《楚居》的称名与传世文献接近,跟铜器上的称名距离较远。这也侧面反映出战国时在简册上的书写,与更早青铜器上的王名记录,一样有别。语言文字的发展确实是变动不居的。

	铜器上的称呼	古籍中的称呼	《楚居》
楚公	楚公家	渠③	酓巨
	楚公逆	熊鄂④	酓咢
楚王⑤	楚王領	熊恽	成王
	楚王酓审	楚共王审	龚王
	昭王	珍	昭王
	楚王章	酓璋	献惠王
	圣桓	声王	
	楚王酓肯	考烈王	
	楚王酓忎	幽王悍	

三、结论

过去考述铜器铭文中所见的楚王名与传抄典籍记载一一对应,存在不少困难。由于资料所限,有时不能如愿。清华简《楚居》篇的发现,确实让我们较好地考订楚史的王世与称名。通过跟《史记·楚世家》的校读,许多问题还是能较好地解决。

---

① 参考《清华大学藏战国竹简（壹）》《楚居》篇。
② 在楚国铜器铭文出现的十位楚王（公）中,其王名与古书记载的名字有不同程度的差异者,占百分之百。
③ 详见张亚初：《论楚公家钟和楚公逆镈的年代》,载《江汉考古》1984 年第 4 期,第 95—96 页。
④ 孙诒让：《古籀拾遗　古籀余论》（卷中）,中华书局 1989 年版,第 7—9 页。
⑤ 《左传·桓公二年》："蔡侯、郑伯会于邓,始惧楚也。"杜预注："楚武王始僭号称王。"武王十九年（前 722）入春秋。楚王称谓当在公元前 722 年后始出现。

参考资料

[1] 郭永秉:《帝系新研:楚地出土战国文献中的传统时代帝王系统研究》,北京大学出版社 2008 年版。

[2] 滕壬生:《楚系简帛文字编》,湖北教育出版社 1995 年版。

[3] 徐显之:《楚事编年辨》,学苑出版社 2009 年版。

[4] 张正明:《楚史》,湖北教育出版社 1995 年版。

[5] 郑昌琳:《楚国史编年辑注》,湖北人民出版社 1999 年版。

附件一:《楚居》篇释文

季连初降于隈山,抵于穴穷,前出于乔山,宅处爰波,逆上泑水,见盘庚之子,处于方山,女曰妣隹,秉兹率相,詈冑四方。季连闻其有甹,从及之盘,爰生[纴]伯、远仲,游徜徉,先处于京宗。穴酓迟徒于京宗,爰得妣列,逆流哉水,厥状聂耳,乃妻之,生侸叔、丽季。丽不从行,溃自胁出,妣列宾于天,巫[戕]赅其胁以楚,抵今曰楚人。至酓狂亦居京宗,至酓绎与屈紃,使若嗌卜徒于夷屯,为楩室,室既成,无以内之,乃窃鄀人之犝以祭,惧其主,夜而内尸,抵今曰夕,夕必夜。至酓只、酓[䢵]、酓樊及酓赐、酓渠,尽居夷屯。酓渠徒居发渐。至酓辟、酓挚居发渐,酓挚徒居旁屽,至酓延自旁屽徒居乔多,至酓甬及酓严、酓相及酓雪及酓训、酓咢及若敖酓义,皆居乔多。若敖酓义徒居鄀,至焚冒酓帅自鄀徒居焚,至宵敖酓鹿自焚徒居宵,至武王酓达自宵徒居大,焉始(称王,祭祀致)福。众不容于大,乃渭疆浧之波而宇人,焉抵今曰郢。至文王自疆郢徒居湫郢,湫郢徒居樊郢,樊郢徒居为郢,为郢复徒居大郢,焉改名之曰福丘。至堵敖自福丘徒袭郡郢,至成王自郡郢徒袭湫郢,湫郢徒(袭为=郢=徒)居睽郢,至穆王自睽郢徒袭为郢,至庄王徒袭蓝郢,蓝郢徒居同宫之北。若敖起祸,焉徒居承之野,承之野(徒居鄢=徒)袭为郢,至龚王、康王、嗣子王皆居为郢。至灵王自为郢徒居秦溪之上,以为处于章华之台。景平王即位,犹居秦溪之上。至昭王自秦溪之上徒居美郢,美郢徒居鄂郢,鄂郢徒袭为郢。阖庐入郢,焉复徒居秦溪之上,秦溪之上复徒袭美郢。至献惠王自美郢徒袭为郢。白公起祸,焉徒袭湫郢,改为之,焉曰肥遗,以为处于西溠,西溠徒居鄢郢,鄢郢徒居司吁。王太子以邦复于湫郢,王自司吁徒蔡,王太子自湫郢徒居疆郢。王自蔡复鄢。柬大王自疆郢徒居蓝郢,蓝郢徒居朋郢,朋郢复于[鄘]。王太子以邦居朋郢,以为处于[䣙]郢。至悼折王犹居朋郢。中谢起祸,焉徒袭肥遗。邦大瘠,焉徒居鄩郢。①

---

① 参见子居《清华简〈楚居〉解析》:http://www.taodocs.com/p-131243698.html。

附件二：楚王铭青铜器著录

王世	年代	器名	着录	参考资料
熊渠	西周中晚期	楚公家钟与戈	钟一：《三代》1.6.1，《集成》43 钟二：《三代》1.5.2，《集成》42 钟三：《三代》1.6.2，《集成》44 钟四：《三代》1.7.1，《集成》45 《简目》6369—6372 戈：《文物》1959.12，p60 《简目》6777 《集成》11064	刘彬徽：《楚系青铜器研究》，湖北教育出版社1995年版，第285—289页 张亚初：《论楚公家钟和楚公逆镈的年代》，载《江汉考古》1984年第4期 按：张以为楚公家钟乃西周晚期器；刘《研究》赞成此说 李学勤赞成楚公家即熊鄂之子熊仪故将此器年代订为前790—764年此乃郭沫若旧说，然于字形，未能解释妥帖 1959年湖南省博物馆长沙市拣选而得 高至喜：《楚公家戈》，载《文物》1959年12月，第60页
熊鄂	前799—791 西周晚期	楚公逆编钟 楚公逆镈	《文物》1994.8 《辑存》p11 一四、一五， 《集成》106	黄锡全，载《考古》1995.2，第170页 李学勤，载《文物》1995.2，第69页 李零：《楚公逆镈》，载《江汉考古》1983年第2期 Constance A. Cook, Myth And Authenticity: Deciphering the Americal Oriental Society, Vol. 113, No. 4, 1993（柯鹤立《神话与真实：楚公逆镈铭纹释读》） 曾宪通：《宋代着录楚公逆铭文补释》，《徐中舒先生百年诞辰纪念文集》，四川联合大学历史系主编，巴蜀书社出版社1998年版
楚成王	春秋中期 671—626	楚王媵邛仲奶南钟	《薛氏》6.67 《考古》7.12	刘彬徽：《楚系青铜器研究》，湖北教育出版社1995年版，第295页 《考古图》得于钱塘案：铭文选认为是春秋晚期器
		楚王领钟	《三代》1.9 《集成》053 《铭文选》643	按：刘彬徽以为可能是穆王器 625—614 从形制、花纹角度论断

续表

王世	年代	器名	着录	参考资料
楚共王	590—560	楚王酓审盏		李学勤:《楚王酓审盏及有关问题》,载《中国文物报》1990年第5期
	488—432	昭王之諻鼎	《三代》3.11.3《集成》2288	按:李零据张政烺先生说,认为昭王是谥称
		昭王之	一:《三代》7.17.5《集成》3634 二:《三代》7.17.6	
战国早期	488—432	楚王酓璋钟、镈(433BC)、剑、戈	钟:宋代出土,得于湖北安陆《集成》83 镈:《铭文选》655《集成》85 剑:《铭文选》656《集成》11659 戈:《集成》11381	1978年,湖北随县擂鼓墩曾侯墓出土 1933年,安徽寿县楚幽王墓出土 《鸟书考》谓洛阳出土 按:李家浩《楚王酓璋戈与楚灭越的年代》,载《文史》第二十四期,认为酓璋乃楚威王熊商。定此戈为333BC器
		荆历钟	《铭文选》648 刘《考述》p341	1957年,河南信阳长台关一号墓出土
		秦王卑命钟	《文物》1974.6 p86 《文物》1980.10 图版参:4 刘《考述》p340	
楚宣王	344	曾姬无恤壶	《铭文选》700 刘《考述》p341	安徽寿县出土
	262—238	楚王酓肯乔鼎	《铭文选》660 《集成》2794	刘彬徽:《楚系青铜器研究》,湖北教育出版社1995年版,第357—358页
		楚王酓肯也鼎	《铭文选》661 《集成》2479	同上
		楚王酓肯簠	《铭文选》662 《三代》10.8.3 《集成》4549	同上
		楚王酓肯盘	《铭文选》663 《三代》10.8.4 《集成》4550	同上
	237—262	楚王酓干鼎	《铭文选》664	刘彬徽:《楚系青铜器研究》,湖北教育出版社1995年版,第359—360页
		楚王酓干盘	《铭文选》668	同上

附录三：清华简《楚居》篇照片

疑问句类型辨别的韵律特征

长崎大学 杨晓安

一、引言

疑问句可以依据语气、语义、语用进行不同的分类,许多学者从不同角度对疑问句进行了不同的小类划分。虽然所用名称不同,分类角度有异,但在基本方向上看还是基本一致的。我们以为,从是否真正发问上入手,汉语疑问句首先可以分为两大类:一是有疑而问的疑问句,我们将其称作真性问句;另一类为无疑而问的疑问句,我们把它叫作假性问句。真性问句包括是非问、特指问、正反问、选择问四类,假性问句包括设问、反问两类。

疑问句的标志有二:一是包含一个完整的疑问语气,二是句末一般附加疑问语气词。疑问语气是任何疑问句不可缺少的,但疑问语气词却未必任何疑问句都具备。邢福义先生说:"语气助词和语气有瓜葛,但它们不是一回事。语气是跟语调相联系的语法实体,是不能切分为块状语法单位的语法实体;语气助词是由于语气表达的需要而使用的语法单位,是作为块状语法单位的语法实体。语气的表达是因,语气助词的使用是果。一个句子,如果没有语气助词,照样有语气;之所以使用语气助词,是为了在配合语气表明特定意旨的同时,使语气表达的信息量得以加强。"疑问语气的表现形式不仅仅体现于句末音节的升降,它包含了于整个句子的语音感觉,它与音高、音强、音长等语音属性都有关系。由于疑问语调是从听觉感知的,所以,严格地说,只有在有声的口头语中,语气才得以完全实现。在书面句中,我们对语气的感知只有通过上下文语义关系以及相应的标志符号来把握。倘若书面句子的句末没有附加问号,我们一般是不大会将其理解为疑问句的。可见,对汉语句子语气类型的研究仅仅停留于书面分析还远远不够,有必要对整个句子的语音结构进行详细的分析。

语气是一个非常宽泛的概念,它由声学上许多不同的要素集合而成。像基频高低、振幅大小、调域宽窄、音长展缩以及它们之间的比例关系等都是语气的重要部分,它们都可能对语气造成一定的影响。正因为如此,我们通过对其中许多细部进行详细的声学特征分析比较，或许可以找到语音上的某种联系，揭示出句子语气类型的语音特点。

本文选择了两种疑问例句，运用实验语音学的方法，从生成与知觉两个方面进行分析与比较，试图找出不同类型的汉语疑问句所呈现的韵律特征。

二、特指问与是非问

（一）语料

先看以下例句：
①能看见什么(吗)？
②能看见什么呢(呢)？
③到底你想吃点儿什么？
④你想吃点儿什么，是吗？

虽然以上四个例句中都有疑问词"什么"，但前两句的句末语气词标示了它们的不同：①为是非问，②为特指问。后两句的小类归属也非常清楚，③是特指问，④是非问。

由于我们所关心的是同样的句子形式是怎样在韵律上区别疑问小类的，所以我们将前两句的句末语气词切掉，与后两句一起作为分析语料。

（二）声学分析

下面是一位操标准普通话的成年男性的两组录音语料。
①特指问"能看见什么？"和是非问"能看见什么？"②从发音人的"到底你想吃点儿什么？"和"你想吃点儿什么，是吗？"语料中截取下来的特指问和是非问"你想吃点儿什么？"。

我们用南开大学开发的"桌上语音工作室（Mini Speech Lab）"语音分析软件对以上两组语料的基频、振幅和时长进行了比对分析。通过比较，我们发现了疑问词特指问与是非问在语音上的不同特点。

1. 基频

图1为两组语料的基频曲拱图。左为特指问，右为是非问。

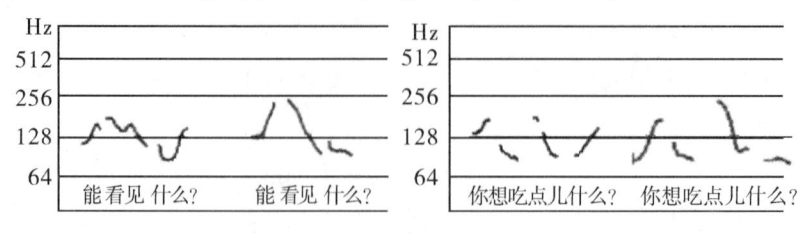

图1：基频曲拱图

详细比较以上语料的基频曲拱,我们可以发现两个特点:

(1)特指问中的疑问词与是非问相比,终点部分F0值要高得多,整个疑问词部分的基频曲线呈明显的上扬趋势。而是非问的疑问词部分F0值相对较低,呈下降状态。

(2)是非问的述语动词F0明显比特指问的相应部分高得多,而特指问的相应部分则呈现基本平稳的状态。

2.振幅

首先需要说明,我们的所有语料都是逐个单独录制的。一般说来,即使是同一个发音人,也不可能在每次发音时将气流的强弱控制在相同的水平,因此对整个语料的绝对强弱进行比较实际上意义不大。但是,比较每个语料内部各部分的强弱比例关系则无疑有一定的价值。

以下是两个句子的振幅图和平均振幅比较图。左特指问,右是非问。

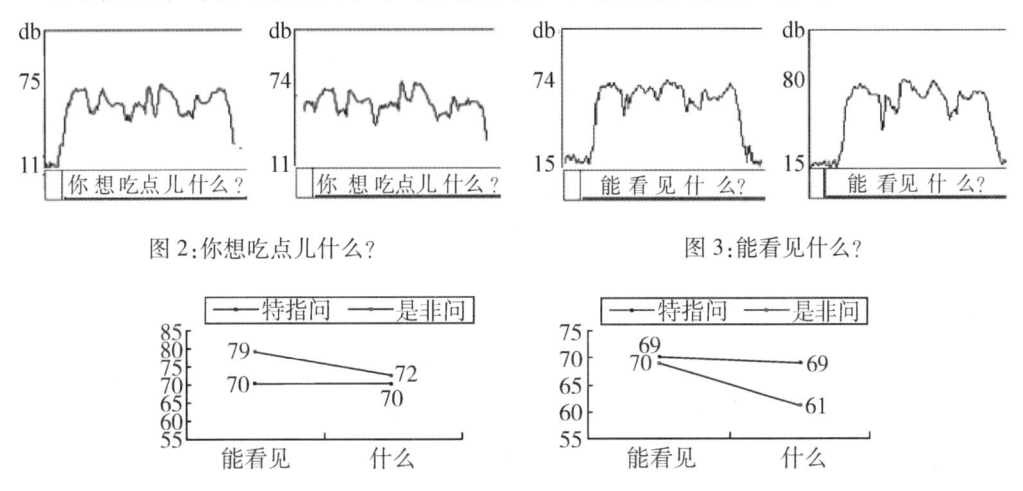

图2:你想吃点儿什么?

图3:能看见什么?

图4:平均振幅比较图

以上振幅图(图2、图3)和振幅比较图(图4)显示:

(1)特指问疑问代词部分的音节平均强度几乎与述语部分相同,而是非问疑问代词的强度比述语部分要弱一些。

(2)特指问疑问代词的音节强度呈增强趋势,而是非问却是减弱的。

3.时长

以下图4为时长统计数据。

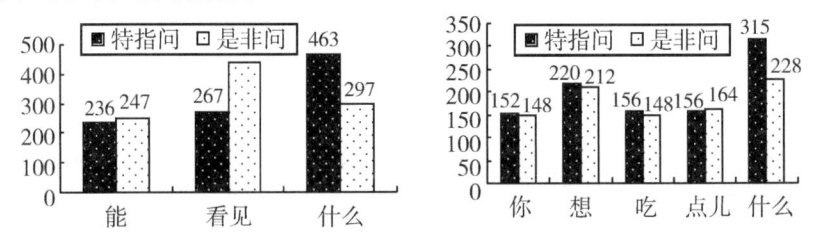

图5:时长比较图

图4时长统计数据显示,特指问疑问词部分较长,高达463ms,将近占去整个句子长度的一半。但是非问述语动词最长,达到439ms,如果加上助动词,整个述语部分长度占全句的百分之七十。

4. 小结

通过以上基频、振幅、时长的比较,我们可以看出,疑问词特指问与是非问在语音上有如下区别:

(1) 基频　①基频曲线轨迹不同。
　　　　　②特指问疑问词终点部分 F0 值比是非问高,呈上扬曲拱,而是非问呈下降曲拱。是非问述语动词部分 F0 值高,特指问低。

(2) 振幅　①强弱比例基本一致。
　　　　　②特指问的述语动词与疑问词强度没有什么区别,但是非问的述语动词略强于疑问词。

(3) 时长　特指问的疑问词部分长于述语动词部分,而是非问则相反,述语动词部分长于疑问词部分。

(三) 语料编辑加工

为了验证我们通过比较分析得出的结论,我们对以上语料进行了编辑加工。

在编辑加工以前,我们先对 A 组"能看见什么?"的语料进行了确认。我们将这两个录音语料各重复十次,打乱顺序,让十名讲普通话的听音人听,要求他们对每次听到的语料做出特指问或是非问的强制选择。结果,听辨率为特指问100%、是非问99%。这说明,这两个作为疑问词特指问与是非问的语料有句型代表性,完全可以作为实验分析的材料使用。至于 B 组"你想吃点儿什么?"两个语料,由于是从相应的句子中抽出的,应该没有什么问题。

我们用 Mini Speech Lab 语音分析软件对两组语料中的动词和疑问词部分进行编辑,合成了一系列供听辨检证的新语料。

我们对两组特指问中"看见""吃点儿"的起点和"什么"的终点 F0 值进行了编辑,生成了若干 F0 值不同的合成音,其不同 F0 值的语音片段在图5和图6中有所表示。

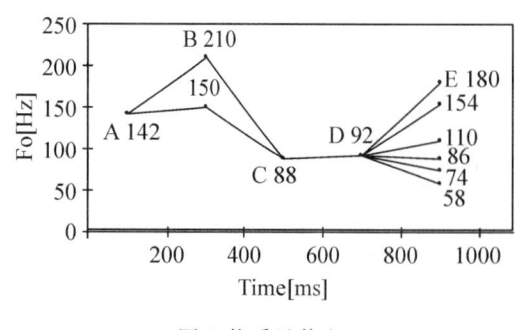

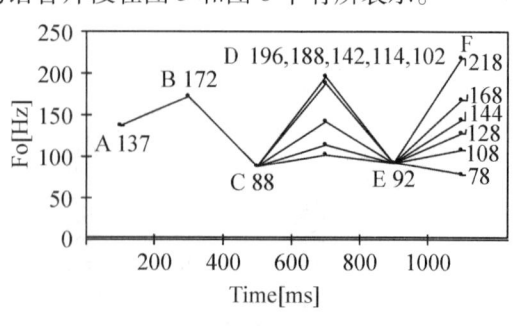

图6:能看见什么?　　　　图7:你想吃点儿什么?

图 6 的 F0 值在时间轴上分别用 A~E 标示。F0 值在发话开始(A)、述语动词结束点(C)、疑问代词起点(D)三个点上固定为 142Hz、88Hz、92Hz,这是发音人的原始基频,没有改动。B 为述语动词音高点,F0 有 150Hz 和 210Hz 两种,其中 210Hz 是我们编辑合成的。E 是疑问代词终点音高点,F0 有 58Hz、74Hz、86Hz、110Hz、154Hz、180Hz 六种,154Hz 以外的五种都是我们编辑合成的。

图 7 的 F0 值在时间轴上分别用 A~F 标示。F0 值在述语动词前的 A,B,C 三个点固定为 137Hz、172Hz、88Hz,述语动词结束点 E 固定为 92Hz,这四个点的基频是发音人的原始基频值,没有改动。D 为述语动词音高点,F0 有 102Hz、114Hz、142Hz、188Hz、196Hz 五个,其中除 188Hz 以外都是我们编辑合成的。F 为疑问词终点音高点,F0 有 78Hz、108Hz、128Hz、144Hz、168Hz、218Hz 六种,其中除 168Hz 以外,均为我们编辑合成的音值。

(四) 听辨验证

按照排列组合,以上经过编辑合成的汉语 A 组语料有十二个句子,B 组有三十个句子。我们用这些编辑合成的语料句进行了听辨实验。

听辨实验挑选了中日各十名听音人,于不同时间进行。在安静的室内,将合成语料各十次打乱顺序播放给听音人听,要求他们对每次听到的语料做出是非问还是特指问的强制选择。下面是疑问词终点不同基频高度的特指问听辨率数据图。每幅图下面的数字分别是疑问词终点的基频值,图中折线的数值是动词最高基频点的数据,折线中的点为特指问的听辨率。

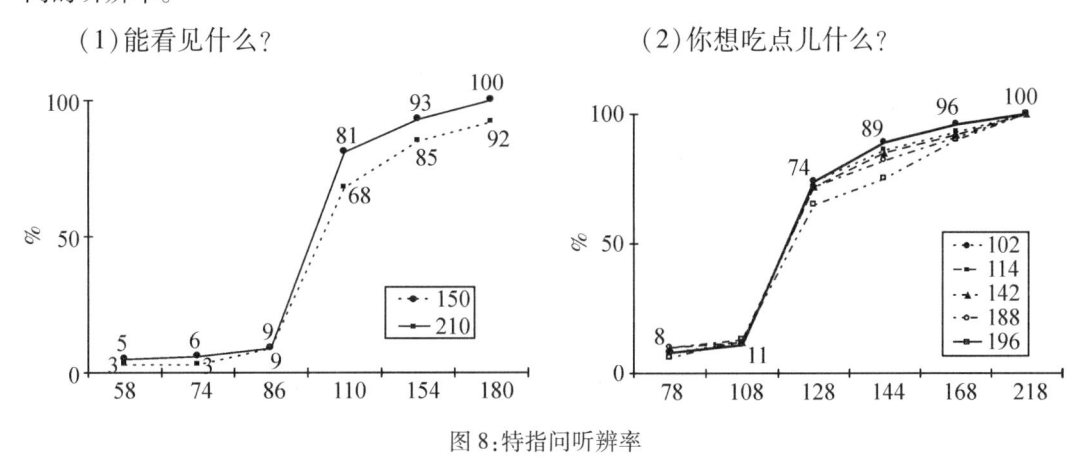

(1) 能看见什么?   (2) 你想吃点儿什么?

图 8:特指问听辨率

以上听辨率向我们清楚地呈示出了如下规律:

(1) 当疑问词的基频曲拱呈下降状态时,被听辨为特指问的几率非常低,两个句子平均不到 10%。此时述语动词的 F0 值高低对特指问的听辨没有什么影响。

(2) 疑问词基频曲拱呈上扬走势时,被听辨为特指问的比率迅速增高,两个句子平均超过 85%。此时,述语动词的 F0 值明显对特指问的听辨率有影响,伴随述语动词 F0 值的增高,特指问的听辨率相应下降。

(五)结论

通过以上分析检证,我们可以得出如下结论:

(1)在无句末语气词的疑问词疑问句中,汉语可以通过韵律手段区别特指问与是非问。

(2)特指问与是非问在语音上的主要区别表现于音高形态以及相关部分的 F0 值比例关系。特指问的语音标志是疑问词终点的基频上扬。疑问词终点基频愈高,特指问听辨率愈高。相反,如若疑问词终点 F0 值低于其起点部分,即疑问词基频曲线呈下降趋势的话,被知觉为特指问的比率就非常低。

总之,说 F0 值高低以及它们的比例关系是特指问与是非问判断的一个重要语音区别特征,应该是合理的说法。世界上的任何语言恐怕都会将抬高基频曲拱作为一种重要的强调手段来使用的。毫无疑问,特指问的疑问点和语义焦点落在疑问词上,所以疑问词被强调,其基频曲拱得到抬高;是非问的疑问点和语义焦点落在动词上,因而动词被强调,其基频曲拱得到升高。

我们所说通过基频曲拱抬高而强调的部分从句法角度来看,也是不可省略的焦点部分。比如我们将"能看见什么(呢)?"中语音强调的部分留下,省略为"什么?"把"能看见什么(吗)?"中语音突出的部分留下,省略为"能看见?"就不难发现,省略前后句义没有丝毫改变。可见这种语音区别特征与句法语义关系是完全一致的。

三、真性问还是假性问

(一)考察的对象

先看以下例句:

⑤今天不是星期天吗?

⑥老师不在北京吗?

显然,以上例句均有歧义。它们既可以理解为反问句而属于假性问,也可以理解为一般疑问句而属于真性问。

当然,这样的句子在具体交际中因前后语境的呼应、发话者情绪的补充等歧义可以得到消除而指向单一的句义,但我们所关心的是,这种包含真假两性疑问句的韵律形式是否有所区别? 如果有,区别何在? 我们想通过对以上歧义疑问句的声学分析,找到真假疑问句的韵律差异。

（二）实验研究方法、步骤

我们的实验研究分五步进行。

（1）首先挑选出上举 B 类十五个供语音实验分析的语料，让说标准普通话的发音人用呈示真假两种疑问语义的形式发音，录制成分析用语料。然后进行语音听辨，以确认分析用预料的价值。

（2）用南开大学开发的《桌上语音工作室》语音分析软件对真假两种疑问句语料进行声学分析，找出具有区别语义作用的语音特征。

（3）依据分析结果有目的地编辑修改真假性疑问句有关部分，得到供二次听辨的语料。

（4）将修改编辑的新语料拿去让听音人听辨确认。

（5）总结实验结果，导出最终结论。

（三）语料的选择、录制与一次听辨

1. 语料选择与录制音档

我们选择了以下"X"为名词、动词、形容词及其短语的各四组真假疑问歧义语料，让五个操标准普通话的发音人用体现真假疑问的不同形式发音，录下他们的语料。

NP 组：

①今天不是星期天吗？　　②他不是日本人吗？

③你弟弟不是二十岁吗？　　④这儿不是北京大学吗？

VP 组：

①老师不在北京吗？　　②他不住这儿吗？

③你不想去美国吗？　　④这里不可以抽烟吗？

AP 组：

①那个菜不好吃吗？　　②他爸爸不保守吗？

③那儿不危险吗？　　④那里冬天不冷吗？

2. 第一次听辨

我们挑选了操标准普通话的五名听音人对五名发音人录制下来的语料进行了听辨实验。为了便于统计听辨率，在听音时每个语料各播放五遍，如此一来，NP、VP、AP 三组就各有一百次出现率。我们将这各一百个语料打乱次序，播放给听音人，要求他们对每次听到的语料做出真性问还是假性问的强制选择。以下是听辨结果。

	真性疑问句语料										
	NP 组				VP 组				AP 组			
	①	②	③	④	①	②	③	④	①	②	③	④
听辨率(%) 真性	96	94	98	99	93	95	98	95	95	97	96	97
听辨率(%) 假性	4	6	2	1	7	5	2	5	5	3	4	3

	假性疑问句语料										
	NP 组				VP 组				AP 组			
	①	②	③	④	①	②	③	④	①	②	③	④
听辨率(%) 真性	6	5	9	10	7	3	2	3	87	91	90	89
听辨率(%) 假性	94	95	91	90	93	97	98	97	15	9	10	11

以上听辨结果显示,NP 和 VP 两组语料的发音与听辨结果非常一致,而 AP 组却相差很大。AP 组中发音人的真假性语料在听音人的判断中几乎没有什么区别,几乎都判别为真性问。这说明 AP 组作为歧义语料在语音上不大合适,所以本文只讨论 X 为 NP 和 VP 的两类情况。

（四）语音分析

我们将录制的语料输入计算机,用《桌上语音工作室》进行了声学分析。我们发现,以上真假性歧义疑问句在语音上有明显的声学区别特征,各个发音人的语料呈现基本一致的趋势。

1. 基频波形比对

以下是一位发音人的四组基频波形图。左为真性问,右为假性问。

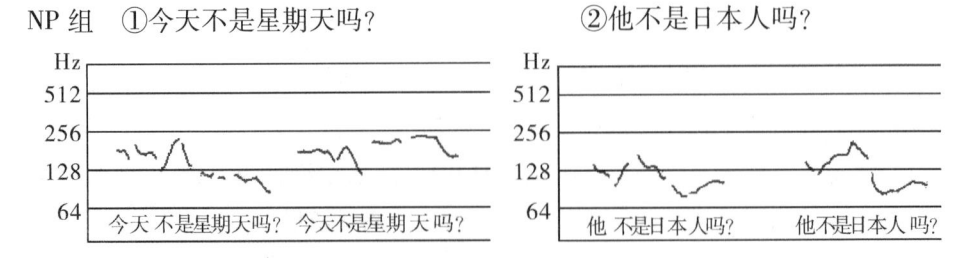

NP 组　①今天不是星期天吗?　　　　②他不是日本人吗?

VP组　③老师不在北京吗？　　　　　④他不住这儿吗？

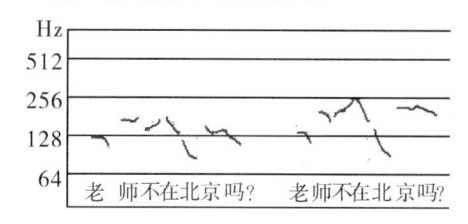

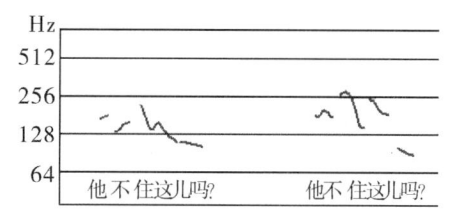

基频波形的特征：

(1) 每组真假性疑问句的基频波形轨迹基本相同，没有大的区别。这是由音节字调的走势决定的。

(2) 真性疑问句否定词"不（是）"的基频呈示相对饱满、完整，而在假性疑问句中则多显倏短，一般的情况是真性疑问句的频率高于假性疑问句。这是由于在语义上真性疑问句中的"不"携带有明确的否定信息，而假性疑问句中的"不"的否定信息衰减的原因。

(3) 从发问内容部分来看，真性疑问句的 X 部分总是基频趋低，而假性疑问句的 X 则相对高出许多。这是因为真性疑问句的否定词扮演了主要发问的角色，而 X 部分只是具体判断内容的提示，无须强调。但是，假性疑问句因语义上是肯定的，X 部分是肯定的内容所在，是语义焦点，因而需要通过一定的手段加强，基频高走成为语义加强的手段之一。

(4) 句末语气词"吗"的基频波形比较复杂。图谱显示，既有假性疑问句中"吗"的基频高于真性疑问句的（①和③），也有真性问句高于假性问句的（④），亦有大致相同的（②）。这似乎说明在真假性疑问句的区别中，语气词"吗"的基频变化不大担负区别语音形式的作用。

基频波形对比分析的初步结论：

我们在此讨论的真假性疑问句虽然在基频波形轨迹上呈现比较一致的走势，但在基频呈示上有明显的区别。其特征主要表现于两个方面：其一，否定词"不"在真性疑问句中动程完整饱满，而在假性疑问句中动程显得倏短急促。其二，真性疑问句的 X 部分基频较低，而假性疑问句的 X 部分则相对较高。

2. 时长对比

本部分想主要通过"不（是）、X 部分、吗"三组比对项的时长对比来看看时长在真假疑问句判别中有无区别功能。以下是八组语料的时长平均对比数据（ms）。

		不（是）		X		吗	
		真	假	真	假	真	假
NP	①	295	217	495	590	238	282
	②	231	157	470	535	237	230
VP	③	147	120	556	652	167	169
	④	144	128	439	521	215	203

需要注意的是表中"不（是）"和"X"两栏的数值，粗黑加重数字标出的是时长较长的

部分。为了更加清楚地看出时长的比对状况,我们再用棒式表格将其图像化。以下三幅棒式表格更为清晰地反映出 NP、VP 两组各四个句子中真假性疑问中"不(是)""X""吗"的时长对比情况。

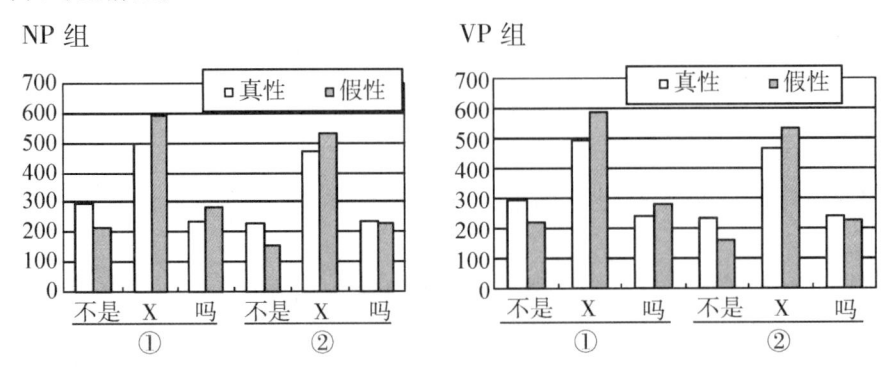

NP 组

VP 组

以上四组语料的时长数据和两幅棒式比对图充分显示,时长也是这种疑问句的真假性语音区别特征之一。具体说来,在时长上主要表现为"不(是)"与"X"的长短变化:真性疑问句的"不(是)"一般长于假性疑问句,而"X"则比假性疑问句短;与之相对,假性疑问句的"X"则总是长于真性疑问句,"不(是)"却相对短一些。"吗"的时长对比没有规律性的呈示,显然没有区别语音形式的作用。

3. 振幅对比

我们同样提取出了"不(是)""X 部分""吗"三组比对项的振幅对比数据。以下是四组语料的振幅对比具体数据(dB)。

		不(是)		X		吗	
		真	假	真	假	真	假
NP	①	69	70	62	71	61	70
	②	72	68	70	71	68	67
VP	③	80	83	77	81	75	75
	④	77	80	80	75	68	65

从上表可以看出,两组真假性疑问句对比项在振幅强度上几乎没有什么区别对立,可见振幅的强弱不具有区别真假性疑问句的功能。

(五)语料的编辑加工

通过以上对四组真假性疑问句基频波形、时长、振幅等的语音分析,我们可以初步得出本文讨论的真假性疑问句的语音区别特征。

真假性疑问句在语音呈示上的主要区别在于,真性疑问句"不(是)"的基频呈示相对饱满、完整,假性疑问句则多显倏短,一般的情况是真性疑问句的频率高于假性疑问句。在时长上真性疑问句的"不(是)"也比假性疑问句长。相反,假性疑问句的"X"部分比真性疑问句的基频高,在时长方面也明显长一些。可见,在本文讨论的句型中,可以通过基频和时长的调整来强调某些部分,以达到区别真假疑问句的目的。

为了进一步验证以上初步结论,我们使用《桌上语音工作室》语音分析软件对语料进行编辑加工,制作出了供听辨验证的实验语料样品。编辑加工分为两种方法:一是剪切粘贴互换法;二是修改基频法。

1. 剪切粘贴

通过波形剪切和粘贴的方法将原始语料里真假疑问句中的"X"部分互换,同样得到八组十六个供二次听辨用的 A 组语料。

2. 修改基频

我们从 NP、VP 两组中各选出两个真性疑问句的语料(NP:①今天不是星期天吗? ②他不是日本人吗? /VP:③他不住这儿吗? ④你不想去美国吗?),然后使用《桌上语音工作室》软件的基频合成功能对"X"部分的 F0 值进行了编辑,生成了供二次听辨用的 B 组语料。

为了验证我们的分析结论,在基频合成时,除"X"部分以外均不加改动而保持发音人的原始频率。对"X"部分的编辑合成,也尽量保持其基频轨迹,只是每次整体升高 20Hz,每个语料各升高三次,以得到三个共听辨用的新样品。如此一来,就得到了 B 组十二个二次听辨用语料。

编辑合成的不同 F0 值听辨语料图示如下(ABC 三句为编辑合成语料样品)。

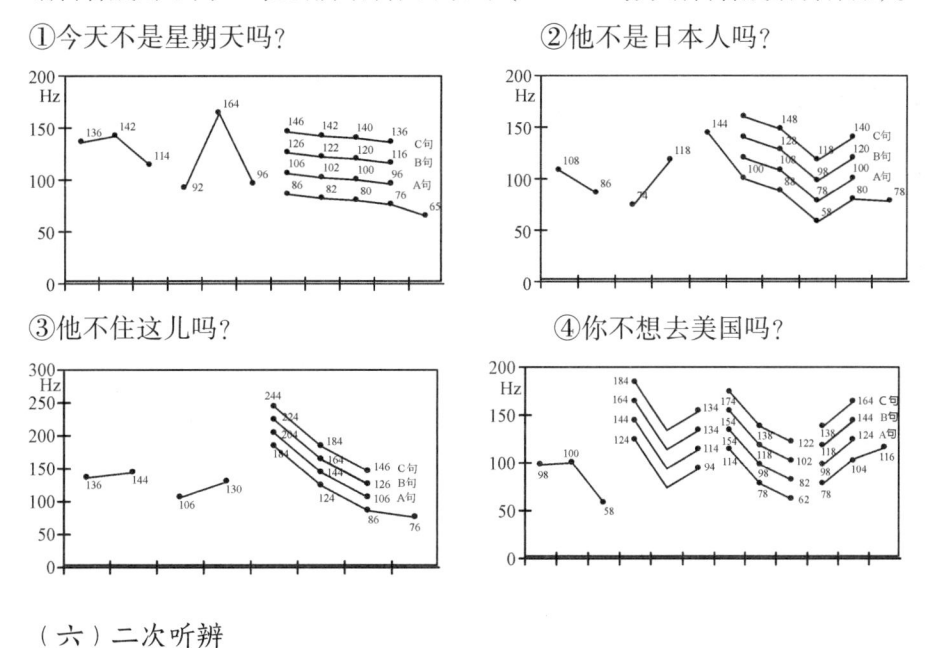

①今天不是星期天吗？　　　　②他不是日本人吗？

③他不住这儿吗？　　　　④你不想去美国吗？

（六）二次听辨

1. 对剪贴语料的听辨

我们将通过波形剪贴方法替换了"X"部分的十六个语料播放给听音人,让他们同样做出真假性疑问的强制选择判断。以下是听辨结果。

		真性疑问句中 X 被假性部分替换			
		NP 组		VP 组	
		①	②	③	④
听辨率(%)	真性	13	9	9	11
	假性	87	91	91	89

		假性疑问句中 X 被真性部分替换			
		NP 组		VP 组	
		①	②	③	④
听辨率(%)	真性	88	90	86	89
	假性	12	10	14	11

2. 对编辑语料的听辨

我们将四个语料的原始样品与编辑生成的 ABC 三组播放给听音人，让他们做出真假性疑问的强制选择判断。以下是原始语料与编辑语料的假性问听辨率。

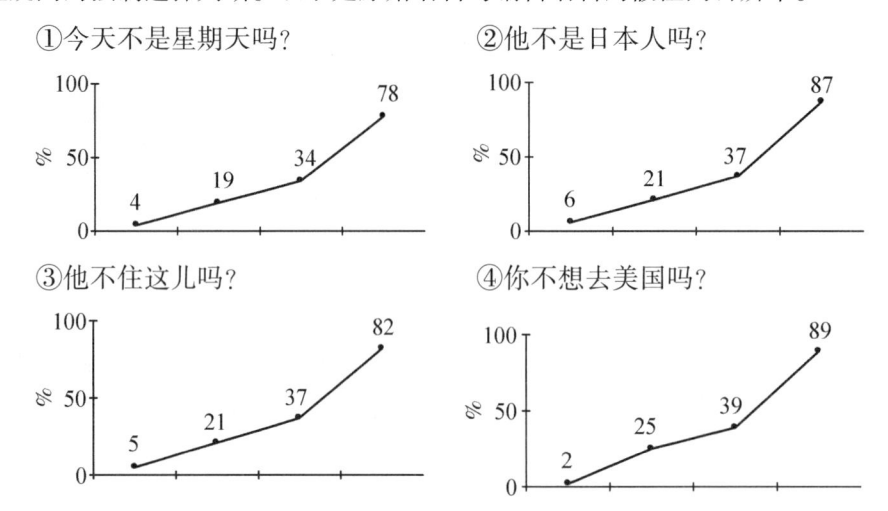

① 今天不是星期天吗？　② 他不是日本人吗？

③ 他不住这儿吗？　④ 你不想去美国吗？

以上对剪贴语料和编辑语料的听辨呈现出非常一致的倾向，即 X 部分随着 F0 值的升高而得到加强，渐渐接近语义焦点，整个句子被听成假性问的比率成一致上升趋势。相反，X 部分 F0 值越低，它所负载的语义衰减得越厉害。其结果，就会引起语义焦点向"不（是）"部分转移。一旦"不（是）"成为语义焦点，整个句子就自然会被听成真性问。

（七）结论

以上用声学实验的方法考察了歧义结构"不（是）x 吗？"在区别真假性疑问时所呈现的语音特征。通过声学与听感实验，我们可以得出如下结论：

（1）虽然从理论上看，x 位置填进 NP、VP、AP 都能构成真假性疑问歧义句，但在具体交际中 AP 与 NP、VP 不同,它即使占据 x 位置也基本上没有歧义。

(2)"不(是)x 吗?"区别真假性疑问的主要语音特征是"不(是)"和"x"基频高低和时长变化。真性问的"不(是)"基频呈示相对饱满、完整,时长较长,而"X"部分基频相对较低,时长较短;假性问的"不(是)"基频呈示多显倏短,时长较短,而"X"部分相对较高,时长较长。听感实验证实,疑问语气词"吗"的高低、长短差异似乎没有区别语义的作用。

(3)当假性疑问句中 X 部分比较长时,一般并非强调所有 X 部分,而是仅强调负载语义焦点的词语就可以了。比如"那个人不是小王的妹妹吗?"通过强调"小王"和"妹妹"改变语义焦点;同样"他不会开车吗?"通过强调"会"和"开车"改变语义焦点。强调的方法就是抬高基频和延展时长。

参考资料

[1]范继淹:《是非问句的句法形式》,载《中国语文》(北京)1982 年第 6 期。
[2]陆俭明:《关于现代汉语里的疑问语气词》,载《中国语文》(北京)1984 年第 5 期。
[3]曹剑芬:《连续变调与轻重对立》,载《中国语文》(北京)1995 年第 4 期。
[4]沈炯:《汉语音高系统的有声性和区别性》,载《语言文字应用》1995 年第 2 期。
[5]邵敬敏:《现代汉语疑问句研究》,华东师范大学出版社 1996 年版。
[6]邢福义:《汉语语法学》,东北师范大学出版社 1996 年版。
[7]冯胜利:《汉语的韵律、词法与句法》,北京大学出版社 1997 年版。
[8]范晓:《汉语的句子类型》,书海出版社 1998 年版。
[9]叶军:《汉语语句韵律的语法功能》,华东师范大学出版社 2001 年版。

论元杂剧的本色派

西北大学 贾三强

一、本色派与案头派之界说

元杂剧中的本色派是与案头派对举的概念,因此,可将两者做一比较,以便对其有个清晰的学术定位。

本色派与案头派[①],是元杂剧在发展过程中形成的两大流派。

"本色"一词,在魏晋南北朝时就有人使用,指物体本来的颜色[②],成为戏剧概念,是在明代后期。沈德符以本色评论前世和当时包括戏剧在内的曲家作品,崇尚本色:"吴中词人如唐伯虎、祝枝山,后为梁伯龙、张伯起辈,纵有才情,俱非本色。"[③]王骥德将传奇分成本色与文词二家,褒扬本色而贬抑文词:

> 曲之始,止本色一家,观元剧及《琵琶》、《拜月》二记可见。自《香囊记》以儒门手脚为之,遂滥觞而有文词家一体……夫曲以模写物情,体贴人理,所取委曲婉转,以代

---

① 前人多用本色派与文彩派对举。笔者认为,文彩派不足以概括与本色派对举的元杂剧中的另一大流派之风格特色,故以案头派名之。吴梅《曲学通论》第十四章云:"尝谓元人之词,约分三端:熹豪放者学汉卿,工研炼者宗二甫,尚轻俊者效东篱。"吴梅的这种分法主要着眼于作品的语言的风格,故将马致远的典雅清丽与二甫的绮丽浓艳分而为二。但是,他将传统的文彩派析出宗东篱与宗二甫两家,给我们进一步的分析提供了思路。在我看来,东篱的抒情浓郁似更应纳入"表现"一类,二甫则因语辞华美,列入"客观"更为恰当。故用"案头派"来取代传统的文采派的概念更名符其实。即这一流派的创作意图,并非是为舞台表演,而更着重于案头的细致阅读。这样一来,吴梅所说的元杂剧之三派,依艾氏所分,就应分别归入实用的娱乐受众、客观(为艺术)和表现三类。但是如果就作品的整体美学风格来看,关汉卿与马、白、王的区别是显而易见的,故可以将关与马、白、王分别划分为本色派与案头派。而案头派也可以分为重表现的和重文彩的,前者追求内心情绪的渲泻,而后者更重视作品本身的精雕细刻。但在元杂剧的实际创作中,重表现与重文彩两者之间有诸多的相通之处。从现存元杂剧考察,用案头派来进行概括差可相当。

② 《晋书·天文志中》:"凡星有五色,大小不同,各依其行而顺时应节……不失本色而应其四时者,吉。"文渊阁《四库全书》。

③ 沈德符:《万历野获编》(卷二十五·词曲),中华书局1958年版,第640页。

说词;一步藻缋,便蔽本来,然文人学士,积习未忘,不胜其靡,此体遂不能废。①

臧晋叔将杂剧分成名家与行家,其名家相当于文彩派,行家相当于本色派,并且认为,当行即适合舞台演出是戏曲创作的根本原则:

> 曲有名家,有行家。名家者,出入乐府,文采烂然,在淹通闳博之士,皆优为之。行家者,随所装演,无不摹拟曲尽,宛若身当其处而几忘其事之乌有;能使人快者掀髯,愤者扼腕,悲者掩泣,羡者色飞,是惟优孟衣冠,然后可与于此。故称曲上乘,首曰'当行'。②

当时学者分戏曲作品为本色派与文采派不是凭空杜撰,而是在戏曲创作实际中概括出来的。他们认为,所谓本色派,就是基本上按照现实生活的面貌来进行描绘,以朴素无华、生动自然为其语言特色;所谓文采派,则更多地在语言色彩上下功夫,词句华美、文采灿然是其主要的语言特色。这种主要从语言风格上界定本色与案头派的观点,有很大影响,今人亦有持此见者。有学者谓:"本色:指曲文质朴自然,接近生活语言,而少用典故或骈俪语词的修辞方法和风格。"③便仍是主要从语言风格角度来对本色派风格进行概括的传统思维。

然而上引臧晋叔的看法较其他学者更高一筹。他注意到了这一派在演出时,以描摹真切、感情充沛、富于艺术感染力为其特征,并且首先用"当行"来对"本色"作为补充,从而丰富了对这一派的理论概括,将这一派的本质特征,即适合舞台演出,为观众所喜闻乐见,做了准确的表述。

王季思的《元人杂剧的本色派与文采派》,是有关这个问题研究中最全面的文章,王文突破前人以是否忠实于生活和语言风格划分流派的做法,从作品题材、思想倾向、艺术结构等诸方面给予了本色派与文采派较为全面的诠释。④ 但是,由于其撰作已经将近半个世纪,又限于时代的限制,故很多相关问题的研究还有待深入,而接续研究的成果还很少见,故本文不揣冒昧,拟在王季思先生研究的基础上做进一步的拓展,将本色派和案头派作为两种具有不同审美风格的戏剧流派来深入探析。

美国美学家艾布拉姆斯将文学分为模仿、实用、表现和客观四类,并分别做了说明。⑤ 我们可以用以下图式来加表示:

---

① 王骥德:《曲律》(卷二·论家数第十四),湖南人民出版社1983年版,第118页。
② 臧懋循:《元曲选》(第一册·序二),中华书局1977年版,第4页。
③ 上海艺术研究所、中国戏剧家协会上海分会:《中国戏曲曲艺词典》,上海辞书出版社1981年版,第34页。
④ 王季思:《元人杂剧的本色派与文采派》,载《学术研究》1964年第3期。
⑤ M. H. 艾布拉姆斯:《镜与灯——浪漫主义文论及批评传统》,北京大学出版社1989年版,第5—34页。

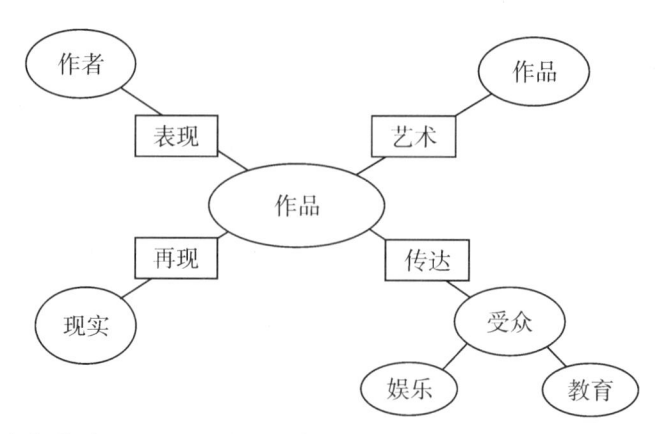

```
        作者              作品
          \              /
          表现         艺术
             \        /
              [作品]
             /        \
          再现         传达
          /              \
       现实              受众
                        /    \
                     娱乐    教育
```

  艾氏是以作家创作意图为出发点，将作品作为中心，考查其与相关因素的关系，来进行分类的。作品是为表达作者情绪或理念的属表现类；为了再现社会生活的，可归入模仿类；为受众而创作，可归入传达类，这类又可继续分为两个亚型，他虽未明确说明，但是书中言及此类作品在愉悦受众时往往有教导性，故我们可将其分为娱乐型和教育型；而作品不与外界发生关系，其创作只追求本身精美，将作品视为一自足的结构，不考虑外界因素，艾氏称之为客观类，也就是人们常说的为艺术而艺术者。但是，艾氏强调他的分类并不具绝对性质，因为任何一种倾向都必会兼有其他种类的某些特点。但是同时他也强调，艺术品中必会有一种倾向占主导地位，其他因素为从属者。因此他的分类法颇具实际的操作意义。

  对本色派的分析还可更进一步。因为本色派并非只具娱乐一途，诚如艾氏所云，还应兼有他种因素。本色派的主要特征显然是为娱乐受众的，因此，分析其特征应从是否适合舞台演出入手。但是，这一流派也兼有他类创作倾向的特点，分别是与现实关系紧密和抒情性强烈等，这些因素亦不应忽视。元代杂剧的本色派可以说是以舞台为中心，也就是说，是追求尽可能热闹有趣的演出效果，因此可以说是娱乐型的。但是要取悦观众，就必须尽可能地与观众的生活贴近，尤其是与主要的观众群下层市民生活贴近，所以如实地再现社会生活的真实场景也就成为重要的特点。这一派以自己的创作顽强地向人们宣示，作家在戏曲作品中应该有意识地与自身形象疏离，面向观众和现实靠拢。用郑振铎谈到关汉卿的话来说，就是在作品中找不到作者的影子。作家的个人身世甚至本身的好恶都不是最重要的，如果他的好恶与观众不一致，在作品中就淡化本人倾向。关汉卿的杂剧中写到了当时社会的三六九等，但是却很少写到知识分子，使想从他的杂剧中了解作者生平的学者枉费心机。但这并不等于说作品没有作者的思想和感情，而是作者的主观评价已经与他所属的下层人民一致化，作者本人不直接站出来说话。同时，为了赢得受众的认可、认同，作品还要在相当大程度上保持民众相通的道德评价。

  大略而言，在元代前期，杂剧倾向于本色，然案头派出现并成就斐然；到了元代后期，则二者各擅其长，案头派渐成上风，而本色派亦带有案头派之风。延至明代，杂剧贵族化的趋势越发明显，故渐入衰境。这也是中国文学史上任何一种文体普遍的发展过程，即由俗到雅,逐步失去生命力。

按艾布拉姆斯模型来对本色派定位,为了让作品拥有尽可能多的受众,本色派的作品在以下四个方面的努力相当自觉:一是写民众最关心的问题题材;二是依据观众群的道德观念与审美习惯对题材进行处理;三是采用一般观众最喜闻乐见的形式因素;四是往往寓有作者的道德训诫,特别是因为传统文人多属儒生,故其说教往往是儒家信条,由于作品产生于理学思想出现以后的特定时代,故这种说教的封建道德寓意更为显著,而在说教时,也往往与民间普遍认同的价值观相通。

二、本色派杂剧的内容特点

总体来说,注重受众关注的社会现象和问题,写人们最关心的题材和主题,并自觉认同受众的价值观念,以之作为评判是非曲直的主要标准,这样才能得到观众读者的关注和喜爱,这是本色派杂剧能够在舞台上生存的基本原因。

在本色派的杂剧中,重大的社会问题有比较准确的反映,这是新中国成立以来的研究者最津津乐道的。正如艾布拉姆斯所说,模仿类作品是现实社会的镜子,而巴尔扎克也说过,他这样的作家是社会的书记官。这样,作家的责任就是制造镜子,其美学追求不在于作品中体现了自己主观上的多少理念,而是要看作品在多大程度上准确地反映社会现象和社会问题。本色派的作品在反映社会问题中的诸现象时相当自觉,但前期杂剧和后期杂剧的真实性有差别。在元代,社会问题呈现为非常复杂的形态。以14世纪初为界,前后期社会的特点明显有别,其在杂剧中的体现也有不同。要言之,前期社会冲突空前尖锐复杂,而后期社会冲突相对缓和。

前期的作家大都生活在社会的底层,因此在反映社会现实时,一般是站在人民的立场上,反映社会的黑暗和人民的心声。

元代前期最突出的社会冲突是以蒙古贵族和色目人为主体统治者与广大汉民族和其他少数民族民众之间的冲突。《元典章》里记载,在成吉思汗初兴时,他便与众部落的头领互称兄弟,约定取得天下之后,各分土地,共享富贵。① 这样,从最高的统治者大汗到各个部落的奴隶主,形成了一个严密的政治统治之网。"他们后来始终遵守这个原则,虽然形式上权力和帝国归于一人,即归于被推举为汗的人,然而实际上所有儿子、孙子、叔伯都分享权力和财富。"② 而随着战争的扩大,统治集团也在扩大。一方面是成吉思汗及其后人大量分封同姓王,另外还产生了一大批靠军事起家的功臣。这些人的数量越来越多。而这些贵族勋臣都是世袭承荫,其子孙后代即便是一无所长,都与其先人一样享有种种特权。蒙古贵族入主中原以后,这种奴隶制的残余又与原有的封建制度结合起来,从而使诸王驸

---

① 《元典章》(卷九·吏部·三):"太祖皇帝初起北方时节,哥哥弟弟每商量定,取天下了呵,各分土地,共享富贵。"
② 志费尼:《世界征服者史》(上册),商务印书馆2004年版,第46页。

马等权势之人,到处横行。这些人在当时统称为"权豪势要"。权豪势要无法无天,随意残害百姓的问题,是元代最突出的社会问题之一。本色派杂剧作家,当然是不会放过这一社会热点问题的。因此,《鲁斋郎》中的鲁斋郎无法无天,《救风尘》里的周舍对风尘女子的恣意凌辱,《陈州粜米》里的大小刘衙内对百姓的任意戕害,《望江亭》里的杨衙内对民女谭记儿的强占,集中反映了当时整个统治集团上下一气的严重腐败,以及与民众的尖锐冲突,从中可以看出当时的权豪势要的气焰。诚然,杂剧作家也不只是写统治者对于民众残酷的经济剥削和政治压迫,而且也写了人民在这种严酷的政治环境下以各种方式求得生存,特别是以斗争的方式争取生存权利的现实。《水浒》戏在这个时期的大量出现,虽叙写重点各有不同,然宣示"官逼而民不得不反",却是共同的主题。

　　元代社会统治严酷,在长夜如磐的黑暗现实中,贫苦无依的下层民众战胜强大的统治者,只能是杂剧作家们的良好愿望,而实现的可能性则微乎其微。于是杂剧作家们只好搬出亡灵来帮助自己。于是大量的以包公为代表的清官便成了戏曲舞台上的活跃分子。公案戏的兴盛,便成了元代前期戏曲舞台上的一大景观。中国传统观念中,评价官员的标准主要不是才干,而首先是廉洁,即刚正不阿,执法如山,一尘不染。在公案戏中,清官的形象除了传统的这一要求之外,还有了另一层,即描写他们的智慧。因为人们知道,仅仅依靠官员的清正廉洁之外,并不能保证他们在代表下层百姓与恶势力斗争中的战无不胜,所以这种从现实政治斗争中产生出的智慧就成为他们中一部分人必备的质量了。包公戏也是元杂剧中的一个重要题材。在大量的包公戏中,大都突出的是包公的刚正和智慧,而在《陈州粜米》中,则突出了包公凡常幽默一面,使人感到亲近可信。

　　民族问题在元代不仅与阶级归属相关,实则古今中外,民族问题始终是个高度敏感的问题。其不仅与物质生活的丰啬联系在一起,而且在大多数情况下是个人格的归属问题。一般来说,在民众物质生活极度贫困时,这个问题或是通过阶级冲突的形式表现出来,或是隐而不见,故其本身的特性并不明显。但温饱问题一旦解决或近于解决时,这个冲突就不可避免地凸现出来,从而以其本身的形式直接表现出来。在文人士大夫为主的案头派作家的作品中,这一点体现得较为明显。如果说白朴的《梧桐雨》中所感慨的故国之思令人沉重压抑,而马致远的《汉宫秋》中的王昭君在汉匈交界黑河的投水自尽,其宁为汉家鬼、不当异族后的寓意,则近乎一目了然。

　　这样,在接近下层的本色派作家的作品中,所反映的社会冲突是以下层人民与权豪势要的冲突为主,而民族冲突往往掩盖在善恶斗争的主题之下。他们的创作倾向主要隐藏在作品描写的故事和人物后边,重在反映社会的普遍情绪,而不像那些案头派作家那样重视个人的表现,是借他人的酒杯浇自己的块垒。纪君祥的《赵氏孤儿》中出现了一群有情有义、不惜献身的志士仁人。韩厥、公孙杵臼和程婴等人,不惜牺牲身家性命,为旧主赵家保留了复仇的种子。这种存亡继绝的描写,应当寄托有渴望宋室恢复的寓意。这个戏写得很精彩,故事大起大落,情节紧凑,而且有一种感人至深的悲剧力量。由于当时统治者对民族问题的敏感和统治的残暴,所以这一类作品对民族冲突的反映,采取的是一种隐晦的方式。故多用历史剧来影射现实。

爱情是永恒的主题,早已是陈词滥调,但各个时期的爱情有着各自的特色,这也是不争的事实。元代前期的爱情戏,有着一些民主性因素。主要反映了在男性为中心的社会中女性所遭受的痛苦,表现了下层社会对妇女问题的认识要远较上层人士要进步。无论是大量的妓女戏还是家庭戏,大都有这种潜台词。《救风尘》中所写到的妓女从良之难,作者并没有把这种社会底层的女子当作玩物,而是承认她们与正常的好人家女子一样,有过正当正常生活的权利。联系到作家关汉卿是一个长期与歌妓朝夕相处,并且对她们怀有深切同情的下层作家,所以他反映出社会生活这一角的真实性,是毋庸置疑的。而秋胡戏妻之后,作者写了妻子罗梅英的不依不饶,这种得理不让人的描写应该是妇女在一定程度上得到与男子接近的权利,才会出现的。当然妇女的地位提高并非是达到了现代意义上的高度,这从此类作品最后总不外是女子妥协而告终,也可看出。

也正是因为作品要以观众的道德评价和审美理想为标的,所以在反映现实时,作品也就不能完全像镜子那样一点不走形,而是要符合观众的要求。因此,作品往往有个美好的结局,甚至有些结局给人以不协调的感觉,即便是最杰出的作品也无法免俗,比如《窦娥冤》的窦天章出面,窦娥冤案昭雪,坏人各罹其罚的大团圆,便是显例。

元代后期,社会冲突出现了某种程度的缓和,因此本色派杂剧所反映的社会冲突也远不如元代前期尖锐。这是因为蒙元统治者对于尖锐的社会冲突采取了一些手段加以调解,最重要的莫过于限制贵族特权,重开科举,吸收汉族知识分子参与政权,因此造成了杂剧作家对社会现实的疏离。这一时期有相当一部分杂剧作家本身就是元政权的官员。元代后期的杂剧反映这种社会的现实,一般不再像元代前期那样真实生动,社会的光线在经过他们的镜子时发生了带有作家本人价值观的折射。因此这一时期总的创作倾向是本色派作家对于作品如实反映社会现实兴趣的淡化,对于下层人民的道德理想和审美要求的漠视,出现了杂剧的伦理化倾向。元代前期杂剧中的勃勃生气被死气沉沉的道德说教或为统治者的粉饰所取代,出现了"与元代统治者妥协的姿态和呼声"[1]。其本色的特点,也就多少有了变味。

后期元杂剧的失去民众基础,逐步衰落,与其思想的正统化即封建伦理化,有着不可分割的关系,这与元杂剧的艺术形式关系并不太大。实则元后期的杂剧在关目安排、语言提炼上还有发展。本色派之所以成为本色派,就在于情感上与观众的融合,而失去了这一点,也就意味着其生命力的枯竭。这是个教训。

本色派杂剧中的人物多属下层。尤其是市民或被市民化的人物。这一派作家创作出来的戏不是孤芳自赏或为权贵人家击案叫绝的,而是为了在公共场所演出的,所以一定要

---

[1] 张庚、郭汉城:《中国戏曲通史》(上册),中国戏剧出版社1980年版,第118页。

写观众喜闻乐见的,并且活动在身边,甚至是观众从其身上可以看到自己影子的人物,因此各种下层社会,尤其是市民社会中活动的小人物,便堂而皇之地登上戏剧舞台。无论是权豪势要、泼皮无赖、商贩工匠、下层官吏、乌龟老鸨、妓女孤老、乡老村姑等,举凡下层社会所熟知的人物,无不在其中活生生地行动着。本色派作家的代表人物关汉卿现存杂剧十八种(有几种著作权尚有疑问),现实题材占了三分之二强。作品中的人物大多是市井中常见的角色,其中相当一部分已经成为典型。他的戏常演不衰,与这些人物的生动鲜明,因而受到观众的高度认可是分不开的。

学界注意到元人写的历史剧不伦不类,与史实出入颇大。元代前期的历史剧多寄托有作者的故国之情,而后期至明初出现的历史剧不仅数量非常大,而且有着独特之处。更多地表现了古代人民的英雄主义精神。"一般来说,文学性较差,但性格鲜明,富有戏剧性,适合舞台演出,可能是艺人创造,或者是经过艺人加工的。它们的内容着重在表现古代历史人物的斗争经验和智慧,虚构的成分很大。不过,由于剧作者历史观点的局限、历史人物的评价是错误的,对历史事件、历史人物的描写是不准确的。"[①]尽管作者没有提出这种历史剧与本色派的关系,但是从其所说性格鲜明,适合舞台演出,可以看出其与本色派的关系。而历史事件与人物的失真,只能说明它们被按照观众的口味做了改造。因此,舞台上的这些历史人物不再是历史上的真实人物,而成了下层民众中的成员,并且是带有一定理想色彩的成员。

三、本色派杂剧的情节关目安排

本色派杂剧是依附于舞台而生存的,因此它的戏剧艺术都是围绕舞台这个中心来设定和组织的。也就是说,只要有利于增强演出效果的手段,无不在本色派作家的考虑之列,调动一切舞台手段来增强舞台演出的效果。

首先,情节性的因素受到了特别的重视。这有一整套成熟的经验:一是体现在选材上。本色派作家的选材,首先考虑是否有戏。因此,富于冲突的事件是他们首先注意的。二是这种冲突,必须要具有道德上的意义,形成善恶两方。只有这样,才能引起观众的关注。而同时,正反两方要处于激烈的斗争,即冲突必须有一定的力度。三是要以一方胜利、一方失败而告终,有个结局。

戏剧不是纪实性的作品,而是要高于生活。作者的加工的过程也就是创作的过程,不仅要继续提炼事件,删去无关的枝节,要将生活冲突加工提炼成戏剧冲突,使冲突单纯化,而且要使冲突强化,同时还要使冲突有一定的顿挫,即不能一览无余,而要有张有弛,这就要吊观众的胃口,要有悬念。关心悬念,即满足好奇心,是温饱问题解决以后的人都有的

---

① 张庚、郭汉城:《中国戏曲通史》(上册),中国戏剧出版社1980年版,第116页。

惯性思维。已故著名文学批评家冯牧喜欢读新武侠小说,说金庸、梁羽生等人的小说是"成年人的童话"。看戏"外行看热闹,内行看门道",任何时候,看热闹的都要比看门道的多。看门道的必定是有钱有闲的人,而这种人在中国社会里是极少数。所以,如何把戏写得热闹一些,就成了本色派作家的要务。在元杂剧本色派的成功作品中,无论是窦娥与张驴儿等人、程婴与屠岸贾等人之间的冲突,都有强烈的道德意义和足够的力度。而爱情题材的作品,作者则固守好事多磨的模式,争取爱情自由与婚姻自主的青年男女代表着正面理想,而扼杀他们爱情的势力则是可憎的。《红楼梦》中将此贬为俗套,但这正是一般低文化的人,尤其是理学思想淡漠的市民最喜闻乐见的。这主要在悲剧、正剧和讽刺性喜剧之中体现。而在轻喜剧中,往往冲突的双方都是正面人物,于是作者在对冲突进行处理时,往往采用误会性手法。即让一方在对方的误会中暂时充当反面角色,让双方如同正反人物一样处于激烈的冲突之中,最后以误会消除、皆大欢喜而告结束。《李逵负荆》中,强人宋刚和鲁智恩冒充梁山泊头领宋江和鲁智深,抢走山下开酒店老者王林的女儿满堂娇。李逵知道后,抱打不平,欲杀宋江和鲁智深。宋、鲁强辩,李与他们以人头相赌。后误会弄清,李逵负荆请罪,极力赔礼道歉,加之众头领一致求情,宋江方赦免之。无论是正反冲突还是误会性冲突,作者都有意识地让冲突的发展呈九曲连环之势,只要观众一入场,就不由得不一气看完。

其次,关目的安排也受到重视。这在中国古代戏剧中是有着丰富传统的,元代本色派杂剧贡献良多。

第一,充分利用元杂剧特有的四大套结构形式来把戏写足。四折一本的结构对杂剧来说,限制颇多,犹如带着镣铐跳舞。虽然这种四大套的形式具体什么时候产生还不清楚,但从它一产生不久就得到了几乎所有北杂剧作家的认同,可见剧作家们普遍认为这种形式是当时能找到的最好的形式。

这种形式最大的好处就是其表面上的刻板和过度严谨之中暗合戏剧的规律。四大套是四个基本均衡的音乐单元,正好合乎作者构思的戏剧冲突的过程。作者在创作过程中,可以在这四折之中安排戏剧冲突的开端、发展、高潮和结局。这种以音乐为单元的折,正可以兼顾情节性和抒情性。唱词主要用来抒情,而科白则集中用来推动戏剧冲突,表现剧情。而如果还有意犹未尽之处,完全可以用加楔子或另折的办法来解决。这些都使严整的四大套形式有了一定的灵活性。

第二,喜剧性的穿插是本色派杂剧的通例,通常被称为"插科打诨"。而在案头派中,这是可有可无的。毫无疑问,这也是为了招揽观众的。其来源是春秋的俳优艺术,中经南北朝和唐代参军戏和宋代宫廷杂剧、民间杂剧。可谓是源远流长。宋代在成都演出的杂剧,以观众笑声的多少来判定演出的效果。[1] 在元代杂剧,除了喜剧之外,正剧和悲剧中都

---

[1] "成都自上元至四月十八日,游赏几无虚辰……自旦至暮,唯杂戏一色。坐于阅武场,环庭皆府官宅看棚。棚外始作高凳,庶民男左女右,立于其上如山。每诨一笑,须筵中哄堂,众庶皆噱者,始以青红小旗各插于凳上为记。至晚,较旗多者为胜。若上下不同笑者,不以为数也。"庄绰:《鸡肋编》,萧鲁阳点校,中华书局1983年版,第20—21页。

有净、副净、丑、搽旦等之类的逗笑式的角色。这种角色大都是反角,在剧中不仅参与戏剧冲突,如《窦娥冤》中的净扮演的张驴儿,而且还要起一种活跃场上气氛的作用,如赛卢医就是一个副净,《陈州粜米》中的妓女王粉莲就是搽旦。他们的一言一行,一举一动,都充满了笑料。可以想见,他们的出场,能给观众带来多么大的享受。要能留住观众,笑声是不可缺少的。这种穿插,在剧情平静沉闷时出现,可以活跃气氛;在高潮迭起时出现,可以让人稍松一口气;而在情节紧张时出现,可以埋下包袱,吊观众的胃口。正因如此,本色派作家没有不重视喜剧性的穿插的。

第三,重视道具的运用。金圣叹在评《水浒传》中武松打虎时用的那根哨棒的作用时提出了"草蛇灰线法",指的就是如果道具用得妙,恰如草中之蛇、灰中之线,寻常看不见,但一经点动,便通体皆活。这类道具的运用,大体上有两个方面:

一是用其来推动情节,让其成为一个包袱,用这种办法来制造悬念,紧紧吸引观众的注意力。典型的例证是《西厢记》中围绕着信简而产生的那些令人捧腹的误会性喜剧冲突。这本戏虽说是个案头派的代表性作品,但是偏偏这几场戏却是舞台上最经常演出的保留节目,可见其确实受到了历代观众的喜爱。而一般人之了解《西厢记》,也主要是通过这几场戏的。而最为文人墨客所激赏的那些诗情画意的场面,如长亭送别等,反而很少直接在舞台上出现。即便演出,也多少要经过一些改编。所以也可以说,这是带有本色意味的几个折子。

二是用其来作为结构的线索,将剧本写得集中严谨。如《陈州粜米》中的御赐紫金锤,几乎成了戏中一个有血有肉的重要角色。它在不同场子中出现,被作者赋予了不同的意义,时而是天子颁赐的圣器,时而是滥杀无辜的凶器,时而是作为嫖资的当器,时而是惩罚奸恶的武器。这个道具作用的变化,就是戏剧情节进展的过程,一个道具简直浓缩了一个大戏。这种成功地运用道具的例子,在元代本色派杂剧中是很常见的。《生金阁》《魔合罗》《金凤钗》《玉镜台》《虎头牌》《金钱记》《留鞋记》《勘头巾》等,都是以道具做了剧名,并贯穿全剧。

四、本色派杂剧的语言特色

本色派杂剧语言方面与案头派作品相比,有三个突出的特点:一是人物语言的性格化,二是通俗化生动化,三是重视对白的作用。

性格化的语言的运用是本色派作品的一大特色。作家一旦进入创作状态以后,就不再是本人,而是变成笔下的人物,写谁就是谁,无论言语行为,都要有严格的性格依据。通过作家在写人物时的典型化处理,要让台下的观众在舞台上看到自己周围的熟人甚至自己。而戏剧不像小说那样,可以通过叙事描写来刻画人物,而主要是通过语言的直接交流来表现人物性格,因此个性化的语言就成为人物性格表现的最重要手段,观众也就主要是通过语言来了解人物,分辨善恶。正因如此,本色派作家在创造个性化的语言方面总是呕心沥血,苦心孤诣,我们隔了近千年后,仿佛还能听到剧中人的声口。康进之的《李逵负荆》中李逵一人下山游玩赏青的独白:

> (唱)俺这里雾锁着青山山秀,烟罩定绿杨洲。(云)那桃树上一个黄莺儿,将那桃花瓣儿唿阿唿阿的下来,落在水中,是好看也。我曾听的谁说来,我试想咱,哦,想起来了也,俺学究哥哥道来,(唱)轻薄桃花逐水流。(云)俺绰起这桃花瓣来,我试看咱,好红红的桃花瓣儿!(做笑科,云)你看我好黑指头也!(唱)恰便是这粉衬的这胭脂透。①

看似闲笔,但写出了李逵这个没有什么文化,却对梁山充满了无限热爱的义军将领的鲜明性格。一般关涉梁山水泊的古代文学作品的读者,都会认为李逵价值序列中顶尖的是对于宋江的忠贞不贰。但是由这个戏和《水浒传》中相应的故事可见,在宋江与梁山事业二者鱼与熊掌不可兼得时,在李逵心中后者才是上位价值。正因有这样的性格,才会无比热爱义军事业,才会眼里容不得一点沙子,哪怕是他随时准备为之献出生命的哥哥宋江做了破坏义军事业的事,他也不答应,要拼个你死我活。这一段正是闲笔写出了人物。不同性格以及由此决定的生活目的的碰撞,便形成了戏剧情节,反过来说,情节是性格的历史。所以,这段描写为以后他与宋江之间的误会性冲突做了铺垫。

语言的通俗化和生动化是依舞台而存在的本色派杂剧不可或缺的。语言的通俗化的意义在于要让一种信息被受众清晰准确地理解,不至于因不能或误读而使得信息的意义白白浪费或被扭曲。因此,语言的通俗对于文化程度不高的以市民为主体的杂剧观众就显得尤为重要。听不懂,就走人,剧作家徒劳无益。但仅此还不够,因为受众所接受的信息要达到足够的刺激强度,才能产生足够的阈值。淡乎寡味、没意思的语言,也无法留住观众。因此,语言的通俗性和生动性是每一个本色派杂剧作家的自觉追求。随手拈来一例。《秋胡戏妻》中秋胡外出从军十年回来后,在桑园碰见自己的妻子,双方已不认识。秋胡上前调戏,遭到女子的拒绝,秋胡恼羞成怒,扬言要打对方。这时,旦(秋胡妻)唱道:

> 你瞅我一瞅,黥了你额颅;扯我一扯,削了你手足;你汤我一汤,拷了你那腰截骨;掐我一掐,我着你三千里外该流递;搂我一搂,我着你十字街头便上木驴。哎,吃万剐的遭刑律!我又不曾掀了你家坟墓,我又不曾杀了你家眷属。②

一个大胆泼辣、刚正不阿、正气堂堂的农家妇女的形象,通过这几句唱词,活灵活现地

---
① 王季思:《全元戏曲》(第三卷),人民文学出版社1990年版,第190页。
② 王季思:《全元戏曲》(第三卷),人民文学出版社1990年版,第541页。

展现在我们面前。为了增强语言的生动性,本色派的作家往往喜欢使用本地或本民族的方言或语言。孟汉卿的《魔合罗》的第一折中吉丢古堆、失留疏剌、希留急了、乞纽忽浓、疋丢扑塔、赤留出律等语词,都是一些生动的方言或少数民族词汇。当然这种方言或民族语言的使用,在加强作品生动性的同时,却以牺牲掉广大的观众面作为代价,可谓有利有弊。

对白在元杂剧本色派的作品中起着非常重要的作用。对白直接表现情节,推动剧情进展。对于下层市民观众来说,对剧情的关注往往要高于欣赏唱腔,但是更关注的显然是情节。因此,本色派作家不像案头派那样,喜欢大量使用唱腔来抒情,而是多用对白,唱词相对较少。公认为案头派的代表作《汉宫秋》中,四折一楔子共享了四十六支曲子,而本色派的《李逵负荆》四折只用了三十二支曲子;即便是用曲子较多的本色派的作品,也相对更重视道白。《汉宫秋》除了自报家门式的独白外,唱与白的字数之比约为一比一;如果考虑到唱腔远比道白用时要多,那么这个戏的大部分时间都用在了唱的方面。而出自民间艺人之手的《陈州粜米》用了三十八支曲子,比《汉宫秋》少不了多少,但是唱与白的文字之比约为一比二,这就使情节因素远比《汉宫秋》为重,演出时可以避免烦冗沉闷拖沓之弊。这也会赢得更多观众的。

态势语在对外汉语教学中的作用与运用策略

陕西师范大学　刘　惠

态势语,又称体态语、身势语、肢体语言、副语言、辅助语言、无声语言等,尽管称谓各有不同,但所指基本一致,即人运用头部、面部、目光、手势、身势等身体部位辅助有声语言来进行或语义或情感或情绪的表达并帮助完成交际。我们认为,"态势语"这一称谓较为简明和直观,能涵括神态、体态和手势、身势之意,故下文均使用这一术语。美国学者艾克曼和弗里森较早按照态势语的功能特点将之划分为五种类型,即符号式、图解式、调节式、心情展示式和适应式。而我们更乐于按照态势语生成的部位来做进一步的划分。结合对外汉语教学和课堂教学的规律与特点,我们将运用于对外汉语课堂的态势语分为情态语、体态语和动作语三大类。情态语指的是由眉、目、口及面部肌肉等发出的面部表情与神态信息,是动、静兼有的信息符号;体态语包括站、坐、卧的姿态及服饰仪表等呈现出的信息,是相对静态的信息符号;动作语在此多指借助手、头、肩、身、腿、足等身体部位发出的动作所传递、传达的信息,是相对动态的信息符号。

在对外汉语教学的课堂上,面对来自世界各地不同国家和地区、不同汉语水平的学习者,为增强留学生课堂学习的积极性、趣味性,尽可能高效地完成课堂教学任务和顺利地达成教学目标,汉语教师除了要有良好的专业知识素养和口头表达能力以外,还需要具备良好地使用态势语来辅助有声语言进行表情达意的能力。具备这一能力的教师,在对外汉语课堂上,会使教学更加活泼、生动、流畅,增强教学的美感并提高学生的学习兴趣与效率。本文基于初、中、高级不同汉语水平的留学生的特点来粗略谈谈态势语运用在对外汉语课堂上的作用与特点以及运用态势语应注意的问题。

一、初级课堂：宜使用准确、形象、丰富的态势语

对于初学汉语的留学生,汉语教师在课堂上的一个重要目标是如何通过我们的课堂教学使学生们能够克服学习一门新语言的心理障碍和畏难情绪,并能够使其不断建立起学习的兴趣和信心。然而,在这一教学阶段,由于学生汉语水平极其有限,教师不可能用

汉语跟学生做这样的沟通,而用学生的母语进行直接的说教也是不合适的。那么,在有声语言的交流与沟通存在极大限制的初级教学阶段,态势语的优势与地位就得到了凸显。我们在初级课堂上的态势语应做到准确、形象和丰富。

"准确"就是要求态势语的语义和情感、情绪表达明确,不含糊,没有歧义。否则,会造成学生在信息接收的过程中出现译码的困难。

"形象"指的是教师所呈现出来的态势语应是有很好的模拟效果的,能够让学生一看即产生合适的联想,能做到"望形生义"。

"丰富"说的是在初级课堂上教师的态势语可以是也应该是与有声语言相伴随的,甚至是比有声语言还要更具表情达意作用的语言,具有比有声语言更丰富的表意功能。

我们认为,在初级课堂上,教师应充分使用态势语来弥补课堂有声语言教学的不足和局限。如在语音教学中,我们常用手来演示看不见的舌头在口腔里的运动变化过程来学习声母,用夸张的口型来放大、放慢韵母发音的动程,使学生学习、模仿起来更直观。在初级阶段的词汇学习中,态势语也发挥着重要作用,如对"跑、跳、蹦"等动词的学习,用有声语言解释起来费力而不讨好,用动作语一演示即可让学生明了;如对代词"这""那"的学习,简单的手势语就能使二者的区别昭然若揭;等等。语法方面的学习也不例外,如"把"字句的教学,教师可以在动作行为之后给出例句,像"老师把门关上了"或"请同学把黑板擦干净"。

再如课堂提问或点名这样的细节处理。由于对外汉语教学的课堂通常是小班授课,一般在二十人以下,所以要求老师能够在最短的时间里记下班上所有学生的名字。但在初级班上,特别是学习的前两个月,教师在点同学名字的时候不能不辅以态势语,而应该叫出中文名字的同时,体势向其微倾,目光、微笑与手势一齐跟上。这样可以使被点到的同学有被重视感和被尊重感,会更乐于与教师合作。

可见,除了丰富、准确的动作语之外,情态语也要求丰富、生动。在课堂上,教师的面部表情十分重要,会直接影响学生的情绪和学习状态。我们建议教师努力做到带着微笑进课堂。微笑是最美的语言。对学生而言,老师的微笑是亲切的关怀,是真诚的鼓励,也是大度的宽容,这将帮助学生克服语言学习的畏难心理,在课堂上创建一个轻松、愉悦的学习气氛。另外,在这个阶段,教师眉目语的运用较后面两个阶段也可更丰富和夸张一些,为的是弱化语言学习的枯燥感,尽可能调动学生的注意力和学习兴趣,跟上老师的节奏。

尽管我们一再强调初级阶段课堂教学态势语的运用应该丰富、形象、生动,但准确仍是根本。而且我们需要注意的还有,对外汉语教学的物件一般都是成年人,因此,形象、生动而又丰富的态势语运用必须有别于对幼儿和对小学生。如果不考虑教学物件的心理与年龄特点,或者就把学习者当成是小孩子的做法,是会招致学生的反感的,那就事与愿违了。再者,由于学生在该阶段不仅汉语水平有限,而且对中国的了解、对汉文化的认识也极其有限,这就要求对外汉语教师要十分熟悉学生的文化背景,在运用态势语时务必顾及中外文化间的差异,避免出现误解甚至矛盾。另外,我们要避免在课堂上出现消极、负面的态势语,比如一个不屑的眼神、一个嘲讽的笑容、一个抑制的手势、一个不耐烦的皱眉,都有可能在学生那里留下深深的印痕,带来意想不到的负面影响。这不仅要求教师提高态势语运用的技巧,同时也要求教师不断提高自身的修养。

二、中级课堂：宜使用简洁、积极、含蓄的态势语

经过一年的汉语学习,到了中级阶段的留学生有了一定汉语词汇量的积累,对汉文化也有了进一步的了解,师生间的关系也由陌生转向了熟悉,因此,在这个阶段的课堂教学,教师可以充分利用这些有利条件来组织和调动课堂。态势语在这个阶段也应该由初级课堂上的"主要角色"慢慢退到有声语言的背后,真正发挥其"辅助语言"的作用。我们将这个阶段的态势语特点概括为简洁、积极和含蓄。

"简洁",即要求态势语指示明晰,呈现的符号明了、干净,不繁复、不拖沓。

"积极",即要求态势语以鼓励、推动学生学习和思考为目的,不宜过多抑制和否定学生。

"含蓄",即要求态势语的运用适度,情态语和体态语应多于动作语,做到"以静制动",不夸张、不夸大。

该阶段的态势语中,与初级阶段相比,动作语应大大减少,不再需要全身各部位都调动起来活跃课堂,而以手势和头部动作为主来组织课堂。情态语和体态语的使用则要求贴切、到位、自然,面部表情语不必太多夸张、夸大,但精神面貌要饱满。这就要求教师在课堂上的站姿要挺拔,手势要明确,行走不拖沓,目光不游离、呆滞,面部表情不僵硬、刻板。这一阶段,教师可以更多用眼睛说话,诸如"你一定可以造出漂亮句子的!""再想想,哪里出了问题?""你,来帮他/她改正一下。""这样说对吗?"等等,都可以通过情态语,特别是目光语来含蓄表达,相较于有声语言,不仅节省了时间,加快了课堂教学的节奏,而且维护了学生的信心,默契了师生间的关系。

三、高级课堂：宜使用符合中国人表达习惯的态势语

到了高级汉语课堂,学生能够比较流利地用汉语进行交际和表达自己的观点与情感,对汉文化也有了更深入的理解。教师在任何课型上,除了教授学生相关的知识以外,都还同时肩负向来自各国家、各地区的留学生传达、传递中华文化以及汉民族所特有的精神气质的使命,对外汉语教师在很大意义上是文化使者,是民族形象的代言人。因此,在高级汉语课堂上,教师使用的态势语应该尽可能做到可以代表汉民族的表达习惯、符合中国人真实状况,是中国人态势语的表达习惯与特点,以此给学生做出良好的示范,使学生不仅仅能说汉语,而且能在用汉语表达时形神兼备,最终成为"中国通"。

当然，我们所说的符合中国人表达习惯的态势语，并不是指传统的诸如作揖、抱拳等旧式态势语，而是指符合现代礼仪规范的中国人所使用的态势语，是文明、规范、融入中国当下社会生活的各种态势语。前者可以让学生了解，后者则希望学会运用。如果说在前两个阶段我们要更多地在跨文化交际的语境下考虑态势语运用的效度的话，那么，在进入高级阶段的汉语教学的课堂上，教师则可以在与学生达成共识的前提下，努力让学生接受和适应以至掌握汉民族态势语表达的规范与习惯从而自由得体地运用。这也应该成为对外汉语教学一个不可忽视的内容。

四、小结

关于态势语的研究，近些年来在国内也多受关注，人们对其特点、分类、功能等方面做了积极、深入的探索，并将其应用到具体的领域进行实践研究与运用，特别是在语文、外语、体育等的课堂教学以及幼儿教育、演讲等方面，有不少可贵的研究成果。在对外汉语教学领域，对态势语的关注也越来越得到重视。有人从课型入手，探讨态势语在听说读写不同课型中的运用；也有人从语言要素方面考虑如何利用态势语加强语音、词汇、语法等的教学效果。再如，王添淼(2010)通过实地观察、教学录像、个别采访等方法进行"实然"研究，分析两位教师的课堂态势语的运用的差异与效果，得出的相关结论就很有说服力，其所使用的研究方法也可资借鉴。由此亦可见态势语的有效运用在对外汉语教学中扮演的重要角色和深刻意义。本文则着力于态势语在对外汉语教学的不同阶段所扮演之角色的多层次性和对教师提出的不同要求上，虽然强调态势语在课堂教学中的重要性，但不是笼而统之地一概而论，也力图不对已有的研究成果做简单的重复。我们希望，态势语的研究成果能够更好地指导和帮助对外汉语教学的实践；我们也希望，通过教学的实践和锤炼，态势语研究能够达到一个新的高度。

参考资料

[1] 温秀杰：《课堂教学中的非语言交际研究》，南京师范大学 2002 年硕士学位论文。
[2] 李杰群：《非言语交际概论》，北京大学出版社 2002 年版。
[3] 崔永华：《教师行动研究和对外汉语教学》，载《世界汉语教学》2004 年第 3 期。
[4] 王添淼：《对外汉语教学中教师体态语的运用》，载《汉语学习》2010 年第 6 期。
[5] 周国光：《体态语》，中央民族大学出版社 1997 年版。

从言意之辨到语义解构

——对钱锺书"字名论"的阐释

厦门大学　方环海

一、引言

在整个20世纪的学术思潮流变中,语言学转向(linguisticturn)是其中一个重要促发点,也是最为重要的特征。[①] 显然,与现象学、解构主义、形式批评等现代西学一样,语言问题也成为阐释学的基础,这也是近代西方语言学转向的必然结果。[②] 现代西学里,无论是阐释主体,还是文本客体,也无论是文本的编码,还是阅读的译码,都难以离开语言的中介。[③] 语言甚至成为人的存在形式[④],这也就是理解的语言性,语言是我们理解的中介,不仅理解的物件是语言的,理解的本身也与语言关系密切,可见,语言表达了人与世界的关系,人也是以语言的形式来把握和拥有世界,这或许正是认知语言学所言的"隐喻是我们赖以生存的工具,世界都是隐喻性的"一个理由,正是基于此,语言与外在世界之间的关系才是一种本体论的关系。

钱锺书(1910—1998)对语言的阐释作用给予了高度重视,语言问题同样也成为他阐释学意识的基础。[⑤] 令人感叹的是,钱锺书并没有沉浸于西方关于语言存在与语言本体的思辨之中,而是独辟蹊径,从中国传统的"小学"出发,将中国古代的语言训诂与西方学术

[①] 汤一介:《再论创建中国解释学问题》,载《中国社会科学》2000年第1期。
[②] 季进:《钱锺书与现代西学》,复旦大学出版社2011年版,第59页;唐玲:《钱锺书与英美新批评》,湖南师范大学2007年硕士论文,第42—80页。
[③] 威廉.K.维姆萨特(William K. Wimsatt, 1907—1975)、蒙罗·C·比尔兹利(Monroe C. Beardsley, 1915—1985):《感受谬见》(*Affective Fallacy*),黄宏煦译,见赵毅衡编:《"新批评"文集》,中国社会科学出版社1988年版,第228—230页。
[④] 殷鼎:《理解的命运》,生活·读书·新知三联书店1988年版,第136—137页;张汝伦:《意义的探究——当代西方释义学》,辽宁人民出版社1986年版,第184—185页。
[⑤] 黎活仁:《钱锺书的文体与巧喻——以〈上帝的梦〉作一分析》,见陆文虎编:《钱锺书研究采辑(2)》,生活·读书·新知三联书店1996年版,第245页;马丁·海德格尔(Martin Heidegger, 1889—1976):《存在与时间》(*Sein und Zeit*),陈嘉映、王庆节译,生活·读书·新知三联书店1999年版,第175—176页。

调和起来,在很多人做了太多的所谓西方学术的"跟踪性研究"的大趋势下,他却固守传统,没有对西方学术顶礼膜拜,亦步亦趋,貌似是传统保守的,骨子里的精髓却是现代的,不能不说他对学术认识有自己独特的理解。① 钱锺书曾在给友人的信中说自己的方法也并非比较文学,而是求打通,研究实例之一就是"论哲学家文人对语言之不信任",这应该算是钱锺书关于语言问题思考的一大创见。②

文章试图从中国传统的语言学"言意之辨"的思想与语言理论出发,解读钱锺书在《管锥篇》等相关论著中关于语言阐释与语言解构的远见卓识,以此总结他在语言符号理论研究上的成就,扭转一直以来语言学界根深蒂固的"西方眼光"问题。

二、语言符号的"正名"

1. 钱锺书的符号"字名论"

中国传统的语言学思想理论里,并没有对汉语与汉字的符号特征给予足够的重视,而只是拘泥于儒家经典字、词的解释,有一些感悟,但压根没有想到进行理论上的思辨,构筑符号体系,因为其"通古圣贤之心志"的目的使然,是一种解经的需要,正所谓"经之至者,道也。所以明道者,其词也。所以成词者,未有能外小学文字者也。由文字以通乎语言,由语言以通乎古圣贤之心志"。戴震(1724—1777)此说,曾经获得有清一代学人的认同。

钱锺书对戴震之论很是不以为然,他的科学思辨与对西方学术的熟悉,使得他可以自如地运用西方的学术研究成就进行比较,结合分析汉语言符号的实际,得出一些非常具有启发价值的结论。③ 他辨析了语言符号的"名"与"字",也就是能指(signifiant)与所指(signifié)的关系。关于这对概念,瑞士语言学家索绪尔有开创之功,早在20世纪初就提出来了。钱锺书将之与中国的语言学传统进行了结合。④ 他用"字"标称能指,认为字是"谓声出于唇吻、形着于简牍者也";而以"名"标称所指,即"谓字之指事称物,即'命'也"。名与字,各司其职,不相混用,钱锺书解释为"字取有意,名求傅实;意义可了(meaningful),字之职志也;真实不虚(truthful),名之祈向也。因字会意,文从理顺,而控名责实,又无征不信,'虚名'、'华词'、'空文'、'浪语'之目,所由起也"。⑤

语言符号的能指与所指,在索绪尔那里,"能指"指的是声响符号,"所指"指的是概念符号。由于西方的语言符号,其文字体系属于表音系统,所以其声响符号与文字形式并无

---

① 热接尔·热奈特(Gérard Genette):《叙事话语 新叙事话语》,王文融译,中国社会科学出版社1990年版,第25页;胡亚敏:《叙事学》,华中师范大学出版社2004年版,第63—65页。
② 郑朝宗:《〈管锥篇〉读者的自白》,载《人民日报》1987年3月16日。
③ 李咏吟:《语言中心论与钱锺书的诗歌价值论美学》,载《广东社会科学》2008年第4期。
④ 胡晓明:《陈寅恪与钱锺书:一个隐含的诗学范式之争》,载《华东师范大学学报》(哲学社会科学版)1998年第1期;蒋寅:《古典诗学的现代诠释》,中华书局2003年版,第52—54页。
⑤ 钱锺书:《管锥篇》,中华书局1979年版,第404—405页。

不同,而是一致关系,但是对汉语而言则不同,汉语属于表意系统,其中汉字与读音属于两套形式,所以西方的能指与所指理论难以直接套用汉语实际。钱锺书对其进行了改造,自古以来汉字承载了汉语的形式功能,所以他用"字"称代能指,用"名"指称所指。对汉语而言,由于符号的有限性,所以,语言符号的能指"字"具有多义性,与所指"名"的叠合与偏差,容易形成语义的"含糊浮泛",因此使得人们"叹恨其不足以宣心写妙","常恨言语浅,不及人意深"便成为常态,钱锺书自己也感叹不已,谓之"语文之于心志,为之役而亦为之累焉"。①

在中国语言学的发展中,名实之争占据极其主要的地位,但是一直没有在学科层面获得发展。到了索绪尔,才有"能指"与"所指"和"名实"关系相当,当然索绪尔的能指指的是声响形式,而所指则是指概念含义,虽未完全一致,倒也确实让人浮想关联。②

2. 符号的"语义三角"

先秦时期,对语言问题思考得最多、贡献也最大的当属墨子,他较为深刻地揭示了语言的本质特征,这见之于墨子创始、其弟子完成的《墨经》。《墨子·经上》有曰:"闻,耳之聪也,循所闻而得其意,心之察也;言,口之利也,执所言而意得见,心之辩也。"而"言者,所以通己于人也;闻者,所以通人于己也",对"所闻"与"所言",谭戒甫则认为,"声,所闻也";"所言者,辞也"。③ 言下之意,沟通"言者"与"闻者"的中介就是有声语言,从"言者"来说,"执所言而意得见",借助言辞可以表达自己的思想,从"闻者"来说,则是"循所闻而得其意",借助言辞可以知晓他人的思想,根据胡奇光(1935—)的解释,"通己于人"是借言达意,"通人于己"是闻言知意,二者兼具,语言交际活动才是完整的。可见,语言之所以能够成为交际的工具,就在于其本身就是语音与语义的统一。正所谓"声出口,俱有名,若姓字俪"。言下之意,语音之于语义,犹如姓字之附丽于本人,这就已经触及语言符号的构成问题。④ 要是站在民族主义的学术立场看,墨子的语言符号的理论思想比之索绪尔要早得多了。

在此基础上,墨子又提出有关语言本质的一个重要定义"举,拟实也;言,出举也",并解释说,"言也者,诸口能之出名者也;名若画虎也;言,谓也,言由名致也"。对"举",有学者认为"举"的含义与《孟子·尽心下》的"言近而指远"中的"指"基本对等,可以解释为"意",扩大之则为"思想"。⑤ 与墨子基本同时的古希腊的亚里士多德(Aristotle,384—322)则说,"语言是心灵的经验的符号,文字则是口语的符号"⑥。梁启超对墨子该条的评

---

① 钱锺书:《管锥篇》,中华书局1979年版,第408页。
② 《经上》有"名、实、合",《说上》有"所以谓,名也;所谓,实也;名实耦,合也","所以谓"就是"能指","所谓"就是"所指"。这样看来,语言符号连结的不是名称与事物,而是音响形式与概念,即所谓的"能指"与"所指"。参见费尔迪南·德·索绪尔:《普通语言学教程》,高名凯译,商务印书馆1980年版,第100—102页。
③ 谭戒甫:《墨辩发微》,中华书局1964年版,第85—86页。
④ 胡奇光:《中国小学史》,上海人民出版社2005年版,第25页。
⑤ 胡奇光:《〈墨经〉语言学理论探讨》,见《语文论丛》(第2辑),上海教育出版社1983年版,第63页。
⑥ 亚里士多德:《范畴篇·解释篇》,方书春译,生活·读书·新知三联书店1957年版,第55页。

价说,"此条论语言的起源,最为精到"①,这段话多侧面地论述了语言的性征,其中"言也者,诸口能之出名者也"道出语言的物质性,语言是一种人为的、借声传意的行为,如孙诒让(1848—1908)所言,"声出口,俱有名";"名若画虎也"则说的是语言的符号性,语词之于概念,字之于语音,只有符号意义,起到了标指作用;"言,谓也",说的是语言的指物性,言语要如实地反映客观事物,如实地表达思想内容;"言由名致也"指出了语言的组合性,语言由语词组成②。

在墨子看来,思想或意思就其本质而言,在于摹写客观事物,因此才断言为"举,拟实也",而事物在人脑中所形成的思想,必须借助有声语言才能表达出来,为他人所理解,这就才有"言,出举也"。这样,"言""举""实"之间就形成一种很密切的关系,即"举"与"实"直接联系,形成模拟关系;"言"与"举"直接联系,形成表达关系;"言"与"实"没有直接联系,而是通过中介"举"相互关联,"举"称为联系"言"与"实"的桥梁。③ 关系表达图示如下:

后来陆机(261—303)提出"意、文、物"的关系④,刘勰(约465—520)也提出"情、辞、事",即所谓"三准"。钱锺书认为,墨子所论与西方现代语言学家倡导的"语义三角"学说(Semantic Triangle)完全一致,他认为,近世西人以表达意旨为三方联系,图解成三角形:"思想"或"提示""符号""所指示之事物"三事参互而成鼎足。"思想"或"提示","举"与"意"也;"符号","名"与"文"也;"所指示之事物",则"实"与"物"耳。⑤ 将钱氏所论,图示如下:

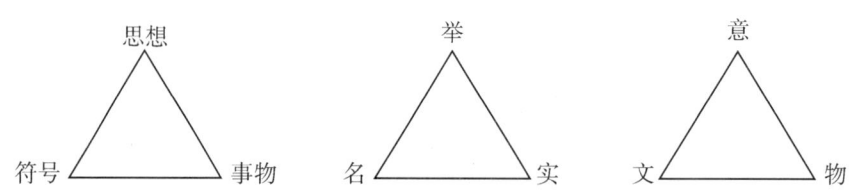

这里涉及的"名实"关系,属于无直接关系的类属,但是又引起了名学长时期的关注。所谓的名与实,其含义往往决定于语义环境,如果表示主体与客体的关系,则是指名称与事物;如果表示语文符号本身的表里关系,则指的是音响形式与概念关系;如果表示的是文学关

---

① 梁启超:《墨经校释》,商务印书馆1934年版,第26页。
② 后来刘勰更是明确指出"因字而生句,积句而成章"。参见胡奇光:《中国小学史》,上海人民出版社2005年版,第28—29页。
③ 胡奇光:《中国小学史》,上海人民出版社2005年版,第27页。
④ 《文赋》有"恒患意不称物,文不逮意"。
⑤ 钱锺书:《管锥篇》,中华书局1979年版,第1177页。

系,则指语言形式与事物所涉情感的关系。诸如此类,不一而足,名实之争,五花八门,甚至各自为政。

名实之间的矛盾也很多,有一字异义者,也有异字一义者,如"已"既有"成"的意义,也有"亡"的意义,"易"则有"变易""不易""简易"之意,易虽只有一名,而含三个意义,钱锺书称之为"背出或歧出分训"①,使得不倍者交协、相反者互成。汉字这种独特的符号特征,其实是与现实世界的复杂性密不可分的,显然钱锺书已经将汉语中符号现象上升到理性的层面。②

三、符号的语义"解构"

语言与思想的关系问题,是西方新批评意义理论中的核心问题。③ 瑞恰兹(Irot Armstrong Richards,1893—1980)探讨了语词、思想、事物三者之间的互相联系,以此推求文本的意义和文本意义的意义,认为语言的符号功能与语言的情感功能应该区分开来,语词的本身并不意味着什么意义,只有加以运用时才具有意义,这与维特根斯坦的"意义即用法"的观点是一脉相承的。④ 语言符号一旦与思想发生直接关系而具有意义时,对意义的分析就涉及一种语义三角的关系,即语词、思想、和事物之间的关系问题。美裔俄国语言学家雅可布逊(Roman Jakobson,1896—1982)强调,符号的产生与解释有赖于代码的存在,有赖于交流的惯例,一个符号的意义是由所处某种情境的代码所决定的,亦即代码提供参照系,而符号在这参照系中产生意义,这说明符号关乎交流,而交流则是一个特定的文化与意义过程。⑤

在凯西尔看来,语言符号即所谓的"语词"是"有意味的形式",充满了文化意义。一个语言符号并非是一个封闭的符号,而是开放的、在文化环境中产生多层重叠效应的符号系统。虽然"语言"是一个隐喻,用以突出"形式"成分的重要性与自主性,但这种形式是否等同于符号,是否可以将之看作"文本"的构成部分,因为作为解释的过程,视觉再现与言词表达有其各自的形式特性,最终指向"指涉、再现和意义"的相关问题。

在语义三角里,符号的意义的生成似乎是单向的,固化的。实际不是如此,索绪尔指出,符号的意义是与受众发生互动而产生,是一个能动的、创造性的语义生成过程,所以罗兰·巴尔特(R. Barthes,1915—1980)认为,"意义并不终止于所指,意义是序列的重新排

---

① 钱锺书:《管锥篇》,中华书局1979年版,第2页。
② 钱锺书:《管锥篇》,中华书局1979年版,第4—8页。
③ 埃文·沃特金斯:《批评行为》,见史亮编:《新批评》,四川文艺出版社1989年版,第288页。列维·斯特劳斯:《野性的思维》,李幼蒸译,商务印书馆1987年版,第32页。
④ 杨自伍:《译者前言》,见瑞恰兹:《文学批评原理》,杨自伍译,百花洲文艺出版社1992年版,第3页。
⑤ 张隆溪:《道与逻各斯》(the Dao and the logos literary hermeneutics, East and West, Duke University Press,1992),冯川译,江苏教育出版社2006年版,第221—232页。

列",他指出语言符号有两层意义,即表面意义(denotation)和隐含意义(connotation)①,语言符号依赖的是一个语言构成的意义世界。② 所以,对文本的组合分析揭示的就是其显性意义,聚合分析揭示的则是隐性意义,这里需要涉及隐喻和转喻的概念,隐喻和转喻所蕴含的,正是符号的隐含意义,揭示隐喻和转喻,也正是为了揭示隐含之义,这种隐含义就来自社会的文化观念、心理结构、意识形态,这也正是符号产生所依托的环境。③ 故上古生民之"音"曰"言",如果从文字学起源上看,确乎是如此,"言"盖可指语音,即便是最为马克思主义的语言学也必须承认,语言是出自劳动过程里的交际行为,而文字只是表达形式而已,让语音形式固化或者形化了。④

钱锺书也对语言符号的威力非常重视,通过揭示汉语的多义性特征,阐明其解构主义立场。⑤

前文对中国古代的名实之争与言意之辨的论述说明,语言并不完全遵从逻辑的思维,而是遵从隐喻性思维,语言扭曲了逻辑的脖子,构成的是语义形态网络,人类编织了语言的语义网络,但是又把自己置于语言的陷阱之中。语言所承载的人类所有知识与文化,也不是建立在逻辑概念或者逻辑思维的基础上,而是建立在隐喻思维的概念与表达方式上。这样逻辑主义构建的宏伟大厦顷刻间被解构了,从语言入手,竭力弱化、淡化甚至拆解、消除语言的逻辑概念,把语言从逻辑主义的枷锁下解救出来,语言不需要逻辑法则,无需逻辑的规定。强化语言的多义性,表达的隐喻性以及意义的随时增容,所以有的人认为,汉语符号的多义性与后现代的解构主义立场具有惊人的一致性。⑥

中国的语言学思想体系中,语言的局限性很早就被老庄们意识到了。语言总是与逻辑的东西如影随形,而对非逻辑的东西无能为力。《老子》有曰:"道可道,非常道;名可名,非常名。"《庄子·知北游》亦曰:"道不可言,言而非也。""道"虽不可以道,不可以言说,然如果完全不用语言文字,就根本无法论述道;而老子既然著书立说,肯定又非用语言文字来言说不可,这样就形成了一个无法回避的悖论。刘勰《文心雕龙·情采》指出:"老子疾

---

① 巴尔特认为内涵意义固定或冻结了所指意义的多样性,通过将一个单一的、通常是意识形态的所指归为第一符号,从而使第一符号的意义减弱。因此,大众传媒传递意识形态的主要途径就是内涵意义,巴特也称这种意义为"隐喻"。费斯克则认为符号意义有三个层次:表面意义(denotation),深层意义(myth),潜在意义(ideology),与此比较类似。参见王铭玉:《语言符号学》,高等教育出版社 2004 年版,第 110—135 页;苟志效:《意义与符号》,广东人民出版社 1999 年版,第 180—201 页。
② 布龙菲尔德(Leonard Bloomfield,1887—1949)把古今的语言、不同地区的语言和语言结构进行比较,认为"有些创新改变了一个形式的词汇意义而不是它的语法功能那个,这一类的创新叫作意义变化或语义变化"。
③ 隐喻研究的历史可谓源远流长,中国最早的诗歌总集《诗经》中就已广泛运用了"比"的手法。"比"即比喻,其中就包括隐喻。
④ 朱利安·班达(Julien Benda, 1867—1956):《知识分子的背叛》(*Betrayal of the Intellectuals*),佘碧平译,上海人民出版社 2005 年版,第 78 页。
⑤ 何明星:《钱锺书的"连类"》,载《文艺研究》2010 年第 8 期;党圣元:《钱锺书的文化通变观与学术方法论》,载《中国社会科学》1999 年第 4 期;刘顺:《钱锺书诗学思考的语境与意义——读〈管锥编·周易正义·乾〉》,载《山西师大学报》(社会科学版)2006 年第 5 期。
⑥ 叶秀山、傅乐安:《西方著名哲学家评传》,山东人民出版社 1984 年版,第 153—154 页。

伪,故称'美言不信',而五千精妙,则非弃美矣。"钱锺书说:"道不可说、无能名,固须卷舌缄口,不着一字,顾又滋生横说竖说,千名万号。"①语言文字的局限,使得许多终极的观念难以表达,不可言说。② 甚至二者是绝对对立的,正是所谓的"得意忘言""得鱼忘筌",问题是意义的依附在哪?意义驱逐了语言?若此的话,放弃语言的逻辑特征,则会导致符号的随意性与语言的无意义。所以即便解构,恐怕也难以彻底。钱锺书说:"语言文字为人生日用之所必须,著书立说尤寓托焉而不得须臾或离者也。"③"人生大本,言语其一,苟无语言道说,则并无所谓'不尽言'、'不可说'、'非常道'。"④

"若诗自是文字之妙,非言无以寓言外之意;水月镜花,固可见而不可捉,然必有此水而后月可印潭,有此镜而后花能映影。"⑤言下之意,语言文字乃是一切的基础,也是重构价值系统的基础。如果过于强调语言的一无所有,则容易落入我们自己设置的悖论之中。对此钱锺书并不主张完全放弃逻辑主义的立场,不能因为言难以尽意,就断定语言符号的意义之虚无与话语意义的不存,如果"以书与言之不能尽,乃欲并书与言而俱废之,似斩首以疗头风矣"⑥。所以,他认为"苟有实而尚'未名',则虽有而'若无';因无名号则不落言说,不落言说则难入思维,名言未得,心知莫施"⑦。"无名"而复"多名","不可名故无定名,无定名故非一名"。⑧ "诗也者,有象之言,依象以成言;舍象忘言,是无诗矣,变象易言,是别为一诗甚且非诗矣。故《易》之拟象不即,指示意义之符(sign)也;《诗》之比喻不离,体示意义之迹(icon)也。"⑨"道"是不可以言说的,但他要著书论道,却又必须以语言来表述这不可言之道,以名号来名不可名之名。在这不得已之中,钱锺书实际上是试图闯出一条"以言去言"之路,即通过有言,教人去认识、去领悟那无言之道,从而超越语言,直达"道"之本真,以言达到无言,以名寻求无名,从语言描述之中令人捕捉那微妙之道,去体悟那纯真之道。正如熊十力先生所说:"体不可以言说显,而又不得不以言说显则亦无妨于无可建立处而假有设施,即于非名言安立处而强设名言……体不可名,而假为之名以彰之。"⑩

钱锺书充分肯定了话语的作用,也肯定语言意义的不确定性,提出"以言消言"的解构主义立场。解构的本身正是建构的结果,"不可言"的特征,这种特征是言无言,以不言言之,或者说通过言说使人明白道不可言说。

---

① 钱锺书:《管锥编》,中华书局1979年版,第410页。
② 钱锺书:《管锥编》,中华书局1979年版,第453—458页。
③ 钱锺书:《管锥编》,中华书局1979年版,第406页。
④ 钱锺书:《谈艺录》,生活·读书·新知三联书1984年版,第413页。
⑤ 钱锺书:《谈艺录》,中华书局1979年版,第100页。
⑥ 钱锺书:《管锥编》,中华书局1979年版,第458页。
⑦ 钱锺书:《管锥编》,中华书局1979年版,第1218页。
⑧ 钱锺书:《管锥编》,中华书局1979年版,第410页。
⑨ 钱锺书:《管锥编》,中华书局1979年版,第12页。
⑩ 熊十力:《破破新唯识论》,台北广文出版公司1980年版,第18—19页。

"古之哲人有鉴于词之足以害意也,或乃以言破言,即用文字消除文字之执,每下一语,辄反其语以破之。"①这也正是禅宗的"以言去言、随立随破是也"②。一方面,看到了语言文字的局限性所在;另一方面则又坚信语言文字自身可以克服这种局限性。正如钱锺书所说,"道不可言,言满天下而仍无言"③。

对钱锺书的贡献,学者季进予以很高的评价,钱锺书的"以言消言"的立场,与维特根斯坦的"语言游戏"、伽达默尔的"阐释的循环"、利科的"话的隐喻"、德里达的"消解策略"等一样,其目的是使语言文字进入不断的以言破言、消解与被消解的运动之中,尽力张大了语词的多义性、表达的隐喻性、意义的增生性和阐释的多重可能性,也为我们观照中国文化提供了一个崭新的视角。后来钱锺书从语言入手解构了一系列中国传统的权威经典,看来绝不是一种偶然。④

四、结语

无论由解释文字本身到理解全篇意义,还是从理解全篇意义到解释具体文字,语言中的"词"都是无法绕过的中介。这表明,在人类的"表述"活动中,确是存在着"能够说"和"不能说"的"界线"。这种"道"与"言"/"名"的复杂关系,以及与此相关的言意矛盾,钱锺书在《管锥编》做出了自己的回答,在通过有言来达到无言的津渡中,不要拘执于言,而要追求超越语言的"无言";这就是后人强调的"不落言筌","不要死在言下","不着一字,尽得风流"之意。忘言非不言,而是无心之言;无心于言则无成心、不师心,将人籁融入天籁;既得意,则无言不合于道,无言可以害道,便可以自然而然地言说,自然而然地生活,亦即孔子所谓"从心所欲不逾矩"。

在言不尽意的前提下,立象能否真的尽意?"不可言"的特征,这种特征是言无言,以不言言之,或者说通过言说使人明白道不可言说。言说的关键是直指"道"本身,而不必拘执于语言,这样就可以超越语言之拘囿。

本文对先秦"名实"及"言意"问题的探讨,仅是对钱锺书学术成就进行研究的一个尝试,如何系统梳理这些问题在中国语言学史乃至学术史中的延伸和演变,如何从传统的中国语言文字之学生长出现代意义上的意义诠释学,如何从所谓传统汉学生长出现代西学,等等,仍然还需要做进一步的深入研究。

---

① 钱锺书:《管锥编》,中华书局 1979 年版,第 14 页。
② 钱锺书:《管锥编》,中华书局 1979 年版,第 457 页。
③ 钱锺书:《管锥编》,中华书局 1979 年版,第 465 页。
④ 黎兰:《神秘主义并不神秘——论钱锺书对无言诗学的超越》,见谢泳编:《钱锺书和他的时代——厦门大学钱锺书学术研讨会论文集》,秀威资讯科技 2009 年版,第 9—24 页。

赖际熙的港大岁月

厦门大学　方　骏

一、前言

赖际熙(1865—1937),字焕文,号荔垞,广东增城人,光绪十五年(1889)举人、二十九年(1903)进士。登科后先担任翰林院庶吉士,后获授国史馆纂修。辛亥革命后寓居香港。作为代著名的客籍学者,赖际熙曾担任香港客家人士的总组织崇正总会的第一至第六届会长[①],编纂《赤溪县志》《增城县志》等地方志书[②],还与诸位好友创建"学海书楼",一方面开放中文藏书给公众借阅,另一方面定期举办传统国学的讲学活动,在当时的香港社会产生很大的影响。[③] 然而,赖际熙最出名的,当数他对早期香港大学中文教育的贡献。1912年9月香港大学成立后,赖氏受聘担任兼职讲师,为文学院学生讲授中国史学和经学。其后他积极推动香港大学的中文教学事业,协助于1927年创办中文系,并担任该系的负责人(通常所说系主任),直到1932年底退休。本文通过收集和分析各类相关的文献材料,集中探讨赖氏对促进香港大学的中文教育所做出的贡献及其种种局限,并希望借此澄清一些早期香港大学中文教育中为人误解的问题。

---

① 关于崇正总会的成立和发展,参见郑赤琰:《香港崇正总会的缘起与发展:一个族群会馆的政治适应力的个案研究》,见谢剑、郑赤琰编:《国际客家学研讨会论文集》,香港中文大学香港亚太研究所海外华人研究社1994年版,第691—700页。
② 郑德华《〈赤溪县志〉之史料价值》对赤溪县的建立、县志的编纂、《赤溪县志》的内容和体例及其史料价值,做了详细的描述和分析。见谢剑、郑赤琰编:《国际客家学研讨会论文集》,香港中文大学香港亚太研究所海外华人研究社1994年版,第665—673页。
③ 关于学海书楼的创办及其后发展,参见邓又同:《学海书楼七十周年概论》,见何竹平主编:《学海书楼七十周年纪念文集》,学海书楼1993年版,第9—20页;区志坚:《发扬文化、保全国粹:学海书楼八十年简史》,见赖恬昌编:《学海书楼八十年》,学海书楼2003年版,第13—25页;区志坚:《学海书楼推动中国文化教育的贡献》,见广东省政协文化和文史资料委员会编:《香港传薪录:香港学海书楼纪实》,中国文史出版社2008年版,第79—124页;区志坚:《香港学海书楼与广东文化南下》,见陈明铢、饶美蛟主编:《岭南近代史论:广东与粤港关系1900—1938》,商务印书馆2010年版,第239—252页。

二、推动成立港大中文系（1912—1927）

1912年9月香港大学正式开学,设有医学院和工学院,翌年增设文学院。这之后的十四年里,香港大学文学院下设英文、教育、社会科学、商业、历史、数学、物理、化学和生物等九个系[1],没有独立的中文系。九个系开设五个课程（groups of studies / programmes）,分别是"文学与哲学"[2]（Letters and Philosophy）、"实验科学"（Experimental Science）、社会科学（Social Science）、数理师范（for Teachers of Science and Mathematics）、普通师范（for Teachers of Other Subjects）、商学（Commercial Training）。虽然《香港大学条例》第十三条规定,文学院应注重中国语言文学的教授,但实际的情况是,五个课程中,只有"文学与哲学"和"普通师范"两个课程的学生在一二年级时选读中文。[3]中文教育实际上没有受到学校当局的应有重视。

香港大学文学院成立后,赖际熙应聘担任文学院兼职讲师,开设通识课程性质的中国经学与历史等选修课[4],供文学院的学生选读。和他同年考中进士的区大典也同时受聘香港大学,担任兼职讲师。[5]由于在香港大学的身份仅为兼职,区大典除在香港大学任教外,还曾先后在官立实业专科夜学院（1907—1950）、官立男子汉文师范学校（1920—1940）、官立女子汉文师范学校（1920—1941）兼教。[6] 赖际熙在港大的身份虽然也非全职,但他似乎不像区大典那样,四处兼课。

1925年11月,金文泰（Cecil Clementi, 1875—1949;1925—1930在任）来港出任第十七任总督。他是香港殖民史上对中国文化极有兴趣并积极推动的少数几位总督之一。作为港大校监[7]的金文泰和他的教育官员,对香港大学忽视中文教育的做法并不认同。早在港府筹办官立汉文中学的时候,教育司庵氏（G. N. Orme）就曾经说过：香港大学开办多

---

[1] 赖际熙在《香港大学文科华文课程表》里称港大文科分五系（文字哲学系、理化系、社会学系、师范系、商学系）,见赖际熙：《荔垞文存》,学海书楼2000年版,第169页。其实,赖氏所谓的系,并非今天我们所理解的系（department）,而是课程（英文原文是 group of studies or programmes）。当时港大文科有九个系,但只开设上述五个课程,每个系为不同的课程提供教学内容方面的支援。
[2] 或译"文字与哲学"。
[3] 《香港大学文科华文课程表》,见赖际熙撰：《荔垞文存》,学海书楼2000年版,第170页。
[4] 金应熙：《初建港大》,见刘蜀永主编：《一枝一叶总关情》,香港大学出版社1993年版,第6页。
[5] 区大典,广东南海人,字慎辉,号徽五,光绪二十九年（1903）癸卯科进士,赐进士出身,授翰林院编修,辛亥革命后移居香港。见王齐乐：《香港中文教育发展史》,三联书店（香港）有限公司1996年版,第273页。
[6] 陈谦：《香港旧事闻见杂录》,中原出版社,第202页;汉师校史编印委员会,《香港汉师毕业同学录》,汉文师范同学会1967年版,第9—10页。区大典在上述三校兼职是可以肯定的,唯具体年份目前还不能确定。见方骏：《官立女子师范学堂（1920—1941）：香港仅有的女子师训院校》,载《教育曙光》2001年第48期,第59页;方骏：《官立男子师范学堂（1920—1940）：早期香港中文师资的重要摇篮》,载《教育研究学报》2005年第20卷第1期,第127页;Fang Jun, "Chinese Teachers Classes at Hong Kong Technical Institute: The Pioneer of In-service Teacher Training in Hong Kong", in Leung Cho Nga and Lo Tin Yau, eds., *Education and Heritage: Historico-cultural Perspectives* (Hong Kong: Hong Kong Educational Publishing Co., 2011), p. 228。
[7] 早期香港的中文报章经常将 chancellor 译为校长,vice chancellor 译为副校长。本文一律采用目前的译法,即 chancellor 为校监,vice chancellor 为校长。

年,各科成绩卓著,唯有中文一科,没有什么成绩可言,因为大学当局不重视中文科,只把它当作一个附属科目。他曾经就这个问题,咨询赖际熙等人的意见。当时,赖际熙和区大典两位讲师每年教授中国文史的时间只有四百多小时,将之分配到四个班去教,则每班每年教学的时间极为有限。活雅伦(Allen Wood)任教育司后,为了提高香港大学的中文水平,于1926年初再度邀请赖际熙到教育司署,进行商讨。结果决定向香港大学建议:把汉文教师改为专任;增加汉文教师的教学时数;香港大学学生大考时中文成绩如果不及格,便不能升级和毕业。[1]

1926年,以中文为教学语言的官立汉文中学,在金文泰的支持下正式成立。[2] 金文泰建议在香港大学增设中文学系,以便让汉文中学的学生毕业后可以直接进入该系深造,不必再像以前那样,需要前往内陆接受以中文为教学语言的高等教育。香港的华人士商们对此建议,普遍表示支持。金文泰于是委托赖际熙、区大典与他们两人早前的香港大学学生、汉文中学校长李景康(1889—1960),负责起草中文学系的各类课程和入学试的标准。[3] 同年《香港大学文科华文课程表》编成,指出华文部的成立,旨在"保存国学,融通新知,举凡经学、史学、哲学、法学、文学、美学,参汇中西,由博反约"。[4]

1926年8月,赖际熙和香港大学校长韩和惠爵士(William Hornell, 1878—1950;1924—1937年在任)一同前往南洋各地,向当地的华侨募捐,以为发展大学中文教育之用。不少华侨巨富,如吉隆坡的陈永、廖荣之,槟榔屿的戴喜云的后人等,皆慷慨捐款。此行所筹得的款项,总数达四万多元。这笔款项在中文系成立后,部分用来购置中文图书及修葺课室,主要则作为教职员的薪金。[5]

香港大学中文系的成立,很大程度上要归功于金文泰总督。他对中文在香港大学整体教育中所扮演的角色,有很高的期望。他曾说过"香港大学之盛衰,视乎中文之兴替;中文兴盛,乃能垂诸久远""汉文中学和港大中文学院的关系至为密切,而港大中文学院又与中华文化有极紧密的联系"。作为香港"权力仅次于上帝"的头号人物、港大的校监[6],他的支持是极为关键的。[7]

---

[1] 《华字日报》1926年1月16日。

[2] 为纪念1949年去世的金文泰总督,汉文中学于1951年改名为金文泰中学。

[3] 《赖际熙太史事略》,见邓又同辑录:《学海书楼主讲翰林文钞》,学海书楼1991年版,第47页。李景康为港大第一届毕业生,曾任海南师范学校校长,1924年返港后,担任过汉文视学官。

[4] 赖际熙:《荔垞文存》,学海书楼2000年版,第172页。

[5] Report of the working of the University of Hong Kong for 1927, p. 1;赖际熙:《香港大学文科华文课程表》,见赖际熙撰:《荔垞文存》,海学书楼2000年版,第170页。另见Bernard Mellor, University of Hong Kong: An Informal History (Hong Kong: Hong Kong University Press, 1980), pp. 75-76。

[6] A. Grantham (1899—1978), Via Ports: From Hong Kong to Hong Kong (Hong Kong: Hong Kong University Press, 1965), p. 107.

[7] 熊璧双:《香港大学中文学会新刊杂志颂词》,见《香港大学中文辑识》,香港大学中文学会1932年版,第1页。关于金文泰在香港大学中文系成立过程中的作用及其种种考虑,见区志坚:《香港大学中文学院成立背景之研究》,载《香港中国近代史学报》2006年第4期,第40—42页。

另一方面,赖际熙等人对港府高官的游说,对港府建议的呼应,对中文系的创设,也起了很大的作用。他积极回应金文泰等人对中文教育的重视,强调中文系的开办,好处甚多。"华文专科,果能成立,成学之士,得以修文读史,专诣旁证,闭关之局既完,宏达之材是赖。大学因时乘势,造就通儒。行见青年士女,学成致用。中西文化,参互沟通。万国邦交,实利赖焉。"①1926年的南洋筹款之行,捐款者中很多是赖际熙的朋友,如戴喜云的后人戴芷汀,早在1920年就与赖际熙相熟,以后一直保持良好的关系。赖氏的文集中收有两篇为戴氏而写的"寿序",可做两人友善关系的见证。

三、1927—1932年间香港大学中文系的发展

中文系成立后,赖际熙和区大典由兼职改为全职,分别担任中国历史教授(Reader in Chinese History)和经学教授(Reader in Chinese Classics)。他们两人早年的学生林栋(1889—1934)被任命为中英翻译讲师(Translator)。② 林栋原名林朝栋,字世权,号东木。原籍广东新会,中学在香港圣士提反就读,后进入香港大学文学院,为其第一届毕业生,以第一名成绩毕业。中英文造诣均佳。毕业后曾任星洲中文视学官,香港大学中文系成立后,应邀担任中文系翻译讲师。③ 在他们三人中,赖际熙负有领导、管理中文系的责任,扮演的是系主任的角色。当时文学院中英文、教育、数学、物理、化学等系的最高学术领头人是讲座教授(professor),历史、中文等部门的负责人,学衔略低,为教授(Reader)。

有必要指出的是,所谓香港大学1927年成立中文系,只是一个粗略的说法,因为当时中文还不具备系(Department)的资格,只是称作中文组(Chinese Section),这种情形一直持续到1929年。

1929年,在赖际熙等人的努力下,中文组扩展为中文学院(School of Chinese Studies),第二年因为港商邓志昂(1872—1939)捐款六万元兴建学院教学及办公大楼,改称邓志昂中文学院(Tang Chi-ngong School of Chinese)。④ 不少人对中文学院存有误解。误解一是香港大学中文系又名中文学院。⑤ 其实香港大学中文系只是在1929—1932这三年里才叫作中文学院。误解二是中文学院与文学院平级。中文学院虽然在中文字眼上跟文学院一样,都是学院,但两者并非同一层次的单位。中文学院是文学院(Faculty of Arts)的属下单

---

① 赖际熙:《香港大学文科华文课程表》,见赖际熙撰:《荔垞文存》,学海书楼2000年版,第173页。
② *Report on the working of the University of Hong Kong for 1926* (Hong Kong: University of Hong Kong), p. 29.
③ 李景康:《香港大学讲师林栋君墓志铭》,见《李景康先生诗文集》。赖际熙的文集《荔垞文存》保存一张港大文学院第一届修读中文课程的七名学生的成绩,其中林栋以经学95和史学100分名列第一。《与轩顿院长书四通》,见赖际熙撰:《荔垞文存》学海书楼2000年版,第70页。
④ 邓志昂为邓天福银号创办人,热心社会公益,获港府委任为太平绅士。
⑤ 罗香林:《香港与中西文化之交流》,中国学社1961年版,第224页;王齐乐:《香港中文教育发展史》,波文书局1983年版,第272页;香港教育资料中心编写组:《香港教育发展历程大事记》,香港各界文化促进会2004年版,第43页。

位,是个系级单位。也许正因为中文学院的名称容易引起外人的误解,1932年港大校方决定停止使用中文学院的名称,将之改为中文系。①

成立中文学院的目的是为学生提供更好更系统的中文训练,兼习英文和翻译。这所学院由一个十人委员会管理,其中六名来自(中文)学院以外,包括教育司活雅伦、视学官宋学鹏②(1880—1962)、香港大学校长、文学院院长、港大教务长、英文系讲座教授(系主任),另加赖际熙、区大典、威尔士牧师(Rev. Herbert Richmond Wells)和林栋。③从中文学院管理委员会院外委员的组成,不难看出大家对这所学院的关注与重视。

在1927—1932赖际熙负责中文系务的五年中,香港大学中文系有几项发展是值得肯定的:

一,中文变成独立的课程,不再是其他课程的补充部分。学生可以专修中国文学和哲学(计有中国经典、中国历史、中国哲学、中国文学、翻译等)。1933年以后,文学院更新增了"中文和英文"(Chinese and English)和"中国研究"(China Studies)两个课程。1926年的《香港大学文科华文部规划书》(*Syllabus of Chinese Studies, Arts Faculty, University of Hong Kong*),中英对照,收入《香港大学华文部课程学则草案》(*Draft of Syllabus and Regulations of the Proposed Chinese School in Hong Kong University*),把中文系的课程分为经学、史学、哲学、文词、翻译五部分,再细分为经学甲、经学乙、史学甲、史学乙、哲学甲、哲学乙、文词七门,内容主要有④:

(1)经学

甲,普通类:四书、孝经、书经、诗经、周礼、礼记、春秋

乙,专选类:易经、书经及诗经、春秋三传及国语、三礼(任选其一)

(2)史学

甲,普通类:绎史、资治通鉴、续资治通鉴、近代史

乙,制度类:舆地、户口、财政、选举、职官、礼乐、刑律、兵制(任选其四)

(3)哲学

甲,子学:老子、庄子、墨子、荀子、孙子、管子、韩非子、申子、杨子(任选其四)

乙,理学:宋儒学案、元儒学案、明儒学案

(4)文词

文字源流、文学史、词章、公牍

(5)翻译

---

① 《港大中文学院改组》,载《中兴报》1932年12月2日。2006年港大学术架构重组,中文系又改称中文学院。
② 金文泰总督的中文老师。关于他的教育行政管理生涯,见 Anthony Sweeting (1938—2008), ed., *Education in Hong Kong Pre-1841 to 1941: Fact and Opinion* (Hong Kong: Hong Kong University Press, 1990), pp. 105, 117-127.
③ *Report on the working of the University of Hong Kong for 1929*, p. 30.
④ 详见区志坚:《学海书楼推动中国文化教育的贡献》,见广东省政协文化和文史资料委员会编:《香海传薪录:香港学海书楼纪实》,中国文史出版社2008年版,第103—105页。

二,中文系的师资力量有所加强,详情见下表。1927年中文系成立时,只有赖际熙、区大典、林栋三位全职教员。1929年,温肃(1878—1939)加盟港大中文学院。温肃乃广东顺德人,字毅夫,1902年举人,1903年进士,曾任翰林院编修。有《德宗实录》《陈独漉年谱》《龙山乡志》《龙山文录》等多种著述。①他在香港大学中文系,第一年为兼职,第二年转为全职,主讲哲学和文辞两课。1931年12月,因足疾返回广东老家休养,辞去香港大学教席。②

1931年中文系增聘罗憩棠为兼职讲师,次年再聘朱汝珍(1870—1943)为兼职中国哲学和文学讲师。朱汝珍,广东清远人,字玉堂,1903年中举,1904年中进士,授翰林院编修。1897年由清廷派遣留学日本,就读于日本法政大学。1900年回国,任京师法律学堂教授。辛亥革命后移居香港。1932年受聘香港大学,同年年底因接受香港孔教学院的聘请,担任院长兼附属中学校长而离开香港大学。③赖、区、温、朱等人的共同点之一就是均为广东省人、均为学海楼的成员,均为清朝进士,同声同气。

1927—1932年港大中文系教职员人数及名录

年份	人数	名 录
1927	3	赖际熙、区大典(全职教授)、林栋(中文翻译)、牧师H. R. Wells(顾问,非正式教员)
1928	3	赖际熙、区大典、林栋
1929	5	赖际熙、区大典、温肃(兼职讲师)、林栋、G. H. Forster(英文教师)
1930	5	赖际熙、区大典、温肃(全职讲师)、林栋、G. H. Forster
1931	6	赖际熙、区大典、温肃、林栋、G. H. Forster(英文教师)、罗憩棠(兼职讲师)
1932	5	赖际熙(年底辞职)、区大典、林栋、罗憩棠、朱汝珍(年初加入,年底辞职)

资料来源:*University of Hong Kong Annual Reports* 1927-1932。没有计上中文系的图书管理员。

三,中文图书馆(冯平山图书馆)的兴建及馆藏不断增多,这也是同赖氏的努力是分不开的。港大冯平山图书馆,是赖际熙请富商冯平山(1860—1931)捐建的。④ 冯平山早在1929年就向港大表达了愿意捐款兴建中文图书馆的意向,唯提出两个条件:①该图书馆除供大学师生使用外,还应对社会各界人士开放。因此图书馆应在大学范围内接近公路旁选址;②该馆应永远做中文图书馆之用,收藏中文图书,不得做其他用途。由于港大校方对冯氏提出的条件,讨论多时,直至1931年初才决定接纳,接着动工兴建图书馆⑤,于1932

---

① 《温肃太史事略》,见邓又同辑录:《学海书楼主讲翰林文钞》,香港学海书楼1991年版,第69页。
② 温肃:《温文节公集》,学海书楼2001年版,第19—20页;《宣统名臣温毅夫》,见《先彦风范:龙江历史文化名人》,中国评论学术出版社2008年版,第37—39页。
③ 《朱汝珍太史事略》,见邓又同辑录:《学海书楼主讲翰林文钞》,香港学海书楼1991年版,第95页。
④ 罗香林:《故香港大学教授赖焕文先生传》,载《星岛日报》1950年8月17日。
⑤ 港大冯平山图书馆的网址说此馆动工兴建于1929年,然其前馆长黎树添所写的馆史,明确指该馆兴建于1931年初。黎树添:《冯平山图书馆简史》,见陈炳良主编:《香港大学冯平山图书馆金禧纪念论文集(1932—1982)》,香港大学冯平山图书馆1982年版,第19页。

年12月14日正式启用。①

在当时流亡香港的前清进士中,赖际熙也许是参加最多社会应酬的人。收入其文集《荔垞文存》中的,绝大多数为应酬文章,如《冯平山先生七十秩荣庆序》《清诰朝议大夫香港定例局议员少岐周君墓表》②《诰授荣禄大夫槟榔屿领事官星嘉坡总领事官戴公府君墓表》《利公希慎墓表》③、《戴芷汀大兄六十寿序》、《周埈年先生大厦落成颂》等篇。这些寿序、生日荣庆序、像赞,充满颂扬之词,从冯平山七十大寿时赖氏专门为他写的赞,可以看出一斑。

> 先生世有令德,少即恪守庭训,立身行己。循循矩矱,闻一善言,必默诵而强识之。有孟说善言不离口之风,磊落有大志。未冠经商于扶南之国,既壮,服贾于巴渝之郡,阅历既富,识力愈远,懋迁之途日广,化居之量益宏,继此则于广州、香港、安南诸重地,多所建设,增拓营运,洪规伟划,涵盖圜闠矣。而其为商也,虽日在持筹握算中,未尝或忘畴昔立身行己宗旨。故宅心必诚,待人必信,见利必审于义。处事能竭其忠,苟其业为有害于当世,有违乎本心,虽市利百倍,皆舍而勿取……资力既厚,乃能役其财以济人利物,如建祠赡族,赈饥诊病,扶危济困,矜寡恤茕,凡属义举,见而必为,为必竭力,人皆称颂先生之至德,而吾则谓凡此皆先生余事,更有重大而久远者,则以兴学一事为至焉……南宋有郑聪老者,让其宅为黉舍,皆称于史,然攷其规模其资力,较之先生,不及远甚,尚称之如此,先生之成就博大,无可称乎。④

由于赖际熙跟这些社会名流关系熟稔,素有交情,兼作阿谀之词讨他们的欢心,他也常请他们帮忙,如他写信给华商郭辅庭,希望他捐书给香港大学。"大学现时所有,不过是通行必需之书,略备学者稽考,其余秘藏精本,固无资力可以购求",而上海为全国图书集中的地方,购书比较容易,故希望郭氏能"时有所得,不拘何种,皆可随时寄赐,无不嘉惠士林"⑤,尤其希望他能寄赠在广东一带难以购买的《学津讨源》《册府元龟》等书。这些富商名流的捐款和捐书,对香港大学中文图书馆冯平山图书馆的兴建与藏书的扩充,起了相当大的作用。

四,赖际熙对香港大学中文发展的推动还表现在促进于1930年2月28日成立了香港

---

① 《香港大学冯平山图书馆开幕盛况》,《中兴报》1932年12月15日。黎树添:《冯平山图书馆简史》,见陈炳良主编:《香港大学冯平山图书馆金禧纪念论文集》,香港大学冯平山图书馆1982年版,第18页。
② 周少岐(1863—1925),香港著名企业家,创立安全保火险公司、泰新银号等。曾任定例局议员、东华三院主席。
③ 利希慎(1879—1920),利氏家族的创始人,香港著名的公烟大王、地产巨子。关于他的一生,见郑鸿泰、黄绍伦:《一代烟王利希慎》,三联书店(香港)有限公司2011年版;Vivienne Poy, *Profit, Victory, and Sharpness*. Toronto: York University Centre for Asian Research, 2006。
④ 赖际熙:《冯平山》,见《荔垞文存》,香港学海书楼2000年版;罗香林:《故香港大学教授赖焕文先生传》,载《星岛日报》1950年8月17日。
⑤ 赖际熙:《与郭辅庭书》,见赖际熙撰:《荔垞文存》,学海书楼2000年版,第81页。

大学中文学会。中文学会的直接发起人乃港大的一班学生,如冯秉芬(1911—2002)、冯秉华、黄荫钧、宋薇芝等人,其中冯秉芬任主席,黄荫钧任副主席,宋薇芝为秘书,冯秉华为司库;但后面的支持者乃中文系的全体教师。学会由区大典担任会长,赖际熙、温肃、林栋担任副会长。学会成立的宗旨是"沟通中西学说,别其异同,辨其得失"。为此,学会举办多次公开演讲,仅1930年学会就举办了七次讲演,其中第二次由赖际熙主讲"诗学源流"。中华民国考试院院长戴季陶(1891—1949;1928—1948年在任)也曾应邀前来发表演讲,引起社会各界的关注,反响极好。据陪同戴氏前来香港的庄泽宣(1895—1976)教授记载,戴氏在香港大学大礼堂演讲,听众满座,反应热烈,为港大空前之盛会。[1]

当然,赖氏主政中文系时的种种做法,也是有局限的。课程偏重死记硬背,拒用白话文,是其一。另外,在人员的聘用上,赖氏所聘请的,基本上都是与他有同样科举背景的前清遗老,他们基本上对西洋的思想非常排斥,满脑忠君复古的思想。如温肃在香港大学任教的三年里,两次拜见溥仪,一次因足疾未能成行。辞去香港大学教职后,也是经常北上,叩见逊帝[2];区大典视白话文为洪水猛兽;罗憩棠认为如果接受了白话文,"他日不知祸害伊胡底止"[3]。

四、中文系的改组和赖际熙的离任

1931年4月,香港大学特别设立委员会,研究学校的中文教育的前途。该会由辅政司主持,成员包括香港大学校长、各院院长、周寿臣(1861—1959)[4]、罗旭龢(Robert H. Kotewall, 1880—1949)[5]、曹善允(1686—1953)[6]、冯平山及林栋。作为中文系的两个教授,赖际熙和区大典均不获邀请,参加这个委员会;而身份只是讲师,过去曾是赖、区两人学生的林栋,却是其中的一名成员,这很清楚地说明港大校方有意对赖际熙的办学理念和做法进行更张。事实上,早在1929年中文学院成立的那年,文学院院长当时就已经表示学院的首要任务是任命一位合适的中文系主任。[7] 1932年香港大学的年度报告中,也有这样的话:"(校方)一直在欧洲和中国寻找合适的(中文)教授。校长最近的北京之行就是为了这个目的。"[8]

---

[1] 庄泽宣:《忆冯平山先生——中国的加纳奇》,见庄泽宣著:《教育与人生》,中华书局1946年版,第144页。
[2] 1929年"四月自港赴天津叩谒皇上于静园";1930年"五月归里,时学校暑假,但足疾绵绵,遂阻赴阙之愿";1931年"四月自港赴天津,二十四日叩谒皇上于静园,承问幽明之故甚详"。温文节:《温文节公集》,学海书楼,第19—24页。
[3] 陈君葆:《陈君葆日记》(上),商务印书馆(香港)有限公司1999年版,第117页。
[4] 广东保安人。1874年随容闳赴美留学。归国后历任驻朝鲜仁川领事、京奉铁路总办、救国公债香港分会主席。香港行政局第一个华人议员。时任港大校董。
[5] 罗旭龢1922年被港督任命为香港定例局(立法局)议员,历任团防局绅、保良局绅、太平绅士。时任港大校董。
[6] 1929—1937年间香港立法局议员。
[7] *Report for the working of the University of Hong Kong for* 1929, p. 38.
[8] *Report on the working of the University of Hong Kong for 1932 and 1933*, p. 22.

香港大学想找个"更合适的"系主任来接替赖际熙,应该有几点考虑。首先,赖际熙已逾退休之龄。赖际熙出生于1865年,1927年香港大学中文系成立时,他已经六十二岁。主掌中文系五年后,1932年退休时,赖际熙已经是六十七岁了,这在大学里早已过了退休的年龄。香港大学高层考虑更为年轻的继任人选,并非不同寻常之事。

其次,赖际熙的英文水平欠佳。赖际熙是满清的翰林,没有受过正规的英文教育,每次参加文学院院务(当时的中文称"科务会议")时需要别人翻译,这使得他在院务会议上成为唯一不使用英语发言的与会者。事实上,当时香港大学文学院十个系里,除中文系外,其他九个系的负责系务的讲座教授(Professor)或教授(Reader),都是欧洲人。早期赖际熙每次参加文学院院务会议时,要请香港大学中文系顾问、伦敦教会的威尔士牧师一同出席,帮助传译。① 而同系资历相对来说比较浅的林栋,却因英文好而备受重视。② 香港大学聘请赖际熙的继任人选,条件除了列明要粤语和国语俱佳外,还要英文好,最好曾经留学英国,这样可以更好地同校方或院方沟通,也可以更好地接受西方文化的影响。1935年9月加盟香港大学中文系担任讲座教授(Professor)的原燕京大学教授许地山(1893—1941),就是留学美国哥伦比亚大学和英国牛津大学的文学硕士,研究宗教史、梵文、民俗学,符合港大所开列的基本条件。

另外一个原因是,香港大学校长韩惠和等认为赖际熙、区大典等人设计的中文教学和中国研究无论从内容还是形式上都需要改革。中文课程不能颁授学位,只能颁发文凭,影响学生选读的意愿;另外,修读中文的学生,英文水平普遍较低,达不到香港大学的要求。③ 文学院长佛斯特(Lancelot Forster;港译科士打)曾打算派1934年后接替林栋、担任翻译讲师的陈君葆(1898—1982)每年暑假去华北,以便和大陆学术界建立联系,甚至想派陈氏去北平住上一年,作"长期的观察研究",为港大中文的改革做贡献。④ 校长韩惠和曾聘请中国著名历史学家陈受颐(1899—1978)⑤和民俗学家容肇祖(1897—1994)⑥两位教授专程

---

① 《香港大学文科华文课程表》,见赖际熙撰:《荔垞文存》,学海书楼2000年版,第170页。
② 1928年中文系的年度报告就是林栋写的。Report on the working of the University of Hong Kong for 1928, pp. 32-33. 1932年赖际熙退休至1934年林栋在西环煤气爆炸中不幸丧生,中文系是由林氏负责的。
③ 《港大中文学院改组》,载《中兴报》1932年12月2日。
④ 《陈君葆日记》,商务印书馆1999年版,第79页。陈君葆似乎对中国大陆学术界的认识颇为有限。当港大校长韩惠和向他询问一位名叫Mu Chien(很明显是著名历史学家钱穆)的大陆学者适不适合担任港大中文系主任时,他回说从没听说过此人。见陈君葆:《陈君葆日记全集》(卷3),商务印书馆1992年版,第222页。
⑤ 陈受颐,广东人,1925—1928年在芝加哥大学攻读研究生课程,获博士学位,去岭南大学任教。1930年受聘担任北京大学历史系主任。港大曾希望聘他为中文系主任,但被他婉拒。1936年他去美国Pomona学院做访问教授,1937年至1941年受聘于夏威夷大学。从1941年至1967年退休,一直在Pomona学院任教。据陈荣捷(1901—1994)教授回忆,陈受颐和他本人以及李绍昌,是1940年代全美仅有的三名中国背景的终身教授。陈荣捷:《中国哲学文献选编》,凤凰教育出版社2006年版,作者自序。
⑥ 容肇祖,广东东莞人,1926年毕业于北京大学哲学系,先后执教于厦门、中山、岭南、北京、西南联合、辅仁等大学。

于1934年来港研究港大中文系的课程改革问题,对港大中文系的课程都提出改革建议。[1] 1935年来港接受港大名誉博士学位的胡适(1891—1962),曾对港大的中文教育提出批评:

> 香港大学最有成绩的是医科和工科,这是外间人士所知道的。这里的文科比较最弱,文科的教育可以说是完全和中国大陆的学术思想不发生关系。这是因为此地英国人士向来对于中国文史太隔膜了,此地的中国人士又不太注意港大文科的中文教学,所以中国文字的教授全在几个旧式科第文人的手里,大陆上的中文教学早已经过了很大的变动,而港大还完全在那变动大潮流之外。今年副校长韩君[2]与文学院佛君[3]都很注意这个问题,他们两人去年(1934)都曾到北方访问考察。去年夏天港大曾请广东学者陈受宜先生和容肇祖先生到这里来研究港大的中文教学问题,请他们自由批评并指示改革的途径……[4]

五、总结

在1927—1935这八年间,赖际熙对香港中文教育的贡献还是主要的。不管怎么说,他协助创办了港大中文系,使中文成为港大文学院众多课程中的其中一个。中文由组升格为学院,得冯平山捐助兴建中文图书馆,得邓志昂斥资捐建中文学院教学和办公大楼,这些都与赖氏的努力有直接的关系。另外,港大中文系文学、历史、哲学、翻译四大块的结构,就是在赖际熙主政时确立的(当时是文学、历史、哲学、经学、翻译五大块)。

1936年应聘任教港大中文系的马鉴(1883—1959)对许地山之前的港大中文系及其主政者赖际熙,有比较中肯的评价,或者可以作为本文的结尾:"港大中文学院创设以来,经赖焕文、区大典诸先生的努力,已引起一般人对中国学术的注意,而且建立了一个基础。当时诸先生所努力的,是要一般学生于学文之外,对于经史有深切的了解。但是因为时代的关系,所用的方法,还是偏重记诵之学,而尚未到研究的阶段。"[5]

---

[1] 据《陈君葆日记》载,香港大学于1934年11月19日收到陈受颐(《日记》误作陈寿贻或陈寿颐)的报告,没有讲具体内容,但从中可以看出,陈氏报告中至少包括以白话文取代文言文进行教学的建言。陈君葆:《陈君葆日记》(上),商务印书馆(香港)有限公司1999年版,第101—107页。
[2] 即校长William Hornell;当时多译Vice Chancellor为副校长。
[3] 即文学院长Lancelot Forster。
[4] 胡适:《南游杂忆》,见胡适著:《胡适文集》(2),人民文学出版社1998年版,第315页。
[5] 马鉴:《许地山先生对于香港教育之贡献》,单周尧编:《香港大学中文学院八十周年纪念学术论文集》,上海古籍出版社2008年版,第32—33页。香港沦陷后,马鉴不愿为日本人服务,举家辗转赴成都,担任复校后的燕京大学文学院院长兼国文系主任。由于他与港大的合约并没有正式结束,故在抗战胜利后,于1946年5月举家重返香港大学中文系任教,直到1951年退休。参见戴光中:《桃李不言——马鉴传》,宁波出版社1997年版。

论皮锡瑞（1850—1908）的经学正统观

宜兰大学　宋惠如

一、前言

经学在1900前后十年，速失其政治、教育、学术主场优势。1905年废科举同时，刘师培《经学教科书》出版，1907年紧接着皮锡瑞《经学历史》由湖南思贤书局刊出。刘氏书名为"教科书"，皮氏作书"以授生徒"[①]，作为晚清经学主力之今古文学双方，皆将经学置于教育场域，讲论经学源流、大要。刘师培不仅关注经学教本，眼光亦扩及当代学术各层面，著作伦理、文学、历史、地理各门教科书与讲义。皮锡瑞则专注经学，作《经学历史》，又聚其《经学家法讲义》讲论旧稿，更删改动，成《经学通论》。[②]

皮氏学术著作除三四种评史、县志之书，皆在经学，未曾扩及当代方兴未艾之新史学、诸子学研究。在当代今、古文学家多展望西学，引为新知、新思的时代思潮中，其专守经学，相当特出。而皮氏关注国情，主持书院，设讲布学，阐发变革思想，并非不明时势脉动之儒者，其治学却是相对保守的崇经、尊孔、宗汉。

当时经学发展史的论述甚为蓬勃，为今古文学者据其治学宗主开展、建构中国经学源流之成果，影响现今经学观念甚深。而学者关注皮氏经学观点与见解，亦在《经学历史》与《经学通论》两部书，多循周予同说，认为皮氏以预设之今文学观论述经学而流于主观，从经学史书写的客观要求，与经学思想更新、发展角度评价其经学论述。本文试从学术史角度，观察皮氏晚期在经学史与经学论述中所透显的对经学的理解，以及对经学未来发展的思索，关注其如何开展以西汉今文公羊学为正统的经学主张，试明其置身于变动时期却专致经学的治学理念为何？从不同的角度说明其意义与贡献。

[①] 皮锡瑞：《经学通论》，台湾商务印书馆1989年版，第1页。
[②] 参见吴仰湘、姚茂军：《皮锡瑞〈经学家法讲义〉稿本的内容及其价值》，载《湖南大学学报》（社会科学版）2008年第2期，第39—44页。

二、重学与立统

今文学者经世致用思想的实际发挥,在1898年9月11日维新百日失败后,相当挫败学者学以致用之志,皮锡瑞于其时自述"予明知其无益,不过藉遣余年……予一月中作《六艺论疏证》三万言、《鲁礼禘祫志疏证》一万言,著书可谓勇矣,然于世何裨也?"①对读书治学无所用世,多兴叹怀。虽然如此,当时皮锡瑞担任数校教席,忧心学子惑于革命、新知,恐无人材以"挽沧海之横流"②而关注教育,坚守传统经学,主张变法而不变道,其用心可从教育与学术两部分来看。

时皮氏期开民智,务于教育,保存国粹。其于教育,从学术发展眼光,著作《经学历史》作为教科书,介绍经学传统与源流;于学术,主张"国粹不可失,特宜改为专门耳"。③编写《经学通论》《王制笺》,为其阐扬尊孔、崇经、通经致用之思想理念,又为明专门之学的著作。三部书乃其历年述学稿本,在殁前三年续作编订、出刊,为其晚期有系统、有意识检别与延续传统学术思想之著作,实为其面对当代经学变动所伸张之主张与思考。

就教育而言,当时中国教育架构与系统空前紊乱。虽学堂林立,然学律无定,皮锡瑞主张统一学堂学律,又当明订特重经学,认为五经即万世教科书,世道人心,赖以维系;自尊经以尊孔,可使纲常名教,确有持循。尤其当时学科太多,未免骛广而荒,皮氏主张当以圣教为宗,以艺能为辅,甚至严格的提出:"凡学堂不教经学者,即行封禁,不重经学者,罪其监督堂长,则圣教益以昌明,而所学皆归纯正矣。"④标举经学乃学之纯正者,当为学习、教育之宗主。皮氏著作《经学历史》,又起因于当时小学、中学与高级学堂,教科书多为日人与留学生编辑,宗旨不合,当不宜教授,而主张统一编订教科书,以收道一风同之效。⑤

其教育立场为其学术思想之体现,溯其学术思想,可分为治经与经学主张两方面来看。

其治经,最早《尚书大传疏证》在考伏生经说梗概,进而疏证郑玄学以别古文经说、立今文经说,1904年刊《汉碑引经考》《引纬考》,具体透过汉碑所载谶纬述经,以明汉儒说经真实与究竟,至1908年《王制笺》阐述今文家制度说,皆为有意识地上复西汉今文家说。在《自序》中,他指出郑玄解《王制》有六大误失,又明其因在必引《周礼》为证,昧于家法,而自生葛藤,其后果使后人之错郑玄注误为经误,故笺《王制》,纠郑失,专据今文家说,不用古《周礼》说汨乱经义。索其作书之意,又在追溯郑玄混同古今说之前的今文经说,得视

---

① 皮锡瑞:《师伏堂日记》(第3册),国家图书馆出版社2009年版,戊戌年(1898)十二月十九日。
② 皮名振:《清皮鹿门先生锡瑞年谱》,台湾商务印书馆1981年版,第98页。指皮锡瑞着眼于教育乃在:"科举既停,学堂肇启,以为振神州之大势,赖此生徒,挽沧海之横流,惟兹胄子。"可见其心志所在。
③ 皮锡瑞:《师伏堂日记》(第5册),国家图书馆出版社2009年版,甲辰年(1904)二月二十一日。
④ 皮名振:《清皮鹿门先生锡瑞年谱》,台湾商务印书馆1981年版,第102页。
⑤ 皮锡瑞:《清皮鹿门先生锡瑞年谱》,台湾商务印书馆1981年版,第101、102页。

为其上接清代今文经学节节复古之流之作。

皮锡瑞治今文学显然不同于康、廖在据以今文经、托以己意的演绎方式,而此治经专门之途,皮氏终生贯彻,其路向与眼光如其所自道:"惟西汉今文近始发明,犹有待于后人之推阐者,有志之士,其更加之意乎!"①期待后之治经者能接续此一脉络,续究西汉今文经学,为未来的经学研究指一具体方向。

再从其经学主张来看,早期章太炎在1901年作《征信》谓"'信言不美,美言不信',吾以告今文五经之家"。陈其以史视学、征实的立场,1904年更作《订孔》,将孔子之才侪于良史,掀起晚清平抑经学与孔子地位之思想革命,令史学声势大好,经学与孔子学则在价值重估之列。皮锡瑞对此疑经鄙孔之潮流,直指孔学不尊乃由于皆不知孔子作六经教万世之旨,不信汉人说,横生臆见,而始于疑经,渐至非圣。② 因此,皮锡瑞透过书写经学发展历程,阐释经学性质,与其在历代研究重心与议题,俾使学者熟其门径,以掌握、理解其重要性。

他在《经学历史》首先阐明经学开端在孔子,以孔子之前不得有经学,认为文献虽有三代著述之记载,然洪荒已远,文献无征,可不深究③,将六经之义订于孔子,主张"故必以经为孔子作,始可以言经学;必知孔子作经以教万世之旨,始可以言经学"。④ 以尊孔必先尊经,废经即是废孔⑤,将中国学术思想与文化精粹,订于孔子学,又将经学视为孔子之学,以此为前提,阐述经学源流。意在:

> 能考其源流而不迷于途径,本汉人治经之法;求汉人致用之方,如〈禹贡〉治河、〈洪范〉察变之类,两汉人才之盛必有复见于今日者,何至疑圣经为无用而以孔教为可废哉!⑥

希望透过求索经学源流,学汉人致用之法,以驳疑经废孔之说。

皮氏之推圣孔子,以六经为其受命之制,在《汉碑引经考》中将六经推为"圣人谟训,比日月常新;寿世文章,垂金石而不朽"⑦。以汉儒眼光视孔子与经学之地位、价值,欲回复汉代经学思想中的孔子形象,有如西汉之独尊儒术,定于一尊者。透过梳整经学源流,他理解汉儒谶化之经学思想,认为当其时"不引谶纬不足以尊经"。甚至接受汉儒以谶纬尊孔作为经学价值的说法,认为六经当是如《春秋演孔图》所谓:"孔子仰推天命,俯察时变,却

---

① 皮锡瑞:《经学历史》,汉京文化事业有限公司1983年版,第345页。皮氏《王制笺》之义理层面的论述宗旨,请参考丁亚杰:《清末民初公羊学研究——皮锡瑞、廖平、康有为》,因篇幅所限,此暂不论述。
② 皮锡瑞:《经学历史》,汉京文化事业有限公司1983年版,第27页。
③ 皮锡瑞:《经学历史》,汉京文化事业有限公司1983年版,第30页。
④ 皮锡瑞:《经学历史》,汉京文化事业有限公司1983年版,第27页。
⑤ 皮名振:《清皮鹿门先生锡瑞年谱》,台湾商务印书馆1981年版,第102页。
⑥ 皮锡瑞:《经学历史》,汉京文化事业有限公司1983年版,第342页。
⑦ 皮锡瑞:《师伏堂丛书 汉碑引经考》光绪甲辰刊本,第1页。

观未来,豫解无穷,知汉当继大乱之后,故作拨乱之法以授之。"①企图建立中国思想文化正统在孔子,孔子之学在经学的学术架构。其关注六经,又特别重视《春秋》,以建立西汉公羊学为经学正统的论述。

《春秋》在晚清为变法改制的传统立说所在,受到今文学家普遍重视,又为皮氏重视《春秋》大义发露之因。1895年甲午战后,朝野冀求变法的呼声日高,皮锡瑞此时力主改革,支持康、梁维新。1897年皮氏自述读梁氏《读春秋界说》有感,频与梁启超接触,后作《春秋义说》。1898年于南学会讲学,述《尊孔宜明春秋素王改制之义》,主张学术当以孔子为依,说明变法改制之必要。1899年作《发墨守、箴膏肓、释废疾疏证》,此后说经学、论《春秋》更强调尊孔之必要,论述素王改制之义、尊经、尊孔,愈加辨明今古文经学之歧别。晚年教授高等学堂、中路师范与长郡中学三校,结合时代情势,讲授《春秋》大义,集为《师伏堂春秋讲义》。是以透过春秋学辨明今古文学,区别经史,建立经学正统说,为皮氏中后期学术思想关注所在。

先前康有为攻击刘歆伪造古学、伪造《左传》,廖平区分今、古文学,迄以杜预春秋学代表古文学主张,皮锡瑞则从经学学术史的角度,深入古文学的发展,分析汉代今古文经学之《公羊》《左传》之争,辨析今、古文学的异同,说明杜预春秋学所引发的经史争议,以建构其抑古伸今,以今文学为经学正统的主张。以下分二节申述之。

三、抑汉学之歧出:古文左传学之经史观

从源流看,据《史记.儒林》记载,秦火燔经后,《尚书》亡数十篇,《易》为筮卜之事,传者不绝,《诗》因讽诵而全,《礼》则散亡益多,又据《十二诸侯年表》载:"孔子次《春秋》七十子之徒,口受其传……不可以书见也。"皮锡瑞认为《春秋》因本是口传,"今犹完全,亦未尝受秦害也"②。至汉代,因书写文字不同、读者人不同,故演为今文经、古文经之差异,实乃"源一流二,渐至源一流百"③,以《春秋》乃孔子手定、"口传"、"完全"之学。

皮锡瑞主张《春秋》乃:"圣人特笔,空前绝后,不可无一,不能有二之书,前古未有,则不得谓前有所承,后莫能继,则不得云后人可续。"④以孔子口传之义乃经之所以为经之由,主张非圣人不能作经,经不得仿,是以不满《左传》之续经与有传无经之说,以为是将史录同于圣经的做法。

如同传统今文学家,皮氏认为释《春秋》有其一贯脉络,当从孟子解"《春秋》,天子之事也"。"其文则史""其义则丘窃取之"之言,而所谓"天子之事",据赵岐注即所谓"设素

---

① 皮锡瑞:《师伏堂丛书 汉碑引纬考》,光绪甲辰刊本"删定六艺象与天谈钩河摘雒却撰未然"条。
② 皮锡瑞:《经学通论》,商务印书馆1920年版第53页。
③ 皮锡瑞:《经学通论》,商务印书馆1920年版第53页。
④ 皮锡瑞:《经学通论》,商务印书馆1920年版第77页。

王之法",所谓"其义窃取"乃是《春秋》微言,大义显而易见,微言隐而难明,故孔子有自明其旨者,尤在《公羊》。并认为汉初诸儒亦深识其义,又在董仲舒建立今文《公羊》大义系统,尊扬孔子,治经专门有法,由明经术而实行孔教之际。然至刘歆发明古文经,推阐古文经学,追溯孔子学之所从,发展出不同诠释五经的系统。在皮锡瑞看来,刘歆之举,动摇孔子地位,超拔周公之尊于孔子之上,为经学歧异之始。因此,他主张,经学首别今、古,明古文学为经学之歧出,古学《左传》述史不释经。

他主张《左传》乃载记之传,非主释经之训诂之传,以其乃采各国之史以成书,意在兼收,"或古今异事、各有隐衷,或借儆其君,自有深意,或阿附权臣,实为邪说,未可一概论也"①,并无一中心大义。如襄公十四年(前559)卫侯出奔齐,《公羊》无说,《左传》述师旷之说君臣之责。皮锡瑞认同其"天之爱民甚矣,岂其使一人肆于民上,以纵其淫,而弃天地之性,必不然矣。"借儆其君之论,然于昭公三十二年(前510)公薨于干侯,《公羊》无说,《左传》详载史墨论事,史墨盛称僭越之季氏,反咎鲁君,且以君臣无常位为言,皮氏认为史墨言实助乱之邪说,而师旷、史墨之评,义有不同、标准不一,可知《左传》兼存史述,乃是非自见,不当执为《春秋》之义。②

又《春秋》大义多据于礼,《左传》多言礼与非礼,颇有述礼以为明经世大义之效。如文二年襄仲如齐纳币,离僖公卒已满二十四个月,当非丧娶,《左传》以为"礼也",《公羊》则严格的不惟三年不可娶,且不当图婚,以纳币之前尚有纳采问名纳吉三礼,当在未满之前进行,而讥之以"纳币不书,此何以书?……娶在三年之外,则何以讥乎丧娶?三年之内不图婚"。二传评价明显不同。皮锡瑞认为《左传》所载多春秋衰世之时礼,并不符古礼,乃据当时事直书之,未加褒贬,实为史家通例。③

再者,据《史记·十二诸侯年表》云《春秋》由七十子之徒,口受其传指,而左丘明仅"因孔子史记,具论其语",可知《左传》未得口授。皮锡瑞也不采信《别录》所载秦汉时《左传》传授源流,认为刘歆或《史》《汉》并不见传授说,若授受说属实,又何以汉代学者诋《左传》如此?

由口传无载、内容甚无大义、传授源流不可信,皮氏主张,《左传》在刘歆前,未尝引传解经,亦无义理可言,后经刘歆引传解经,《左传》已非原来面目,后世所见凡例与解经语,为后人附益之辞。④

然而在刘歆后,东汉学者又录《左传》事行《公羊》义,以为《春秋》义,将《左传》推为释经之书,并以为义长,皮氏指出:

---

① 皮锡瑞:《经学通论》,商务印书馆1920年版,第45页。
② 皮锡瑞:《经学通论》,商务印书馆1920年版,第45—47页。
③ 皮锡瑞:《经学通论》,商务印书馆1920年版,第47、48页。文二年二传比义,傅隶朴:《春秋三传比义》,台湾商务印书馆1983年版,第450—451页。
④ 皮锡瑞:《经学通论》,商务印书馆1920年版,第37、39页。

> 遂乃以隙奋笔之私心,逞舞文弄法之谬论,欲抑《公羊》而莫能抑,欲伸《左氏》而莫能伸,乃必以为《左氏》义长。①

将古文学壮大之因,归于古文学者之改造《左传》、附益《公羊》经义,并认为自此《公羊》大义为《左传》所夺,古文学遂为孔子六经之正声。

皮锡瑞对《左传》的看法,其实不出刘逢禄之说,但是他评价刘歆兴古学之功过,在于古文学仍旧多采今文学说义以释经,而归将古文学为汉学之歧出,还能客观真实的阐述汉代今古文经的源流与发展,并肯定其价值,有谓:"案今古文皆述圣经,尊孔教,不过文字说解不同而已。"②然而他同时也指出:"而其后古文家之横决,则有不可训者。"所谓"横决者"即为杜预春秋学之经史论。

四、摭史之惑经:驳杜预春秋左氏学及其影响

杜预之解《春秋》,声张《左传》经史之学,以事中即可见义,扩大传文史文述事的效力,主张孔子《春秋》仅对鲁史有所删修,所秉体例,固有承自鲁史史官书法者,与汉代今、古文学者以孔子作《春秋》、立万世法的经学观,大不相同。不仅如此,汉代古文经学本援《公羊》义以说经,也在杜预"简二传而去异端"的原则下,失其八九。其后,杜预春秋学所提示的经学观念与解经方法,逐渐动摇经学独尊与孔子独圣的特殊地位。

皮氏很早就意识到杜预说在春秋学史中的转折与影响,在《左传浅说》中多批评杜预说不从东汉贾逵、服虔说,是贾、服而非杜、孔,寻绎传注,反驳杜预经承旧史说之文。如哀公十四年《左传》续经之文载"齐陈恒执其君",臣执其君的书法未曾见《春秋》经文,皮锡瑞认为:"据此获麟绝笔之后,续经书法即大异于《春秋》,足见春执之经,必非全据旧本说。"③若夫子作《春秋》直是抄袭旧文,何以未见此书法?

在晚期《经学历史》《经学通论》中,皮锡瑞指出杜预学的重大影响,不仅在于排二传,更在弃东汉古文学者经说,而另立新说。他分析杜预立说来自《左传》昭公二年"周礼尽在鲁矣"之语,由此推《春秋》体例书法得自周礼,为周公之遗。杜预还据此孤证,以传中五十凡例出周公,书、不书、先书、故书、不言、不称、书曰等书法视为孔子新例,而造成"周公之例多,孔子之例少;周公之功大,孔子之功小。夺尼山之笔削,上献先君"。④ 使制义之功尽归周公,而贬诋孔子。而杜预专据《左传》妄生新例,又使得:

---

① 皮锡瑞:《经学通论》,商务印书馆1920年版第38页。
② 皮锡瑞:《经学历史》,商务印书馆1928年版,第93页。
③ 皮锡瑞:《左传浅说》,见罗琳主编:《四库未收书辑刊》(第八辑),北京出版社1997年版,第42页。
④ 皮锡瑞:《经学历史》,商务印书馆1928年版第93页。

孔子止是钞录成文,并无褒贬笔削,又安得有微言大义,与立法改制之旨。故如杜预所说,《春秋》一经,全无关系,亦无用处。①

认为杜预诠释《春秋》的方式,使得《春秋》在具体经解上,失去孔子微言大义、笔削褒贬之旨、立法改制之义的价值与意义。

再由于杜预之尽弃汉儒经说,造成春秋学丧失由孟子以来理解与诠释统绪、释经传统,皮锡瑞指出,在经学发展上,更因唐《春秋正义》规循杜说,使"唐时学校尊周公为先圣,抑孔子为先师,以生民未有之圣,不得专享太牢之祭。止可降居配享之列,春秋之旨晦,而孔子之道不尊,正由此等谬说启之"。② 将孔子制作义法之圣,下侪史官,而使世人皆知尊周公,反抑孔子与孔学。

尤有进者,杜预将史学思维带入对《春秋》的理解中,改变经学思想与内涵,影响后世经史观念甚巨。如唐时孔颖达举杜预春秋学以代《春秋》三传之学,彼时史学思想有所开拓,刘知几发《惑经》《申左》之论,以史论经,质疑经学性质与价值,至宋遂开《春秋》断烂朝报之评,以至朱子之甚解《春秋》,亦不能免此影响有所谓"要之,圣人只是直笔,据见在而书,岂有许多忉怛!"③在清,章学诚以六经皆史,首言《易》教出于周礼,乃误信《左氏》述韩宣之文,崇周公抑孔子。④ 皮锡瑞认为,此皆信于杜预、孔颖达之说。

尤其刘知几对《春秋》所以为经的质疑,甚至主张《左传》价值高于其上。盖刘知几主张善恶必书,方为实录,然见《春秋》为贤者讳、非所讳而讳,所书、所不书,未见其宜,故诋之甚深。皮锡瑞批评刘氏:"但晓史法,不通经义,专据《左氏》,不读《公》、《谷》。"⑤不知书与不书,皆有义例。

皮锡瑞严正指出,经史体例,判然有别:

> 经所以垂世立教,有一字褒贬之文,史止是据事直书,无特立褒贬之义。杜预孔颖达不知此意,必欲混合为一,又无解于经传参差之故,故不能据经以正传,反信传而疑经矣。⑥

当不解《春秋》有褒贬特立之义,便无从索解经文传文之参差文字与书法,反专信传文之述史,此又在于不明书经作史,宗旨不同。皮氏认为,左丘明之为鲁史,载述时政,惜忠贤泯灭,恐善恶失坠,故修其职官,意非扶助圣言,缘饰经旨,乃太史氏之流,而主张孔子修经,

---

① 皮锡瑞:《经学通论》,商务印书馆1920年版第73页。
② 皮锡瑞:《经学通论》,商务印书馆1920年版,第3页。在《经学历史》亦见此说,第93页。
③ 黎靖德:《朱子语类》(卷83),文津出版社1986年版。
④ 皮锡瑞:《章实斋文史通义书后》,见《师伏堂丛书 师伏堂骈文》,光绪甲辰刊本。
⑤ 皮锡瑞:《经学通论》,商务印书馆1920年版第63页。
⑥ 皮锡瑞:《经学通论》,商务印书馆1920年版第50—53页。

褒贬善恶,类例分明,如法家流。于《经学通论·春秋》别辟"论春秋必有例"之说,溯例之名由,乃《礼记.经解》引孔子自道"属辞比事,《春秋》教也","《春秋》之失,乱"。以属辞比事即比例,而圣人自发其作《春秋》之旨,最可信。

他表示,《春秋》乃孔子有意示义,以例显义之作,是《春秋》旨在义,不在实录,是以"其所托之义,与其本事不必尽合,孔子特欲借之以明其作《春秋》之义,使后之读《春秋》者,晓然知其大义所存"①。据此,皮氏以事为《春秋》第二义,为载义之体,义为第一义,而有"借事明义"之论。而所谓"借事明义",即在明孔子之义,素王改制、万世大法之义。他尤其认为"《春秋》是一部全书,其义由孔子一手所定"②,其义之口授、传流,在《公羊》最显,最具思想架构。皮锡瑞系统的驳斥《左传》、汉古文经说、杜预春秋说、刘知几、章学诚等渗入,甚至扩大史学思维之释经思想,而主张《公羊》体经义实,将之推为传孔子万世大义的唯一、完全、口授之正统传说。

皮锡瑞建构一套以诠释孔子制法大义为目的,以公羊学为进路的经学架构,所述汉代经学在遭遇左传学作为古学、丰富史文述评的挑战,又经杜预春秋学之经史思想重构《春秋》性质,淹没公羊学尊经思想,造成孔子经世大义价值失焦的历程,其讲述经学宗旨与源流发展,重整经学传统,以就今文经学正统,乃此架构下的思维脉络。

五、结语

民国前十年,学术思想变动不居,传统经学者当此际,有如康有为、章太炎、刘师培,企图绾合西学以拓其视野、全其论说,亦有保守旧学以待后的学者,如孙诒让、皮锡瑞。前者固然时有创见,屡发新意,后者亦在坚持旧学中,延续中国学术文化之命脉,在西学新知冲击下,就其处境思索固有思想与知识资源以回应时代问题。

皮锡瑞冀将传统学术思想教化收束于经学,定为一统,归于孔子一尊,与晚清诸学蔚起,学术思想多元发展之潮流,实相悖离。而且,他推崇汉代经学并接受谶纬说之神化孔子,将经学价值根源归于孔子而单一化、绝对化,失却六经蕴于三代之丰富性,在疑孔、废经的时潮中,又不足以抗衡西学新知。

然从经学学术史来看,皮锡瑞说明孔子开辟经学及其流衍,尊孔子之德高于周公之位,梳理汉代今古文学之源流与分歧、相通之势,与古文家章太炎、刘师培论述除声张经典不同外,大抵相合。述及先秦经学,古文家将经学之内容与成形上溯三代、周公,欲成一学术文化之历史传承、衍流体系,与皮锡瑞主《公羊》学的架构体系,从孔子订六经之学,具体

---

① 论借事明义之旨,可参考胡楚生:《试论〈春秋公羊传〉中"借事明义"之思维模式与表现方法》,载《兴大人文学报》2000年第30期,第1—31页。丁亚杰:《清末民初公羊学研究:皮锡瑞、廖平、康有为》,万卷楼图书有限公司2002年版,第120—127页。

② 皮锡瑞:《经学通论》,商务印书馆1920年版第88页。

制法、见义，这一层面上谈经学，从价值意义的建构与赋予谈学术源流，为不同之经学观展现，俱为经学之重要内涵。

再者，其晚年著作《经学历史》与《经学通论》，整廓经学发展历史，系统讲述源流、流变，具有两个层面意义：一，其以经学为学术正统，在当代学术多元发展与开放视野下，实有将经学之独立经学为专门，置为各科专门之上，以为中国学术之统、民族文化之脉的意图。二，其以西汉今文学为经学正统，有其今文学之明确立场，经此确立传统经学议题之主轴，在今古文经学，而斥古学、扶今学；在宗经别史、在义理价值，而斥杜预，彰孔子之崇伟。进而笺《王制》，伸张《公羊》大义，有意识的接续前儒未竟之业，专复西汉今文经学之途，并以此指示学者未来治经方向，对近现代经学观念与发展，实具承先启后之价值与意义。

皮氏以经学为民族文化根柢与底蕴，实因主张："物必自强而后自存。"[①]在当代或被视为守旧自封，然自今视之，乃深具对民族文化、学术思想之信心，实作"守先王之道，以待后之学者"之念。其以传承学术文化为己任，延续清学，指示来者，著作经学教科书与专门性著作，将经学推向专门学术与独立之途，为晚清学术转化之另一典型。

参考资料

[1] 皮锡瑞：《师伏堂丛书》，光绪甲辰刊本。

[2] 皮锡瑞：《经学历史》，商务印书馆1928年版。

[3] 皮锡瑞：《经学通论》，台湾商务印书馆1989年版。

[4] 皮锡瑞：《左传浅说》，见罗琳主编：《四库未收书辑刊》（第八辑），北京出版社1997年版。

[5] 皮锡瑞：《师伏堂日记》，国家图书馆出版社2009年版。

[6] 皮名振：《清皮鹿门先生锡瑞年谱》，台湾商务印书馆1981年版。

[7] 傅隶朴：《春秋三传比义》，台湾商务印书馆1983年版。

[8] 黎靖德：《朱子语类》，文津出版社1986年版。

[9] 丁亚杰：《清末民初公羊学研究：皮锡瑞、廖平、康有为》，万卷楼图书有限公司2002年版。

[10] 丁亚杰：《皮锡瑞〈经学通论〉与陈澧〈东塾读书记〉论易之异同》，载《孔孟月刊》1996年第2期。

[11] 胡楚生：《皮锡瑞南学会讲义探析》，载《兴大人文学报》1994年第7期。

[12] 胡楚生：《试论〈春秋公羊传〉中"借事明义"之思维模式与表现方法》，载《兴大人

---

① 皮锡瑞：《师伏堂日记》，国家图书馆出版社2009年版，乙亥年十一月四日。

文学报》2000年第30期。

[13]蔡长林:《台湾学界研究皮锡瑞概况》,载《中国文哲研究通讯》2004年第1期。

[14]马少甫:《〈经学历史〉与皮锡瑞学术思想初探》,载《北方论丛》2006年第6期。

[15]吴仰湘:《大陆皮锡瑞研究述评》,载《船山学刊》2005年第2期。

[16]吴仰湘、杨艳萍:《〈师伏堂日记〉所见皮锡瑞之经学观》,载《湖南大学学报》(社会科学版)2004年第6期。

唐通事与日本近代汉语教育①

长崎县立大学 高 芳

一、唐通事的设立

唐通事是日本江户时代长崎贸易中从事商务贸易翻译的一种职业,"通事"一词是为了区别荷兰语的"通词"而产生的名称。唐通事有广义、狭义之分:广义的唐通事包括除荷兰通词以外的所有在日中贸易中从事各种业务的人员,狭义的唐通事专指从事唐船贸易的唐通事。唐通事的职务并不仅限于翻译,也兼有一些外交和商务方面的工作。虽然除了长崎以外,萨摩藩、岛原藩以及当时尚不属于日本的琉球都曾有过唐通事,但一般所说的唐通事专指长崎唐通事。

德川幕府时期,日本政府曾指定平户和长崎两地作为贸易港口,允许英国、荷兰、葡萄牙等国的商船入港贸易。但后来因日本政府奉行锁国政策,宽永十二年(1635)开始将外国船只的入港仅限定于长崎一个港口。1603 年,德川幕府任命小笠原一菴为长崎奉行。小笠原奉行当时选任了精通日语的中国人,将他们任命为唐通事。最初任命了冯六,后来又相继任命了马田昌入、清河太兵卫(后改名歌之助)。此三人为最早的唐通事。②

宽永十七年(1640)先设小通事,次年又设了大通事③,从而形成了被称为"唐通事九家"的大通事四人、小通事五人的九人体制。大通事是唐通事中的最高职位,主管全盘工作,本人担当主要的翻译业务。小通事的职责为辅佐大通事。到了承应二年(1653)又设立了稽古通事,其职责主要是担当大小通事吩咐的业务。当时的唐通事数量有限,而每年入港长崎的唐船约有六七十艘之多,所以唐通事的工作十分繁忙。后来,由于唐船来港的数量不断增加,唐通事的工作日趋繁多。为此,幕府强化了外贸体制的管理,结果不仅长

---

① 编者注:本文所引日文资料,均为当时记载,仅供参考,故未作翻译。
② 颖川君平'訳司統譜'一丁表:慶長八卯年小笠原一菴様御在勤之馮六ト申唐人ニ始テ唐通事役被 仰附其後馬田昌入清河太兵衛此二人モ右馮六通役被 仰附三人ニテ相勤申候。
③ 见颖川君平'訳司統譜'一丁表・二〇丁表。

崎贸易逐渐规范化，而且机构不断扩大，人员也得到相继扩充。最终形成了级别繁多、职务明确的庞大唐通事组织。颖川君平'訳司统谱'中记载唐通事的职位分类多达十八级①。而长崎县教育委员会编《中国文化と长崎县》中记载，1751年唐通事会所成立，内设24个职务，成为长崎奉行下的一个重要的职能机构。②

唐通事头取：

天明二年（1782）设置，从任命林海卿开始。后来成为一个名誉职位。

唐通事诸立合：

元文元年（1736）设置，主要负责唐通事机构。

御用通事：

享保十年（1725）设置，主要负责将军家的贸易进出。后废止。

风说定役：

元禄十二年（1699）设置，负责风说书的整理提出。后废止。

值组定立合通事：

享保十二年（1727）设置，参与商品估价，后来兼任唐通事辅佐。

唐通事目付：

元禄八年（1695）设置，监督唐通事。

大通事：

宽永十七年（1640）设置，为了与同年设置小通事相区别而设置。

大通事系列

大通事格：正德三年（1713）设置，是一个临时机构。

大通事过人：文政二年（1819）设置，从大通事助中选任的职务。

大通事助：宝历元年（1751）设置，从不能任命为大通事的人中选任。

小通事系列

小通事：宽永十七年（1640）设置，最初任命的是林仁兵卫和颖川藤左卫门两人。

小通事格：文化十二年（1815）设置，临时新设职位。

小通事过人：文政十二年（1829）设置，小通事助中上位者。

小通事助：宝历元年（1751）设置，小通事定数以外的人。

小通事并：元文四年（1739）设置，小通事末席中的上位者。

小通事助格：文化八年（1811）设置，位处小通事并与小通事助之间。

小通事末席：享保三年（1718）设置，稽古通事的上位。

稽古通事

稽古通事：承应二年（1653）设置，最初任命的是颖川久次郎。

---

① 见颖川君平'訳司统谱'一丁表・二〇丁表。
② 长崎县教育委员会编"中国文化と长崎县"。

稽古通事格：享保十九年(1734)设置，从内通事小头中任命。

稽古通事见习：元禄十二年(1699)设置，任命名门通事的子弟。

唐年行司

唐年行司格：嘉永四年(1851)设置，临时需要的任命。

唐年行司见习：延宝二年(1674)设置，任命唐年行司的子弟。

内通事

内通事小头：宽文六年(1666)设置，最初任命了七人。

内通事小头格：宽政八年(1796)设置，属于临时设置。

内通事小头见习：宝永五年(1708)设置，任命内通事小头的子弟。

内通事小头助：文化七年(1810)设置，定数外的设置。

以上可见，唐通事内部等级十分森严，名目繁多。

唐通事具有浓厚的家族继承性，其职务由子孙世袭。当时颇有影响的唐通事以平野家、颖川家、彭城家、林家、柳屋家等为代表，他们的子孙继承祖辈的职业，以唐通事的身份活跃于长崎这个对外贸易的唯一港口。另外，唐通事与其同一祖籍地来的唐商关系密切，从福州、南京和漳州来的唐商与基本上相同出身的唐通事关系很密切。

唐通事中最有名的是译司九家，即由四大通事和五小通事组成的本通事。其中尤以颖川家族的陈冲一系、陈九官系，彭城家族的刘昆台系、刘凤岐系以及林氏家族的林楚王系最为有名。幕末时，译司九家基本衰败，仅有颖川大藏家族和郑二官家族比较活跃。明治初年随同伊达宗城，柳原前光到天津与李鸿章签订日清修好条约的翻译颖川君平，就是译司九家中颖川氏的后人。

二、唐通事的主要业务

唐通事在对外贸易中占有举足轻重的地位，其职责范围十分广泛，主要有以下四项。

(一)翻译业务

唐船抵达长崎港后，一般需在长崎居住很长时间，期间的商务往来及日常生活均需唐通事从中承担翻译任务。唐通事在担任口译以外，还要承担相当多的笔译任务。另外还有登记进出口货物，传达长崎奉行的指示、命令，整理、传达唐商提出的各种要求等。

（二）出入港管理

当唐船驶入长崎港附近海面时，奉行所检使率领唐通事登上唐船，向唐商选宣读幕府的命令。随后询问船上人数、出港地，向唐商索要乘船人员花名册，以及货物总账和唐风说书。翌日晨卸货时，唐船头持卸货清单核对货物，然后由检使加封，全部入库。唐船出港前,唐通事要再次检查唐商是否已将贸易费用、住宿费结账,并办理信牌交付手段。

（三）贸易洽谈

唐通事直接参与贸易洽谈,会同长崎会所商品检查人员根据市场行情、进口质量数量并结合往年价格,对货物进行估价,并将评估结束呈报长崎奉行审查。长崎奉行认可后便会同幕府任命的丝割符豪商最后议定进口货物总额。然后,命唐通事带唐商到长崎会所与日方商定价格。

（四）外交事务

唐通事的外交事务主要有两个方面：一是信牌的发放,二是汇集整理海外情报。信牌是正德新例后外贸体制制度化下的产物,没有信牌的海外船只不可入港贸易。信牌集贸易许可证和入国许可证于一体。唐通事是幕府海外情报的主要收集者。从锁国开始,日本了解海外情报的主要途径是《唐船风说书》和《阿兰陀风说书》。《唐船风说书》多为中国政治、经济、军事、外交及社会形势的最新情报。当唐船驶入长崎港时,唐通事首先要向船主收取《唐船风说书》,然后译成日语,呈交长崎奉行。长崎奉行过目后,迅速上交幕府。

三、唐话教育与汉语学所

唐通事作为对外翻译在日本近代外交史、国际贸易史上的巨大贡献已经有相当多的研究,在此我们只谈谈唐通事在日本近代汉语教育上所做的贡献。这里所说的汉语教育与传统的汉学不同,是指作为交际工具的汉语口语教育。

近代日本汉语教育的兴起有官方和民间两个来源：一是日本外务省开办的"汉语学所",这是日本官方最早兴办的汉语教育学校；另一个是唐话教育,这是最早将汉语作为交际工具的日本民间汉语教育系统。此二者均与长崎唐通事密切相关,可以说,长崎唐通事是日本近代汉语教育先行者,他们在日本近代汉语教育草创期做出了卓越的贡献。

（一）唐话

日本江户时代称汉语口语为唐话。唐话教育主要有两大类：一是在长崎唐通事家族之间的汉语教学,即跟从精通汉语的长崎唐通事学习唐话；另一类径则是以研学佛学为目的的唐话教育。

1. 长崎唐通事的唐话教育

长崎唐通事唐话教育的主要方法是唐通事子弟接受唐通事父辈的直接传授,因此在日本曾将唐话视为长崎的学问而被称为"崎阳之学"。

唐通事为家族继承的职务，唐通事子弟较早就被任命为稽古通事而跟从于父辈鞍前马后，按照父辈的吩咐办理一些杂务。由于业务对象是来日唐船的汉人，职务要求他们必须通晓唐话，因而精通唐话便被视为他们将来的立身之本。

长崎唐话教育从幼小时开始，虽然所用教材虽有《大学》《论语》《孟子》《诗经》等，但与汉学目的不同，只是用唐音来诵读，作为发音练习之用。先生只教授学生用当时的唐话口语诵读，无须讲解内容。

由于古代典籍均为书面语形式，其语词句式在实际口语交际中很难用到，因此为了配合口语教育，在常用词学习方面，唐通事编纂了《二字话》《三字话》《长短话》等教材，此外还有《译家必备》《二才子》《养儿子》《两国译通》等教科书。经过以上教材的学习，方可进入高级阶段。高级阶段主要阅读《古今奇观》《三国演义》《水浒传》《西厢记》等白话作品，其目的是在提高语言学功力的同时，逐渐完备作为唐通事应该具备的中国文化修养。

当时在长崎通用的唐话主要有被称为"南京口、福州口和漳州口"的三种方言，唐通事们用这三种方言与抵达长崎的唐船商人沟通与交流。一般而言，抵达长崎的唐船基本上来自中国南方，所以只要习得这三种方言中的一种即可完全胜任业务要求。当然，三种方言中的南京方言比另两种适用范围广泛，具有共同语或标准语的地位，所以虽然担当讲授的唐通事因出身不同会有一些差异，但基本上以南京话作为标准语讲授。在唐通事子弟学习的教材《小孩子》中有如下内容：

> 打起唐话来，凭你什么人讲，也讲得了，苏州、宁波、杭州、扬州、绍兴、云南、浙江、湖州这等的外江人，是不消说，对那福建人、漳州人，讲也是相通的了。他们都晓得外江说话，况且我教导你的是官话了。官话是通天下，中华十三省都通的。

唐通事认为，南京话是官话，是标准语，学会了南京话，与抵达长崎的各路唐商进行交流就不会有任何障碍了。这个观念在相当长时期对日本近代汉语教育产生了极大的影响。

雨森芳洲说："通事家咸曰，唐音难习，教之当以七八岁为始。殊不知七八岁则晚矣，非从襁褓中则莫之能也。"[①]可见，当时在通事家都有这样的认识，唐话学习必须从幼儿开始。雨森芳洲又说："我东有单音而无合音……我东孩儿之于单音也，听惯聆熟于襁褓，不言之中，二岁以上，智慧渐开，结而成语，其势然也。今以不便之合音遽教唐话于七八岁时，唯见其难耳。然则为之如何，曰，二岁以上戏耍引斗之际，渐次教以合音，使之吻软舌滑，有如天成。"[②]雨森所言的单音与合音的区别就是日语与汉语的区别。汉语韵的部分比日语复杂得多，所以需要早学。

---

① 雨森芳洲:《橘窗茶话》卷上二二丁里—一二三丁表。
② 雨森芳洲:《橘窗茶话》卷上二二丁里—一二三丁表。

虽然唐话是先从发音开始学习，但用的教科书则是《三字经》《大学》《论语》《孟子》《诗经》等。它们只是作为发音教材，用唐音去读而已，并不学习它们的内容。这个发音阶段过后，就开始学习两字词、三字词以及四字到六字的短语。从冈岛冠山编写的《唐话纂要》中可以看出唐话学习的内容。

  二字词 太平、享福、快乐
  三字词 有才华、善诗文、真正妙
  四字词 今日何往、许久不见
  五六字词 今日天色好、今朝天气不好
  常用语 欲要生富贵，须下死功夫
  长短句 今天天下太平。四海无事。上悯下劳，下沐上恩。欢声四起。朝野俱乐。而重值尧舜之时也。恭喜恭喜。

学了以上内容后，再开始学习《译家必备》《养儿子》《三折肱》《医家摘要》《二才子》《琼浦佳话》等。这些教科书都是中级读物，均为唐通事编写的。

中级阶段结束以后，就进入上级阶段。上级阶段主要读《古今奇观》《三国演义》《水浒传》《西厢记》等白话口语小说。另外还有《福慧全书》《资治新书》，以及《红楼梦》《金瓶梅》等自修的书目，如有不明之处，可向先生咨询。

除了以上汉语学习，还设立了通事子弟汇报学习成果的"唐音劝学会"。今井俊行在《长崎年表》中记载有劝学会的具体年份①：

  始テ唐通事子弟唐韻勸學會ヲ聖堂二開ク（享保元年[1716]）
  唐通事唐音勸學會ヲ再興ス（天明八年[1788]）
  唐通事唐音勸學會ヲ再興ス（天保十年[1839]）

劝学会上除了通事子弟发表自己的学习成果外，还有用南京话、福州话、漳州话进行的口试和对会话能力的考察。另外，还有针对通事进行的外语技能考试。②

  二月唐蘭小通事助以下ノ技術ヲ試ム（爾後每年二月六月十月三度之ヲ行フ）
 （寬正八年[1796]）

唐话发音教学到底是什么状况的？由于资料的匮乏，现在不很清楚。但是明治三年

---

① 金井俊行"长崎年表"第一卷、第二卷所收，以文会社版、明治二十一年。
② 金井俊行"长崎年表"第二卷所收。

(1902)进入东京外国语学校清语科别科的井上翠(号松涛)在其《松涛自述》中有如下记载：

> 呉泰壽先生は、代々長崎通事の家柄であって、わたしたちは幼小のころから支那語をやらされ、海岸に出て支那語の寒稽古をしたものだ、と教室で説き聞かされたことがあります。……呉先生は主として発音だけを教えられました。発音は非常に正確でしたが、当時のこととて科学的教授法がなく、ただ先生自分で発音して、今のは有気音だ、今のは無気音だ、と区別し、有気音は掌の上に灰を置いて、それが飛ぶように発音するんだ、と説明されていました。①

这一段引文介绍了吴泰寿先生的教学方法。吴泰寿先生世代长崎通事出身，他在课堂上曾经告诉学生说，"我们从幼小开始汉语学习，(常常)去海边于严寒之中进行汉语训练"。吴先生主要担任汉语发音讲授，他的发音非常正确，但由于当时尚无科学的教学法，所以他一边发音，一边说明其区别。比如"刚才是送气音，现在是不送气音。送气音时，在手掌上放一些粉尘，发音时会将其吹起来"。

关于发音记号，由于唐通事用的教材没有正式刊行，学习的形式为亲笔抄写，没有任何发音记号。可见还是传统的口耳教学，学生模仿老师的发音，老师在课堂上直接纠正发音。有学者推测，那时可能严禁用假名注音。②

2. 研学佛学的唐话教育

唐话在江户时代得以流行的另一个原因是得益于禅宗的黄檗宗的发展与推广。四代将军德川家纲(1641—1680)嘱托长崎兴福寺逸然和尚招聘禅宗名人，后来中国高僧隐元接受逸然的邀请于1654年7月来到了长崎。当1659年6月万福寺建成时，德川家纲赐予万福寺九万坪土地和十一万坪山林。由于禅宗受到了德川家纲的特别保护，相继有不少诸侯皈依禅宗，此教极速在日本国内广泛普及，全国各地相继建起了许多寺院。这些相继建起的寺院迎来了大量的来自中国的僧人，因而寺院里常常可以听到唐音。另外，随佛教而至的中国先进文化使当时的日本人眼界大开并沉迷其中，许多儒学者和武士以能够亲耳听到并亲眼看到他们十分崇敬的中国文化之具体状况而感到快慰，进而引发了他们对唐话学习的兴趣。很快在江户等地掀起了学习唐话的热潮。

随着江户兴起唐话学习热潮的兴起，长崎唐通事中的一些文人和儒学者相继移师江户，其中有元禄(1688—1703)中期的石原鼎菴、鞍冈元昌，以及后来宝永(1704—1710)年间的冈岛冠山，他们都与荻生徂徕有亲交，同时都对江户唐话学的兴盛做出了极大的贡献。

---

① 井上翠：《松涛自述》六丁表—六丁里。
② 六角恒广：《中國語教育史の研究》，东方书店1987年版，第391页。

荻生徂来与门下井伯明、其弟叔达为了学习唐话,发起设立了唐话学习的"译社",这是当时日本最有名的汉语学习会。"译社"聘请当时有名的唐话学家冈岛冠山作讲师,每月逢五、十的日子上课。除徂来每月有其他事务而停课一两次以外,每个月至少学习四次以上,而每次学习都是整整一天,有时还延续到深夜。

冈岛冠山(1674—1728),名明敬,字援之,号冠山,通称长左卫门。江户时代中期的汉学者,长崎出身。自小从唐通事学习唐话。起初作过长州藩的通事,但很快辞职。后回长崎作了唐通事会所的下级通事,但元禄十四年(1701)辞去通事职,开始了京都、江户和大阪的游历生活。十年后被荻生徂来聘为护门唐话的翻译,同时担任"译社"的唐话讲师。

"译社"所使用的教材均为担任讲师冈岛冠山所写,主要有《唐话纂要》五卷本①:

卷一:"二字话、三字话"。
卷二:"四字话"
卷三:"五字话、六字话、常言"
卷四:"长短话"
卷五:"亲族、器用、畜兽、米谷、花草、船具、数目"等,均记录着发音和语义。

《唐话纂要》不仅在荻生徂来的译社使用,在全国唐话学习者中亦被广泛选用。此外,长崎等地的唐通事也将其选为教材。

冈岛冠山除了撰写有《唐话纂要》以外,还出版了很多唐话学习的教材。其中《唐话类纂》两卷、《唐话便用》六卷都是1725年在京都出版的。1726年又出版了《唐音雅俗语类》五卷和《唐译便览》五卷。

(二)汉语学所

1. 汉语学所的设立

日本明治政府于明治三年(1870)派外务全权大臣柳原前光前往中国与清政府进行日中条约缔结的交涉。次年又派伊达宗成以全权大使的身份前往中国与清政府缔结了友好条约十八条和通商章程三十二条,从此日本明治政府与清朝廷之间的联系渠道彻底开启。由于政府间往来的增加,精通汉语的翻译人才显得十分需要。日本外务省愈来愈感受到了培养精通汉语人才以从事与清朝政府交往时的翻译业务的迫切性。明治四年(1871)日本外务省开设了"汉语学所",这是日本近代汉语教育的第一步。

《日本外务省报附录》中解释了设立"汉语学所"的原因:

---

① 1716年由江户须原屋久右卫门出版。

> 本省中漢洋学所ヲ置—
>
> 先是客歳庚午五月三日漢語学所開立ノ事ヲ上申ス其書ノ大意支那通信通商ハ漸次盛大開起セラレンハ勿論ナルニ通弁者無クテハ百事梗塞ナルヲ以テ調査ニ及フノ所長崎ニハ昔年漢語熟達ノ者アリシカトモ一旦同国商信廃絶セシヨリ通弁ノ者モ英仏等ノ語学ニ転シ追々離散新生徒ハ更ニナク当今ノ形勢ニテハ該学種殆廃絶ニ属ス然ルニ自今通商ノ道盛大ニ開カルルトモ其実譯生無クシテハ進歩ノ階梯ヲ得ス仍テ今般漢語学ヲ新ニ開立ノ事ヲ大学ニ照会セシニ未タ其着手ニ至リ難シト肯ハサルヲ以テ本省大譯官ノ内支那語学精熟ノ省ニ教師ヲ命シ其他長崎ニ在ル宿老ノ唐通事ヲモ徴寄セ省中ニ学局ヲ開キ文書司ニ属シ……①

从上文可知,明治以前,江户时代的长崎唐通事随着德川幕府的崩溃而彻底瓦解,大部分唐通事已然改行从事其他业务,只有极少数人进入明治政府从事中文书面翻译工作。由于中国通信通商渐次兴盛,外务省深感缺乏翻译人才则百事不通。在外交、商贸等领域急需汉语翻译人才而又无从选择的状况下,外务省曾与有关大学联系,希望这些大学培养国家急需的汉语人才,但均被以困难为由而婉言拒绝。最终,外务省决定自身开办汉语学校培养翻译人才。于是任命外务省中精通汉语的大译官为教师,同时征召长崎的旧唐通事组成教授阵容,开设了"汉语学所",这些教师均归属于外务省的文书司。

2. 汉语学所的教师

汉语学所于明治三年(1870)五月三日设立。最先任命的九名汉语教师如下②:

职名	任命年月	姓名	简称
权正	5月12日	郑永宁	郑
大佑	6月27日	叶重宽	颖川
权大佑	7月20日	叶雅文	颖川
少佑	10月14日	蔡祐良	蔡
少佑	10月25日	源通义	诸冈
权少佑	12月17日	周道隆	周
大令史	12月17日	张武雅	清河
大令史	12月17日	刘中平	彭城
大令史	12月17日	藤原肃之	石崎

---

① 《外務省報附錄》所收《外務省官制沿革》,明治四年辛未二月二日の項。
② 《外務省報附錄》所收《外務省官制沿革》,明治四年辛未正月の項。

以上九人中,最先任命的是作为汉语学所笔头教师的大译官郑永宁,其他八名是后来相继任命的。其中的诸冈通义是汉语学所的要员,其他七人都是汉语教师,而这七名汉语教师均为旧幕府时代长崎唐通事出身。

3. 汉语学所的教学与教科书

由于汉语学所的教师主要由旧唐通事构成,所以汉语学所的教育就以当时的三种方言(漳州口、福州口和南京口)中的南京话作为教授的标准语言。关于当时的课程,那时的学生中田敬义介绍有如下介绍:

> 一番はじめにアイウエオ、カキクケコを習はされた。今から考へてみると変な話だが、これで音を直すといふのだった。'三字経'を支那音で習った。それから'漢語跬步'といふ三冊ほどの黄色い表紙の本を習ったが、これは単語だけ並べたものだった。それから進んでは、長崎通事の使ってゐた'二才子'とか'閑裏閑'とか、'訳家必備'とかいふやうな写本類を使った。いまひとつ、なんといふ名であったか忘れたが、船から長崎に上陸したときのことを書いたものもあった。これは進んだ方であった。①

最先开始从日语的五十音图学起,首先通过正确诵读日语五十音纠正学生的日语发音。然后是以《三字经》作教材,用当时的汉语口语学习,主要是练习汉语的发音。发音练习阶段结束以后,开始通过《汉语跬步》学习汉语单词、短语。在有了一定的汉语发音与词汇基础后,便使用长崎唐通事在唐话教育中使用的《二才子》《闲里闲》《译家必备》等教材学习口语文章。这些阅读教材相当于初级到中级的水平。② 从教育课程和教材内容上看,汉语学所的教育与长崎通事时期的唐话教育没有什么区别。

由于教师几乎均为旧唐通事,教材也主要使用唐通事时期的教科书,所以教学方法也沿袭了唐通事时期唐话教育的体系。六角恒广有如下论述③:

> 漢語学所に唐話教育の課程と教科書がもちこまれたことから、教育法もまた、唐通事出身者の教師により、漢語学所の中国語教育にもちこまれたことは推測せられる。……漢語学所においても、この暗記は教育法の1つとしておこなわれていたと考えられる。教科書の学習した部分を次の授業の際に暗誦させて、生徒に修得させる方法である。この暗記・暗誦は、発音・語彙・文法の三面を総合的に修

---

① 中田敬义:《明治初期の支那语》,日本中国文学研究会《中国文学》第83号。
② 《汉语跬步》共四卷,分天部、地部、人部、器财部、文学部、营造部、产业部、兵部、疾病部、船部、居处部等十一部。所收内容均为与各部门有关的单词以及二字、三字、四字以上构成的短语。《二才子》存否不详。《闲里闲》由三篇小故事构成。《译家必备》是唐通事时代与入港唐船的商人面谈中需要的词句。
③ 六角恒广:《中國語教育史の研究》,东方书店1988年版,第54—55页。

得せしめることができる。暗記したものを教師の前で暗誦させることにより、発音の不適正なものを矯正することができる。また、さまざまな文章や文体を暗記することにより、単語の意味やその使い方を身につけて語彙を豊かにすることができる。そして単語の配列や文章の組み立てを自分のものとして修得していくことができる。これにより一種の文法的な意味をも含まれた教育法といえる。したがって、この暗記は、学習したものを不断に継統的におこなわれねばならない。

　　暗記・暗誦は、一般に外国語教育でよくおこなわれる方法で、中国語のばあい、唐通事からの伝統である。暗記・暗誦は、中国における家塾でおこなわれた"背"を、その源流としたものであろう。漢語学所の時期では、発音字典も辞書も文法書もなかったので、この暗記法は当時の中国語教育にとって有効なものとされていたにちがいない。

　　当時は科学的な方法もなく辞典も文法書もない時代であったから、すべてが唐通事時代のものを、そのまま漢語学所にもち込んで漢語教育をおこなう以外に道はなかった。生徒の側も、教師が講述するものを唯一のたよりにして、それを基礎に反覆練習して修得するより方法はなかった。

从上文可以看到,汉语学所的教学方法与唐通事的唐话教育无异,以语句、文章背诵为主。每次学过的内容在第二天的课堂上必须背诵出来,学生在背诵过程中的发音错误会得到老师的当堂及时纠正。同时,通过文章的背诵,学生们的汉语水平在发音、词汇和语法三个方面可以得到综合提高。此外,通过背诵不同文体的文章,学生们既可以正确掌握词语的含义与用法,丰富学生自身的词汇量,也可以提高学生遣词造句以及文章写作的水平。

总之,作为日本第一所官办汉语学校,汉语学所与长崎唐通事的关系密不可分。教授阵容基本上由旧唐通事构成,所用教材也都是长崎唐通事唐话教育的课本,教授语言为南京话,教学方法亦延续了唐通事的传统,此外,从生源上看,最初的学生也大都是唐通事的子弟[①]。可以说,唐通事的汉语教育在内容、形式、方法上都极大地影响并决定了汉语学所的方针和走向。这种情况一直延续到汉语学所 1973 年 5 月改由文部省所管,与洋语学所合并而更名为外国语学所,日本汉语教育系统发生了根本性变化为止。

四、结语

近代日本汉语教育历史大致可以分为三个时期,其中在作为汉语教育草创期的第一

---

① 　当时招收十二岁到十六岁具有基本汉语阅读能力的学生,所以五六十名学生中大部分为唐通事子弟,其他只有从石川县来的三名和东京府来的数名而已。

个时期中,唐通事功不可没。首先,日本是长崎唐通事所办的唐话学校。这是日本最先开始进行真正的汉语教育的民间学堂,这个学堂培养了一代又一代唐通事人才。其次,在日本全国兴起唐话学习热潮中,唐通事直接或间接地起到了推波助澜的作用。再次,从汉语学所的设立与发展中,我们也可以看到唐通事对日本政府近代汉语教育所做出的开拓性贡献。当然,从现在的观点来看,当时唐通事所主导的汉语教育在许多方面显得很不科学,教学内容显得陈旧而适用面狭小、教材不成系统性、所教语言为南京话而非标准语、教学方法也主要是传统的高声朗读与背诵。此外,教授者未受过语言学的专门训练,缺乏语言学理论修养,在教学的系统性及效果上都存在许多不足。然而,毫无疑问,作为日本汉语教育开拓者的唐通事对日本近代汉语教育做出了巨大的贡献,一代代唐通事在日本汉语教育史上谱写了辉煌的一页。

王国维超功利的文学观

陕西师范大学 陈学超

一、超功利的美学思想

从20世纪初到"五四"新文化运动这段时间,是中国传统文学急骤蜕变,中国现代文学迅速孕育的年代。这一时期连续发生了许多重大政治历史事件。这一时期的文人学士也大多"负奇气,怀大志,历山海,逾邦国","狂歌痛哭,拔剑起舞,而欲有所为"[1];这一时期的文人团体,更一个个是"极精彩之团体","以实力行革命之事"[2]。在这一背景下,挟裹大潮的文学思想自然具有高度强调文学的政治目的和社会价值的特征。然而,这毕竟是古今、中西文学思想撞击交汇的历史时刻,文学思潮必然显示出其驳杂、丰富的一面。作为中国传统文学的最后一位理论家和现代文学的第一位理论家的王国维,就在时代的大合唱之外,在政治的波谷之中,奏出了另一种清新的乐章。

王国维受到西方哲学和美学的熏陶,冲破旧的思维模式,对梁启超等人把文学仅仅当作改良社会的工具的思想提出了尖锐的批评,他指出:

> 庚辛以还,各种杂志接踵而起,其执笔者非喜事之学生,则亡命之逋臣也。此等杂志,本不知学问为何物,而但有政治上之目的……又观近数年之文学,亦不重文学自己之价值,而唯视为政治教育之手段,与哲学无异。如此者,其亵渎哲学与文学之神圣之罪固不可逭,欲求其学说之有价值,安可得也![3]

他强调文学自身独立的美学价值,以纯艺术的超功利的观点否定维新派和革命派的

---

[1] 陈去病:《高柳两君子传》,见卞孝萱、唐文权编著:《民国人物碑传集》,凤凰出版社2011年版,第664页。
[2] 孙中山:《致陈楚楠函》,见广东省社会科学院历史研究室、中国社会科学近代史研究所中华民国史研究室、中山大学历史系孙中山研究室合编:《孙中山全集》(第一卷),中华书局1981年版,第275页。
[3] 王国维:《论近年之学艺界》,见王国编撰:《海宁王静安先生遗书》(第14册)。

文学理论和创作,对于深入认识文学艺术规律,促进传统文学的现代化转化,具有现实意义。

王国维是我国最早介绍西方美学思想的学者之一。他早年学习并接受了康德、叔本华、尼采的哲学思想。他在《静安文集·自序》中自述其专注于西方哲学的缘由:"体素羸弱,性复忧郁,人生之问题,而往复于吾前,自是始决从事于哲学。"当时他一心成为一名哲学家,探索人生终极问题的学问。由于他自幼养成的既关心现实而又鄙薄功利,既重视理想而又悲观失望的矛盾性格,内心总是显得忧郁、痛苦、深沉,故与叔本华的悲观主义、唯意志论一拍即合。他又反复钻研康德的哲学、伦理学和美学思想,广泛阅读了尼采、洛克、休谟等人的著作,逐渐确立了一套以叔本华哲学思想为核心的世界观。在此基础上,他发表了一系列论文,深入介绍评价叔本华以及康德、尼采等西方哲学家。其中有些论文着重运用西方美学理论来探讨文学问题,如 1905 年写的《论叔本华之哲学及其教育学说》《红楼梦评论》《叔本华与尼采》《论哲学与美术家之天职》《教育偶感》,以及 1905 年后写的《屈子文学之精神》《文学小言十七则》《人间词甲稿叙》《古雅之在美学上之位置》《人间嗜好之研究》等。三十岁前后,王国维"疲于哲学"而转向文学,着力于《人间词话》的创作和词曲的研究。词学研究方面的主要成就有《唐五代二十一家词》《清真先生遗事》和著名的《人间词话》;曲学方面有《曲录》《戏曲考源》《唐宋大曲考》《优语录》《古剧角色考》等。这些著作都是贯通"外来之观念"与传统的思想,为探索中国古代文学的民族特征、发展规律和创作经验,做出了前无古人、后启来者的重要贡献。辛亥革命后,王国维东渡日本,完成了划时代的作品《宋元戏曲史》,又埋头于古文字、古器物、古史地的研究,从中寻求精神解脱。回国后继续从事其"国学"考据方面的工作,直至自绝于世。

王国维的文学观念是建筑在他的美学观念之上的。他认为"美"就是"纯粹无欲之我"在"静观中所得之实念"。[①] 他对"美之普遍之性质"是这样表述的:

> 美之性质,一言一蔽之曰:可爱玩而不可利用者是也。虽物之美者,有时亦是供吾人之利用,但人之视为美时,决不计及其可利之点。其性质如是,故其价值存于美之自身,在不存乎其外。[②]

这就是王国维对美的功用和价值的认识,即"其价值亦存于美之自身","不可利用"。由此出发,他主张文学超然于政治、社会及个人名利、欲望之外,追求"独立之价值",成为"真正的文学"。这一观点,在他的《文学小言》中也做了申述:

> 文学者,游戏的事业也。人之势力,用于生存竞争而有余,于是发而为游戏。婉

---

① 王国维:《叔本华哲学及其教育学说》,见王国维撰:《海宁王静安先生遗书》(第 5 册)。
② 王国维:《古雅在美学上之位置》,见王国维撰:《海宁王静安先生遗书》(第 15 册)。

奕之儿,有父母以衣食之,以卵翼之,无所谓争存之事也。其势力无所发泄,于是作种种之游戏。逮争存之事亟,而游戏之道息矣。唯精神上之势力独优,而又不必以生事为急者,然后终身得保其游戏之性质。而成人以后,又不能以小儿之游戏为满足,于是对其自己之情感及所观察之事物而摹写之,咏叹之,以发泄所储蓄之势力。故民族文化之发达,非达一定之程度,则不能有文学;而个人之汲汲于争存者,决无文学家之资格也。①

这里,王国维在我国文艺理论批评史上第一次明确地引进了西方的"游戏说"。他特别吸取了席勒的"过剩精力"的理论,把"游戏说"纳入自己纯艺术的理论体系之中,说明文学只是"可爱玩"者,是"不可利用"的,只能做解脱人生痛苦的一种良药。这种"游戏说"完全否定文学艺术源于社会实践,否定文学艺术的教育作用,不无偏颇。但它与中国古代"寓教于乐"的文学思想格格不入,冲破传统文化心理定式,输入新的文学意识,凸现文学的自身规律,自有其独特的贡献。

在王国维看来,"汲汲于争存"的人,做不了文学家;"汲汲于争存"的内容,不能作为文学描述对象。否则,就成了"铺缀文学"。

> 人亦有言,名才利之宾也。故文绣的文学不足为真文学也,与铺缀的文学同。古代文学之所以有不朽之价值者,岂不以无名之见者存乎?至文学之名起,于是有因之以为名者,而真正文学乃复托于不重于世之文体以自见。逮此体流行之后,则又为虚玄矣。故模仿之文学,是文绣的文学与铺缀的文学之记号也。②

随着中国社会商品化的发展,文学艺术也开始有了商品化倾向。《孟子·离娄上》曰:"子之从子敖来,徒铺缀也。"铺缀,即吃喝的意思。王国维称铺缀之文学,不仅包括它的目的在于吃喝,在于名利,而且包括像文绣文学那样粉饰辞藻,模仿他人。商品化的结果,使文学艺术受制于利禄,出现"帮闲"文学,从这点看,王国维的批评是中肯的。当然他并不是简单地反对专业化,反对职业作家,而是把它同模仿的、文绣的文学联系起来加以反对的。

王国维认为,人们对于艺术品的审美是离开其内容的,只是感受到无限的快乐,生产着无限的敬仰。他说:

> 一切之美,皆形式之美也……就美术之种类言也,则建筑、雕刻、音乐之美存在于形式,固不挨论,即图画、诗歌之美之兼存于材质之意义者,亦以此等材质适于唤起美

---

① 王国维:《文学小言》,见王国维著:《人间词话:手稿全本》,中国言实出版社2014年版,第304—305页。
② 王国维:《文学小言》,见王国维著:《人间词话:手稿全本》,中国言实出版社2014年版,第305页。

情故,故亦得视为一种之形式焉。①

由于王国维坚持"美在形式",排除美的社会功利目的,必然导致"为文学而文学""为艺术而艺术"的主张。他认为文学艺术的天职就在于维护"无与于当世之用",不要"听命于众"。只有"纯粹的哲学""纯粹的诗歌",才有所谓"永久"的价值。"若夫忘哲学、美术之神圣,而以为道德政治之手段者,正使其著作无价值也。"

这种在西方美学的导引下所倡言的非功利的文学观,在当时"文学救国"的思潮中,诚然是一种绝响。从这种非功利的文学观出发,王国维建立了自己的文学批评理论,其主要内容包括悲剧论、境界说和文学进化观三个组成部分。

二、悲剧观

王国维是第一个把西方悲剧的美学范畴引进中国的文学批评理论的。他依照叔本华的悲观主义美学理论,认为悲剧是作为人生之命运的一种"自感"的表露,认为"人生之命运,固无异于悲剧"②。他说:

> 夫人生固无独语之事,而戏曲则以许独语故。故人生中久压抑之势力,独于其中筐倾而篚倒之。故虽不解美术上之趣味者,亦于此中得一种势力之快乐。③

依照这种看法,人类生活之欲,经过竞争,变为势力之欲。为了慰藉这种生活和势力之欲,悲、喜剧就可以得到一种实际生活得不到,而在艺术欣赏中能得到的"一种势力之快乐"。

王国维以美学范畴的悲剧观念对《红楼梦》的评论,是中国悲剧理论产生的标志。他认为,《红楼梦》之所以是一部"绝大著作",是因为这部小说的根本精神就在于"以生活为炉,苦痛为炭,而铸其解脱之鼎"。④ 在他看来,饮食男女,是人类的大欲,而男女之欲,尤强于饮食之欲。两千年间能解决此问题者,在哲学上是叔本华,在文艺上则为中国的《红楼梦》。他把文艺的任务设定为描写人类的痛苦与其解脱之道,使人们离开生活之欲的争斗,得到暂时的和平。《红楼梦》正符合这种精神,所以在美学上和伦理上都有其最高的价值。他还根据叔本华的理论,"置诗歌于美术之顶点,又置悲剧于诗歌之顶点",故悲剧于文艺中最有美学价值。而《红楼梦》便是一部"眩惑之原质殆绝","示人生之真相,又示解

---

① 王国维:《古雅之在美学上之位置》,见王国维撰:《海宁王静安先生遗书》(第15册)。
② 王国维:《人间嗜好之研究》,见王国维撰:《海宁王静安先生遗书》(第15册)。
③ 王国维:《人间嗜好之研究》,见王国维撰:《海宁王静安先生遗书》(第15册)。
④ 王国维:《〈红楼梦〉评论》,见王国维著:《人间词话:王国维美学文选》,安徽文艺出版社2015年版,第217页。

脱之不可已"的"悲剧之中之悲剧"。

他在《〈红楼梦〉评论》中把悲剧分为三种：

> 由叔本华之说,悲剧之中,又有三种之别:第一种之悲剧,由极恶之人,极其所有之能力,以交构之者;第二种,由于盲目的运命者;第三种之悲剧,由于剧中之人物之位置及关系而不得不然者,非必有蛇蝎之性质与意外之变故也,但由普通之人物,普通之境遇,逼之不得不如是,彼等明知其害,交施之而交受之,各加以力而各不任其咎。此种悲剧,其感人贤于前二者远甚。①

显然,他认为这三种悲剧之中,由于第三种悲剧所描写的是普通之人物,普通之境遇,所以最感人。它并非如前两种悲剧只是由"蛇蝎之人物与盲目之命运"所造成的偶然事件,而是"示最大之不幸,非例外之事,而人生之所固有"的必然结果。《红楼梦》就是属于第三种悲剧,反映了人生最惨,因而也最美的悲剧。当然在王国维的眼里,《红楼梦》这部悲剧的美学价值,并不在于揭露了中国封建家族的某些特征,而只是反映了所谓人生固有的痛苦及其真正的解脱之道,证明了人生的真相乃是一场悲剧,只有弃绝生活之欲,走出世之途,才能求得真正的解脱。

虽然源于叔本华美学思想的王国维的悲剧理论,尚有很多牵强之处。但是,它运用西方美学观点来评价中国文学,而且具有完整的理论体系和严密的逻辑力量,是有开拓意义的。

三、境界说

王国维的境界说,主要体现在那部以词为主要批评对象的《人间词话》中。《人间词话》是用传统的"词话"形式写成的文学批评著作。虽然它所使用的概念、术语和思维逻辑大都相当传统,但是它却自然地融进了新的观念和方法,加之所总结的理论问题又有普遍意义,这就使它在当时新旧两代读者中产生了重大反响。

《人间词话》六十四则,约略可以分为两部分。前九则是关于境界说的基本理论;后面部分则是结合历代作家、作品的具体分析,进一步验证和阐述境界说。其开宗明义即:

> 词以境界为最上。有境界,则自成高格,自有名句。五代北宋之词所以独绝者在此。②

---

① 王国维:《〈红楼梦〉评论》,见王国维著:《人间词话:王国维美学文选》,安徽文艺出版社2015年版,第220—221页。
② 王国维:《人间词话:王国维美学文选》,安徽文艺出版社2015年版,第1页。

其第九则在比较境界说与前人理论的高下时又说：

> 沧浪所谓兴趣，阮亭所谓神韵，犹不过道其面目，不若鄙人拈出"境界"二字，为探其本也。①

由此足见王国维对其境界说的自信。认为他确实把握了文学艺术所以为美的本质属性。

境界的概念原本来自佛经。佛学为了美化"涅槃"的伟大，阐述物相的虚妄，极力鼓吹因心生境。如圆晖的《俱舍论颂疏论本》称"色等五境为境性，是境界故。眼等五根名有境性，有境界故"。就是说外界的色、声、香、味、触，是五境，就是境界；人有眼、耳、鼻、舌、身五根，具有感知能力，就叫有境界。从而申明心情是一种不落言荃、绝无物质规定性的假象。有的还把"境界"作为佛家彻底觉悟的标志，认为只有体现了"真如"（佛性）后抽象的真空世界的出现，才算是有境界。魏晋到隋唐，佛学空前兴盛，儒学相对式微，诗家大多受佛学影响。佛学所说的境界，促进了文学上的境界说的形式，同时也给境界说笼罩了一层宗教的玄虚。唐代皎然所推崇的"神会而得"中的"神"，"古人后于语，先于意"中的"意"，都近于佛家妙悟。南宋严羽的《沧浪诗话》虽然借"羚羊挂角，无迹可求"的典故，说明境界要求完美自然、形象与情性高度融和，犹如"空中之音，相中之色，水中之月，镜中之像"，并从中产生"言有尽而意无穷"的效果，讲得十分精彩，对后人影响很大。但是他却强调"诗通亦在悟"，说诗的主旨在于"以禅喻诗"。清代王士祯几乎完全趋同严羽，声称"严沧浪以禅喻诗，余深契其说"。这样一来，境界说就做不出理论上明晰的说明，只能以禅家的妙悟及一些诗化的朦胧恍惚的意象来喻示了。直到晚清，王国维才集前人之大成，比较完整地论述了这从久远的历史深处缓慢发展而来的境界这一美学范畴，"为中国诗词评赏拟具了一套简单的理论雏型"②。他1908年发表的《人间词话》，承袭和发展了以往关于意境的论说，并择取西方美学的一些观念加以论释，弃却以禅喻诗的玄虚，揭示了"有我之境"与"无我之境"、"客观之诗人"与"主观之诗人"、"诗人之境界"与"常人之境界"、"入乎其内"与"出乎其外"、"政治家之眼"与"诗人之眼"、"重内美"与"重修能"、"能感之"与"能写之"、"写境"与"造境"、"理想"与"写实"、"隔"与"不隔"等新的范畴，以概括文学作品内部的情与理、情与景、内容与形式矛盾统一的艺术意象体系，以及具有"言外之味、弦外之响"的艺术感染力的审美要求。同时，用简练的术语和见事即理的比喻，申明了衡量作品艺术成就的一些具体准则。所论及几乎涉及了文学的本质论、作品论、作家论、创作论、鉴赏论等各方面的问题，为建设中国现代文学批评的理论体系做了开拓性的工作。

---

① 王国维：《人间词话：王国维美学文选》，安徽文艺出版社2015年版，第5页。
② 叶嘉莹：《对〈人间词话〉中境界一辞之义界的探讨》，见姚柯夫编：《〈人间词话〉及评论汇编》，书目文献出版社1983年版，第147页。

王国维的境界说所推崇的"境界"是有其特殊含义的。他在《人间词话》的六、七两则做了这样的说明：

> 境非独谓景物也，喜怒哀乐，亦人心中之一境界。故能写真景物，真感情者，谓之有境界，否则谓之无境界。
>
> "红杏枝头春意闹"，著一"闹"，字而境界全出。"云破月来花弄影"，著一"弄"字，而境界全出矣。①

由此可以清楚地看出，王国维所标举的"境界"乃是指真切鲜明地表现出来的情景交融的艺术形象。它是情与景的统一，侧重于从作者的感受、作品的表现的角度来强调表达"真感情，真景物"。

王国维还使用了，"隔"与"不隔"的概念，从读者审美鉴赏的角度对境界做了阐发。他说：

> 美成《苏幕遮》词"叶上初阳干宿雨，水面清圆，一一风荷举"，此真能得荷之神理者，觉白石《念奴娇》《惜红衣》二词，犹有隔雾看花之恨。
>
> 白石写景之作，如"二十四桥仍在，波心荡，冷月无声""数峰清苦，商略黄昏雨""高树晚蝉，说西风消息"，虽格韵高绝，然如雾里看花，终隔一层。梅溪、梦窗诸家写景之病，皆在这一"隔"字。②

用"雾里看花"来比喻"隔"，说明读者体验到的"写景之病"。那么如何才能达到"不隔"，"隔"与"不隔"如何分别呢？王国维写道：

> 问"隔"与"不隔"之别。曰：陶谢之诗不隔，延年则稍隔矣；东坡之诗不隔，山谷则稍隔矣。"池塘生春草""空梁落燕泥"等二句，妙处唯在不隔。词亦如是。即以一人一词论，如欧阳公《少年游》咏春草上半阕云："阑干十二独凭春，晴碧远连云。千里万里，二月三月，行色苦愁人。"语语都在耳前，便是不隔。至云："谢家池上，江庵浦畔。"则隔矣。白石《翠楼吟》："此地，宜有词仙，拥素云黄鹤，与君游戏。玉梯凝望久，叹芳草、萋萋千里。"便是不隔。至"酒祓清愁，花消英气"，则隔矣。然南宋词虽不隔处，比之前人，自有浅深厚薄之别。

---

① 王国维：《人间词话：王国维美学文选》，安徽文艺出版社2015年版，第4—5页。
② 王国维：《人间词话：王国维美学文选》，安徽文艺出版社2015年版，第12页。

"生年不满百,常怀千岁忧。昼短苦夜长,何不秉烛游?""服食求神仙,多为药所误,不如饮美酒,被服纨与素。"写情如此,方为不隔。"采菊东篱下,悠然见南山。山气日夕佳,飞鸟相与还。""天似穹庐,笼盖四野。天苍苍,野茫茫,风吹草低见牛羊。"写景如此,方为不隔。①

以上引例和评说告诉我们,不论是"写情"还是写景,凡是能给人以鲜明、生动、真切之感的便为"不隔";凡感情虚浮矫饰,遣词造作,破坏了作品意象的真切性,就难免使读者产生"隔"或"稍隔"的感觉。"隔"与"不隔"之说,是从审美鉴赏的角度对境界说的补充,使境界说的内涵涉及作者、作品、读者三个方面,更趋全面。

此外,王国维还借用西方的美学观念,对其"境界"做了"造境"与"写境"、"有我之境"与"无我之境"等分类,使境界说的讨论进一步深入。他在《人间词话》中写道:

有造境,有写境,此理想与写实二派之所由分。然二者颇难分别。因大诗人所造之境,必合乎自然,所写之境,亦必邻于理想故也。②

这说明"造境"与"写境"之分主要是由不同的艺术创作方法所造成的。"造境"是由理想家按其主观"理想"虚构而成;而"写境"是由写实家按其客观"自然"描写而成。"造境"即虚构之境,"写境"即写实之境。由于不同的创作方法而造成的两种不同的艺术境界,便形成了理想派与写实派。这自然是吸收了西方美学观念。与此前梁启超在《小说与群治的关系》中所论及的"理想派""写实派"不同的是,王国维不但注意到两派的区别,而且着重分析了两派的联系和渗透。说明造境并非胡编乱造,写境并非照搬自然,都必须根植于客观生活,遵循自然规律。所以大诗人往往能够使理想与现实统一于一体。

根据作者审美观念不同以及由此产生的美感性质的不同,王国维还把他的"境界"分为"有我之境"和"无我之境"。"有我之境"的观物方式是"以我观物","于静中得之",结果给人的美感是"优美";而"无我之境"的观物方式是"以物观物","于由动之静时得之",结果给人的美感为"宏壮"。王国维认为,由于"无我之境"中"物"与"我"的形象融为一体,因此比起"有我之境"更能使人忘却利害欲望。根据他超功利的文学观,创造这种"无我之境"自然需要更纯真的性情和更精湛的艺术修养。"古人为词,写有我之境为多。然未始不能写无我之境。此在豪杰之士能自树立耳。"可见他更推崇"无我之境"。对于"有我""无我"之分,王国维后来的看法有变,改为能够做到"意与境浑"来区别境界的优劣,当然更准确一些。与此有关,王国维还在《人间词话》中就作家本身的素质、修养、观察生活的能力与方式等问题表述了意见,强调既重"内美",又重"修能",重视品格与艺术修养

---

① 王国维:《人间词话:王国维美学文选》,安徽文艺出版社2015年版,第13页。
② 王国维:《人间词话:王国维美学文选》,安徽文艺出版社2015年版,第1页。

的锻炼。

总之,王国维的境界说道出了文学艺术的某些基本规律,在中西文艺思想交流融合的道路上迈出宁可喜的一步。当然也必须指出,《人间词话》较充分地体现的,还是中国传统文论重视感受作用,突出风格品评,长于形象化说明的优长。虽然王国维在西方文艺思潮的刺激下,也看到"吾国人之所长,宁在于实践之方面,而于理论之方面,则以具体的知识为满足,至分类之事,则除迫于实际之需要外,殆不欲穷究之也……故我中国有辩论而无名学,有文学而无文法,足以见抽象与分类二者皆我国人之所不长"①。企图引进西方的运思程序以弥补罅隙。但是这种觉醒,特别是表现在理论批评形式上的革新,在王国维还是十分有限的。他基本上没有跳出古代诗话的窠臼,只表现出对于中西美学融合的某种启示性意向。《人间词话》仍然袭用传统的诗话、词话的体式,只做重点揭示和印象式的品评;只重直觉感受,只重视个别作品评点,而未能做系统的理性的逻辑的分析,未能对普遍的文艺规律进行抽象和理论概括,因而仍显得概念含糊模棱,论说零乱驳杂。真正建立起严密的现代文艺批评体系,还需等待新文学的骁将们去完成。

四

"一代有一代之文学。"这个"五四"文学革命中被人们一再提起的口号,乃是王国维文学进化观的著名论断。他指出。

> 凡一代有一代之文学,楚之骚,汉之赋,六代之骈语,唐之诗,宋之词,元之曲,皆所谓一代之文学,而后世莫能继焉者也。②

那么,各代自领风骚的文学体式是怎样演进的呢? 他也有这样的论述:

> 四言敝而有楚辞,楚辞敝而有五言,五言敝而有七言,古诗敝而有律绝,律绝敝而有词。盖文体通行既久,染指遂多,自成习套。豪杰之士,亦难于其中自出新意,故遁而作他体,以自解脱。一切文体所以始盛终衰者,皆由于此。③

王国维所谓"一代有一代之文学",是指一种文体在一个朝代极盛,致使这个朝代与这个文体不期而然地结合起来,而后世不可能再重复。文体盛衰的原因,主要在于"习套"与"新意"的矛盾。新的文学样式,不因袭前人,便自成新体;而时间久了,因袭模仿者增多,

---

① 王国维:《论新学语之输入》,见方麟选编:《王国维文存》,江苏人民出版社2013年版,第682—683页。
② 王国维:《宋元戏曲考·序》,见王国维著:《王国维戏曲论文集》,中国戏剧出版社1957年版第3页。
③ 王国维:《人间词话:王国维美学文选》,安徽文艺出版社2015年版,第16—17页。

又成虚车之具,这种文学样式便要衰落;在旧的文学样式衰落之时,新的又逐渐发展起来。王国维主要是从形式的演变来考察文学进化的历史的,只是从"习套"与"新意"的矛盾中去寻找"一切文体所以始盛终衰"的原因,当然不能回答问题的全部和实质,可是面对当时"唯古是尚"的传统文学的束缚,却具有革新反叛的意义。

《宋元戏曲考》是体现王国维文学进化观的主要理论著作。他从"一代有一代之文学"的总纲出发,将为正统文人所鄙弃的元曲,置于楚辞、汉赋、唐诗、宋词之上,以通俗文学与正统的"载道"文学相抗衡。他认为,元曲所以超过其他文学样式,是"以其自然故"。因为"古今之大文学,无不以自然胜,而莫着于元曲",作者"非有藏之名山,传之后人之意也。彼以意兴之所致为之,以自娱娱人"。这样,直抒胸臆,缘事而发,因而也写出了"时代之情状","足以供史家论世之资者不少"。他在元代剧作家中首推关汉卿,因为关汉卿"一空依傍,自铸伟词,而其言曲尽人情,字字本色"。诚然,王国维的文学进化论是要为"纯文学"争一席之地,但从以上表述也不难看出,王国维以他的文学进化观进行理论批评的过程中,也并非是绝对形式的和反功利的。

从小说到电影叙事视角的改变

——以《风声》为例

亚洲大学 黄淑贞

一、前言

电影与小说的关系一直密不可分,从电影发展史可发现早期电影制作是从小说的表现形式去学习其表现意念,而电影题材也往往从小说去寻找,也就是将小说改编为电影。

虽然二者关系密切,但表现手法并不同,小说以语言文字为媒介,电影则以形象与声音,因此才有改编的必要性。乔治·布鲁斯东(George Bluestone):"一位电影工作者并不是一位有成就的作家的翻译者,他是另外一位有自己的意志的作家,而且是一位不折不扣的作家……小说与电影像两条相交叉的直线,在某一点上会合,然后向不同的方向延伸。在相交叉的那一点上,小说和电影剧本几乎没有什么区别。可是当两条线分开以后,它们就不仅仅能彼此转换,而且失去了一切相似之点。"[1]然而并不是每部小说都适合改编为电影的,20世纪60年代美国知名导演史坦莱·库柏力克(Stanley Kubrick)对于小说改编为电影有自己的看法:"当你在考虑一个小说题材是否适合搬上银幕时,并不是只考虑这个故事是否生动吸引人即可,你更必须反复考虑这个故事是不是合乎特殊的影像叙述形式,简言之,你必须仔细想一想它适不适合转换成影像活动的形式。有很多小说读来生动感人,可是往往根本不适合改拍成电影。"[2]因为一个是文字,一个是影像,即使表达相同的故事,呈现的艺术效果也不同。

---

[1] 乔治·布鲁斯东:《从小说到电影》,高骏千译,中国电影出版社1981年版,第68—69页。
[2] 刘森尧:《天光云影共徘徊:文学·电影及其他》,尔雅出版社2001年版,第370页。

2009年作为中国国庆六十周年献礼电影《风声》①，改编自麦家②同名小说《风声》③，叫好又叫座。小说本身即具有强大的叙事力量，改编为电影引人入胜正是悬念④剧情的发展。

小说与电影都具有叙事性，读者借由文字发挥想象力，观众则透过影像声音获得感官的享受，因此二者在叙事的视角、空间、时间、结构等等必有不同的特色，才能分别诠释这两个既相似又相异的艺术作品。本文即以叙事视角来分析《风声》从小说至电影的改变。

所谓的"视角"就是说故事的角度，胡亚敏在《叙事学》解释为"指叙述者或人物与叙事文中的事件相对应的位置或状态，或者说，叙述者或人物从什么角度观察故事"⑤。与"视角"同义异名的词汇很多，除了帕西·拉伯克称"视角"，克利安斯·布鲁克斯和罗伯特·潘.沃伦称"叙述焦点"、兹韦坦·托多罗夫称"叙事体态"、热奈特称"焦点调节"，两岸学者亦有主张"叙事角度""叙述角度""叙述观点"等名词，而帕西·拉伯克认为"在小说技巧中，我把视角问题——叙事者与故事之间的关系——看做最复杂的方法问题"。⑥ 可见"视角"在叙事学的重要性。

二、小说——多重视角

小说《风声》分别由《东风》、《西风》和《静风》三部构成，讲述一段谍战故事，时间是1941年春夏之交，日伪时期汪精卫政权下的南京政府，地点是杭州西湖边的裘庄，讲述的是汪伪政府与日军联手，透过囚禁与严刑逼供找出潜伏的共产党间谍"老鬼"，最后老鬼牺牲自己的生命，传递正确情报解救组织。

这三部诠释同一故事，前二部内容主要由潘教授、顾小梦提供，第三部由"我"来补充整个故事。同一本小说却以多重视角来撰述，可见作者的企图心及其细腻情感，不同立场看待事情自然从不同角度切入，所以同一故事出现三种不同版本，乍看各说各话，但内容却又呼应，充满矛盾对立，故事真相令人更模糊，颠覆一般小说安排水落石出的结尾。

---

① 导演陈国富与高群书，主要演员为周迅、李冰冰、张涵予、黄晓明、苏有朋、王志文、英达等。
② 本名蒋本浒，生于浙江省富阳市，是中国大陆著名的谍战小说作家、电视剧编剧，创作的谍战三大长篇小说《解密》荣获中国小说学会2002年度中国篇小说排行榜第一名、第六届国家图书奖、第六届茅盾文学奖提名；《暗算》获第七届茅盾文学奖；《风声》获华语文学传媒大奖2007年度小说家奖、《人民文学》2007年度最佳长篇小说奖，于2009年拍成电影。
③ 本文引用为繁体版，印刻文学出版社2010年版。
④ 范培松：《悬念的技巧》花城出版社1988年版，第5页。"它有两个含义，一是从读者阅读接受心理来看，那是指读者在阅读叙事性文学作品时，看到悬而未决的地方，不由自主地产生迫切要求了解情节发展的心理活动和对作品中的人物命运严重关注的心情，从而激起产生阅读的强烈欲望，有时甚至会到达食不甘，睡不安的地步，这些复杂的心理活动就是悬念。另一层含义是从作者安排情节和描绘人物时，到了某个关头，故意带住，没下卡子，对矛盾不加以解决，让读者对情节、对人物牵肠挂肚，以达到感染读者的目的的种种手段和技巧，这也叫悬念。"
⑤ 胡亚敏：《叙事学》，华中师范大学出版社2004年版，第19页。
⑥ 陈平原：《中国小说叙事模式的转变》，北京大学出版社2010年版，第58页。

（一）前言与全文：第一人称限知视角

全文的"我"始终是个"局外人"，以"限知视角"[1]来倾听、记录与说故事。胡亚敏认为小说采用这种限知视角有其优势。

> 在创作上它可以扬长避短，多叙述人物所熟悉的境况，而对不熟悉的东西保持沉默。在阅读中它缩短了人物与读者的距离，使读者获得一种亲切感。……它必须固定在人物的视野之内，不能介绍自身的外貌，也无法深入地剖析他人的思想。[2]

"我"看似第一人称，实则是以第三人称来建构的叙事视角，以采访人的角色作为故事的介绍者，带领读者走进"谁是老鬼"的悬念情节，感受故事的真实性与客观性。

在《前言》中，"我"写出这本小说成书原因，因为自己的作品《暗算》拍电视剧，很多人对号入座，赞美诋毁各半，"我"极力辩驳表示这些东西都是来自"胡思乱想出来的，没有什么资料，不做任何采访"，也就是没有任何"原型"，但偶遇"潘教授"（"老鬼"哥哥潘老的儿子）却让"我"找到了《暗算·捕风者》的"原型"，因此展开了《东风》。

这种以第一人称的口吻讲述亲身经历或转叙见闻，可以给读者最直接可信而亲切的感受，但由于这个"我"虽是叙述者，但叙述有限，只可叙述自身内外的活动，或叙述"我"以外的行动或揣测他人的内心世界，而不能知道其他人物的心灵。

（二）《东风》——全知视角[3]为主，限知视角为辅

《东风》前九章以全知视角来书写，仅在最后一章以"我"限知视角来书写听完故事的疑惑。

"我"说明《东风》的雏形是来自潘老[4]和潘教授介认的其他知情者的回忆，以及他们提供的资料，因为这些人和老鬼的关系密切，借由他们的口述，拼凑出老鬼忠贞爱国的形象，也增强故事的真实性。但这些人都不是当事者，如何知道被老鬼被囚禁时的心声：

> 老鬼望着窗外，心里像夜色一样的黑。他/她并不担心自己的生死，因为他/她早

---

[1] 陈平原：《中国小说叙事模式的转变》北京大学出版社 2010 年版，第 59 页。"叙述者知道和人物一样多，人物不知道的事，叙述者无权叙说。叙述者可以是一个人，也可以是几个人轮流当，可采用第一人称，也可以采用第三人称。拉伯克称之为'视点叙事'，托多罗多夫称之为'叙述者＝人物'，热奈特称之为'内焦点叙事'。"胡亚敏称为"内聚焦视角"。参见胡亚敏：《叙事学》，华中师范大学出版社 2004 年版，第 27 页。
[2] 胡亚敏：《叙事学》，华中师范大学出版社 2004 年版，第 27—28 页。
[3] 陈平原：《中国小说叙事模式的转变》，北京大学出版社 2010 年版，第 58—59 页。"叙述者无所不在，无所不知，有权利知道并说出书中任何一个人物都不可能知道的秘密。拉伯克称之为'全知叙事'，托多罗夫称之为'叙述者＞人物'，热奈特称之为'零度焦点叙事'"。
[4] 潘教授父亲，李宁玉的丈夫，实际上是兄妹关系，因为工作需要才假扮夫妻。

已将生死置之度外。他/她担心的是老K和同志们的安全,从现在的情况看,没有他/她的情报,组织上几乎不可能从其他管道得到情报。①

作者以"他/她"让读者摸不透老鬼究竟是男是女。至于日本特务长肥原在李宁玉与吴志国相继死了,还是抓不到老鬼显得十分焦虑。

  吴志国的死让肥原又怀疑自己来,担心老鬼犹在人间,犹在西楼。这简直乱套了,肥原觉得自己快要疯掉了,他半个脑袋想着两具死尸,半个脑袋想着那个未名的老鬼,人也觉得有一半死了,空了,黑了,碎了。②

这是全知视角撰写,所以即使读者还不知道"老鬼"究竟是何人,也可以知道他的内心世界,也知道当年发生在裘庄发生的事。

  在听完潘教授的故事,"我"还是有些问题无法解决,例如谁是老鬼?情报有没有传出去?如果传了又是如何传出去的?最后一章才真相大白。原来老鬼是李宁玉,她牺牲自己以保全组织安全,并且借由遗书中一幅留给孩子的画,暗藏莫尔斯电码以传递情报:速报,务必取消群英会!③

  《东风》前九章虽以"全知视角"撰写,但故事是借由潘教授之口向"我"说出有关老鬼故事的真相,作者以鸟瞰式全知视角书写这段囚禁岁月,"我"仅在"后记"出现。

  (三)《西风》——顾小梦的限知视角为主,穿插全知视角

  原以为故事已经告一个段落,没想到在出书前出现了程咬金——顾小梦——整个事件的经历者,半个世纪后唯一的幸存者。她反驳了潘老及潘教授口述的《东风》内容及结局,因为不容许任何人窜改这段历史,所以决定对"我"道出真相。

  从访谈顾小梦得知老鬼确实是李宁玉,但传递情报并非由那幅画着小草的遗书,而是她——顾小梦。李决定服毒自尽之前,哭着求她帮忙,小草上的密码是她破译以取得肥原的信任,得以离开裘庄,然后依李告诉她情报传递的方式去进行,带着三只药壳前去找老鳖,成功完成任务。顾的说词等于推翻潘老手中隐藏密码的"小草图",她指着"我"拍的小草图照片表示,哪有画得这么整齐的小草?真正的小草图早就被肥原收走了。说词符合从事特务工作,不可能将任何可疑资料外流。

  作者撰述这一部的叙述手法与前部不同,以"我"采访已高龄八十六岁的顾小梦,文中的"录音"内容及"我"与顾小梦的访谈皆使用限知视角,还原当年抗日时期令人可歌可泣

---

① 麦家:《风声》,印刻文学出版社2010年版,第142页。
② 麦家:《风声》,印刻文学出版社2010年版,第184页。
③ 麦家:《风声》,印刻文学出版社2010年版,第194页。

的间谍故事,也道出顾身为国民党员却打算帮共产党的内心挣扎:

> 然后你想想,知道她老鬼后我会是什么心情? 跟你说不论是于公还是于私,我都不希望她被揪出来。我想帮帮她,虽然这种可能性看上去已经很小,可是还是想试看看,权当是死马当活马医吧。那么我能做什么? 说实话,让我平白无故地指控吴志国或者金生火,我不敢。因为万一指控不成,咬不住他们,最后还是李宁玉被咬出来,我要吃不了兜着走的,弄不好还会引火自焚,连我的老底也被揭穿。这是玩火,风险太大,我玩不起,不敢。我能干什么? 就是那样,你书稿里已经写了,耍大小姐脾气,不接受审问,跟白秘书胡搅蛮缠,乱说。然后中午我故意不去吃饭,跟卫兵套交情,让姓简的来找我等等。我做这的目的就是想搅浑水,让肥原来怀疑我。我不怕被怀疑,因为我知道自己不是老鬼,真的假不了,假的真不了。我只想以此来给李宁玉赢得一点机会,让她机逃走——①

《西风》并非采用单一视角,有关于顾小梦与李宁玉的互动,及李宁玉的心理活动,作者采用全知视角,例如:

> 恐惧像四十度烧热一样从胸膛生发,传遍周身,令李宁玉感到四肢无力,心跳如鼓,头脑一片空白。这是她从事地下工作以来从未有过的感觉,恐惧和无助像绳索一样死死地捆住了她,把她变成了一个废人,不能和同志们发生任何联系,只能无耻地躺在床上。②

这段情节是依顾小梦的口述记载,但她不可能知道李宁玉的内心恐惧,这完全是作者"鸟瞰式"的撰述。

顾小梦亲上火线的说明,构成了《西风》,部分情节符合了潘教授的记忆,却又推翻了关键情节,让历史真相更陷入谜团了。

(四)静风——限知视角

最后一部《静风》回到"前言"亦是采第一人称的限知视角,完成了一个循环,"我"试图从外部的资料去审视究竟故事真相为何。

从《西风》内容看来,显然"我"采访过顾小梦,比较相信顾的说法,毕竟是当事人亲口所言,这颠覆了潘教授所言的《东风》,因此"我"开始逃避潘教授,直到潘老过世,潘教授坚决表示自己所言才真实的,同时对顾小梦的回忆提出质疑:

---

① 麦家:《风声》,印刻文学出版社 2010 年版,第 231 页。
② 麦家:《风声》,印刻文学出版社 2010 年版,第 263 页。

你稿子上不是写着,顾老最后决定帮我姑姑把情报传出去,是因为我姑姑的眼泪感动了她,你觉得这可信吗?要知道,这是一群特殊的人,他们不相信眼泪,说实话,作为父亲的儿子,我说过了我什么也不想说,但站在一个读者的角度,一个了解这群人特性的读者,我觉得这……值得推敲,你把一个关键的情节落在一个可疑的支点上,这也不合适吧!①

而潘教授不想再做任何辩解,竟然是因为顾小梦是他的母亲,这让"我"非常惊讶!后来从王田香的长子王汉民口中得知,原来抗战结束后,顾小梦才与"弃共投国"的潘老结婚,生下了潘教授,但这桩婚姻居然是间谍战,潘老娶顾是打算从她那里获取国民党情报,最后顾知情,毅然抛夫别子,来到了台湾。

《静风》虽然补充了不少当事人的资料,例如肥原的身世、成长经历和思想的蜕变,增强了小说的内容。然而老鬼的真相随着当事人离世后,更难以澄清了,这又颠覆了《西风》的内容,使得一路阅读的读者原以为故事到了尾声,真相总有水落石出的一刻,没想到真相却愈来愈模糊。这种写作脉动是麦家想要表达的:"这个世界是神秘的,很多事情我们不知道,很多事情我们知道后又被弄得不知道了。"②

(五)小结

叙事者就是讲故事的人,容易与"作者"混而合一,实际上,叙事者是作者安排于书中的角色,并非就是作者本人,这是所谓的"隐藏作者"③的叙述手法。"作者是构思、撰写故事的人,他的名字出现在出版作品的封面与内页,而叙事者却是讲述故事、引领叙事的人,只存在于文本的世界。虽然必须区辨作者与叙事者,但必须承认两者确实焦不离孟,孟不离焦。无疑地,叙事者是作者化身的虚构人物。"④小说《风声》分为三部,采用不同的叙事视角诠释同一件历史事件,呈现三种既相似又冲突的版本,老鬼的真相没有大白,反而更模糊,符合谍战小说充满悬疑紧张、逻辑推理,智力挑战,情节似乎步步逼近,却又步步后退,吊足读者胃口,果真是一本"用大脑写作"的小说,而作者安排多重视角的写作手法也达到他想要打破的"我们长期在一种主义叙事下生活,已经习惯了以一个声音、一个视角看问题……"⑤

---

① 麦家:《风声》,印刻文学出版社2010年版,第292—293页。
② 第六届华语文学传媒大奖,2007年度小说奖得将感言。
③ W. C. 布斯:《小说修辞学》,华明、胡晓苏、周宪译,北京大学出版社1989年版,第81页。认为从叙述的分析中推断归纳出来的人格是一系列价值观念的集合,包括道德的、习俗的、心理的、审美的各方面,这就是"隐藏作者"。"隐藏作者"会因为作品内容、作者创作企图不同而产生变化,只是一个表述者,而非真实生活中的作家本人。
④ 翁振盛、叶伟忠:《叙事学 风格学》,行政院文化建设委员会2010年版,第29页。
⑤ 麦家:《历史就像从远处传来的"风声"——谈小说〈风声〉和电影〈风声〉》,载《躬耕》2009年第11期,第53页。

三、电影——全知视角

小说与电影都是具有表现力的艺术形式,相互影响,但表现方式不同。小说透过语文来塑造人物形象、思想过程、描绘环境背景等,但电影以影像等多元艺术组合而成的镜头为媒介;小说的篇幅可长可短,读者可以随时阅读,细细咀嚼作者想要表达的情感内涵,电影碍于时间的限制(一般90—150分钟),必须抓住观众的眼光。因此小说改编为电影,必定有所割舍,节奏也会比较紧凑;电影毕竟是"团队合作",不似小说"个人创作"即可完成,因此在商业的考量、票房的压力下,会再创造吸引观众的新元素。

小说《风声》改编为电影,免不了对情节有所割舍,删减细枝末节,例如裘庄的背景、钱虎翼及其二太太等,增加了女特务、六爷,强化了酷刑,最重要的是改变原著中"我"及潘教授与顾小梦的多重叙事视角,而采用全知叙事视角来演绎"谁是老鬼",所以电影并没有小说里的关键人物:潘老、潘教授及晚年的顾小梦,而且"老鬼"的身份也改为顾晓梦[1],将原本反派人物吴志国改为"老鬼"的上司"老枪",这是聪明的做法,因为电影是从充满悬疑的谍战小说改编,看过小说的读者已经知道老鬼就是李宁玉,如果老鬼的身份不改,等于是让观众买票去看一场已知结局的电影,这对谍战片而言无疑失去悬疑斗智的最大卖点!

电影《风声》除了叙事视角改变外,也增加了补叙,并利用字幕、画外音的方式,重新演绎一齣忠于原著,却又有别于原著的谍战电影。

(一)时间顺序及回忆补叙

电影主要采"全知视角"无人称观点来发展剧情,并以"时间顺序"的推移和"回忆补叙"的追溯剧情,公布"谁是老鬼"的真相。

1. 时间顺序

电影剧情的开展完全依照时间顺序的推移:

介绍当时局势→怀疑有间谍、设局→裘庄审讯"谁是老鬼"→白小年被陷害致死→李宁玉遭怀疑→金生火自杀→"老枪"吴志国站出、受刑→"老鬼"顾晓梦施计、救下吴志国→"老枪"杀掉武田、道出真相[2]

一开场即以全知视角交代故事发生的时间背景、正值内忧外患的局势、抗日地下分子渗透汪伪政府,以致重要官员相继被杀、女特务惨遭酷刑、武田设局诱出间谍"老鬼"、老鬼上当发出假情报,于是五个嫌疑人被囚禁裘庄,随着剧情的推移,视角也在转变,被囚禁的五人为了保全自己,也在观察其他的人,当然更在乎武田及王田香对他的看法。

---

[1] 小说是"顾小梦",电影改为"顾晓梦"。
[2] 参考并修改自黄宝先:《〈风声〉:小说与电影文本的叙事视角比较》,载《皖西学院学报》2010年第1期,第93页。

至于武田和王田香更是眼光锐利地扫在这五个人身上，企图找出老鬼，随着剧情的发展，视角分别在白小年、李宁玉、金生火身上，最后锁定吴志国与顾晓梦，在吴被送去医院、顾惨死之后，视角落在武田、王田香与张司令身上，武田被遣送回国的码头，被吴志国割喉致死。抗战胜利后，视角转向吴志国与李宁玉，这是道出真相的一刻，最后视角是李宁玉趴在裘庄的阳台，回头看正在缝补旗袍、嫣然一笑的顾晓梦。

这种全知视角是电影叙事中最普遍的方式，为观众营造一个客观的现实环境，也能让观众进入人物内心世界，感同身受。

2. 回忆补叙

导演在画面剪辑时刻意漏掉或忽视部分重要情节，以增强悬念，并成功地让观众处在迷惑难解、紧张焦虑的情绪中，并对于人物后续的命运产生期待心理。

（1）关于武田。电影的诠释步骤依时间顺序推移，但中间穿插不少武田的回忆，所以观众得知武田之所以伪造军令，擅自将五名嫌疑人囚禁在裘庄，默许王田香动用酷刑找出"老鬼"，是因为他背负着祖父在日俄战争中怯战自裁，被同僚轻视的耻辱，加上刺杀上司即将被遣送回国，武田不愿家族的声誉一直蒙羞，因此他认为如果能找出"老鬼""老枪"，便能一举消灭反日地下组织，等同为日本打赢一场战役，为了可以重振家族声望，他绝对不能"饮败而归"，于是展开了一场"杀人游戏"。

（2）关于吴志国与顾晓梦。抗战胜利后，吴志国找到在纺织工厂工作的李宁玉，希望借她的旗袍一看顾晓梦临死前的遗言，借由吴的回忆，解开悬念，真相正式大白：

　　A. 当武田审讯李宁玉时，吴志国闯进顾晓梦的房里，从王田香的监听器显示似乎是吴打算非礼顾，因为传来二人争吵及屋内物品撞击的声音，门被打开时，二人衣衫不整。但透过回忆补叙，原来是吴趁机告诉顾："这个情况由我来顶，你没法传递信息。"但晓梦却明白告知是她传递错误情报，必须负责。

　　B. 在白小年与金生火相继死亡，李宁玉被拖出去，在王田香的监听器传来顾晓梦告诉吴志国捡到他的荠，质疑他的身份，接着传来打斗声音，王田香等人赶到时，看到吴要掐死顾。借由回忆补叙，原来是吴在顾的手心写上："今晚消息不出，组织覆灭，我顶。"然后递了有密码暗号的香荠放在顾手里。顾回他："你要活着，设法带消息出去，你要顶住，我有办法。"这时吴干脆明白告诉她："我就是老枪，我命令你举报我。"顾红了眼，握住彼此的手，在吴的手心再次写下："你要撑住，我有办法。"原来她的"我有办法"是决定牺牲自己，拯救"老枪"及组织。

　　C. 为何武田已经锁定吴志国为"老鬼"的关键时刻，顾晓梦却要李宁玉出面举报她是老鬼？而吴奄奄一息被送至医院为何挣扎地唱空城计？借由回忆补叙，原来顾早已把正确情报缝在内衣，只有死人才能离开裘庄，因此她只有交出身体才能将情报传递出去;而吴的《空城计》随着曲调的变化也能传递情报。因为情报已送出,所以武田埋伏在百草堂打算拘捕老枪,徒劳无功。

至于一直没有出现的刘林宗,则是以"回忆补叙"活在李宁玉心中,尤其是武田脱光她的衣服审讯是否为老鬼时,这段回忆补叙可知刘是李活下去的动力。

(二)字幕

电影设置不少字幕,一开始以纯客观叙事视角①营造抗日时期的紧张局势,随着荧幕上的中国地图慢慢拉近放大,穿越层层浓重云雾,一架架军机出现,而字幕一行一行飞过:

> 对日抗战中期
> 国民党副总裁汪精卫私自与日本媾和
> 在南京成立"国民政府"
> 汪精卫在各敌占区成立剿匪司令部
> 大肆迫害抗日份子
> 自此
> 中国抗战进入内忧外患时期
> 在各日军占领区
> 皆潜伏地下抗日成员
> 伺机对日军发动攻击
> 并狙杀制裁汪伪汉奸

荧幕渐暗,以城市的灯火出现剧名"风声",接着点燃庆祝烟火,字幕再次出现"1942年10月10日汪伪政府双十节",三分钟左右交代电影的时空背景。之后又多次以字幕叙述呈现情节,如日军发布假消息、老鬼误传这份假消息,最多次字幕叙述的是老鬼的内心独白。

这种以字幕传递情节节奏,加上影像、声音的互相补充,带给观众更多的期待与悬念,谍战影片的紧张气氛就更浓厚了。

(三)画外音

影片最后以已经牺牲的顾晓梦"画外音"为结尾,这是他们五人被囚禁时,她缝在李宁

---

① "叙述者只称描写人物所看到的和听到的,不作主观评价,也不分析人物心理。拉伯克称之为'戏剧式',托多罗夫称之为'叙事者<人物>,热奈特称之为'外焦点叙事'。"参见陈平原:《中国小说叙事模式的转变》,北京大学出版社2010年版,第59页。胡亚敏认为这种视角"仅运用于作品的某些部分,19世纪现实主义作品或一些侦探故事在处理某些人物、事件时都曾采用过这种类型,不过,它们旨在造成扑朔迷离、高深莫测的效果,并没有(也不可能)把这种方式贯穿始终,真相迟早是要披露的。"参见胡亚敏:《叙事学》,华中师范大学出版社2004年版,第33页。

玉旗袍边的密码遗言：

> 讯息是否传出，成败就在今日，我不怕死，我怕的是我爱者不知我因何而死。我身在炼狱留下这份纪录，是希望家人和玉姐原谅我此刻的决定，但我坚信，你们终会明白我的心情。我亲爱的人，我对你们如此无情，只因民族已到了存亡之际，我辈只能奋不顾身，挽救于万一。我的肉体即将陨灭，灵魂却将与你们同在。敌人不会了解，老鬼、老枪不是个人，而是一种精神、一种信仰。

以如此悲壮的自白结束剧情，将电影从单纯的悬疑谍战片提升至发扬人性光辉的影片，让观众感受抗日时代革命党人为国为民不惜牺牲自我的坚持信仰，那是一个挑战人类意志力的年代。

（四）小结

小说与电影是两种不同的艺术，表现手法自然不同，麦家对于自己的作品被改编为电影也表示：

> 小说和影视天生不是一个道上的，无法"同呼吸"、"心连心"，如果彼此"合二而一"，成为兄弟，像一个模子压出来的，那么这两个作品中肯定有一个是失败的：要么是小说，要么是影视。甚至可以这么说，越优秀的小说要改编为优秀的影视要接受更多的伤害。因为道理很简单，在小说中出彩的东西，比如文学的语言、繁复的意境，影视往往是表达不了的，只有挨刀了。具体到《风声》来说，这种"刀伤"更是在劫难逃。因为《风声》是一个谜语故事，如果电影不能对小说的关键情节、最后的谜底作合理巧妙的改编，等于是让观众看一场预先知道结局的球赛，这在商业上是大忌。《风声》电影改编了我小说的一些关键情节和结局，它拿我的儿子（小说）又生了个儿子，父子俩似曾相识，不似之处又昭然若揭。这就是改编，继承了我，又背叛了我。①

或许这是文本改编令人充满期待却又怕伤害的地方，电影《风声》的剧情无论是时间顺序的推移或以回忆补叙、字幕呈现及画外音的方式，都是采用全知视角，以一个无人称又无所不知的角度将观众与荧幕的距离更为拉近，更贴近故事情节。

四、结语

从叙事视角来看《风声》小说文本改编为电影，存在一定异同，小说以多重叙事视角突

---

① 麦家：《历史就像从远处传来的"风声"——谈小说〈风声〉和电影〈风声〉》，载《躬耕》2009年第11期，第53页。

显历史的真相并非单一角度可以诠释,同一件历史不同的人有不同的认知;而电影采用全知视角来演绎故事,注重故事情节、悬念的设置,随着情节发展,观众也跟着武田在思索究竟谁是老鬼?跟着老鬼一样焦虑,被囚禁在此如何能传递情报以救组织?

麦家以多重视角来撰写小说,是希望打破单一视角去看待事情,因为"我们长期在一种主义叙事下生活,已经习惯了以一个声音、一个视角看问题,看过去。这是我们的"密室",我们需要打破它。当你打破了它,回头去看就会发现,历史就像"风声——远处传来的消息"一样,虚实不定,真假难辨"[1]。

至于电影的改编,贝拉·巴拉兹这段话该是最好的诠释:

> 如果一位艺术家是真正名副其实的艺术家而不是劣等工匠的话,那么他在改编小说为舞台剧或改编舞台剧为电影时,就会把原著仅仅当成未经加工的素材,从自己的艺术形式的特殊角度来对这段未经加工的现实生活进行观察,而根本不注意素材所已具有的形式。[2]

最理想的改编是源于小说,又高于小说,电影要完全忠于原著太难了,小说改编永远是遗憾,如果能发挥小说与电影各自的优势,或许对创作者而言,挑战自己就不停地超越自己。

---

[1] 麦家:《历史就像从远处传来的"风声"——谈小说〈风声〉和电影〈风声〉》,载《躬耕》2009年第11期,第53页。
[2] 贝拉·巴拉兹:《电影美学》,中国电影出版社1982年版,第247页。

白居易的科考及科举观

陕西理工大学 付兴林

白居易是唐代极负盛名的"才子型"文学家。后世大多数仰视、赞叹之者,主要集中于他留存至巨的计3800余首(篇)诗文,以及一些旷世名篇如讽喻诗中的《卖炭翁》《上阳白发人》,感伤诗中的《长恨歌》《琵琶行》等。至于白居易在科考中的惊世表现,积极的科举行为,认真的备考手段,对科举制度的思考,对科考士子的态度,则非人人能道其所以。本文拟结合唐代科举制、白居易的仕进之路及其创作的科判、奏状等,对其科考历程、备考方式、科举态度进行一番考察论析,以期对白居易研究有所丰富与推进。

一、十年之间,三登科第

对于唐代一般士子要想入仕为吏,最为现实的途径乃参加科试。白居易虽满怀敬意地在《太原白氏家状二道》中遥溯种姓,勾勒出一条代为名将的世系,然其显赫的祖上阀阅"大抵自白建以上的世系,都是杜撰的"[1]。白居易没有足可仰赖的祖上功德,与绝大多数想要出人头地、光宗耀祖的士子一样,他只能凭恃个人拼搏。

白居易在科场上虽成名相对较晚,但起步却不迟,而且他是科举考试的积极参加者和真正受益者。对此,他在《与元九书》中怀着种种复杂心情俱道所以:"十五六,始知有进士,苦节读书……家贫多故,二十七方从乡赋……十年之间,三登科第。名入众耳,迹升清贯。出交贤俊,入侍冕旒。"[2]所谓"十年之间,三登科第"者,乃指其在短短十年之中,连中三科。

白居易所说的十年系指其大概,因为他实际三登科第的时间比这要短。如果从其二十七岁即贞元十四年(798)"方从乡试"算起的话,到三十五岁即元和元年(806)参加制举并登第,其历经时间应为九年而不是十年。

那么,所谓"三登科第"者为哪三科?又具体于哪年中第?与白居易同代而稍后的李

---

[1] 蹇长春:《白居易评传》,南京大学出版社2002年版,第3页。
[2] 朱金城:《白居易集笺校》,上海古籍出版社1988年版,第2792—2793页。

商隐在《唐刑部尚书致仕赠尚书右仆射太原白公墓志铭并序》中,对白居易的三次科试有较为简明的记述:

> 公字乐天,讳居易,前进士,避祖讳,选书判拔萃,注秘省校书。元年,对宪宗诏策,语切不得为谏官,补盩厔尉。①

李商隐的记述并未交代白居易何年中第。《旧唐书·白居易传》倒是提供了相关信息。传云:

> 贞元十四年,始以进士就试,礼部侍郎高郢擢升甲科,吏部判入等,授秘书省校书郎。元和元年四月,宪宗策试制举人,应才识兼茂、明于体用科,策入第四等,授盩厔县尉、集贤校理。②

上述记载中"贞元十四年,始以进士就试"易引起误解。从白居易《省试性习相远近赋》题下自注"中书侍郎高郢下试,贞元十六年二月十四日及第第四人"③可知,白居易进士及第时间应为贞元十六年(800),此年他二十九岁。那么《旧唐书·白居易传》何以写成"贞元十四年"呢?是否存在疏忽误记呢?其实这一记载本身不算有误。我们知道,进士科考必须经过层层筛选,礼部省试之前尚有乡试(县试)、府试两道关口。事实上,白居易曾于贞元十四年(798)即他二十七岁那年赴宣州溧水县探望在那做县令的从叔白季康,并在叔父的关怀下顺利通过了乡试;次年即贞元十五年(799),又在叔父的顶头上司时任宣歙观察使、宣州刺史崔衍的帮助下顺利通过了府试④,获得了"乡贡进士"的资格,得以于当年冬集京城,并参加了贞元十六年的礼部进士科考且一举中第。故此,"贞元十四年,始以进士就试",当是指白居易进士科考起步的"乡试"时间,而非是指他登第礼部进士科的时间。

关于白居易中制举试的时间,《旧唐书·白居易传》的记载是准确的。与此可参照印证的是元和元年(806)四月宪宗所颁的《放制举人敕》。敕载:

> 才识兼茂明于体用科第三次等元稹、韦惇;第四等独孤郁、白居易、曹景伯、韦庆复。⑤

---

① 李商隐:《樊南文集》,上海古籍出版社1988年版,第468—469页。
② 刘昫:《旧唐书》,中华书局1975年版,第4340页。
③ 朱金城:《白居易集笺校》,上海古籍出版社1988年版,第2599页。
④ 蹇长春:《白居易评传》,南京大学出版社2002年版,第56页。
⑤ 宋敏求:《唐大诏令集》,商务印书馆1959年版,第545页。

对于白居易第二次参加科目选所登书判拔萃科的时间，《旧唐书》《新唐书》及《唐才子传》均乏载记。虽然《唐才子传》卷六《白居易》中有"贞元十六年，中书舍人高郢下进士、拔萃皆中"①的记载，但很显然，这一记载有两处明显疏误：其一，"贞元十六年""进士、拔萃皆中"，这种一年两科皆中的情况绝无可能。其二，"中书舍人高郢下进士、拔萃皆中"，这种同一主考官于同一年既主持礼部试又主持吏部试的情况亦绝无可能。那么，究竟白居易于何年"书判拔萃"登第的呢？白居易《养竹记》为我们提供了准确的时间——"贞元十九年春，居易以拔萃选及第"②。

元稹于贞元二十年（804）所作的《酬哥舒大少府寄同年科第》一诗及诗注中有关于此次登第者的详细记载。该诗写道："前年科第偏年少，未解知羞最爱狂。九陌争驰好鞍马，八人同着彩衣裳。"第四句诗下注曰："同年科第：宏词吕二炅、王十一起、拔萃白二十二居易、平判李十一复礼、吕四颖、哥舒大恒、崔十八玄亮、逮不肖，八人皆奉荣养。"③所谓"前年"，是指贞元十八年（802）。是年冬，吏部试科目选。来年即贞元十九年（803）春，吏部发榜授官。诗注所记登吏部科目选者共八人，书判拔萃科仅白居易一人高中。

二、自难自砺，苦节备考

白居易《与元九书》云："十五六始知有进士，苦节读书。二十以来，昼课赋，夜课书，间又课诗，不遑寝息矣。以至于口舌成疮，手肘成胝，既壮而肤革不丰盈，未老而齿发早衰白。瞥瞥然如飞蝇垂珠在眸子中也，动以万数。盖以苦学力文所致，又自悲矣！"又云："初应进士时，中朝无缌麻之亲，达官无半面之旧。"④从这段自述中可知，白居易在请托之风甚浓的科场中，朝廷无可资仰仗的援手。为了备战接二连三的科考，他耗费了超乎常人的气力心血，以致严重损伤了身体。

科场考试艰辛异常，要想脱颖而出，非吃苦竭力不可。白居易之所以能"三登科第"，即得益于其苦节备考的认真态度和拼搏精神。

（一）进士科备考

在唐代科举制发展中，进士科的魅力逐渐显现。王定保《唐摭言》卷一《散序进士》云：

> 进士科始于隋大业中，盛于贞观、永徽之际；缙绅虽位极人臣，不由进士者，终不为美，以至岁贡常不减八九百人。其推重谓之"白衣公卿"，又曰"一品白衫"；其艰难

---

① 傅璇琮：《唐才子传笺校》（三），中华书局1990年版，第4页。
② 李商隐：《樊南文集》，上海古籍出版社1988年版，第2744页。
③ 冀勤：《元稹集》，中华书局1982年版，第180—181页。
④ 朱金城：《白居易集笺校》，上海古籍出版社1988年版，第2792、2793页。

谓之"三十老明经,五十少进士"……其有老死于文场者,亦所无恨。①

如此吸引人且竞争激烈的进士科,其试项为何呢?赵翼在《陔余丛考》中做了概括:

其初虽有诸科,然大要以明经、进士二科为重,其后又专重进士。此后世进士所始也。唐初制试时务策五道,贴一大经。经、策全通为甲第。策通四,贴过四以上为乙第。永隆二年,以刘思立言"进士唯诵旧策,皆无实材",乃诏进士试杂文二篇,通文律者然后试策。此进士试诗、赋之始。开元二十五年诏:进士以声韵为学,多昧古今,自今加试大经十贴。建中二年,中书舍人赵赞知贡举,又以箴、论、表、赞代诗、赋。太和八年,仍复诗、赋。此唐一代进士试艺之大略也。②

上文反映的一个基本事实是,唐代大部分时间的进士试项均与诗、赋有着无法分离的关系。"在唐代的科举中,经义是考对五经的理解和记诵的,范围狭窄,而表、策、判、诰,都是应用性的文字,很难看出士人的学问。科举文体中,能测试出才学的主要是诗与赋。尤其是赋,在其中更占了很大的比重。赋传统上的隶事用典,深奥渊懿,腹笥不厚者往往俭窘难以措手。唐代的赋可以说吸收了汉大赋的重学问和魏晋抒情赋的显才情融而为一,很能从中看出士子的才学。"③所以,在创造性不大和文学性相对较薄弱的帖经、时务策两个试项中,添加能极大地凸现士子另一面创造才情的诗、赋这一试项,是合情合理的必然选择。

正因为进士科最为士子所看重,诗赋成为进士科中最能显现才情的试项,所以备考中对诗赋的训练、锤炼就显得必要和重要。白居易在《与元九书》中自述备考进士历程及所下功夫道:"十五六,始知有进士,苦节读书。二十以来,昼课赋,夜课书,间又课诗,不遑寝息矣……二十七方从乡赋。既第之后,虽专于科试,亦不废诗。"④白居易在这段话中曾两度提到"赋",一处是"昼课赋",一处是"二十七,方从乡赋"。从备考的时间分配和将乡试直接与赋连缀拖挂的运笔中,不难见出赋在进士科考中所起的作用。

《白居易集》中存有一些他应试、省试前自拟赋题、自我习练的私赋。白居易现存赋十三篇(按:十三篇是根据顾学颉《白居易集》所收篇目做出的统计,与《全唐文》所收白赋数目及篇目存有差异),其中有两篇为应试之作,即贞元十五年应府试时的答卷《宣州试射中正鹄赋》和贞元十六年应省试时的答卷《省试性习相远近赋》。其余之作,有的可以断定为白氏模拟应试、自我锤炼的习笔——私试(按:关于"私试"的概念,王定保《唐摭言》卷

---

① 丁如明、李宗为、李学颖:《唐五代笔记小说大观》,上海古籍出版社2000年版,第1578—1579页。
② 赵翼:《陔余丛考》,河北人民出版社1990年版,第559页。
③ 汪小洋、孔庆茂:《科举文体研究》,天津古籍出版社2005年版,第80页。
④ 朱金城:《白居易集笺校》,上海古籍出版社1988年版,第2793页。

一《述进士下篇》云："群居而赋谓之'私试'。"①然对照白居易所作，何者为"群居而赋"难以明断。鉴于此，笔者所界定的"私试"与王氏所云有别，即凡是白氏模拟应试、自我锤炼的习笔均视作"私试"之赋）。这方面的作品虽然按照朱金城《白居易集笺校》关于《大巧若拙赋》《鸡距笔赋》《黑龙饮渭赋》《敢谏鼓赋》《君子不器赋》《赋赋》之"笺"将其定为"作于长庆三年以前"②，以及按照谢思炜《白居易文集校注》中"注"部分在对上述五篇赋的创作时间进行推定时完全从朱氏之说——"朱《笺》：作于长庆三年以前"③，但是笔者认为从赋的内容、创作风格、实用目的等多方判断，这些赋与《求玄珠赋》《汉高皇帝亲斩白蛇赋》皆可视为是白居易应试前之私试。当然，有的赋则是白居易运用赋这一文体抒情言志的作品，如《动静交相养赋》《泛渭赋》《伤远行赋》。无疑，应试与私试之作是围绕应试目的而展开的，其创作具有明显的功利性。

进士所试诗乃五言六韵十二句的排律，《白居易集》中的《窗中列远岫诗》《玉水记方流诗》即为白居易贞元十五年参加府试时的答卷和贞元十六年参加省试时的答卷。虽然我们现已无从判定白居易应进士试前在历练诗笔方面做出了怎样的努力，创作了多少诗歌，但我们却能从"五六岁便学为诗，九岁谙识声韵。十五六，始知有进士，苦节读书。二十以来，昼课赋，夜课书，间又课诗，不遑寝息矣。以至于口舌成疮，手肘成胝"④的夫子自道中，体察白居易为备考进士在诗歌方面用功之勤、专注之久。

（二）科目选备考

唐代科举主要有礼部常选、吏部科目选以及以皇帝名义举行的制举三种考拔形式。无论哪种科试或说无论参试者为谁，都要与"判"发生或轻或重的关系。对大部分应试举子来说，不通于"判"，则不能顺利过关登第，甚至对部分才识卓著、意图早有成就或在未来仕途中欲大有为者，不精于"判"则难以如愿。

《通典》卷十五《选举三》云："初，吏部选才，将亲其人，覆其吏事，始取州县案牍疑议，试其断割，而观其能否，此所以为判也。后日月浸久，选人猥多，案牍浅近，不足为难，乃采经籍古义，假设甲乙，令其判断。"⑤由此可见，"判"这种文体是随着唐代科举制度的发展、衍化而出现的一种新型的应用文体。

礼部的常选对象，通常是无出身、无官资的白身人，他们通过礼部试后，要由礼部移送至吏部。而吏部在接纳及第举子时，要举行一个"关试"。明胡震亨在《唐音癸签》卷十八《诂笺三》中云：

---

① 丁如明、李宗为、李学颖：《唐五代笔记小说大观》，上海古籍出版社2000年版，第1578页。
② 朱金城：《白居易集笺校》，上海古籍出版社1988年版，第2609—2623页。
③ 谢思炜：《白居易文集校注》，中华书局2011年版，第44—75页。
④ 朱金城：《白居易集笺校》，上海古籍出版社1988年版，第2792页。
⑤ 杜佑：《通典》，中华书局1988年版，第361页。

关试,吏部试也。进士发榜敕下后,礼部始关吏部。吏部试判两节,授春关,谓之关试,始属吏部守选。①

在唐代,除累资进阶至五品的官员,以及六品以下的常参官、供奉官,其余之人,无论是刚刚由常科选拔的及第举子,或是依常例三考、四考为满的前资官,抑或是科目选、制举出身的考满官员,都要经过一个守选和守限到期后参加冬集铨试的环节。关于铨试的内容,《通典》卷十五《选举三》有云:

> 其择人有四事:一曰身,取其体貌丰伟。二曰言,取其词论辩正。三曰书,取其楷法遒美。四曰判,取其文理优长……凡选,始集而试,观其书、判;已试而铨,察其身、言。②

身、言、书、判四项内容,重点考察的是书、判。《文献通考》卷三十七《选举考十》有云:"按唐取人之法……吏部则试以政事,故曰身、曰言、曰书、曰判。然吏部所试四者之中,则判为尤切。盖临政治民,此为第一义。必通晓事情,谙练法律,明辨是非,发摘隐伏,皆可以此觇之。"③所以,选人能否顺利注拟授官,基本取决于两道判词水平的高低。

由此可见,凡欲仕进者均与"判"脱不了干系,均有研习科判的必要性。

白居易的仕进之路亦循此法。不仅如此,白居易的二度科试——科目选,事实上完全由"判"所决定。

由吏部主持的科目选,仅限于有出身人和有官资人两类,可以说是初登仕途、再入官场、更获好官的捷径。对此,杜佑在《通典》卷十五《选举三》中云:

> 选人有格限未至,而能试文三篇,谓之宏词;试判三条,谓之拔萃,亦曰超绝。词美者,得不拘限而授职。④

上文提供的信息一是"宏词""拔萃"是科目选中两个重要试目;二是拔萃的试项为"判三条";三是凡词文优美者,吏部将打破常限非次擢拔。这里尤需关注的是,书判拔萃科以"判"为唯一考测内容。

王勋成《唐代铨选与文学》有一段关于春关试、铨试、书判拔萃科中所试"判"之分量大小的比较。他说:"试判是吏部考试的专项,关试要试判,不过是两条,而且简短;平选常调

---

① 胡震亨:《唐音癸签》,上海古籍出版社1981年版,第198页。
② 朱金城:《白居易集笺校》,上海古籍出版社1988年版,第360页。
③ 马端临:《文献通考》,中华书局1986年版,第354页。
④ 杜佑:《通典》,中华书局1988年版,第362页。

要试判,也是两条,但却较关试要长,而且难度大;流外入流也要试判,一般也是两条;平判和书判拔萃科也要试判,唯有书判拔萃科是三条,其难度、水平当然会超过以上各类试判了。"[1]如此,贞元十九年(803),白居易一人高中书判拔萃科,不可不谓幸事、盛事。

既然书判拔萃科是"试判三条",权衡标准高、登第难度大,那么对于应试者来说,提早准备是自然且必然的事。白居易既然是贞元十九年书判拔萃登第,那么他的考前备战定当不晚于该年。今顾学颉《白居易集》、朱金城《白居易集笺校》第六十六、六十七卷的《百道判》即是白居易于考前自难自砺、埋头习练的私试判文。关于《百道判》的创作时间,朱金城在《百道判》第一道判的"笺注"中,将其定于"贞元十九年前,姑系于贞元十八年"[2]。朱氏的这一判断,是合理可信的。这是因为,进士考试与判无关,春关试较为简单,用不着下如此大的气力去准备。"进士及第后,三年任选"[3],方可参加吏部身、言、书、判的铨试,而进士及第仅两年的白居易是无资格参加这类铨试的。方之吏部科目选之试项及其艰难性,白居易拟作的《百道判》只能是为书判拔萃科而做的应试准备。故此我们认为,白居易在进士及第后的守选期内,于贞元十八年报考了书判拔萃科。为了磨炼笔力、提高应试能力,参试前,他以积极认真的态度,主动出击,强化训练,先模拟考官身份假拟诉讼狱案、民事纠纷,继而再模拟考生身份进行追责量刑、解难释纷,从而创作了一百道科判。

白居易拟试的《百道判》不仅帮助他成功登第释褐,且还为他赢得了声誉、影响,更对当时的科场仕进精神、士子备考态度产生了范式性影响。对此,元稹在《酬乐天余思不尽加为六韵之作》自注中云:"乐天先有《秦中吟》及《百节判》,皆为书肆市贾题其卷云:'白才子文章。'"[4]又《白氏长庆集序》云:"乐天一举擢上第,明年拔萃登科。由是《性习相近远》、《求玄珠》、《斩白蛇》等赋及《百道判》,新进士竞相传于京师矣。"[5]白居易在《与元九书》中也不无自负地说:"日者又闻亲友间说,礼吏部选举人,多以仆私试赋判传为准的。"[6]

(三) 制举备考

制举在唐代科举中与常选、科目选并存鼎立,它既是统治者取士命官的重要形式,也是士子进身的重要渠道,甚至可说是做官为吏最为便捷的途径。对参试者的特殊礼遇,对登科者的优厚处分,以及设立制举的特殊目的——"天子自诏者曰制举,所以待非常之才焉"[7],决定了"制举"这一科试的特殊性。

---

[1] 王勋成:《唐代铨选与文学》,中华书局2001年版,第295—296页。
[2] 朱金城:《白居易集笺校》,上海古籍出版社1988年,第3562页。
[3] 王钦若:《册府元龟》,中华书局1960年版,第7684页。
[4] 冀勤:《元稹集》,中华书局1982年版,第247页。
[5] 朱金城:《白居易集笺校》,上海古籍出版社1988年版,第554页。
[6] 朱金城:《白居易集笺校》,上海古籍出版社1988年版,第2793页。
[7] 欧阳修、宋祁:《新唐书》,中华书局1975年版,第1159页。

制举通常只有一个试项,是地道的"以策取士"。正因如此,许多文献中往往直截了当称其为"策试"或"制策",皇帝在制诏中也往往表示"亲当策试"。《册府元龟》卷六四五《贡举部·科目》有多处记载,如"大历元年十一月制:天下有安贫乐道、孝悌力田者,具以名闻,朕当亲自试策"。[1] 又如"(元和)十四年七月诏:诸色人有贤良方正能直言极谏、博通坟典达于教化、军谋宏远堪任将帅、详明政术可以理人者,委内外官员各举所知,当亲自策试"。[2]

制举既然以试策为唯一试项,那么对参试者来说,必定有一个试前备考然后再去应考的过程,亦即习策——写策——试策的环节。白居易是一位进取心强且踏实勤奋、对事谨严的人,在参加制举试前,他同样做了充分准备。《策林序》云:

> 元和初,予罢校书郎,与元微之将应制举。退居于上都华阳观,闭户累月,揣摩当代之事,构成策目七十五门。及微之首登科,予次焉。凡所应对者,百不用其一二,其余自以精力所致,不能弃捐,次而集之,分为四卷,命曰《策林》云耳。[3]

这里有必要重点考察一下白居易备考制举的时间。《策林序》开头即言"元和初",这样给人造成的印象是,白居易开始准备应试的时间上限为元和初年,即唐宪宗即位后的年初。但从白居易作于元和五年(810)的《代书诗一百韵寄微之》一诗看,情况却并非如此。白氏在该诗"繁张获鸟网,坚守钓鱼坻"句下注云:"谓自冬至夏,频改试期,竟与微之坚待制试也。"[4]看来,白居易与元稹此次参试制举的时间曾多次调整,从头年的冬天到第二年的夏天变更频频。通常,制举试的时间不像常选总固定在每年春季,而是任由皇帝根据形势需要临时确定。不过,制诏一旦下达,考试的时间就基本固定。然而,此次考试的时间却变而又变,这是为何呢?原来,贞元二十一年(805)正月,德宗卒,顺宗即位。《旧唐书》卷十四《顺宗纪》载:"(二月)甲子,御丹凤楼,大赦天下。"[5]顺宗即位时,在《顺宗继位赦》中明确诏令:"诸色人中,有才识兼茂、明于体用者,经术精深可为师法者……朕当询事考言,审其才实。"[6]这即是说,举行制举的诏令是由顺宗制发的。然是年八月,顺宗即禅位宪宗,逊位的顺宗为在历史上留下一点痕迹遂将贞元二十一年改为永贞元年。大约皇帝新继位,百事待理而无暇遵从前任皇帝的诏令如期举行制举,因而制举试就由永贞元年(805)冬拖至第二年。次年元月,宪宗改元元和,后顺宗驾崩。顺宗的归天,可谓"节外生枝",给本来繁重的朝政又添负担,所以,原定制举试之时间又被迫延后,一至拖至元和元

---

[1] 王钦若:《册府元龟》,中华书局1960年版,第7731页。
[2] 王钦若:《册府元龟》,中华书局1960年版,第7732页。
[3] 王钦若:《册府元龟》,中华书局1960年版,第3436页。
[4] 王钦若:《册府元龟》,中华书局1960年版,第704页。
[5] 刘昫:《旧唐书》,中华书局1975年版,第406页。
[6] 宋敏求:《唐大诏令集》,商务印书馆1959年版,第10页。

年(806)夏四月方始举行。从元和元年制举试的来由及制举试的频改时间不难推知,白居易开始备考的时间应不迟于永贞元年冬季。备考前期,白居易既兼顾工作,又兼顾习策,这种情况自冬(按:指永贞元年冬)一直持续到"元和初";备考后期即到元和初年,白居易校书郎任期届满,依例免职,然后"闭门谢客",全身心投入准备,直到该年夏四月参考登第。故此,《策林序》中"累月"备考的外延实际跨越了元和初而上达至永贞年内。

白居易在"累月"备考中,以"攻文朝矻矻,讲学夜孜孜"①的苦学勤思拟制了"策目七十五门",以此来锤炼思维、历练笔力、提高制策水平。然学界对"策目七十五门"即今所见《策林》七十五道的著作权却有不同意见,如宋俞文豹《吹剑录》四录云:"乐天同元稹编制科《策林》七十五门。"②又如查屏球认为:"《策林》是为备制科而作的模拟答卷,它是元、白两人共同写成的,写作时间是在元和初。"③刘曙初亦持相同观点:"元白政论文的广度集中体现在《策林》七十五首中,那是他们为应制举而写的习作,是两人共同的思想结晶。"④但大量证据表明,"元、白当年共同创制的拟作是'百十'篇,其中之三十余篇乃元稹所制,现已散佚;另外七十五篇乃白居易所作,即今之《策林》"。⑤

天道酬勤,机会只留给那些时刻准备着的人。白居易在"闭户累月,揣摩当代之事,构成策目七十五门"的努力下,终于如愿登第并获享"即与处分"——授盩厔县尉。

三、关注科试,体难恤情

白居易是科场的拼搏者、成功者和受益者,他对科举的态度,不仅生动地体现在他"三登科第"的仕进历程中,同时还清楚地载录在他备考的拟制习作如《百道判》、按察科试弊案的奏状中。这些科判、奏状,让我们从中真切地感知到白居易对待科试、举子的态度,并由此看出一位知痛知痒的"过来人"宽善待人、息事宁人的处事风范。

(一)倡勤责实,不拘常制

白居易所创作的《百道判》虽属于虚拟性的科判,但于其中所反映、思考的问题均具有现实性、时代性。《百道判》中关注的一类重要问题是科举考试,其中数道判文针对的是科试态度、擢录原则、报考资格等问题。

唐代的开科取士,既取决于士子才能的大小,又取决于外围工作的多寡,仅有才能而无关系,只注重埋头苦读而不追求扬名延誉,其结果往往是名落孙山之后。受此世风影响,士子废学重托之气日炽,科场的公平性、公正性不时受到挑战。《百道判》中的第三道

---

① 朱金城:《白居易集笺校》,上海古籍出版社1988年版,第704页。
② 陈友琴:《白居易资料汇编》,中华书局1962年版,第168页。
③ 查屏球:《唐学与唐诗——中晚唐诗风的一种文化考察》,商务印书馆2000年版,第62页。
④ 刘曙初:《元白政论文:时代、心灵与文风的标本》,载《阜阳师范学院学报》(社会科学版)2004年第5期,第2页。
⑤ 付兴林:《白居易散文研究》,中国社会科学出版社2007年版,第137页。

《得乙与丁俱应拔萃乙则趋时以求名丁则勤学以待命互有相非未知孰是》,反映的是趋时者与勤学者之间截然不同的两种求仕态度。判词云:

> 立己徇名,则由进取;修身俟命,宁在躁求? 智乎虽不失时,仁者岂宜弃本? 属科悬拔萃,才选出群。勤苦修辞,乙不能也;吹嘘附势,丁亦耻之。躁静既殊,性习遂远。各从所好,尔由径而方行;难强不能,吾舍道而奚适? 观得失之路,或似由人;推通塞之门,诚应在命。所宜励志,焉用趋时? 若弃以菲茸,失则自求诸己;傥中其正鹄,得亦不愧于人。无尚苟求,盍嘉自致?①

白居易在判词中,对乙的吹嘘附势、弃本躁求明确给予了批评否定,而对丁的勤修内功、自求自致则给予了褒扬肯定。倘若结合白居易自己对待科举考试认真严肃的态度,我们完全有理由认为,白居易在该判中对乙、丁之褒贬,反映了他对科举考试的总体态度。

对吹嘘附势、无真才实学者应持鄙夷态度,对名声在外而又有真本领的士子,该持怎样的态度呢? 第八十八道《得选举司取有名之士或云不息驰骛恐难责实》反映和探讨的正属此一问题。判词云:

> 声虽非实,善岂无名? 不可苟求,亦难尽弃。属时当仄席,任重抢材。思得士于声华,惧诱人于奔竞。若驰骛而方取,虑非岁贡之贤;如寂寥而后求,恐失日彰之善。将期摭实,必在研精。但取舍不私,是开乎公道;则吹嘘无益,自闭其幸门。名勿论于有无,鉴自精于举措。②

从判题可知,选举司擢录了名气大的考生,有人对此提出了驰骛扬名、名实难副的异议。从白居易所下判词看,他并不认同这种偏执的识见。他的见解是,看重名气声华,可能招致奔竞,所取自非贤才;但一味排斥声名,只重寂寥无闻,也会失去名彰才实之人。在他看来,名大者才非不大也,名小者才非不小也。为防止因声取人和避声不取情况的发生,他主张考官应恪守循声责实、精鉴慎取的考录原则。

唐代科举对参试人的资格有明文规定。《唐六典》卷三《户部郎中》载:"辨天下四人,使各专其业:凡习学文武者为士,肆力耕桑者为农,功作贸易者为工,屠沽兴贩者为商。工商之家不得预于士。"③又卷二《吏部郎中》载:"凡官人身及同居大功以上亲自执工商,家专其业,皆不得入仕。"④依此规定,凡祖上从事工商业者其子孙将无资格参加科考。对于

---

① 朱金城:《白居易集笺校》,上海古籍出版社 1988 年版,第 3564 页。
② 朱金城:《白居易集笺校》,上海古籍出版社 1988 年版,第 3641—3642 页。
③ 李林甫:《唐六典》,中华书局 1992 年版,第 74 页。
④ 李林甫:《唐六典》,中华书局 1992 年版,第 34 页。

这一政策引发的身份歧视,白居易则持不同观点。《百道判》中的第八十五道《得州府贡士或市井之子孙为省司所诘申称群萃之秀出者不合限以常科》,探讨的即是此问题。其判词云:

> 惟贤是求,何贱之有?况士之秀者,而人其舍诸?惟彼郡贡,或称市籍。非我族类,别嫌杂以萧兰;举尔所知,安得弃其翘楚?诚其恶于禆败,谅难舍其茂异。拣金于砂砾,岂为类贱而不收?度木于涧松,宁以地卑而见弃?但恐所举失德,不可以贱废人。况乎识度冠时,出自牛医之后;心计成务,擢于贾竖之中。在往事而足征,何常科而是限?州申有据,省诘非宜。①

从判题可知,州府选送的乡贡进士中有市井子弟,省司在查验选解、核对资格时加以诘难。州官申称所贡之人乃出类拔萃者,故不应苛责限制、取消资格,言下之意,应网开一面。从白居易所下判词不难看出,他对市井子孙被拒科门之外的政策颇不以为然:即便来自市籍,或许有"禆败"之缺陷,但对于茂异、翘楚之才岂可舍弃?岂可剥夺其仕进权利?"拣金于砂砾,岂为类贱而不收?度木于涧松,宁以地卑而见弃?"从这些郑重而深沉的慨叹中,流露出的岂止是白居易对当下科举政策的不满,应该说,它表达的是白居易要求打破常规、不拘格令延揽擢拔贤士的进步人才观。

(二)担当直行,体难恤士

白居易曾先后于元和三年(808)以制策考覆官、元和末年(820)以重考订科目官、长庆元年(821)以重考试进士官的身份,三度参与了进士、科目选、制举等科考的复试工作。面对试录过程中出现的问题,白居易理性面对,尽心尽责,想方设法化解矛盾,并不得不在朝纲与朝臣、录用与黜退、原则性与灵活性之间做着艰难而痛苦的选择。这三次担任复试考官的思想活动,完整地保存在他的三份奏状中,从中让我们体察到了白居易曲求周全、息事宁人的良苦用心和体恤不易、眷顾士子的科举态度。

《论制科人状——近日内外官除改及制科人等事宜》是白居易元和三年所上的奏状。关于此状的背景,《旧唐书》卷一七六《李宗闵传》载:"(宗闵)又与僧孺同年登制科。应制之岁,李吉甫为宰相当国,宗闵、僧孺对策,指切时政之失,言甚鲠直,无所回避。考策官杨于陵、韦贯之、李益等又第其策为中等,又为不中第者注解牛、李策语,同为唱诽。又言翰林学士王涯甥皇甫湜中选,考核之际,不先上言。裴垍时为学士,居中覆视,无所异同。吉甫泣诉于上前,宪宗不获已,罢王涯、裴垍学士,垍守户部侍郎,涯守都官员外郎;吏部尚书杨于陵出为岭南节度使,吏部员外郎韦贯之出为果州刺史。王涯再贬虢州司马,贯之再贬

---

① 朱金城:《白居易集笺校》,上海古籍出版社1988年版,第3639页。

巴州刺史。僧孺、宗闵亦久之不调，随牒诸侯府。"①白居易是此次制举试的复试官之一，但他并未受到如裴垍、王涯等复试官一样的贬降处分，这使他有机会站出来仗义执言，为考官、复试官的不幸遭遇和考生的不公正待遇喊冤鸣屈。在该状中，白居易首先对诸位考官及复试官的贬降处分将会造成人心不稳、政风渐乖的负面影响进行了论析。接着，他又以"君圣则臣忠，上明则下直"的传统古训为切入点，为遭受不公对待的考生张本进言，对宪宗的错误决定发难质询。他说：

> 今陛下明下诏令，征求直言，反以为罪。此臣所以未谕也。陛下视今日之理，何如尧与汉文之时乎？若以为及之，则诽谤痛哭，尚合容而纳之，况征之直言，索之极谏乎？若以为未及，则僧孺等之言固宜然也。陛下纵未能推而行之，又何忍罪而斥之乎？……今僧孺等对策之中，切直指陈之言亦未过于穆质，而遽斥之，臣恐非嗣祖宗承耿光之道也。书诸史策，后嗣何观焉？陛下得不再三省之乎？②

很明显，白居易对宪宗的责难，即是对牛僧孺等考生的同情、肯定，即是对裴垍等考官及复试官的理解、声援。奏状的最后，白居易出人意料地表现出了担当道义、不求苟容的大丈夫气概。他说：

> 若以臣此言理非允当，以臣覆策事涉乖宜，则臣等见在四人亦宜各加黜责。岂可六人同事，唯罪两人？虽圣造优容，且过朝夕，在臣惧惕，岂可苟安？敢不自陈，以待罪戾？臣今职为学士，官是拾遗。日草诏书，月请谏纸。臣若默默，惜身不言。岂惟上辜圣恩？实亦下负神道。所以密缄手疏，潜吐血诚。苟合天心，虽死无恨。③

在白居易看来，既然参与考覆，就该负有责任，就该与同事患难与共；既然职为学士、官是拾遗，就有责任秉持公道、伸张正义；既然宪宗执意降罪考官、处罚考生，他就只好以官职前途相抗衡、相要挟了。可以说，这是不愿慎默苟容的丈夫气概，是正气盈身的君子气度，是公忠直行的忠臣气节。白居易的意见虽最终未被宪宗采纳，但他在状文中所体现出的正义感以及对考生同情的态度、力图为他们讨回公道的苦谏，的确令人感佩。

白居易同情考生、体谅其不易的精神一直延续到了穆宗朝。关于此，从其两度上状献策力图解决科考中出现难题的奏状中同样能得到生动说明。

《论重考科目人状——今年吏部应送科目及平判人所试文书等》上于元和末年十二月

---

① 刘昫：《旧唐书》，中华书局1975年版，第4551—4552页。
② 朱金城：《白居易集笺校》，上海古籍出版社1988年版，第3327—3328页。
③ 朱金城：《白居易集笺校》，上海古籍出版社1988年版，第3328页。

二十三日。该年吏部科目选及平判试录取十人,穆宗担心考录不精、失之公允,遂命白居易与李虞仲重考。白居易与李虞仲审查试卷后,发觉存有问题。于进退两难之际,遂上状劝说穆宗不要令其继续考覆。白居易的态度非常明确:与人方便,为国收才;从宽处置,息事宁人。状云:

> 吏部事至繁剧,考送固难精详,所送文书未免瑕病。臣等若苦考覆,退者必多……今吏部只送十人,数且非广,其中更重黜落,意恐事体不弘。以臣所见,兼请不考。已得者不妨侥幸,不得者所胜无多。贵收人材,务存大体。①

白居易先从吏部事繁难考的角度替主考官韩皋开脱罪责,又从黜落考生有伤事体的角度提出放弃考覆,再从"贵收人材"的角度建言宽大处理。白居易所以如此,绝非是无原则地和稀泥,其良苦用心的确在于防止事态扩大并置考官与考生于艰危处境。

《论重考试进士事宜状》上于长庆元年四月十四日。关于此状撰制的背景,《旧唐书》卷一六八《钱徽传》有详细载录,大意为:长庆元年,钱徽为礼部侍郎试进士,时宰相段文昌受人之书画求致仕,后出镇蜀川之日,段曾面托钱徽,继以私书保荐。翰林学士李绅亦托举子于徽。及发榜,段与李所托之人皆不中,而李宗闵婿及杨汝士弟俱榜上有名。段与李大怒,面奏穆宗,言徽所放进士郑朗等十四人皆子弟薄艺,不当入选。穆宗即命白居易与王起出题重考,结果十人大失水平。② 白居易在问题已发觉而朝廷尚未做出处罚之际,上状陈己之见。与前此之考覆意见相仿,于中仍体现出从宽处理、平息事态的态度。状文云:

> 伏准礼部试进士,例许用书策,兼得通宵。得通宵则思虑必周,用书策则文字不错。昨重试之日,书策不容一字,木烛只许两条。迫促惊忙,幸皆成就。若比礼部所试,事校不同。虽诗赋之间,皆有瑕病;在与夺之际,或可矜量。倘陛下垂仁察之心,降特达之命,明示瑕病,以表无私,特全身名,以存大体。如此则进士等知非而愧耻,其父兄等感激而戴恩。③

白居易既不忍伤害考生,又不愿损害试制,只得煞费苦心,多方周全。他首先比较了前后两试客观条件的差异性,从而为考生此次成绩不甚理想找寻可获谅解的理由。然后顺势提出把原则性——"明示瑕病"与灵活性——"特全身名"结合起来的折中方案。从这

---

① 朱金城:《白居易集笺校》,上海古籍出版社1988年版,第3390—3391页。
② 刘昫:《旧唐书》,中华书局1975年版,第4383—4384页。
③ 朱金城:《白居易集笺校》,上海古籍出版社1988年版,第3393—3394页。

看出,白居易为考生着想、为国体考虑可谓仁至义尽、委屈备至。

白居易于准备进士试时,曾有过"昼课赋,夜课书,间又课诗,不遑寝息矣。以至口舌成疮,手肘成胝"[1]的苦学;于参加书判拔萃试前,亦曾有过以创作《百道判》的方式自我加压锤炼的认真;于备考制举试前,更有过"闭户累月,揣摩当代之事,构成策目七十五门"[2]的勤勉。也许,正是这三次非比寻常的考试经历,使他对科试的不易多的是理解,对考生的艰辛多的是同情。元和三年的科考案,虽然白居易秉公持中、苦心建言,但仍未能促成事情朝他所希望的方向发展。或许,正是基于平息风波、营造和谐的考虑,白居易才在穆宗朝的两次考覆中,释放出了更多的善意、体现出了更多的灵活性。

参考资料

[1] 蹇长春:《白居易评传》,南京大学出版社 2002 年版。

[2] 朱金城:《白居易集笺校》,上海古籍出版社 1988 年版。

[3] 李商隐:《樊南文集》,钱振伦、钱振常笺注,上海古籍出版社 1988 年版.

[4] 刘昫:《旧唐书》,中华书局 1975 年版。

[5] 宋敏求:《唐大诏令集》,商务印书馆 1959 年版。

[6] 傅璇琮:《唐才子传笺校·三》,中华书局 1990 年版。

[7] 冀勤:《元稹集》,中华书局 1982 年版。

[8] 丁如明、李宗为、李学颖:《唐五代笔记小说大观》,上海古籍出版社 2000 年版。

[9] 赵翼:《陔余丛考》,河北人民出版社 1990 年版。

[10] 汪小洋、孔庆茂:《科举文体研究》,天津古籍出版社 2005 年版。

[11] 谢思炜:《白居易文集校注》,中华书局 2011 年版。

[12] 杜佑.《通典》,中华书局 1988 年版。

[13] 胡震亨:《唐音癸签》,上海古籍出版社 1981 年版。

[14] 马端临:《文献通考》,中华书局 1986 年版。

[15] 王勋成:《唐代铨选与文学》,中华书局 2001 年版。

[16] 王钦若:《册府元龟》,中华书局 1960 年版。

[17] 欧阳修、宋祁:《新唐书》,中华书局 1975 年版。

[18] 陈友琴:《白居易资料汇编》,中华书局 1962 年版。

[19] 查屏球:《唐学与唐诗——中晚唐诗风的一种文化考察》,商务印书馆 2000 年版。

---

① 朱金城:《白居易集笺校》,上海古籍出版社 1988 年版,第 2792 页。
② 朱金城:《白居易集笺校》,上海古籍出版社 1988 年版,第 3436 页。

[20] 刘曙初:《元白政论文:时代、心灵与文风的标本》,载《阜阳师范学院学报》(社会科学版)2004年第5期。

[21] 付兴林:《白居易散文研究》,中国社会科学出版社2007年版。

[22] 李林甫:《唐六典》,中华书局1992年版。

释性通《南华发覆》解庄系统初探：
以"心性""真宰"为解读进路

淡江大学 李懿纯

一、前言

释性通，字蕴辉，著有《南华发覆》八卷。《南华发覆》为释性通重要的注《庄》之作，其乃晚明在三教氛围思想融合下，试图重新回归庄子思想，并赋予庄子本意的注解之作。释性通以"决不拘直作曲，证龟成鳖"[1]之态度注庄，并以为《庄子》一书"旨玄""文奥"，因此"解者无论数十百家，皆己之南华，非蒙庄之南华也"[2]，故其本着回归庄意之立场注之。而此注《庄》之立场，亦为晚明庄学开出一条以道家思想还原晚明庄子注本之道路。

然而，《南华发覆》在试图还原庄子本来面目中，是否能如实的展现庄子思想？其在"心""性""真宰"等概念中，又将如何注解？释性通注《庄》是否有其诠释庄子之处？其注《庄》的思想脉络又当为何？本文首先厘清释性通在"心性""真宰"义上之意涵，其次再开展其注《庄》之思想脉络，由此厘清释性通《南华发覆》在晚明庄学发展中之意义与价值。

二、释性通《南华发覆》对"心性"的阐释与理解

在庄子"心性"的探讨上，唐君毅以为"心之观念分为二，孟子无之，墨子无之，庄子始有之"[3]，亦即庄子将"心"区分为"人心""道心"，而至于"性"，庄子则强调的"自然本性"，乃"客观存在"而与"道"无异者之意涵。据此，蒙培元以为：

> 庄子所谓性，以"自然"为宗。自然是道的属性，也是人的本性。所谓"自然"，就

---

[1] 释性通：《自叙》，见释性通撰：《无求备斋庄子集成续编》（五），艺文印书馆1975年版，第7页。
[2] 释性通：《自叙》，见释性通撰：《无求备斋庄子集成续编》（五），艺文印书馆1975年版，第3页。
[3] 唐君毅：《中国哲学原论·导论篇》，台湾学生书局1993年校订版，第121页。

是"虚静恬淡,寂寞无为",朴素无华,自然而然。性和道虽有不同说法,其实并无根本区别,从本体论讲谓之道,从人性论讲谓之性,实际上二者是一回事。[①]

因此,在庄子思想中,将"性"理解为"自然"属"自然之性",与"道"同以"自然"为宗,两者并无区判,只是在"人性论"的展现上称之为"性",在"本体论"的展现上则称之为"道",两者并无殊异。所以,庄子所区分为二的"心"与"性"必诚然有别,而非沈一贯《庄子通》所主张庄子"心""性"不分,并将"性"等同为"心"之注解[②],而晚明释德清虽有清楚区判庄子"心、性"意涵,然其毕竟本着"以佛解庄"之立场论之[③],与释性通注《庄》思想上,仍有根本上之差异。

而《南华发覆》在"心性"的注解上又当为何? 释性通在《逍遥游》中论及宋荣子时,对于宋荣子"犹有未树也",以"虽失得不经心,死生不变已,尚未至乎总务,所以未树"[④]为注,其中的"失得不经心",所指的即是宋荣子不将得失入其"本心"之意。而对于惠施"忧其瓠落无所容,则夫子犹有蓬之心也",释性通则以"蓬有心而不通,此嘲惠子一窍不通,正卮言也"[⑤],而所谓的"蓬之心"即是指惠施对于大瓠之用的"成心"。此两注已区分庄子"本心""成心"之意,而所谓的"成心",释性通在注《齐物论》时曰:"成心者,现成未有之真心,无意必固我,自私自利之念,呼之以牛,应之以牛,呼之以马,应之以马,纔有拟议,便不成矣,便是我心"[⑥],是故,"成心"乃是"有我之念",亦即"机心",是对比"真心"而言。

那么,此"真心"该如何朗现呢? 释性通注《养生主》"庖丁解牛""官知止而神欲行"时则曰:"心目知其所止,神即随其所行"[⑦],此处所谓的"心"即是指"成心","成心"有所"止","真心"即朗现,故"以神遇,而不用心知"[⑧],此处的"心知"乃是"心智",不用人为之"心智",所以,"真心"的呈现在于"成心""心智"皆有所"止",才得以"神遇",得以"解牛"。亦即释性通《南华发覆》,确实是将庄子的"心"区分为二,其有以"成心""机心""真心""不经心""常人之心""圣人之心"等为注,在庄子"心"意义的判断上,诚然顺庄意而行。

释性通注《庄子》时,既然将庄子的"心"以"成心""真心"两义行之,那么,其所谓的"无心之言"又当如何解释? 释性通在注《齐物论》时曰:"三籁发端者,要人悟自己,言之

---

① 蒙培元:《中国心性论》,台湾学生书局1996年版,第58页。
② 沈一贯:《读庄概辨》,见沈一贯撰:《无求备斋庄子集成续编》(九),艺文印书馆1975年版,第7页。"如庄子之言性也,皆心尔。"
③ 请参考释德清:《老子道德经憨山注;庄子内篇憨山注(附观老庄影响论一名三教源流异同论)》,新文丰出版股份有限公司1996年版。
④ 释性通:《南华发覆》,见释性通撰:《无求备斋庄子集成续编》(五),艺文印书馆1975年版,第27页。
⑤ 释性通:《南华发覆》,见释性通撰:《无求备斋庄子集成续编》(五),艺文印书馆1975年版,第34页。
⑥ 释性通:《南华发覆》,见释性通撰:《无求备斋庄子集成续编》(五),艺文印书馆1975年版,第46页。
⑦ 释性通:《南华发覆》,见释性通撰:《无求备斋庄子集成续编》(五),艺文印书馆1975年版,第77页。
⑧ 释性通:《南华发覆》,见释性通撰:《无求备斋庄子集成续编》(五),艺文印书馆1975年版,第78页。

所从出,乃天机所发,果能忘机,无心之言,如长风鼓窍怒号之声,又何是非之有?"①此段注解清楚说明"忘机之言"即是"无心之言"即是"未有是非之心"。因此,此"成心"乃是经由"忘"而来,待"心"无"我",则"是非"亦因此消融,故释性通以"无心于事,不思虑,不预谋也"②作为"真人"之境。

然而,此"心"如何在"圣人"身上展现呢? 释性通注《齐物论》"六合之外圣人存而不论"时曰"道包天地,与太虚同体,心与道契六合之外,未尝不知存而不论者,非耳目经见,恐生是非,故不论也"③,此处论及"心与道契六合之外",圣人之"心"与"道"相契合,此"心"则是展现在圣人身上的"真心",释性通认为此"心"与"常人之心"殊异,其注解《德充符》"王骀"时以"骀之心与常人之心不同",之所以不同乃在于"骀之念虑消融冰释,纯然无私,毫智计惟,是一团冲和之气,虚缘保真,见之者不觉心服形化"④,其中"保真"虽为道教观念,然对应"心"的解释,其以王骀为"圣人",而"圣人之心"与"常人之心"殊异,此殊异不在于"形体之区别",而在于"圣人无心",此"无心"即是念虑的消融冰释,纯然无私,是去形躯、无我之"心",故"圣人"能"处物无心,无怨无德"⑤,与一般"常人之心"迥异。

释性通对庄子"心"的掌握,在注解上清楚的区分为二,且并未与"性"混淆,对于理解庄子的"心",乃至于"圣人"与"常人"在"心"上之别,确实本着庄意而解。而关于"性"的理解,释性通首先区分"性"与"情"之差异,其曰:"物之所同然者性也,所异乎者情也"⑥,故"性"乃人人本共有,而"情"则为人人殊异之处,此"性"正是庄子所言的"自然之性"。释性通以为"所谓天然之性,以形假而性真,故称之为'真宰'"⑦,其将"天然之性"等同于"真宰",而其中的"形假性真",正是庄子思想中强调去除"形躯"回归"本性之真"的基础,亦即在释性通的理解上,庄子的"性"正直指"真宰",两者同义殊名。顺此,吾人以下则开展《南华发覆》中的"真宰"意涵。

三、释性通《南华发覆》中"真宰"的意义与解说

庄子《齐物论》以"若有真宰,而特不得其朕",而释性通注之为"真宰在人身中一气耳,本来无形"⑧,而就"真宰"意义而言,若上溯至郭象注《庄子》,则以自然独化之境界义论之,亦即"真宰"同于"道"同于"天籁"。据此,高师柏园以为:

---

① 释性通:《南华发覆》,见释性通撰:《无求备斋庄子集成续编》(五),艺文印书馆1975年版,第38页。
② 释性通:《南华发覆》,见释性通撰:《无求备斋庄子集成续编》(五),艺文印书馆1975年版,第134页。
③ 释性通:《南华发覆》,见释性通撰:《无求备斋庄子集成续编》(五),艺文印书馆1975年版,第59页。
④ 释性通:《南华发覆》,见释性通撰:《无求备斋庄子集成续编》(五),艺文印书馆1975年版,第116页。
⑤ 释性通:《南华发覆》,见释性通撰:《无求备斋庄子集成续编》(五),艺文印书馆1975年版,第137页。
⑥ 释性通:《南华发覆》,见释性通撰:《无求备斋庄子集成续编》(五),艺文印书馆1975年版,第63页。
⑦ 释性通:《南华发覆》,见释性通撰:《无求备斋庄子集成续编》(五),艺文印书馆1975年版,第82页。
⑧ 释性通:《南华发覆》,见释性通撰:《无求备斋庄子集成续编》(五),艺文印书馆1975年版,第43页。

由心开境,由境见道,道即此境,境即此心,则心与道固自然而无二矣。此义若能成立,则吾人仍可一方面如郭象之以真宰真君为天籁之自然,另一方面,亦可承认真君之为心而与成心相对。且此心之真原本虚灵明觉,吾人之工夫仅在复其本初之性,而非本无今有之创生……更确切地说,真君、道心并非是一理论上之预设,用以说明世间种种内容,而是当下的具体呈现。①

由以上得知,所谓"真宰"可与"真君""道心"为解,乃落于"心"上解释,是以此心,则与"真宰""真君""道""天籁"同一层次,亦即"'真宰',又称'真君';在德充符篇称为'常心',称为'灵符'"②之意。

然而,此意涵之转化,在释性通的注解中,则是将庄子的"道""生之主""性""真宰"皆列于同一层次,其注《养生主》曰:"道者,天地万物神人之主,今人禀此道而有生,处此形骸之中,为生之主者。道也,所谓天然之性,以形假而性真,故称之为'真宰'"③,此注说明"道"处于人之形骸之中,则为"生之主",故为人之"天然之性",亦即"真宰",所强调的乃是"天然之性"的"性真"二字。而此主张类似释德清注《大宗师》曰:"此明大宗师者,所宗者大道也,以大道乃天地万物神人之主,今人人禀此大道而有生,处此形骸之中,为生之主者。所谓天然之性,以形假而性真,故称之曰'真宰'。"④两者皆将"道""生之主""天然之性"与"真宰"视为同一体,且释性通以"所谓'性真',庄子指为'真宰'是也"⑤注《德充符》"才全而德不形",此句同释德清注同篇同句⑥,两者皆强调"性真"为庄子之"真宰",两者在于"性"的理解上,表面上看起来似乎一致。据此,黄红兵以为:

　　二人都认为,道为天地万物神人之主宰,它落实到人身上,就是天然之性;此天然之性是生之主人,要保有天然之性,就要认识到形假性真,认取真宰。这里,道、生之主人、天然之性和真宰等四者,在二人看来是同一个层次的。也就是说,要认识到"道之真以治身",核心就是要认识到形假性真,保有自己的天然之性。⑦

以上说法似乎已将释性通与释德清对于"性"之理解画上等号,然而,此说法却忽略了释德清"以佛解庄"之基本立场。吾人以为,两人确实是将"道""生之主""天然之性"与"真

---

① 高柏园:《庄子内七篇思想研究》,文津出版社 2000 年初版,第 82 页。
② 张默生:《庄子新释》,汉京文化事业有限公司 1983 年版,第 48 页。
③ 释性通:《南华发覆》,见释性通撰:《无求备斋庄子集成续编》(五),艺文印书馆 1975 年版,第 82 页。
④ 释德清:《老子道德经憨山注　庄子内篇憨山注(附观老庄影响论一名三教源流异同论)》,新文丰出版股份有限公司 1996 年版,第 396 页。
⑤ 释性通:《南华发覆》,见释性通撰:《无求备斋庄子集成续编》(五),艺文印书馆 1975 年版,第 125—126 页。
⑥ 释德清:《老子道德经憨山注　庄子内篇憨山注(附观老庄影响论一名三教源流异同论)》,新文丰出版股份有限公司 1996 年版,第 358 页。"所谓'性真',庄子指为'真宰'是也。"
⑦ 黄红兵:《释德清和释性通二人的庄学思想及其比较》,载《乐山师范学院学报》2010 年第 3 期,第 117 页。

宰"视为同一体,释性通在此不仅有思想继承释德清之处,在遣词用字上亦与释德清雷同。然而,两人殊异处在于,释德清对于"真宰"的解释还有另一层次,其曰"真宰,即佛所说识神是也"①,此与释性通以庄子本意注之立场迥异。因此,释性通虽有继承释德清之注,然仅在释德清顺庄子本意解之处,两人在说明庄子"性"为"真宰"的同时,其实已经各自转出不同立场与观点了。

如上所述,释性通"真宰"转出不同于释德清的意义层次在于,释性通以"此天籁便是真宰"②道出"真宰"的另一层意义,"天籁"乃"人人发言之声响"③,要人破形骸方能见"真宰",此"真宰"释性通虽亦以"即谓识神是也"④注之,然却将释德清注"佛所说识神"的"佛所说"删除。吾人以为,释性通在注解上继承释德清多处,然在"识神"的理解上,却又转回道家,吾人由其在《养生主》中论及所养之"生之主"即"真宰"之工夫即可明了,其以道家的"虚无恬淡""勿以好恶经心""勿以劳虑累形"等功夫使"神不伤而道气常存在"⑤,如此"养神"之法正是"道家"式的修养方式,此注与释德清以佛教的"止观工夫"下手殊异。

是故,释性通将"道""生之主""天然之性""真宰""天籁"等概念,视为同一体,仍是以道家意义作注,由释德清的注解中,转出并完成其回归庄子思想之立场与观点。由此立场与观点出发,释性通所理解《庄子》书中的"仁义",亦更符合庄意了,其注《马蹄》云:

> 仁义其非人情乎? 自三代以下者,天下何其嚣嚣也。通篇以马喻,言治马者不识马之性,而使马窃辔诡衔者,伯乐之过也。治天下者,不顺物之情,而以仁义匡慰天下之民,民始好知争归于利,不可止者,是圣人毁道德以为仁义之过也。⑥

此处即强调圣人应"顺人之性""顺物之情"而治世,而非"毁道德以为仁义","仁义"乃是使"民好知争利"之物,而所谓"顺人之性",即是回归人之"天然之性",而非以"仁义"之框架行之。释性通此处说明圣人治天下之过,"所以接着便撰写了《胠箧》篇,只是'翻覆详明'关于圣智'为盗窃资'(《胠箧》题解)的道理,从而彻底否定了儒家想用圣智来治理天下的思想"⑦,由此吾人可知,释性通在《马蹄》及《胠箧》篇中,说明"圣人之过"在于"毁道德以为仁义",而不知顺人之"性"以治理天下,继而否定儒家思想,此注确实符合庄书中对于儒家"仁义"之主张。

释性通顺庄意解"天然之性"为"真宰",又以道家之功夫涵养"性""生之主"即"真

---

① 释德清:《老子道德经憨山注 庄子内篇憨山注(附观老庄影响论一名三教源流异同论)》,新文丰出版股份有限公司1996年版,第208页。
② 释性通:《南华发覆》,见释性通撰:《无求备斋庄子集成续编》(五),艺文印书馆1975年版,第43页。
③ 释性通:《南华发覆》,见释性通撰:《无求备斋庄子集成续编》(五),艺文印书馆1975年版,第40页。
④ 释性通:《南华发覆》,见释性通撰:《无求备斋庄子集成续编》(五),艺文印书馆1975年版,第45页。
⑤ 释性通:《南华发覆》,见释性通撰:《无求备斋庄子集成续编》(五),艺文印书馆1975年版,第75页。
⑥ 释性通:《南华发覆》,见释性通撰:《无求备斋庄子集成续编》(五),艺文印书馆1975年版,第193页。
⑦ 方勇:《庄子学史》(第2册),人民出版社2008年版,第474页。

宰",以此立场言及"外篇"的"外王"之用,必然是以保人人之"天然之性"为优先。"圣人"运用于世之极则,必舍"仁义"而归"道德",此正是释性通试图回归庄子本意,以"真宰"作为"治身"核心,继而否定儒家"仁义"观之展现,其以"真宰"为根本,作为治世应用之法则矣。

四、释性通《南华发覆》的思想脉络与系统性

吾人既已厘清释性通《南华发覆》在"心性"与"真宰"上之界定,那么,其注《庄子》是否有诠释庄子之处? 抑或在其思想脉络与系统中,又当如何理解庄书? 释性通以"庄子之书,一篇一意也,三十三篇一气也"①作为理解《庄子》之基础,并以"疏畅其气义,使相连贯,庶合'道真'而已"②,通篇以"道真"二字连贯其义。不仅如此,释性通以为《天下》篇乃庄子自叙其著书本旨,其云:

> 是以庄子不得已,恐后世之学者不幸而不见天地之大全,故历叙百家众技之说,以晓明邪正路头之有差别,使学者知有大道之乡,而不迂于曲学阿世,自私自利之途,以丧其"真"。此书之所以作,以见己之学,一皆本于"道德",而非方术,将以救世也。若徒驰骋其才辩,而不安于身心性命之实德,是用其功于外,而不能处阴休影,处静息迹,绝力而死也。悲夫! 故此篇乃本经之末序,序其著书之本旨也。③

以上道出庄子不得已著书,在于明"大道之乡",《天下》篇列举百家之学,则在于明邪正之别,亦即释性通以《天下》作为庄子著书之"末序",叙出《庄子》一书之本旨,乃本于"道德",以"真"为要。由此足见,释性通将《庄子》一书视为整体,并且主张三十三篇皆为庄子自作,而非庄子后学所著,借以完整呈现《庄子》一书之连贯思想。

而在《庄子》"内""外""杂"篇中,释性通亦提出诠释《庄子》文本的全新主张,其云:"内""外"者,"道""德"二字也。"内"以"道"言,"外"以"德"言。"内"虽有七,只发挥"道"之一字,道之真以治身,是以言内。外篇有十五,只发挥"德"之一字,出其绪余以为天下国家,无为为之之为德,是以言外也。④

其以"道""德"二字作为《庄子》"内""外"篇之内容分判,将内七篇视为"道"的发挥,强调"内圣"之修养,而"德"则作为外篇"外王"之运用;至于"杂篇"则以"俱'非道德之正',此其所以谓之杂也"⑤论之,虽同为庄子自作,然并非"道德之正",故称之为"杂"。释

---

① 释性通:《南华发覆》,见释性通撰:《无求备斋庄子集成续编》(五),艺文印书馆 1975 年版,第 1 页。
② 释性通:《南华发覆》,见释性通撰:《无求备斋庄子集成续编》(五),艺文印书馆 1975 年版,第 1 页。
③ 释性通:《南华发覆》,见释性通撰:《无求备斋庄子集成续编》(五),艺文印书馆 1975 年版,第 669 页。
④ 释性通:《南华发覆》,见释性通撰:《无求备斋庄子集成续编》(五),艺文印书馆 1975 年版,第 21 页。
⑤ 释性通:《南华发覆》,见释性通撰:《无求备斋庄子集成续编》(五),艺文印书馆 1975 年版,第 459 页。

性通将《庄子》三十三篇视为整体，并以老子"道、德"二字贯穿庄子"内、外"篇，以此作为庄子主要思想，如此注解熊铁基等人以为：

> 以道德二字，归纳庄子内外篇的大旨，虽是一种新的理解，却不十分确切。例如内篇的《大宗师》《应帝王》篇是讲治天下国家之事的，都非专言治身，而外篇的《刻意》《达生》《秋水》《至乐》《山木》篇也不是专门言外，而是谈论治身之事，《知北游》则是谈如何认识道的，不过性通想用内容阐述的不同趣向归纳内外篇的特点。①

吾人以为，释性通乃试图透过"归纳内外篇的特点"，为庄学建立起系统性的解读架构，亦即《南华发覆》虽以回归庄子思想注之，然在篇章的联结上，释性通转出其对于庄学的重新理解。此理解乃是其以老子的"道"作为庄子"内篇"要旨，强调"内圣之学"，乃"道之真以治身"，而"道真"二字正是释性通注《庄》的共同主旨，所指正是"性真""真宰"之意。而"德"作为"外篇"要旨，乃是以老子的"无为之治"成"外王"之学。因此，从"心性""真宰"而下，释性通《南华发覆》正是呼应老子的"道""德"，以此作为其注《庄》思想的"内圣""外王"之道。

此主张不仅让《南华发覆》的思想脉络具有系统性，亦摆脱苏轼以来主张《让王》《盗跖》《说剑》《渔父》四篇非庄子所作之论争，释性通径自以为此四篇皆为庄子所作，并无伪作之问题存在。其注《让王》篇云：

> 此篇以东坡论之，以其文章枝叶麤大，疑似后人窜入。若以意义揆之，出于庄生之手无疑，何也？由前庚桑之于无鬼、则阳之流，不能伪谦向晦，以道自全，而欲以德临人，以言教人，则其所失者重，所邀者轻也。至此而言，王之可让，则无物不可让矣！有道之士至贵，国爵并焉，志在重生，而不重外物也。言让王者，将以起高尚肥遁之风也欤！道无名，以其有退让之名，亦谓之杂也。②

以上除说明《让王》之主旨外，最重要的观点在于，释性通认为苏轼主张的《让王》以下四篇皆"疑似后人窜入"之说并不可信，释性通所依据的理由在于"以意义揆之"，亦即，其以为《让王》之内容与《庚桑楚》《徐无鬼》《则阳》等篇意义相符，故当出于庄子之手。而释性通亦在阐释《让王》主旨的同时，将老子思想扣合进来，其以"言让王者，将以起高尚肥遁之风也欤！道无名，以其有让退之名，亦谓之杂也"，此段说出《让王》之所以被安排在"杂篇"的理由，其中"道无名"继承自老子，既然"道"无名，"让王"却有退让之名，虽有起高尚肥遁之风，然却也因此"有名"了。

---

① 熊铁基、刘固盛、刘韶军：《中国庄学史》，湖南人民出版社2008年版，第484页。
② 释性通：《南华发覆》，见释性通撰：《无求备斋庄子集成续编》（五），艺文印书馆1975年版，第579页。

释性通此一主张,除了否认苏轼以来对于《让王》以下四篇的观点外,再者,即联结此四篇在"内涵意义"上与庄子思想的相符之处,由此建立《让王》以下四篇皆出自于庄子之手的立场。而《盗跖》篇则以"何适而无道"说

明"道一"之理,其云:"杂篇之中,而有盗跖者,何也?言何适而无道也,道一而已。有君子焉,有小人焉,借以为窃国则为大盗,用以为治化则为圣人。譬之韩非、李斯,俱学黄老,而非用刑名,斯为惨刻,所见不同,路头走异也。"①

此段注解在于强调"何适而无道",无论"君子"或"小人","窃国为大盗"或"治化为圣人",抑或"韩非"或"李斯",皆因所见不同、所行不同,而有殊异,然此皆为"道"之"用"也,故"道一"而已。吾人以为此注有庄子"道"在"蝼蚁""稊稗""瓦甓""屎溺","无所不在"之意,释性通由此阐明庄子"道"之用,在意义上乃试图联结庄意。

至于《说剑》在释性通的理解上,乃以"有道之士,贵在养神,不当养身,执道者德全,德全者形全,形全者神全,神全者圣人之道也"②,强调"养神"之重要,以及"贵养神,不当养身"之道理。然而《说剑》在晚明流行的注本《南华真经副墨》中却以"类战国策士之雄谈,意趣薄而理道疏,识者谓非庄叟所作"③,说明此篇非庄子而作。《说剑》一篇大抵被认为是纵横之士假托庄子之言,但释性通却认为此篇强调的"养神之道",乃属庄子思想。其以为"养神之道,要在不以知虑摇精,不以视听劳形,始得神将守形,形乃长生也,神则无所不利矣"④,释性通此注强调内在的"神",然却也将"形"提升至盼望"形乃长生"之地位,在"神、形"两者,庄子应是强调"神"而非"形",然释性通在此将庄子论"形"的地位提升,与"庄子是神形合一论者,但他更强调神而不是形"⑤之观点迥异。

而方勇则认为释性通"在阐述'贵在养神'的思想,这正与《天地》篇所谓'执道者德全,德全者形全,形全者神全,神全者圣人之道也',《在宥》篇所谓'无摇女精,乃可以长生'、'女神将守形,形乃长生'的思想是一致的"⑥,此处正好说明释性通以"外篇"来证成"杂篇",并由此反证"杂篇"思想虽杂却出自庄子,而《说剑》乃出于庄子之手的观点。

最后,其注《渔父》篇曰:"故凡道之所在,圣人尊之者,尊其道也。今渔父之于道,可谓有矣,敢不敬乎?所以敬也。"⑦强调"渔父"亦有"道",此处却又与"外篇"以"君王"为主轴,主张唯有君王能得道、得圣之说相左。亦即此处释性通"将得道的可能性普遍化了,与内外篇专门适用某些特定人物的思路不同"⑧,而此"思路不同"正是释性通认为"杂篇"之所以"杂"的原因。

---

① 释性通:《南华发覆》,见释性通撰:《无求备斋庄子集成续编》(五),艺文印书馆1975年版,第603页。
② 释性通:《南华发覆》,见释性通撰:《无求备斋庄子集成续编》(五),艺文印书馆1975年版,第629页。
③ 陆西星:《南华真经副墨》,中华书局2010年版,第452页。
④ 释性通:《南华发覆》,见释性通撰:《无求备斋庄子集成续编》(五),艺文印书馆1975年版,第629页。
⑤ 蒙培元:《中国心性论》,台湾学生书局1996年版,第62页。
⑥ 方勇:《庄子学史》(第2册),人民出版社2008年版,第477—478页。
⑦ 释性通:《南华发覆》,见释性通撰:《无求备斋庄子集成续编》(五),艺文印书馆1975年版,第637页。
⑧ 熊铁基、刘固盛、刘韶军:《中国庄学史》,湖南人民出版社2008年版,第497页。

总而论之,释性通全盘否定苏轼以《让王》以下四篇为伪作之主张,其以为此四篇皆出于庄子自作,借此让《南华发覆》的思想脉络有一完整之体系,其将篇与篇之间的主旨与意义相扣合,让《庄子》一书在"内""外""杂"篇的联结上更加紧密,此乃其注庄虽在"心性""真宰"意义上回归庄意,但在整体的思想脉络与系统上,却仍有诠释庄意之处。

五、结论

本文以释性通《南华发覆》中的"心性""真宰"发端,借以厘清两者之内涵,由此确立释性通注《庄》回归庄意之立场,继而重新探论《南华发覆》诠释《庄子》文本之处。在"心"的分判上,释性通以"成心""机心""真心""不经心""常人之心""圣人之心"等为注,清楚的区判庄子在"心"意义上的两种界定,诚然顺庄意而行。而在"真宰"义的部分,则以"天然之性"界定,并将"道""生之主""天籁"等概念,视为同一体,由此扩大"真宰"之意涵。

吾人厘清释性通注《庄子》的"心性"、"真宰"义后,接着导出释性通《南华发覆》诠释庄子思想的另一层意义。亦即其以老子的"道"作为庄子"内篇"要旨,强调"内圣之学",乃"道之真以治身",而"道真"二字正是释性通注《庄子》的共同主旨,所指正是"性真""真宰"之意。而"德"作为"外篇"要旨,乃是以老子的"无为之治"成"外王"之学。因此,从"心性""真宰"而下,释性通《南华发覆》正是呼应老子的"道""德",以此作为其注《庄子》思想的"内圣""外王"之道。

释性通既然将《庄子》三十三篇视为意义相连之篇章,因此其否定苏轼以来视《让王》四篇为伪作之立场,其提出此四篇为庄子自作,并源于庄子思想之主张。此乃释性通《南华发覆》既回归庄子思想,又在思想脉络上诠释庄子之处,在晚明三教氛围影响下,释性通《南华发覆》开出一条以道家思想还原庄子注本,并将《庄子》文本重新系统化之道路。

女子弄文
——论张漱菡50年代的女性教育小说

真理大学 戴华萱

一、前言

中国女性开始接受教育,和社会改革运动息息相关。在"五四"这一波声势浩大的新文化运动中,最引人关切的教育问题就是女性的受教权。20年代的中国在西方思潮的影响下,女性意识抬头,旋即打破了"女子无才便是德"的迂腐窠臼,同时喊出"男女平权"的教育诉求。而50年代作家是在这波改革的教育中成长,尤其是女性,自是更能亲身体验到学校教育在成长过程中所具有的启蒙关键性。可见,教育观念的转变,正是这类以女性为主角的教育小说的明显特色。这部分女性教育成长小说着重探讨的,是女性接受学校教育后,如何因广阔视野的开启,促使传统性别意识的解套,进而寻求各种成长与发展的可能。至于台湾地区,自清末受到"汉儒化"的影响[1],女性教育几乎完全空白;有幸能够接受教育的,大多是出身中上阶层的大家闺秀,但仍以灌输三从四德的家庭教育为主[2]。虽然清末在传教士的努力下,曾开创过新式女子教育,然由于兴学的宗教性浓厚,再加上当时女子就学的风气未开,导致此项措施未能开展与普及[3]。迨自1895年日人割台,殖民政

---

[1] 尹章义在讨论台湾地区开发史时,曾经提出"儒汉化"的新概念。他认为儒家典章制度是一套完整牵连的社会价值,在科举社群的移入、内圣外王的要求下,对礼教秩序的追寻,促进了台湾社会结构的儒汉化,其中最重要的运作机制便是以"男尊女卑"为主的礼教秩序。清末台湾汉族人的社会制度,无疑地正是围绕着这套儒家文化秩序在运转。参见尹章义:《台湾开发史研究》,联经出版事业公司1995年版,第527—583页。
[2] 卓意雯研究指出,清季后期礼治渐兴,官宦之家开始重视女教的思想。富绅家庭往往延师设帐,修习《三字经》《女论语》《闺则》《烈女传》《孝经》等教导女子温顺贞节的书籍。参见卓意雯:《清代台湾妇女的生活》,自立晚报社文化出版部1993年版,第105页。
[3] 根据游鉴明的研究,早在19世纪末,基督长老教会为培养女性传道人员,就分别在台湾地区建立了两所女学校:1884年所建的"淡水女学堂"和1887年建于台南的"新楼女学校"。这两所教会学校,可说是台湾地区新式女子教育的先声。虽然这类由基督长老教会所设立的女校,兴学的目的是布道,但其新式教育的内容,却使学生得以接触到西方文化,可谓开启台湾新式教育的窗口。但由于学校规定学生不许缠足,而且未设高墙、规定女学生住校等,所以汉人女性就学率低,多为平埔族的女性。参见游鉴明:《日据时期台湾的女子教育》,台湾师范大学历史研究所硕士论文,1987年。

府以同化兼现代化政策改造在台妇女,以"废缠足"和"兴女学"为两大要点①。即使学校仍以涵养妇德作为教育的基本要求,但已可视为台湾女子教育向前迈开一大步的重要指标。可惜的是,在重男轻女的传统社会结构与普遍困顿的生活窘境下,根据研究指出,仍有约百分之八十的学龄女童未就学,即使就学而能毕业者也不多。换言之,中途退学或辍学者居多数,以致能接受完整教育的女童仅占全部学龄童的十分之一②。而女性鲜少接受或完成完整的教育,也正是日据以迄战后初期台湾女作家数量不多的主因。

相反的,50年代迁台女作家却因接受高等教育而培养出的各项能力与不同的视野,由是在台湾文坛上具备竞逐谬司恩宠的条件③。如林海音、琦君、钟梅音、毕璞、繁露、张秀亚、张漱菡等,她们大多出生于"五四"运动前后,也因为置身于新旧交替的多变时代,得以同时接受传统国学与新式学校教育的双重陶冶。或许正因为这批女作家几乎都接受过高等教育,始得以打破传统女性仅能相夫教子的角色局限。在她们的小说中,同样描写了女性在学校教育下启蒙成长的转变。正如齐邦媛所赞誉的,这一代的女性文学早已将闺怨淹埋在海涛中④,她们不再一味扮演附和男性的应声虫。换言之,在教育殿堂里打开宽广视界的时代新女性,逐渐在反思中摆脱传统道德思想的束缚,并开始争取自我主体实践的成长契机。

在这一波迁台女作家中,张漱菡是个擅长写故事的高手。张漱菡为安徽桐城人,桐城派名儒方苞、姚鼐都与她有血缘关系,庞大的家族背景,为她日后小说的创作提供了素材。1949年她随母来台,因而未能完成上海震旦大学文理学院的学业。她在50年代出版两本长篇小说:《意难忘》(1952)和《七孔笛》(1956),前者在1956年被读者票选为最喜爱的小说第一名,可见其脍炙人口。在这两部小说中,张漱菡均以女性为主角,描摹她们本是蜗居乡间的少女,如何因接受教育而得以成长启蒙,不再只是人云亦云的客体,最后建构出自我的主体性。此即本论文探析的重点。

二、教育小说的界定

谈教育小说(Erziehungsroman),就不能不先提及成长小说(Bildungsroman)。成长小说这个文类成熟于十八世纪德国启蒙及文艺复兴运动之后。德文称 Bildungsroman、Entwicklungsroman、Erziebungsroman、Künstlerroman;英文称 Initiation story, Growing-up novel, Novel

---

① 游鉴明:《日据时期台湾的职业妇女》,台湾师范大学历史研究所博士论文,1995年,第253页。
② 游鉴明:《有关日据时期台湾女子教育的一些观察》,载《台湾史田野研究通讯》1992年第23期,第15页。
③ 江宝钗:《论〈现代文学〉女性小说家——从一个女性经验的观点出发》,台湾师范大学国文系博士论文,1994年,第58页。
④ 齐邦媛:《闺怨之外——以实力论台湾女作家的小说》,见《千年之泪——当代台湾小说论集》,尔雅出版社1997年版,第109—147页。

of youth、Novel of adolescence、Novel of life、apprenticeship novel[1];至于中文译称,除了最常被译为"成长小说"一词外,还可见"教育小说""修养小说""发展小说""塑造小说"等别称[2]。文评家巴克利定义"Bildungsroman"是"主角自觉地从生活经历中汲取养分,尽己所能的成长自我,是一种描绘主角全方位发展或自我成长的小说"[3],在"Bildungsroman"的概念基础上,进一步发展出下列三种变形:第一是 Entwicklungsroman,此类主要是以编年史(chronicle)的渐进方式描述年轻人的成长;第二类 Erziehungsroman 则将关注的焦点放在青少年所受的训练和制式教育上(the youth's training and formal education)。第三类 Künstlerroman 描绘的是艺术家成长的故事(the tale of the orientation of an artist)[4]。由巴克利的说明阐述可知,教育小说属于成长小说中的一环。

值得一提的是,早已有诸多研究者将德国成长小说的源起上溯至 17 世纪洛克(John Lock)的教育理念,由此推敲出教育小说应当是成长小说中最早发展出来的类型。在洛克的教育理念中,不仅对"神学"教育进行批判,同时提出"白板论",认为人的心灵如同一张白板,一切知识和观念都从经验中来,由此坚信教育对人的发展具有决定性的作用[5]。自 18 世纪启蒙运动后,彼时欧陆诸位思想家更加坚信只要接受良好的人文教育,自然就可以

---

[1] 详见芮渝萍:《美国成长小说研究》,中国社会科学出版社 2004 年版,第 1—8 页。另外,雪弗南(Randolph P. Shaffner)则提出 Susanne Howe 因为受到《维廉·麦斯特的学习时代》(*Wilhelm Meister's Apprenticeship*)的影响,将"成长小说"译为"apprenticeship novel",他据此以为 apprenticeship 是最接近德文 Bildungsroman 的英译。参见 Randolph P. Shaffner, *The Apprenticeship Novel—A Study of the Bildungsroman as a Regulative Type in Western Literature with a Focus on Three Classic Representatives by Goethe, Maugham, and Mann* (New York: peter lang, 1984), p. 4.

[2] "成长小说"以外的多种译法,可分见于下列学者的论述中:冯至将 Bildungsroman 译为"修养小说",将 Entwicklungsroman 译为"发展小说"(《维廉·麦斯特的学习时代》译本序,光复书局 1998 年,第 11 页);杨武能则将 Bildungsroman、Entwicklungsroman 共同译为"教育小说""修养小说"及"发展小说"。(《维廉·麦斯特的学习时代:逃避庸俗》),载《外国文学研究》2000 年 16 卷 4 期,第 126 页);谷裕建议将"Bildungsroman"译为"塑造小说"。因为"塑造"一词既包含了对人心灵、人格和世界观进行内在塑造的含义,也包含了 18 世纪下半叶以来用外在知识教育青年以与社会融合的意思,它融"人文教育""成长发展""主体内在塑造""社会外在塑造"于一体,囊括了历史传统和人文精神,突出了个人和社会的意志。(《试论诺瓦利斯小说的宗教特征》,载《外国文学评论》2001 年第 2 期,第 125 页)

[3] Jerome Hamilton Buckley, *Season of Youth: The Bildungsroman from Dickens to Golding*, Cambridge, MA: Harvard University Press, 1974, p. 13.

[4] Jerome Hamilton Buckley, *Season of Youth: The Bildungsroman from Dickens to Golding*, Cambridge, MA: Harvard University Press, 1974, p. 13.

[5] Richard A Barney, *Plots of Enlightenment—Education and the Novel in Eighteen—Century England*, Stanford, California: Standord University Press, 1999, p. 26. 约翰·洛克是 17 世纪英国著名的哲学家和教育思想家。他在哲学上提出了着名的"白板论",认为人的心灵如同一张白板,一切知识和观念都从经验中来。由此出发,他认为教育对人的发展具有决定性的作用。洛克使教育进一步摆脱了神学和古典主义的束缚,发展为世俗的、为现实生活服务的现实主义新教育。他关于教育目的的论述已不再有夸美纽斯"来世说"的痕迹,提出了完完全全世俗化的教育目的,即着名的"绅士教育"理论,认为教育的目的就在于培养符合当时英国社会需要的绅士。在《教育漫话》中,洛克对封建教育的内容、方法和组织形式都给予否定,反对封建的教会学校的严酷纪律和对学生的体罚。在教学内容方面,他对经院主义的"神学"教育进行批判,认为教育内容应该结合社会生活,学习"在世上最需用、最常用的事物"。洛克重视教育的作用,认为教育是培养青年人才的重要途径。此外,他认为教育还具有重要的社会作用,并把儿童与青年教育看作国家幸福与繁荣的基础。只有当教育培养出大量优秀的人才时,国家的地位才能得以巩固,经济实力才能得以加强。参见洛克著、傅任敢译:《教育漫话》(*Some thoughts concerning education*),五南图书出版公司 1996 年版。

培养出成熟有用的人,将此视为青少年迈入社会之前的养成教育。循此理路,教育小说关注的就是年轻人所受的训练和制式教育,并描绘出他们如何通过教育以获取自我价值观的成长过程[①]。毫无疑问地,学校教育正是青少年从家庭跨入社会间的启蒙场域。

更进一步,我们再将成长小说加上性别的概念。女性成长小说大约是在1960年代民权主义及第二波女性主义在美国兴起后才逐渐成形的。在传统男尊女卑的父权结构中,教育及社会资源几乎全由男性掌控,女性往往被摒弃在权力移转之外。早期就不认为女性有成长的可能,即便到了20世纪,巴鲁克于1981年还提出"女性成长小说是否存在"这样的质疑[②]。因此,只有当妇女解放运动展开后,女性文学自我省思的浪潮才随之到来。冯品佳就指出,当历史发展反映到小说写作中,女性成长小说才真正出现;美国文坛大量创作探寻女性成长经验的小说,正是出现在60、70年代[③]。在《返航》(The Voyage In)一书中,编者们就归纳出女性成长小说的两种基本叙述模式:一是叙述女性从小到大成长受教的过程,此类型与男性成长小说相仿;一是觉醒式(awakening)的叙事,这一类女主角多半已超过年轻的阶段,而且往往强调在短暂一刻所产生的自我体验[④]。本文则关注前者,从女性接受教育的道路探析女性成长的面向。

三、性别意识的萌发

《意难忘》是张漱菡崛起于文坛的首部畅销代表作,小说主要描写女性如何在理想与情感的两难取舍间矛盾挣扎,最后与痴情的男主角破镜重圆。其中最引人瞩目的,并不在男女情爱纠葛的起伏发展,而在于女主角因接受教育而深化的女性意识及挑战父权勇气的形象形塑,并且自主求学的成长故事。文本一开始描述女性光耀门楣的自我期许,就已经颠覆了传统以男性为尊的父权论述,并进一步意识到女性唯有接受高等教育才能培养竞争力:

> 我要挑起这个担子,现在我决定到上海去读大学,等到大学毕业,我就可以找到一个职业奉养妈妈和弟弟。女孩子也是一样的,你就当我是大儿子好了,你让我去受完高等教育,我一定好好用功,将来在社会上立住脚,替你和爸爸争口气,让人家知道

[①] 对 Erziehungsroman 的定义,参见下列各书:Jerome Hamilton Buckley, *Season of Youth: The Bildungsroman from Dickens to Golding*. Cambridge, MA: Harvard University Press, 1974, p. 13; Hardin, James, *Reflection and Action: Essays on the Bildungsroman*, Columbia, S. C: The U of South Carolina P, 1991, p16; Richard A Barney, *Plots of Enlightenment—Education and the Novel in Eighteen—Century England*. Stanford, California: Standord University Press, 1999, p. 27.

[②] "The Femiine Bildungsroman: Education through Marriage," *Massachusetts Review*, 1981. Cited in Fuderer, pp. 5; James Hardin, *Reflection and Action: Essays on the Bildungsroman*. University of South Carolina Press, 1991, p. xvi; Susan Ashley Gohlman, *Starting Over—The Task of the Protagonist in the Contemporary Bildungsroman*. , p. 19.

[③] 冯品佳:《华美成长小说》,载《幼狮文艺》1994年第492期,第85—86页。

[④] Abel, Elizabeth, Marianne Hirsch, and Elizabeth Langland, eds. *The Voyage In: Fictions of Fesumale Development*, pp. 11—12.

> 我们李宜德堂的二房不是没有人①!

就在母亲的支持下,女主角明珊旋即只身从江西乡下到大都会上海就读大学外文系。在都会环境的熏染陶冶下,明珊顿时从一个操着江西口音且土里土气的乡下女孩,摇身一变为慧黠摩登的校花,并且拥有无数的"裙下之臣"。对她来说,远赴上海读大学后除了外貌的明显改变外,内在则因为受到新式教育的启发,更深化了她早已萌发的女性意识。

明珊完成学业返家,获知离家在校四年间,母亲长期饱受大房、三房蛮横欺压的事实后,她不仅表现出对传统大家庭腐败的憎恶鄙视,甚至对"男尊女卑"的传统价值观嗤之以鼻:

> 男丁?好滑稽!大哥,我真替你惭愧!你总算是读完了高中,也踏进了社会,怎么说起话来,竟好像是目不识丁,从来没有受过教育的村野鄙夫一样!现在是什么时代,你知道吗?还存着男尊女卑的观念,真是太幼稚可笑了,在这个家里,你以为我没有说话的份儿吗?老实告诉你吧,我有绝对的发言权②。

因高等教育而深化的女性意识,颠覆了传统女性没有发言权力的次等位置。尤其当她理直气壮地以一个女性晚辈的身份提出了分家的请求时,父辈莫不瞠目结舌、恼羞成怒。显然,她正是以时代新女性之姿,在性别阶级平等的前提下,力抗传统男尊女卑的主从位阶。在她以智取胜的精彩过招中,再次见证了教育对女性成长所具有的关键位置。更有趣的是,眼见女性性别意识的启蒙,男性在黔驴技穷的窘境下,只好再次抬出传统礼教的大帽子企图力挽狂澜,以达赫阻之效。然在女性因受教育而成长强化的自主意识下,封建的"三从"妇德终究在此失灵。

有趣的是,对照现实中的张漱菡,其实就极具性别意识。她在1953年就自设出版社主编出版台湾第一本女性小说选集《海燕集》③。该部选集发行后血本无归的原因是她不谙商场游戏规则。在非销售量不佳的事实下④,张漱菡于五年后再编续集。自然地,她也将这股女性意识毫不迟疑地展现在小说书写中。因此,当小说中的明珊对歧视女性的男性以"从来没有受过教育的村野鄙夫"嗤之以鼻时,显明她以为受过教育者理当扬弃男尊女

---

① 张漱菡:《意难忘》,皇冠杂志社1981年版,第12页。
② 张漱菡:《意难忘》,皇冠杂志社1981年版,第103页。
③ 张漱菡在《新版序》说:"我的计划是先编一部女作家的小说专集,再编一部男作家的小说专集。"可见其性别意识。除了张漱菡本人外,本书还收录有张雪茵、孟瑶、张秀亚、艾雯、郭良蕙、琦君、繁露、王琰如、邱七七、童锺晋、潘人木、刘咸恩、侯榕生、萧传文、刘枋、严友梅、毕璞等清一色女作家的作品。(张漱菡:《海燕集》,锦冠出版社1989年版;《海燕集》(续集),文光出版社1958年版)
④ 张漱菡在《新版序》回忆道,《海燕集》出版后数月间就印了六七版,但却因为未事先与代销的书店订立合约,书款未收回的情况下而血本无归。张漱菡:《海燕集》,锦冠出版社1989年版。

卑的不平等性别观,可见其女性意识的抬头。此外,教育似乎也成为女性眼中唯一能翻身、不再依附男性的筹码。因此,为了能够更出类拔萃,与男性一较短长,在"女儿并不比儿子差"的宣誓下,女主角决定抛掷爱情以出国深造,同时实践留洋以开阔视野的梦想。她始终坚信只有透过教育的学习管道,才能在社会上出人头地,成为顶尖的佼佼者。同时还能为二房争气,担负起养家的责任,一如母亲在信中所写:"吾女素有壮志,誓要出人头地,并以奉养老母抚育幼弟为己责,要为我二房争气。"[1]检视明珊的求学梦,她从乡村到都会,最后出国留学,完全符合西方女性成长小说研究者富雷门(Susan Fraiman)所谓"女性主角往往必须透过离乡背井(by leaving home)或出国(going abroad)才开始她的成长"的学习进程[2],其眼界也因此而更加广阔。但小说最后,明珊的理想竟在牵亲引戚的大环境中因屡遭挫折而铩羽,张漱菡彷佛泼了将所有希望寄托在教育上的女性一盆冷水。她似乎隐约透露出现实社会上更多重复杂的权利斗争已非个人单凭不屈不挠的毅力或性别意识就足以抗争胜利的讯息。不过,在重视成长过程而非以结果论的认知下,学校教育对女性的引导启蒙仍不容因此一笔勾销。换言之,虽然女主角最后选择了回归感情,但并不能因此就将她划归为自始至终就以走入家庭为目标的传统女性。

三、自我主体性的建构

《七孔笛》是张漱菡继《意难忘》之后,进一步探讨女性因教育而得以建构自我主体性的小说。有趣的是,两部小说对于女性特质的形塑有着天壤之别。《七孔笛》的女主角心琼完全不同于深具女性意识的明珊,她自幼蜗居在风气闭塞的偏远乡间,专心照顾双眼失明的未婚夫。心琼正是传统女性的典型,她从不认为必须接受外界的学习刺激,仅将未来寄托在做一名好妻子的期许上:

> 我觉得即使去学校,我也不见得有什么了不起的成就,而且我也不愿到外面的世界去求什么发展。她发誓要做一个好妻子,用她无止境的纯洁爱情来抚慰并照亮他漆黑绝望的生命,平息他受伤已深的心灵,让他享受到生命的美好,尝尝生活的甜蜜,更让他惊喜于自己是一个怎样幸福的人[3]。

就在自我价值附属于他者的情况下,女主角不但失去了再升学的动力,更不求外面多彩的世界发展。她的生活除了服侍双眼俱盲的青梅竹马的未婚夫外,便是协助长辈料理家务,

---

[1] 张漱菡:《意难忘》,皇冠杂志社1981年版,第35页。
[2] Susan Fraiman, *Unbecoming Women—British Women Writers and The Novel of Development*. New York : Columbia University Press, 1993, p. 6.
[3] 参见张漱菡,《七孔笛》,皇冠出版社1983年版,第46、163页。

终日待在象征封闭空间的家里,自足、自满,对家以外的世界毫不动心。直到常年在外地已大学毕业的表哥加入他们的生活后,才逐渐开启了她始终狭隘的世界。

若严格区分教育小说(Erziehungsroman)与成长小说(Bildungsroman)的不同,主要是在教育小说中,有一位或更多的教师直接指导不成熟的青少年;而成长小说中,各种影响因素都可取代此种由老师直接指导的成长,如人性潜移默化的影响[1]。显然前者对指导者的定义局限较多,《七孔笛》就属此种类型。当来到家中短暂做客的表哥带来世界名著译本,心琼立刻手不释卷、废寝忘食;表哥教导她学习英文及如何聆听、欣赏世界名曲。实际指导者的教诲,直接启迪了心琼蒙蔽已久的智慧,同时也使她开启了更宽广的眼界,使她在与他者的互动对话中学习成长:

> 她除了读英文和日常不可少的一些事之外,差不多一直沉迷在这一堆书本中。这些书启发了她更深一层的内蓄智慧,也教她认识了这世界原来还有这许多探索不尽的宝藏,她可怜自己过去的见闻浅陋,知识贫乏,现在有这机会,她便狂热地填补她的求知欲了。当她看到书中有什么费解的地方,或是引证到一个超出她的知识范畴以外的人物与事物时,便去请教周崤,周崤也便尽量详尽地讲解给她听。于是,她回报他一个感谢而满含钦佩的微笑[2]。

心琼对书籍的爱不释手,可见她并非全然没有求知的渴望,只是长久被女性处理琐碎家务的职责与从夫的传统道德给压抑了。在点燃求知欲后,心琼对生命的困惑不减反增,时而发出"人生究竟有没有快乐?""活着所为何来?"的大哉问。尔后在双方的互动对话及他者的广博见识的影响下学习、成长。而真正让心琼觉醒的关键,则是未婚夫自杀离世后,在表哥仍然持续不断的训示启蒙中开悟成长。他一方面严词痛责女性执意行冥婚之礼乃是中了封建遗毒;另一方面则以鼓励的方式,企盼她勇敢地走出一条属于自己的路来,不应再封闭自我,向下沉沦。心琼在失去原来"为人妻"的成长目标后,指导者的所言所指在她内心产生了冲突:

> 她忽然觉得这时的自我,与过去的自我,在作着无声的冲突,一个新的她,在鄙视着旧的她,严词责骂:"你这没出息的弱者啊!难道你就这样寄人篱下,永远消沉下去?觉醒吧,坚强地站起来奋斗吧!不能再延迟了!"心琼在默默地作着内心的激战[3]。

---

[1] Randolph P. Shaffner, *The Apprenticeship Novel—A Study of the Bildungsroman as a Regulative Type in Western Literature with a Focus on Three Classic Representatives by Goethe, Maugham, and Mann.* New York: peter lang, 1984, p10.
[2] 张漱菡:《七孔笛》,皇冠出版社1983年版,第70页。
[3] 张漱菡:《七孔笛》,皇冠出版社1983年版,第204页。

冥婚后既成为人妻,在保守的乡间自当服膺于为夫守贞的传统儒家礼教,因此一个是原本打算听凭命运来支配未来的旧我;一个则是在指导者不断循循善诱下滋长出勇于寻梦的新我,女主角就在两个我的拉扯中重新省视自己。《自我论》的作者就提出,每一个人在成长过程中都会以这样那样的方式反复地审视自己:"我是谁?"除了从别人的视角认识"我是谁?"以外,"我是谁?"还包含很多的内省问题,比如"我能做什么?""我敢做什么?"和"我会做什么?"认识自我通常是从确定自己的特点开始的①。女主角就在内心不断地冲突交战中醒悟,终于决定摆脱世俗价值观的影响,不再甘于只是成为客体的存在,并重新塑造自己。在表哥抗日身份的掩护下,心琼得以跟随至大后方再辗转赴美;入美后旋即考入音乐学院攻读,就此展开全新的生活。

检视心琼受教育的原因有二:一是表哥带来的文化刺激与教导,二是在丈夫死后的出国深造,两者相因相承。正因为有前者的指引,才让她决心挣脱"旧我",尔后因丈夫自杀,才得以离家赴美,在接受教育的实际行动中,期以形塑出"新我"。同样地,心琼也是必须在离家之后,在异地与异文化中学习成长,才得以激发出她潜藏的音乐才能:

> 心琼与大非昔比,她已痛改过去的消极态度,变得积极,愉快,满身都辉耀着充沛的生命力。她用功读书,努力作曲,成绩极为优异……心琼成为音乐界所注目的人物。终于在一周前,学校中为她开了一个盛大的音乐会,在本州最大的剧院举行,票价很昂,而盛况空前……②

若就主体的特质而言,诚如成长小说的假设前提,年轻人可以自各种阶段的训练艺术中"学成"为专家③。不容讳言地,小说中的女主角本具有音乐长才,才能够在完善的教育下激发出她的潜能,最后成为顶尖的乐界佼佼者,并在个人的音乐会中获得如雷的掌声。我们可以说,女性的自我主体性至此才建构完成。在故事最后,我们怎还能相信,那个在美国开音乐会的自信女子,曾经是一个执意冥婚的乡村姑娘? 如果当初她的丈夫"有幸"自杀未遂,那么未能接受高等教育的她,其音乐潜能必定埋没草莱。言下之意仿佛是,正是在三从四德的扼杀下,传统女性的自我成长终将无法开启,永远只能是男性的附庸客体而已。

---

① 伊·谢·科恩:《自我论——个人与个人自我意识》,佟景韩、范国思、许宏治译,生活·读书·新知三联书店 1986 年版,第 502 页。
② 张漱菡:《七孔笛》,皇冠出版社 1983 年版,第 209 页。
③ 雪弗南(Randolph P. Shaffner)指出,"成长小说"的本身,并不是一个技谋或技略(particular art, trade),针对的是生命的本身。假设:1. 生活是可以被学习的艺术。2. 年轻人可以各种阶段的训练艺术,"学成"为专家。Randolph P. Shaffner, *The Apprenticeship Novel—A Study of the Bildungsroman as a Regulative Type in Western Literature with a Focus on Three Classic Representatives by Goethe, Maugham, and Mann*, p. 16。

四、结语

西方成长小说研究者早已指出,成长(initiation)是通过知识迈向成熟的阶段(a fall through knowledge to maturity)[1]。尤其对向来普遍接受"女子无才是德"的传统中国女性,更因为有知识的传授与教育的启蒙,才得以开启了家以外的广阔视界,因各项信息的刺激而拓展视野与心灵的省思,从而获得了大幅度的成长。在张漱菡的这两部长篇小说中,我们确实看到女性因为接受教育而萌生性别意识或开掘服务台者学习潜能而成为专家。这或许是因为作者汲取"五四"新文化的养分成长,相较于传统认命的女性,她们对受教育带来的广阔视野与选择更能感同身受。只不过,令人叹惋的是,张漱菡这两部女性小说的成长结局,竟都与女主角原本预设的人生目标背道而驰。自主受高等教育后,意在职场冲锋陷阵的明珊最后在大环境中锻羽,因身心受创转而回归情感的怀抱;原以妻职为要的心琼则是在丧夫后,意外地远渡重洋接受教育,并成为乐界众所瞩目的新秀。我以为命运造化弄人的传统宿命观,当不是已具女性意识的张漱菡所要传达的讯息。她或许是要点醒读者,成长的变因远非个人可以完全掌控,然若一味妥协屈服,势必完全失去成长启蒙的筹码。尤其在这类表现出女性因接受教育而得到启蒙的女性成长小说中,应当足以让女性读者开始发现自己的欠缺并学习捍卫自我的权力。这也难怪研究者多视女性成长小说是现代女性描写自我的最佳文学形式[2],亦是最受女权主义者欢迎的文学形式[3]。透过阅读,女性得以不断省视与重构自我的主体性;自然也颠覆了传统成长小说以为女性没有成长可能的谬误。

---

[1] Mordecai Marcus, "What Is an Initiation Story?" in William Coyle ed, *The Young Man In American Literature*:*The Initiation Theme*. NY:The Odyssey Press,1969,p. 31.
[2] Abel, Elizabeth, Marianne Hirsch, and Elizabeth Langland, eds. *The Voyage In*:*Fictions of Female Development*. Hanover and London:University Press of New England,1983,p. 13.
[3] James Hardin ed,*Reflection and Action*:*Essays on the Bildungsroman*. Columbia, S. C.:The U of South Carolina P,1991, p. 16.

中国西北地区戏曲歌谣语言文化研究概述[①]

陕西师范大学 赵学清

"中国西北地方戏曲歌谣语言文化研究"之研究对象有这样几个特点,即当代的、西北地方的、用汉语传承的戏曲和歌谣。戏曲包括戏剧和曲艺,我们重点关注的是秦腔、西北皮影戏、西北民间说唱文学,另外涉及新疆曲子等。歌谣包括民歌和民谣,我们重点研究"花儿"和陕北民歌,另外兼及五省区其他民歌。

中国西北地方有丰富的戏曲和歌谣,它们是中国民间文学的重要内容,在中国民间文学史上占有重要地位。如秦腔是中国最古老的剧种之一,北方广泛流行的梆子戏深受秦腔影响;流行于青海、甘肃、宁夏、新疆等地的"花儿"是西北世代相传的民歌,广受当地人民喜爱;陕北盲人说书,依附于民俗信仰仪式,至今尚有长篇书目一百六十余篇,是很有价值的民间叙事文学;等等。西北类似的戏曲歌谣极为丰富,在民间广泛流行,对民间信仰、民间精神和民风民俗等产生重要影响。在中国文化发展史上,它们是不可或缺的重要内容,同时在全球化时代,也是坚持发展民族文化的重要资源。由于受到现代文化的冲击,这些戏曲和歌谣亟待重视,需要我们认真加以整理、研究。当然,国家也从文化战略的高度给予关注,如上面列举的秦腔、"花儿"、陕北说书等在2006年都被列入首批国家级非物质文化遗产名录。下面我们简单介绍西北地方戏曲歌谣语言文化的研究现状。

有关西北地方戏曲歌谣的语言文化的研究,过去的学者已经取得了不少成果。西北丰富的戏曲和俗曲民歌资源近年来得到了国家和地方政府的广泛关注,国内学者也投入了相当多的精力给予整理和研究,其中被列为国家首批非物质文化遗产的戏曲歌谣甚至引起国外学者的重视。社会的重视和学者们的研究已经产生了相当丰富的研究成果。如关于"花儿"出版了若干"花儿学"专著和论文;关于陕北说书,既出版了相关的《陕北说书精选》,也有《陕北说书研究》问世;如陕北民歌方面,霍向贵的《陕北民歌大全》可谓当前集大成之作;如秦腔方面,有焦文彬《中国秦腔》、张晋元《秦腔艺术论》、刘斌《中国秦腔文化丛书》等。近年来,在西北戏曲俗曲研究方面呈现出的一个新气象,就是越来越多的博

[①] 此论文为国家社科基金重大项目"中国西北地区戏曲歌谣语言文化研究"(13&ZD119)的阶段性研究成果。

士和年轻学者投入到相关研究中,他们以其专业修养和新的理论视角,为西北戏曲、歌谣研究注入新的血液,使研究充满活力与朝气。这些研究在戏曲本体(如声腔、板式、表演、流派、剧目等)和民歌音乐等方面取得很多成果。也有学者从文学、民俗学、民族学、文化人类学和社会学等学科角度出版了一批新论著;还有学者从民族文化传承、国家文化安全与中国文化走出去战略方面给予很多思考。这些斐然成果,为西北地方戏曲和歌谣的传承与发展做出了贡献。

在西北地方戏曲歌谣研究上,国外学者研究相对较少,我们通过国外文献的数据库只找到很少的几篇与戏曲歌谣有点关系的研究资料,如(1) Kevin Latham, *Pop Culture China!: Media, Arts, and Lifestyle*, ABC-CLIO, 2007. (2) Birrell, Anne, *Popular songs and ballads of Han China*, London: Unwin Hyman, 1988. (3) Alan Lomax, *Folk song style and culture*, Transaction Publishers, 1968. 不过有些翻译成中文的国外一些学者的相关研究也值得借鉴,如日本学者井口淳子《中国北方农村的口传文化——说唱的书、文本域表演》等。

一、戏曲方面

上世纪初王国维先生以"筚路蓝缕、以启山林"的精神写就《宋元戏曲史》,拉开了中国戏曲学术研究的帷幕,同时《宋元戏曲史》也树立了研究范式。梁启超曾评价:"曲学将来能成为专门之学,则静安当为不祧之祖矣。"[①]此后,戏曲这种不受重视的文学、艺术样式被越来越多的学者关注。迄今为止戏曲研究成就主要有以下三方面:

其一,戏本曲目的搜集整理,如齐如山、傅惜华、梅兰芳等人主持国剧学会,注重民间文学剧本、宫廷档案及戏曲文物的搜集研究。再如傅惜华、杜颖陶编的《水浒戏曲集》,编辑出版两集,收录元明清水浒戏曲剧目二十一种。郑振铎主持《古本戏曲丛刊》,由北京大学文学研究所(后来由中国社科院文研所)编刊出版了四集,整理出几百种戏曲剧目。欧阳予倩主编的《中国戏曲研究资料初辑》(北京艺术出版社 1956 年),搜集了戏曲研究的基础材料。近三十来年,更加关注戏曲文献的搜集整理工作,已完成的有王季思主编的《全元戏曲》(人民文学出版社 1990—1999 年)。我国有史以来第一部由政府主持编纂的、全面反映中国各地各民族戏曲历史和现状的戏曲专业志书《中国戏曲志》,经过全国近万名戏曲工作者历时十六年的艰苦努力,三十部省卷已全部出版。黄天骥、黄仕忠主编的《全明杂剧》《全明传奇》列入《2011—2020 年国家古籍整理出版规划》中。《陕西戏剧志》编辑部还编辑出版了《陕西戏剧史志丛书》,其中包括《陕西戏曲剧种志》等。

其二,戏曲史及剧本的文学研究。关于戏曲史的研究,值得注意的有卢前《中国戏剧概论》(大东书局 1926 年)、周贻白的《中国戏剧史略》(商务印书馆 1936 年)等,其中对剧

---

① 梁启超:《中国近三百年学术史》,东方出版社 1996 年版。

本进行了文学研究,包括故事母题、剧目反映的社会生活、文学审美等。也有很多学者采用社会历史批评方法从思想内容和艺术特色上探索剧本。

其三,戏曲舞台、音乐等方面的艺术研究。在中国古代戏曲"曲"的源流的探索方面,在戏曲作品评价的文学性与舞台性相结合方面,在明清戏曲的整体评价及风格流派的分析方面,吴梅的研究均可以补王国维之不足。周明泰、王芷章、张次溪等人进行清代宫廷戏曲及北京戏曲研究;周贻白撰写《中国剧场史》《中国戏剧史》"把剧本文学和舞台扮演结合起来";徐慕云的《中国戏剧史》注重戏曲舞台及地方剧种的叙述等。

自80年代以来,有关戏曲的研究从多方面、多角度展开,取得了丰硕成果。列入国务院古籍整理"十一五"规划重点出版规划的有吴书荫等《清代古典戏曲总目》、车锡伦等《中国说唱文学总录》、李豫《中国鼓词总目》等。20世纪80年代以来的戏曲文化研究可以分成两个大的方面:一是对戏曲自身文化内涵的挖掘,比如对中国戏班、家班、剧场、宫廷戏曲、优伶、乐妓、乐户、戏曲观众的研究;如傅瑾的《草根的力量》(广西人民出版社2001年,北京大学出版社2012年再版时更名《戏班》)、马紫晨的《怀梆怀调》(河南文艺出版社2012年)、田志平《戏曲舞台形态》(文化艺术出版社2008年)、胡芝风《戏曲舞台艺术创作规律》(文化艺术出版社2005年)、(美国)欧达伟(R. David Arkush)《乡村戏曲表演与中国现代民众》(董晓萍译,北京师范大学出版社2000年)、黄殿祺的《中国戏曲脸谱》(北京工艺美术出版社2001年)。一是对戏曲外在文化生态的研究,比如对戏曲与徽商、晋商的关系,与中国传统文化、地域文化、民间文化、宗教信仰关系的研究等。马传寅《中国戏曲文化概论》(北京大学出版社2012年)、郑传寅《古代戏曲与东方文化》(武汉大学出版社2007年)、孙玫《中国戏曲跨文化研究》(中华书局2006年)、容世诚《戏曲人类学初探——仪式、剧场与社群》(广西师范大学出版社2003年)、施旭升《中国戏曲审美文化论》(北京广播学院出版社2002年)等著作出版,大大深化了戏曲研究。这一领域的开掘还只是刚刚开始,还有很大的学术空间,这将是未来戏曲研究中比较能出彩的部分。

从语言文化上对研究戏曲的成果也有一些,专著如吴琼《戏曲语言漫论》(中国戏剧出版社1981年),论文有郭英德《雅与俗的扭结:明清传奇语言风格的变迁》(《北京师范大学学报》1981年第3期)、康锦屏《中国传统戏曲语言的审美特征》(《北京教育学院学报》2001年第12期)、刘雪涛《中国戏曲语言的魅力》(《戏曲研究》2006年第6期)等。

二、歌谣方面

歌谣的搜集整理和研究在我国已经有了两千多年的历史,早在周代就有了采集民间歌谣的制度,《诗经》应该就是这种搜集整理活动的成果。汉代朝廷设立了专门机构"乐府",其中一项重要任务就是采集民间歌谣。两汉和魏晋南北朝时期,这些由乐府采集的民歌,被称为乐府民歌。唐宋以后,民间歌谣被一些文人重视,他们采集和编辑歌谣,出现不少传世的选本。主要有：宋郭茂倩编辑《乐府诗集》，明人杨慎编《风雅逸篇》《古今谚》《古今风谣》，冯梦龙编《挂枝儿》《山歌》，清人李调元编《粤风》，黄遵宪编《山歌》，杜文澜编《古谣谚》，郑旭旦编《天籁集》，范寅编《越谚》等。这些都是我国歌谣史上的重要文献资料。伴随着这些歌谣集子的出现，也有一些相关的研究，但多散见于序中。

现代歌谣方面的研究可以说肇始于1919年的"五四"运动前后。郑振铎写了第一部《中国俗文学史》，其中对歌谣的文学地位予以充分肯定。创立于1918年的北大歌谣征集处和成立于1920年的北大歌谣研究会，诞生于世纪初的文化革命浪潮之中，团结了一批文学家和语言学家，北京大学教授刘半农、沈尹默、钱玄同、沈兼士等以《北大日刊》、《歌谣》周刊、《晨报》等为阵地，成为中国现代民间文艺学史上的第一个学术流派。这一派的学者们，一面大声疾呼，为被圣贤文化所鄙夷的民众口头文学争取地位；一面到民间百姓中搜集歌谣等作品，打破了只把圣贤文化看作中华文化的传统观念，使平民百姓的口碑文学登上了"大雅之堂"。一方面，他们引进了历史进化论的哲学理念，吸收了西方的某些研究方法，特别是比较研究，把外来的理念和方法与本土的国学研究相结合；另一方面又创立和发展了歌谣的乡土研究，并形成一个蓬蓬勃勃的研究群体。北京大学歌谣研究会，为中国现代民间文艺学的发展奠定了第一块基石。北京大学歌谣研究会编辑出版的《歌谣周刊》影响很大，其中前期收录陕西歌谣三十五首，甘肃歌谣三十四首。新中国成立后，中国民间文艺研究会成立，曾组织出版不少歌谣选本，影响较大的如何其芳、张松如编《陕北民歌选》、严辰编《信天游》、韩燕如编《爬山歌选》等。1958年在毛泽东的提倡下，全国曾掀起了大规模的采风活动，出版大量民歌集。

20世纪80年代，文化部、国家民委和中国民间文艺研究会组织编写《中国歌谣集成》等巨型著作，推动了歌谣研究。其中有西北五省区的分卷歌谣集，即陕西卷、甘肃卷、青海卷、宁夏卷、新疆卷。这一时期，关于西北歌谣的搜集整理成果还有朱仲禄编《花儿选》、纪叶《青海民歌选》、剑虹、周健《甘肃民歌选》第一辑、郗慧民《花儿》等；相关的研究成果有，中国民间文艺研究会甘肃分会编《花儿论集》、郗慧民《西北花儿学》《西北民族歌谣学》、刘凯《西北花儿散论》、王沛《河州花儿研究》、甯文焕《洮州花儿散论》、陈元龙《中国花儿新论》、柯扬《诗与歌的狂欢节："花儿"与"花儿会"之民俗学研究》、李雄飞《河州花儿与陕北信天游文化内涵的比较与研究》、武宇林《丝绸之路口传歌谣——"花儿"研究》、魏泉鸣《中国花儿学史纲》、张智斌等《中国西部民歌艺术研究》等。

以往西北地方戏曲歌谣的研究概括起来可以从以下四个方面来认识：

第一，以往的戏曲和歌谣研究成果较多关注了古代戏曲和歌谣的研究，对现代戏曲和歌谣的研究相对较少。

第二，以往的戏曲歌谣研究较多成果集中在文学研究上。

第三，以往的戏曲歌谣研究较多关注了艺术形式和特点研究。

第四，以往的研究主要集中在戏曲歌谣本体的研究上，而对于语言文化的研究，有关专著和文章可说是非常少见。即便在这些少量的研究论文中,也有不少问题。如目前关于戏曲语言的一些论述中,由于研究者没有语言学的知识积累,导致在分析戏曲语言时出现基础知识的错误。如王鹤《京剧音韵概论》(江海出版社 2009 年),在论述京剧韵辙时论及一些音韵学知识,其中有不少错误之处。再如张红星的《韵辙属性新探》(《职业技术教育研究》2003 年第 1 期)、《论韵辙属性的综合分类标准》(《社会科学辑刊》2006 年 3 期)、《论韵辙的情感属性和物理属性》[《渤海大学学报(哲学社会科学版)2012 年第 4 期]三篇文章(内容完全相同)拿明清时期形成的北方曲艺"十三辙"来分析唐宋时期的诗歌甚至是汉代的乐府诗,把本属于近代音的东西硬拿来分析中古音甚至上古音的诗歌,以此探讨"十三辙"的属性,犯了以今律古之病。同时他在论述"十三辙"所包含的韵母时也有错误,如把"中东辙"的韵母 ing 错写成 ieng,把 in 错写成 ien,把 ün 错写成 üen,把应属撮口呼的 iong 错归入齐齿呼,把应属合口呼 ong 错归入开口呼等,说明作者对韵辙基础知识的错解。诸如此类的错误在目前的研究作品中并不少见。

参考资料

[1] 北京大学歌谣研究会:《歌谣周刊》(影印本,共三册)。

[2] 陈平原主编:《中国俗文学》,北京大学出版社 2011 年版。

[3] 陈元龙:《中国花儿新论》,甘肃文化出版社 2004 年版。

[4] 戴庆厦:《语言与民族》,中央民族大学出版社 1994 年版。

[5] 董晓萍:《民俗学与非物质文化遗产保护》,《文化遗产》2009 年 1 期;

[6] 段宝林:《中国民间文学概要》(第四版),北京大学出版社 2009 年版。

[7] 傅谨:《戏班》,北京大学出版社 2010 年版。

[8] 甘肃省文化局编:《甘肃民谣》,甘肃人民出版社 1979 年版。

[9] 郭正清:《河州花儿》,甘肃人民出版社 2007 年版。

[10] 何其芳、张松如:《陕北民歌选》,上海文艺出版社 1962 年版。

[11] 黄涛:《语言民俗与中国文化》,人民出版社 2010 年版。

[12] 霍向贵主编:《陕北民歌大全》,陕西人民出版社 2006 年版。

[13] 吉狄马加主编:《青海花儿大典》,青海人民出版社 2010 年版。

[14] 剑虹,周健整理:《甘肃民歌选》(第一辑),甘肃人民出版社 1957 年版。

[15] 焦文彬、阎敏学:《中国秦腔》,陕西人民出版社 2005 年版。

[16] 焦文彬:《秦腔史稿》,陕西人民出版社 1987 年版。

[17] 康保成等:《中国皮影戏的渊源与地域文化研究》,大象出版社 2011 年版。

[18] 刘育林:《陕西省志·方言志》,陕西人民出版社 1990 年版。

[19] 吕肖奂:《中国古代民谣研究》,巴蜀书社 2006 年版。

[20]吕政轩:《陕北民歌艺术论》,宁夏人民出版社2004年版。

[21]吕自强:《秦腔音乐概论》,太白文艺出版社1997年版。

[22]罗耀南:《花儿词话》,青海人民出版社2001年版。

[23]陕西省戏剧志委员会编:《陕西省戏剧志》,三秦出版社1998年版。

[24]陕西省艺术研究所编:《秦腔剧目初考》,陕西人民出版社1984年版。

[25]曾永义:《戏曲源流新论》,中华书局2008年版。

[26]张爽:《宁夏曲艺简史》,宁夏人民出版社2009年版。

[27]张亚雄:《花儿集》,中国文联出版公司1986年版。

[28]赵宗福:《花儿通论》,青海人民出版社1989年版。

[29]郑振铎:《中国俗文学史》,团结出版社2009年版。

[30]中国民间文学集成全国编辑委员会编:《中国歌谣集成·甘肃卷》,中国ISBN出版中心2000年版。

[31]中国民间文学集成全国编辑委员会编:《中国歌谣集成·宁夏卷》,中国ISBN出版中心1996年版。

[32]中国民间文学集成全国编辑委员会编:《中国歌谣集成·青海卷》,中国ISBN出版中心2008年版。

[33]中国民间文学集成全国编辑委员会编:《中国歌谣集成·新疆卷》(上、下),中国ISBN出版中心2009年版。

[34]中国曲艺志全国编辑委员会编:《中国曲艺志·甘肃卷》,中国ISBN出版中心2008年版。

[35]中国曲艺志全国编辑委员会编:《中国曲艺志·宁夏卷》,中国ISBN出版中心2008年版。

[36]中国曲艺志全国编辑委员会编:《中国曲艺志·青海卷》,中国ISBN出版中心2008年版。

[37]中国曲艺志全国编辑委员会编:《中国曲艺志·陕西卷》,中国ISBN出版中心2009年版。

[38]钟敬文主编:《民间文学概论》,上海文艺出版社1980年版。

[39]周振鹤、游汝杰:《方言与中国文化》,上海人民出版社2006年版。

[40]朱自清:《中国歌谣》,江苏教育出版社1990年版。

[41][法]葛兰言:《古代中国的节庆与歌谣》,赵丙祥、张宏明译,广西师范大学出版社2005年版。

[42][法]莫里斯·哈布瓦赫:《论集体记忆》,毕然、郭金华译,上海人民出版社2002年版。

[43][美]阿尔伯特·贝茨·洛德:《故事的歌手》,尹虎彬译,中华书局2004年版。

[44][美]沃尔特·翁:《口语文化与书面文化——词语的技术化》,何道宽译,北京大学出版社2008年版。

[45][英]马林诺夫斯基:《文化论》,费孝通译,中国民间文艺出版社1987年版。

[46] Edward B. Tylor: *Primitive Culture*, Harper& Row, 1958 (1871)

[47] Low, Setha & Lawrence-Zuniga, Denise. *The Anthropology of Space and Place*, Oxford: Blackwell Publishing Ltd,2004

[48] Raymond Scupin: *cultural Anthropology: A Global Perspective*, *Englewood cliffs*, New Jersey, Prentice-Hall,1992

[49] Yeng-Horng Perng, Yi-Kai Juan and Huang-Shing Hsu. *Genetic algorithm—based decision support for the restoration budget allocation of historical buildings*, Building and Environment, 2007,42(2)

新疆佛教石窟燃灯佛授记图像初探

台湾师范大学　李幸玲

一、前言

不同于"佛传"记载释迦牟尼佛诞生娑婆世间享八十世寿之后入灭,讲述佛陀"八相成道"[①][②]的故事,"本生(谭)"(Jātaka)主要记载佛陀过去生以各种身份修道成就的故事。"燃灯佛授记本生"即是佛陀自述前生得到燃灯佛预言成佛的故事。在佛教最早的经律如《增一阿含》及各部律典中,都可以看到这个故事的记载。这被视为初期佛教思想转变朝向大乘发展的线索之一,与大乘菩萨思想与誓愿思想的关联也深受关注。新疆地区大小乘信仰兼弘,石窟中燃灯佛授记壁画,也因而可观察到地区性大小乘信仰弘布的特色。

汉译佛典所传"燃灯佛授记本生"有男身受记及女身受记(含融合两种女身受记)两大系统,及融合男女身受记的第三种故事版本。除了大量为世所熟知名为"儒童本生"的男身受记故事外,"女性供灯"(独母、王女牟尼)而得到间接授记的女身受记故事,还有后人结合男女身受记故事而成的"贫女难陀供灯"故事,可视为"燃灯佛授记本生"之旁系,也在本文图像的探究的范围。笔者已为文详述相关汉译佛典文献探溯的部分,此不再赘论。[③]

(一)佛传与本生的交涉——八相成道

佛传所记载的是佛陀"现在世"一生重要的事迹,本生则是佛陀所自述"过去世"的修道故事。佛典中记载佛陀的事迹详简不一,结构完整的佛传故事大抵是后来整理的结果。

---

① 本篇论文为《"燃灯佛授记"之系谱研究I-II》(计划编号:101-2410-H-003-027—MY2)之部分研究成果。
② 佛陀生平事迹在汉地的传统,一般分为八个阶段:降兜率、入胎、诞生、出家、降魔、成道、说法、涅槃,名为"八相成道"。汉传佛教常以"八相成道"呈现佛陀传记,南传佛教则以降诞、成道、初转法轮及涅槃等"四大佛事"来表现,初期无佛像时期更以象征佛陀的莲华、菩提树、法轮及佛塔表此四大佛事。佛传有四相、八相、十相、十二相乃至十四相等诸说及图像表现,其中以四相与八相流传最为广泛。
③ 佛传及燃灯佛记载经典出处,参见拙文《"燃灯佛授记"叙事与图像互文性之系谱考察——以汉译佛典与犍陀罗佛教图像为例》,载《东亚汉学研究》2014年特别号,第239—250页。

初期佛典《阿含》①及律典中散见佛陀的生平事迹,至部派及初期大乘时期有意识地编纂的佛传愈见完备。

若考索现存于印度的佛传造像艺术作品,可以发现印度二世纪贵霜王朝时期西北印犍陀罗(Gandhāra)式样的佛传造像布局,以佛陀诞生、宫中生活、出家前夜、白马跪别、六年苦行、降魔成道、初转法轮、舍卫城神变及涅槃为常见题材。现藏于鹿野苑及加尔各答博物馆五世纪制作的笈多派(Gupta School)佛传造像则以佛诞、成道、说法、涅槃、弥猴奉蜜、降伏醉象、三道宝梯而降及舍卫城神变等八个情节表现佛陀传记。秣菟罗博物馆藏的佛传图则包括佛诞、降魔、三道宝梯而降、初转法轮、涅槃等情节。综上述,西北印及中印度出土的佛传造像的共通点,完全没有佛陀本生造像的情节。唯独在大英博物馆藏南印度阿玛拉瓦提(Amarāvatī)出土的佛传浮雕则出现:降兜率、象形降神、托胎灵梦、占梦、诞生、参拜药叉树神等情节。② 这个线索提供我们思考中土以"降兜率"为首的"八相成道"图像,其造像渊源或有来自于南印度阿玛拉瓦提地区的可能。

记载佛陀成道的佛传故事虽在汉末陆续译出,但"八相成道"一语并未见译于早期汉译经律,此语最早出现在隋代以后中国祖师对大乘经典的释文之中,隋唐以后以此为套语的使用渐多。③ 汉地常见的"八相成道"对佛传情节纳入"降兜率"佛陀前生的思考,可能来自南印度——相传为弥勒诞生地的佛传统传的影响。

(二) 佛陀的前生——兜率天说法、燃灯佛授记

佛陀自述的本生极多,北传"八相成道"中,常用以交代佛前生身份的故事主要有"降兜率"和"燃灯佛授记"两种。"降兜率"情节是说明佛陀前生为净幢菩萨居于兜率天说法的过去生身份,可能来自南印度的佛传传统。在中国北魏时期麦积山133窟10号造像碑所见的八相成道图,包括:燃灯授记、乘象入胎、九龙灌顶、树下思维、断发出家、降魔成道、初转法轮及涅槃等八个情节,在此"燃灯佛授记"取代"降兜率"的说法。燃灯佛授记是来自流行于西北印犍陀罗的佛本生谭传统。"降兜率"强调佛陀见说法时机成熟,哀愍众生下生,为令"正法久住"的菩萨慈悲精神;④"燃灯佛授记"则强调释迦佛过去世历经修道万难散华供养、布发掩泥等坚定"誓愿成佛"的修道精神。⑤ 两者都隐含菩萨利他、誓愿成佛的大乘思想。

---

① 僧伽提婆译《增一阿含经》卷11《20 善知识品》载超述供养五茎华,定光佛为超述梵志授记成释迦文佛,(CBETA, T02, no. 125, p. 597—p. 599)。同经卷38《马血天子问八政品》载得到灯光佛授记的对象与诸经不同,谓灯光佛为"弥勒"梵志授记,情节内容及次第上亦与他经略有不同。(CBETA, T02, no. 125, p. 758)
② 陈清香:《麦积山133窟10号造像碑的图像源流与宗教内涵》,《中华佛学学报》2005年第18期,第78—79页。
③ 吉藏撰《法华论疏》卷2:"种种方便者,从兜率天退,乃至示现入涅槃故,八相成道即八方便。"(CBETA, T40, no. 1818, p. 803, b14—15)
④ 阇那崛多译《佛本行集经》卷7(CBETA, T03, no. 190, p. 682, b27)。
⑤ 佛陀耶舍共竺佛念译《四分律》卷31(CBETA, T22, no. 1428, p. 783, a26—p. 785, c27)。

印度佛教相信解脱前必于无尽劫中历尽轮回磨炼方能成佛。依定义,佛传故事虽可不涉及前世本生,但现存许多经律佛传故事之前,附有交代释迦佛过去世的本生,导致佛传混杂本生的现象。"降兜率"本生带有弥勒下生的未来人间净土的理想性,[①]其中带有的由圣降凡的元素,也为释迦佛降诞前的身份增添超越凡俗的神圣意味。相较于"降兜率"弥勒欲令正法久住而下生的神圣性,"燃灯佛授记"强调释迦佛前生"誓愿成佛"追求自度度他终极解脱的大乘修道精神。对佛陀前生由"降兜率"转换为"燃灯佛授记"的抉择转变,说明麦积山 133 窟 10 号造像碑将佛陀的降诞原因,从欲令正法久住的神圣下生,转化为追求终极解脱的"成佛誓愿",呈现出其对佛传文本的重诠。

燃灯佛授记是佛陀前生誓愿成佛的求道故事,性质上属于本生;但后世于佛传前添入佛陀前世身份的补充,致使燃灯佛本生成为佛传的附带材料,这是后起的方便诠释。在敦煌莫高窟 61 窟、新疆柏孜克里克第 31、33 窟长形窟的佛传壁画,即有把燃灯佛本生作为佛传附带材料的现象。[②] 此种结合本生阐释佛传的方式有其信仰圣言量神圣性及成佛终极关怀的宗教意义,并非仅仅只为说明佛陀的前生的由来。

(三)"燃灯佛授记本生"的主要情节与图像判读

3 世纪前后西北印犍陀罗地区出现为数可观的燃灯佛授记石刻雕塑。[③] 佛教东传,此故事经中亚传到中国新疆、敦煌、云冈等地,各地以"儒童本生"为核心的"燃灯佛授记"图像,也出现与"阿育王施土""舍卫城神变"等故事图像结合的互文现象。透过各地对燃灯佛授记本生情节抉择与构图的差异,可发现此故事在各地所偏重的佛学特色及艺术表现形式、风格。

据现存汉译佛典所载,"燃灯佛授记本生"故事可分为三类(四种):依释迦佛的前生有男身授记("儒童本生")与女身授记(分"王女牟尼"供灯、"独母"供灯两种及融合两种女身受记的版本)两大系统,以及结合女身"王女牟尼"供灯与男身"儒童本生"两系统为一的版本。

第一,男身受记以"儒童本生"为主,阐述儒童坚定求道而得授记的故事。主要情节有十个:1. 燃灯佛前生与出世;2. 儒童身世;3. 儒童买华;4. 与女为誓;5. 散华虚空、华不着地;6. 衣鹿皮与持水瓶;7. 布发掩泥;8. 授记成佛;9. 腾空合十;10. 顶礼佛足。以现存各地图像表现情节来看,"儒童本生"故事第 3—10 项情节是"燃灯佛本生"图像的主要经典依据,图像表现也最丰富。其中,"散华虚空"与"布发掩泥"尤为判断燃灯佛授记本生的重要

---

① 竺法护译《佛说弥勒下生经》卷 1:"尔时弥勒菩萨,于兜率天观察父母不老不少,便降神下应从右胁生,如我今日右胁生无异,弥勒菩萨亦复如是。"(CBETA, T14, no. 453, p. 421c)
② 承哉熹:《柏孜克里克誓愿画研究》,中国社会科学院研究生院博士论文,2010 年,第 69 页。
③ 笔者"燃灯佛授记"汉译佛典与图像互文性系列研究已发表成果共计四篇,除本篇及注②所引论文之外,另两篇为:《"燃灯佛授记"本生叙事与图像之互文性研究——以汉译佛典故事和西北印、中亚与云冈石窟造像为例》,载《政大中文学报》》2012 年第 17 期,第 158—222 页;《"燃灯佛授记"叙事与图像互文性之系谱考察——以汉译佛典与敦煌、云冈石窟图像为例》,台湾大学"东亚佛教思想文化国际学术研讨会",2014 年 10 月 31 日。

线索。

第二，女身受记多以"女性供灯"而得记，"独母供灯"与"王女牟尼供灯"，主要情节虽不同，但都须透过女性所供养的比丘"间接授记"，方能成就。① "贫女难陀供灯"是融合两种女性供灯而成的版本，不同于前两种女性供灯，贫女难陀得到的是"直接授记"。②

第三，《增一阿含》出现结合女身"王女牟尼供灯"与男身"儒童本生"变形的弥勒受记故事而成的版本。③

本文"燃灯佛授记"图像的定义是广义的范围。广义者包括依前述三类经典文本产生的图像；狭义者仅以依第一类"儒童本生"所绘制者为限。第一类的儒童本生故事情节是现存燃灯佛授记本生图像的重要经典依据。常见的"燃灯佛授记"本生图像表现情节，各地虽有所偏重，共同点是皆以男身受记故事为基底，有固定的表现情节。依情节重要性排列，依序是：布发掩泥、授记成佛、散华虚空、儒童买华、与女为誓、腾空合十、顶礼佛足。第二类及第三类故事虽从献源流考察角度可纳为广义的燃灯佛授记本生，其图像情节表现变极贫乏，虽仅见以"女性持灯供养"单一情节构图，但却是新疆地区所特有的燃灯佛授记次类变形图像。④

二、新疆佛教石窟中的燃灯佛授记图像

历来学者对于流行于古代新疆龟兹、高昌等地的佛教研究成果斐然，分别从史料及出土文献、经律弘传、锦织商业活动、石窟壁画题材内容等各面向深刻探究新疆地区所反映大小乘信仰的现象，既有的共识大抵为：龟兹以说一切有部"唯礼释迦"的小乘信仰占主导地位，高昌、于阗地区流传大乘经律，以其多佛信仰为主。⑤ "燃灯佛授记"的说法在早期佛所亲说经律中已可详见，大乘经典亦不乏引用此说者，乃大小乘所共传之故事。判读此故事在大小乘经的寓意，关键在文献判读合理性。本文试先梳理新疆佛教石窟中"燃灯佛授记"题材的图像表现概况，在前贤丰硕的研究成果基础上，提出一点粗浅的看法。

---

① "独母供灯"主要情节有九个：1.燃灯佛前生与出世；2.独母身世；3.布施比丘麻油膏以供佛；4.比丘得佛记；5.女人五碍不得记；6.发愿济世；7.誓愿自高投下；8.化身男子；9.比丘成佛时为独母授记。见《六度集经》卷6(CBETA, T03, no. 152, p.38—39)等。
② 《贤愚经》卷3(CBETA, T04, no. 202, p.370—371)。
③ "王女牟尼供灯"主要情节有十个：1.燃灯佛前生与出世；2.王女身世；3.满愿建议修三上业；4.牟尼布施；5.老比丘得灯光佛记；6.女人五碍不得记；7.灯光佛出世弥勒持五华供佛；8.灯光佛以神通现二相释疑；9.五华空中化为宝；10.灯光佛授弥勒为释迦文佛记。见《增一阿含经》卷38《马血天子问八政品》(CBETA, T03, no. 154, p.107, a16-p.108, c11)。
④ 莫高窟五代第98窟北壁下之屏风画，《伯希和敦煌图录》黑白图版及《敦煌莫高窟内容总录》。
⑤ 张广达、荣新江：《于阗史丛考》，上海书店1993年版；羽溪了谛著，贺昌群译：《西域之佛教》，商务印书馆1999年版，第102页；贾应逸：《鸠摩罗什译经与北凉时期的高昌佛教》，载《敦煌研究》1999年第1期，第146—158页；霍旭初：《克孜尔石窟壁画与龟兹本土文化》，《新疆大学学报》哲学社会科学版2005年12月，第26卷第4期，第62—66页；广中智之：《慧超所见于阗大乘的戒律》，载《敦煌学辑刊》2005年第4期，第67—76页；李瑞哲：《小乘根本说一切有部经律在克孜尔石窟壁画中的反映》，载《敦煌学辑刊》2006年第1期，第99—106页。

(一) 新疆"燃灯佛授记"图像特色与佛典依据之重审

目前学界所研究的"燃灯佛授记"图像多限定于狭义的"儒童本生"。本文此处所指的"燃灯佛授记"图像,则是依前述广义定义,包含儒童本生、女性供灯。犍陀罗地区是早期燃灯佛授记本生图像的起源地,此后新疆的克孜尔(Kizil)、库木土喇(Kumtura)、托呼拉克艾肯(Tuhulakeaiken)及柏孜克里克(Bezekilik)等石窟也出现以儒童本生为主的"燃灯佛授记"图,前三处石窟为古龟兹(Kucha)重要石窟,柏孜克里克则保存大量古高昌(Turfan)重要佛教艺术文物。尤其,柏孜克里克所见中外学者所称高昌回鹘时期(840—1280年)"誓愿画"中的授记画,施予授记者的身份已不限定为燃灯佛,而是为释迦佛前生修行时各种身份授记过的过去诸佛。另外,贫女供灯图是仅见于新疆地区少见的燃灯佛本生故事的次类型图像表现。

1. 儒童本生

(1) 主要情节:燃灯佛授记、散华虚空、布发掩泥、买花约誓、踊跃虚空

新疆地区所看到的儒童本生故事画的构图有两大类:一、单幅构图,以"散华供佛"或"布发掩泥"为主要表现情节;二、异时同构,在上述两项主要情节外,加入"儒童买华""王女约誓""踊跃虚空、顶礼佛足"等情节。

克孜尔石窟位于现今新疆拜城县克孜尔镇东南,是龟兹佛教石窟中开凿时代最早且保存较完好、规模最大的石窟群。龟兹王室对克孜尔石窟的修造在公元6世纪达到极盛。"散华供佛"与"布发掩泥"是燃灯佛授记图像最常被辨识的情节构图,目前犹保留完整壁画可明确辨认者有3处。

其一,属于克孜尔第二期4世纪中到5世纪末作品的第171窟,主室券顶左侧菱格形儒童本生为单幅构图,儒童以散七朵莲华于虚空供佛表现燃灯佛授记本生。[1]

其二,约修造于公元7世纪的克孜尔第69窟,[2]其主室左壁的燃灯佛授记图左侧及下方虽已残损,但仍清楚可见到异时同构的情节,包含:右上的与女买华约誓、右中的儒童持五茎莲供佛、左上圆形光环的踊跃虚空、顶礼佛足、正中央的立姿燃灯佛授记等五个情节。[3]

其三,库木吐喇第34窟主室右壁的燃灯佛授记图也是异时同构的情节,[4]壁画虽局部漫漶,但仍可依情节发展次第看到左下方王女持华、右上方儒童持五茎莲华供佛、右下方儒童向下伏跪布发掩泥、左上方踊跃虚空、中央立姿燃灯佛侧身授记等情节表现。

---

[1] 《中国新疆壁画艺术》编辑委员会:《中国新疆壁画艺术》(一),新疆美术摄影出版社2009年版,第266页,图237。原图解说称此图为"儒童散华缘",似将儒童本生误解为因缘故事。
[2] 梁丽玲:《〈贤愚经〉与石窟艺术》,载《中华佛学研究》2002年第6期,第53页。
[3] 《中国新疆壁画艺术》编辑委员会:《中国新疆壁画艺术》(三),新疆美术摄影出版社2009年版第85页,图74。
[4] 《中国新疆壁画艺术》编辑委员会:《中国新疆壁画艺术》(四),新疆美术摄影出版社2009年版,第161页,图157。原图解说称此图为佛传,又不同于前述分类为因缘故事。全套图册对"儒童本生""燃灯佛授记"的定位明显并不一致,或由于全套图册作者并非一人,又如本文前述分析,因后人诠释佛传时应用燃灯佛本生,导致两者概念混淆。

从题材情节的抉择及构图表现来看，此三石窟所见儒童本生构图情节重点，除核心构图的中央燃灯佛授记固定不变外，龟兹地区从克孜尔较早期第171窟"散华虚空"单一情节，到克孜尔第69窟、库木吐喇34窟兼采"布发掩泥""买华约誓""踊跃虚空"，乃至"王女卖华"等多情节异时同构的表现，益加丰富而生动。

克孜尔第171窟	克孜尔第69窟	库木吐喇第34窟
儒童本生，单幅构图	儒童本生，异时同构	儒童本生，异时同构

（2）构图情节所依律典：根本说一切有部/上座部—分别说部—法藏部

值得思索的是，前辈学者咸认为古龟兹地区受到根本说一切有部所传经律影响深刻，前述各石窟有关燃灯佛授记图像情节表现丰富，然有部所经律对燃灯佛授记故事的描述却甚为简略。[①] 与有部关系密切的《杂阿含经》及《中阿含经》皆未见燃灯佛本生情节描述。早期经律有燃灯佛授记丰富情节描述者，仅《增一阿含经》与《四分律》。[②]《四分律》为法藏部（Dharmaguptaka）所传，姚秦时从盛行大乘佛教的于阗（Khaotan）传来，由罽宾（Kashmir）沙门佛陀耶舍与竺佛念在长安共译。[③]《增一阿含经》记载燃灯佛授记故事最详，综合男女身授记故事。罽宾地区有部与法藏部并盛。倘若有部的经律传统对燃灯佛授记本生的描述并不丰详，龟兹地区出现燃灯佛授记本生细节的图像绘塑的依据，就不会是有部的经律，而可能来自法藏部的传说。

本文除前述发现之外，也关注近年犍陀罗地区出土的以犍陀罗语写成的法藏部文献手稿，[④]与犍陀罗地区发现燃灯佛授记石刻浮雕不谋而合地印证法藏部于犍陀罗地区弘传，透过出土文献及石刻也得以印证犍陀罗燃灯佛授记图像与法藏部的密切关系。而这

---

① 义净译《根本说一切有部毘奈耶药事》卷15："我初供养燃灯佛乃至宝髻佛以清净心，如是供养七万六千佛。""次见燃灯佛，多闻甚可爱。以七青莲花，作梵志持供。"（CBETA, T24, no. 1448, p. 73, 74）。
② 中外学者如印顺法师《原始佛教圣典之集成》（正闻出版社，1994年版，第464—475页）、榎本文雄《阿含经典の成立》（《东洋学术研究》第23卷第1期，1984年，页93—108）对现存汉译四《阿含》与各部派之间的传承关系，意见分歧；蔡耀明《判定〈阿含经〉部派归属牵涉的难题》（《法光》第111期，1998年版）甚至认为阿含既为各部派口传共法，在众说纷纭且文献证据不足的前提下，判定各部阿含与各部派的明确传承关系实有困难，而勉强将各部阿含系属于某部派，有切割各部派预设彼此不兼容之嫌，反对将四阿含勉强进行归属于单一部派的研究作法。阿含既为佛弟子共法，内容当有共通之处，传承历程中或各自成其系统，笔者也不认同将各部阿含勉强归属于单一部派传承，历时性的口传传统与被定型的个别书面文献记录之间，不宜断然直接等同。不过，即使阿含与部派传承归属问题难解，但就现存文献层面的研究而言，历史文献的内容及语言的表征仍是值得作为探考该文献事实的具体线索。
③ 姚秦时期罽宾佛陀耶舍与竺佛念共译《四分律》详载本文前述分析儒童本生前九项主要情节外，最后仅见于《修行本起经》及《太子瑞应本起经》的"顶礼佛足"，《四分律》亦未载。（CBETA, T22, no. 1428, p. 783-786）。
④ The Early Buddhist Manuscripts Project. University of Washington, Seattle, U.S.A. http://www.ebmp.org/

项发现,同时可用以说明新疆由小乘根本说一切有部信仰主导的龟兹地区,却出现情节复杂的燃灯佛授记情节图像,所依据的经典来源却可能是法藏部的律典。

(3)柏孜克里克石窟:以供养过去佛且誓愿成佛为核心的誓愿画

柏孜克里克石窟是古高昌国所遗留的珍贵佛教文化遗产之一。据村上真完、刘永增及承哉熹的研究,柏孜克里克石窟现行编号第15、18、20、23、31、32、33等窟皆有燃灯佛授记图,三位学者皆将之定义为"誓愿画"。① 誓愿画是以供养过去佛,且誓愿成佛为核心的图像。柏孜克里克石窟第20窟是目前发现单窟数量最多构图相似的誓愿画的石窟。这批誓愿画的核心主尊皆为儒童成佛前累世供养过的过去佛,已不限定于燃灯佛。② 其中,保存较为完整的燃灯佛授记图为高昌回鹘时期(唐西州时期,公元640年至9世纪中叶)的第20窟,以及龙谷大学近期据第20窟修复完成回鹘高昌后期(公元12世纪至14世纪)第15窟的复原图。③ 第20窟由众多护法菩萨围绕燃灯佛授记单幅构图。第15窟则因残损严重而据第20窟修复的关系,情节构图与第20窟并没有很大的差异。第18窟则因为仅剩残存下半部分的"布发掩泥",虽仍得以判别为燃灯佛授记图,但其余情节已无从考究。

承哉熹的解读中,柏孜克里克因为是长方形窟,因空间安排所需的调整,承袭克孜尔第69窟燃灯佛授记图的构图,将常见于佛足下的儒童"布发形象"以圆形光环往左上方安置,并于立佛两侧安排散花供佛情节。④ 此一解读,容有商榷之空间。从儒童本生故事情节与布局空间安排来看,克孜尔第69窟左上方所绘圆形光环中胡跪合十顶礼的儒童,可解读为同时包括:表现为由下而上"欢欣踊跃"解一切法空,得无生忍,"身升虚空",以及"从空中下,到于佛前,五体投地"由上而下恭敬"顶礼佛足"等两个情节。⑤ 光环置于布局上空的虚空中,是因为"欢欣踊跃","身升虚空"的空间安排合理;而之所以特别以光环放光表现的,是得无生忍之后身心轻安,又能随心所欲自空而下,稽首佛足,能上下自在的神通力。此外,"布发"目的既在"掩泥",在构图的布局上,应以贴近地面比上置于空中更为适切。而这点可以在云冈第10窟前室东壁"儒童本生"同时并存"布发掩泥"及右上角"踊跃虚空、顶礼佛足"圆形光环情节可证知。此种构图乃犍陀罗燃灯佛授记造像之旧制,并非中土所独创。现存迦毕试的焰肩燃灯佛授记浮雕造像,除佛足前的布发掩泥情节外,背

---

① 村上真完《西域の仏教——ベゼクリク誓願画考》,第三文明社1984年版;刘永增《柏孜柯里克第32窟誓愿图简述》,载《敦煌研究》2001年第1期。刘文并检讨德国探险家勒柯克(Albert von Le Coq)著、赵崇民中译本《高昌》(新疆人民出版社1998年版)中使用的"说法图"、柳洪亮《柏孜柯里克石窟年代试探》(《敦煌研究》1986年第3期)使用"供养图"之不切当。
② 《中国新疆壁画艺术:第六卷柏孜克里克石窟》载第20窟以《佛本行经》变为主的过去佛授记图还有4种:(1)上名称佛授记图(图101、122)。(2)宝体如来授记图(图113)。(3)帝沙佛授记图(图114)。(4)迦叶佛授记图(图115)。
③ http://www.afc.ryukoku.ac.jp/Komon/bezeklik_HP/index.html. 日本龙谷大学公布对柏孜克里克石窟第15号窟(德国探险队编号4号窟)的修复图。原图残损严重,修复后,佛足左下方被补上儒童布发掩泥情节。
④ 同注11,第69页。
⑤ 天竺三藏求那跋陀罗译《过去现在因果经》(CBETA, T03, no.189, p.620, c26-p.622, c18)。

光内上方左右两侧有对称胡跪合十顶礼姿态的天人,背光下方左右两侧分为是儒童持华供佛及成为菩萨像的儒童。

整体而言,柏孜克里克石窟的燃灯佛授记题材抉择的表现重点与龟兹不同,将龟兹地区儒童本生异时同构的诸多情节中重复出现的儒童转化成持华与诸宝供养及合十赞叹的护法菩萨,构图布局由儒童求道故事的动态情节变化,一转而成诸菩萨欢喜供养、赞叹燃灯佛为"布发掩泥"儒童授记的誓愿授记图。

柏孜克里克第20窟燃灯佛授记图 　　柏孜克里克第15窟燃灯佛授记图（龙谷大学修复图） 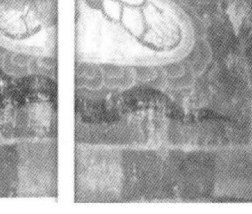　　柏孜克里克第18窟燃灯佛授记图（仅存下部分残图）

2. 贫女供灯:燃灯佛间接授记的次类变形

贫女供灯本生是释迦佛前生曾身为女性因供灯而到燃灯佛间接授记的故事,依此而绘的壁画可视为燃灯佛授记本生的次类变形。独母、王女及贫女难陀等女性供灯的壁画在新疆石窟中虽亦可见,[①]但女性持一灯供佛图像所表现情节单纯较无特殊情节之鉴别度,故所据经本为何较难以判定,唯得以区分出贫女身份在其衣着装束,补丁在无文字解说的图像上确为判定供灯女性身份的重要线索。克孜尔第188窟主室券顶右侧菱格图中有女性供灯单幅构图,画中素衣女子以双手奉持一灯跪姿供佛。此种构图也见于第193窟主室券顶左侧,有一身着补丁之贫女双手奉持一灯(有严重缺损)跪姿供佛壁画,第196窟是约6世纪作品,主室券顶两侧券腹有女性奉持一灯跪姿供佛壁画,托乎拉克艾肯(Tuhulakeaiken)第6窟主室券顶左侧壁画中,素衣女子双手高举,右手奉持明灯跪姿献佛。以上四幅皆是女性持灯供养的单幅构图。

克孜尔第188窟女性供灯 　　克孜尔第193窟贫女难陀供灯 　　克孜尔第196窟女性供灯 　　托乎拉克艾肯第6窟女性供灯

另外,在云冈石窟及麦积山等地出现有关阿育王施土是否可被判定为儒童本生的争

[①] 克孜尔第38、193、224窟的主室券顶两侧券腹;库木吐喇第41窟主室正壁龛上方、第44窟主室券顶左侧;森木塞姆第44窟顶部等处,皆有"贫女难陀施灯"记载,惜无壁画见录于图录。

议,①在新疆石窟壁画的相关研究中,或许讨论的重点一直以来在图像所依经律的大小乘思想判定上,而不是个别图像彼此间的关联,因而被视为两个不同的表现主题。② 整体而言,新疆地区所见儒童本生、女性供灯,及阿育王施土等三类壁画多个别出现,或在表现供养功德,或表现出誓愿成佛的终极关怀,似乎并不像云冈石窟多处可见明显以法华信仰及三世佛思想主导构图的现象。

三、结语

燃灯佛故事虽见于各部派,但法藏部所传及犍陀罗到新疆,其主要造像情节从犍陀罗偏重由布发掩泥的成佛誓愿表现,到龟兹地区同时出现以散华、供灯单一情节表现重视供养功德的小乘信仰特征,也有散华供佛、布发掩泥兼具的异时同构情节表现,呈现龟兹地区虽以有部主导信仰,但在石窟壁画艺术表现上也有兼弘大乘誓愿思想的大小乘融合现象。

目前学界"燃灯佛授记"图像研究多限定于狭义的"儒童本生"。本文依佛典中燃灯佛授记母题的发展,将范围广义定义包含儒童本生、女性供灯。犍陀罗地区是早期燃灯佛授记本生图像的起源地,此后新疆的克孜尔、库木土喇、托呼拉克艾肯及柏孜克里克等石窟也出现以儒童本生为主的"燃灯佛授记"图,前三处石窟为古龟兹重要石窟,柏孜克里克则保存大量古高昌重要佛教艺术文物。柏孜克里克所见高昌回鹘时期"誓愿画",施予授记者的身份已不限定为燃灯佛,而广及过去曾为释迦前生授记的诸佛。贫女供灯图则是新疆所特有燃灯佛授记次类型图像表现。

---

① 李静杰、赵昆雨、苗利辉等多位学者相关争议,以及笔者依于佛典与图像互文现象、法华信仰及三世佛思想三者,判断阿育王施土为燃灯佛授记相关图像之观点,请详注 11 已发表拙稿。
② 梁丽玲《〈贤愚经〉与石窟艺术》一文,即将新疆各石窟中的儒童本生与阿育王施土区分为两类不同主题的图像。

论民族语的口语

澳门大学　侍建国

一、普通话使用现状

普通话作为一个特定概念、一种我国各方言区之间相互沟通的交际语形式,已经存在六十年了;如果就它的早期语音系统而言,从1913年由各省选派代表参加的"读音统一会"算起,政府推行的以北京音为基础的汉语共通语流行至今已有一百年了。这一百年里,四方面的因素对普通话在全国范围内的推广和应用发挥了关键作用:一是"五四"运动以白话文取代文言文,新文学的发展扩大了白话文的影响,巩固了白话文的社会基础;二是1955年开始的全民推广普通话运动;三是电视的普及;四是近三十年来我国工业化、城镇化的快速发展。国家语言文字工作委员会2006年发布的《中国语言文字使用情况调查资料》显示,2000年全国已有超过半数的人能用普通话进行交际。2010年国家语委对河北、江苏、广西三个省(区)的普通话应用情况又进行了调查,结果显示能用普通话沟通的人超过70%(普通话普及情况调查项目组2011:6)。若按第六次全国人口普查13.7亿的数字来计算,2010我国能用普通话交际的人数应为9.5亿。

再看说普通话的人数。从普通话的定义上目前难以确定"说普通话"所指的对象[①],笔者比较三方面的人口数字:一是借鉴海外机构的资料,二是参考我国学者的统计,三是根据政府的人口统计数字推算。维基百科(英语)的资料显示,全球说普通话的人口为11.5亿。根据SIL《民族语言》公布的结果,[②]在近12亿的汉语人口中,以"汉语官话"(Mandarin Chinese)为第一语言的人口有8.4亿。[③] 据我国学者(如袁家骅等2001:22)上世纪的统

[①] 国家语委2000年的语言使用情况调查所用的《调查员手册》将普通话的外延扩展至"带各种口音的地方普通话"(见李蓝,2001:19),这与普通话的定义有较大距离。
[②] 见SIL Enthologue第17版Online version:http://www.ethnologue.com,2013年3月18日。
[③] 这里Mandarin Chinese译为"汉语官话",它跟普通话不完全一致。

计,以官话方言(当时包括晋语)为第一语言的人约占汉语总人口的70%。[①] 将晋语从官话方言中分出去,2000年国家语委的调查数字显示官话区的人口占全国总人口的66.86%,按汉语总人口12.3亿(2000年)计算,[②]以官话方言为第一语言的人数是8.2亿,这个数字跟 SIL《民族语言》公布的以"汉语官话"为第一语言的人口数字接近。由中国社会科学院和澳大利亚人文科学院合作编制的《中国语言地图集》所公布的官话方言人口为6.6亿(根据1982年的人口数字),占全国人口的64.5%;照该比例推算,2000年的官话方言人口应为8.3亿,2010年的官话方言人口应为8.8亿。

以上资料得到2010年跟普通话人口相关的三个数字:以官话方言为第一语言的人有8.8亿,全国能用普通话交际的人有9.5亿,全球能说普通话的人是11.5亿。将这三个数字与全球说英语的10亿人比较,显然,我国的普通话人口数字已经跟全球的英语人口数字相当,而全球说普通话的人超过了说英语的人。

既然普通话是我们自己的语言,就有必要理顺它的语言学性质。以上笔者将普通话人口跟官话方言人口区别开来,旨在说明我国目前的语言实态:官话(Mandarin)作为一种方言,它的人口为8.8亿;普通话作为全国人民的交际语,其使用人口为9.5亿。虽然官话和普通话的英文都可以"Mandarin"称之,但二者在语言学里属于不同概念。根据2000年语言调查中被调查人的主诉(国家语委2006:21),东北地区(辽宁、吉林、黑龙江)有66.9%的人选择"小时候最先学会说普通话",北京市有74.7%。其他省市的情况,内蒙古为33.4%,天津、河北、福建、山东、宁夏、新疆均低于20%,其余省市都不足10%。再看另一组数字:根据《中国语言地图集》的统计(1982年的数字),在官话方言区的八个次方言区里,北京官话区(包括辽宁、河北部分县市以及新疆的北疆片)和东北官话区(包括内蒙古的一些县市)的总人口有1亿,占全国官话方言人口的15%(侯精一2002:5);即使将15%的人都算作普通话为第一语言,全国官话方言人口中有85%的人说的是方言;再将这15%的比例用于2010年全国能说汉语的11.8亿人口,以普通话为第一语言的人口只有1.8亿。[③]

由此可知,虽然我国普通话人口数字相当于全球的英语人口数字,但是普通话作为第一语言的人数不及英语作为第一语言人数的一半。鉴于语言学上的母语概念通常指第一语言,如以我国的国情将第一语言等同母语,我们无法接受以普通话为母语的人只占全国汉语人口极少部分的说法,因为这样做忽略了汉民族长期以来形成的民族语的语音意识,忽视了经过推普实践证明了的方言和共通语之间的言语转化能力。

---

① 20世纪的研究大都将晋语归于官话方言。从李荣、熊正辉、张振兴主编的《中国语言地图集》开始,晋语独立出来,与官话方言并列,这个做法已被学界接受。
② 国家语委2006年公布了10.7亿的汉语人口能用方言与人交谈,占总人口的86.38%。按此比例推算,那次调查的能说汉语的总人口应为12.3亿;减去其中说民族语言的人数6千万,全国以汉语为第一语言的人数应为11.7亿。2000年第五次全国人口普查的结果显示汉族人口为11.6亿。
③ 国家语委2000年"小时候最先学会说普通话"的人数为1.6亿,占全国人口比例的13%。

二、普通话现状跟标准语之间的差距

普通话作为一种特定的言语形式,早在半个世纪前就被严格地定义了。1955 年召开的全国文字改革会议和现代汉语规范问题学术会议上,普通话被明确定义为以北京语音为标准音,以北方话为基础方言,以典范的现代白话文着作为语法规范的现代汉民族共同语。这个定义从语音、词汇、语法三个方面规定了普通话的标准。就这个标准本身而言,词汇和语法标准都有一定的宽松度。先看词汇上"以北方话为基础",北方话内部本身存在一些词汇上的差异,如同属北方话的江淮官话、西南官话、东北官话,它们之间的词汇是不同的,"公马"在东北官话叫"儿马(子)","公牛"在东北官话叫"牤子、牤牛"(侯精一 2002:14)。词汇上有差异是可以理解的,因为词汇是语言里最活跃的成分,它需要不断地从其他方言吸收词语充实自己。再看普通话的语法标准——以典范的现代白话文着作为语法规范。从半个多世纪的全民实践看,这一语法标准实施起来还是比较宽松的,具有相当的灵活性,一般只要符合北方人的说话习惯,就是可接受的语法形式。普通话的语音标准却非常严格,"以北京语音为标准音"指以北京话的语音系统为标准,不是把北京话的一切读音全部照搬。普通话的语音标准不但没有像词汇和语法标准那样具有一定的宽容度,即使就地点语音而言,它还排除了北京音的一些地方特色,所以作为规范的普通话不是北京话。

根据定义,普通话不但指现代汉语的书面语,也包括口语。显然这个口语语音应该指书面语的诵读,不是日常生活口语,因为书面语规范跟口语规范不是一回事。从西方语言的标准化历史看,选择一种书面语比较简单,如早期各罗曼语民族将拉丁语作为书面语,而各自的口语规范则是长期的、自然形成的历史过程,不是"一蹴而就"的。汉语书面语的规范两千年来一直存在,它就是各个时代的正式语体。而汉民族的口语规范在 20 世纪前未有政府认真推行过,但约定俗成的正音正读并未中断过,只是其约束力有多大,无法获知。

此外,普通话定义的语音规范属于国家标准,对于全民的口语,却无法要求全民口语交际也达到这个语音标准,因为熟练掌握一种语音系统不是一件容易的事,也不是人人都能做到的。以德语为例,德语经过五百多年的标准化至今只有很少一部分(大概全国人口的 20%)的德国人将标准德语作为母语(Mattheier 2003:237—238),而能说标准音的人口可能更少(Davies & Langer 2006:118)。[①] 德语词有丰富的形态变化,标准化工作主要在正

[①] 德语标准化从 15 世纪的城镇化开始,到 16 世纪基督教改革运动的领袖马丁·路德以东中部德语方言(East Central German)的区域书面语翻译德语版《圣经》,使得该区域书面语成为一种超区域的书面语,路德称之为"语言模范";再到德国印刷中心(如 Saxony、Leipzig 等地)所采用的语言形式,后期再加上规范语言学家的推广而形成(见 Davies & Langer 2006:74)。现代标准德语的发音最接近德国北部城市中受过教育的中产阶层的语音。从语言结构上,现代标准德语的词汇、语法、音系主要来自高地德语方言,而标准音的语音特点(phonetic details)却更多地受到低地德语方言(指德国北部——笔者注)的影响(见 Barbour & Stevenson 1990:50)。

词法（orthography）和语法上，不在发音上。作为音素文字的德语经过五百年的标准化尚且如此，作为表意文字的汉语，要为人民大众的汉语口语发音设立较高的门槛，这无疑对国家和个人都是一项艰巨工程。

基于目前我国汉族人中超过七成人的语言习惯是方言和各地普通话并用的现状，为了让目前流行的普通话有别于已被定义的普通话，本文主张把前者叫作"普通话变体"。笔者（侍建国、卓琼妍 2013:84）曾提出目前的国家语言有两种形式：一是它的标准形式，一是它的通用形式，后者也是全国汉族人民广泛使用的言语形式。"普通话变体"是国人学习国家标准语的一种自然产物，它是近百年来汉语各方言区的人尝试将民族语书面形式转化为口语的必然结果。但这种全民口语形式一直被视为有缺陷的言语形式，其名称有"不标准的普通话""发音不准的普通话""带地方口音的普通话""方言普通话""大众普通话"等等，它流行至今仍没有自己的学术地位。

三、汉民族语言"和而不同"

汉语大家庭里一直存在着一个特殊现象：两千多年来中华民族在不同区域流行着不同的方言口语，但整个民族的书面语（包括它的读音）在一定的历史时期内基本上是统一的，其书面语音是超方言的。两千年来书面语的读音也随着时代而变化，它的名称亦不断变化，最早叫"雅言"，后来叫"通语"，此后在"雅言"或"雅音"之前冠以地名如"洛阳音""金陵音""中原雅音"，明清时称"官话"，清末称"国语"，现在叫"普通话"。汉民族的本族语两千多年来一直延续着两种形式：一为摇篮里学会的言语形式，可称方言、母语（mother tongue）；一为接触启蒙读物时的文字语言形式，可称民族语（ethnic language），或者民族语的书面形式。[①] 母语指各方言区自己的方言口语，民族语是整个民族的、主要以汉字表达的语言形式。[②] 因此，汉民族的本族语能力不仅来自于对民族文化的认同感，也来自每个人的母语（方言）能力。汉语的母语和民族语之间存在着语言结构上千丝万缕的联系，可从三个方面分析汉语方言的民族语性质。首先，民族语不仅是书面的，也是语音的，"雅言""通语""官话"等是历史上汉民族语语音的先后名称，这种语音形式是儿童在接触了汉语的文字形式后学会的。其次，从时间顺序上最初获得的语言形式是第一语言，对汉族人来说通常为自己的方言；而方言与共通语之间在语言各要素上都具有较严格的对应关系，它们在语言结构上的对应性远远大于西方各语言之间的亲属关系，如日耳曼语族的德语和英语之间的对应，罗曼语族的意大利语、西班牙语、葡萄牙语之间的对应（Chao 1947:

---

① 本文"母语"不同于"民族语"的概念也参考了英国作家、语文学（philology）教授约翰·托尔金（J. R. R. Tolkien）的"native language"不同于"cradle tongue"的观点，他在 1955 年的一次就职演讲中提出（见 Tolkien 1955/1963:36）。他的"native language"指不同于第一语言（cradle tongue）的、由本族传承下来的语言能力。

② 香港人的母语和民族语意识与内地人不同是有历史原因的。在近一百五十年的英国殖民统治下，港人的日常口语是粤语，中文书面语也是粤语语音，所以老一辈的港人有很多虽然受过中文教育却不会说一句普通话。

5)。以汉语音节中辨义功能最突出的声调为例,与北京话邻近的天津话,其声调的对应简直能够"举一反千";远一点的如武汉话,以同样方式类推也是对的时候居多(赵元任1929/2002:254)。① 再次,在汉语方言和民族共通语长期并存的过程中,形成了不少日常词语有两种读音,一种是母语读音,一种是民族语读音,如扬州话的"街"可读[kɛ]或[tɕiɛ],前者为母语音,后者为民族共通语音。此外,每个上过学堂的人都有说民族语的欲望和能力,它反映了个人的民族语言能力。一个人能否在短期内有能力将方言要素转化成民族语要素,也决定于他的方言跟民族语在语言结构上是否相近。统一的汉语书面语在中国已经延续了两千多年,这无疑是提高各方言区人民的民族语口语能力的一个有利因素;将"普通话变体"作为当今汉民族语的口语,等于在民族语跟各种方言之间架起一道桥梁,极大地便利说方言的人通过语言要素的转化说出口语化的民族语。

四、"普通话变体"的语言学性质

汉语方言区的人所说的带方言口音的普通话,以往被称为"地方普通话"。不少学者关注过它,也做了不少分析,但这些研究大都把"地方普通话"定性为第二语言学习过程的中介语(inter-language)。中介语是二语习得理论的术语,它指第二语言学习者自己形成的一种发展目标语的能力,它会将第一语言的规则不适当地运用于目标语,产生不合目标语规范的偏误。我国学者近几十年来也开始注意方言区的人所说的带区域特征的"地方普通话"这一言语形式,②并将这种带方言口音的普通话与标准普通话比较,分析当地人在学说北京语音时易犯的语音错误。比如陈章太(1983:405)在分析普通话口语的第三等级(最低级)时说这种普通话带有较浓的方言色彩,作者从语言规范的角度对"地方普通话"提出了具体的衡量指标:语音上不合《汉语拼音方案》规定的不应超过 6 项,词汇上不应超过所用词汇总数的 7%,不规范的句子不应超过所说句子总数的 6%。他虽然承认不同方言区的人使用这种普通话彼此都能听懂,但还是把它定性为不合规范的学习偏差。陈建民、陈章太(1988:115)以社会语言学观点对"地方普通话"提出新的界定——过渡语,认为它属于我国交际语言的一种形式,"是方言向普通话过渡的产物","是介乎方言与标准普通话当中的过渡语,在推广普通话中起到积极的作用"。

还有另一种对中介语的解释,认为地方普通话"实际是一种中介语,一头联系着标准

---

① 赵元任曾发表《矫枉过正的国音》的文章批评当时的所谓国音速成"诀窍",有时"不是矫枉过正,乃是矫枉矫到隔壁儿去了"(赵元任 1935/2002:453),那是赵元任批评在缺乏标准音的环境下"太早就做了太笼统的结论,结果就变错了"的急于求成倾向。在大力推广普通话六十年后的今天,对于标准音多数国人虽未能"耳熟能详",却也是"兵家儿早识刀枪"了。
② 其实"地方普通话"的概念早已有之。王力曾提到的上海普通话、广东普通话就属于区域普通话(王力 1954/1980:25—26)。因那时以方言冠名的普通话缺乏标准话基础,缺乏全民参与的社会环境,因此半个世纪前的"方言普通话"跟目前作为中介语的"地方普通话"属于不同时代的不同概念。

普通话,一头联系着方言"(李蓝2001),但这种言语形式是地方普通话还是接近普通话的方言,难以界定。国家语委2000年对语言调查员的指导是"两层皮,一刀切",所谓"两层皮",指说话人的地方普通话跟说话人的方言在音系上已经形成明显差别,属于两种音系;"一刀切"指"不管这种普通话规不规范,只要音系已基本转换成普通话的声韵调,就算是普通话"(李蓝2001:19)。

目前,有学者从另一角度观察"地方普通话"的语言性质。劲松、牛芳(2010)对长沙人戏称的"塑料普通话"进行了调查,发现在高学历的年轻群体中流行一种长沙普通话——固化的地方普通话,并认为它与一般的长沙普通话有本质的不同。① 研究者发现这个群体能熟练地使用较标准的普通话,但在公共场合主要使用固化的长沙普通话。说话者认为这种"地方普通话"可凸现地域身份和社会地位,并且在公共场合运用能够产生区域认同感和友好感。显然,这个观点跟20世纪主要将"地方普通话"归属有缺陷的不标准形式而让说话者"自惭形秽"的看法存在本质上的不同。虽然研究者仍将这种言语形式归为固化的中介语,其实它已经超出了中介语的范畴,因为中介语不包括已经掌握了目标语却仍坚持使用有偏误的形式。

以上固化的长沙普通话代表了"地方普通话"的一种极端,它显示会说标准普通话的高学历年轻群体在本地的公共场合选择说带地方特色的普通话;此外还存在另一种极端,即从未受过普通话训练并且在上学期间老师都用方言授课的低学历(初中)中年人在跟外地人交际时所使用的言语形式。李慧(2013)对两个江苏泰兴人跟两个外地人(江苏盐城)之间半小时的一段自由交谈录音中发现,这两个泰兴人的言语形式可称为"泰兴方言交际语变体",这种方言变体的语音特征主要是"沿用"泰兴方言语音,如果说话人注意到方言与民族共通语的差别,也会自发地向共通语转化,如泰兴方言[v]声母的转化,说话人犹豫在零声母(对应于共通语)和[v]声母之间。该调查显示这两个说话人受到共通语的耳濡目染而能够以"沿用"和对应手段将方言向共通语转化,②说话人接触共通语越多,对应性转化也越多。③ 笔者认为,这两人所采用的沿用和对应手段反映了说话人的方言和民族语口语之间的音系关联。

因此,汉语标准语跟全民交际语之间的差距主要在语音上,词汇和语法的差异不大。相似的观点鲍明炜(1955/1980:42)也说过,当时他根据汉语书面语的形成和发展大胆提出"标准语问题实际上只是标准音问题"。笔者在此基础上进一步提出:鉴于方言语音和共通语语音并不对立,在汉语标准语大力推行了六十年后的今日,在普通话已经基本普及的情况下,现在到了容纳国家语言的区域变体和场合变体的时候,场合变体指不同场合

---

① 劲松、牛芳(2010:46)认为一般的长沙普通话使用者还未掌握标准的普通话,所以语音偏差因人而异,缺乏一致性;而固化的长沙普通话在语音上一致性很高,与标准普通话的相似度也高。
② 赵元任(Chao 1947:5)把这种能力叫作"从他人那儿学得"(原文是"picking it up" from people who speak)。
③ 李蓝(2001:19)在分析"两层皮,一刀切"的做法时也说,"一刀切"还要参考说话人的文化程度、职业、生活经历等方面,这些方面都影响说话人从方言音系到普通话音系的转化能力。

(正式场区域变体指说话者所在的方言区域内流行的"普通话变体",如粤港澳地区的"普通话变体"就是一种普通话的区域变体到随意场合)所使用的普通话变体,如两个不同方言区的人日常生活的简单对话就是很随意的场合,它也包括一个能说标准语的人跟家人、朋友的对话。① 汉语语音标准化其实就是一个实现跨区域、多场合交际的过程。一个人的民族语口音越接近标准音,其跨区域交际和多场合交际的能力就越强。

"普通话变体"的具体形态有待调查各方言区的情况后才能确定,但某些方言跟共通语之间的语音转换研究已经显示"普通话变体"的音系特征,如汉语语音合成的研究者利用五度字调模型很早就够合成从北到南多种方言的单字调(杨顺安 1987:145),目前已有研究者成功地使用五度字调模型实现从普通话到许多北方方言的转换,如兰州方言单字和双字的转换结果"非常理想",虽然语句转换的结果相对低一点,也达到了"平均意见得分"MOS(Mean Opinion Score)的 3.55 分(梁青青等 2010:624)。②

再比较"普通话变体"与中介语的差异。必须承认,"普通话变体"的某些特征与中介语确实存在相似之处,如"普通话变体"有母语规则的负迁移,也会发生民族语规则的不适当运用,即所谓"矫枉过正",这些相似点使得"普通话变体"看起来跟中介语一样。但是,如果从语言性质上把"普通话变体"归为中介语,那就忽略了汉语长期以来形成的母语和民族语之间既区别又相关的语言属性。笔者从五个方面提出当今汉民族本族语观所反映的"普通话变体"跟中介语具有本质的不同。

第一,中介语理论只注意第一语言与第二语言的差异性,不考虑二者的相关性。"普通话变体"重视母语和民族语之间的相关性,同时也看到二者的差异性;相关性主要体现在词汇和语法上,母语的词汇和语法大部分跟民族书面语一致,说话人只要接受过初等教育,他们对于民族语的词汇和语法就有一定的信心,对言语表达的得体性也能把握。

第二,中介语完全是一种个人行为,它跟个人的学习策略、交际策略有关。比如学习者用目标语对某个话题进行交际时,如果发现自己这方面的词汇不够,可能采用回避策略、改换其他话题;也可能加插几个第一语言的词汇,希望对方能理解自己的意思;还可能用自创的短语来代替自己不会的词,如不会说英语的"爷爷",就以"爸爸的爸爸"代替。"普通话变体"的交际策略没有这么多样性,它毕竟是说话人的民族语,词汇和语法一般不会成为交际的主要障碍,只是发音上带有区域特色。

第三,如果将"普通话变体"的民族语规则过度运用跟中介语对于目标语规则的过度运用相比较,可以发现二者的"过度运用"性质不同,前者是说话者将民族语书面语的单字

---

① 场合变体是一个普遍的言语现象。拉波夫(2012:13—14)比较美国前总统奥巴马在三种不同言语场合里"尾 g 省略"的变体,发现奥巴马从最正式的场合(民主党全国大会的接受总统提名的发言,有讲稿),到正式讲话的场合(一次父亲节仪式上回答记者的政治性提问),再到随意场合(父亲节在白宫草坪烧烤时跟大厨 Bobby Flay 的聊天),其"尾 g 省略"的情况成比例增长,最正式的场合"尾 g 省略"只有 3%,正式讲话里出现 33%,随意场合里竟出现 72%。

② 5 分代表转换结果和实际语音基本一样,1 分代表转换语音和实际语音几乎不一样。

音转换成口语音时出现的问题,后者是说话者对自己不熟悉的语言规则(或者有限的语言知识)的随意推测。因为中介语的第一语言和目标语之间通常不存在规则性对应,中介语对于目标语规则的"过度运用"是说话人的无规则推测,其结果大多是不正确的。

第四,中介语不涉及说话者的区域身份,并且会觉得说有偏误的言语形式低人一等;"普通话变体"则跟区域身份认同息息相关。

第五,"普通话变体"在语音上时时显示方言口语的书面语化特征,笔者称之为母语的民族语口语化。其书面语化的语音特征主要反映在两个方面:一是文读性,二是单字性。文读性体现在,如有文白异读,"普通话变体"一般用文读音,如泰兴的"普通话变体"将"家"说成[tɕia]^{21},而不用口语[kɑ]^{22}。此外,泰兴话口语里古全浊声母的清化规律为不论平仄一律送气,而两位被调查人的泰兴"普通话变体"却是平声送气、仄声不送气,跟泰兴话的文读音一致。"普通话变体"书面语化的单字性特征还反映在口语词的连字调大致消失,单字常常以介于方言字调和普通话字调的形式转化。

最后解释"普通话变体"的名称。"地方普通话"虽然属于一种普通话,却已被冠以"不标准""不规范",此外"地方普通话"不能包括普通话的场合变体;而带具体地名的某某普通话,如"上海普通话""广东普通话",无法代表当地人的民族语意识。"普通话变体"可视为汉民族的民族语形式之一,是共通语的区域变体,[①]名称上它没有取代标准或者自我标准的意思。"普通话变体"一方面表示它属于国家标准语在各个区域和不同场合的变体形式,在语音和词汇上带有一些方言特色;另一方面它以区域变体形式在一定的区域内流行,受到当地人的认可和接受。

参考资料

[1]鲍明炜:《略论汉族共通语的形成和发展》,载《中国语文》1955年6月号;转引自胡裕树主编:《现代汉语参考资料》(上册),上海教育出版社1980年版,第41—49页。

[2]陈建民,陈章太:《从我国语言实际出发研究社会语言学》,载《中国语文》1988年第2期,第113—120页。

[3]陈章太:《略论汉语口语的规范》,载《中国语文》1983年第6期,第401—408页。

[4]国家语言文字工作委员会:《中国语言文字使用情况调查工作总结报告》,《中国语言文字使用情况调查资料》,语文出版社2006年版,第360—365页。

[5]侯精一主编:《现代汉语方言概论》,上海教育出版社2002年版。

[6]劲松、牛芳:《长沙地方普通话固化研究》,载《语言文字应用》2010年第4期,第41—49页。

---

① 从这个意义上"大众普通话"体现了普通话的使用性质,但其修饰语"大众"具有排他性,好像不加修饰语的普通话就不具有大众性。

[7] 李慧:《泰兴方言的交际语变体研究》,澳门大学中文系硕士学位论文,2013 年。

[8] 李蓝:《"中国语言文字使用情况调查"中的汉语方言问题》,载《毕节师范高等专科学院学报》(综合版) 2001 年第 4 期,第 16—21 页。

[9] 梁青青、杨鸿武、郭威彤、裴东、甘振业:《利用五度字调模型实现普通话到兰州方言的转换》,载《声学技术》2010 年第 6 期,第 620—625 页。

[10] 普通话普及情况调查项目组:《普通话普及情况调查分析》,载《语言文字应用》2011 年第 3 期,第 2—10 页。

[11]《河北省普通话普及情况调查分析》,《语言文字应用》2011 年第 4 期,第 2—12 页。

[12]《江苏省普通话普及情况调查分析》,载《语言文字应用》2012 年第 1 期,第 28—35 页。

[13] 侍建国,卓琼妍:《关于国家语言的新思考》,载《语言教学与研究》2013 第 1 期,第 80—88 页。

[14] 王力:《论汉语标准语》,载《中国语文》1954 年 6 月号;转引自胡裕树主编《现代汉语参考资料》(上册),上海教育出版社 1980 年版,第 23—40 页。

[15] 杨顺安:《五度字调模型在合成汉语语音中的应用》,载《方言》1987 年第 2 期,第 142—147 页。

[16] 袁家骅等:《汉语方言概要》(第二版),语文出版社 2001 年版。

[17] 赵元任:《北平语调的研究》,中华书局 1929 年版;《赵元任语言学论文集》,商务印书馆 2002 年版,第 253—272 页。

[18] 赵元任:《赵元任语言学论文集》,商务印书馆 2002 年版,第 449—453 页。

[19] Barbour, Stephen and Patrick Stevenson. 1990. *Variation in German*: *A critical approach to German sociolinguistics*. Cambridge: Cambridge University Press.

[20] Chao, Yuen Ren. 1947. *Cantonese Primer*. Cambridge: Harvard University Press.

[21] Davies, Winifred V. and Nils Langer. 2006. *The Making of Bad Language*: *Lay Linguistic Stigmatizations in German*: *Past and Present*. Frankfurt: Peter Lang GmbH.

[22] Mattheier, Klus J. 2003. 'German' in Germanic Standardization: Past to Present. Edited by Ana Deumert and Wim Vandenbussche, Amsterdm/Philadelphia: John Benjamins Publishing Company. pp. 211-244.

[23] Labov, William. 2012. *Dialect Diversity in America*. Charlottesville: University of Virginia Press.

[24] Tolkien, J. R. R. 1955/1963. 'English and Welsh', in Angles and Britons (O'Donnell Lectures). 1963. Cardiff: University of Wales Press. pp. 1-41.

论朱淑真之民俗词

韩国外国语大学　金贤珠　李秀珍

一、序言

朱淑真(约1135—1180),自号幽栖居士,钱塘(今浙江杭州)人,是南宋初期充满悲剧色彩的一位女词人。今存《断肠集》1卷,有诗337首,词32首。关于朱淑真生涯记载的最初史料是宋代魏仲恭《朱淑真断肠诗集序》,但没有谈到她的籍贯,生卒年代。明代田汝成的《西湖游览志余》比较全面的记述了她的生涯,尤其是卷十六《香艳浓语》中详细地记载了她贯籍、婚姻、恋情方面的内容。黄嫣梨的《朱淑真研究》记述了她的籍贯[①],也在学术得到了比较多的认同。

清代康熙十年(1671)王士祯在京师发现朱淑真的《璇玑图记》之后,人们关于她的生平比较一致。《诗大序》:"诗者,志之所之也,在心之为志,发言为诗,情动于中而形于言。"[②]从中可以知道她善于诗词书画。因为自身的婚姻不幸,朱淑真抒写出情感历程及闺阁女子的深微细腻的情思与自我,写的发乎情,本乎意,自然坦率,实真表达了自身不幸婚姻经历引起的悲剧生活,给人一种深刻怜悯的情感。

历代文学者对朱淑真作品的评价如下:

① 魏仲恭:"清新婉丽,蓄思含情,能道人意中事,岂泛泛者所能及!"[③]

② 陈廷焯:"朱淑真词,风致之佳,情词之妙,真可亚于易安。"[④]

③ 况周颐:"淑真清空婉约,纯乎北宋。易安笔情近浓至,意境较沉博,下开南宋

[①] 田汝成《西湖游览志余》卷十六云:"钱塘人。幼警慧,善读书,工诗,风流蕴藉。"(东方出版社2012年版,第216页)

[②] 陈霆《诸山堂词话》卷二:"朱淑真才色冠一时,然所这非偶,故形之篇章,往往多怨恨之句。"冀勤辑校:《朱淑真集注》:"自古佳人多薄命,岂止颜色如花命如叶耶! 观其诗,想其人,风韵如此,乃下配一庸夫,固负此生矣。"

[③] 冀勤辑校:《朱淑真集注》,中华书局2008年版,第12页。

[④] 陈廷焯:《词坛丛话》,上海古籍出版社1987年版,第345页。

风气。"①

④ 吴衡照："言情以雅为宗,语丰则意尚巧。"②

基于上述评价来概括她的词品是清新、清空、婉丽、婉约等。她的作品生动地反映了她的自我与情感历程,表现了闺阁女子的深微、细腻的情思。

民俗词是宋代词人创作的重要题材,是以时令节日、民俗风景为表现对象的一类词作。宋代的民俗词对于节物的描写不仅仅注入了自己独特的人生感悟和人格精神,而且呈现出时代烙印,从中体会到生活习尚、民间流俗等。

本章从节庆如一年分为春、夏、秋、冬,四季节来分析朱淑真的民俗词内容及作者的心态与情感。

二、民俗词内容分析

王国维评朱淑真词为"言情则沁人心脾,写景则豁人耳目,其写景也必豁人耳目,其词脱口而出,无矫揉妆束之态。"她的词作虽然局限在个人的生活,题材单调,多以咏梅、梨、柳、雪等物来抒写现实的不幸,其内容单薄、感情柔弱,但是从女性独特的角度去深考审美,表现了独有的艺术魅力。

唐圭璋《全宋词》存其词25首,另存疑词7首,共32首。本章据《全宋词》存词25首为标准。下面从春、夏、秋、冬四季节来分析。在《全宋词》25首中咏春词有17首。其内容为《浣溪沙·清明》《生查子》《谒金门·春半》《江城子·赏春》《减字木兰花·春怨》《卜算子·咏梅》《眼儿媚》《鹧鸪天》《清平乐》《蝶恋花·送春》《点绛唇·冬》《菩萨蛮·木樨》《菩萨蛮·咏梅》《念奴娇·又》《月华清·梨花》《西江月·春半》《阿那曲》,咏夏为《清平乐·夏日游湖》1首,咏秋为《菩萨蛮·秋》《菩萨蛮·秋》《鹊桥仙·七夕》3首,咏冬为《忆秦娥·正月初六夜月》《点绛唇·冬》《念奴娇·催雪一、二》4首。

在《中国民俗学通论》上说民俗的"民"不应指"乡民"或"农民",也不应指"社会底层"或"原始民族",而应该涵盖一个国家或民族的全部成员。而"民俗"之"俗"是指社会生活中一切具有约束、规范人们行为的文化现象。③ 从中可以看到民俗是从古到今一直流传的传统民族精神与社会习俗。

宋代民俗词一般分为元旦、元宵、立春、上巳、寒食、清明、端午、七夕、中秋、重阳、冬至、腊日、除夕等节日。

朱淑真词从季节分析看,涉及"梅""柳""梨花""梧桐""雪"的独有季节性的情景与"清明""寒食""七夕"等节日。古人论词,有"作词之料,不过情景二字"之说,又以为"二

---

① 况周颐:《蕙风词话》,人民文学出版社2006年版,第71页。
② 吴衡照:《莲子居词话》卷二。
③ 陈启新:《中国民俗学通论》,中山大学出版社1996年版,第17页。

字亦分主客,情为主,景是客",情景交融是古代文学论的一贯主张。朱淑真的词情景相合,以情为主,情中有景,景中有情。从外在的情景入手表达女性对自然的特有心理体验与审美艺术特征。这些词清新婉约、悲已情结、凄惨悲苦。

下面选几首四季节庆的民俗题材词进行梳理,分析其内容及作者的心态与情感 。

1. 春

《浣溪沙·清明》
春巷夭桃吐绛英。春衣初试薄罗轻。风和烟暖燕巢成。　　小院湘帘闲不卷。曲房朱户闷长扃。恼人光景又清明。

这是描写清明节的词。在宋代过清明有郊游、玩乐、扫墓的习俗。上阕描写清明时节满街盛开着艳丽争春的桃花,到了仲春,罗衣也薄轻了,燕子欢快的忙着双双筑巢,抒写自己轻松爽快的心情。下阕描写面对清明节日的春光,她丝毫没有去观赏的心情,院子里的珠帘依然不卷,红色的大门也还在锁着,女人躺在连珠帘里边,抒写困守在封建社会没有自由的自己,独自哀叹自己年华渐去而婚姻不幸,没有做好家庭的悲愁情结。

《生查子·寒食不多时》
寒食不多时,几日东风恶。无绪倦寻芳,闲却秋千索。　　玉减翠裙交,病怯罗衣薄。不忍卷帘看,寂寞梨花落。

《生查子·寒食不多时》是寒食节的民俗词。在宋代,过寒食节盛行踏青、扫墓的习俗。上阕前句描写暮春的景色,委婉的表达作者悲凉的心态,下阕是描写看自己愁的身体瘦削到弱不胜衣,不忍心卷起珠帘看像她一样寂寞的梨花落下地。"不忍卷帘看,寂寞梨花落"中梨花的落地表达了自身生活的孤单与寂寞,情感丰富、委婉的描写了自身婚姻不幸而带来的孤独和悲凉的心情。

2. 夏

《清平乐·夏日游湖》
恼烟撩露,留我须臾住。携手藕花湖上路,一霎黄梅细雨。娇痴不怕人猜,和衣睡倒人怀。最是分携时候,归来懒傍妆台。

这首是抒写在西湖边上游览的一对情人的愉快心情及依依不舍的复杂心情。上阕前句描写在烟雨蒙蒙地初夏湖边上与情人遇见,再叙述与情人一起在湖边赏莲花时忽然下细雨。下阕前句女主人公不顾别人的眼光,大胆奔放地在情人的怀里睡着,最后结句描写了与情人离别难受,无法忍受的心情。尤其"娇痴不怕人猜"句,吴衡照评"'易安眼波才动被人猜',矜持得妙。她'娇痴不怕人猜',放诞得妙。均善于言情",真是"我手写我心"的态度表达自己的情感。

朱淑真的词作大部分是以哀怨忧伤情调为主,但此首是个例外,词中大胆奔放、充满热情、直率地描写了一对恋人幸福的生动情景。词中"娇痴不怕人猜,和衣睡倒人怀"句,写出了大胆追求理想的爱情。

3. 秋

《鹊桥仙·七夕》
巧云妆晚,西风罢暑,小雨翻空月坠。牵牛织女几经秋,尚多少、离肠恨泪。
微凉入袂,幽欢生座,天上人间满意。何如暮暮与朝朝,更改却、年年岁岁。

这首借牛郎织女的传说故事,描写七夕的情景,表现女人的痛恨与欢情。

在《全宋词》中以七夕为题者有 62 位作家的 108 首,其中女作家有李清照、朱淑真、严蕊三首。①

上阕前句描写秋天刮着清凉的西风,下小雨的七夕夜景。后句是借牛郎织女的传说抒写自己思念情人的心态。下阕前三句是清爽的凉风,轻轻地吹动人们的衣襟,大家忘掉过去热烈的夏日。七夕夜晚牛郎织女鹊桥相会,地上的人们开心地过节。结句"何如暮暮与朝朝,更改却、年年岁岁"中的重叠词,强烈抒发了像牛郎织女一样的自己与情人的离愁别恨,愿与情人永不分离,但现实是不如意的。朱淑真坦率地抒写夜深秋凉的美好气氛与情人永不分离的情感。

4. 冬

《忆秦娥·正月初六夜月》
弯弯曲,新年新月钩寒玉。钩寒玉,凤鞋小儿,翠眉儿蹙。　　闹蛾雪柳添妆束,烛龙火树争驰逐。争驰逐,元宵三五,不如初六。

这首是描写正月初六夜新月的热闹、美好气氛的夜景。

上阕前句描写大家都忽视"新月",但是伤心的自身看见"新月"却感到爱惜。从"钩寒玉""凤鞋小儿""翠眉儿蹙"生动的描写"新月"的形象。下阕描写正月初六夜晚里热闹的城市夜景,抒写这天夜晚妇女打扮鲜艳出去看烛龙火灯等的情景,大家都在享受这夜晚。

---

① 谢樯:《宋代女性词人群研究》,湖南人民出版社 2010 年版,第 263 页。

三、朱淑真民俗词之言语特征

宋词是继承晚唐五代的词风发展而来。虽然两宋时期有民族内部纠纷,但因社会发展经济繁荣,人们重视文化与艺术方面的发展。宋词正是这样的条件下发展并渐渐巩固了在文学上的地位。词坛扩展了研究的领域,宋词表现感情丰富、体裁广义,达到了鼎盛期。

朱淑真词常涉及"梅""柳""梨花""梧桐""雪"等自然题材,表达"伤心""留情""孤独""高洁的理想"等作者自身的心思与情感。她在吸取前人的语言上融合生动的民间口语入词,善于用典故抒写情感。尤其是分析她作品能看到与北宋的时期的作家秦观、柳永、周邦彦的词风一脉相通,尤其是受秦观影响较大,所以作品写的意象很相似。这些词清新婉约、凄惨悲苦,可以说她的词的特点也是婉约派的特点。

在春词《生查子·寒食不多时》,《浣溪沙·清明》中采用"梅花""柳""梨花""燕子"描写春天的典型意象与自身的爱情不幸,表达悲愁情结的心情。

在夏词《清平乐夏·日游湖》中,描述了一对情人游西湖时的愉快心情及依依不舍的复杂心情。值得注意的是"娇痴不怕人猜,和衣睡倒人怀"句描述了女主人公的大胆举动,表达了追求理想爱情的决心。

秋词《鹊桥仙·七夕》描写了七夕夜深秋凉的美好气氛与情人永不分离的情感。在《全宋词》中以七夕为题者有 3 位女作家,其中一位是朱淑真。

冬词《忆秦娥·正月初六夜月》描写了正月初六夜晚的热闹、美好气氛。通过这些词的风格可知道她的词都表达因爱情不幸而受到委屈的软弱的闺阁女子的深微、细腻的情思。

四、结语

朱淑真是南宋初期一位女作家。关于她的籍贯、生卒议论纷纷,但是据她的作品及研究资料,可以定论其籍贯是钱塘(今浙江杭州),生在南宋初期。

谭正璧在《中国女性文学史》中写道:"宋代女词人以地位著名的,有魏夫人与孙夫人;以作品著名的,有李清照、朱淑真、吴淑姬、张玉娘,被称为四大词家。"

她在文学史上有一定的地位与成就。今存《断肠集》1 卷。她的词在世时得不到认同,死后经魏仲恭等人编辑逐渐得了名声。

从民俗词的节庆来分析朱淑真词,作家涉及"清明""寒食""七夕"等节庆。在春词《生查子·寒食多时》《浣溪沙·清明》中采用"花""柳""梨花""燕子",描写春天的典型意象与自身的不幸爱情、悲愁情结。

她的词在文学史上得到后人的称赞与推许,她在客观上开阔了女性文学中新的一个领域,推广了女性文学,大幅度提高了女作家的知名度。

参考资料

[1]朱淑真:《断肠诗词》,上海大达图书供应社1934年版。

[2]张璋,黄畲校注:《朱淑真集》,上海古籍出版社1986年版。

[3]冀勤辑校:《朱淑真集注》,中华书局2008年版。

[4]黄嫣梨:《朱淑真研究》,上海三联书店1992年版。

[5]张显成等编注:《李清照朱淑真诗词和注》,巴蜀书社1999年版。

[6]陈廷焯:《白雨斋词语》,北京人民文学出版社1959年版。

[7]陈启新:《中国民俗学通论》,中山大学出版社1996年版。

[8]杨慎:《词品》,北京人民文学出版社1960年版。

[9]王国维:《人间词话》,香港商务印书馆1961年版。

[10]况周颐:《蕙风词话》,香港商务印书馆1961年版。

[11]唐圭璋:《全宋词》,中华书局1965年版。

[12]《宋词鉴赏辞典》,上海辞书出版社1987年版。

[13]薛砺若:《宋词通论》,中国三峡出版社2010年版。

[14]谢樯:《宋代女性词人群体研究》,湖南人民出版社2010年版。

[15]田汝成:《西湖游览志余》,东方出版社。

[16]沈应纪:《朱淑真词研究》,梨花女子大学硕士学位论文,2002年。

[17]肖云姣:《宋代女性词作中的民俗》,江西师范大学硕士学位论文,2012年。

[18]李伟民:《朱淑真研究六十年综述》,载《古籍整理研究学刊》1995年第3期。

[19]陈元龙:《清丽婉转蕴思含情——朱淑真词浅议》,载《高等函授学报》1999年第4期。

[20]魏秀琪:《朱淑真研究述评》,载《阜阳师范大学学报》2002年第6期。

[21]姜秀艳:《近10年朱淑真研究述评》,载《长春大学学报》2003年卷13第6期。

[22]吕峰:《小议朱淑真诗词的创作特色》,载《思茅师范高等专业科学校学报》2004年卷20第1期。

[23]余静:《李清照与朱淑真词之比较》,载《兵团教育学院学报》2005年第6期。

殖民语境裂痕与"满映"娱民片的复杂装置及认识视角

中国传媒大学 逢增玉

作为殖民者炮制的"国策"电影机构的"满映"（株式会社满洲映画协会），在1938到1945年摄制了一百零八部故事片。其中，作为宣传殖民政策主旋律的"国策"片总共有二十二部，占"满映"所有故事片的五分之一，其余大都属于娱民片。特别是甘粕正彦执掌"满映"后，为了实现他"把'满映'办成满洲人的'满映'"的承诺，更是加大了对娱民片拍摄的力度和数量，娱民片实际成为"满映"故事片的主体。一个以宣传殖民"国策"为宗旨建立的电影机构，"国策"片并未占据主体，相反，以商业价值、市场发行、大众接受度为目标的娱民片，却成为故事片的主流，这不能不说是在特定年代、特定历史语境下，被强行嵌入中国东北的殖民主义文化和电影构成的一个饶有意味的现象，或者说是中国语境下的殖民文化与文学的一种特殊构成和特殊形态。对于"满映"大众通俗文化范畴的娱乐电影，一直以来存在不同的认识与评价。而对"满映"娱民片的认识与评价，深层里涉及如何认识殖民主义统治语境中文化艺术的复杂性问题。

一

还在娱民片拍摄的时候，"满映"中以电影人职业掩护国民党地下工作者身份的中国导演和剧作家王则，就对这类影片的价值评价不高："满洲电影制作者的立场，如同大家庭中丑角，不仅是赔钱货，而且容貌还叫人可憎，背后则（被人）冷嘲热讽，当面则被苛责。因此赔钱货的丑女也不得不卖命地用雪花膏去弥平脸上的雀斑和麻子，不得不打肿了脸装富态的胖子，而掩饰起自己的贱相，管它含有多量铅质毒素的化妆品会残蚀自己的皮肤呢？管它脓肿的脸上会妨碍自己的健康呢？"[①] 如果说这样的批评还是从电影人的立场出发指责他们缺乏真正的主体意识和自主意识，只能被动地配合与遵从的话，那么接下来他以电影剧作家和导演的立场对娱民片的创作方向和题材进行了批评："这一时期的制作企

[①] 王则：《满洲电影剖视》，载《电影画报》伪康德十年十一月号，第22页。转引自胡昶、古泉：《"满映"——过的电影面面观》，中华书局1990年版，第180页。

划是泛滥的,制作方向是盲目的。""像这样以武侠、侦探、神怪、传奇故事为企划的中心的电影,我相信这种迎合观众心理的结果不会是良好的。满洲电影的诞生不但不曾拓宽满洲观众的视野,反而倒把他们拉到迷魂阵去了。"①对于这样的批评,"满映"自己编辑出版的《电影画报》似乎也认同,该刊曾发表一篇《燕京的从影人谈满洲电影》的文章,辑录了在北平的电影界人士对满洲电影的看法,有的人为"满洲的电影就在满洲当地仍然未能健全地把握住观众的信心,它们虽然独有一片好的市场,可是恐怕也很空虚吧?自己的货,而只有市场没有顾客,当是制品者的一个悲哀。"也有人认为"满映"的电影作品,到现在没有一部代表作品,"在一个有五年历史的电影公司该是可愧的一件事"②。

通过这些批评,可以看出,首先,"满映"自己对于自己的作品,并不是很满意,这些很尖锐的批评发表的日期都是甘粕正彦上任以后,毋宁说,甘粕正彦自己作为最大的殖民电影机构的负责人,对"满映"的电影也不是很满意的,这也就是他上任以后实际减少"国策"片拍摄数量而加大娱民片拍摄数量和力度的原因,也是他大力从日本国内引进著名电影导演和大师的原因。敢于在自己办的电影刊物上发表很尖锐的批评"满映"电影的文章,这一点是很令人感到意外的,因为一般只是从政治教科书而不是历史资料和现场获得历史认知的人,很容易认为殖民统治者只会为自己唱赞歌而不允许批评自己。

其次,上述批评反映的一种焦虑,即"满映"成立五年还没有自己的代表作,没有自己的电影观众和顾客,一方面具有一定真实性,一方面也有点过于完美主义甚至吹毛求疵。东北历史上一直是中国文化的边缘地带或"盲区",别说电影,就是中国主流文化、文学,在东北都不甚发达,一向被认为"人文不盛",怎么可能在短短五年间就拍摄出中国和世界一流的著名电影呢?别说有日本殖民者的思想统治和严厉限制,使得写作和拍摄不可能自由,就是具有了这样条件的地区和国家,也未必在五年内就能力成世界著名的电影公司,放眼世界,也只有少数的几个电影历史较长、电影工业较发达的国家,历经百年才可能打造出世界一流的电影和电影机构。北平是中国最古老的文化中心,既是政治帝都又是文化首善,可是近代中国自有电影以来,商业文化最发达的上海一直是电影生产的中心,而传统文化和典章文物云集的北京,却一直未有电影的生产和制作,伪满电影机构"满映"的延伸机构——伪华北电影公司1939年在北京成立,可是却连"满映"的所谓成就也没有。所以要求"满映"成立五年后应该有自己的代表作没有错,要求"满映"在五年时间内成为世界一流的电影公司,却是不现实的和理想化的。当然,这样的批评有点"醉翁之意不在酒",借"满映"没有代表作的言辞,表达的是对殖民主义电影机构的不满和指责,是对殖民主义文化和电影政策的否定。

---

① 王则:《满洲电影剖视》,载《电影画报》伪满康德十年十一月号,第22页。转引自胡昶、古泉:《"满映"——过的电影面面观》,中华书局1990年版,第180—181页。
② 《电影画报》伪满康德九年十一月号,第44—45页。转引自胡昶、古泉:《"满映"——过的电影面面观》,中华书局1990年版,第180页。

第三，王则本人是"满映"的中国人导演，又是借助导演职业掩护的爱国志士，也是"满映"唯一被日本宪兵杀害的中国人导演。他的批评，根本上是从否定日本殖民主义文化和电影"国策"、反抗文化殖民的角度和高度，而对"满映"拍摄的娱民影片予以否定的，是从民族抵抗战士的意识形态武器的角度，批评"满映"娱民片"武侠、侦探、神怪、传奇故事为的中心的电影"。即是说，娱民片在电影的层次上是低档次的通俗化产物，是娱乐大众同时也为大众所娱乐的文化消费品，是不入世界电影主流的等而下之的电影，更重要的是，这类电影倾向和题材是殖民主义意识形态的帮闲和助手，起到的是欺骗麻醉和逃避现实斗争的作用。而对一直秘密从事地下抵抗运动的战士兼导演王则来说，电影应该起到的作用是唤醒和战斗，即使不能直接进行现实的反抗殖民者的斗争，也应该通过电影进行反抗殖民主义意识形态的斗争，电影应该发挥意识形态的唤醒和抵抗作用。在这一点上，王则作为抵抗战士是对的，殖民者既把电影和文化作为发挥精神奴役作用的意识形态工具和机器，又把电影和文化作为殖民侵略的"炮声"组成部分，作为实际参与建构殖民地国家机器的"物化"力量。作为具有自觉抵抗意识的作家和导演，王则理所应当地反对、反抗这种殖民主义意识形态机器驱使下的娱民电影的主题和题材，认为其具有逃避现实和麻醉作用，使被殖民的人民不能或不敢正视现实从而精神思想更为萎缩和下滑，有利于殖民统治秩序的建立和稳固。人民精神的逃避现实和追求麻醉实际等同于无可奈何地被动接受现实、与现实妥协，从而实际上等同于认同殖民统治的现实存在。

不过，王则对娱民片题材和主题的等而下之的批评，除了作为抵抗战士的现实意识形态功能的考虑之外，也还有一种政治正确下未必完全合理的文化与艺术（包括电影）的等级观念，而这种等级观念，是中国文化和文学一直具有的价值观念。在中国古代文化和文学观念中，诗文是正宗和主体，与儒家的思想典籍的高台教化具有同样的功能，具有"兴观群怨"功能的诗歌甚至上升为"经"的地位，文章更是"经国之大业，不朽之盛事"。而小说戏曲是下九流，不能登大雅之堂。"五四"新文化运动和文学革命彻底颠覆和打破了这种文学等级观念，将小说戏曲与诗文典章一样列入文学殿堂。然而矛盾的是，在将小说戏曲抬到正宗地位的同时，鲁迅等人代表的启蒙主义文化文学观念却又把通俗文化和文学打入另册，认为武侠、神怪、传奇等类文学是封建的小市民文学，是败坏国民精神、麻醉和毒化大众思想精神的精神鸦片。鲁迅一方面在治学上把六朝志怪、唐宋传奇、明清小说作为研究物件，并把《金瓶梅》和《红楼梦》这样过去只能在民间和坊间流传的"诲淫诲盗"之作提高到极高地位，高度肯定其文学史价值，写成《中国小说史略》这样的讲义在北京大学讲授；一方面却又极力贬低与古代小说同源同流的武侠通俗小说，对《火烧红莲寺》这样的武侠电影大加讽刺。这种矛盾的心态和价值观，正如研究者所说，"五四"新文化和新文学阵营在极力批判和否定儒家思想的高台教化功能的同时，自己却吊诡地陷入历史的陷阱，形成与所批判的儒家一样的启蒙主义的"儒家"心态和历史观与文学观：把文化和文学重新按照启蒙主义要求进行价值等级排序和分类，认为武侠神怪传奇之类封建小市民文学难以起到启蒙作用,不具有改造和振兴国民精神的功能,所以必须像挞伐儒学一样予以否定,尽力将其排除在蕴含新"儒家心事"和诉求的新文化和新文学经典序列之外,正像孔子在两千多年前编纂《诗经》时把有"淫奔"声的十五国风予以删削一样。

"五四"文化与文学的这种观念,对包括王则在内的满洲文化人和电影人,都具有很大的影响作用。文化不发达的东北之有新文化新文学,都是关内新文化和新文学的"出关",没有关内"五四",就没有东北新文学。不论是在关内求学还是在东北读书的知识人,其新文学价值观念都来自"五四"。内心景仰鲁迅的王则当然更不能例外。因此,除了现实的抵抗殖民政治和思想统治的考量之外,王则对娱民电影题材与内容的批判,也有"五四"心态,他批评"满映"娱民电影的文章言辞,与鲁迅等人对上海当时通俗文学和电影的批判,具有精神的同构性和诉求的同一性。人们常说研究历史要有理解之同情,同情之理解。对于在日本殖民统治高压下以电影和文化为手段进行内在抵抗的王则而言,他从电影应该具有妨碍殖民者"心的征服"[①]的现实视角出发对娱民电影题材的批判,以及这种批判中包含的来自于"五四"新文化和新文学对通俗文学电影的排斥和指责的立场态度,都是可以理解的,并且具有抵抗殖民主义的政治和意识形态的正确性。

二

自"满映"解体至今,对日本殖民者和伪满当局建立的文化艺术宣传机构拍摄的几乎所有娱民电影,很长时期里我们一直全部否定批判,将其价值归零。这其中一个重要的原因是单向政治和意识形态认识论上的,其逻辑关系是:$A = A1 + A2 + An \cdots\cdots$即认为既然"满映"是为了宣传殖民政府"国策"、毒害和麻痹被殖民人民思想精神的文化艺术殖民机构,那么它所拍摄的所有影片都是为这一目的服务的。其次,还有一个对殖民地人民及其生活的简单政治判断:被占领的殖民地人民和文学艺术,或者反抗殖民统治,或者不抵抗。而不抵抗就是屈服和顺从,就是对殖民政治和文化体制与统治的自觉与非自觉的接受和认同,由此导致对殖民地人民生活的另外一个认识误区:他们的全部生活都应该围绕着抵抗还是非抵抗这一中心运行,殖民地人民生活的全部价值就建立在这个中轴线和中心点上,这成为判断殖民地人民思想与生活的最高法则。

但是,由这样的政治和意识形态出发,对殖民地的文化艺术机构及其产品、对殖民地人民生活的认识和评判,是过分简单和不合理的,甚至是一种"粗暴"的简单,就如同抗战胜利后那些从国民党大后方和中国共产党领导的西北、华北敌后根据地来到东北的军政人员动辄指责东北百姓"满洲国脑瓜子"一样,把本来被抛弃于殖民统治、落入巨大不幸的人民当作满洲国的顺民、甚至是接受满洲国价值观的"落后分子"。而这种简单以胜利者

---

① 鲁迅:《田军作〈八月的乡村〉序》,见《鲁迅全集》(第6卷),人民文学出版社1991年版,第286页。

姿态对殖民地精神与物质产品、对殖民地人民进行指责蔑视的观念，其实骨子里包含着殖民与后殖民的理论问题。[①] 这个理论涉及殖民地人民与生活的两个重要问题：第一，被殖民的生活并非只是抵抗、非抵抗的两级，在二者之间存在着不能以简单二分法进行价值判断，不能以政治、民族主义意识形态和道德伦理简单定性的广大的日常生活。即便是抵抗殖民统治，也有不同的形式：最直接有效的是公开或秘密的组织性反抗；还有高压下表面的顺从底下思想精神的不顺从及心理抵抗，这是一种"温柔"或"不露声色"的抵抗。其表现方式是多种多样的，如对本民族文化传统的提倡与坚守乃至夸饰，对本民族思想语言和风俗习惯的保留，刻意或不经意地在饮食、服饰、节庆礼俗中显示本民族异于异族占领者的特点，等等，这些"温柔抵抗"的形式表现和扩散于广大的日常生活中，是弥散于日常生活中的"心"的抵抗或沉默的精神抵抗。这种形式普遍存在于亚洲的朝鲜、印度、菲律宾等国家的殖民主义统治历史上，是为了抵抗殖民政治和思想统治，培植民族意识，进而达到抵抗殖民统治的目的。它们一般与中国"五四"的反传统的文化选择不同，不是批判和否定本国、本民族传统，而是积极和大力发掘本民族历史上的辉煌和黄金时代，极力发掘和倡导一切本民族的东西，哪怕是被以"现代文明"拥有者自居的西方人认为是落后的东西，他们都当作民族的传统和光荣而大力倡导，通过显示一切与殖民者不一样的物质与精神文化价值和特性，来表达对殖民者的抗拒与抵制。

第二，既然殖民地人民不可能都进行公开或积极的抵抗，在殖民暴政统治下他们选择既不抵抗也不真正屈从，而是表面不得不服从的姿态，他们以活着、过日子、活下去为目的的灰色或无色的日常生活，是否有其存在价值和存在的合理性？是否是道德的呢？历史发展到现在，一种建基于世界殖民主义历史和反抗殖民历史的"殖民"理论认为，即使在被殖民主义统治的殖民地，依然有人民除斗争抵制之外的日常生活，就像不能否认被纳粹德国占领的巴黎存在日常生活一样，这种生活如果不是自觉地配合、附逆于殖民者的统治而是被迫屈从，仍然是符合政治、民族道德和日常伦理的。因此，殖民地人民在沦陷时期无论公开抵抗还是温柔抵抗、无论是抵抗还是不抵抗的日常生活，都具有生活的合理性和存在价值，都是有道德的生活。

在这个问题上，鲁迅和"五四"新文化运动阐述的思想价值是非常深刻的，他们认为：表现或控诉异族压迫之痛苦是必要和应该的，但不能反过来说本国本民族统治者的残酷压迫就是善的和合理的，在本国压迫者治下当奴隶比当异族的奴隶幸福——所有的奴隶压迫都是暴政都应该被推翻，所有形式的奴隶都是非人的生活，是对人道主义的反动。其次，不能要求受异族压迫的人民都起来反抗或慷慨赴死，不能要求人们都当壮士、英雄或烈士，不能指责在异族压迫下的人民的日常生活，即使是屈辱的苟活也是百姓在暴政下的不得不如此的存在方式，其内里其实是更大的痛苦。该指责的是本国将人民抛入殖民暴

[①] 更甚的是苏联红军，进入东北后把几乎所有的东北工业厂矿的机器设备都作为"敌产"用火车运回苏联。这方面的详细统计至今阙如，甚为遗憾。

政苦海的统治当局而不是无辜陷入苦海的人民。政治与日常生活的畛域和伦理是应该有所区别的,大多数没有勇气和能力奋起抵抗殖民统治的普通人民,未必就是认同殖民者及其统治,暴政下的苟活和被迫屈服未必就是背叛和违反民族道义与伦理,只要不是自觉自愿地做殖民者的帮凶而只是忍辱负重或忍气吞声地活着,都不应该受到政治伦理与民族道德的谴责,不能予以政治和民族伦理的原罪认定。法西斯德国占领过的欧洲民主国家,战后就是如此对待一般沦陷时期人民的日常生活和道德意义的。鲁迅自己当年在日本留学时拒绝回国搞刺杀当烈士、后来也不赞成那种要求被压迫人民都去做烈士或者赴死的言论,都是这种思想的反映。总体上应该否定的是殖民暴政和压迫,而非否定暴政压迫下人民日常生活和精神需求的多元性、合理性。暴政下也有日常生活,这应该是基本常识。

从这样的视角和理论高度考察"满映"的娱民电影,应该说,它们表现的是东北沦陷区人民在殖民统治下的日常生活,或者是传统戏曲和古代中国的生活。一些表现爱恨情仇的电影戏剧或武侠志怪之类,一方面表达了人民在暴政下逃避而不愿意正视现实的倾向;一方面这种逃避也是对现实不满的另类选择和表达——正视殖民统治的现实带来的往往是痛苦和屈辱——满足了东北沦陷区人民的精神需求。承认沦陷区或殖民地人民在抵抗之外的日常生活的合理性,承认在政治、民族主义等宏大叙事之外,日常生活、喜怒哀乐、爱恨情仇即市民和平民娱乐化、通俗化精神需求的合理性,也就理解了"满映"摄制的既非"国策"、又非反抗的娱民电影的价值,不宜用抵抗、屈服的二元对立的视角和理论对待与评价。同时,在现代社会条件下,不论是殖民地还是殖民宗主国即帝国主义国家,通俗大众文学都是大众接受和消费的主要对象,靠批判和排斥是无法将这类产品逐出文化市场的,相反,它们在任何环境和语境下都具有相当大的生存、繁殖和扩散能力,机遇合适,它们可能还会成为文化市场的主角。在东北沦陷区那样的特殊环境,殖民主义的政治和文化高压统治,使得直接的抵抗日益不现实和不可能,人们只能在殖民主义的高压环境下生存。前已述及,不能简单地用抵抗、屈服这样的二元对立视角评价沦陷区和殖民地人民的生活与思想行为,既高度赞颂殖民地人民中部分人英勇抵抗的英雄性,也承认大多数不能或不敢抵抗的沉默的大多数人民日常生活的合理性。而殖民地沉默的大多数人民在文化、文学、电影、戏剧(戏曲)和艺术选择上的逃避现实、沉湎于古代和幻想的倾向,固然不是积极的抵抗姿态,但这种逃避现实的倾向选择其实也是一种消极抵抗的姿态。"沦陷时期的电影表现一种微妙模糊的表述,纯粹的和不断的娱乐使得所有的沦陷区人民能够逃避日本宣传的轰炸。"[①]"沦陷区人民拍摄的影片所形成的通俗文化空间,在这个通俗文化空间之中,沦陷区电影文化与政治的关系最是纠缠不清。沦陷电影并不完全是相对于自由中国的国民党官方电影的汉奸文化工具,相反,它建立了一种新的公共空间,让沦陷区的民众在这个空间内参与构建一种娱乐文化话语,逃避日本帝国主义操纵和建立的大东

[①] 傅葆石:《双城故事——中国早期电影的文化政治》,北京大学出版社 2008 年版,第 179 页。

亚侵略文化。也就是说,沦陷电影一方面和日本人妥协,一方面又抵抗了他们的文化政治。"①

三

在"满映"摄制的若干娱民电影中,也有一些复杂的情况:其中渗透了忠孝节义等中国传统文化价值和内容。而这些思想价值,殖民者希望通过大众化的电影灌输进被统治人民的心里和思想,以达到所谓拥护"五族协和"、建设新满洲"王道乐土"和"日满一心一德"的思想统治的目的。就是说日本殖民者希图借助中国传统文化思想价值,达到使被殖民人民自觉服从与认同的目的。对具有这些内容的娱民电影如何看待呢?纵观世界殖民主义历史,会看到殖民者为使被殖民的人民臣服和认同,往往采取两种态度:一种是以文化中心主义、殖民主义态度,将被殖民之地的文化传统作为落后野蛮的文化予以蔑视、拒绝和所谓"现代性改造",如历史上占领印度的一位英国总督就轻蔑地认为一架英国书籍胜过印度所有文化,②这种文化中心主义和殖民主义态度在欧洲历史和哲学中曾经广泛存在,如黑格尔的历史哲学就认为中国和东方国家只有王朝更替而没有进化的真正的历史,不是世界历史的一般模式,连马克思也承认无法将东方国家西方模式化,所谓"亚细亚生产方式"就是马克思主义对中国和东方历史描述的困惑。这种文化哲学与工业文明结合,给帝国主义和殖民主义征服带来很强的文化中心主义色彩,文明征服野蛮、先进改造落后的所谓历史和文明的合理性,给殖民主义出于利益目的的赤裸裸的征服殖民地行为打上文明与道德的光环,也导致像英国总督那样的殖民统治者对殖民地文化的优越感和轻蔑感。③另一种情况是,殖民者承认和利用殖民地传统与文化的某些方面,将其与殖民者所要达到的目的结合起来,如东方民族文化中的顺从、等级、忠孝等。日本历史上曾经深受中国文化影响,近代明治维新以后虽然一度刻意追求"脱亚入欧",但是由于受中国文化的影响和浸润太久太深,所以他们作为"有文化"的殖民者和后起的帝国主义,在征服亚洲国家的时候,既有通过教育宣传挤压和蚕食被殖民国家语言和文化的一面,也有利用和选择性提倡殖民地固有文化价值的某些内容为殖民主义统治寻找和制造合法性的一面,使之与殖民征服目的缝合嫁接。"满映"的部分娱乐电影中宣扬的孝敬、忠义、民族和睦等思想价值,就是这种殖民主义政治目的的美学表达。

其实不只是忠孝节义之类中国传统文化内容,在所有的殖民者允许拍摄的娱乐大众电影里,如家庭伦理、爱情婚恋、武侠志怪、古装戏曲和古代题材的电影,都是殖民者在感到赤裸裸的说教性的"国策"电影不受欢迎之后允许拍摄的"软性"电影,利用温柔通俗的

---

① 傅葆石:《双城故事——中国早期电影的文化政治》,北京大学出版社 2008 年版,第 163 页。
② 林承杰:《印度民族独立运动的兴起》,北京大学出版社 1984 年版。
③ 爱德华·W. 萨义德:《东方学》,王宇根译,生活·读书·新知三联书店 1999 年版。

软性内容及其美学手段达到为殖民政治服务的目的——手段和方式变了,而殖民政治目的依然未变。沦陷区北京的日本宣传官员奥田久司就说过:唯一能够吸引中国人看宣传电影的方法,就是首先要忍受本地人制作的娱乐电影,因为,"中国观众的文化程度,比日本人低得很多。要是在娱乐电影中插入难懂的指导理论……结果是一点效果都没有的……和指导、启发的现地新闻片、文化电影一起上映,是一种力量,就是对他们启蒙教育,即用糖果来吸引,同时给他们吃药"①。所谓"糖衣包裹的政治鸦片",此之谓也。

但是历史的复杂性在于,殖民者的诉求和目的是一回事,但这种目的在沦陷区能否真正实现则是另一回事。对于沦陷区人民而言,他们所乐于接受的忠孝节义和爱恨情仇的古代、民间和神话传说类电影,固然有逃避现实表达"心的抵抗"的情绪,同时又恰恰是那些固有的思想道德的民族文化元素和"中国性",为沦陷区观众所看重,在对中国文化思想价值的接受中,潜在地固化与强化了本国文化意识及其对"中国性"和民族性的认同与"忠孝",固化的背后和深层恰恰是对殖民统治的排斥。二律背反的历史逻辑在这里再次应验:殖民者借助被占国的历史文化传统以达到"心的征服",得到的却是被占国人民内心里的本国文化认同和"心的抵抗",是祖国的历史、风情和事情,对往昔故国的关心里寄托着对现实祖国的关心,这种关心的背后是殖民者没有想到的民族意识和国家意识;殖民统治者意在通过支持武侠侦探、志怪传奇、古代题材电影达到对被殖民人民的麻醉和软化,而殖民地人民对这类题材电影艺术的选择重在安慰屈辱的心灵,在逃避现实中拒绝认同现实。武侠类则是成人童话,借助武侠的奇异和幻想的巨大能力实现自我意识与精神胜利意识,实现现实中不能实现的快意恩仇、惩恶扬善、善恶果报,也是殖民地大多数人民民族意识的幻想性寄托和表达,即这种快意恩仇、善恶相报的民间和传统形态的正义诉求,在满足个人文化需求和逃避现实需求之外,在沦陷区的特定语境下往往与民族国家意识和抵御外侮心绪相互转换和"移情"。殖民者想用"糖果"迎合与麻醉沦陷区人民,这些"糖果"却从一定程度上使东北沦陷时期的人民远离了"满映"的政治攻势,从这个意义上而言,制作没有政治意味的娱乐电影应当被读解为一种政治方式的战略,一种政治上不合作的公开而委婉的陈述和表达。这是意图通过通俗娱乐影片达到为帝国主义政治目的服务和"温柔"麻醉殖民地人民精神的殖民统治者,所完全没有意料到的。"在垄断的建制和沦陷的光影里,交织着战争的梦魇、文化的错连与心灵的歌哭,而曾现出面貌多重性和内里的复杂性。"②

这是我们在研究沦陷区文化、文学和电影戏剧时常常看到的历史的"吊诡",是从简单的政治和意识形态单向立场出发所不能看到的,也是中国抗战时期的沦陷区语境独有的文化现象,是我们在看待和研究沦陷区所有文学艺术时,应该审慎辨析和理解的"殖民地

---

① 奥田久司:《大批京剧搬上银幕》,清远译,见《中报》1943 年 8 月 8 日。转引自傅葆石:《双城故事——中国早期电影的文化政治》,北京大学出版社 2008 年版,第 178 页。
② 李道新:《沦陷时期的上海与中国电影的历史叙述》,载《北京电影学院学报》2005 年第 2 期。

美学"的组成部分及其独特性和复杂性之所在。

　　当然,承认殖民地人民也有日常生活和日常生活中的多样的精神需求及其价值合理性,承认表达和满足这种生活与需求的电影和文艺的存在的合理性,并非高度肯定它具有多么巨大的艺术和思想价值。它们不是伟大或高尚的思想艺术佳构,而只是沦陷时期殖民文化、文学和电影构成中一个需要仔细考察和正确对待的部分,是殖民主义文化艺术中包含的但又不能笼统地归入殖民主义思想文化体系的存在。

新文学初期上海城市现代性表达中的日本因素

中国传媒大学　张鸿声

一

上海史学者熊月之曾以上海为例,将近代以来关于上海城市特性的讨论分为两个较集中的时期:一是清末民初,一是20世纪30年代。就讨论的内容上,熊月之将上海形象的历史变迁分为"从奇妙洋场、东方巴黎到大染缸""西学窗口""天堂地狱"三种,[1]并做了详细引述。在他看来,第一种认知比较集中于清末民初,并集中于对繁华上海的道德厌恶主题上。此种对上海的看法,隐含着当时中国以道德为中心的城市知识。

需要说明的是,近代以来各种文字中,对于上海道德厌恶的想象,基本上不把上海之"恶"看作中国固有之物。也就是说,上海被作为"非中国"的夸张处理,表现出作者们对中国文化价值被摧毁与西方物质文明建立的一种恐惧。在多数表述中,上海被作为与内地中国相对立的异己力量,因此这种意义上的道德厌恶,仍带有前现代表意系统的意味。病僧在《上海病(一)》中说道:"不见夫未饮黄浦水者,规行矩步如故也,一履其地,每多抑华扬洋,风尚所趋,不转瞬间,而受其同化,生存之道未效,而亡国亡种之想象维肖"。[2] 类似的论调,是强调上海之特异于整个中国的"飞地"状态,与传统文化价值体系在上海全面崩坏的征象。所以,在论及谴责小说时,王德威认定其暴露了"价值系统的危机";"在这丑怪叙事的核心,是一种价值论(axiological)的放纵狂欢(carnival)。它对价值观(value)进行激烈瓦解,并以'闹剧'作为文学表达形式"。[3]

至"五四"新文学,新文化的城市知识从道德层面转至以启蒙为主导的现代性表意系统中。但在新文学的上海叙述中,却没有与清末民初"西学视窗"的上海现代性知识合拍。晚清时代以城市现代性为"进步"的表意体系遭到压制,被置换为以知识分子启蒙现代性

---

[1]　熊月之:《近代上海形象的历史变迁》,http://www.wslx.com
[2]　病僧:《上海病(一)》,载《民主报》1911年6月13日。
[3]　王德威:《被压抑的现代性——晚清小说新论》,宋伟杰译,北京大学出版社2005年版,第216页。

为"进步"的表意系统。这样一来,至"五四"时期的启蒙理性中,上海被作为中国城市"前现代"传统价值体系进行认识。也即,上海之"恶",并不完全表现为"非中国化"的逻辑,而是与旧文化有着承续关系。周作人、陈独秀、林语堂、沈从文等都以此看待上海的"腐烂",不仅试图与传统中国和内陆中国在时间层面和空间层面都划清界限,也从启蒙角度将其与现代性价值隔离开来。陈独秀写下《上海社会》《再论上海社会》《三论上海社会》《四论上海社会》等篇,在他眼中,上海一无是处。傅斯年将上海看成毫无创造力的地方,"绝大的臭气,便是好摹仿",[1]言下之意,上海有现代之形,而无现代之实,当然并不具备现代性城市的资格。周作人则径直将上海作为中国旧文化的一种延续来看,认为"上海气是一种风气,或是中国古已有之的,未必一定是有了上海滩以后方才发生的也未可知。因为这上海气的基调即是中国固有的恶化"。[2]

所以,在"五四"启蒙体系的城市知识里,中国的城市(包括上海)现代性几乎不被作家们重视。现代性城市是一种"飞地",与乡土中国格格不入,从而被外化于当时的中国;而中国现实中的城市,反而与小说中的乡村世界同构,被赋予了反启蒙的乡村意义。在此情形下,新文化对于城市现代性的选择,就表现为强烈的对域外因素的重视。

新文化人大都由留学欧美与日本获得对现代文明的感知,其中又以留学日本的学生为多。20世纪20年代前期,最早对现代性城市进行感悟的是创造社作家群,而他们最先接触的城市现代性文明,是在日本。他们虽然大多出身于中国乡镇,但在青少年时代已经负笈东渡。创造社成员留学的平均年龄是十七岁(郭沫若二十一岁,郁达夫、田汉十五岁,陶晶孙十岁)。有学者(如宋永毅)认为与其他留学欧日的先辈作家不同,他们大都是以未成型的中学生身份赴日,传统文化对他们影响不深。赴日期间,是他们的生活方式、文化意识初萌并定型的时候,因此,他们比先辈们更深切地感受到彼邦现代文明的强烈刺激,并催生了他们初步的城市意识。此时,其对于日本的认知,已不同于传统时代中国文人以"述异"为特征的中心性心态。中日之间的差异,由横向的空间性地域文化差异转向纵向的先进的工业文明与"落后"的乡土文明之间的时间性差别。

留学日本对中国文学的城市现代性选择作用甚巨,并主要表现为启蒙理性和物质场景两方面,按照郁达夫的说法是"形而上"和"形而下"。但前者尤为重要。他说:"是在日本,我开始明白了近代科学——不问是形而上或形而下——的伟大与湛深;是在日本,我早就觉悟到了今后中国的运命,与夫四万万五千万同胞不得不受的炼狱的历程。"[3]作为早期留学生文学的创造社同仁的作品,在对日本城市的感受中,存在着两种倾向。一方面,作为弱国子民,深深地感受到身处异域的民族屈辱感。这是研究者的共识,毋庸多言。而另一方面,也有对当地先进文明(主要是城市文明)的一种企慕与认同。恰如郑伯奇在《最

---

[1] 傅斯年:《致新潮社》,载《新潮》1920年1月19日第2卷第4号。
[2] 周作人:《上海气》,载《语丝》1927年1月,第112期。
[3] 陈子青、王白立编:《郁达夫研究资料》,天津人民出版社1982年版,第58页。

初之课》中借人物所表述的:"他那时不愿来日本,因为他很藐视日本,无奈禁不得朋友的好意,他没法子才过了黄海东来。一年以来,他对于日本的观察也很进步,把从前的藐视心打破了,但是他总觉得这些日本人不可近,不敢近,虽然他们是一个很能进步的民族"。在《最初之课》中,作者一面诉说自己在日本读的是西洋书,受的是东洋气,一面又承认日本是一个很能够进步的民族。创造社坦率地承认日本文明的进步,这种启蒙价值理性的砝码远重于对殖民性的考虑。比如张资平的自传体小说《冲积期化石》里的韦鹤鸣,第一次来到当时的香港,并不在意香港殖民性的一面。他歌咏辉煌的物质文明,并说"他对国家的观念就是在 H 埠(香港)发生的"。浏览早期创造社诸君的作品,可以发现,一旦强烈的民族情绪不再成为作家的主要感情,或者说不存在遭受域外民族歧视的时候,那种对域外城市文明的渴慕,便成为知识界精神的主导力量。甚至在创造社同仁以回国生活为题材的作品中,日本城市文明的背景因素还是依稀可见于多数作家笔下。

郭沫若在日本首次体验到大都会文明给予他精神上的激奋。他的《笔立山头展望》《日出》抒发对都市文明的感触,敏锐地抓住了日本城市的现代性场景,把大工业、轮船、摩托车等视为典型的近代文明的场景符号,诗中透露出无限的喜悦和渴慕。他在《笔立山头展望》《日出》中写道:

> 大都会的脉搏呀!
> 生的鼓动呀!
> 打着在,吹着在,叫着在,……
> 睡着在,飞着在,跳着在,……
> ……………
> 黑沉沉的海湾,停泊着的轮船,进行着的轮船,数不尽的轮船,
> 一枝枝的烟筒都开着朵黑色的牡丹呀!
> 哦哦,二十世纪的名花!
> 近代文明的严母呀![1]

显然,这轮船、烟筒、摩托车的现代性文明,不是他日夜萦怀的故国乡土所能给予的。

回返祖国,他们所面对的中国城市,无法与在异域所感受的现代性吻合。在多数创造社作家笔下,对于中国城市黑暗的诅咒,也大都有一个日本城市文明的参照。这也是郑伯奇在总结创造社创作时曾指出的,其作品"有一种移民文学倾向"。在郭沫若的小说中,上海畸形的殖民化色彩,污秽丑陋的街道,与城市人缺乏自由生存空间的可怜状态,都是与在日本生活的环境相对比而言的。即使是写上海,也显然有着与日本城市之间的对比。

---

[1] 郭沫若:《郭沫若全集·文学编》(第1卷),人民文学出版社1982年版,第68页。

中日之间,被他们理解为传统、现代的纵向文化差异,而不是一般的空间性地域文化差异。与早先目睹的日本城市相比,上海是一幅什么图景呢?郭沫若在《上海印象》中表达了对于上海的典型看法:"游闲的尸,/淫嚣的肉,/长的男袍,/ 短的女袖,/满目都是骷髅,/满街都是灵柩,/乱闯,/乱走。"郭沫若遂感到"我从梦中惊醒了,Disiliusion 的悲哀哟!"郭沫若等人不断咒骂上海等地的生活,以至"我的心儿在作呕①"。所以,郭沫若将爱牟在上海的生活称为"失败史上一页",因为"上海的烦嚣不利于他的著述生涯"。但他又不能回到四川乡下,甚至连无锡也不能久待,只好在城市中,咀嚼孤独:"他让滚滚的电车把他拖过繁华的洋场,他好像埋没在坟墓里一样。"②即使写上海时不存在日本因素的参照,作者们也往往将此延伸至租界与华界的对比,以此表现现代、传统之间的差异性。在上海,郭沫若批评华界比租界的市政"退返了几个世纪"。在《湖心亭》中,郭沫若痛心疾首于上海老城的肮脏混乱、欺诈与罪恶。这是一种城乡文化对比之后所取的态度。当他们进行一种文化审视时,甚至已不是对日本先进文明的渴慕,而是有着某种自我虚拟的"东洋"身份。在这里,上海其实是乡土中国的符号。

所以,在创造社作家早期作品中,大多有一个相似的情节模式,即无法忍受在东洋所受屈辱而不忘故土,回国后又无法忍受中国城市的肮脏龌龊而返回日本。日本因素,已不仅是现代性选择上的问题,而是某种日本文化母体的"自居",即将"自我"视为日本文化的符码。日本,在某种意义上说,不仅是精神家园,甚至是文化的母体。这在郭沫若《月蚀》《阳春别》《漂流三部曲》与郁达夫的《茫茫夜》等篇中甚为明显,以致知识者"漂流在上海"和"回到日本故乡"成为主要的情节构架。在郭沫若《漂流三部曲》中的《十字架》一篇中,主人公爱牟因遭受社会的压迫以至生计无着之时,发出了在人们听来异常刺耳的叫声:"去哟! 去哟,死向海外去哟! …漂泊到自由的异乡……"因此,郭沫若、郁达夫等人早年把日本城市作为自己的归属之地,去日本是"回归",回国反而是"漂泊"。郭沫若在返回上海生计无着心情悲愤之时,通过《阳春别》中的主人公爱牟数次表示:"中国那里容得下我们,我们是在国外太住久了",有一种背井离乡的意味。回到日本,当然也就意味着结束漂泊。比如,在郭沫若的《圣者》中,爱牟愤慨于上海都市"看不见一株青草,听不见一句鸟声,生下地来便和自然绝了缘,把天真的性灵斫丧",痛感都市里自然人性的丧失,于是把孩子们送往日本海滨,并忖"我同他们隐居到何处一乡下,不是很理想的生活吗?"

日本的城市文明给予创造社作家的不仅是价值意义上的现代性,甚至于连日式的日常生活也给他们相当的影响。其间,"自居"的成分很明显。在郭沫若的《亭子间中》《矛盾的统一》诸篇作品里,爱牟在上海虽然困窘,但生活方式显得已经日本化:穿着旧式日本制服,全家睡在地板上,进门脱鞋;一个大缸做的火钵,也是仿日本式的;凡与人交涉或游逛公园,必穿上最高级的西服。这其中,不仅仅是由于贫困。郁达夫、郭沫若等人,较早地

---

① 郭沫若:《上海印象》,见《郭沫若全集·文学编》(第 1 卷),人民文学出版社 1982 年版,第 162 页。
② 郭沫若:《漂流三部曲》,见《郭沫若全集·文学编》(第 9 卷),人民文学出版社 1982 年版,第 251、259、262 页。

接触到日本背景的日常性痕迹,夸张地表达着其与中国城市生活的差异,并隐含着对于中国生活方式的不认同感。

这方面,陶晶孙也许是最典型的一个。他十岁随父赴日,在日本完成了小学、中学、大学教育。在整个大正年间,他都居留于日本,是创造社同仁中留日时间最长的一个。由于缺乏中国传统文化的修养,在他身上,民族屈辱感并不突出,反而对日本文化有一种近乎盲目的崇拜与认同。在他许多自叙性的作品中,主人公已经完全进入日本的上层文化,陶醉于东京银座街的繁华、上层社会音乐晚会的高雅与娶日本女子为妻。对此,作者颇为得意。《木犀》中的素威,"他难忘的少年时代是在东京过活的,他是无论如何想留在东京了。即使不能的时候,也想往京都去",连到日本九洲,都是一种"悲惨的""漫无目的的生活"。在《两情景》《女朋友》《理学士》《特选留学生》《哈达门的咖啡店》《暑假》等作品中,主人公醉心于"大理石的阶级、夜会服、燕尾服、女人香,上面有金色的灯饰,下面有洋人在逍遥,沙发里有女人的上膊"的享乐之中,从而鄙视未能日本化的中国留学生。而对中国文化,则表现出一种疏离的态度。《暑假》中的晶孙,"今天已经没有希望于中华民国,他只想他久留日本,已经不能合于中国人的国民性,他感到他是世界上的放浪人,他情愿被几位同期留日的同学以为久留日本而日本化"。对日本政府出资培养留学生成为"和制博士",他欣然参与,毫无羞腼。

陶晶孙的文化选择,表现了明显的对于日本的现代性文化取向。不过,其中包含了相当浓厚的殖民色彩。他称祖国是"百事都不惯的中国",甚至在《暑假》《女朋友》等作品中说:"原来是轻蔑我国女子的","不敢爱我国的风土"。在其自叙性小说中,主人公无量君漂流中国城市街头,感到极浓的旅愁。而这旅愁并非乡愁,因为他对故乡"没有一物"不感兴趣。而对中国的城市呢,也由于"冬天的寒气"和"大都会的灰色"而烦厌。所以,所谓"旅愁",主要是对日本城市的眷恋。"然而没钱能住在日本。所以到了结论,他就选着北京"。《到上海去谋事》批评中国都市的人情淡薄。主人公"想来想去觉得在此地没有我立脚的余地了,这百鬼夜行的上海毕竟不是我可以住的地方,我想立刻辞职,马上回日本去研究"。在他的文化砝码上,首先是日本东京的城市上层文化,其次是日本其他地方;而上海,与乡村一样,在他那里是没有位置的。陶晶孙是创造社城市文化选择上的极端表现,由于认同日本城市的上层文化,而试图抛弃自己的中国本土身份。

在早期创造社描写上海城市现代性场景的时候,日本因素也成为一种主要参照。我们可以看一看郭沫若《阳春别》的开头:

一九二四年六月十日午前十时。

上海三菱公司码头,N邮船公司的二层楼上。

电话声、电铃声、打字机声、钢笔在纸上赛跑声,不间断地,在奏着近代文明的进行曲。栗鼠的眼睛眼睛眼睛,毛虫痉挛着的颜面筋肉,……随着这进行曲的乐声,不断地跃进,跃进,跃进。空气是沸腾着的,红头巡捕,西洋妇人,玉兰玉兰水的香气,衣缝下露出的日本妇人的肥白的脚胫……人是沸水中浮游着的水滴。

这一段描绘上海公司职员忙碌的工作场面的文字,在描述手法上,与当时的文学作品大不相同。首先它采用跳跃性的文字,节奏很快,有如电影蒙太奇的画面,给人突兀、紧张、躁动的感受。这种手法已与新感觉派有了相似性。其次,作者分别调动各种感觉角度,从视觉、听觉、嗅觉、感觉多侧面增强城市生活的立体感。再次,使用排比、重复与并置手法,既体现出城市生活的繁复场景,又传达人物快节奏的感受心理。所有新奇手法的运用,都为了强化读者对于"人是沸水中浮游着的水滴"一句的认识。这是作者对城市的把握,手法上已与新感觉派没有多少不同。更值得注意的是,在场景的现代性感受中,欧美因素并不明确。上海城市的国际性特点,其突出的域外因素只表现为日本色彩,如三菱公司、日本妇人,成了城市物质现代性的符码。

二

20世纪30年代上海城市已呈现出多元化趋向,新兴无产阶级文化和城市消费生活导致左翼和海派两种新的文化力量的产生。"五四"时期较为统一的知识分子群体,转化为多元势力,其现代性选择各有各的来源。用类似郁达夫所说的域外"形而上"的启蒙思想感受城市已是很难见了。

熊月之所说的近代以来对于上海城市性的第三种认知发生在30年代。随着南京国民政府成立与"大上海计划"的制订与实施,民族主义开始兴起,作家观察表达城市知识的视角,也从对城市现代性的诉求转变为对城市殖民性的焦虑。熊月之认为,在对上海城市的认知描述中,30年代前后的主要特点是上海形象开始与殖民主义、帝国主义侵略联系在一起。经由"五卅"运动之后,上海作为帝国主义侵略中国的大本营这一形象益发凸现,"吸血""压榨""剥削阶级""国际资本帝国主义""殖民地""畸形"等政治与经济词汇大量出现。这大大不同于清末民初国人从"堕落"角度对上海的道德认知,也不同于一般的城市现代性表达,甚至也不是纯粹的殖民性思索。关于民族压迫与阶级对立的两种学说,开始引入城市知识。至20世纪30年代,上海恶的形象则主要表现在其政治上的殖民性。这是20、30年代左翼人士表现上海的时代背景。

这一情形类似美国学者柯文指出的,对于近代中国历史认知的帝国主义模式(imperialistic model),即认为帝国主义的军事、经济入侵是中国近代各种变化的动因,这一看法显然来自于对亚洲殖民性的认识。对于这种模式,柯文认为其与"冲击—回应"和"传统—近代"模式一样,都同属于"西方中心模式",因为这种观点认为:"19、20世纪中国所可能经历的一切有历史意义的变化只能是西方式的变化,而且只有在西方冲击下才能引起这些变化"。① 柯文曾引述侯建明对这种模式的归纳:"第一:它强调外国经济侵略——即外国在中国的贸易投资——毁灭了手工业,破坏了农业,从而打乱了经济。第二,据说由于长期的外贸逆差加上西方企业将所得大量收入汇回本国,因此外国的贸易与投资使中国财富不断外流。第三它强调外国在中国的企业由于竞争力太强,或者由于各自的政府为它取得的优越条件太多,致使中国人拥有的企业惨遭打击排挤,很难得到发展。"②

左翼反对在启蒙现代性意义和城市现代性上建立对上海的城市认知,其对现代性城市的知识,主要体现为反对殖民主义与反抗资本主义的双重色彩,而这一点,主要聚焦于上海等城市的殖民性上。对于清末民初对于上海的道德厌恶,左翼有着某种承续,但不同于创造社将上海等同于乡土中国,而是在殖民性方面给予新的定义。左翼也是使用"帝国主义模式"来解析中国城市的。我们看到,在茅盾《子夜》以及《春蚕》等小说中,基本上呈现出"帝国主义模式"。上海城市的破产自不必说,类似《春蚕》"丰收成灾"式的写作模式,也基本上把中国农村的面貌悉数归于帝国主义特别是日本的入侵。可以看到,在30年代,中国左翼知识分子的城市知识,基本上属于民族革命的现代性,它来自于对城市殖民性的认识,其中,日本已经成为主要的表述因素。即使是非左翼的穆时英小说《一九三一》(又名《中国行进》),当时《良友》杂志为其刊登广告,也说"写一九三一年大水灾和九一八前夕中国农村的破落,城市里民族资本主义与国际资本主义的斗争"。在这里,也有以中日经济、政治冲突为主导,从而判定城市特性的思维。考虑到左翼与创造社在人员上有着承继关系,可以认为,对于城市现代性的不同选择,导致了他们对日本前后迥异的态度。

日本因素,在30年代左翼城市知识中,始终处于中国现代性建设的负面位置,这与"五四"时期大相径庭。上海被日本所强加的殖民性,是左翼作家最喜好表现的内容。茅盾的《上海》一文指出,全上海工厂资本中,华商只占不到30%,而日商却占近50%,日本人在上海的经济势力超过了中国人的一半。一旦上海的民族工业遭到日本的插手,便不堪一击。20年代末30年代初西方经济危机时,欧美诸国放松对中国的控制,而日本却以压迫中国作为摆脱经济危机的手段。至于几乎为"国脉所系"的中国城市民族工业——丝业的破产,更是与日本经济压迫有关。时论曾说:由于"日本丝贬价出售,华丝无法竞争,故丝业之衰败为数十年所罕见"③。茅盾在《子夜》与《我怎样写〈春蚕〉》中的表述与此相同:日本丝的外销是受本国政府扶助津贴的,中国工业不但无此惠遇,反受苛捐杂税之累,于是"中国'厂丝'在纽约和里昂受了日本丝的压迫而陷于破产"。即使是缫丝,也遭到日本生丝特别是廉价的人造丝的摧残。连《子夜》中的浪漫诗人范博文都颇谙此道:"本年上海输入的日本人造丝就有一万八千多包,价值九百八十余万大洋呢!"可以说,茅盾在《子夜》

---

① 柯文:《在中国发现历史——中国中心观在美国的兴起》,中华书局2002年版,第8页。
② 柯文:《在中国发现历史——中国中心观在美国的兴起》,中华书局2002年版,第134—135页。
③ 陈真:《中国近代工业史料》(第1辑),生活·读书·新知三联书店1957年版,第59页。

中对中国国家问题的表达，是将日本作为反面因素的。

作家们对于上海城市雇佣劳动这一典型的资本主义经济制度主导性表现，也与日本有关。"包身工""包饭作""买身工"等是作家关注的焦点，最典型的例证就是夏衍的报告文学《包身工》。日本的用工制度，不仅是作为帝国主义压迫的表述，而且也是落后、野蛮的"东方性"的代名词。在反抗帝国主义这一左翼主题中，对日斗争也是最突出的。左翼戏剧中，楼适夷的《活路》与袁殊《工厂夜景》都在工人与东洋大班、日本商人之间展开情节。夏衍的《上海屋檐下》中上海小市民的日常生活，包括匡复的归来、"李陵碑"痛苦盼"娇儿"的戏文，还有剧尾《勇敢的小娃娃》的歌声，都是"一·二八"上海战争所造成的。在左翼文学的政治叙述中，叙事空间多在发生反日工潮的黄埔区的静安寺路、南京路和日本人聚居的沪北虹口地区，并经常围绕东洋纱厂集中的杨树浦、烂泥渡工厂区展开。夏衍《包身工》日本纱厂野蛮的用工制度，即发生于杨树浦。这样的空间构成，说明了反日对于左翼文学主题构筑的重要。可以说，中国所受到的日本经济的压迫，与对日本的反抗，是茅盾等左翼作家剖析上海的基本思维，也是他们解析整个中国状况的出发点。

而且，这一情形也不局限于上海城市，也包括受到上海影响的江浙乡村。茅盾的乡村题材，其实仍是对于上海城市经济的殖民性表达。在《故乡杂记》中所记叙的故乡，是上海战事、内地小火轮、"空中铁鸟"以及上海丝业破产导致的蚕业凋零、丰收成灾的乡村。《子夜》中的农村生活，局限于农民暴动与乡绅们（如冯云卿、曾家驹、吴老太爷）纷纷携款逃至上海租界等。确切地说，这只是上海生活的补充。《春蚕》所写，是30年代中国社会常见的"丰收成灾"主题。《春蚕》中的江南蚕业，本是上海丝业的原料供应地，因此必然受到城市工业破产带来的灾难而趋于破败，而城市工业的破产的原因则是日本的压迫。茅盾在自叙其创作《春蚕》的动机时，从殖民性反面明确表示了日本因素对于现代中国的迫害：

> 先是看到了帝国主义的经济侵略以及国内政治的混乱造成了那时的农村破产，而在这中间的浙江蚕丝业的破产和以养蚕业为主要生产的农民的贫困，则又有其特殊原因——就是中国"厂"经在纽约和里昂受了日本丝的压迫，而陷于破产（日本丝的外销是受本国政府扶助津贴的，中国丝不但没有受有扶助津贴，且受苛捐杂税之困），丝厂主和蚕商（二者是一体的）为要苟延残喘，便加倍剥削蚕农，以为补偿。事实上，春蚕上蔟的时候，茧商们的托拉斯组织已定下了茧价，注定了蚕农们的亏本，而在中间又有"叶行"（它和茧行也常常是一体）操纵叶价，加重剥削，结果是春蚕愈熟，蚕农愈困顿。[①]

《林家铺子》与《子夜》的主题更相似，其意在于说明，在半封建半殖民地的中国内陆社

---

① 茅盾：《我怎样写〈春蚕〉》，载《青年知》1945年10月第1卷第3期。

会,民族商业(哪怕是小商业)与上海工业一样前途黯淡。作品中的小镇商号,联系着上海与内地乡村,它的货源、经营作风,乃至特定时期(战乱)的顾客(上海难民)都离不开上海。林老板现在才明白,"原来在上海的打仗,也要影响到他的小铺子"。在这里,"一·二八"上海战争和日货泛滥,成为中国城乡灾难的典型符码。

如果说,上述情形说明了日本因素已经成为中国城市现代性建构的反面因素的话,那么,对上海的另一现代性——城市消费意义的表现,也不再以日本为参照。

从30年代上海的消费现代性来说,由于上海的高速发展,按照当时全球大城市的排名,上海已居第五;而按照楼房的高度,上海位居纽约与芝加哥之后,位列第三,[①]都在东京之上。此时,物质的现代性对于上海来说已不缺乏,并直接被赋予了类似巴黎、伦敦、纽约等欧美国际都会的意义。即使在场景的现代性叙述中,日本因素也已不多见。此时的上海和日本,开始呈现出一种"反关系",也即,从20年代开始,日本作家频频渡海访问上海,如横光利一、谷崎润一郎、吉行幸助等。按照有的学者的说法:"日本作家之所以陆续来到上海,很多场合无非是追求拥有某种阴暗面的激进的'摩登'","上海超越了'近代国家'的民族主义,不属于中国、日本以及欧美各国的某个特定国家,作为完全'自由'的新天地。肩负着全新的任务"。谷崎润一郎在他第二次游历上海(1926)时写的《上海见闻录》中说:"真想在上海造一间房子"。横光利一在其小说《上海》中不仅表现"东洋对于西洋的斗争",也像茅盾一样,表现上海大资本的动向。吉行幸助甚至关注着上海的金融资本及其显露出的奢侈。在吉行幸助作序的先进社出版的《新上海百老汇》一书中甚至说:"上海成为远东的纽约,已不是遥远的未来"。1938年,以歌谣曲词作家闻名的西条八十创作了《上海航路》,内中有这样的词句:"开船了,愉快的航海,/向着梦寐以求的上海……上海!憧憬的上海!"竟与郭沫若歌咏赴日的"去呦! 去呦,死向海外去!"相似。[②]

由于30年代海派的叙事策略取决于对上海巨大的物质与消费性生活的想象力。它抛弃了"五四"时期基于中日之间的传统、现代的时间线索,在共时性的空间结构中直接架构起欧美、上海图影。上海与欧美,不仅在时间上并无传统、现代的差异,而且似乎也没有了种族、风俗等地域上的差异。在消费现代性方面,上海直接承接了欧美。曾虚白、崔万秋、徐慰南等人开办《真善美》杂志,欲造成一种"法国风沙龙的空气",便明显标明了其对于文化宗主的归属。海派作家在空间场景、人物的身体特征和作为情节媒介的器物三个方面,移植了具有浓重欧美色彩的事物,以欧美处于异域色彩的更高权力等级,日本因素已经很少见到。比如,在空间设置方面,海派对于日据的虹口等地不感兴趣,而是构筑了以法租界霞飞路为中心的地带,以此对接巴黎等欧洲城市的奢侈享乐。海派中的穆时英、刘呐鸥还直接以在上海旅历的欧洲修女、法国青年、英国水手表达乡思,最大程度地获取虚拟的欧美身份。刘呐鸥的《赤道下》和黑婴《南岛怀恋曲》则直接模仿欧洲人的"热带题

[①] 郑祖安:《百年上海城》,学林出版社1999年版,第2页。
[②] 刘建辉:《魔都上海——日本知识人的"近代"体验》,甘慧杰译,上海古籍出版社2003年版,第105—116页。

材",显示出作者急切的"欧洲在场"心态。虽都是扭曲的对于现代性符号式的表达,但与启蒙时代郭沫若等人誓言"回到日本去"式的"东洋"身份认同在地域选择上完全不一样。在穆时英存有日本因素的小说《pierrot》《空闲少佐》《红色的女猎神》中,即使没有出现较多的反日情绪,也没有类似创造社对日本叙述中的感情归属。《红色的女猎神》还出现了日本间谍这样的在叙述情感上处于阴暗面的人物。

综上,在20世纪30年代,上海城市现代性构筑的两个方面——反对殖民主义和城市消费现代性——日本背景,或者已经退出,或者是成为反面。可以认为,日本因素已不再是中国城市现代性构成的背景。

新世纪台湾现代小说中的"被侮辱与被损害的"
——以胡淑雯、黄丽群、徐誉诚的代表作为例

淡江大学　黄文倩

新世纪(21世纪)以来,台湾社会在全球经济萎缩的情况下,社会流动空间大幅缩小,薪资水平持续负增长,失业率高居不下,看似"民主"的新自由主义的资本主义体制,也并未能为台湾人民带来有效且健康、向上的发展,社会动荡不安,老无所终、幼难成长、中壮辈颓败虚无。不少作家敏锐地意识到这样的困局,自觉或不自觉地,似乎开始节制"为文学而文学""为艺术而艺术"的倾向,以"被侮辱与被损害的"[①]——弱势者、边缘人、底层为书写对象及思考范畴。胡淑雯(1970—)的《浮血猫》(收入作者2006年的代表作《哀艳是童年》)、黄丽群(1979—)的《入梦者》(曾获2005年时报文学奖短篇小说评审奖)、徐誉诚(1977—)的《与情爱无关》(曾获2008年第30届联合文学奖小说首奖),是台湾近十年来,具有这样一定左翼视野的代表作。

然而,不同于中国大陆新世纪以来,由李云雷等批评家和创作者,有自觉地发展与建构"底层"理论与书写的实践[②],胡淑雯、黄丽群、徐誉诚等作家,虽然有这方面的尝试,其作品也屡屡受到台湾文化圈的关注或得到重要的文学奖项,然而,严格来说,这类佳作仍然只是他们作品中的"灵光一现",优点是由于没有批评界与理论界的干预或影响,鲜少产生问题小说的概念先行的弊病,读者因此也得以较自然地、形象化地被触动,或多或少打破我们每天可能听说、遭遇,甚至也身在其中却早已麻木的灵魂,因而见识到新世纪以来,台湾社会的一些新的关键困境的横切面与主体困境。因此,本文想分析这些较具有"进步性"的面向与视野,并且初步评述它们的限制跟台湾社会、思潮与文化间的生产关系。

一

从主人公及题材的性质来说,胡淑雯《浮血猫》写的是底层老兵,黄丽群《入梦者》写的

[①] "被侮辱与被损害的"语出杜斯妥耶夫斯基原名小说。
[②] 李云雷:《如何讲述中国的故事》,作家出版社2011年版;《重申"新文学"的理想》,北京大学出版社2013年版。

是长相平庸、甚至丑陋的青年男性，徐誉诚《与情爱无关》发掘的则是蜗居在都会下层、担任基层工商小职员、总是觉得自己很胖需要减肥的年轻女孩，综合来说，就是：老、丑、胖、青等相对弱势者的困局，虽然他们已无温饱问题，但在新世纪以降的台湾现代社会里，这些人民如何安顿与发展他们的人生？跟台湾社会与现代性发展呈现出什么样的相互生产关系？

胡淑雯的《浮血猫》是她的名篇，不少研究者曾作过一些评述，基本上时常将它视为一种具有女性主义意识的书写。它的情节以对比、反衬的方式推进，写一个国民党时代的外省老兵，和一个杂货店小女孩殊殊两个阶段的故事——殊殊6岁时曾被这个老兵性骚扰，但对当时的殊殊而言，她并不觉得有什么道德羞耻，然而，当年身边的大人们，觉得殊殊一定深受伤害，因此以私刑暴打、教训了这个老人。长大后的殊殊在一次坐公交车时，再度认出了当年的老人，"选择"跟踪他回到下层贫民窟般的家，佯称自己是社工人员，在老人的"要求"下，替他洗澡。老人在这样的"安慰"后，重新有了活着的感觉，感觉到："雾中有鸟雀在叫，有蝴蝶的翅膀闪过，……感觉自己的太阳穴底下，有血管跟着心脏在跳。"老人甚至开始上市场买新的衣服，也一并买了一个廉价的发夹，打算送给那个"社工"女孩，每天痴痴地期望她再来看他，似乎开始有了新的生活希望。

过去已有评论者注意到，这篇作品在女性主义上的激进性，建立在与宗教的联系上，例如杨庆祥曾细致地分析过殊殊对老人的救赎价值："在这里，'施'与'受'、'罪'与'罚'构成了宗教的隐喻，暗示了最后的拯救似乎必然在教义的指导下才能完成。"[1]换句话说，殊殊之所以能为老人做出"安慰"的行为，其动机与胸怀早已超出一般世俗的两性关系或道德意识，接近宗教的高度。

尽管胡淑雯确实有着自觉的女性主义立场，并且成功地让曾为弱者的小女孩长大，更以激进的进步思想，超越并克服了童年的创伤经验，生产出一种不同于世俗道德的主体性——能坦率平视老人的卑、贱、脏，能独立担当、自主付出的现代女性主体。但《浮血猫》还有一些隐微的历史心理、副支线或副角色的揣摩与刻画也不容忽视，我认为需要将这些副线、其他的主人公的意义也补充进来，才能看出胡淑雯《浮血猫》更敏感的社会分析才能和艺术再现能力。

支线之一是老人的历史背景与复杂的心理刻画，和叙事者不时穿插的评述。老人是典型的晚年在台仍孤身一人的老兵，六十多岁的时候曾居住在所谓的博爱院，再更老一些，则是隐居在平民住宅后方的铁皮寮，用作者的形象化的表述是："恍若一处处伤口，曝晒在人间"[2]。他的工作是专收送葬队伍的丧家花束，并以转卖它们维生，喜欢本省人的葬礼，觉得它们吵吵闹闹就像有好多子孙，这种写法烘托老人的孤独，又不因带有普世意义

---

[1] 杨庆祥：《"辩证的抵抗"——由胡淑雯兼及一种美学反思》，见《桥》2014年12月冬季号，人间出版社2014年版，第99页。
[2] 胡淑雯：《浮血猫》，见《哀艳是童年》，INK印刻文学出版2006年版，第105页。

上的疼惜而抽象。他年轻时自然经历过战争与沙场,目睹过同伴的死亡,听过许多哀号直到断气的声音,以前就觉得自己救不了别人,现在则更为衰败。很明显地,这是一个曾经一生信仰、跟随国民党,最后无论在物质和精神上都一无所有的人。作为一个文学家,胡淑雯没有以功过高低论英雄,而是以另一种公正的叙事者声音为他辩护:"他连自己都不知被丢到哪去了,哪还能救得了谁呢?"①

支线之二是殊殊的母亲,小说中没有交代殊殊的父亲是谁,去了哪里,只交待这个母亲开着一家杂货店,忙碌到没有空教导小孩。长大后的殊殊,有一天听母亲跟她谈起一个男人,说这个男人年轻时曾经跟她借过钱却去跑船,现在竟然写了一封信给她,说想还钱。小说以女儿殊殊的心理揣摩着她的母亲,揣想着不时抽着烟、被生活磨损到现实世故的母亲,也曾经将积蓄纯洁地奉献给爱情,甚至多年后再收到信,仍能召唤回爱情的感觉。在这里,可以充分看出作者对底层人民渴望爱,及对爱情意义的认同——无论它是否能有回报。

支线之三是当年暴打老人最凶的一个配角,这个人是当年殊殊家的邻居,一个大学新闻系毕业生,曾是街区里学历最高的一位,但却屡屡考不上广播电台。这个人因而长期被埋没,长年在发展有限的庸俗生活里,渐渐地产生出了一种愤世嫉俗的酷吏人格。

支线之四是小说中同住在铁皮寮旁边的另一个六七十岁的男子,这个男子似乎是个疯子,时常在咒骂路人,骂累了就唱歌,而且尽是童谣。他的工作也是拾荒,但在看似装疯卖傻中,他仍对女人很感兴趣,总是期待着某个女人经过他面前,总是想送女人一些他捡拾来的东西。小说最后甚至写到他们不知从哪里捡来一台报废的唱盘,不认命地修好,唱盘中不断传来一个女人唱着时光不再、时光不再的女声……那应该是一首极温柔的老歌,似乎点染着一种温情。

小说最后的结尾,是似乎已然恢复生命希望的老人,拿着打算送给"社工"女孩的发夹,一心期望地等待她再来。她会不会再来呢?小说没再交代,一切只收在老人把这个发夹夹在自己头发的姿态上,而且忽然听到自己一个人喃喃自语的声音……

总的来说,胡淑雯《浮血猫》的"被侮辱与被损害的"的视野,远远不只是核心的老人与性别意识的主题,作者关怀的对象实有着进步的多元性。然而,此作似乎更多地想建构,在这样的贫困的环境下,温情与爱只能是灵光一现,因缺乏长远现实上的合理性与条件,仅能封闭在个人的期待与想象中。

二

无独有偶,黄丽群《入梦者》写一个长相平庸、也就是现代世俗意义上的年轻丑男的生

---

① 胡淑雯:《浮血猫》,见胡淑雯:《哀艳是童年》,INK 印刻文学出版 2006 年版,第 107 页。

活困境,但它在艺术上的特色,是将这样的困境,跟新世纪已蔚为主流的网络世界联系在一起。由于长相太"抱歉",主人公性格非常畏缩,除了在快餐店打工的时间外,总是蜗居在计算机网路的世界里,甚至发展出了一种人格分裂的行为——在网络的世界中,给自己申请了另一个女性的账号,以这个账号写信给自己,同时自己再回信给"她",每天不断往复这样的行为,甚至在虚拟的世界里,幻想着跟"她"的诸多共同点,不断地自我幻化延续着自己跟"她"在网络世界的交往。然而,现实中的他仍是个丑男,在长期三更半夜使用计算机下,白天的工作质量也受到影响,甚至最后被快餐店开除,只能改去便利商店打工。而他终究也蓦然惊醒,但却不是后悔,而是更加犬儒,觉得一切也没什么,继续过着百无聊赖、毫无希望的生活。

这可以视为一种台湾新世纪底层生活的"简单"代表作。非以内涵的深刻而以"简单"和"真"取胜,尤其,它诚实且敏锐地碰触到美、丑也是一种社会阶级与权力的问题,丑是一种弱势者的困境,在现代大众文化的审美趣味(例如细瘦、有型、酷帅)下更形不堪,所以,隔了一层可以虚拟的网络世界,反而能成就一种假性的救赎。这种主题跟契诃夫当年的《吻》有点类似——长相平庸的军官,自觉外貌的平庸,他因此无法开展合理的两性关系,只能活在幻想的世界里想象一种温存,而当他最终发现一切只是他的幻想,契诃夫选择的是让这个军官生气——仍有力气也仍要对生活表达不满,即使他根本不可能改变他的外貌与现实。

然而,黄丽群《入梦者》的写法和意识倾向,最值得注意的恰恰是她赋予这个角色的认命与妥协。她简明的刻画男主人公如何自我说服这种对丑的认命。

从知识上,他从国中的生物课的孟德尔种豆的遗传学联想起,自觉到自己是在怎么样的家族客观的劣势与条件下生长,既然无从改变,也只能接受。他显然位处下层,所以这篇小说没有发展为让主人公以整形的方式,改变他的命运,他采用传统乡土社会的认命观——"就像父母给孩子命名为阿狗阿牛,以免鬼使神差养不大"[1],以自轻自贱面对他的人生,所以他活得非常低调,认为这样才能避开祸害。

这种源于乡土社会安顿人心的认命观,当然并没有办法在已步入现代的现实社会上终极地解决主人公的生活与心理困境,所以,在新世纪高度的网络发展下,他有了新的幻想空间,他的幻想对象也是平凡的、合理的,甚至幻想久了,活在网络世界久了,他开始连其他梦境也没有——生命在自我幻化的过程中愈来愈窄。但"我"真的能够一直自我幻化下去吗?

小说最后有个奇特的情节,"我"写信给"我"幻化为女方的"她",约"她"出来见面看电影,但"她"回信给我时,只回了一半,一切戛然停止。这个悬念或悬置的处理甚佳,像生活中偶尔会出现的意外,也并非重要的谜,"我"就成功地让"我"顺利地从自己的幻化中脱

---

[1] 黄丽群:《入梦者》,见黄丽群:《海边的房间》,联合文学出版公司2012年版,第55页。

身,卖掉计算机,回复牛狗般的日常生活。小说最后收在某种自然主义与新现实主义倾向的书写里:

> 他有时早晨醒来,尤其是在催汗的辱暑,躺在床上闻见自己终夜不散的体臭,回味着梦中那具宛如奶酪的女体时,他总不可抑制自己去揣测:那晚凌晨三点四十七分,她来不及写完的那封信里,到底原本要跟他说些什么东西?[①]

但在这样对"她"的渴慕下,"我"仍很快地恢复了现实:

> ……长叹口浊气后从床上起身,换穿上跟昨天一样的T恤与短裤,准备到便利商店接班然后拿店里报废的面包牛奶当早餐。……完全忘记今天是自己三十二岁的生日,只是又开始了一个美梦永不成真的日子。[②]

和胡淑雯一样,黄丽群也是极敏感又聪明的作家,作为一个活在现代社会的女性,她们看待人物的生命困境都有一定的社会视野,并不会以完全天真的姿态来毁灭主体。然而,黄丽群也跟胡淑雯一样,在台湾战后长期没有左翼文学渊源的视野下,尽管意识到弱势者的困境,但不认为社会或个人,有办法与责任去面对甚至解决它们。因此,《入梦者》最后的收尾方式,成全的不免只是一种过于冷静且平庸的洞察,在这一点上,作者跟她这篇的主人公一样"废"[③]与认命。

三

当然,每一种社会的新的困境,都有其历史或前因,作家也身在当中,无从避免,我们也不该过于苛责,毕竟作品从广泛的意义上,并非仅仅是作家个人的创作,而仍是一种新的社会生产的结果。刘亮雅在讨论解严后台湾小说中的一些矛盾时,就曾以后现代和后殖民为两大坐标,做出重要的困境生产的概括,刘说:

> 后现代与后殖民都强调去中心,但后现代注重表层、感官、反本质、去中心、去历史深度、解构主体性,强调身份流动及多元、异质、文化杂烩……而后殖民则朝向抵殖民、本土化、重构国家和族群身份、建立主体性、挖掘历史深度、殖民拟仿,以及殖民与

[①] 黄丽群:《入梦者》,见黄丽群:《海边的房间》,联合文学出版公司2012年版,第66页。
[②] 黄丽群:《入梦者》,见黄丽群:《海边的房间》,联合文学出版公司2012年版,第66—67页。
[③] 柯裕棻曾以"淡淡废废的美"为喻,比附黄丽群及其小说的特质。参见柯裕棻:《淡淡废废的美》,黄丽群:《海边的房间》,联合文学出版公司2012年版,第12—20页。

被殖民、都会与边缘之间的含混、交涉、挪用、翻译。后现代的反本质、去中心有助于抵殖民,却又不支持本土化、重构国家和族群身份;后现代的文化杂烩与后殖民的拟仿、含混看似雷同却不然,因后者仍具历史深度。[①]

新世纪以来的徐誉诚的《与情爱无关》,仍可以看到这种后现代与后殖民思潮与意识形态延续、交杂、矛盾的体现。

《与情爱无关》从命名来说,既是小说中人物状态的实质,也是一种反讽,因为整篇作品虽然仍从情爱甚至爱欲出发,但是主人公们的关系早已貌合神离,相依与身体交融也无法救赎彼此的孤独和意义。小说主要处理一个跟男朋友蜗居在城市下层、从事基层会计工作的女孩的生活和生命意义的发展困境。它的题材的特色处,乃是将对情爱的需求与匮乏,与现代性中以瘦为美的审美观,及对女性的压迫联系在一起,女主人公因此总是觉得自己很胖、总是想减肥,身体常处在饥饿的边缘,这种肉身恒常得不到饱食的空虚,跟她的情爱的空虚同属一个隐性的感觉结构。

从情节来分析,女主人公和她的同居男友都各自在外另有其他的情人,但两个人都基于某些难以理性言明的原因——或许是现实中的习惯、道义与不愿伤害对方,双方都不点破也不愿正视已经无爱的同居关系。但女主人公显然是更为不满且痛苦的,她意识到自己和同居人的被动与维持现状,其实也是一种软弱,她理解、甚至厌恶这种软弱,因此尽管她在性上向外发展,首先是基于对同居人的报复——因为对方先出轨,但更关键的意义,是她觉得至少在这样的性爱里,验证了她能自主"选择",用作者的话来说是:"为了用原始的赤裸身躯证明,证明自己不是弱者,证明若自己想要,也能轻易做到。"[②],然而,这种看似存在主义的意志决绝,仍无法给她带来真正意义上的身体和精神安顿,她仍然相信且需要基于情爱的性,而非只是性本身。所以在小说中,作者让女主人公一直后设地反省——无论是她自己、同居男友、她外面新的情人,都有其各自的虚伪,而或许由于年纪与灵魂仍然年轻,她对这种虚伪与不真深感困扰与痛苦。

因此,徐誉诚这篇作品的进步性及复杂的推进在于,比起胡淑雯及黄丽群的前作,他并没有对新世纪以降的这些新型的现代性下的弱势者的困境,继续以情爱、爱欲来作为解决或中和的手段,而是将女主人公,甚至各主人公的困境,自觉地放至台湾地区新世纪以降的"民主"运动与选举文化下来理解,换句话说,当连主人公也意识到,他的困境"与情爱无关",而根本就是台湾地区社会问题的缩影的时候,这篇小说中的情感与意识均达到了更高的张力。

这种进步性的处理方式,在小说中是以现代性的影像媒介的镜射来开显:时间应该是

---

① 刘亮雅:《后现代与后殖民——论解严以来的台湾小说》,陈建忠、应凤凰等:《台湾小说史论》,麦田出版2007年版,第350页。
② 徐誉诚:《与情爱无关》,见《97年小说选》,九歌出版社2009年版,第232—233页。

2008年,某个选举过后,因为疑似的手段不公,电视新闻都在讨论群众暴动的可能,情节来到女主人公约会完回到蜗居的住处,她看到同居男友也装没事地吃着泡面,随意批评"输赢早知道了,有啥好暴动?"[1]女主人公无言地听着这种犬儒与世俗的判断,忽然看见电视中的自己——刚刚从地铁捷运站被电视台当作背景拍了进去,一脸茫然神情,目光空洞,"仿佛乱世里的迷路孤儿"[2],而那电视的场景,仍不断地传来某政党造势晚会的站台者强调的什么时代价值的声音。小说就在这样空洞的日常与政治场景的同构下收篇。

很明显地,徐誉诚成功地让女主人公承担一种焦虑,并透过她无言的焦虑感,将当下的社会问题有机地整合在一起——解严后通俗化的选举与政治实践,显然并不能有效给人民带来真正的幸福,而那种简单地批评暴动的常识与感觉结构,更是助长人民继续平庸与麻木生活的生产基础。事实上,在人类追求自由、平等与民主等革命的历史上,暴动一直是一个与现实依存的视野,在文学史上,列宁也曾以此来批评过托尔斯泰的不以暴力抗恶的限制[3],所以,并不是不能批评台湾的社会运动及暴动,而是如何历史与丰富化的评述这些现象,然而,在新世纪以降的台湾,这样的视野却被过于简单且平庸地搁置。

因此,小说中的女主人公,尽管相信人的生命仍应该要有一些时代价值(她听到这个声音),但最终仍以空泛的感觉模糊一切(好在整体上仍有一种尖锐的张力)。参照前面刘亮雅的后现代与后殖民的说法,我觉得可以进一步这样理解——台湾的后现代思潮,为主体带来意义追求的解构与看似多元的空间,也难以形成一种中心价值或相信任何精神价值,所以无论在情爱或爱欲上可以轻易向外发展。但是,后殖民的思潮,所召唤的却是另一种集体性与某种群体价值的再形成,然而活在现代都会蜗居的相对弱势的年轻人们而言,这种集体性的强化,跟他们实际在生活中所遭受到的贫乏、窄小的困境与感觉,实有明显的落差与断裂——蜗居在都会下层,依附在现代性体制,从事基层、超时且过劳的工商工程服务等工作,是不可能让主体有能力或状态,投入什么集体视野以获得安顿的,相对来说,这类具有某种理想主义性质的集体力量,对都会底层的青年们的人生,其影响的效果,也难以短期且明显地发生作用。徐誉诚充分地将这种都会下层年轻人,间接地被"后学"思潮(后现代与后殖民)影响,却跟他们实际的生活与感觉的断裂尖锐地再现出来。有鉴于这种类型的主体在现代社会里的状态恐怕占大多数,因此这种尖锐也就更有其进步意义。

四

综上所述,胡淑雯《浮血猫》、黄丽群《入梦者》及徐誉诚的《与情爱无关》,在开发现代

---

[1] 徐誉诚:《与情爱无关》,见《97年小说选》,九歌出版社2009年版,第238页。
[2] 徐誉诚:《与情爱无关》,见《97年小说选》,九歌出版社2009年版,第238页。
[3] 列宁:《列夫·托尔斯泰是俄国革命的镜子》,见《列宁选集》(第2卷),人民出版社1995年版,第242页。

性下的"被侮辱与被损害的"的视野,有一定左翼意义上的进步性。他们在操作这样的题材时,都不约而同地发现主人公们的"宅"的倾向,在这里,"宅"并非家的意义,而与窄小的空间、自我内缩与幻化、封闭与孤独紧密地联系在一起。然而,在生命出口的追寻上,胡、黄都不约而同地,更多地继续选择与相信以个人与封闭式的情感、情欲。主人公们的救赎,本来可能更具有社会分析性质与效果的主体解放视野,但在作家们对左翼思想、美学渊源认识较薄弱的情况下,明显地让作品中的矛盾、尖锐的现实张力相互抵消。反而是在徐誉诚的《与情爱无关》的逻辑中,作者以克己的敏感与直觉,终于于意识到---弱者、底层所以难以展开更有意义的情爱/爱欲交流,真正的困境关键恰恰是都会现代性的"单向度"(马库塞语)体制,以及空泛的、维持现况的"民主""自由"的形式与意识形态,作品因此最终在将女主人公推向孤绝与虚无时,生成一种内在的尖锐张力,预告了日后可能发生新的转折或契机。

  这不禁让我联想到以塞亚·伯林(Sir Isaiah Berlin,1909—1997)评述马克思主义与革命的关系时,曾综合巴枯宁的观点认为:"只有真正异化了的、走投无路的人才可以实现(笔者按:革命),他们没有被利益派系有机地结合在一起,对于他们将要摧毁的世界也没有什么留恋之情。……他们一无所获,因此即使是最极端的动乱,他们也一无所失。"[1]这段话恐怕既揭示了历史上革命主体起源的真实,也暗示了当中的希望与危机。本文所述评的这几位作家,在这些作品中所选择与体现的题材与主体——他们的异化与走投无路,事实上已经暗示了即使在身处或投身更极端的混乱,他们确实最多也不过一无所失,因此,他们可以作为辩证意义上的社会更新与再进步的新兴艺术力量。当然我所期待的,仍是鲁迅《在论雷峰塔的倒掉》中的视野:"我们要革新的破坏者,因为他内心有理想的光。我们应该知道他和寇盗奴才的分别;应该留心自己堕入后两种。"[2]。

---

[1] 以赛亚·伯林:《现实感——观念及其历史研究》,潘荣荣、林茂译,译林出版社 2011 年版,第 177—178 页。
[2] 鲁迅:《在论雷峰塔的倒掉》,见《鲁迅全集》(卷一),人民文学出版社 2005 年版,第 204 页。

《论语》内外的时空考论

澳门大学 杨义

时空考定,是对《论语》的历史编年、事件现场和生命认证返本还原的基本命题。根据以史解经、以礼解经、以生命解经的详密考察,我们已经了解到,《论语》的编纂历经半个世纪的多次编纂。整个过程以鲁哀公十六年(公元前479年)众弟子为孔子庐墓守心孝,追忆孔子的大量材料为基础。如此众多的弟子回忆材料,字数应有一二十万字。但《论语》作为儒门传道之书,不能竹简繁重,必须严加甄选,突出精华,文字限定在万余字,这已是年代相近的《老子》《孙子兵法》的二三倍了。因此,众弟子的忆述材料除了按照一定的价值标准删除芜言、舍弃歧说、合并重复之外,还须省略背景,突出孔子遗训,然后进行润色,这就出现许多"子曰"的没有编年背景的条目。如何搜集先秦两汉散落群籍的材料碎片,进行缜密的辨析缀合,由编年考论入手,还原孔子之言的历史现场,就成了还原研究的基础性课题。

历史编年学与文献生命分析,是我们走近孔子及七十子的历史现场,还原孔子及七十子之本真的重要的思想方法。这就需要我们把先秦典籍,当成人的生命痕迹来对待,缀合散布于各种文献,包括出土简帛文献的碎片,祛除遮蔽,考究原委,以迹求心,聚散为整,揭示孔子及七十子的真实可信的轮廓和血脉,令今人与古人不再在面目模糊的情形中,而在尽可能真切的音容相接、体温可感的情形中,进行知心知底的文化对话。禅宗有歌偈云:"只个心心心是佛,十方世界最灵物。纵横妙用可怜生,一切不如心真实。"[1]这种缀合与还原,学理方向是"反碎片化"的,犹如考古学对待出土的陶罐碎片,不是进一步把它们打碎,而是按照其出土地层、形制弧度、纹饰模样、断口形状,以科学手段将之仔细黏合,在空缺处补上石膏,使之复原为完整的陶罐。这种时空倒溯的还原工作是非常必要的,若其不然,世界许多大博物馆令人震撼的陶罐古物,都还是堆放在库房里的碎片。关键在于,对这类历经岁月风雨的文化碎片遗存,一是要抱着珍惜和尊重的态度,二是要对它们的缀合,采取审慎的科学精神。在以史解经、以礼解经的基础上,强化以心解经、以生命解经,

---

[1] 道原:《景德传灯录》,南京广陵书社2007年线装本。

从而缀散为整，还原古人的智慧方式和生命基因，使今人与古人得以心心相印，乃是中国古典学的新境界、新风貌。这就是我们对《论语》章节进行编年考订和生命认证的根据。

一、《学而》首章"述而不作，信而好古，窃比于我老彭"之编年考订

要进行编年考订，先须确定老彭是谁。汉代包咸认为是"商贤大夫"。但王弼注："老，老聃；彭，彭祖也。"①将之离为二人。可能由于孔子曾问礼于老聃，而《论语》不述老聃，遂以这种离为二人的方法，聊补遗憾。《论语》不述老聃，是因为孔子适周问礼的随行弟子唯有南宫敬叔，其回忆材料未被《论语》采录。然而王弼注影响不可小觑，晋常璩《华阳国志》卷十二谓："孔子'述而不作，信而好古，窃比于我老彭'，则彭祖本生蜀，为殷太史。"②直到清代，王士禛《古夫于亭杂录》卷四云："窃比于我老彭，……欲自比于老子之侧，盖谦词也。考《曾子问》，记孔子问诸老聃者屡矣，《家语》亦云孔子问《礼》于老聃，此孔子欲自附于老聃之侧之验也。旧说以为彭祖，彭祖，六经所不载，圣人所不道，岂孔子之愿比者哉！"③姚鼐《老子章义序》又云："子曰'述而不作，信而好古，窃比于我老彭'，老彭者，老子也。"④这千余年间颇有些古人围绕老子、彭祖兜圈子，甚至今人也不乏误入王弼注者。

但王弼未免望文生义，包咸谓老彭是"商贤大夫"之说应是可以取信的。《汉书·古今人物表》在上上品帝汤殷商氏、上中品伊尹之下，列有上下品之"仲虺（师古曰：汤左相也）；老彭；义伯，中伯（师古曰：义、中，汤之二臣）。"⑤老彭的品位列于圣人、仁人之下的"智人"，仲虺、老彭相随，属于商朝初期的智者。孔子祖籍在宋，自称"殷人"，对商朝历史熟悉而别有一份感情。他以"我老彭"称之，意谓"我殷人老彭"，是非常亲切的。

孔子对殷商祖源文化，是格外关注的，孔子曰："我欲观夏道，是故之杞，而不足征也，吾得《夏时》焉。我欲观殷道，是故之宋，而不足微也，吾得《坤干》焉。《坤干》之义，《夏时》之等，吾以是观之。"⑥孔子有浓郁的文明发生史和礼俗演变史的兴趣，哪怕是沾满历史烟尘的文献碎片或口传遗珍，孔子都作为文化血脉认真探究，窥其原本。因而《大戴礼记·虞戴德》载孔子回答鲁哀公问"教人"，就能随手拈来商初人物事迹予以解答："否，丘则不能。昔商老彭及仲傀，政之教大夫，官之教士，技之教庶人。扬则抑，抑则扬，缀以德行，不任以言，庶人以言，犹以夏后氏之袥怀袍褐也，行不越境。"⑦这就是朱熹《论语集注》所谓"老彭，商贤大夫，见《大戴礼》，盖信古而传述者也"⑧的依据了。在与鲁哀公的对答中，

---

① 程树德集释：《论语集释》，中华书局1990年版，第431页。
② 常璩：《华阳国志》（卷十二），上海古籍出版社1987年版。
③ 王士禛：《古夫于亭杂录》（卷四），清康熙原刊本。
④ 姚鼐：《惜抱轩文集》（卷三），四部丛刊本。
⑤ 《汉书》，中华书局1962年版，第884页。
⑥ 《礼记》，中华书局1980年版，第1415页。
⑦ 《大戴礼记解诂》，中华书局1983年版，第178页。
⑧ 朱熹：《论语集注》（卷四），中华书局1983年年版。

孔子窃以"商老彭及仲傀"自拟。商朝初期的智慧人物老彭推行道德教化，以政事教大夫，以官事教士，以技艺教百姓，其方法是高扬的加以平抑，压抑的加以阐扬，实行中庸之道。贯穿其间的是德行，而不是高谈阔论的任意言说，他认为任意言说，就像穿着漂亮的衣服而怀抱破棉袄一样，"金玉其外，败絮其中"是行之不远的。这便是孔子整理六经之原则的滥觞，自己不要任意发言，而将深邃的意旨蕴含于其间。

那么，《大戴礼记·虞戴德》孔子对鲁哀公称述老彭，应在何时？孔子于鲁哀公十一年（公元前484年）秋由卫返鲁，被奉为国老，鲁哀公、季康子频繁问政，孔子是在论及政教时推许老彭的。其后由于"道不同不相为谋"，孔子被冷落，后转而致力修《春秋》。《春秋说》云："孔子作《春秋》，一万八千字，九月而书成，以授游、夏之徒，游、夏之徒不能改一字。"①因而孔子自称"述而不作"，并"窃比于我老彭"，应是成《春秋》，受到游夏之徒的极口赞扬，而作的解嘲之言。解嘲深处，蕴含着自信，"《春秋》，信史也"。

由此可以推定，《论语·述而》首章"窃比于我老彭"的"子曰"，发生在鲁哀公十四年（公元前481年）修成《春秋》之时。《公羊传》《谷梁传》皆终《春秋》于此年。杜预《春秋左氏传序》云："或曰：《春秋》之作，《左传》及《谷梁》无明文，说者以为仲尼自卫反鲁，修《春秋》，立素王，丘明为素臣。言《公羊》者，亦云黜周而王鲁，危行言逊，以避当时之害，故微其文，隐其义。《公羊》经止获麟，而《左氏》经终孔丘卒，敢问所安。答曰：异乎余所闻。仲尼曰：'文王既没，文不在兹乎？'此制作之本意也。叹曰：'凤鸟不至，河不出图，吾已矣夫！'盖伤时王之政也。麟凤五灵，王者之嘉瑞也。今麟出非其时，虚其应而失其归，此圣人所以为感也。绝笔于获麟之一句者，所感而起，固所以为终也。"②杜氏也以为孔子成《春秋》于此年，即所谓"绝笔于获麟"。这一年离《大戴礼记·虞戴德》载鲁哀公十一年孔子对鲁哀公称述老彭，只相隔三年，将这三年间的时空进行对接，就可发现二者之间存在着内在的精神脉络。原来孔子是将老彭与商汤王的左相仲傀配对，以施行政教理想的；理想受阻，转而不再兼及仲傀，而专以智者老彭的思想行为方式作《春秋》，并告白于游夏之徒。于一增一减中，可见孔子的思想变迁。

二、《先进篇》末章 "子路、曾皙、冉有、公西华侍坐"之编年考订

《论语》文本在早期三次编纂中，形成类乎考古学的"历史文化地层叠压"，竹帛抄本时代不少见的这种版本现象，可以引发丰富的时空之思。经过严密的考证，可知此章是在曾子去世后，曾门弟子重编《论语》时加入的，因为行文三称孔子为"夫子"，尤其是曾点当面问"夫子何哂由也"，乃是战国时人的称谓方式。其画龙点睛之处，是曾皙（点）言志，称"暮春者，春服既成"，孔子喟然叹说："吾与点也！"这乃是曾门用来给本学派宗师的家族血

---

① 徐彦疏引：《春秋公羊传注疏》（卷二十二），中华书局1980年版，第2320页。
② 《春秋左传正义》（卷一），中华书局1980年版，第1705页。

脉添码加分的。

　　细察行文脉相，推知四子侍坐事发生的时间，应在鲁哀公十二年（公元前483年）春夏之际，本年孔子六十九岁。推定这个时间点的方法，就是缀合材料碎片，勾勒孔子及侍坐四子的生命时间曲线，寻找这些生命时间曲线的交叉点：

　　（一）孔子自称老不堪用，所谓"以吾一日长乎尔，毋吾以也"，不可能发生在孔子为布衣、为鲁司寇的时候，周游列国的十几年，也没有如此从容言志的空间。此事只能发生在公元前484年深秋周游列国自卫归鲁之后。孔子自称老不堪用，应是面对归鲁之初鲁哀公、季康子频繁问政，因道不同不相为谋，逐渐被冷落；但被冷落不久，尚存某种期盼，因而坦然启发诸弟子"各言其志"，以备寻找从政的可能。

　　（二）子路随孔子一行归鲁，不久就出任卫国蒲邑大夫。但此时子路尚未离鲁上任，可能蒲邑大夫的差事已经有点谱，但觉得蒲邑过小，因而"率尔而对曰：'千乘之国，摄乎大国之间，加之以师旅，因之以饥馑。由也为之，比及三年，可使有勇，且知方也'"，流露出一点急于到"千乘之国"施展抱负的焦虑。子路当蒲邑大夫三年有余而罹难，《左传》鲁哀公十五年（公元前480年）冬之闰月，"孔子闻卫乱，曰：'柴也其来，由也死矣！'"因此必须给留足三年的时间，此事则应发生在鲁哀公十二年。

　　子路自卫返鲁之后，确实又赴卫当蒲邑大夫，曾向孔子辞行。《论语·子路》首章记载："子路问政。子曰：'先之劳之。'请益。曰：'无倦。'"孔子教导子路以身作则，勤政不倦，就是要约束其野性。《说苑·政理》记载："子路治蒲，见于孔子曰：'由愿受教。'孔子曰：'蒲多壮士，又难治也。然吾语汝：恭以敬，可以摄勇；宽以正，可以容众；恭以洁，可以亲上。'"那么，这番相与答问，应如何系年？子路于鲁定公十二年（公元前498年）为季氏宰，与任鲁司寇的孔子居处甚近，而且那时的重要政略是隳三都，孔子不会脱离政治环境而说"先之劳之"。因而只能发生在子路第二次从政，出任卫国蒲邑大夫辞行之时。子路随孔子周游列国十四年，鲁哀公十一年（公元前484年）秋冬之际，自卫返鲁。因而子路辞行，赴卫当蒲邑大夫，应是鲁哀公十二年（公元前483年）。

　　而且子路当蒲邑大夫三年，孔子、子贡曾有走访。《孔子家语·辩政》："子路治蒲三年，孔子过之，入其境，曰：'善哉！由也恭敬以信矣。'入其邑，曰：'善哉！由也忠信以宽矣。'至庭，曰：'善哉！由也明察以断矣。'子贡执辔而问曰：'夫子未见由之政，而三称其善，其善可得闻乎？'孔子曰：'吾见其政矣。入其境，田畴尽易，草莱甚辟，沟洫深治，此其恭敬以信，故其民尽力也。入其邑，墙屋完固，树木甚茂，此其忠信以宽，故其民不偷也。至其庭，庭其清闲，诸下用命，此其言明察以断，故其政不扰也。以此观之，虽三称其善，庸尽其美乎！'"《韩诗外传》卷六也载此事。既然"子路治蒲三年，孔子过之，入其境"，因而子路治蒲的始年，应是公元前483年。若考虑到孔子造访后，子路过一些时日才于鲁哀公十五年（公元前480年）冬之闰月罹难，那么子路赴蒲上任，应是公元前483年春夏之交。

　　（三）冉有说："方六七十，如五六十，求也为之，比及三年，可使足民。如其礼乐，以俟君子。"季康子于鲁哀公十二年(公元前483年)春王正月,用田赋,身为季氏宰的冉有,此时尚未因为季氏敛财而受孔子申斥:"非吾徒也,小子鸣鼓而攻之,可也。"(《论语·先进》)不然,他不会有如此从容的心态说话,更不敢说为一方人民管理财政。因而此事应是发生于公元前483年春夏,孔子归鲁不到半年、季康子敛财暴富尚处于潜伏期。

(四)曾点说:"暮春者,春服既成,冠者五六人,童子六七人,浴乎沂,风乎舞雩,咏而归。"他已过了知天命之年,更愿意"上下与天地同流"。很可能此事就发生在曾点暮春咏归之时,他的"鼓瑟铿尔",或许还传达了"浴乎沂,风乎舞雩"的清旷乐趣。

以上几条生命曲线运行的交叉点,是鲁哀公十二年(公元前483年)暮春或春夏之交,四子侍坐,各言其志,就发生在此时刻。若系于其他年份,均不能安,譬如孔子早期设帐,不可能有如此阔达的议论,也不能自称老;当鲁国司空、司寇时,进入政务操作,不会有海阔天空地言志的闲心;周游列国,风尘仆仆,不会有这份清闲;返鲁再过二三年后,季康子、鲁哀公冷落孔子,孔子怒斥冉有为季氏敛财,再来侍坐论道,气氛就可能多了几份焦虑,几份苍凉了。

三、《阳货篇》"子曰:唯女子与小人为难养也"之编年考订

孔子此言在妇女解放、女性主义思潮中,屡受诟病,虽有辩解者巧舌如簧,曲为其说,也无助于为孔子解套,遂成《论语》"子曰"的一大疑难。

关键在于要重回孔子此言的历史现场,弄清它的具体针对性。离开具体时空的历史现场而将孔子之言普泛化,认为可以包治百病,这是造圣人的方法,却也每每使圣人要为自己的片言只语负无限制的责任,陷入难以解脱的尴尬。清理孔子的生命曲线,发现他的政治生涯曾经两次遭遇女子,都是他在政治上摔跟头的倒霉时候。一次是《论语·微子篇》所载的"齐人馈女乐,季桓子受之,三日不朝,孔子行"。此事发生在鲁定公十二年(公元前498年),孔子五十五岁,他由此从鲁司寇的高位上折了下来。另一次就是离开鲁国到卫国开始周游列国,二入卫国之时发生的"子见南子"公案。时在鲁定公十五年,即卫灵公四十年(公元前495年),孔子五十七岁。三年间接连发生两次女子沾污政治,造成孔子政治生涯发生波折的事件,深刻地影响了孔子的政治观感和政治理念。

"子见南子"公案,起码涉及《论语》中五章文字,可见众弟子对此公案印象深刻。至于《论语》外的文字,为数就更多。但是由于《论语》将同时或先后发生的事件材料,作了分散处理,散布于《雍也》《子罕》《卫灵公》《阳货》诸篇,这又隐藏着《论语》编纂者不想使此桩公案形成清晰命题的苦心。这番苦心导致两千多年来,未见有人对这些材料碎片进行缀合贯穿,因此导致此公案如神龙见首不见尾,使其中的孔子之言扑朔迷离,难得确解,甚至发生严重的曲解或误解。为此,有必要对此历史现场花点笔墨予以清理。这五章是:

1.《论语·雍也》:子见南子,子路不说。夫子矢之曰:"予所否者,天厌之! 天厌之!"
2.《论语·子罕》:子曰:"吾未见好德如好色者也。"
3.《论语·卫灵公》:子曰:由,知德者鲜矣。
4.《论语·卫灵公》:子曰:"已矣乎! 吾未见好德如好色者也。"
5.《论语·阳货》:子曰:"唯女子与小人为难养也,近之则不孙,远之则怨。"

缀合贯穿起来便知,包括"唯女子与小人为难养也"在内的这些孔子之言,都应该从编年学上系于鲁定公十五年,即卫灵公四十年(公元前 495 年),孔子周游列国第二次进入卫国之时。《孟子·万章上》说:孔子离鲁初入卫,"于卫主(客居于)颜雠由。弥子(瑕)之妻与子路之妻,兄弟也。弥子谓子路曰:'孔子主我,卫卿可得也。'子路以告。孔子曰:'有命。'孔子进以礼,退以义,得之不得曰'有命'。"即是说,孔子去鲁,于鲁定公十三年,即卫灵公三十八年(公元前 497 年)第一次进入卫国,婉拒了子路的连襟弥子瑕提议孔子居住在他家中,以便通过南子,以谋卿大夫之位。居卫期间,卫灵公按鲁国的薪俸把孔子养而不用,还有监视举措。

十个月后,孔子想到陈国,途中被拘于匡地,经过蒲乡返卫,住在蘧伯玉家,发出"美玉待沽"之叹,五十七岁的高龄使他感到,找个机会施展政治抱负和才能,已是非常紧迫了。这才采取权变的行为,姑且通过弥子瑕的线索,晋见南子。这就是《吕氏春秋·慎大览》所言"孔子道弥子瑕见厘夫人",及《淮南子》卷二十《泰族训》:"孔子欲行王道,东西南北七十说而无所偶,故因卫夫人、弥子瑕而欲通其道"了。子路看透了他这个连襟的卑下作风,颇是不悦,明人郎瑛《七修类稿》就如此评述:"子路刚强,弥子瑕以色悦人者,同与婿友,不知何以相处。"①这使得孔子对于刚直的子路,只好对天发誓:"予所否者,天厌之! 天厌之!"《论语》只有这条材料直接交代"子见南子",并没有将同类材料集中使用,就已经引起汉代的《盐铁论》中的御史板起道貌岸然的面孔批评孔子:"《礼》:男女不授受,不交爵。孔子适卫,因嬖臣弥子瑕以见卫夫人,子路不说。子瑕,佞臣也,夫子因之,非正也。男女不交,孔子见南子,非礼也。礼义由孔氏,且贬道以求容,恶在其释事而退也!"②孔子是因小人的中介,而见此女子的,四百年后还招致如此訾议。

然而,如此颇受訾议的这场戏,竟是竹篮打水,损伤了孔子的人格尊严,即所谓"丑之"。《史记·孔子世家》记载此事的结果云:"(孔子)居卫月余,灵公与夫人同车,宦者雍渠参乘,出,使孔子为次乘,招摇市过之。孔子曰:'吾未见好德如好色者也。'于是丑之,去卫,过曹。"孔子在这里以"德"自居,以色指南子。孔子毕竟当过鲁司寇,弟子盈门的名人,竟然被女子和小人拿他寻开心,悲愤之情可想而知。由于此事是子路的连襟弥子瑕引起

---

① 郎瑛:《七修类稿》(卷十七),上海书店出版社 2009 年版。
② 《盐铁论》(卷二),上海书店 1986 年版。

的,孔子又对子路说:"由(子路),知德者鲜矣。"此记述虽然含蓄,但它是与"吾未见好德如好色者也",形成互文关系的。如果在这种场合孔子因"丑之",而说出《论语·阳货》中那句"唯女子与小人为难养也,近之则不孙,远之则怨",岂非允情允理?又何必由注疏家曲为之词,如邢昺辩解为"此言女子,举其大率耳。若其禀性贤明,若文母之类,则非所论也"①?如朱熹把"女子"辩解限定"臣妾":"为此小人,亦谓仆隶下人也。君子之于臣妾,庄以莅之,慈以畜之,则无二者之患矣"②?

孔子三岁丧父,母亲含辛茹苦将他抚养成人,即便有男尊女卑思想,也不会泛泛地说"女子难养"的。人们不要忘记,孔子言孝,在"能养"上还要加一个"敬"字呢。唯有回到本真的历史现场,才会发现,《论语·卫灵公》"子曰:吾未见好德如好色者也"章,与《论语·阳货》的"子曰:唯女子与小人为难养也"章之间,存在着隔章呼应,相互阐发的关系。统而言之,是批评"好色"压倒"好德",因为南子是女色,弥子瑕是男色;分而言之,所谓女子对应于南子,指的是女色;小人对应于弥子瑕之类,孔子之言乃是为其在卫国遭遇的特殊情境而发,指责为政者不能沉迷于女色和小人。这与孔子"为政以德"、任贤使能、戒忌女色小人的政治观,是一脉相通的。既然卫灵公好色压倒了好德,就不能任贤使能,其后他向孔子问军旅之事,孔子就只能敬谢不敏:"俎豆之事,则尝闻之矣。军旅之事,未之学也。"因此,要使这一系列的孔子之言落地生根,就必须返回发生于卫灵公四十年,即鲁定公十五年(公元前495年),孔子五十七岁时的那个历史现场。而不可为了论证孔子超凡入圣,就将其言行无端泛化,使之脱离具体情境而失去发生学的根据。

四、《季氏篇》首章"季氏将伐颛臾"之编年考订

《论语·季氏篇》首章是就三桓之首的兼并欲望,以透视鲁国政治。"季氏将伐颛臾",以大夫主征伐,蔑视周公礼制,孔子借与冉有、子路谈话,表达了"为政以德,行己惟仁"政治伦理见解:"丘也闻有国有家者,不患寡而患不均,不患贫而患不安。盖均无贫,和无寡,安无倾。夫如是,故远人不服,则修文德以来之。既来之,则安之。今由与求也,相夫子,远人不服而不能来也;邦分崩离析而不能守也,而谋动干戈于邦内。吾恐季孙之忧,不在颛臾,而在萧墙之内也。"③这里阐述的是一种以均、和、安三原则为支柱的修文来远的政治秩序。

此事发生在何时?两千年来并无确解。郑玄注:"后季氏家臣阳虎,果囚季桓子。"郑玄所言有误,阳虎囚禁季桓子是在鲁定公五年(公元前505年),如《史记·鲁周公世家》所云:"定公五年,季平子卒。阳虎私怒,囚季桓子,与盟,乃舍之。"其时孔子四十七岁,尚是

---

① 邢昺疏:《论语注疏》(卷十七),中华书局1980年版,第2526页。
② 《论语集注》(卷九),《四书章句集注》,中华书局1983年版,第182页。
③ 邢昺疏:《论语注疏》(卷十六),中华书局1980年版,第2520页。

布衣;冉有十八岁,尚未为季氏宰,没有批评季氏的言责。朱熹为"吾恐季孙之忧,不在颛臾,而在萧墙之内也"作注云:"其后哀公果欲以越伐鲁而去季氏。"这也不足以为本章做出明确的编年认定,只能说是以十几年后的历史结果,印证了孔子之言的预见性。朱氏所言,指的是鲁哀公晚年的行为,即《左传》哀公二十七年(公元前468年)记载:"公患三桓之侈也,欲以诸侯去之。三桓亦患公之妄也,故君臣多间。……公欲以越伐鲁,而去三桓。"此时孔子已故去十一年,孔子对季氏的警告,成了富有洞察力的预言。而到了鲁穆公(公元前408—前376年在位)时期,季氏衰落到只有费作为立足点,甚至被称为"费君"。而本来作为鲁之附庸的东夷小国颛臾,在今山东平邑县东南三十里之故城,地邻于费。季氏如果能够把颛臾及早收入囊中,是可以增加其干预鲁国政治的地理支撑点的分量。如此说来,季氏将伐颛臾,是一种未雨绸缪的流产了的政治策划。

要准确地考定孔子师徒对季氏阴谋的议论发生在何时,必须对与事的孔子及冉有、子路的生命曲线,进行历史编年学的政治气候追踪和人物心理分析。

(一)孔子自卫返鲁的时间,是鲁哀公十一年(公元前484年)深秋。由于该年春,冉有率领季氏的军队,在郎之战中,挫败齐师。并向季康子鼓吹孔子的军事才能:"夫孔子者,大圣,无不该,文武并用兼通。求也适闻其战法,犹未之详也。"孔子被迎回鲁国,尊为"国老"。国老并非实职,乃是荣誉尊号,如《礼记·王制》所云:"有虞氏养国老于上庠,养庶老于下庠。夏后氏养国老于东序,养庶老于西序。殷人养国老于右学,养庶老于左学。周人养国老于东胶,养庶老于虞庠,虞庠在国之西郊。"郑玄注云:"东胶即辟雍,在王宫之东"。孔颖达疏引熊氏云:"国老谓卿大夫致仕者,庶老谓士也。"①《左传》哀公十六年"夏,四月,己丑,孔丘卒。"杜预注:"仲尼既告老去位,犹书'卒'者,鲁之君臣,宗其圣德,殊而异之。"②也就是说,国老是卿大夫六十岁以上致老后的荣誉身份,并无实权,聊表尊老敬贤之意而已。因此,中药里和谐众药,却无甚大效力的甘草,后来也被称为"甘国老",如宋人郑樵《通志略·昆虫草木略》所云:"凡草属惟甘草为'国老',大黄为'将军',不言君臣佐使也。"处于如此位置,对现实的政治运作是不能过于认真的。

(二)孔子返鲁之初,哀公、季康子对之尊崇有加,请教政治,咨询甚勤,此类材料于《论语》、大小戴《礼记》及战国秦汉其他文献颇多记载。比如《论语·为政》:"季康子问:'使民敬、忠以勤,如之何?'子曰:'临之以庄,则敬;孝慈,则忠;举善而教不能,则勤。'"又:"哀公问曰:'何为则民服?'孔子对曰:'举直错诸枉,则民服;举枉错诸直,则民不服。'"《论语·颜渊》:"季康子患盗,问于孔子。孔子对曰:'苟子之不欲,虽赏之不窃。'"又:"季康子问政于孔子,孔子对曰:'政者,正也,子帅以正,孰敢不正?'"再又:"季康子问政于孔子曰:'如杀无道,以就有道,何如?'孔子对曰:'子为政,焉用杀?子欲善而民善矣。君子之德风,小人之德草。草之上风,必偃。'"这种殷勤问政的"蜜月期",只存在于孔子归鲁的

---

① 郑玄注、孔颖达疏:《礼记正义》(卷十三),中华书局1980年版。
② 杜预注、孔颖达疏:《春秋左传正义》(卷六十),中华书局1980年版。

公元前484年深秋至前483年春。孔子此时相当重视哀公、季氏的问政,对政治思想原则,作了非常认真的有针对性的阐释。庄、敬、忠、勤,注重执政主体;枉直之辨,注重政治结构和人才政策;又主张为政者能正能善,以改良社会政治风气。这些都是孔子政治学中值得仔细体味的方略原则。

(三)然而,孔子归鲁才三四个月,与季康子之间的芥蒂就呈露端倪。《左传》哀公十一年岁杪,"季孙欲以田赋,使冉有访诸仲尼。仲尼曰:'丘不识也。'三发,卒曰:'子为国老,待子而行,若之何子之不言也?'仲尼不对。而私于冉有曰:'君子之行也,度于礼:施取其厚,事举其中,敛从其薄。如是,则以丘亦足矣。若不度于礼,而贪冒无厌,则虽以田赋,将又不足。且子季孙若欲行而法,则周公之典在;若欲苟而行,又何访焉?'弗听"。于是有次年"十二年春王正月,用田赋",即是说,在鲁哀公十一年岁杪到十二年春,季康子就有不顾身为国老的孔子之非议的施政行为。

(四)由于道不同者,不相与谋,孔子就逐渐被冷落,连装模作样的政治咨询也被取消了。这番冷落,见于《论语·子路》:"冉子退朝。子曰:'何晏也?'对曰:'有政。'子曰:'其事也。如有政,虽不吾以,吾其与闻之。'"从孔子责怪中透露,季氏商议政事,开始回避这位国老。这种势态,应是出现在鲁哀公十二年(公元前483年)初夏。同时发生的事情,就是《论语·八佾》所载:"季氏旅于泰山。子谓冉有曰:'女弗能救与?'对曰:'不能。'子曰:'呜呼!曾谓泰山不如林放乎?'"因为同篇载:"林放问礼之本。子曰:'大哉问!礼,与其奢也,宁俭。丧,与其易也,宁戚。'"泰山不如林放,是由于季氏旅祭泰山,尽失"礼之本",尽失《礼记·王制》所云"天子祭天地,诸侯祭社稷,大夫祭五祀。天子祭天下名山大川……诸侯祭名山大川之在其地者"的规范。这种僭越礼制的行为,使季氏自为田赋制度,出现了季氏富于周公,而冉有不顾孔子曾"私于冉有"的特别交代而为季氏聚敛。《国语·鲁语下》对孔子特别叮嘱冉有,做了专门的记载:"季康子欲以田赋,使冉有访诸仲尼。仲尼不对,私于冉有曰:'求来!女不闻乎?先王制土,籍田以力,而砥其远迩;赋里(市廛)以入,而量其有无;任力以夫,而议其老幼。于是乎有鳏、寡、孤、疾,有军旅之出则征之,无则已。其岁,收田一井,出稯禾、秉刍、缶米,不是过也。先王以为足。若子季孙欲其法也,则有周公之籍矣;若欲犯法,则苟而赋,又何访焉!'"既然孔子专门对冉有做了交代,冉有却当成耳边风,遂使孔子简直有点怒不可遏,怒斥曰:"非吾徒也,小子鸣鼓而攻之可也。"有言在先,而冉有未从,孔子焉能不加以怒斥?此事载于《论语·先进》,当发生在鲁哀公十二年六月以后。

(五)由于季氏绕过孔子与闻朝政的程序,导致孔子无法知闻季氏欲伐颛臾的决策。兹事体大,身为季氏宰的冉有大概觉得事态严重,自己不能阻止,又不敢单独向老师面陈,更不可不向夫子面陈。他屡受夫子的斥责,"吃一堑长一智",只好拉上老资格的子路作陪壮胆挡风。因此出现了两个并不同时为季氏宰的人,一同向孔子禀报季氏欲伐颛臾的场面。从谈话中一再指责"求"如何如何,可知冉有是负有直接责任的现职季氏宰。孔子曰:

"丘也闻有国有家者，不患寡而患不均，不患贫而患不安。盖均无贫，和无寡，安无倾。"针对的依然是季氏聚敛而富可倾国之事。鲁国政治的定势和孔门师弟的心理状态，以生命形态的双曲线交叉的方式，证得"季氏将伐颛臾，冉有、季路见于孔子"此章，发生在鲁哀公十三年（公元前482年），孔子七十岁之时，冉有至此已当了十年季氏宰。还原研究，必须科学地缀合各种材料碎片，对历史现场进行准确的时空定位，方可感受到当事人物的神经颤动，启动他们带着体温的生命。

五、孔子适周问礼于老子的编年考订

孔子适周问礼于老子，是先秦诸子百家争鸣拉开帷幕的一个历史性事件。此事展开了中国思想文化史上一片灿烂的时空。然而，《论语》不载此事，如前所述，"窃比于我老彭"指的并非老子，但是"不载"，也是一种值得追问的编纂价值选择。由于老聃职位不显，孔子尚未为大夫，没有达到官方文献同步记载的政治级别，就如孔子为中都宰，《春秋》《左传》均无记载，唯有当上鲁司寇才够级别一样。这就给没有考虑官方文献内含价值选择的疑古者，留下了质疑孔子是否确实见过老子的文献裂缝。但是不受汉代已经抬头的"世之学老子者则绌儒学，儒学亦绌老子"的门派之见束缚的太史公，通过"䌷史记石室金匮之书"及实地调查所得，在《史记·孔子世家》及《老子韩非列传》以相当篇幅记述了此番文化盛事。如此独具只眼地为一些不见于先秦官方文献记载的文化巨人立传，太史公由此成为中国思想文化史上不可替代的功臣。

其实，源自战国简帛的《礼记·曾子问》《庄子》《吕氏春秋·当染》《孔丛子·记义》《韩诗外传》，也记有孔子问礼于老子之事。太史公之后的《新序》《说苑·反质》《潜夫论》《论衡·龙虚》及《知实》、边韶《老子铭》《孔子家语·观周》，多次提及"孔子师老聃""孔子观周"或孔子曰"吾闻诸老聃"。这些材料虽然芜杂，但多是录自战国秦汉简帛，汉代祠堂墓穴画像石、画像砖也不乏对此事的展示。尤其是孔子自言"闻诸老聃"，《礼记·曾子问》四见，《孔子家语》四见，《白虎通义》一见，从不同角度泄露了孔子适周问礼、问《易》、问五帝与五行于老子。其中当然存在着传闻异辞，或流派偏见，但老、孔会面是言之凿凿，并不因后来的圣人之徒为保护"道统之纯粹"，就可以一笔勾销。这就有必要深度缀合文献材料碎片，沟通其内在的生命脉络，从历史编年学上确定孔子适周问礼于老子的年份，以便去妄存真地走近历史现场。

启用史源学，于此有正本清源的功能。《史记·孔子世家》以正史方式郑重记载，孔子派南宫敬叔向鲁君请准适周，"鲁君与之一乘车，两马，一竖子俱，适周问礼，盖见老子云"。但是行文将此事置于孔子年十七，孟僖子病且死，诫其嗣孟懿子及南宫敬叔向孔子学礼之后，而居于"孔子盖年三十"之前。其实南宫敬叔少孔子二十一岁，即便孔子三十岁，也不可能派一个九岁孩子向鲁君请示。从史源学上考索，这是太史公误用《左传》鲁昭公七年

(公元前535年,孔子十七岁)的记载:"(鲁昭)公至自楚。孟僖子病不能相礼,乃讲学之,苟能礼者从之。及其将死也,召其大夫",遗嘱送"孟懿子与南宫敬叔师事仲尼"。其实,"病不能相礼"的"病"字,作担忧解,指孟僖子因鲁昭公参加楚灵王章华台落成典礼归国,担忧不知使用何等礼仪;而孟僖子死,是十七年后(鲁昭公二十四年,公元前518年)的事情,这在《春秋》中有明确记载。孟懿子、南宫敬是四年后,即鲁昭公十一年孟僖子与泉丘女子私奔而生。太史公一人著成如此大书,对《左传》记载不够清晰的历史细节未及深究,未能将两个相距十七年的事件明晰分疏,造成了孔子见老子年份的混乱。这一混乱被东汉桓帝时边韶作《老子铭》坐实为大错:"孔子以周灵王二十年生,到景王十年,年十有七,学礼于老聃。"①郦道元《水经注》卷十七沿袭此说:"至周景王十年,孔子年十七,遂适周见老聃。"②尽管这些都是周秦汉晋的古老材料,但其史源采用中已经出现以讹传讹的错误。近世学者或以为唐以前碑刻和地理名著值得珍视,力主"孔子年十七问礼于老子"③。

又添混乱的是《庄子》外篇、杂篇有六处记老孔会面问学,除了证明"其要本归于老子之言"的庄子及其后学,对孔子求学于老子津津乐道之外,其《天运篇》称:"孔子行年五十有一而不闻道,乃南之沛,见老聃。"④众所周知,孔子自称"五十以学《易》","五十知天命",《庄子》却偏偏说"孔子行年五十有一而不闻道",显然是对儒学的揶揄嘲讽,是以"重言"方式贬孔扬老,因而不可将其所讲年岁当真,不然就可能陷入《庄子》所设的陷阱。更何况鲁定公九年(公元前501年),孔子五十一岁出任中都宰,在很短时间就连升为司空、司寇。到了五十岁还是一介布衣的孔子,岂会放下公务,而南之沛问玄虚之道于老聃?后人无法弥合孔子见老聃之年份裂缝,只好说孔子多次见老聃,其实是并没有绕开《庄子》布下的迷魂阵。

孔子见老子,必须满足两个条件,一是孔子有时间,二是孟僖子卒后,南宫敬叔拜孔子为师,得以随行。这些条件清人阎若璩都看到了,而且还看到了第三个条件,孔子随老子参加一次出殡,遇上日食。阎若璩《尚书古文疏证》卷八云:"有以孔子适周之年来问者,曰:《孔子世家》载适周问礼,在昭公之二十年,而孔子年三十。《庄子》,孔子年五十一南见老聃,是为定公九年。《水经注》孔子年十七适周,是为昭公七年。《索隐》谓僖子卒,南宫敬叔始事孔子,实敬叔言于鲁君。而得适周,则又为昭公二十四年。是四说者,宜何从?余曰:其昭公二十四年乎!案《曾子问》,孔子曰:'昔者,吾从老聃助葬于巷党,及堩,日有食之。'惟昭公二十四年夏五月乙未朔日有食之……见《春秋》。此即孔子从老聃问礼时也。"

应该承认,阎若璩比庄子、边韶向孔子见老子的历史现场走近一步,但他的结论还存

---

① 边韶:《老子铭》,见严可均辑:《全上古三代秦汉三国六朝文》(卷六十二),中华书局1958年版。
② 郦道元注,王国维校:《水经注校》(卷十七),上海人民出版社1984年版,第578页。
③ 高亨:《关于老子的几个问题》,载《社会科学战线》1979年第1期。
④ 《庄子集解》,中华书局1954年版,第92页。

在着三重扞格：一是孟僖子卒年即鲁昭公二十四年（公元前518年），南宫敬叔才十三岁，孔子不可能指派如此年龄的少年去疏通鲁君。二是南宫敬叔父丧于二月，南宫敬叔不可能随孔子适周，五月见日食。《礼记·杂记下》云："大夫三月而葬，五月而卒哭。"①其时孟僖子尚未下葬，南宫敬叔岂能未尽孝就千里迢迢地随孔子赴周？三是鲁昭公二十四年，东周王室发生王子朝之乱，周敬王出奔狄泉，成周洛邑动荡不宁，孔子不可能乘乱适周。那样既会危及孔子一行的生命，也可能找不到避乱的老子。

当代学人有关注鲁昭公二十四年周室不宁者，遂以日食发生年份为着眼点，将孔子适周见老子，提前到周乱之前的昭公二十一年（公元前525年），这一年也有日食，如《春秋》鲁昭公二十一年记载："秋七月壬午朔，日有食之。"②但这种意见忽视了南宫敬叔此时仅九岁，尚未师事孔子，也就谈不上其他与孔子适周的行为了。而且这一年的日食发生在下午五点半左右，与周人出殡在上午的礼制不合。为何不将年份后推？因为他们考虑到此后"鲁国无君"，似乎又关照到孔子让南宫敬叔沟通鲁君。《左传》鲁昭公二十五年（公元前517年）记载：鲁昭公因季氏和郈氏斗鸡结怨，遂与郈氏发兵围季氏，被三桓击败，流亡到齐、晋边境，直至鲁昭公三十二年，客死于干侯。确实在这八年中，鲁国处于无君状态。

关键是对于被季氏驱逐到国外的鲁昭公，孔子还认不认他是鲁君。很重要的一条材料，是《左传》鲁定公元年（公元前509年）记载："秋七月癸巳，葬昭公于墓道南。孔子之为司寇也，沟而合诸墓。"孔子为鲁司寇是在九年后，即鲁定公十年（公元前500年），如果他与鲁昭公没有深刻的认可和人事因缘，岂会拂逆大权在握的季氏，将其远葬的鲁昭公重新开沟划回鲁公墓地的范围中。《孔子家语·相鲁》说得更清楚："先时，季氏葬昭公于墓道之南，孔子沟而合诸墓焉。谓季桓子曰：'贬君以彰己罪，非礼也。今合之，所以掩夫子之不臣。'"可见孔子坚持周礼标准，对于被季氏驱逐的鲁昭公，依然认可为国君，并指责季氏逐君贬君的行为，为"非礼"。

进而言之，在对各家之说进行深入的史源学和文献学辨析、勘谬和排查的基础上，就可以确认孔子适周问礼于老子，是在鲁昭公三十一年（公元前511年），孔子四十一岁，南宫敬叔二十岁。《春秋》该年记载："三十有一年春王正月，（鲁昭）公在干侯。……十有二月辛亥朔，日有食之。"这一年，晋定公拟出兵纳鲁昭公归国，季氏也相当卑恭地到干侯迎接昭公，即是说，鲁昭公获得国君礼节上的尊重，只因"众从者胁公，不得归"。孔子应是此时派南宫敬叔向鲁昭公请准，以鲁国使者的名义而适周，由于鲁昭公终不得归鲁，依然是国君不君的状态，所以不以鲁昭公、鲁定公这样的明确名号记载，泛称为"鲁君"，此乃"春秋笔法"。

又由于鲁昭公流亡在外，靠晋、齐周济度日，只能赠予"一乘车，两马，一竖子俱，适周问礼"。这是相当寒碜的赠予，对于名人孔子和三桓子嗣南宫敬叔，正常国君起码要赠予

---

① 《礼记》，中华书局1980年版，第1566页。
② 参看詹剑峰《老子其人其书及其道论》；日食记载见于《春秋左传注》，中华书局1980年版，第1423页。

五辆、十辆车,甚至派武士护卫。参看《史记·孔子世家》孔子告辞,老子赠言:"吾闻富贵者送人以财,仁人者送人以言。吾不能富贵,窃仁人之号,送子以言,曰:聪明深察而近于死者,好议人者也。博辩广大危其身者,发人之恶者也。为人子者毋以有己,为人臣者毋以有己。"孔子以一车、二马、一竖子,风尘仆仆见老子,可能对国君有怨言,老子才会有如此赠言。当然,人们也可以《逸礼·王度记》所云"天子驾六马,诸侯驾四,大夫三,士二,庶人一"①,以孔子尚是未成大夫的"士",聊以塞责。

至为关键者,孔子随老子参加出殡时,遭遇日食。《礼记·曾子问》记载孔子曰:"昔者,吾从老聃,助葬于巷党,及堩,日有食之,老聃曰:'丘。止柩,就道右,止哭以听变。'既明,反而后行。曰:'礼也。'反葬,而丘问之曰:'夫柩不可以反者也,日有食之,不知其已之迟数,则岂如行哉!'老聃曰:'诸侯朝天子,见日而行,逮日而舍奠。大夫使,见日而行,逮日而舍。夫柩不蚤出,不暮宿。见星而行者,唯罪人与奔父母之丧者乎?日有食之,安知其不见星也!且君子行礼,不以人之亲痁患。'吾闻诸老聃云。"②从这则记载"柩不蚤出,不暮宿",可知周人出殡是在上午。《仪礼·既夕礼》记述入葬之日,"厥明,陈鼎五于门外",举行郑重而简单的祭奠哭踊礼仪之后,"主人拜送,复位,杖,乃行"③,可知按照周制,葬礼是在上午举行。因为葬礼之后还有虞祭,《礼记·檀弓下》云:"日中而虞。葬日虞,弗忍一日离也。"疏曰:"虞者,葬日还殡宫安神之祭名。"④《释名·释丧制》又云:"既葬,还祭于殡宫曰虞。谓虞乐安神,使还此也。"⑤因此孔子从老聃助葬所遇到的日食,应发生在上午10时左右,才能符合周朝礼制。

于此,不妨以现代天文学验之,查《夏商周三代中国十三城可见日食表(食分食甚)》及Five Millennium Canon of Solar Eclipses:-1999 to +3000(2000 BCE to 3000 CE),可知在洛阳可见的日食的准确时间是鲁昭公三十一年(公元前511年)公历11月14日上午9点56分前后,按周制上午出殡,适遇日食;而鲁定公五年(公元前505年)公历2月16日下午15点15分前后也有日食,但按周制出殡,不能遭遇日食。⑥

必须补充说明,之所以于此顺带提及鲁定公五年,是为了排除鲁昭公三十一年以前的种种可能性之后,还要进而排除鲁昭公三十一年以后的种种可能性,确认孔子适周问礼于老子,只能发生在鲁昭公三十一年。南宫敬叔此年二十岁,在孟僖子卒后,他十三岁拜孔子为师,三年孝满,鲁昭公已被季氏驱逐出境,他不可能如期继承为大夫,到鲁定公继位后,才得以为大夫。一任大夫,他就迅速露富。《孔子家语·曲礼子贡问》云:"南宫敬叔以富得罪于定公,奔卫。卫侯请复之,载其宝以朝。夫子闻之曰:'若是其货也,丧不如速贫

---

① 马端临:《文献通考》(卷一百十六),浙江古籍出版社2000版。
② 《礼记》,中华书局1980年版,第1400—1401页。
③ 《仪礼》,中华书局1980年版,第1153—1155页。
④ 《礼记》,邮政书局1980年版,第1302页。
⑤ 刘熙:《释名·释丧制》,上海古籍出版社1984年影印清王先谦撰集《释名疏证补》本。
⑥ 此则天文学验证为徐建伟博士提供的材料,本人做了一些校理。

之愈.'……敬叔闻之,骤如孔子,而后循礼施散焉。"①此记载得到《礼记·檀弓上》的印证:"南宫敬叔反,必载宝而朝。夫子曰:'若是其货也,丧不如速贫之愈也。'丧之欲速贫,为敬叔言之也。"②以上言其富,至于车马,《孔子家语·致思篇》记载孔子曰:"季孙之赐我粟千钟也,而交益亲。自南宫敬叔之乘我车,而道加行。故道有时而后重,有势而后行。微夫二子之贶财,则丘之道殆将废矣。"③可见南宫敬叔为大夫之后,车马甚多,如果此时鲁君只赠予"一车二马一竖子",他是否领受就很难说。由此可知,孔子派南宫敬叔向鲁君请准适周而发生的许多事情,不可能发生在南宫敬叔在鲁定公初年为大夫之后。只能发生在鲁昭公三十一年,南宫敬叔未为大夫,尚无车马之资之时。

尚须注意者,鲁昭公三十一年,东周洛邑政局略为安定。从鲁昭公二十二年,周景王崩,周王室内乱,晋立敬王,居于狄泉,尹氏立王子朝,把持成周。直到鲁昭公二十六年,周敬王才在晋师的帮助下入主成周,王子朝奔楚。因而孔子不可能在鲁昭公二十三年至二十六年之间适周,而鲁昭公三十一年孔子进入成周,则具有相对稳定的政治环境。孔子说:"危邦不入,乱邦不居。"他不可能带着一个二十岁的弟子和一个"竖子",驾着二马拉车,闯进战火纷飞的险地,必然等到战祸远去之后才到成周访学。

然而,孔子适周问礼于老子之事,为何在《论语》中是缺席的?《论语》在庐墓守心孝的最初编纂中,是遵循严格的价值标准,对众弟子忆述的材料作了论衡、取舍、润色的处理,而留下编纂者认为最符合他们所理解的"真孔子"的条目。因而并非《论语》不载者,历史上就不存在,比如《史记·仲尼弟子列传》所载"子贡一出,存鲁,乱齐,破吴,强晋而霸越。子贡一使,使势相破,十年之中,五国各有变"这桩儒门大事,《论语》就只字不提。至于孔子适周问礼于老子,众弟子中只有南宫敬叔随行,而南宫敬叔的材料,《论语》并未采纳。尽管《公冶长篇》记述:"子谓南容,'邦有道,不废。邦无道,免于刑戮'。以其兄之子妻之。"朱熹注:"南容,孔子弟子,居南宫。名绦,又名适。字子容,谥敬叔。孟懿子之兄也。"但从孔子对南容品行的嘉许,及对三桓子弟南宫敬叔的称扬和贬责来看,二者与孔子的关系不可同日而语,并非同一人。南宫敬叔在《论语》编纂中并无话语权,《论语》也言不及老子,这都是编纂者遵循颜回、曾子路线理解"真孔子"所致,并非《论语》不载者,历史上就不存在,大量的战国秦汉文献及出土简帛已经证明这一点。对于文献记述与历史存在的关系,我们应该心存几分辩证思维,切不可落入清人毛奇龄所嘲讽的"六经无髭髯字,将谓汉后人始生髭髯,此笑话矣"。只有进行如此全息性的研究,包括孔子及南宫敬叔的生命信息,鲁国政治中之鲁君流亡和周室动乱平息的信息,古代天文学信息,周人丧礼信息,在学术方法高度综合中严密地进行排除和聚焦,辨析和缀合,最终加以编年定位,才可能廓清先秦诸子开幕期的老、孔会面这个千古之谜。如此,方可进入深远的空间与时间之思。

---

① 《孔子家语》,中华书局2011年版,第495—496页。
② 《礼记》,邮政书局1980年版,第1290页。
③ 《孔子家语》,中华书局2011年版,第78页。

《尸子》曰："四方上下曰宇,往古今来曰宙",其宇宙概念,笼盖着时空二者。由茫茫时空,反观《论语》篇章,有若陆九渊"初读《论语》,即疑有子之言支离。他日读古书,至'宇宙'二字,解者曰:'四方上下曰宇,往古来今曰宙。'忽大省曰:'宇宙内事乃己分内事,己分内事乃宇宙内事。'又尝曰:'东海有圣人出焉,此心同也,此理同也。至西海、南海、北海有圣人出,亦莫不然。千百世之上有圣人出焉,此心同也,此理同也。至于千百世之下有圣人出,此心此理,亦无不同也。'"唯有进行时空考定,才能安顿古往今来的无数生命,才能启动四方上下的无穷智慧。

为历史而烦

——《白鹿原》的乡土生命哲学及其叙事价值

西北大学 段建军

人是一种事业性的存在。人为什么样的事业操劳繁忙,在什么领域里创造自己平凡或神奇的业绩,就成为什么样的人。中国乡土社会中的所有生存者,虽然有所谓圣贤、凡愚之分,劳心劳力之别,但他们都为"历史"而繁忙,为"历史"而烦神。这里所说的"历史",指的是先祖过去未竟的事业,圣贤总结的社会人生经验。乡土社会从上到下,从贤到愚,所有的人都是眼睛朝后看着"历史"的过程,心思朝后总结着"历史"的经验,行动朝后完成着"历史"的使命。由于他们都为"历史"而繁忙烦神,所以他们的人生,几乎可以说都是"历史化"的人生。乡土史诗的《白鹿原》,正是通过对乡土生活的叙事,给我们诠释着中国乡土社会"为历史而烦"的生命哲学。

一、乡土人生是与"历史"相关联的人生

在中国乡土社会,上层统治阶级都有自己的"家法"。即祖宗立下的做人处事、待人接物的规程。这"家法"以"历史"上的圣哲贤良为楷模,以过去的昏庸无能之辈为借鉴。它是创业祖宗尊重"历史"的铁证,又是后来守业者或引以为戒,或奉以为师的经典教材。这一传统从中国传统思想发生的轴心时期便已产生。先秦诸子之中,孔子慕周,墨子推夏,孟子崇尧舜,他们都在创立自己的学说时,以古代圣贤之言加重自己理论的分量。到了宋明儒学时期,各个思想家都坚持自己的思想是直接取自六经孔孟。王阳明在龙场顿悟之后,作五经臆说,重定大学古本,只是为了证明自己的格物新解是儒学的真血脉。当时学者们都反对为学的人不取证于经书,而执持于师心自用造成的错误。在他们眼中,圣人之道只存在于经书里,经外绝无圣人之道。谁若无视经书,也就等于无视圣人之道。谁若舍弃经书,也就等于舍弃圣人之道。儒者做人之乐趣,就在于学习圣人之言。反复玩味圣言中的哲理,体会圣人的深邃用心,并在自己做人的过程中践行圣人之道。于是,孔圣之言

就成了他们必须遵守的家法。罗汝芳说:"孔门立教,其初便当信好古先。信好古先,即当敏求言行。诵其诗读其书,又尚论其世。是则于文而学之。"他们诵读圣贤书,听信圣贤言,其态度之认真,信仰之坚定,比法家遵守法律条文,士大夫执行皇上圣旨有过之而无不及。

《白鹿原》中的圣人朱先生也是这样。朱先生有天清晨正在书房晨读圣贤书,适逢省府两位差人要见。他头也不抬地说:"我正在晨读。"示意别来打扰自己向圣贤学习。对方强调:"我这里有十万火急的命令,是张总督的军谕。"朱先生说:"我正在晨读,愿等就等,不等就请自便。"对方怕他不知张总督是何许人,专门提示了一番。门房张秀才答道,就是皇帝来了也不顶啥。因为对朱先生来说:"诵读已不是习惯,而是他生命的需要。世界上一切佳果珍馐,都经不起牙齿的反复咀嚼。咀嚼到后来,就连什么味儿也没有了。只有圣贤的书是最耐得咀嚼的。同样一句话,咀嚼一次就有一次新的体味和新的领悟。不仅不觉得味道已尽,反而觉得味道深远。好饭耐不得三顿吃,好衣架不住半月穿,好书经得住一辈子诵读。朱先生诵读圣贤书时,全神贯注如痴如醉如同进入仙界。"除了读圣贤书,朱先生下最大力气做的工作就是编县志。考证历史沿革、风土人情、物产特产,叙说历朝百代达官名流、文才武将、忠臣义士的生平简历。核查数以百计贞节烈女的生卒年月和扼要事迹。"历史"之外的东西都在他的意向中被悬置,他的生存意向主要聚焦于"历史"上。

在上层精英的典范带动下,下层百姓也自然跟在政治和文化方面的大人物后面模仿。其中有的从名门贵族那儿借鉴修身齐家的"历史"经验,作为自家的人生准则。有的从古代贤哲的语录中摘取几条,作为自家的人生戒律。有的把祖先的"历史"经验编成古经,代代相传,代代遵守。比如白鹿村的白家就有一个久传不衰的古经。虽然平淡无奇,却被尊为家规。由谢世的家主儿,严肃认真地传给下一辈人。那是一只只有入口没有出口的槐木匣子。做工粗糙,不能摆饰陈列,也无法让人观赏。其中却包含着一段白家祖先败家兴家的人生经验,凝聚着白家"修身齐家"的生命精神,结晶着白氏一族以德报怨的生存智慧。这种精神与智慧,以后在白鹿原上"被村村寨寨一代一代富的穷的庄稼人咀嚼着、品味着、删改着、充实着,传给自己的后代,成为本原无可企及的经典性的乡土教材"。它以"历史"的名义,提醒所有乡土社会的生存者注意人生岔道,指明了乡土生存者应该去走的人生正路。

在中国乡土社会里,后人的生存成长领域,往往都经祖先做了"历史"圈限;后人的生存成长志向,往往都出于祖先的"历史"筹划;后人的生存成长理想,往往都出自祖先的"历史"昭示。因而,这里的朋友往往都是世交,仇家往往都是世仇。每个人无论是做好人办好事以利人,还是做恶人办坏事以害人,都有其"历史"的原因。在这里,信任往往是"历史"的信任,鄙视也常常是"历史"的鄙视。鹿三之所以要做白家的义仆,甚至为了白家的荣誉,不惜杀害自己那不名誉的儿媳,是因为白家"历史"上就以仁义闻名,从白秉德起就对他有恩。他之所以瞧不起鹿子霖,是因为在他眼中,鹿家祖先"历史"上就根子不正,靠

"卖沟子"起家的没什么德性咯！鹿子霖之所以对当乡约兴趣大，是他想实现创造鹿家"历史"勺勺爷的遗愿，改变鹿家世代只能给白家当帮手的劣势地位。盘龙镇吴老板之所以要把自己的爱女，嫁给家境已经衰落、生活已经潦倒、人们都认为有克妻之命的白嘉轩，是因为其祖先在"历史"上曾经提携过他姓吴的，他要以嫁女来报答那段"历史"的恩情。由此，我们可以说中国乡土社会是一个与古人古事相拉扯的社会，中国乡土人生是与"历史"相关联的人生。在中国乡土社会曾经有过，荣耀都佩戴着光荣的"历史"勋章；曾经受过，耻辱都背负着沉重的"历史"十字架。

乡土社会之所以有如此浓厚的历史情结，是因为在乡土生存者的眼中，世上的人、人的"历史"，以及人所栖居的世界，都是过去、现在和未来的交互轮回。"历史"的过去，犹如白鹿村老爷庙那棵七搂八乍另三指头的老槐树，即使被岁月掏空了心，却依然能够郁郁葱葱地生长，并形成一种凝聚不散的仙气神韵，保佑着现在，祝福着未来。故而，"历史"上曾有的人生事业，曾经历过的生命体验，曾筹划过的光辉前景，在新的现实中绝不会化作毫无生气的化石，它往往会以新的形式继续生存。这种新的存在方式，又都表现出鲜明的两重性，一方面不断重演着"历史"，另一方面又在挖掘着过去的生存潜能，完善着过去的存在缺陷，实现着过去的生存遗愿，开拓着过去所发端的生存前景。因此，中国乡土社会的生存者关注"历史"时，从来不把"历史"当作一种单纯的景观。他们谈论"历史"时，也没有把"历史"当作一种打发空闲的无聊话题，而是将其作为自身的现在以至未来，必须消化和占有的有机养分。在这种"历史"视点下，"历史"成为有机的生命体，它也生生不息地轮转、运动着。

二、乡土生存是为历史而烦的生命过程

中国乡土社会的生存者之所以大都为"历史"而烦，其中另一个重要原因是家族性生存的历史传统所致。由于乡土生存者几乎世世代代都定居一地，生存空间很少有变化。大多数乡民都是祖祖辈辈生于此长于此又老于此。这首先造成了枝叶扶疏、延续千年的大家族如孔家，从孔子上溯，一直可推到夏代，约有一千五百年的历史，从孔子下延到现代，又大约有两千五百年的历史。为了生存的关系，大家族又常分蘖出许多小家族，同样又绵延上千年的历史。生存在这种有"历史"传统的家族中，人们自然会养成对家族"历史"的关怀，自然会关注自己在家族"历史"中的地位，会关心自己对家族"历史"应尽的义务，对家族"历史"应做的贡献。这就形成了乡土社会所特有的人道——以家为中心的人道。在这样一种以家为人道的文化心理制约下，乡土生存者为历史而烦主要呈现为以下三种情形。

其一是以个体肉体生命持存来延续家族历史。

家族文化中为"历史"而生存决定了生存者向父母所尽的最大责任就是孝道。因为

"不孝有三,无后为大"(《孟子·离娄上》),所以创生新的肉身,使父母的遗体继续生存,让祖先传下的万世之嗣,绵延不绝,以至永远,便成为乡土生存者生存筹划的历史性事件。在有子之外,他们还重视子肖其父,以为只有这才是父母之生命获得再生的铁证。这也是每一个做父亲的人最为高兴的事情。白嘉轩就是这种典型:

>这两个儿子长得十分相像,像是一个木模里倒出一个窑里烧制的两块砖头了;虽然年龄相差一岁,弟弟骡驹比哥哥马驹不仅显不出低矮,而且比哥哥还要粗壮浑实。他们都像父亲嘉轩,也像死去的爷爷秉德。整个面部器官都努力鼓出来,鼓出的鼻梁,鼓出的嘴巴,鼓出的眼球,以及鼓出的眉骨。尽管年纪小小却已显出那种以鼓出为表征的雏形底坯。随着年龄的增长,这种鼓出的脸部特征将愈来愈加突出。
>
>白嘉轩太喜欢这两个儿子了,他往往在孩子不留意的时候专注地瞅着他们那器官鼓出的脸……

这是一种独具中国乡土特色的生命情怀。他对"历史"的重演,人生的重演,格外在意,格外喜欢。并且在乡土哲学中有其深厚的理论基础。儒家认为,太极生两仪,两仪相互交感,阳施阴受,创生亿万的男人女人,创生亿万的牡牝之物。创生之物只有像创生者,才有价值,才得人们的喜欢。再对男女分别观察,则男人主阳,女人主阴。男女各具特性,不容混淆。倘若男不主阳,女不主阴,男不男,女不女,性别混淆,就没有价值,受人诅咒。对男女做总体观察,则男人身上有阴性,女人身上有阳性,男女各一太极。同理,就牡牝之物分别观之,则牡物主阳;牝物主阴,牡牝各具特征。将牡牝之物统而观之,则牡物中含有阴性成分,牝物中含有阳性因素,故牡牝各一太极。既然男女牡牝,创生于太极又各为一太极,那么,儿女诞生于父母,自然又是新生的父母了。新父母只有像旧父母才受人尊敬,否则会受人轻贱。这种尊敬是对肉身"历史"延续的尊敬;这种轻贱,是对肉身"历史"改变的轻贱。所以,在白鹿原上的白鹿村,不只白嘉轩喜欢子肖父,鹿子霖也有此心态。当他做了田福贤的"钦差大臣"之后,在国民党强抓壮丁的灾难日月,他过去的一个相好,要求他把他俩所生的娃子认成"干娃",以逃避壮丁:

>鹿子霖从这个女人身上得到了一个重要启示。逐个在原上各村庄搜寻干娃,把一个个老相好和他生的娃子都认成干亲,几乎可以坐三四席。干娃们到家里来给他拜年,给他祝寿,自己也得到绝对保护而逃避了壮丁。鹿子霖十分喜欢,一个个干娃长得都十分漂亮,浓眉深眼,五官端正。因为和他相好的都是原上各村的俏丽女人,孩子自然不会有歪瓜裂枣。鹿子霖瞧着那些以深眼窝长睫毛为标记的鹿家种系,由不得慨叹:"我俩儿没有了,可有几十个干娃。可惜不能戳破一个字……"他对干娃们说:"有啥困难,要办啥事,尽管开口!干爸而今不为自己就为你们活人哩!"干娃们

说:"干爸,你有啥事要帮忙也只管说,俺们出力跑腿都高兴。"鹿子霖感动得泪花直涌:"爸没啥事喀!爸而今老了还有多少事吗!爸只是害怕孤清喜欢热闹。你们常来爸屋里走走,爸见了你们就不觉得孤清,就满足咧……"

鹿子霖所欢喜的,是自己的干娃一个个都浓眉深眼,五官端正,的确是他肉身的再生,感到惋惜并为之慨叹的,是这几十个以深眼窝长眉毛为标记的鹿家种系,只能做他的"干娃"。他所希望的,就是干娃们常常来他屋里走动,让他看着他们,就知道鹿家种系自他而后枝儿越分越多,叶子越发越茂,他鹿子霖分身有术,遗体有方,无愧于祖先了。

其二是报本返始,通过对祖先精神的传承来复活历史。

乡土生存者从家族情感出发,以"孝"为中心,探讨肉身生存者如何通过自我的报本返始之心去思慕祖先,让已故的祖先在后代的思慕中得以永生,让"历史"在生存者的思慕中得以复活。这种思慕的外化和物件化,就是乡土社会中最为神圣的祭祖活动:修建祠堂,续写家谱,定时定节给祖先灵位烧阴纸贡鲜果。《中庸》云:"众生必死,死必归土,此之为鬼。骨肉毙于下,阴为野土,其气发扬于上,阳为昭明。薰蒿凄怆,此百物之精也。因为之制,制为之极,明为鬼神,以为黔首则。百众以畏,万民以服,圣人以是为未足也。筑为宫室,设为宗祧,以别亲疏远迩,教民反古复始,不忘其所由生也。众之服自此,故听且速也。"在乡土哲学家眼中,每个健在的生存者的肉身,都是已故祖先的创生物。知自己肉身生命之所由来,则不忍心自己生而让祖先死。因而,时刻都在记忆思慕中复活创生者,让祖先的音容笑貌,常活于自己的身心中。换句话说,乡土哲学要求后来的生存者的精神,总是本能地意向其祖先,指向其过去,承载其家族的"历史",复活生命的过去状态。用这种承载"历史"和复活过去的活动,表达自己不忍先祖离"我"而去的一番深情,表达自己不忘先祖创生"我"肉身生命的恩德。乡土社会的生存者,常在自己祖先灵堂前写上"音容宛在"的奠文。此宛在的音容已经不在天地之间实存,却通过"孝子"的思慕之心,充塞于天地之间,与"孝子"的生命融为一体。在此,"孝子"的思慕记忆起了沟通阴阳、连接死生的作用。正因为有"孝子"的思慕记忆,"历史"就不会死去,过去又整合到现在之中。

作为华夏一角的白鹿原,也把祭祖当作回返生命之根的神圣活动。在那场灾难性的瘟疫过后,白鹿原显出一片空寂与颓败的气氛。九月里收完秋再种麦时,一反往年那种丰收与播种的紧迫,平添了人们的悲戚之情。大家觉得那么多人死了,要这么多的粮食作什么!正当这种情绪蔓延的时候,白孝武在其父白嘉轩的支持之下,及时地主持了敬填族谱的神圣活动。他从三官庙请来和尚,为每一个有资格上族谱的亡灵诵经超度,让后辈儿孙为其先祖燃香叩首,最后将死者的名字填入族谱。这件牵扯到家家户户的"神圣活动",扫除了一个个男女后生脸上的阴影,给他们的眉眼中灌注了轻松的神气。一下子提高了孝武在族人中的威望。它充分表现了乡土社会中的所有肉身生存者,不愿让死生路断、阴阳道隔的心理。

乡土社会的后生们,觉得祖先在世时,不但用辛勤的劳作生养后代,而且用深厚的情思顾念后代。祖先的心中只有家庭和子孙,他们为此而生为此而死,临终前又将这一切移交于身后的子孙,希望后辈子孙能够把这一切照看得更好。这表明祖先虽然离开了阳世进入阴间,然而,他对阳世生存着的后生,仍留存下最后的热情,此情就是对家庭和子孙的难抛难舍之情,是祈盼家庭在离开自己后,能够人财两旺、万事顺心如意之情。祖先对家庭和后代的这一番深情,是超出个人生命限度的情意。它发生于祖先临终之前,洋溢于祖先已逝之后。感动孝子贤孙们自然地以其诚敬去祭奠先祖。召唤孝子贤孙们用事死如事生,事亡如事存的态度,去承载先祖的情志,接通死生的裂隙,打通阴阳之间的阻隔。并且,在自身的人生过程中,努力成就死者之志,甘愿顺遂死者之情。切实地用行动让祖先的精神昭垂于后世,使祖先的英灵永垂于千古,这就是精神之孝的核心内容。古人所谓"三年无改于父之道,可谓孝矣"说的就是这个意思。正是在这里,孝子通过尽自身的孝心,同时也就尽了先祖的遗愿。二心合一,促成了古今的浑融。它的极致就是孝子贤孙自觉地或本能地用自己的肉身,重演祖先的人生经验,发扬光大祖先的生命精神。白嘉轩在生父白秉德死后,每天早上都要"坐在父亲在世时常坐的那把靠背椅子上,喝着酽茶,用父亲死后留下的那把白铜水烟袋过着早瘾"。吃罢晚饭,他又悠然地坐在那把楠木太师椅上,像父亲一样把绵软的黄色的火纸搓成纸捻儿,端起白铜水烟壶,提一撮黄亮黄亮的兰州烟丝装进烟袋,噗的一声吹着火纸,一口气吸进去,烟壶里的水咕嘟咕嘟响起来,又徐徐地喷出蓝色烟雾。他拔下烟筒,咻的一声吹进去,燃过的烟灰就弹到地上粉碎了。母亲白赵氏看着儿子临睡前过着烟瘾,她时不时地把儿子当成已经故去的丈夫。那挺直腰板端端正正的坐姿,那左手端着烟壶,右手指头夹着火纸捻儿的姿势,那吸烟以及吹掉烟灰的动作,简直跟他老子的声容神态一模一样。

鹿子霖再度春风得意之后,有天晚上从南原喝了一场酒。带着几分醉意回家,在坟园遇到了为逃壮丁专意来投靠他的"三娃"。他一定要三娃骂自己一句最粗俗的脏话,才肯收他做长工。三娃借口母亲叮嘱自己,出门嘴要学乖而不骂。鹿子霖强调,他的长工嘴一定要硬:"我一天到晚尽听奉承话骚情话,耳朵里像塞了猪毛,倒想听人骂我一句哩。"三娃怕鹿子霖酒醒后报复,要求换一种考验他能否当长工的方式。鹿子霖把脸拱到三娃胸前说:"你抽我两个耳光子!"吓得三娃魂不附体,只想逃跑。鹿子霖见三娃不敢动手打自己。又提出让三娃给自己脸上尿一泡。三娃听罢这话,"妈呀!"叫了一声,撒腿就跑。却被鹿子霖扯住了后领,怎么也脱不了身。鹿子霖最后提出,三娃可在三个条件中任选一项。三娃既然无法脱身,只好仗胆抽了鹿子霖一个耳光,骂了一句难听的话,之后站在原地等待受罚。没想到子霖却夸奖他,"打得好也骂得好呀三娃!好舒服呀!再来一下让我那边脸也舒服一下。"三娃照办之后,鹿子霖将他拦腰抱起来在原地转了一圈,哈哈笑着又扔到地上,并称赞他"有种!"而且爽快地收他做了长工。看了这一幕戏剧,好心人会觉得这位向来不吃眼前亏,善于以毒攻毒以怨报怨的鹿子霖,突然变得不像他自己。甚或错误地认为,鹿子霖若非酒后发狂,就是突然之间良心发现,于是,借机自惩以减轻内心之不安。然而,事实却是鹿子霖通过这一番作为,用自己的肉身对勺勺爷的勾践精神进行了具体化的"重演",他想通过这番"重演",对家族中最有影响的祖宗的人生进行一次深切体验,与这位模范祖宗进行一次深入的心灵感应。他在这种感应中,找到了祖先创家立业的那种生命精神,也找到了自己的人生位置和生存向度。他为自己能与家族中最有作为的一位祖先进行身心感应而欢畅,更为自己肖于家族中最有影响的祖先而自豪。

其三是通过向历史学习来认识自身、刷新历史。

中国乡土社会中各阶层生存者,向已往先辈学习做人的"历史"意向,其摹仿先辈过往行为的"历史"方式,都是在为"历史"而烦。这在某些现代人看来,是对生存者自身的能在向度进行遮蔽,对人的潜能进行窒息的一种生存方式。现代人认为,人的生存是面向未来的能在式的生存。每个现世生存者,总是向着未来的各种可能性不断生成和发展。"此在本质上是现身的此在,它向来已陷入某些可能性。此在作为它所是的能在让这些可能性从它这里滑过去,它不断舍弃它的存在可能性。但这就是说:此在是委托给它自身的可能之在,是彻头彻尾被抛的可能性。此在是自由地为最本己的能在而自由存在的可能性。在种种不同的可能的方式和程度上,可能之在对此在本身是透彻明晰的。"[1]生存者之所以能由现实向可能境界生成和发展,是因为他的肉身中有灵性,他对自己和世界有所领悟,有所谋划,他把世界看作有种种可能意蕴的世界,把人生看作有种种可能性的人生。然而针对上述认识,乡土社会的生存者却会反驳道:每一个生存者最初对自身可能性的领会,几乎都是本能地从传统方面继承下来的。他最初的人生谋划,基本上是对其祖先人生谋划的一种承袭;他要实现的理想,往往是祖先早就立下的宏愿。所谓"执古之道,以御今之有。能知古始,是谓纲纪。"[2]道的全部能量几乎都在古始,在初始的创造状态。只有了解古始,才能把握现在。所以,在中国形成了信好先古的悠久传统。乡土生存者的这一认识有着深刻的心理学依据。从人类成长过程来看,每个孩童最初和最自然的冲动,都是希望自身像父母一样强大能干。他总是根据父母的生存式样来模铸自己。他的道德标准就是自己父母的意象,即父母所有的法则、命令、能力、权威。孩童用心在此寻找如何与父母等同。因此,所有自己父母的禁制、劝告,父母说出或暗示的愿望、理想、目标、意见、态度等,都对孩子具有力量和意义,并且成为他处理人生诸问题的戒律。每当他遵守父母做人的准则时,就会产生一种得到父母嘉许般的满足感。倘若触犯了这些标准,就会产生受到父母威胁的犯罪感。由于这些标准是乡土生存者在早期不假思索地接受下来的,是在无意识中起作用的,以后又经过有意识的训练和培养,它对每个人终生的生存谋划和奋斗成长,起着极其重要的作用。这一切都表明,人类的过去并不像有些现代人所理解的那样,仿佛总是跟在现实生存成长者的后面,而是实实在在地走在生存成长者们的前头。它以

---

[1] 海德格尔:《存在与时间》,陈嘉映、王庆节译,生活·读书·新知三联书店1987年版,第176页。
[2] 语出《老子》第十四章。

生存成长者们的可能式样,招引其展开自己的翅膀,飞翔在"历史"的视域之中。

有些现代人认为,我们人类既不是生存于过去之中,也不是生活于未来之中,而主要是生存在现在之中。每个在世者都是在当代世界的繁忙和烦神活动中,展开其生存成长历程的。在这一过程中,人认识了自我,实现了自我,而不是通过各种"历史"活动来认识和实现自我。然而,在中国乡土生存者的眼中,上述生存者忽视了一个非常重要的人生事实,即人们现世所要繁忙的事情,往往是"历史"交付的事业;人们现世为之烦神的人际关系,常常是"历史"造成的人际格局。这就是说,"历史"比现实更为威猛。后来者只是普及祖先在"历史"上的创造成果,只是应用"历史"积淀的人生技能。因此,现世的生存成长者仅仅沉入到当代世界之中通过其反光来认识自身是不够的,更需要不断沉入到自身或多或少明白把握了的传统之中,并通过"历史"传统来认识自身。白嘉轩如此,鹿子霖如此,朱先生亦如此,乡土社会的生存成长者们无一例外。正因为无一例外,过去的生存传统就对当代生存成长者,具有一种优先的统治权,要求他们为"历史"而烦。倘若现世的生存者把"历史性"连根拔除,让自身盲目漂游于五花八门的当代文化观念中,就会变成真正的文化浪子。这种文化浪子由于整天活动在与自身极为疏远陌生的文化环境之中,无法创造性的占有自身过去的那些宏伟志向,只好与自身的夙愿决裂。这一决裂,既中断了自身与既往"历史"正常而有意义的对话关系,又失掉了摆正自身位置及正确把握自身生存成长方向的机会,使生存者倍受无家可归之苦。因此,每个时代的生存者都有返回"历史"、追寻文化之根、正本清源、倾听历史呼声之必要。唯有这样,人类才不会在生存成长的途程中迷失方向。

三、乡土史诗叙事是为现实生存成长者开启生命活力渊源的探索

陈忠实的《白鹿原》也在为"历史"而烦。他要敞亮我们民族一直被遮蔽的秘史。"为了知道历史是什么,必须知道实现历史的人是什么。"[①]人既是建造历史的砖瓦,又是设计历史的建筑师和建筑工人。乡土社会的大多数人对此并不明白。他们仅仅生活在第一个层面上,不自觉地把自己当作建造"历史"的一块无关紧要的砖瓦,是"历史"循环过程中一个无关紧要的组成部分,是一个被动的存在。他们忘了或者没有意识到自己作为"历史"建筑师和建筑工人的主动角色。放弃了自己的行动、计划和决定,否定了自己作为人的本质的自由。这种人只会"回想",不会"预想",只知道"历史"在循环运动,却没有思考这一运动的出入口就在当下。只知道过去的"历史"对当下的现实作用,却不知道当下的决断对将来发展的决定性影响。只有对"历史"的回顾意识,却没有直接参与"历史"的意识。他们忘了"我"作为时间性存在的唯一性,忘了"我"对自我的承当以及对"历史"的建构作

---

① 科耶夫:《黑格尔导读》,姜志辉译,译林出版社 2005 年版,第 190 页。

用。在乡土社会,有两种人具有对"历史"的设计和建筑意识。一种是圣贤,一种是利己主义者。他们明白自身生存于当下,自己的行动却深入到将来,因此,当下决定着将来,决定着"历史"发展的方向,决定着人自身成长变化的模样。所以,人自己当下所做的选择和决断,既是为自己寻找一个进入"历史"的出入口,又是为重建"历史"找到一个基础和开端,让自己置身其中,进行"历史"设计与建造。《白鹿原》复活"历史",让那些被当代遗忘和遮蔽了的却仍然可以对当代人生存成长起开导作用的往事开口说话。让它告诉现世的生存成长者:虽然每个生存者都是在流传下来的生存成长观念中领会自身的能在式样,虽然每个生存者都在既往的"历史"中为自身选择值得模仿的英雄榜样,并在其人生历程中重演榜样的品行,然而,"历史"中既有充满活力、健康向上的"白鹿",也有浑身患病衰朽害人的"白狼"。膜拜前者能给生存者开启生命的价值之源,把世界变得"己安人安",万民康乐,让"历史"进入和谐健康的轨道。模仿后者则只会毁灭人生的一切价值,让世界变成你踢我咬人人自危的战场,让"历史"滑入瞎折腾的泥淖。那些根据现实生命体验开启"历史"渊源,并以面向未来的心态,与既往健康向上的英雄榜样对话的生存者,才是真正有益于当代的生存者。《白鹿原》对"历史"进行揭秘,就是为现世的生存成长者开启充满生命活力的历史渊源,让现世的生存成长者从中发掘有益的能在式样,为生存者的肉身灌注灵性,让生存成长者们倾听原始意象——民族集体无意识的声音,从而继往开来,创造光辉灿烂的能在天地。作品中写了大量的天灾人祸,却不是为读者提供按编年史排列的灾祸事件,它只是把各种灾祸事件当作外壳,极力在外壳下面寻找我们民族战胜灾祸、健康生存的生命活力。所以小说始终把聚焦点对准那些在饮食起居、辛勤劳作、充满热情地在习俗礼仪之中,既适应环境又改造环境,既适应人生又创造人生的"能在者"身上。这些"能在者"是世界的主体。没有他们,世界就会沉寂,就会失去意义。这类"能在者"的繁忙与烦神活动,是一种充满激情的活力表演。它对宇宙间原本平铺在那里冲漠无垠万象森严的一切都给予烛照,使本来处于无明中的森然万象得以敞亮。它揭示出宇宙自然的种种匮乏,弥补了世界人生的种种欠缺,使本来无所谓意义与价值的世界创造出了意义与价值。

《白鹿原》为"历史"而烦,就是要沉入"历史"之中,揭示"历史"本身发展变化的"常道"。沉入"历史"的设计者和建筑者之中,揭示人本身生存成长的"常性"。他既为我们展示"历史"与人性的本色,又激发我们对"历史"和人性进行深入的追问。司马迁《报任安书》讲自己著史的目的,"欲究天人之际,通古今之变,成一家之言"。他道出了古今所有史家的心声。所有正史、野史、秘史的作者,都想把"历史"中的理性与非理性,必然与偶然,划分一个大的界限,从而突破"历史"的乱象,把握"历史"的大方向。都想通达"历史"的变化,把握"历史"的实体。陈忠实也不例外。他的《白鹿原》让我们看到了那貌似循环的"历史",其实一直在发生着变化,那貌似"重演"的人性,其实一直在更新。首先白家父子两代的"历史"和人性的就在变化。白嘉轩是通过对家族"历史"以及祖先人生的重演中创造自己的新生,他坐在父亲以及父亲的父亲坐过的那把生漆木椅上,握着父亲以及父亲的父亲握过的白铜水烟壶吸烟的时候,总是进行这样的人生思考:每一代人都是家庭这架大车的一根车轴,当他断了的时候,新的一代应当尽快替换上去,让家庭之车尽快上路,奔向祖宗指定的目标。但是儿子孝文却认为,家庭只能引发他怀旧的兴致,他根本不想再去领受那老一套。"恰如一只红冠如血、尾翎如帜的公鸡,发现了曾经哺育自己的那只蛋壳,却再也无法重新蜷卧其中体验那蛋壳里头的全部美妙了,它还是更喜欢跳上墙头跃上柴禾垛顶引颈鸣唱。"他对重演祖先的"历史"已毫无兴趣,只想在未知的新天地里,创新的事业,写新的"历史"。其次,沉入"历史"的目的是为了发现"历史"的"常道"。"历史之所以可贵,正因为他是显现变与常的不二关系。变以体常,常以御变,使人类能各在其历史之具体的特殊条件下,不断地向人类之所以成为人类的常到实践前进。"[①]只有在变中发现常,才能把"历史"贯通起来,才能找出人类行为的大准则,历史发展的大方向。随着社会的变迁,白鹿原上的每个乡土生存者自身也在发生着变化。比如,白嘉轩本人由最初的信奉皇帝到后来自行剪掉辫子;从把宗族祠堂里的事看作终生最神圣的事业到自愿卸任族长职责;从起初不理解共产党领导的革命到主动帮助共产党的游击队员。这一切都说明,作为"历史"主体的"能在者"本身,也在"历史"的运动中逐渐变化着。他们不可能只重演过去的一切,而且也在追求和创造着未来。"能在者"本身的这一特色,使"历史"在过去与未来的两力作用之下,呈现出一种曲折地递进发展态势。然而,有一点在他身上始终都没有发生变化,那就是对白鹿精灵的追逐与向往。他早年为了得到白鹿精灵的庇护,不惜割舍自家的几亩水田;他晚年看到白家后代干成大事时依然想的是白鹿精灵。白鹿精灵象征着中华民族的"生生之德",他经过哪里,就给哪里带来生机,他激发人们相互感通,尽己之性,尽人之性,尽物之性。"自我"和"他人"因白鹿精灵而相互感通,"历史"和"现在"因白鹿精灵而相互融合。就连那个极端自我的白孝文,在他创造新"历史"的开端,也要回乡祭祖归宗,也不敢站在家族"历史"之外,纯靠自力创造自身全新的"历史"。这就是《白鹿原》所唱明的中华民族的"历史"本色,也是它着意为中国"历史"而烦的目的所在。

[①] 徐复观:《中国人文精神之阐扬》,中国广播电视出版社1996年版,第230页。

路遥作品在日本的传播

延安大学　梁向阳　丁亚琴

我国当代已故著名作家路遥，在其短暂的生命里用坚定的信念和牛一样的精神努力践行着自己的文学追求和理想。他的文学作品有着丰富的社会内容，每一个字的背后都渗透着作者对生活、人生的思考，他用现实主义手法成功塑造了陕北土地上像高加林、孙少安、孙少平等平凡而有梦想的青年人，传达出富有哲理的人生观，其作品里温暖的道德情怀和对人性的思考感动了无数读者。因此路遥的作品自问世以来，受到了广大读者的喜爱。他的长篇小说《平凡的世界》荣获了中国"第三届茅盾文学奖"。中国诸多评论家对路遥及其作品进行了深入的研究，成果颇丰。

早在20世纪八九十年代，路遥的作品就以俄文、法文等多种文字翻译出版[①]，在世界文坛产生了一定的影响力。随着路遥作品影响力的不断扩大，日本学者也开始关注路遥及其作品。

一、路遥作品在日本的译介情况

迄今为止，路遥的作品在日本被正式翻译并出版的有《路遥作品集》[②]。该书翻译了路遥的五部中短篇小说：《姐姐》（日本出版的书名为《姉》）、《月下》、《在困难的日子》、《人生》、《痛苦》。译者为姬路独协大学外国语部的安本实教授，他也是第一位将路遥作品介绍到日本的翻译家。这五部中短篇小说的视点都聚焦在陕北"交叉地带"上的青年男女的人生故事。

为了使日本读者更加全面地认识中国作家路遥，更好地了解他笔下的作品内容，该书除了翻译以上五个中短篇小说外，还有一篇译者亲笔撰写的《译后记》。在长达十四页的《译后记》中，安本实教授介绍了路遥的代表作，讲述了路遥文学的时代背景是城乡二元结

---

① 苏联的青年近卫军出版社1988年出版过路遥《人生》俄译本，翻译者是谢曼诺夫；外文出版社1990年出版过《人生》的法文版，翻译者是张荣富。
② 日本福冈的中国书店出版社2009年出版日文版《路遥作品集》，由日本学者安本实翻译。

构的历史现状和现实因素,简单地记述了路遥儿时至成年的人生经历以及他不同时期的创作活动,高度评价了路遥的人生观和文学观。

在作品的介绍方面,安本实教授考虑到日本读者对于中国城市和乡村二元结构的社会缺乏了解,为了让读者更加全面深刻地理解路遥笔下青年人的思想情感和人生抉择,他花了大量笔墨详细地阐释了这些作品的时代背景、人物关系和作品的内涵。《译后记》能让日本读者在自然平和的叙述中了解中国当代农村和城市的结构差异,以及它造成的人在存在意义上的差距。《姐姐》这部作品以农村和城市的隔绝为舞台背景,从少年"我"的角度讲述了农村姐姐小杏与下乡知青高立民的爱情悲剧故事。《月下》是以描写生活在农村底层的青年大年对嫁到城镇的兰兰近似疯狂的思念为题材的。在《在困难的日子里》这部作品中,作者通过对马建强因是"农民的儿子"而产生了强烈的自尊心和自卑感,因是"农民的儿子"所忍受种种屈辱和遭遇各种挫折的描写,让日本读者清晰地看到中国城乡二元结构中作为农民儿子的马建强复杂的内心世界。

除了作品本身的魅力外,译者从路遥众多优秀作品中选取荣获中国"第二届优秀中篇小说奖"的《人生》来翻译并收入到《路遥作品集》中,此举包含了译者自己浓重的情感因素。在《一位日本学者的路遥研究情结——日本姬路独协大学教授安本实先生访谈录》中,安本实教授谈到在日本看到路遥中篇小说《人生》时的感受,是"十分激动,激动得流泪了。"[1]P83《人生》是路遥1982年发表的中篇小说,它通过对农村出身的知识青年"高加林"一波三折的人生经历的描写,反映了中国"城乡交叉地带"的青年人的奋斗与无奈,其中穿插着几个青年爱情故事,深刻地反映了中国农村改革开放之初的新特点和存在的问题。

路遥的短篇小说《痛苦》描写了高考落榜的农村青年高大年所承受的精神和身体的双重痛苦,而大年却仍以他的善良和坚强面对人生。在中国城乡二元结构的社会里,农村人想走出去的管道只有考大学和招工,而对于女孩子还有另外一条通道,就像《月下》里的兰兰,但兰兰通过出嫁走出去的前提也似乎是因为她父亲高明楼是大队书记。祖祖辈辈都是大山儿子的高大年只有考大学这一条路径,而他却落榜了,落榜不仅意味着他只能永远留在封闭落后的乡村,而且连他的爱情也会随之破灭。那位天真烂漫的小丽,在飞向外面的世界后似乎忘记了他们曾经拥有的美好爱情。安本实教授通过对高大年身体和精神双重痛苦的展现,分析了在当时社会历史条件下众多知识青年的痛苦。

毋庸置疑,安本实教授翻译出版路遥小说,使路遥作品在一定程度上被广大日本读者了解。

二、路遥作品在日本的研究情况

只通过翻译出版作品远远不能让更多的日本读者认识中国当代作家路遥及其作品,不能在日本社会形成大众化的阅读趋势。而且,仅仅通过翻译出版部分作品也不能达到让日本读者全面认识路遥的目的,所以扩展对路遥的研究显得至关重要。

值得注意的是,日本对路遥的研究要早于对其作品的翻译。安本实教授最开始是从事路遥及其作品研究,然后才着手翻译路遥的作品。安本实先生第一次接触路遥的名字是在20世纪70年代后期,而真正让他产生研究路遥的念头是在1989年。安本实教授在阅读了路遥作品《人生》后,被文中农村青年由于社会历史原因不能发挥自己的才能而产生的苦闷、悲苦所打动。当然,《人生》之所以能引起安本实的共鸣,是因为他自身的人生经历和路遥作品中的青年人有一定的相似性。安本实老家在日本高知县的一个小岛屿,周围是辽阔的大海,地理位置十分偏僻。上中学后的安本实搬家到大阪,生活和学习环境较之以前有了很大变化,这让来自小城市的安本实在繁华的大阪产生了自卑感。"也许我这个人有像'高加林'一样的进城遭遇和尴尬,所以我对《人生》这篇小说产生相当浓厚的兴趣。"[1]p83 可以说,《人生》是安本实研究路遥的最初的缘由。

安本实把路遥笔下的"交叉地带"作为研究的关键字。路遥对生活在城市和乡村"交叉地带"人们的喜怒哀乐进行了全景式的刻画,反映了当时中国城市和乡村之间的不和谐关系。安本实则通过对路遥笔下这些生活在城乡交叉地带人群的关注来映射当时中国社会的整体风貌。

日本学者最早专门研究路遥的学术论文,是1991年在《小说评论》刊发的论文《路遥文学中的关键字:"交叉地带"》①,该文作者就是安本实教授。此文后于1997年1月刊发于日本《姬路独协大学外国语学部纪要》第10号上。该文共分为三部分:第一部分将路遥的创作活动大体划分为三个时期;第二部分阐述"交叉地带"的定义、意义以及它所带来的种种问题等,更进一步阐释了路遥把"交叉地带"作为自己创作基点的缘由;第三,对路遥人生经历的介绍以及他的这种人生经历对其不同历史时期创作的影响。

1992年1月,安本实教授在《姬路独协大学外国语学部纪要》第5号上刊发题为《路遥小说序言——〈人生〉的"交叉地带"描写》的论文。该文首先介绍了路遥的基本人生经历和文学创作活动,将他不同时期的作品、出版的时间、出版社进行了仔细的梳理,重点讲述了《卖猪》《姐姐》《月下》《风雪腊梅》《人生》几部反映身处"交叉地带"人们的不同人生故事的作品。安本实教授认为它们之中最具代表性的作品是《人生》,生活在陕北土地上城乡交叉地带的青年人,由于社会、经济、政治制度、思想等多种因素造就了他们身上特有的共性,而他们每个人的个性魅力也十分引人注目。安本实对路遥笔下"失败+失恋"的知识分子青年所表现的善良、包容等品格给予了肯定。

1993年12月15日,咿呀之会会刊《咿呀》一书中,收录了安本实教授怀念路遥的文章。安本实在一次访谈中曾这样谈到路遥去世他的感触:"1992年12月,我在研究室里订阅的上海《文学报》上看到路遥先生逝世的消息后,一下子惊呆了,人像瘫痪了一样,一点

---

① 见《小说评论》1991年第1期,刘静译。

力气都没有了。"[1]p84 路遥病逝一年之后,安本实先生就在日本发表了纪念路遥的文章——《英年早逝的路遥》。该文回顾了路遥从初入文坛到走向文学高峰的不同阶段与不同时期的作品,认为其作品中表达的文学理念和价值取向是一脉相承的;最后,表达他对中国新时期陕西作家路遥的英年早逝深感痛惜。

1995年1月,《姬路独协大学外国语学部纪要》第8号上刊发安本实教授关于路遥作品的研究性文章,题目为《路遥小说序言(二)——以长篇小说〈平凡的世界〉为中心》。《平凡的世界》是路遥最重要的长篇小说,它以孙少安、孙少平两兄弟的奋斗历程为线索,讲述了陕北青年人走向外面世界的艰难过程和他们遭遇困难挫折时表现出的坚韧不拔的毅力。本文除了简单交代路遥的个人经历和创作活动外,重点谈到路遥《平凡的世界》的时代背景、人物形象、社会关系、婚姻爱情等方面,反映了时代大转折时期社会的全景式面貌与人们的价值观念、人生理想。

1995年12月15日,咿呀之会会刊《咿呀》一书中,又刊发了安本实教授的《路遥的"交叉地带"随笔——以中篇小说〈在困难的日子里——(一九六一年纪事)〉为中心》的学术论文。该文聚焦路遥研究的关键点"交叉地带",概述了路遥不同时期大体的创作活动,重点探讨了小说《在困难的日子里》所反映的"交叉地带"。《在困难的日子里》也是路遥作品中第一篇用第一人称写的小说,讲述了主人公马建强生在农村、学习在城镇的心路历程。该文指出马建强在忍受饥饿、孤独的过程中表现出自卑而又非妥协性的性格和强烈的自尊心,这与路遥青少年时期困顿的生活体验密切相关。

1997年3月,日本汲古书院刊出版的《中国学论集》刊发安本实教授《路遥的中篇小说〈人生〉从年青人"脱离"农村的观点开始》的论文,该文高度肯定了路遥在短暂生命中所展现的诚挚的创作态度、现实主义的创作手法。安本实教授认为,路遥作品中的舞台背景是不同于他人的,他将主人公放置在陕北农村以及周边农村的"交叉地带",《人生》的时代背景、户籍制度等将农村知识青年高加林与城市隔绝,而高加林却一直想要脱离农村走向城市。安本实教授进一步认为,这是推动《人生》故事情节发展的一个最基本的出发点。

1998年9月30日,由咿呀之会编辑的《台湾文学的诸相》一书中收录了安本实教授的《陕北纪行——走访路遥的故乡》的文章。该文讲述了安本实教授1997年8月对路遥曾经生活过的延川、延安、西安等地进行的访问和考察经历。特别是去延安大学文汇山上的路遥之墓,算是和路遥的第一次特殊意义的"见面"。安本实教授在访谈中这样谈到这次来访,"在路遥的家乡,看到四周是连绵起伏的群山,一眼望不到边际。我突然明白一个道理,少年路遥憧憬山外的世界的真正现实意义。"[1]p84 安本实教授认为,只有真正了解陕北的地理特征,才能真正了解路遥笔下的人物与感情。陕北纪行对于安本实更好地研究路遥及其作品有着重要的现实意义,他为了全面地了解和介绍路遥及其作品,已先后十次来延安、榆林等地访问和收集资料,反映了一位日本学者严谨的治学态度。

1999年3月,《创大中国论集》一书中收录了日本菱沼透的《有关路遥〈人生〉的命名》

论文。菱沼透是日本第二位研究路遥及其作品的学者。该文分为七个部分,分别是目的方法、有关作者和作品、背景、登场人物、亲族关系中的称呼、社会关系中的称呼、"好""我"二者共享的称呼语和围绕主人公高加林的称呼。

2000年1月,安本实在《姬路独协大学外国语学部纪要》第13号上刊发了路遥研究资料《路遥著作目录以及路遥有关资料》。该文分为两个大部分:第一部分又分为两个小的部分,分别是路遥著作的单行本(具体发表的时间和杂志)与《路遥文集》中未收录的著作和发言;第二部分由五个小部分组成,它们是路遥论、作品论、记事、对路遥的追悼,以及回忆、影片《人生》、评价戏剧《人生》。该文详尽地整理了路遥作品以及与路遥有关的资料,这对于日本读者和研究者更好地认识和研究路遥及其作品提供了有益的帮助。

2002年1月,安本实在日本《姬路独协大学外国语学部纪要》第15号上刊发《路遥的文学风土——路遥与陕北》的论文。该文主要论述陕北这块贫瘠而又充满营养的土地,以及生长在陕北这块土地上的路遥及与路遥作品的关系。该论文后于2004年5月发表在中国大陆的《济宁师专学报》上。我们在这篇文章中不难发现,安本实不仅对陕北地理文化十分了解,还高度关注中国国内路遥研究的成果,在其论文里大量参考、引用国内的路遥研究成果。安本实指出陕北的地域性、历史性赋予了路遥以及路遥笔下的主人公共有的特性:浓烈的自卑感和强烈的自尊心。在《人生》《在困难的日子里》《平凡的世界》这些作品中的农村知识青年内心无不充斥着这一特性。该文还认为中国社会闭塞的二元对立结构对农村的"禁锢",既有制度上的"墙壁",也有青年人下意识的内在的"墙壁"。

2004年3月,安本实在《姬路独协大学外国语学部纪要》第17号刊发《路遥的初期文坛活动——以"延川时代"为中心》的论文。该论文分五部分介绍延川时代的路遥。中国大陆学者魏进、梁向阳后将其翻译成中文①。该文简述了路遥三个时期的文学创作活动,侧重分析路遥文学生涯的第一个时期,即延川时代的活动概括。延川时代的路遥遇到了引导他走上文学道路的伯乐、忘年之交的诗人曹谷溪,路遥当时的文学友人还有海波、陶正等人。安本实教授指出,"延川时代"是路遥文学生涯中的重要时期,这一时期既是路遥创作的"彷徨"期,也是路遥文学的摇篮和出发点。

2007年7月,安本实在由山田敬三先生古稀纪念论集刊行会编辑的《南腔北调论集》里刊发了《"交叉地带"的描写——评路遥的初期短篇小说》的论文。该文分为四个部分介绍路遥初期小说中的"交叉地带"。前言部分指出路遥以中篇小说《人生》和长篇小说《平凡的世界》确立了其在中国当代文学史上的稳定地位,简略地分析了路遥生活的时代背景和其文学创作的总体概况;第二部分讲述"文革"时期和"文革"刚刚结束之后路遥的文学创作;第三部分重点介绍了路遥的多样化探索,《夏》《匆匆过客》《卖猪》是路遥"交叉地带"探索期的作品,《青松与小红花》《月下》《姐姐》《风雪腊梅》则是路遥文学探索期的力

---

① 最早见马一夫、厚夫主编:《路遥研究资料汇编》,中国文史出版社2006年版,第121—136页。

作,最后点出路遥以"交叉地带"作为其创作的焦点,反映了农村和城市之间的种种问题,这时路遥的文学创作正逐步走向成熟;在第四部分中,安本实对路遥初期的文学作品作了简要的评价,他认为此时路遥作品还没有写到摆脱农村社会的"束缚",人物在形象上还不具备坚韧不拔的毅力和活力。这篇论文后来刊发在中国大陆《当代文坛》2008年第2期,陈凤翻译。

2007年11月17日,安本实给中国大陆"纪念路遥逝世十五周年暨全国路遥学术研讨会"提交论文《一个外国人眼中的路遥文学——路遥"交叉地带"的发现》并作大会学术发言①。该文主要包括两个部分的内容:第一部分讲述有关路遥和路遥文学;第二部分分析对路遥"交叉地带"的发现,并将其分为"彷徨"期和"交叉地带""耕作"的开始。该论文对路遥和路遥作品给了高度的赞扬,特别是对路遥描写"交叉地带"的农村青年做了具体分析,认为他们都是出身农民,有强烈的好奇心和求知欲,对农村现状持批判性的观点,向往外面的世界。但是农村和城市之间又深又宽的鸿沟阻挡着他们,而这鸿沟就是有法律依据的种种制度。路遥于1980年7月发表在《雨花》上的《青松和小红花》,同年创作的《风雪腊梅》《姐姐》《月下》也都是以"交叉地带"为背景,以发生在农村和城市青年人之间的爱情为主题的。安本实教授对于康庄这个我们普遍认为堕落、变节的人物形象给予了同情。他指出"康庄只是想从农村跳出来,在农村和城市二元分化的社会里,在经济上、文化上城市占绝对优势地位的现实中,他的想法可以说是错的吗? 难道不是年轻人自然的愿望吗?"[2]该论文最后点出了路遥还没有赋予这些人物坚韧不拔的毅力和生命力。

日本学者关于路遥研究的论文,还有天野节先生2012年11月在日本《中国当代文学研究会会报》第26号上发表的《路遥的生涯和作品(报告归纳)》文章。天野节先生为了更好地研究路遥,远赴中国陕西省的榆林学院当访问学者,认真考察了解路遥的生活环境,并将路遥从1949年出生到1992年去世的人生经历和文学创作做了简单的梳理。这对于日本初学和研究路遥及其作品的人们,做了常识性的普及工作。以上是我们了解到的路遥及其作品在日本的研究情况。从中我们得知,路遥作品在日本翻译的还较少,特别是他的优秀长篇小说并没有得到翻译和出版,这多少有点遗憾。安本实先生是日本研究路遥的权威,他的路遥研究论文最多。

三、关于加强路遥作品在日本传播的思考

路遥的作品自出版以来就受到了广大读者的喜爱,特别是《平凡的世界》一直是读者最喜爱的作品之一。路遥作品多次被改编为影视剧,足以证明人们对路遥作品的认可和

---

① 此次学术研讨会由延安大学、陕西省作家协会、清涧县人民政府、延川县人民政府合办,于2007年11月17日在延安大学召开,该会议提交的学术论文汇集为《路遥再解读——路遥逝世十五周年全国学术研讨会论文集》(马一夫、厚夫、宋学成主编,陕西人民出版社2008年版)。

赞誉。然而，如何让路遥的优秀作品在日本得到更大范围的传播，为日本读者所接受？

我们都知道，路遥作品在日本传播还处于起始阶段。为了扩大路遥作品在日本的传播和研究，第一项必须做好的工作就是翻译。高水平的翻译对于路遥作品在日本的传播至关重要。目前路遥作品的日译本是由日语母语译者完成的。安本实教授了解读者的审美习惯和阅读感受，用本国母语翻译路遥作品可以熟练地运用本国语言，确保译本语言表达的流畅、准确和文学美感。但是，路遥作品有独特的陕北乡土风情、方言俗语等，要想原汁原味地表达出来对日本译者是有一定难度的。正如李星所言："路遥作品的普遍写法，属于中国传统现实主义，非常写实，涉及中国生产队体制、社会结构、计划经济时代的经济特点，那复杂的城乡差异是外国人不可理解的。"安本实教授也曾这样表述过："我在着手翻译路遥的小说时，遇到许多困难。路遥的小说里有许多陕北方言，比如'骚气''葛针''油米馍馍'等等，外国人很难懂；还有陕北的民俗文化问题。"因此，为了全面展现路遥作品的地域风格，又不失自然流畅地表达美感，可以考虑中国本土译者和日本母语译者合作的方式。

然而路遥作品在日本的传播不能仅仅局限于文本的形式。就路遥《平凡的世界》而言，这部作品之所以在中国有巨大的影响力，还与它的传播媒介多样化有关。《平凡的世界》以音讯、视频、图画形式在中国传播。21世纪是互联网时代，网上资源可以实现全球共享，日本读者通过互联网能快速有效地查找到有关路遥及其作品的音讯、视频和图像。对于那些不熟悉路遥笔下中国城乡二元结构和"交叉地带"的日本读者，图画的形式可能更容易为其所接受。将路遥的作品以图画的形式把故事情节的变化和人物之间的关系形象地呈现在读者面前，能有效辅助读者理解著作。故加强中日之间的有效合作，实现路遥作品传播媒介的多样化，这对路遥作品在日本的传播十分重要。此外，加深中日之间的文化交流对传播路遥及中国其他作家作品也会起到很好的推动作用。

结语

路遥作为我国当代文坛中的著名现实主义作家，他以朴素真挚的言语讲述了一代青年人不懈奋斗的艰辛历程，向世人传达出一种温暖的道德情怀与向上向善的正能量，这是路遥作品得以传播的主要动力。目前尽管路遥作品在日本的翻译和研究情况还处于起始阶段，但优秀的文学作品不会因为时代的变迁、地域的差别、民族的不同而被束之高阁。相反，它们能超越时代、地域、种族，在不同时代、不同民族、不同国家的人们当中，传达着人性的美好和终极人文关怀，激起人们共同的思想和情感的共鸣。

参考资料

［1］梁向阳：《一位日本学者的路遥研究情结——日本姬路独协大学教授安本实先生

访谈录》,载《延安文学》2002 年第 5 期,第 83—84 页。

[2] 马一夫、厚夫、宋学成:《路遥再解读——路遥逝世十五周年全国学术研讨会论文集》,陕西人民出版社 2008 年版,第 111 页。

[3] 职茵:《〈平凡的世界〉为何还坐冷板凳》,载《西安晚报》2013 年 8 月 31 日。

汉水流域三国戏中的曹操故事与曹操形象

陕西理工大学　王建科

目前学术界对《三国演义》中的曹操形象有大量的研究[1]，亦有一些研究《三国演义》的博、硕士论文列专章、专节，研究曹操及其形象；甚至也有专门研究曹操形象的博、硕士论文问世。但是，对中国社会影响甚巨的地方戏中有不少演叙曹操故事，塑造曹操形象的剧作，但研究相对较为薄弱。鲁迅在《魏晋风度及文章与药及酒之关系》一文中说："我们讲到曹操，很容易就联想起《三国志演义》，更而想起戏台上那一位花脸的奸臣，但这不是观察曹操的真正方法。"[2]流行歌曲《说唱脸谱》中唱道："蓝脸的窦尔敦盗御马，红脸的关公战长沙。黄脸的典韦，白脸的曹操，黑脸的张飞叫喳喳。"鲁迅说"我们讲到曹操，就容易就想起"《三国演义》和地方戏中"花脸"曹操，说明地方戏影响范围广、传播力度大。本文以汉水流域戏曲为中心，谈谈汉剧、湖北越剧、汉调桄桄、汉调二黄中的三国戏，兼论元代以来的三国戏。

一、汉水流域戏曲剧目中的曹操戏：汉剧《捉放曹》中的曹操形象

湖北越调中的《斩吕布》《盘貂》《挑袍》，汉剧中的《捉放曹》《击鼓骂曹》《三国志》等剧作演叙曹操故事较多。

《孟德献刀》，汉调桄桄剧目[3]，陈显远参考了《三国演义》相关章节，融入自己对人物和故事的理解，按汉调桄桄的板式、唱腔和结构撰写。演叙东汉末年，何进、袁绍为除十常侍之恶，奏请汉献帝召董卓进京。董卓除十常侍之后专权宫中，祸国殃民。司徒王允，忧国忧民，聚众商议除卓大事，群臣竟束手无策。青年曹孟德自告奋勇，愿意持刀独刺董卓。曹操到董卓府上，见吕布侍卫董卓，心中害怕，假托自己马瘦羸弱，董卓命吕布为曹选良马赠给曹操。吕布出外选马之时，曹操急拔刀刺卓，董卓看到曹操刀影，追问事情原委，曹操

---

[1] 以"论曹操的人物形象"在百度搜索到相关论文4083篇（截至2015年8月16日）。
[2] 1927年9月，鲁迅在广州夏期学术演讲会上，发表了《魏晋风度及文章与药及酒之关系》，后收入《而已集》
[3] 《陕西省戏剧志》，三秦出版社1997年第1版，第80页。

急中生智，忙说是来献刀，董卓收刀观看，恰逢吕布牵马已到，曹操趁机请求试马，出门逃走；董卓女婿李儒入内，询问情况，判断曹操名为献刀，实为行刺；董卓大怒，命画影图形，通缉悬赏曹操。剧情亦见《三国演义》第四回"废汉帝陈留践位，谋董贼孟德献刀"和第五回"发矫诏诸镇应曹公，破关兵三英战吕布"①。

《捉放曹》，汉剧剧本，存徐继声、张春堂演出本②，共七场；演叙曹操为骁骑校尉，与司徒王允谋杀董卓不成，畏罪而逃，在中牟县被擒。曹操向县令陈宫力陈董卓奸恶，陈宫感其忠义，弃官和他一同逃走；天色已晚，曹操与陈宫到父亲结义弟兄吕伯奢家，吕伯奢殷勤款待，外出沽酒；曹操闻听磨刀霍霍之声，疑吕家人要杀自己，杀掉吕氏全家；出庄路遇吕翁打酒归来，曹恐事泄，又杀吕伯奢；陈宫认识到"只说他是堂堂安邦将，却原来是人面兽心肠"，并质问曹操：

> 陈宫：呸！（接唱摇板）再与孟德把话答。
> 　　明公呀！你将他满门杀死，已是追悔不及，出得门来，又将老丈剑劈道旁，是何理也？
> 曹操：公台哪里知道，伯父归得家去，见他全家死得惨烈，岂肯与你我干休，必然邀约伙众，前来捉拿，那时你我死无葬身之地。将伯父斩首，岂不斩草除根，干干净净！
> 陈宫：你明知故杀，乃为不仁不义。
> 曹操：俺曹操出世以来，宁可俺负天下人，不使天下人负俺曹操！③

陈宫识破曹的奸恶后，在旅店题留诗句为："鼓打四更月正东，心猿意马思归踪。误杀吕家人数口，流水无情连落花。"后别操而去。陈寿《三国志》等正史无"捉放曹"之事，曹操与陈宫的关系也不如《三国演义》所说的那样；剧中故事见于小说《三国演义》第四、第五回，但剧中曹操"奸雄"之奸则更为突出和鲜明。"捉放曹"故事脍炙人口，把曹操的奸诈、残忍的性格刻画得淋漓尽致。汉调二黄、湖北越调、秦腔、徽剧、川剧、湘剧、河北梆子等剧种，都有展现这一题材的剧目。

对比《三国演义》，戏曲本于小说，但从案头以阅读为主的小说到戏曲扮演，这期间还是有许多重写的。小说第四回是这样述说"捉曹操"的：

> 且说曹操逃出城外，飞奔谯郡。路经中牟县，为守关军士所获，擒见县令。操言：

---

① 罗贯中：《三国演义》，人民文学出版社1973年第3版。
② 《捉放曹》，见湖北地方戏曲丛刊编辑委员会编：《湖北地方戏曲丛刊》（第10集），湖北人民出版社1959年第1版，第73—92页。
③ 《捉放曹》，见湖北地方戏曲丛刊编辑委员会编：《湖北地方戏曲丛刊》（第10集），湖北人民出版社1959年第1版，第88页。

"我是客商,复姓皇甫。"县令熟视曹操,沉吟半晌,乃曰:"吾前在洛阳求官时,曾认得汝是曹操,如何隐讳!且把来监下,明日解去京师请赏。"把关军士赐以酒食而去。至夜分,县令唤亲随人暗地取出曹操,直至后院中审究;问曰:"我闻丞相待汝不薄,何故自取其祸?"操曰:"燕雀安知鸿鹄志哉!汝既拿住我,便当解去请赏。何必多问!"县令屏退左右,谓操曰:"汝休小觑我。我非俗吏,奈未遇其主耳。"操曰:"吾祖宗世食汉禄,若不思报国,与禽兽何异?吾屈身事卓者,欲乘间图之,为国除害耳。今事不成,乃天意也!"县令曰:"孟德此行,将欲何往?"操曰:"吾将归乡里,发矫诏,召天下诸侯兴兵共诛董卓:吾之愿也。"县令闻言,乃亲释其缚,扶之上坐,再拜曰:"公真天下忠义之士也!"曹操亦拜,问县令姓名。县令曰:"吾姓陈,名宫,字公台。老母妻子,皆在东郡。今感公忠义,愿弃一官,从公而逃。"操甚喜。是夜陈宫收拾盘费,与曹操更衣易服,各背剑一口,乘马投故乡来。

我们可以把这一段分为五个环节:一是曹操被中牟县守关军士拿住,带去见县令,曹操假扮自己是位客商,复姓皇甫;第二个环节是县令认出假扮者的真实身份是曹操,收入监牢,说要解去京城领赏,但一个行动对县令的后一步行动做了暗示,"赐一酒食而去",小说虽说是"把关军士"所做,但这一个行为的指示者应该是县令无疑;第三个环节是夜中县令和亲随到监牢之中,带出曹操,在后院中询问情况,审究真实原因;但一开始县令问道:我听说丞相董卓对你不错,为什么你要行刺与他,自取其祸呢?当时,曹操并不了解县令的真实意图,以一句"燕雀安知鸿鹄志哉"表明心意,说你把我押去领赏好了,何必多说;第四个环节,县令看无法深入交谈,屏退随从,二人单独面谈,曹操说出自己的宏图大愿"归乡里,发矫诏,召天下诸侯兴兵共诛董卓",听到这里,县令亲自解去绳索,边拜边赞曹操为"天下忠义之士也"!第五个环节,这时县令才说出自己姓陈,名宫,字公台,老母妻子,均在东郡,自己"感公忠义",愿意弃官跟随;曹操大喜,"更衣易服",二人仗剑逃去。这一段写出了曹操并不是一个简单的刺客,也不是一个单面的奸人,陈宫是一个有信念、有理想的县令,为"忠义"毅然弃官相随;值得注意的是小说在叙事时很讲究称谓的使用,在叙述时一直让我们从曹操的视角去看守关人和县令,我们和曹操一样都不知道这个县令姓甚名谁?小说一直用"县令"二字来述说陈宫,直到县令自己向曹操说自己"姓陈名宫",我们才跟着曹操一道,知道这个县令叫"陈宫",其后小说才用"宫"或"陈宫"叙述。在汉剧《捉放曹》中,小说的这一段被改编成四个场景:第一场,演叙曹操在逃奔路上,曹操上场自报家门:"俺,曹操。只因董卓在朝专权,上欺天子,下压大臣,王司徒定下一计,命俺献刀行刺董卓,不料被他在穿衣镜瞧破。是俺黑夜逃出皇城,我就此马上加鞭!(唱西皮一字板)恨董卓在朝中罪恶太过,欺天子令诸侯势压朝歌。"[1]第一场就一个人物,一个角色,一个演员,

---

[1] 《捉放曹》,见湖北地方戏曲丛刊编辑委员会编:《湖北地方戏曲丛刊》(第10集),湖北人民出版社1959年第1版,第74页。

曹操上场交代了行刺的缘由,奠定了一个基调,他刺杀董卓的举动是一个正义的行为;向观众做出了一个大的背景交代,曹操刺卓未成,在逃奔途中。第二场场景在县城城门口,可说是一个过场戏;演叙公差在中牟县城门口张挂着画图,领命捉拿刺客曹操;曹操听到守门军士吆喝,正要转去,被公差看到拿住,用"百家锁"锁住,去见县令。第三场场景应为官府,是重场戏;陈宫上场,说"只因前三天有飞文到此,命本县捉拿刺客曹操";与小说不同的是,戏中陈宫捉拿曹操是按照朝廷"飞文"和"画影图形",曹操一开始从公差口中就知道县令姓名叫陈宫;开始是陈宫盘问曹操,后转为曹操说服陈宫,"谈几句好言语将他指破,管教他弃乌纱抛却紫罗";曹操为了劝服陈宫,一是称赞陈有王佐之才,二是揭露董卓罪恶,三是说如要献与董卓就说亦受陈宫修书指使,四是许诺灭卓之事成功之后封侯晋爵,五是激发陈宫的正义感和文士精神:

  曹操:久闻贵县有王佐之才,缘何出此不逊之言?
  陈宫:奉命捉拿,何言不逊?
  曹操:你知道老贼在朝,是忠是奸?
  陈宫:帘外为官,京内之事,一概不知。
  曹操:你怎知董卓在朝乎!(唱西皮垛子)
    陈公台休提起谏陈董卓,
    老匹夫在朝中霸占山河。
    温明园斩张温令人胆破,
    常带剑进宫去淫戏宫娥。
    献帝爷见老贼离位不坐,
    众文武一个个木雕泥塑。
    王司徒定一计相邀于我,
    某情愿献宝刀暗效荆轲。
  ……
  陈宫:(唱西皮垛子)
    曹孟德休得要毁谤董卓,
    老太师他胸中颇有才学。
    破黄巾虽无功却也无过,
    剿灭那十常侍扫荡群魔。
    收下了吕奉先英雄不错,
    将令出如山倒谁敢噜嗦。[1]

---

[1] 《捉放曹》,见湖北地方戏曲丛刊编辑委员会编:《湖北地方戏曲丛刊》(第10集),湖北人民出版社1959年第1版,第78页。

面对陈宫的质疑,曹操"笑只笑七品官无有才学",又威胁说"刺太师是陈宫修书于我",利诱说"邀天下众诸侯反上朝歌,擒吕布杀李儒共灭董卓,那时节我保你封侯晋爵。"最后陈宫被说服,"曹孟德他一言提醒于我,为的是献帝爷锦绣河山,俺有心弃乌纱随他入伙";当天晚上,陈宫将印信交给书吏掌管,假说下乡查旱,弃官与曹操一同逃走,比之于小说,戏曲对曹操的内心世界多有刻画,曹操并不是一个被动受关押者,而是发挥自己的聪明才智,说服陈宫,显示出他临危不惧、化险为夷之才能。第四场为过场戏,陈宫让守城人开门,与曹操牵马出城。第五场亦为过场戏,由一句"八月天气桂花香",点出这是八月时节;陈宫一句"明公,为何停马不走?",引出曹操说吕伯奢一家,曹操说"天色已晚,家父昔年结交有一好友,名叫吕伯奢,离此地不远。你我去到他家,一来借宿一晚;二来打听家父的下落。"

接下来的故事,《三国演义》是这样描写的:

> 行了三日,至成皋地方,天色向晚。操以鞭指林深处谓宫曰:"此间有一人姓吕,名伯奢,是吾父结义弟兄;就往问家中消息,觅一宿,如何?"宫曰:"最好。"二人至庄前下马,入见伯奢。奢曰:"我闻朝廷遍行文书,捉汝甚急,汝父已避陈留去了。汝如何得至此?"操告以前事,曰:"若非陈县令,已粉骨碎身矣。"伯奢拜陈宫曰:"小侄若非使君,曹氏灭门矣。使君宽怀安坐,今晚便可下榻草舍。"说罢,即起身入内。良久乃出,谓陈宫曰:"老夫家无好酒,容往西村沽一樽来相待。"言讫,匆匆上驴而去。
>
> 操与宫坐久,忽闻庄后有磨刀之声。操曰:"吕伯奢非吾至亲,此去可疑,当窃听之。"二人潜步入草堂后,但闻人语曰:"缚而杀之,何如?"操曰:"是矣!今若不先下手,必遭擒获。"遂与宫拔剑直入,不问男女,皆杀之,一连杀死八口。搜至厨下,却见缚一猪欲杀。宫曰:"孟德心多,误杀好人矣!"急出庄上马而行。行不到二里,只见伯奢驴鞍前鞒悬酒二瓶,手携果菜而来,叫曰:"贤侄与使君何故便去?"操曰:"被罪之人,不敢久住。"伯奢曰:"吾已吩咐家人宰一猪相款,贤侄、使君何憎一宿?速请转骑。"操不顾,策马便行。行不数步,忽拔剑复回,叫伯奢曰:"此来者何人?"伯奢回头看时,操挥剑砍伯奢于驴下。宫大惊曰:"适才误耳,今何为也?"操曰:"伯奢到家,见杀死多人,安肯干休?若率众来追,必遭其祸矣。"宫曰:"知而故杀,大不义也!"操曰:"宁教我负天下人,休教天下人负我。"陈宫默然。

在小说中,陈宫和曹操已逃奔三天,有接触但还谈不上深入的了解。接下来描写了五个环节,一是宾客相见,二是伯奢出外沽酒,三是曹操生疑杀掉吕伯奢满门,四是挥剑砍伯奢于驴下,五是口出名言"宁教我负天下人,休教天下人负我"。这一段,成为《三国演义》中最为经典的桥段,也成为曹操为人处世的精神写照。汉剧《捉放曹》第六场中,曹操与陈宫见到吕伯奢。

当夜,行数里,月明中敲开客店门投宿。喂饱了马,曹操先睡。陈宫寻思:"我将谓曹操是好人,弃官跟他;原来是个狼心之徒!今日留之,必为后患。"便欲拔剑来杀曹操。正是:设心狠毒非良士,操卓原来一路人。毕竟曹操性命如何,且听下文分解。

《三国演义》第五回涉及陈宫与曹操故事的文字为:

却说陈宫临欲下手杀曹操,忽转念曰:"我为国家跟他到此,杀之不义。不若弃而他往。"插剑上马,不等天明,自投东郡去了。操觉,不见陈宫,寻思:"此人见我说了这两句,疑我不仁,弃我而去;吾当急行,不可久留。"遂连夜到陈留,寻见父亲,备说前事;欲散家资,招募义兵。

二、《三国志》和裴松之注中的曹操

对照《敬德献刀》《捉放曹》等作品,陈寿《三国志·魏书·武帝纪》是这样记述曹操在这段历史中的作为的:"大将军何进与袁绍谋诛宦官,太后不听,进乃召董卓,欲以胁太后,卓未至而进见杀。卓到,废帝为弘农王而立献帝,京都大乱。卓表太祖为骁骑校尉,欲与计事。太祖乃变易姓名,间行东归。出关,过中牟,为亭长所疑,执诣县,邑中或窃识之,为请得解。卓遂杀太后及弘农王。太祖至陈留,散家财,合义兵,将以诛卓。"[1]我们可以看到,陈寿并未提到曹操刺杀董卓的事,但曹操对董卓的做法是不满的,于是他不做董卓任命"骁骑校尉"之官,而在当时情况下,不就其位,就表示反对,极易惨遭董卓的毒手,所以曹操只好逃亡,此其一[2];陈寿写曹操变易姓名,从小路东归陈留,他被中牟亭长拿住,带到县衙,有人认识曹操,就为之解脱使他脱险,但陈寿并未提到陈宫,县令不是史上有名的陈宫[3],此其二;陈寿并未提到曹操杀吕伯奢及全家事,杀吕之事出自裴松之注所引书,此其三。

---

[1] 陈寿撰,裴松之注:《三国志》,中华书局2005年版,第4页。
[2] 裴松之注:《三国志》引《魏书》云:"太祖以卓终必覆败,遂不就拜,逃归乡里。"(陈寿撰,裴松之注《三国志》,中华书局2005年版,第4页)曹操不就任董卓之官,一是看到董卓的残暴和不义,二是对董卓的未来不抱希望。另外,曹操一听说大将军何进与袁绍要召董卓进京,就预见何进要失败,曹操是把复杂问题简单化;而何进等人却把简单问题复杂化,后患无穷,最后招来杀身之祸。裴松之注解引《魏书》曰:"太祖闻而笑之曰:'阉竖之官,古今宜有,但世主不当假之权宠,使至于此。既治其罪,当诛元恶,一狱吏足矣,何必纷纷召外将乎?欲尽诛之,事必宣露,吾见其败也。'"(陈寿撰,裴松之注《三国志》,中华书局2005年版,第4页)
[3] 来新夏先生说:"但其决非陈宫,因陈宫为见于史载之知名人物,倘果为陈宫,史无须为之隐名。故捉放曹操之事,全不与陈宫相干。"参见来新夏、马铁汉主编:《谈史说戏》,山东画报出版社2007年版,第66页。

后来戏曲和小说所本,来自于其他史书和裴松之为《三国志》作注所引诸书。第一,关于行刺董卓之事。历史上确实有过行刺董卓之事,但不是曹操,而是一个叫伍孚的人。《后汉书·董卓传》载:"越骑校尉汝南伍孚忿卓凶毒,志手刃之,乃朝服怀佩刀以见卓。孚语毕辞去,卓起送至阁,以手抚其背,孚因出刀刺之,不中。卓自奋得免,急呼左右执杀之,而大诟曰:'虏欲反耶!'孚大言曰:'恨不得磔裂奸贼于都市,以谢天地!'言未毕而毙。"小说、戏曲把这一事件移花接木于曹操。虽然曹操没有刺杀过董卓,但他刺杀过一个名叫张让的人,此人是臭名昭著的"十常侍"之首。裴松之在《三国志·注》中说,曹操曾经潜入张让的卧室,打算刺杀张让,但是,他很快被张让发现。曹操挥舞着匕首,从张让的卧室冲到院子里,最后翻墙逃走,刺杀行动失败[1]。

第二,捉放曹操的事情是中牟县令所为,但与陈宫没有干系。前面说过,曹操逃奔途中,在中牟县被逮捕押解到县衙,但县令并不是陈宫。裴松之《三国志·注》引《世语》曰:"中牟疑是亡人,见拘于县。时掾亦已被卓书;唯功曹心知是太祖,以世方乱,不宜拘天下雄俊,因白令释之。"根据此条引文,我们可以知道曹操得以释放的主要保全者是中牟县功曹;功曹是汉代州县之佐吏,惜其品级太低,史上并未留下姓名。佚名的功曹应该认识曹操,心想天下大乱,你方唱罢我登场,天下属谁有变量,就为之开脱劝说县令把曹操放了;而县令(县掾)不是陈宫,陈寿在《三国志》中多次提到陈宫,县令如是陈宫,陈寿不可能不明确提到。

第三,关于曹操杀害吕伯奢之事。裴松之《三国志·注》引《魏书》说:在逃归故里的时候,"太祖以卓终必覆败,遂不就拜,逃归乡里。从数骑过故人成皋吕伯奢;伯奢不在,其子与宾客共劫太祖,取马及物,太祖手刃击杀数人"。裴松之《三国志·注》引《世语》说:"太祖过伯奢。伯奢出行,五子皆在,备宾主礼。太祖自以背卓命,疑其图己,手剑夜杀八人而去。"裴松之《三国志·注》引孙盛《杂记》云:"太祖闻其食器声,以为图己,遂夜杀之。既而凄怆曰:'宁我负人,毋人负我!'遂行。"[2]三则引注,第一则写曹操杀人有理,因伯奢之子劫夺曹操马匹、财物,曹操不得已杀之;第二则是因自己多疑,怀疑伯奢出行"图己"报告,夜杀八人,一个"疑"字写出曹操的性格和过错;第三则是曹操在伯奢家里夜中听到"食器声",怀疑是厨房刀具声,以为要谋害自己,于是提前动手,夜杀,但没有具体人数,并且还说"宁我负人,毋人负我!"可以看出,二、三则合在一起,成为小说和戏曲中曹操杀吕伯奢的本事源头,但记载并未说是在途中遇到吕伯奢,而是直接到吕家,小说和戏曲写吕伯奢沽酒回来时遇到曹操和陈宫,回头之时被杀,是为了渲染和突显曹操的残忍。

第四,曹操与陈宫另有相遇之事,剧中所写与史书记载不符。陈宫与曹操最初是什么时间认识相遇的呢? 史书《三国志》并无记载,但可推测。陈宫是有大恩、有大功于曹操的。公元189年(东汉中平六年)末,曹操逃出洛阳,行到老家陈留,准备起兵讨伐董卓,这

---

[1] 亦可参见史宗义:《戏曲中的历史真相》,新华出版社2013年第1版,第97—98页。
[2] 陈寿撰、裴松之注:《三国志》,中华书局2005年版,第4页。

时势弱位卑。公元190年(汉献帝初平元年)正月,关东州郡起兵讨董卓,推袁绍为盟主。公元191年(东汉初平二年),曹操攻占东郡白绕等地,袁绍让曹操为东郡太守。①第二年(汉初平三年),青州黄巾军攻入兖州(治今山东兖州市金乡东北),刺史刘岱战败而死,州中无主,曹操的部下陈宫主动劝说济北相鲍信、州吏万潜等到东郡迎接曹操领(兼任)兖州刺史:"岱既死,陈宫谓太祖曰:'州今无主,而王命断绝,宫请说州中,明府寻往牧之,资之以收天下,此霸王之业也。'宫说别驾、治中曰:'今天下分裂而州无主;曹东郡,命世之才也,若迎以牧州,必宁生民。'鲍信等亦谓之然。"(裴松之《三国志》注引《世语》)②陈宫的游说联络,使得曹操追黄巾军至济北,得降兵三十余万男女百余万口,选精锐者号为"青州兵"。此举使曹操占据兖州,与其原来占有的东郡连为整体,有了一块像样的根据地。据此推测,陈宫应在此之前(公元192年)就已经追随曹操了,时间应在陈留起兵的公元190年(初平元年)至兖州之战的公元192年(初平三年)之间,这是我们看到的陈宫与曹操的第一次相遇共事,时间是在中牟被捉之后。到了公元194年春(兴平元年春),在曹操征讨徐州期间,"会张邈与陈宫叛迎吕布,郡县皆应"③,张邈是陈留太守,陈宫和张邈又叛迎吕布,陈宫成为吕布的谋士。什么原因促使陈宫在曹操节节胜利时做出舍弃曹操的举动,史者无从记载,后人亦无从知道,但根据前后线索推断,历史上陈宫跟随曹操是在"捉放曹"之后,陈宫舍弃曹操亦不是因为曹操杀吕伯奢全家,其中另有原因,裴松之《三国志·注》引鱼氏《典略》说:"陈宫字公台,东郡(故址在今河南省濮阳县境)人也。刚直烈壮,少与海内知名之士皆相连接。及天下乱,始随太祖,后自疑,乃从吕布,为布划策,布每不从其计。"(《三国志·魏书·吕布传·注》)④陈宫与曹操再次相遇时,场面并不好看,陈宫被擒,太祖问陈宫想不想让老母和女儿好好活着,陈宫答道:"宫闻孝治天下者不绝人之亲,仁施四海者不乏人之祀,老母在公,不在宫也。"(《三国志·魏书·吕布传》)⑤曹操想让陈宫说出求生之语,但陈宫说:"请出就戮,以明军法。"曹操哭着看他就死。陈宫死后,曹操感其"刚直烈壮","待其家皆厚如初","召养其母终其身,嫁其女"。

第五,从地理空间和时间角度看,曹操先到中牟县,后到成皋杀吕伯奢家,不符合地理方位。剧中和小说中均写曹操先经过中牟县城被捉,然后陈宫感其慷慨大义,毅然弃官,然后才与曹操到吕伯奢家。从地理方位上看,曹操离开洛阳到达家乡陈留(今河南开封东南一带),是要先过了成皋(今河南荥阳市西北部),然后到达中牟,从中牟再到陈留⑥。但《捉放曹》中,曹操先到中牟被捉,释放后一同与陈宫逃奔,走到成皋又才杀了吕伯奢一家,这造成一种地理上的错误,好像先到中牟,后才到成皋,不符合曹操的去向。

---

① 参见沈起炜编:《中国历史大事年表·古代史卷》,上海辞书出版社1983年第1版,第143—144页。
② 陈寿撰、裴松之注:《三国志》,中华书局2005年版,第7页。
③ 陈寿撰、裴松之注:《三国志》,中华书局2005年版,第8页。
④ 陈寿撰、裴松之注:《三国志》,中华书局2005年版,第172页。
⑤ 陈寿撰、裴松之注:《三国志》,中华书局2005年版,第172页。
⑥ 参见谭其骧主编:《中国历史地图集》(第二册),中国地图出版社1982年第1版,第42—45页。

西周金文字体演变三例

陕西师范大学 王 帅

同一个字在不同时代、不同器铭出现的频率越高，就越能反映出每一阶段的时代特征和演变规律。我们依据《殷周金文集成》及《商周青铜器铭文暨图像集成》[①]进行统计，西周一朝器铭（包含器、盖同铭者）共涉及2560个字头63570个不同字形。这些器铭中，出现30次以上的单字有430个，可以覆盖6542例的90%左右。

再通过海量观察西周器铭及430个高频单字，排除摹本、漫漶残泐、族徽文字[②]及自名或字数过少者2800多例，从剩下能够利用的3700多例标本中，可搜集到出现频率30次以上、平均分布于西周全时期及字形变化多样且具有一定时代特征的字头共计27个，分别是"宝""子""彝""尊""王""永""于""考""令""隹""唯""易""公""鼎""女""扬""敢""史""既""马""正""征""旂""蔑""兄""见""盉"等。这27个单字应该说达到了全面研究的基本标准，对它们的形体演变进行梳理，可以较客观地反映西周一朝金文外部特征的发展规律。

一

文字学家很早就注意对汉字字式、汉字构造、组织构造、字形结构的研究，唐兰先生很早就明确指出"文字学本来就是字形学"[③]，后来这种观点逐渐被普遍接受。

汉字形体研究源于对"六书说"所引出造字、构字理论的反思，如20世纪30年代至50年代的"三书说"[④]"三个过程"[⑤]，之后则有林沄先生的"三种结构"[⑥]和裘锡圭先生的"三

[①] 吴镇烽：《商周青铜器铭文暨图像集成》，上海古籍出版社2012版。
[②] 族徽文字尽管也有时代特征，但在西周一朝，因其自身具有的较强的象形图案属性，形态演变极易混淆，不适合与其他单字并举。
[③] 唐兰：《中国文字学》，上海古籍出版社2001年版，第6—7页。
[④] 唐兰：《中国文字学》，上海古籍出版社2001年版。
[⑤] 陈梦家：《殷墟卜辞综述》，科学出版社1956年版。
[⑥] 林沄：《古文字研究简论》，吉林大学出版社1986年版。

类汉字"①,90年代有李圃先生提出"字素"说②及黄德宽先生的"系统优化论"③等。

在建立"汉字构形学"方面,王宁先生在其《系统论与汉字构形学的创建》④及其他著述里对古文字形体研究颇多贡献。此外,姚孝遂《古汉字的形体结构及其发展阶段》⑤、高明《古文字的形旁及其形体演变》⑥、赵诚《古文字发展过程中的内部调整》⑦及张桂光《古文字中的形体讹变》⑧等均有精当阐释。

需要看到,无论是王宁还是姚孝遂、高明先生,这一领域的研究还是通过对古文字形体的分析,对汉字的历史演变、功能属性等重大理论问题提出看法。这些论述,主要是立足于通过掌握各种形旁的演变情况,在文字学框架内进行的,有一些也是为进一步释读古文字提供帮助,与本文所进行的金文字形书体演变的类型学研究及其目的,还是有所区别。

刘钊先生在其1991年完成的博士论文《古文字构形研究》⑨中,系统总结并明确提出建立"古文字构形学",认为其是古文字研究的基础理论。该书对古文字有着全面且贯通的研究,需要注意的是,刘先生最先明确将考古"类型学"的"谱系"概念引入古文字构形分析。认为古文字的构成和发展演变具有很强的规律性,研究和探讨这些规律,对于认识汉字的构成和演变具有重要意义,这一点对于今天我们深入探讨西周金文字形书体演变规律很有启发。

江学旺先生曾在其博士论文中对1706个可以释读的西周金文单字结构做过详细的类型学分析⑩,亦在文中制作《西周金文分期字形表》,以指事、象形、会意、形声等传统造字方式对金文单字的结构类型进行分类命名,通过梳理金文单字在西周早、中、晚不同时期结构类别的分布比例与时代风貌,深入探索古文字构形方式的发展规律。江先生的研究主要还是基于纯文字领域的探索,对我们的工作却是有相当参考价值的。

张振林先生曾作《试论铜器铭文形式上的时代标记》一文,较早地利用器铭时代特征的标记,以期复原商周器铭自身的演变谱系,并显现其在汉字形体发展中的历史地位。他说"鉴于不少文字学著作把金文笼统地、静止地当作一种书体,同甲骨文、小篆、隶书、楷书相提并论,错误地把不同时期的字体与同一时期的异体混合在一起,因此得出金文是象形字多、异体字多的片面结论,忽视了从丰富的西周金文材料中研究汉字偏旁和造字法的形

---

① 裘锡圭:《文字学概要》,商务印书馆1988年版,第90页。
② 李圃:《字素理论及其在汉字分析中的应用》,载《学术研究》2000年第4期,第102—110页。
③ 黄德宽:《论形声结构的组合关系、特点和性质》,载《安徽大学学报》(哲学社会科学版)1997年第3期,第31—38页。
④ 王宁:《系统与汉字构形学的创建》,载《暨南学报》(哲学社会科学)2001年第2期,第15页。
⑤ 姚孝遂:《古汉字的形体结构及其发展阶段》,见《古文字研究》(第4辑),第7—39页。
⑥ 高明:《古文字的形旁及其形体演变》,见《古文字研究》(第4辑),第41—90页。
⑦ 赵诚:《古文字发展过程中的内部调整》,见《古文字研究》(第10辑)。
⑧ 张桂光:《古文字中的形体讹变》,见《古文字研究》(第15辑)。
⑨ 此文出版时改名为《古文字构形学》,福建人民出版社2006年版。
⑩ 江学旺:《西周金文研究》,南京大学中国语言文学系博士学位论文,2001年。

成发展这一重要课题进而找出金文中时代上的标记"①,这一认识是重要和必要的。张文对商周金文氏族文字、点画、偏旁、单字、文辞格式等的时代特征进行了较全面的论述,认为由于文字内部发展的不平衡性,不同时期总是有一些变化较大的字或偏旁,可以造成不同时期的文字风格,归纳这些变化形成系统就可以发现其时代特征的标志。

近年吴国升先生《春秋金文字形的时代特征》也从器铭形体的角度,分一般外部面貌、点画、偏旁、单字四个方面对春秋金文的时代特征进行描述,可以说进一步延续了张振林先生的研究,吴先生还自编了《春秋文字分期分域字形表》②。

张晓明先生《春秋战国金文字体演变研究》③一书亦致力于对春秋金文字形书体特征系统全面地描述。作者把春秋战国金文的字体演变现象作为专门的研究对象,通过分析不同地域国别的汉字体势、结体、笔画的种种变化,力图客观、全面地描写春秋战国金文字体现象与字体演变脉络。

在商周金文字体这一领域,严志斌先生从理论方法到研究实践都有突出成果。其《商代青铜器铭文研究》及《商代青铜器铭文分期断代研究》(上、下)两部专著下大力气梳理商代金文字形书体的发展演变,依此规律科学指导商代青铜器的断代工作。特别是《商代青铜器铭文分期断代研究》一书,在《商代青铜器铭文研究》所涉字形书体几章的基础上,拓展资料,集中精力,"以科学发掘出土的铜器为主,以考古类型学方法,确定若干标准器,进而将传世铜器也作分期断代研究。在此基础上,选择部分常见铜器铭文字形,进行字体的分期断代研究。并以此为基础,尝试对部分不见铜器器影的铭文进行断代,并重新厘定部分定为商代晚期铭文与西周早期铭文"④。严先生的研究成果是十分重要的,也与我们积极努力的方向不谋而合。也许是商代金文总的数量不多,变化的阶段性和具体的时代特征还不是十分明显。在严先生的研究中,对有的单字字形的分型分式也可商榷,我们亦认为,有些族徽文字由于其性质比较特殊,字形往往过于形象,可以作为排比的参考,但似乎不大适于同一般正文里的单字放在一起比较。

笔者两年前写了一篇小文《西周金文字体演变的类型学观察——以"宝"字为例》⑤,限于篇幅,其他字体尚未展开。近来,又有学者探讨商周金文字体的类型学方法⑥,再度引起我们的思考,于是撰文再论"噂""令""公"三字,以供学界同仁参考。

---

① 张振林:《试论铜器铭文形式上的时代特征》,见《古文字研究》(第5辑),中华书局1981年版,第54页。
② 吴国升:《春秋金文字形的时代特征》,见张光裕、黄德宽主编:《古文字学论稿》,安徽大学出版社2008年版,第200—211页。
③ 张晓明:《春秋战国金文字体演变研究》,齐鲁书社2006年版。
④ 严志斌:《商代青铜器铭文研究》,上海古籍出版社2013年版;严志斌:《商代青铜器铭文分期断代研究》(上、下),社会科学文献出版社2014年版。
⑤ 王帅:《西周金文字体演变的类型学观察——以"宝"字为例》,见《古文字研究》(第29辑),中华书局2012年版,第359—366页。
⑥ 严志斌:《商代青铜器铭文研究》,上海古籍出版社2013年版;严志斌:《商代青铜器铭文分期断代研究》(上、下),社会科学文献出版社2014年版。

二

尊

西周金文"尊"从"廾"从"酉"从"阜",多训为奉献登祭之祀名,又常与"宝""彝"连用作祭器共名。"尊"源自殷墟甲骨文表双手奉酒以祭的"尊"字,后叠加"阜"旁强调"登高"之义(西周金文也有以"尊"代"尊"字的)。依据"廾"的两手是否粘连可细分为两型(图1)。

A 型:共计920例,"尊"字所从"廾"形似左右各一只人手。根据"酉"的笔画形态可分为两亚型。

Aa 型:"酉"为一个平顶或未加盖的酒樽形态。根据"酉""廾"及"阜"的笔画形态可分为六式。

Ⅰ式,"廾"旁形似左右各一只人手,象形程度很高,"酉"及"廾"笔道肥笔明显。标本利簋(《集成》04131)。

Ⅱ式,"廾"旁象形程度已减弱,"廾"左右两手的笔画仍有肥笔出锋,已有部分"酉"底略显圆钝。标本㺇驭簋(《集成》03976)。

Ⅲ式,"廾"左右两手的笔画虽无肥笔出锋,但"廾"与"酉"的偏旁架构还不够规整。标本尸曰盘(《新收》1609)。

Ⅳ式,"廾"象征手指的笔画开始聚拢,两掌心左右相对,"酉"多见圜底。标本师遽簋盖(《集成》04214)。

Ⅴ式,"廾"象征手指的笔画开始聚拢,两掌心向上,"酉"多见尖圜底。标本晋侯对铺(《新收》857)。

Ⅵ式,所从"廾"与篆书的写法接近,笔道平顺整齐,"酉"多见圆圜底。标本晋侯苏鼎(《文物》1994年第1期图24.1)。

Ab 型:"酉"顶上有两短竖笔。根据"酉"、"廾"及"阜"的笔画形态可分为五式。

Ⅰ式,"廾"旁形似左右各一只人手,象形程度很高,"酉"及"廾"笔道肥笔明显,"酉"为尖底。标本过伯簋(《集成》03907)。

Ⅱ式,"廾"旁形似左右各一只人手,相比Ⅰ式,两掌心多向上,"酉"则为圆圜底。标本趞簋(《集成》04266)。

Ⅲ式,"廾"旁象形程度已减弱,"廾"的笔道基本无波磔,两掌心向上,"酉"多见尖圜底,"酉"上两竖笔与顶端横笔粘连,"阜"开始流行列旗形。标本史墙盘(《集成》10175)。

Ⅳ式,"廾"象征手指的笔画开始聚拢,掌心向上,笔道平顺整齐,"酉"上两笔与顶端横笔断开,呈"八"字形。标本应侯见工簋(《新收》79)、瘌爵(《集成》09070)。

Ⅴ式,所从"廾"与篆书的写法接近,掌心向上,"酉"上两笔与顶端横笔断开,末段向外撇。标本函皇父鼎(《集成》02548)。

B 型:共计 219 例,奉"酉"的左右两手已粘连到一起,类似"廾"形。根据"酉"的笔画形态可分为两亚型。

Ba 型:"酉"为一个平顶或未加盖的酒樽形态。根据"阜""酉"及"廾"的笔画形态可分为三式。

Ⅰ式,"廾"左右两手虽成一体,但粘连不彻底,其象形程度也很高,"酉"及"廾"形体瘦长,笔道肥笔明显。标本小臣单觯(《集成》06512)。

Ⅱ式,"廾"左右两手彻底粘连成一体,肥笔减少,"阜"开始出现列旗形。标本小臣𢦏簋(《集成》04239)。

Ⅲ式,"廾"左右两手基本不见肥笔,"酉"多见圜底,"酉"及"廾"形体较前两式宽矮。标本剌鼎(《集成》02776)。

Bb 型:"酉"顶上有两短竖笔。根据"阜""酉"及"廾"的笔画形态可分为三式。

Ⅰ式,"酉"上两竖笔,与顶端横笔粘连,"廾"左右两手虽成一体,但粘连不彻底,其象形程度也很高,"酉"及"廾"形体瘦长,笔道肥笔明显。标本作册析觥(《集成》09303)。

Ⅱ式,"酉"上两竖笔,或与顶端横笔粘连,或与顶端横笔断开,"廾"左右两手彻底粘连成一体,肥笔减少,"酉"尊出现圜底,"阜"开始出现列旗形。标本噂簋(《集成》04322)。

Ⅲ式,"廾"左右两手基本不见肥笔,"酉"上两笔与顶端横笔断开,呈"八"字形,"酉"多见圜底,"酉"及"廾"形体较前两式宽矮。标本师虎簋(《集成》04316)。

演变趋势:西周金文"噂"字的变化集中在所从的"廾"与"酉"旁。"酉"的底部是逐渐从瘦窄的尖底转为宽圆的圜底,"廾"象征手指的笔画则由象形的疏松转而聚拢,两掌心从相向转为两两向上。此外,"酉"上两竖笔与顶端的分离写法以往被认为出现较晚,但实际上在第一期后段的过伯簋铭就出现,只是其普遍流行则要迟至第三期。A 型与 B 型相比,前者的演变持续更久,时代特征明显,而后者主要流行于第一、二期,最晚在师虎簋铭有发现,相当于穆恭之际。

令

西周金文"令"字一般从"𠓛"从"卩"(按:罗振玉《殷释·中》54 页上以"令"字"集众人而命令之",此为一说;另有一解,林义光《文源》谓"令"字"从'口'在'人'上……象口发号,人跽伏以听也。")。"卩"变化较丰富,有 𠂁、𠂆、𠃌 等写法。西周金文另有"命"字,因其字形演进大抵与"令"一致,故仅作参考,并未单列。依据"令"字笔画形态的不同可分为六式(图2)。

Ⅰ式,"卩"象形意味浓厚,身体蜷曲成三道弯,像人踞跪,略抬起臀部,保持准备拜伏的恭敬姿势,"卩"笔较长。标本堇鼎(《集成》02703)。

型式				段	期
A 型		B 型			
Aa 型	Ab 型	Ba 型	Bb 型		
 1		 13		一	一
 2	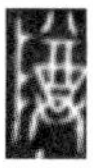 7	 14	 16	二	
 3	 8	 15	 17	三	二
 4	 9		 18	四	三
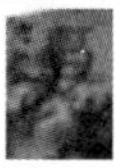 5	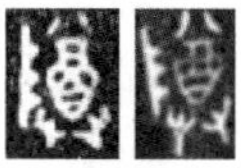 11			五	
 6	 12			六	四

图 1 "尊"字形式与分期

1. 利簋；2. 㺇驭簋；3. 尸曰盘；4. 师遽簋盖；5. 晋侯对铺；6. 晋侯苏鼎；7. 过伯簋；8. 趠簋；9. 史墙盘；10. 应侯见工簋；11. 癲爵；12. 函皇父鼎；13. 小臣单觯；14. 小臣謎簋；15. 刺鼎；16. 作册析觥；17. 㦰簋；18. 师虎簋

Ⅱ式，"A"尖顶高耸，"卩"象形意味逐步减弱，形态像人从跽跪状态起身直立，"卩"的竖笔较短，像人两膝略离地，但仍未伸直腰股。标本大盂鼎（《集成》02837）、小臣謎簋（《集成》04238）。

Ⅲ式，"卩"像人两膝完全离地，伸腰挺身，头略扬起，呈卩形。标本班簋（《集成》04341）。

Ⅳ式，"A"尖顶比Ⅲ式略低，"卩"呈卩形，"卩"内所夹短竖更靠里。标本史墙盘（《集成》10175）。

Ⅴ式，"卩"呈卩形，与篆书的写法接近，"卩"内所夹短竖更短。标本五年师旋簋（《集成》04218）

Ⅵ式，"卩"竖笔末端略上扬。标本逨钟（《新收》775）。

演变趋势：西周金文"令"字的变化主要集中在"卩"的形态。第一期"卩"象形意味浓厚，身体蜷曲成三道弯，像人跽跪在地，西周早期成、康世，有部分"卩"旁的笔画转折处呈尖角状，从第二期开始，"卩"呈卩形，已经初具后代篆书面貌。至第三期从卩形逐渐变为卩形,"A"顶由高变低。在第四期,"卩"竖笔末端略上扬。

令	段	期
 1	一	一
 2、3 	二	
 4	三	二
 5	四	三
 6	五	
 7	六	四

图2 "令"字形式与分期

1.堇鼎;2.大盂鼎;3.小臣謎簋;4.班簋、史墙盘;6.五年师旋簋;7.逨钟

公

商周时期"公"字,《说文》讲"平分也。从'八'从'厶'。"又说"韩非曰:背'厶'(私)为公。"但细查西周金文"公"字形体,大体有两种:其一,与篆书"公"的写法比较接近,乃是上下两部分,可析为从"八"从"厶";另有相当一部分字的上下结构粘连成一个整体,如利簋(《集成》04131)等写法。目前对"公"的构形意义仍不明确。依据这一偏旁结构的特征细分为两型(图3)。

A 型:共计 144 例,"公"字为一个整体,类似商周古文字"口"的写法。根据上部两竖笔的形态不同可分为两亚型。

Aa 型:上部两竖笔中部内凹。根据其具体形态分为三式。

Ⅰ式:两竖笔略外撇,多数字的两竖笔沿"厶"两侧向上引出,间距较宽,部分字体倾斜,笔画显得草率。标本小臣单觯(《集成》06512)、作册大方鼎(《集成》02761)。

Ⅱ式:字体端正,"厶"上两竖笔比Ⅰ式的外撇程度加大,间距略近。标本弯鼎(《集成》02740)。

Ⅲ式:两竖笔在Ⅱ式形态上进一步靠近。标本史丧尊(《集成》05960)。

Ab 型:上部两竖笔较直。根据其具体形态分为三式。

Ⅰ式:两竖笔间距稍宽。标本利簋(《集成》04131)。

Ⅱ式:两竖笔仍较短,但上部向内靠近,间距更近。标本作册瓢卣(《集成》05400)。

Ⅲ式:两竖笔较长,互相向中间靠近,间距较近。标本 或方鼎(《集成》02824)。

B型:共计120例,"公"字分离为上下两个部分,与篆书"公"的写法 比较接近,从"八"从"厶"。根据"厶"的笔画形态可分为三亚型。

Ba型:"公"下部所从"厶"近椭方形。根据"八"及"厶"的形态不同可分为五式。

Ⅰ式:所从"厶"似方框,形体较大,"厶"上两笔自上向下外撇,较直,略带肥笔。标本应公方鼎(《集成》02151)。

Ⅱ式:"厶"上两笔较直,笔道规整,所从"厶"形体缩小,略扁。标本盠方彝(《集成》09900)。

Ⅲ式:"厶"上两笔的下段向外弯曲。标本师 鼎(《集成》02830)。

Ⅳ式:"厶"上两笔较直,下段间距拉开,呈"八"字形,所从"厶"形体缩小,略扁圆。标本 比盨(《集成》04466)、多友鼎(《集成》02835)。

Ⅴ式:"厶"上两笔下段外撇略向上扬。标本此鼎(《集成》02822)。

Bb型:"公"下部所从"厶"近半圆形。根据"八"及"厶"的形态不同可分为四式。

Ⅰ式:"厶"上两笔如倒写的"八"字,上宽下窄。标本 方鼎(《集成》02739)。

Ⅱ式:"厶"上两笔较直,自上向下外撇,略带肥笔。标本大盂鼎(《集成》02837)。

Ⅲ式:"厶"上两笔略竖直。标本禹簋(《文物》1999年9期84页图2)。

Ⅳ式:"厶"上两笔较长,下段间距拉开,呈"八"字形,所从"厶"形体缩小。标本史墙盘(《集成》10175)。

Bc型:"公"下部所从"厶"近圆形。根据"八"及"厶"的形态不同可分为四式。

Ⅰ式:仅见一例,"厶"上有两折笔。标本 公爵(《集成》09061)。

Ⅱ式:"厶"上两笔较直,中部略内凹。标本应侯禹簋(《文物》1998年第9期第11页图10)。

Ⅲ式:"厶"上两笔较直,下段间距拉开,呈"八"字形,所从"厶"形体缩小,略扁圆。标本 簋(《集成》04197)。

Ⅳ式:"厶"上两笔下段外撇略向上扬。标本此簋(《集成》04310)。

演变趋势:西周金文"公"字"厶"上两笔有分离式与粘连式两种,其构形意义仍不明确,但两者均从第一期就已存在,粘连与否不能作为有的学者所举的时代早晚依据。A型变化的核心偏旁是"厶"上两笔的间距由远及近,弧笔曲度不断加大,直笔则顶端不断靠近。B型的变化依"厶"的形状而略有区别,但总的趋势是分离出的两竖笔逐渐从直笔向"八"形转变,时代越晚,"八"的两笔末段越外撇。

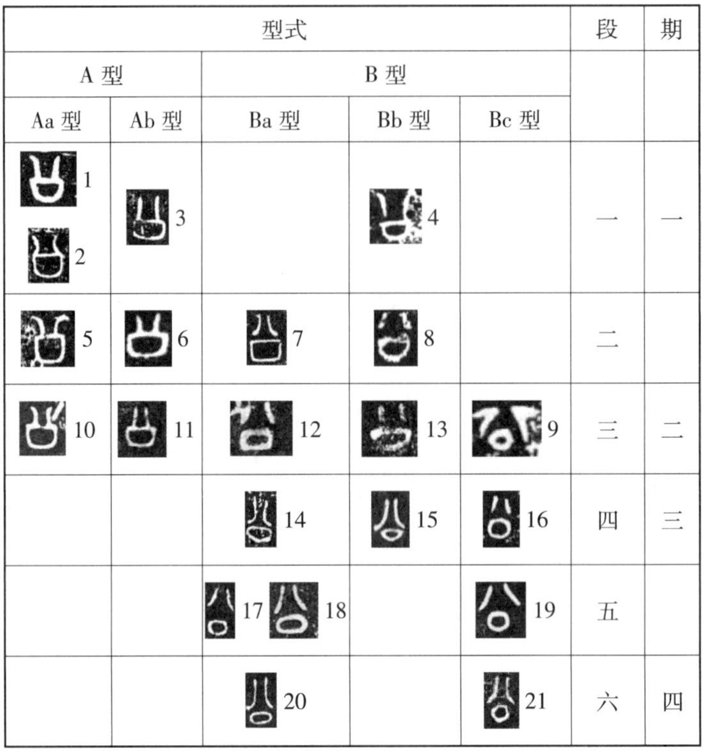

型式					段	期
A 型		B 型				
Aa 型	Ab 型	Ba 型	Bb 型	Bc 型		
1, 2	3		4		一	一
5	6	7	8		二	
10	11	12	13	9	三	二
		14	15	16	四	三
		17	18	19	五	
		20		21	六	四

图 3 "公"字形式与分期

1. 小臣单觯;2. 作册大方鼎;3. 利簋;4. 盂方鼎;5. 盂鼎;6. 作册䰜卣;7. 应公方鼎;8. 大盂鼎;9. 㠯公爵;10. 史丧尊;11. 戓方鼎;12. 盂方彝;13. 禹簋;14. 师毇鼎;15. 史墙盘;16. 应侯再簋;17. 䣙比盨;18. 多友鼎;19. 郘智簋;20. 此鼎;21. 此簋

三

根据三字的形态演变、新旧偏旁的更迭以及三字的共存情况,可以将其字形的演进细分为六个阶段。

第一段。尊Aa Ⅰ、尊Ba Ⅰ、令Ⅰ、公Aa Ⅰ、公Ab Ⅰ、公Bb Ⅰ。

其字形特征有:①延续殷商时期金文或甲骨文的基本构型及笔道特征,松散倾斜,肥笔出锋,尚未形成新的时代风格;②出现频率最高的"尊"、"公"等字,不同的写法较少;③一些字的写法在此时出现,流行时间却较短;④人形、物形的独体字或偏旁具有浓厚的象形意味,如"令"字人的跪坐形象生动,笔画转折处尖锐;⑤三字之间形体风格较为统一,不同单字的形式发展具有均衡性。

第二段。新出现或在上一段基础上有所变化的主要有:尊Aa Ⅱ、尊Ab Ⅰ、尊Ba Ⅱ、尊Bb Ⅰ、令Ⅱ、公Aa Ⅱ、公Ab Ⅱ、公Ba Ⅰ、公Bb Ⅱ。

其字形特征有:①仍然延续上一阶段的基本构型及笔道特征,但体势结构逐渐摆脱了松散倾斜,笔道的肥笔出锋现象得到抑制,新的时代风格在酝酿,如尊 AaⅡ、尊 AbⅠ等;②出现频率较高的"尊"、"公"等字,开始出现不同的写法;③仍有一些字的写法在此时出现即消失,流行时间很短;④象形意味的偏旁仍然较普遍,但笔画转折处开始出现圆钝;⑤由于一些增删偏旁的异体字出现,字群之间形体风格开始出现差异,但总体而言,仍具有具有时代同一性。

虽然第二段出现不少独体象形字加声符的新字,如"有"、"雩"等,也有"芎"、"唯"等字较普遍使用的情况,但第一、二段字形之间在偏旁架构、形体笔势及笔道形态上的共性大于差异,两段字的形体均不够端正,笔画常有波磔出锋,偏旁架构亦较松散。如"尊"字的某一偏旁远大于其他偏旁或其他字,"令"字则象形程度高,写法与殷墟甲骨文相似。因此,第一、二段可一并划为第一期。

第三段。新出现或在上一段基础上有所变化的主要有:尊 AaⅢ、尊 AbⅡ、尊 BaⅢ、尊 BbⅡ、令Ⅲ、公 AaⅢ、公 AbⅢ、公 BaⅡ、公 BbⅢ、公 BcⅠ。

本段特征有:①除了仍有些许肥笔出锋,新的时代风格已经形成,突出表现在"尊"字的"酉"底变圆,字体架构紧致,汉字的方块化初见端倪;②虽然这一时期单字样本比上一期减少,但"尊"、"公"等字不同的写法集中出现,字形出现多元化发展;③本期是很多字的重要演变阶段,对于那些象形意味的独体字及偏旁,在这时字形结构上有了较大的转变,如"令"字;④字群之间形体风格差异化较明显,同一个字的不同形式之间也会不同步,有的变化不大,继续上阶段酝酿中,有的则时代特征明显,形成新样式,如"公"字;⑤器铭字数继续增多,字群组合可以较好地覆盖一篇器铭,有利于字形书体的铜器断代应用。

本段单字笔道的形态变化上,仍有波磔出锋的现象,如"尊"字的"廾"旁依然比较象形化,但新因素的出现更明显,如"令"的写法更接近后来的篆书而非甲骨文,偏旁架构大多规整端正,形声字的使用更加广泛等等。与此同时,本段又尚未完全脱离前两段的形态窠臼,与西周中后期的字形相去甚远。因此第三段可以单独划为一期。

第四段。新出现或在上一段基础上有所变化的主要有:尊 AaⅣ、尊 AbⅢ、尊 BbⅢ、令Ⅳ、公 BaⅢ、公 BbⅣ、公 BcⅡ。

本段特征有:①新的时代风格基本确立,有一批字出现新写法,特别是尊 AaⅣ、尊 AbⅢ、尊 BbⅢ等;②同一个字衍生了较多的不同写法,样式继续多元化;③仅在这一阶段流行的样式基本不见,大多是更晚时代流行字形的肇始;④人形、物形独体字或偏旁的象形意味基本消失,"令"字人形的"卩"旁等均形成竖笔;⑤字群之间新的形体风格又逐渐走向统一,各形式的时代均衡性增强;⑥长篇铭文较多,但随着用语习惯的不同,像以"命"代"令"这类现象在逐渐减多。

第五段。新出现或在上一段基础上有所变化的主要有:尊 AaⅤ、尊 AbⅣ、令Ⅴ、公 BaⅣ、公 BcⅢ。

本段特征有:①新的字形风格完全确立,如"公"字形体在此时的较多变化;②字形多元化现象减少,各形式的写法趋于稳定;③一些如"令"字的笔画开始形成聚拢及线条化,汉字的抽象化进程加快;⑤三字之间形体风格较为统一,字形演进到此时,互相之间没有太多的不均衡性。

第四、五段单字的整体面貌与前三段相比迥然不同,可谓开一代风气,我们认为前辈学者所称的"玉箸体"就始自于此。"尊"字中"廾"的两手由折角相对变为圆角向上,"令"也摆脱了人的象形化,逐渐与后代篆书的写法靠近,其他独体象形字也纷纷变得线条化、抽象化,单字大小、偏旁架构愈加规整统一,这一点也导致了金文书体的变革。因此第四、五段可一并划为第三期。

第六段。新出现或在上一段基础上有所变化的主要有:尊 Aa Ⅵ、尊 Ab Ⅴ、令 Ⅵ、公 Ba Ⅴ、公 Bc Ⅳ。

本段特征有:①在上一期确定的新风格基础上有些细节的变化,例如笔画的"水波化"曲折流转及撇、捺笔画末端的上扬现象;②单字不同的写法较少;③整个字体轮廓有两种趋势,一种是长方化、扁平化,一种则是中宫内收,字体偏瘦;④字群之间形体风格很统一,不同单字的形式集中体现了时代均衡性;⑤字群组合比较固定。

严格说来,第六段单字与第四、五段属于同一风格。笔道划一,转角圆润,字形方正,但在具体的形态、气韵上也有着明显区别,而更接近后代汉字,特别如虢季子白盘、逨盘铭等,开春秋秦系文字之滥觞。本阶段单字笔画末端大多略向外撇,部分器铭的单字笔势飘逸洒脱,偏旁架构紧致,中宫内收,字形偏瘦长等。因此第六段可单独划为第四期。

根据以上分析,结合含有三字的学界争议小、时代较清楚的标准器或准标准器考察,第一期相当于从武王始,下限大抵在穆王前期,其间又可分为前后两段,其交界在康王晚年。穆王在位年数很长,其后期与前期变化较大,第二期相当于穆王后期至恭王世。第二期的形式变化相对多样,相同情形也发生在铜器的器形、纹饰上,可以说是西周金文字形的转折期。第三期对应的王世大概是恭王以后到厉宣之际,其间又可分为前后两段,交界集中在孝、夷之际。第四期大抵开始于宣王初年以后,一些字的形式继续沿用到春秋早期。

实际上,这四期还可以进一步合并为前后两大期,这两大期从汉字演进角度讲,虽可谓一脉承之,细察字形却也云泥相别。前期为第一、二期,可称为殷式递减期,这一阶段是周人逐步摆脱原先殷系青铜器形制、纹饰、器铭、组合等要素风格,开始形成自身特点的过程,后期为第三、四期,可称为周式确立期,这一阶段是周系青铜器各要素脱胎换骨,完全确立自己风格并进一步发展的时期,最终导致了后代篆书的形成及汉字的演进成熟。

《水浒传》三写元宵节的叙事意义

淡江大学　林伟淑

一、前言

在明清小说里,元宵节似乎成为一种特别的符号。《水浒传》[①]是一部描写一百零八位天罡地煞聚义水泊梁山的故事,作为英雄传奇小说的《水浒传》却也三写元宵节,这不禁令人询问,元宵节本身的节俗特殊性为何?透过元宵节叙事,有何特殊的表现意义?本文从《水浒传》写元宵节切入讨论,期望透过节俗与《水浒传》文本的独特性找到对应的关系。

人的存在,是透过时间与空间的坐标定位。所谓的时间,包含了客观机械的钟表时间,分成年、月、日、时、分、秒,即通过测量得到的钟表时间或日月年纪,越是清晰的时间刻度越是意味着人与世界密切的联系,同时也表现出强烈的现实感。人们对时间的感知,也包含了心理感受。主观的时间,被人们特别感知的往往是突出日常中的时间刻度,属于个人的有生日、死亡,属于群体的有岁时节庆,前者围绕着人物开展,后者则展示了人与环境的因素。

首先,所谓"岁时的节庆"是源自于人们对历史人物的崇拜祭奠,是约定俗成的风俗活动。在年复一年循环往复的时间里,透过节庆可以看到家庭的兴衰起落,同时展示整个时代及环境的变化,是具有社会象征意义的时间刻度,更带有深厚的文化意涵。"岁时",是中国社会特有的时间表述,在上古时代强调的是人对自然节律的适应,岁时因而起源于民众对日常生活的理解;"节令"则是在人们适应自然时序后形成的民俗生活;"节庆"是节令中形成的庆典活动,节庆连接了百姓的生活,蕴涵了文化意义。

古代王室祭祝天地,王官对于天时的掌握,也意味着王官对于管理民政拥有的权利。[②]岁时节令的庆祝活动,后来逐渐形成民间共同的社会生活及活动。透过节庆的团聚、宴饮与娱乐活动,形成家庭或群体狂欢的一种仪式。中国的岁时节令起源于农业时代的祭祝,

---

[①] 本文所用版本为《水浒传》李卓吾评本(上海古籍出版社1988年版)。
[②] 徐岱:《小说叙事学》,中国社会科学出版社1992年版,第254页。

最后形成标示季节时令,至于除夕、元旦、元宵、寒食、清明、端午、七夕、重阳的节俗内容,基本上在汉代多已定型。① 唐代则是节日风俗转变时期,由原来的禁忌、严肃性、神秘性转变而具有了娱乐性,并形成一种仪式,也成为家庭聚会的良辰佳节。② 到了明清时期,或因帝王亲颁定规制,如元宵节,③其娱乐性持续发展,成为宫中、民间节庆活动的准则,岁时节令的娱乐内涵也趋于定型。

二、"元宵节"节俗内容与庆典的狂欢性

元宵节在中国年节的文化意义上,和其他的节日极为不同,其他的节庆多半在于团聚、缅怀祖先,或对于历史、宗教有着崇敬的态度。因此,节庆的活动,不外乎是家庭团聚宴饮、祭祖等传承文化的活动。元宵节则不同,它是源自于对自然界月亮圆缺的认识,其后形成民俗活动,最后则是解构了官民防线,成为商业娱乐活动的民间活动,具有大众文化的意义。

古人观察自然时,很早就发现月亮圆缺的时间规律,因此以月亮的变化作为计时的历法依据,形成影响深远的太阴历的历法体系。④ 元宵节是自新年立春以来的第一个月圆,代表春节年节活动的圆满结束,及一年勤勉工作的起点。

关于元宵灯节的描述,《隋书·柳彧传》中记载着隋人柳彧,请求禁止正月十五侈靡之俗的奏疏:

> 窃见京邑,爰及外州,每以正月望夜,充街塞陌,聚戏朋游。鸣鼓聒天,燎炬照地。人戴兽面,男为女服,倡优杂技,诡装异形,以秽嫚为欢娱,用鄙亵为笑乐,内外共观,曾不相避。高棚跨路,广幕陵云,袨服靓妆,车马填噎。肴醑肆陈,丝竹繁会,竭赀破产,竞此一时。⑤

在柳彧这份奏疏里,描写了人们欢度元宵的景况:酒肴歌舞、诡装异形、鄙亵笑乐,打破了秩序严明受儒家规范的社会礼节——包括上下、男女有别的社会秩序,如同巴赫金所言的:"常规的、十分严肃而紧蹙眉头的生活,服从于严格的等级秩序的生活",形成"对一

---

① 郭兴文、韩养民:《中国古代节日风俗》,博远出版公司 1989 年版,第 13—17 页。
② 如端午节在唐以前是"恶日",到了唐代则为龙舟竞渡的大型活动。
③ 周耀明:《明代·清代前朝汉族风俗史》,见《汉族风俗史》(第四卷),学林出版社 2004 年版,第 161—162 页。《明会典》记载着:"永乐七年诏令元宵节自正月十一日起给百官赐假十天,以度佳节。"
④ 正月十五是元月第一个望日,元宵节在新岁之首。一般的文献资料认为,正月十五元宵节在汉代已受到重视。汉武帝正月上章夜在甘泉宫祭祀"太一"的活动,被后人视为正月十五祭祀天神的先声。直到汉魏之后,元宵节乃成为民俗节日。元月十五日元宵节,又称为上元节。道教将正月十五、七月十五、十月十五三个月圆望日,定为上元、中元、下元,分别为天官、地官、水官的诞辰,形成了天官赐福、地官赦罪、下官解厄的三元节。
⑤ 《隋书》卷六十二《列传第二十七》(锦绣出版社 1993 年版)。

切神圣物的亵渎和歪曲,充满了不敬和猥亵,充满了对一切人一切事的随意不拘的交往"的狂欢节生活。① 关于狂欢节,在中国并无此一庆典,"巴赫金由十九世纪末的杜斯妥也夫斯基小说创作追溯到文艺复兴时代的拉伯雷。巴赫金将拉伯雷小说创作称之为"怪诞现实主义"。怪诞现实主义形式充满着诅咒与赞美的双声语,以描述节日欢宴与肉体感、欲望的夸张、变形为特征,这种狂化的形式产生于民间的狂欢节。② 至于狂欢式的生活,是脱离日常的生活,在某种程度上是"翻了个的生活",是"反面的生活"。③ 对照中国的元宵节,虽没有给国王加冕、脱冕这个笑谑式的仪式或反教会的本质,但他们共同地强调节庆欢宴与肉体感官欲望的夸张、变形为特征,并歌颂死亡与再生,是反常规反威权中心论。④ 在巴赫金的狂欢节中有上火的意象,是带有毁灭世界又同时更新世界的火焰,⑤而恰恰在中国的元宵节庆中,灯火、烟火的意象是极为突出,灯火灿烂光明,烟火则有消散的意象。

在近似狂欢节庆的元宵节中,日常生活里的限制、规范都暂时被解除,因为"在狂欢中,人与人间形成了一新型的相互关系,通过感性的形式、半现实半游戏的形式表现出来"⑥。这里极为重要的一点:在元宵节时可以是男女共处毫不相避,可以是男为女服的身份变异,可以是取消一切等级制度。在狂欢的广场上,支配一切的是人与人之间不拘形迹地自由接触的特殊形式,这便是元宵节的特殊氛围。⑦ 这使得元宵节的狂欢气氛较之其他的节日更甚。

本文在探究《水浒传》三写元宵节之前,先看看从唐宋至明清以来的元宵节俗的内涵:

在唐宋,闺中妇女一向被禁止外游,在元宵节时却能名正言顺地盛装出游观花灯。这里不仅开放了对女性限制的空间,也形成狂欢广场,男女得以共处在街市上,彼此窥视。同时,也以喧闹笑谑的方式,颠覆官方严制的男女界线,街市里灯火辉煌突显庶民文化的生命力,呈现了街市里人与欲望的流动,打破日常生活的单调和反复性。

从其他作品亦可见元宵节盛况,如宋辛弃疾《青玉案》的描述:"东风夜放花千树,更吹落,星如雨。宝马雕车香满路,凤箫动,玉壶频转,一放鱼龙舞。蛾儿雪柳黄金缕,笑语盈盈暗香去。众里寻它千百度,蓦然回首,那人却在,灯火阑珊处。"词中"夜放花千树""星如雨",所描写的是涌动的人群中美丽女子的笑颜香氛,还有整个城市里的灯花、烟火、车马喧嚣,织就成一幅颜色灿烂,不论在视觉、嗅觉、听觉上都充满迷人景致的元宵节。而女子们在街市中与烟火灯花互相辉映,也是元宵节的特殊场景之一。

宋元易代后,元宵依旧传承,聚众娱乐的节日虽受到政府的限制,然而,宋代城市生

---

① 钱中文主编:《巴赫金全集》(第5卷),河北教育出版社1998年版,第170页。
② 刘康:《对话的喧嚣——巴赫金文化理论述评》,麦田出版社1995年版,第13页。
③ 钱中文主编:《巴赫金全集》(第5卷),河北教育出版社1998年版,第161页。
④ 刘康:《对话的喧嚣——巴赫金文化理论述评》,麦田出版社1995年版,第13页。
⑤ 钱中文主编:《巴赫金全集》(第5卷),河北教育出版社1998年版,第166页。
⑥ 钱中文主编:《巴赫金全集》(第5卷),河北教育出版社1995年版,第162页。
⑦ 沈华柱:《对话的妙悟——巴赫金语言哲学思想研究》,生活·读书·新知三联书店2005年版,第80页。

活,元宵灯火更为兴盛,帝王为了粉饰太平,更亲登御楼宴饮观灯,例如在《东京梦华录》记载:

> 宣德楼上,皆垂黄缘,帘中一位,乃御座。用黄罗设一彩棚,御龙直执黄盖、掌扇,列于帘外。两朵楼各挂灯球一枚,约方圆丈余,内燃椽烛。帘内亦作乐。宫嫔嬉笑之声,下闻于外。楼下用枋木垒成露台一所,彩结栏槛,两边皆禁卫排立,锦袍,幞头簪赐花,执骨朵子,面此乐棚。教坊、钧容直、露台弟子,更互杂剧。近门亦有内等子班直排立。万姓皆在露台下观看,乐人时引万姓山呼。①

皇帝御坐在宣德楼上,帘内传来乐音飘扬,后宫嫔妃的嬉笑声甚至传至城楼下,而城楼下百姓引颈观看演出,乐人时不时便带领百姓高呼万岁,既庄严又戏谑。王公贵族和市井小民彼此跨界,宣德楼上下连成一个充满狂笑、戏谑、吆喝的喧嚣的公众广场。宣德楼上下的狂欢节庆空间,并不是日常人们游戏的场所,也不是神圣威严的庙堂圣殿,而是"一块让人在摆脱生活重累之后尽情宣泄的极乐之地,它为激情所充溢"②。在这个狂欢广场上,乐人引百姓呼万岁时君王的权威仍被宣誓着,但当宫中嫔妃笑语流泄于市,上下连成一片戏谑声中,分别地位高低的仪节被破坏,男女之别、上下之分、宫苑民间、雅俗之间都被跨界了。人们的生活暂时脱离常规,脱离官方文化的体制威仪。元宵节的这个公众场域"成为城乡之间、雅俗之间、官民之间老少咸宜、雅俗共赏的文化主导,并成为大众文化的主要成分"③。近似狂欢节的元宵节庆则形成一种与日常生活断裂的特殊内容。

明代元宵节的娱乐活动是正月年节活动的高潮。④ 明成祖下诏元宵赐假七日。元宵放灯节极为热闹盛大,在永乐年间长达十天,明代元宵放灯节从正月初八到十八。⑤ 在清代,元宵节的活动有烟火、猜灯谜、表演杂戏,在元宵节前后有"灯市"的商业活动。元宵节被称"闹元宵",闹元宵的"闹"字,便生动描写出元宵节活跃的民俗性,以及市井小民的狂欢气息及商业氛围,特别是女性得以自由出入街市的元宵节,颠覆了礼教对于女性的约束。

元宵节的特殊性之一,即这是一个共同的、广场性质的、走出家庭空间庆祝的节日,满城男女、官民上下涌上市街,观灯也赏人,因此喧闹且情绪沸腾,连男人们都"手厮挽着"来看灯(第33回),更别提女性是如何装扮并现身街市。在灯影交错之余,也是情绪、情欲都

---

① 严文儒注译:《新译东京梦华录》,三民出版社2004年版,第177—178页。
② 王建刚:《狂欢诗学——巴赫金文学思想研究》,学林出版社2001年版,第80—81页。
③ 刘康:《对话的喧嚣——巴赫金文化理论述评》,麦田出版社1995年版,第277页。
④ 明太祖朱元璋鉴于元人耽于声色娱乐,不事生产,因此禁止官民士庶的日常娱乐,但为了显示明代社会安定,歌舞升平的太平气象,因此提倡上元放灯,官民同乐。
⑤ 《明会典》记载着:"永乐七年诏令元宵节自正月十一日起给百官赐假十天,以度佳节。"明末张岱在《陶庵梦忆》,记载了灯节耍狮子、放烟火、弹唱、大街衢巷通宵以乐的情形。清代的元宵灯市虽没有明代那么长的时间,但热闹依旧。《燕京岁时记》所载"自十三至十七均谓灯节,惟十五日谓之正灯耳",元宵节的活动更为盛大。

流动的一个节庆。

自隋朝以来至明清，元宵节成为走出家庭与邻里街市，甚至君民上下共同狂欢的日子，官民、男女的身份都被跨越，彷佛世俗的时间暂停，只剩下喧闹的狂欢氛围。百姓在元宵节时如入了不夜城，以观灯为名，逾越了各种礼典和法度，并颠覆日常生活所预设的规律的时空秩序——从日夜之差、城乡之隔，男女之防到贵贱之别。对礼教规范的挑衅与嘲弄，正是元宵节的游戏规则：突破时间、空间、性别的界域。[1]

节日庆典是赋予百姓生活中的特殊时日，成为一种大众的狂欢时间。[2] 节庆的空间，表现于民间广场的欢庆意义上，节庆广场没有权威，是一个人人都可介入的场所，与官方庙堂的庄重严肃不同。[3] 巴赫金认为，节庆时间之所以为人们感知，因为它在本来是均速前行、单调循环的时间流程中挣脱出来。节庆的广场则是人们摆脱生活重累之后，尽情宣泄的欢乐之地，因此节庆为激情所充塞。[4]

单调循环且均速的时间是日常生活的时间，节庆时间则是既具有周期性（年复一年）又拥有特殊性（每年有不同的节庆内容）。事实上，节庆狂欢是脱离了常轨的生活，是一种是理性化的狂欢生活，[5]也就是说，在庆典中人们遵从的是在文化习俗积累下所形成的一种近乎仪式的过节方式，但是人人参与其中的庆典是狂欢的，是脱离常轨且不同于日常生活的形式，[6]它产生了一种新形态的市井言行，是娱乐的、自由的，允许人们之间毫无距离，脱除平日被严格要求的礼仪成规。节庆来自于民族成员的生活内涵，是对于民族文化的传承及认同，如此可以绵延长久地"继承民族文化传统，增加了民族凝聚力量，同时，一些节日还有释放人的欲望和表现个人情绪的功能，能够起社会减压阀的作用"[7]。

事实上，节日风俗礼仪表现出来大众文化的意义，而元宵节的大众文化是强调打破上下官民之际，形成一个日夜颠倒、秩序颠覆、性别混淆的广场、街市狂欢景象，[8]同时消解了官方权威也展现了民间的活力。

三、《水浒传》三写元宵节所表现的"闹"与"火"意象

《水浒传》中三次写元宵节，两次在回目上直接标明了"闹"字。从这三回的内容来看，

---

[1] 陈熙远：《中国夜未眠——明清时期的元宵、夜禁与狂欢》，载《"中央研究院"语言历史研究所集刊》2004年第七十五本第二分，第283页。
[2] 参见王建刚：《狂欢诗学——巴赫金文学思想研究》，学林出版社2001年版，第93—95页。
[3] 参见王建刚：《狂欢诗学——巴赫金文学思想研究》，学林出版社2001年版，第80页。
[4] 参见王建刚：《狂欢诗学——巴赫金文学思想研究》，学林出版社2001年版，第80—81页。
[5] 参见王建刚：《狂欢诗学——巴赫金文学思想研究》，学林出版社2001年版，第28页。
[6] 参见王建刚：《狂欢诗学——巴赫金文学思想研究》，学林出版社2001年版，第267页。
[7] 王齐、余兰兰、李晓辉等：《红楼梦与民俗文化》，黑龙江人民出版社2003年版，第120页。
[8] 陈熙远：《中国夜未眠——明清时节的元宵、夜禁与狂欢》，载《"中央研究院"历史语言所集刊》，2004年第七十五本第二分，第283—329页。

是宋江被抓或是他希望能进京被招安,却屡屡受挫的三次元宵节,这是否隐喻了什么?

水浒第一次写元宵节是第33回:"宋江夜看小鳌山,花荣大闹清风寨"写元宵节,写的是清风镇的元宵夜,宋江被抓,花荣大闹清风寨。第二次写元宵节,写的是大名府的元宵节:在第66回"时迁火烧翠云楼,吴用智取大名府"中,由于玉麒麟卢俊义、拼命三郎石秀深陷大名府大牢,梁山头领们发兵营救,因此有了大名府元宵节火烧翠云楼、智取大名府的故事。第三次写元宵节的故事,发生在东京汴梁城,《水浒传》第72回"柴进簪花入禁院,李逵元夜闹东京"。

《水浒传》三写元宵节,从这三回的回目来看,第33回的"大闹"、第72回的"夜闹",直接点明"闹",第66回则标明"火烧",呼应元宵节点灯"烧"的意象。以下分别从"闹"与"烧"的意象加以讨论:

(一)"闹"的意象

《水浒传》第33回:

> 宋江对花荣说道:"听闻此间市镇上今晚点放花灯,我欲去观看观看。"花荣答道:"小弟本欲陪侍兄长去看灯,正当其理。只是奈缘我职役在身,不能勾自在闲步同往。今夜兄长自与家间二三人去看灯,早早的便回。小弟在家专待,家宴三杯,以庆佳节。"
>
> 当晚,宋江和花荣家亲随体己人两三个,跟随着宋江缓步徐行。到这清风镇上看灯时,只见家家门前搭起灯棚,悬挂花灯,不计其数。灯上画着许多故事,也有剪彩飞白牡丹花灯,并荷花芙蓉异样灯火。四五个人手厮挽着,来到土地大王庙前,竹那小鳌山时,怎见的好灯。

这里除了元宵节俗风物的表现,还有家宴、赏灯,看社火。此时,刘知寨夫妻正在墙院里,听见宋江笑声,刘知寨的婆娘认出宋江,指给刘知寨说道:"兀那个黑矮汉子,便是前日清风山抢掳下我的贼头!"在刘知寨老婆的栽赃指控及一片混乱中,刘知寨命六七人拿下宋江,用四条麻索绑了,后来还被打得皮开肉绽,鲜血迸流,写出元宵节时清风寨因宋江而起的喧闹。

此外,《水浒传》第72回写东京汴梁的元宵节,被李逵闹得天翻地覆。因宋江、柴进、燕青与李师师吃酒取笑,李师师觉李逵模样吓人,"恰似土地庙里对判官立地的小鬼",宋江说是家仆,并要戴宗、李逵到门前坐地,没想到,奶子来报,官家从地道中来至后门,李师师急忙接驾,宋江等人则闪在黑暗处。当天子身穿滚龙袍和李师师对话时,暗地里宋江则想此时向徽宗讨一道招安赦书。没想到徽宗和师师还没叙情话,宋江也还没现身讨招安书时,杨太尉正巧也进来面圣,撞见了李逵,问他是谁,敢在这里,李逵怒气正没地方发,一手提起把交椅,朝着杨太尉劈脸打了下去。戴宗拦不住,"李逵扯下书画来,就蜡烛上点着,东摔西摔,一面放火,香桌椅凳,打得粉碎"。宋江只得和柴进、戴宗赶着出城,担心关了禁门,脱身不得,只留燕青看守他:

> 李师师家火起,惊得赵官家一道烟走了。隣右人等,一面救火,一面救起杨太尉。城中喊起,杀得震天动地。高太尉在北门上巡警,听得了这话,带领军马便来追赶。

而军师吴用居然神算,预知李逵必大闹东京,因此,尅定时日,差下五员虎将,引领带甲马军一千骑,到东京城外待命。宋徽宗在这回里,甚至被闹得狼狈不堪,整个东京城因此兵马奔腾,城中杀得震天响,让宋江的招安大计功败垂成。同时,在这里元宵节的喧闹与打杀的混乱融合在一起,颇有水浒汉子闹元宵的氛围。

(二)"火"的意象

"火"在元宵节是重要的意象,灯火、烟火以及社火是元宵节庆里的重要节俗:

> 且说这清风寨镇上居民,商量放灯一事,准备庆赏元宵。科敛钱物,去土地大王庙前,扎缚起一座小鳌山,上面结彩悬花,张挂五七百碗花灯。土地大王庙内,逞应诸般社火。家家门前,扎起灯棚,赛悬灯火。市镇上诸行百艺都有。
>
> 当晚,宋江和花荣家亲随梯己人两三个……只见家家门前搭起灯棚,悬挂花灯,不记其数。灯上画着许多故事,也有剪彩发白牡丹花灯,并荷花芙蓉异样灯火。四五个人手厮着来,来到土地大王庙前,看那小鳌山时,怎见的好灯。

同时,在第66回说道:北京大名府"依照东京体例,通宵不禁,十三至十七,放灯五夜。"吴用则要"即今冬尽春初,早晚元宵节近,北京年例,大张灯火",趁此时在城中埋伏,放火为号,里应外合,救出卢俊义与石秀。虽然梁中书心里有疑虑:"年例北京大张灯火,庆赏元宵,与民同乐,全似东京体例。如今被梁山泊贼人两次侵境,只恐放灯因而惹祸。"但闻达却不认为梁山贼人有什么能耐,要梁中书"此上年多设花灯,添扮社火市中心添搭两座鳌山,照依东京体例,通宵不禁,十三至十七放灯五夜。教府尹点视君民,勿令缺少,相公亲自行春,务要与民同乐。"这一回里作者花费了大量的笔墨描绘了大名府的灯会:"家家门前扎起灯棚,都要赛挂好灯,巧样烟火;户内缚起山棚,摆放五色屏风炮灯,四边都挂名人书画,并奇异古董玩器之物;在城大街小巷,家家都要点灯。"并描述了灯会时间长度以及节庆里烟火花灯的盛大。

此外,元宵节还会耍社火。社火是节日迎神赛会所表演的杂耍、杂戏。因中国是农业立国,农业收成之丰歉,关乎国计民生,因此许多节日,均以杂戏、杂耍等形式娱神,以求保佑当年风调雨顺、五谷丰收。元宵节是一年中第一个月圆,春耕即将开始,为祈求丰年,自民间至朝廷都举行庆祝活动,因在祭祀娱神活动中,伴有大量烟火,古称社火,成为重要仪式。

第66回里没有正面描写大名府的社火,却写了大名府被梁山泊好汉破城后,耍社火场所的惨状:"烟迷城市,火燎楼台。前街傀儡,顾不得面是背非;后巷清音,尽丢坏龙笙凤管。耍和尚烧得焦头额烂,麻婆子赶得屁滚尿流。踏竹马的暗中刀枪,舞鲍老的难免刀槊……片时间星飞云散。瓦砾藏埋火万斛,楼台变作祝融墟。可惜千年歌舞地,翻成一片战争场。"社火祈求国泰民安来年丰收,年节未完,却被水浒好汉搞得烟迷城市,火烧楼台,元宵的烟火、灯火与社火都是欢乐气氛,唯有此处的大火烧尽一切。元宵节的广场狂欢,在祝融肆虐之下,更是"片时间星飞云散"。

四、透过元宵节展现的男性身体书写

上述《水浒传》三写元宵节中两回的"闹"字,让我们看到不断生发事端的水浒男子,是充满了阳刚的意象表现。《水浒传》一书写草莽英雄,必然充满了男性身体阳刚的展现,然而我们透过元宵节,可看到充满阳刚以及带着柔美的男性身体表现。水浒男子的身体印记,除了他们手持的刀械、所着衣饰,另外就是脸上的刺青及金印,以表现他们身体的印记。刺青代表的是男性的刚毅、坚强及勇敢;金印则代表着罪犯、放逐。因与元宵节无直接关联,刺青在本文中略而不论。但宋江为了要进京城——在宋江的儒生思想下,意欲将代表罪犯的金印去除,方觉能面圣。以及这些男性以簪花展现柔美形象,则可略书之。

(一)罪犯的金印

关于金印,另一种说法是刺字,这也是较直白的说法,"打金印"是较委婉的说法。刺字主要是作为犯人的标记,是一种刑罚,又可以在犯人出逃时很快辨认出来。金印所刺的部位,一般在脸颊上,再用烧灼和涂药,将字涂作黑色,故刺字又称刺面、黥面、墨面。

刺字是从古代墨刑演变过来的,始于五代的后晋,进入宋代后,五代的刺面与中唐以来的刑罚结合起来,以加重刑罚力度。所以,宋代的刺配法,既要杖脊,又要流配,还要刺其面,等于一人犯罪要受三次刑,林冲便是如此。北宋中期以前,刺字方式没有明确的规定。犯强盗罪,在耳后刺一个环形;徒刑,刺方形;杖刑,刺小圆形。若杖刑三次,改刺脸上,但直径不超过五公分。金印为统治者的手段:"刺面之法,专处情犯凶蠹,而钝偶丽于罪,皆得全其面目,知所顾藉,可以自新。"[1]金印是罪犯的印记。

有趣的是,在水泊梁山上,第一代领袖王伦,被有金印的林冲火并掉。第二代领袖晁盖死后,接手领导——不论是代理或真的成为梁山之主的宋江,亦有金印,只不过,宋江对

---

[1] 脱脱:《宋史》,艺文印书馆1965年版,第201卷。

此是介意的,后来安道全为其去除。当宋江想至京师,安道全将他脸上的金印去除:"看官听说,宋江是个文面的人,如何去得京师?原来却得神医安道全上山之后,却把毒药与他点去了。后用好药调治,起了红疤,再要良金美玉,碾为细末,每日涂抹,自然磨消了。那医书中说美玉灭斑,正此意也。"(第72回)宋江为了被招安,必须抹去作为罪犯而刺配的符号,带着金印,宋江无法面对朝廷要员或命官,因为在金印此符号底下,宋江是罪犯、是造反者、是匪寇,已失去儒生的身份,他所在意的"忠义"二字,则成为印记的嘲讽。

是故,宋江必须去除金印,这也暗喻着,宋江重塑自己身份与认同的可能,这就是宋江必得被招安,水泊梁山终将成为过去,而悲剧在故事一开始已启程的原因。去掉金印,顺利招安,成为朝廷的交力者后,水泊梁山是这些浒男子们回不去的伊甸园。

(二)男性簪花

簪花使得水浒男子的形象加入了柔美,冲淡也减缓了男性的阳刚以及杀气,使水浒男子身体的展现是既阳刚又柔美,或者也成为男性个人形象的表现。宋江等人赏花灯时,柴进、燕青在东京酒楼上,"凭栏望时,见班直人等多从内里出入,幞头边各簪翠叶花一朵",一位姓王的班直(观察)告诉他们:"今上天子庆贺元宵,每人皆赐衣袄一领,翠叶金花一枝…如有宫花锦袄,便能勾入内里去。"(第72回)此时戴在头上的翠叶金花,是进出皇宫的通行证。

其实,除了元宵节时写男性簪花,《水浒传》中多有描写梁山好汉饰花的书写,如:阮小五"鬓边插朵石榴花"(第15回),燕青则是"鬓畔常笋四季花"(第61回)。宋江在梁山泊忠义堂上的重阳大会作的《满江红》写道着:"头上尽添白发,鬓边不可无黄菊"(第71回)。招安后的梁山好汉一百零八人头上全部戴着御赐的金花,参加了皇帝的筵席。

簪花在元宵节里的描述,从社火、灯火、烟花、簪花,一路成了美丽与毁灭,生与死,刚与柔的融合。簪花成了身份表征、个人形象建立,使得梁山好汉在杀人不眨眼以及饰花的形象中,形成既冲突又柔美的狂乱迷离景象。

五、结语

《水浒传》三写元宵节,除了表现了节庆的广场狂欢的景象——打破男女之防、君臣上下之别、街市流动成一个整体的城市——写出元宵的喧闹及火与的意象。虽然在《水浒传》中打打杀杀、烽火烈焰是兵家常事,但是,透过元宵节庆这样一个一年之始的月圆、美好团聚的节庆表现,使官民冲突、广场狂欢流动成满城的躁动与狂乱。表现了男性的阴柔之美的集体的簪花饰花,亦呼应了元宵节的灯火及烟火意象,是华美,且又带着冲突、毁灭的意象。元宵节的喧闹、色彩缤纷、灯花灿烂,从物质到男性身体,带出了小说中的身体叙事意义。

论晚清幻想小说中的疾病意象

西北大学 冯 鸽

疾病,是人类自诞生之日就开始规避、逃离、躲闪的,它是阴暗的、可怕的,是死神的导游。人类发展的历史就是一部与疾病做斗争的历史。疾病的存在总是唤起人类对死亡、对痛苦的一种古老的恐惧。在中国传统幻想小说中,疾病意象的出现并不是很多,而且多是为了突出医术的神奇而存在的,比如起死回生、置换人体器官等。可是在晚清新非写实幻想小说中,疾病的意象频频出现,成为一种常用的想象意象。20世纪初的中国积贫积弱,知识界深受"物竞天择,适者生存"的社会进化论的影响,陷入一种要被亡国灭种、挤出地球的大恐慌中。也许正是这种担心国破家亡、民族消失的恐惧感,契合了人类对疾病的恐惧情绪,从而引发出种种关于疾病的国家想象。

奇特的病症

美国文学批评家苏珊·桑塔格(Susan Sontag)从自己罹患癌症的经历注意到,身体的疾病作为隐喻可被利用转换成为一种道德评判或者政治态度,她认为"疾病并非隐喻,而看待疾病的最真诚的方式——同时也是患者对待疾病的最健康的方式——是尽可能消除或抵制隐喻性思考。"[1]然而,"疾病"和作为隐喻的"病"几乎不可能分离,疾病从一开始,哪怕在最原始的文化中,都是作为一种非正常的破坏性力量出现的,是一种存在于社会制度内的符号式的概念体系,并脱离每个具体病人的意识和感受。"疾病"是医学理论的产物,是现代医学的知识制造出来的,本身就不是单纯的科学技术,而是关于健康的人和社会的知识,是对人类生存采取的一种规范化的管理制度,包含着政治权力话语内容。一个理想的社会必然是健全的、没有疾病的,而不完美的社会则是病态的,要以政治来"治疗",由此在文学想象中"政治"和"医学"发生关联也就无可厚非。这让我们想到,鲁迅等现代文学家弃医从文的选择中所蕴含的国家民族性的重要意义,即将救治人身体的医学实践

---

[1] 苏珊·桑塔格:《疾病的隐喻》"引子",程巍译,上海世纪出版集团译文出版社2003年版,第5页。

转化为救治人精神的文化实践,昭示出"疾病"的幻想及其隐喻意义在现代小说中的弥漫、渗透。

晚清以降,启蒙者常常把自身视为医生,把国家比喻成一个久病之体。康有为在戊戌变法时向皇帝上书说中国"方今之病,在笃守旧法而不知变",而变法维新就是"救病之方"①;梁启超在《中国积弱溯源论》中把中国比喻成患痨病者,甚至在《新民丛报》的发刊词中明确指出"中国所以不振,由于国民公德缺乏,智慧不开,故本报专对此病而药之";鲁迅解释自己从事文学创作之缘由的那句有名的话"揭出病苦,引起疗救的注意",也是以疾病来喻国家民族;胡适也曾称赴美留学为"西乞医国术"。这样的论述在20世纪上半期比比皆是。欲立国要先立人,因此国家之病,就是国人之疾。救国就要先救人,"医者"通过"医人"寻求"医国"之术,形成了具有鲜明启蒙色彩的思想解放运动。

那么,中国到底有怎样的"病态"症状?

阎异的《介绍良医》以第一人称叙述自己过着吃喝嫖赌、花天酒地、醉生梦死的腐烂生活,醉酒之后误入一位外国医学博士之家,被其诊出病入膏肓,说"我"得了一种奇怪的病症,"你的病是脏腑里中了一种毒,弄成了一个极顽极硬的东西。这毒气化作微菌,从毛孔钻出,又传染到别人脏腑里去"。而且得病者遍布全国,"贵国各省,我没有一处没走遍,上中下三等社会的人,会着的也不少,竟都和先生是同病相怜的"。可见这种病是一种"国病"。治这种病,"……非药石可以奏功,必须将脏腑一件一件取出,换上一具完好的,才能回复天然的精神。"可是国人已无好脏腑,博士只好用各种兽类的器官来替换"我"的脏腑,"不料我现在真个成了人面兽心,并且还想变作极好的行为"②,得了"国病"的人们的行为连禽兽都不如,极具讽刺意味。以外国人的眼光来审视中国,才能发现国人不能自知的病症,寓含着以外国标准对中国的衡量,所产生的偏差就是"病"了。

荒江钓叟的《月球殖民地小说》也写了一种十分荒谬的病症:"我听见有人说起,中国有种什么文章叫作八股,做到八股完全之后,那心房便渐渐缩小,一种种的酸料、涩料,都渗入心窝里头,那胆儿也比寻常的人小了几倍。所以中国一般的官员都是八股出身,和我们办起交涉来,起初发的是糊涂病,后来结果都是一种胆战心惊的病。"(第12回)把八股文之害形象地具体化为一种疾病,并且与中国人的劣根性发生联系,入木三分。救治这种病,中国医生的医道"实在有限",而英属殖民地的印度医师哈克参儿医术高明神奇,可以"洗心","腰里拔出一柄三寸长的小刀,溅着药水,向胸膛一划,衔刀在口,用两手轻轻地捧出心来,拖向面盆里面,用药水洗了许多工夫。……然后取那心安放停当,又渗了好些药水,看那心儿、肝儿、肺儿渐渐都和好人一般,才把两面的皮肤合拢,也并不用线缝,口袋里掏出一个小瓶,用棉花蘸了小瓶的药水,一手合著一手便拿药水揩着,揩到完了,那胸膛便

---

① 康有为:《上清帝第六书》,《康有为政论集》(上册),中华书局1981年版,第212页。
② 以上小说引文均引自阎异:《介绍良医》,载《月月小说》1908年第9期总21号附刊《周年纪典大增刊》。

平平坦坦，并没一点刀割的痕迹。"（第12回）①那中国医师则"自己惭愧得无地可钻"。通过中西医的对比表明了时人对中医的否定态度，也隐含着对中国传统文化的怀疑。

东海觉我（徐念慈）的《新法螺先生谭》中也有中毒的想象，小说用一个叫黄种的老翁来影射中国，他的四万万儿女中了一种叫吗啡的毒，"中此毒者，使人消磨志气，瘦削肌肤，促短寿命"。老翁研究人之性质，认为人类性质分为"善根性"和"恶根性"两类，"人群中多性质善者，则风俗改良，社会进步；人群中多性质恶者，则风俗颓落，社会腐败"。他的儿女的"善根性"因中毒而被侵蚀。这也是一种"集体中毒"之病。为了医治国人，"余"不仅把自己的灵魂变成光源体普照世界，而且还要把灵魂之身"炼成一不可思议之发声器""唤醒国民，其余之责"。甚至想象出一种干脆利落的方法："水星球上之造人术"，即把新鲜脑汁注入一个"头发斑白、背屈齿秃之老人"的颅内，则老人生命回转，成为一个黑发青年，直接来改造国民②。

小说家们不仅要国人"换脑"，还要给他们"洗脑"。海天独啸子的《女娲石》在第10回"湘云大开洗脑铺，瑶瑟参观国医场"讲述白十字会"原来我党领袖，姓汤名翠仙，因见我国人民年灾月难，得下软骨症来，所以许下齐天大愿。若得我国病愈，愿洗四万万脑筋奉答上帝。"因此开设了"洗脑院"，希望用药洗去民众脑中的恶劣思想。因为"大凡人的脑筋，在初生时候洁白如玉，嫩腻如浆，固无善恶亦无智愚"，但是后来"到身体长育时候，受种种内因，感种种外触"，有了功名利禄之心，脑筋就变得污秽混浊。救治的方法就是："俺用药品，种类不一，实则尽从化学得来。譬如脑筋为利禄所熏坏者，俺用绿气将他漂白，顷刻之间，再复元质。又如我国人民想望金银，其脑因感，遂定坚质。俺用黄水将他熔解，再用磷质将他洗濯。又如脑筋中印有相片或金钱影，俺用硫强将他化除，再用骨灰将他滤过，安放脑中，遂如原形。又有脑筋如烟，或竟如水，俺能用药使之凝结，又能用药使之结晶。若夫黑斑过多，蜂巢纵横，随手成粉，见风成泥，洗不可洗，刷不可刷。俺不得已，只好挖去原脑，补以牛脑，如法安置，万无一失。"③以似是而非的科学口吻，讲述"洗脑"这一荒谬之事，无非是为了表达改造国民种种陋习劣根的迫切心情。

在小说家的描写中，中国国民不仅"脑子"有病，灵魂也会有问题。"灵魂"这个概念对中国人来说非常熟悉，关于离魂、还魂等的魂梦故事本来就是传统的非写实小说的一大类别，如唐代陈玄祐的《离魂记》、宋话本《碾玉观音》《王魁负心》及《聊斋志异》中的故事，几乎家喻户晓。所以新非写实小说中关于灵魂的想象并不显得突兀。如1905年出版的怀仁撰写的《卢梭魂》，用传统的讲述方式"梦授仙书"做框架，假托法国启蒙思想家卢梭的阴魂来到东方，和中国的黄宗羲、展雄、陈涉等人聚在一起，共同追求自由平等，推翻专制统治。

---

① 荒江钓叟：《月球殖民地小说》，载《绣像小说》1904年第30期，第3页。
② 以上小说引文均引自徐念慈：《新法螺先生谭》，小说林社1905年版。
③ 海天独啸子著，卧虎浪士批：《女娲石》，见董文成、李勤学主编：《中国近代珍稀本小说》（第3卷），春风文艺出版社1997年版，第69—71页。

卢梭之灵魂彰显的其精神主旨,就是卢梭的《民约论》中所宣扬的平等自由之思想。

亚东破佛著的《双灵魂》则专门讨论了灵魂的问题。上海印度辅警尔亚被匪党杀死后其灵魂从囟门闯入了一个叫黄祖汉中国人的身体里。从此这个躯体的行为在两个灵魂的轮换掌控中陷入混乱。从外而来的印度魂竟然力量比主人还大,逼迫主人成为奴隶。印度之魂的压迫隐含着中国即将如印度一样亡国的紧迫感。众医生用外力百般驱除印魂,不果。最后到百科研究会上寻求帮助。各位博学之士纷纷宣扬"灵魂说",认为要驱除印魂,"疗救之道,但当培植其中魂,使其中魂充满躯壳之中,则印魂无所容,当自去"。怎样培植灵魂呢?"大抵灵魂之强弱消长,恒视其智识之多寡;而智识之开通,又全赖乎学术。无论上智下愚,其智识之得于学术者,必三倍于其固有之智识。由是知培植中魂之道,舍教育无他法。"也就是说,要通过教育来培养有力量的灵魂,自立自强才能驱走外来强敌。小说最后附有一篇《培植灵魂说》来阐明此学说的发明"一为援救时弊,唤醒国魂;一为提倡天命性道之学,以其保存国粹之功效",指出"而凡言自强者,盍先注重灵魂,以建立赞天之基础乎!"[①]应该说"灵魂"在这里是一种国民精神的具体化想象,培养现代国民精神,以强国富民,这正是小说"培植灵魂"的寓意、宗旨所在。作者选择印度灵魂来展开故事的叙述也许暗含中国如果继续衰弱,就会变成如印度一样的亡国之地。

大陆的《新封神传》中对疾病的描写更为直接地表达了这种救国意象。小说在第9回"商善赞八戒西装客,朱不呆急求外国医"中写八戒的肚皮膨胀,中了蛊毒,请外国医生破腹取毒医治,好了之后八戒说:"正是病夫帝国需用铁血主义。"姜子牙患痧气要放血刮痧,八戒又说:"怪不得新学界崇拜流血,原来治痧是一定要流血的,这样看来,治那散沙样的国度,亦非流血不可。大家快流血啊,快流血啊!"[②]对普遍性"疾病"的救治给出了要"流血"牺牲的革命性药方。

陆士谔的《新中国》则非常乐观地幻想了新发明对"国病"的医治。"欧美日本人都称吾国为病夫国"是因为"当时,中国人患的都是心病。所以,做出来的事情,颠颠倒倒,往往被人家笑话"。在1951年的新中国有一个轰动世界的大豪杰苏汉民,发明了"两种惊人的学问","一种是医心药,一种是催醒术。那医心药,专治心疾的。心邪的人,能够治之使归正;心死的人,能够治之使复活;心黑的人,能够治之使变赤。并能使无良心者,变成有良心;坏良心者,变成好良心;疑心变成决心;怯心变成勇心;刻毒心变成仁厚心;嫉妒心变成好胜心"。"自从医心药发行以后,国势民风,顷刻都转变过来"。"那催醒术,专治沉睡不醒病的。有等人,心尚完好。不过,迷迷糊糊,终日天昏地黑,日出不知东,月沉不知西。那便是沉睡不醒病。只要用催醒术一催,就会醒悟过来,可以无须服药。"(第4回)这种想象直接简单得可笑,但是反映了启蒙者对改造国势民风的焦急迫切之情。

[①] 亚东破佛:《双灵魂》,时中书局1909年版,见章培恒等编:《中国近代小说大系》,百花洲文艺出版社1996年版,第403页。
[②] 大陆:《新封神传》,载《月月小说》1906年第4号,第59—60页。

完整体现"疾病意象"的叙事语法的小说,应该是1909年陈景韩在《小说时报》创刊号上发表的文言小说《催醒术》。刊物没有创刊词,把这篇小说作为首篇发表,应该是用小说的"催醒"主旨表述办刊的"启蒙"宗旨。小说中"予"忽一日被一个手持笔杆模样的东西一指,就眼明心亮,"予心豁然,予目豁然,予耳豁然,予口鼻手足无一不豁然"。仿佛换了一个人。这时才发现自己和世人都是满身污垢。世界到处"秽气触鼻",到处是拼命吸人血的蚊虫虱蛾。人们身处污秽深处备受蒙塞,却"安之若素",麻木不觉这种境地的痛苦。启蒙者希望中国国民"伏者起,立者肃,走者疾,言者清以明,事者强以有力",民气"顿然一振",中国焕然一新。① 但是"中国人之能眠也久已。"国人不知有病,所以启蒙者"所宜催者醒耳,作催醒术"。这是一种什么病?很难用具体的医学病症来对症命名,但确实是一种"病态"。

奇特的是,有病者不觉,而病愈者却分外痛苦。"予"洗清自己却难以洗净别人,"予欲以一人之力,洗涤全国,不其难哉?"自己听到很多可怜人的求助哀号,就频频前去救助,而世人皆聋;自己在腐臭空间生活痛苦不堪,食不能下咽,痒不可耐,"不意予有此灵敏之感觉,而予乃劳若是,予乃苦若是"。一个觉醒者,孤军奋战,内心痛苦。他厌恶那个腐败罪恶的社会,希望自己能够参与社会改造而满怀激情,但同时却又被失败感和疏离感折磨得苦不堪言。启蒙者是医者,却比病人更为痛苦,一是来自本身的痛苦,诸如能力有限,医术不高之类,二是来自民众对其的冷漠和疏离,甚至拒绝。更具反讽意味的是,病人不以为自己病,反而将医者视为"神经病"。到底孰病孰正常?这里病人和医者身份的颠倒,显示出20世纪初启蒙者和民众之间的深深隔膜,其痛苦和矛盾也始终伴随着中国20世纪的精英启蒙者,最为典型、深刻的表达就是鲁迅的小说。

更为悖论的是,"医者"和"病者"的叙事逻辑非常简单直接地设定了高高在上的启蒙者和愚昧无知的被启蒙者,这样的二分法预设了人与人的不平等的关系之前提。而就"启蒙"本身而言,其本意是照亮(enlightenment),用自我的理性照亮自己的心灵,解放自己。每一个人都应该是自由的,完全平等的。外力的监护促使人们拿出勇气和胆识,运用自己的理性来解放自己、探求真理的力量,而不是告知人们真理是什么。陈独秀曾对此论述到:"解放者也,脱去夫奴隶之羁绊,以完其自主自由之人格之谓也。我有手足,自谋温饱;我有口舌,自陈好恶;我有心思,自崇自信;绝不认他人之越俎,亦不应主我而奴他人;盖自认为独立自主之人格之和,一切操行,一切权力,一切信仰,惟有听命各自固有之智能,断无盲从隶属他人之理。"② 也就是说,启蒙所蕴含的解放意义是所有人都应该成为自主自立自由者,是具有独立本质的个体。而启蒙者和被启蒙者的不平等关系取消了被启蒙者的独立性,消解了启蒙解放的彻底性,形成了启蒙悖论。"医者"与"病者"所揭示的启蒙话语流露出的这种悖论表明了启蒙运动在中国的时代性、过渡性和局限性,也是启蒙运动在中

---

① 冷:《催醒术》,载《小说时报》1909年10月第1号。
② 《陈独秀文选》,上海远东出版社1994年版,第2页。

国始终未能进行到底的一个原因。同时,这种叙事逻辑也决定了20世纪以降,精英文学所具有的自上而下的、富有优越感的叙事姿态。

疾病的救治

我们发现,在晚清新非写实幻想小说中,关于疾病的幻想几乎都集中在"心""脑"和"灵魂"之上。这主要是因为当时知识分子在甲午战争失败之后,认识到单纯发展坚兵利炮的物质技术远远不够,"凡一国之能立于世界,必有其国民独有之特质,上至道德法律,下至风俗习惯、文学美术,皆有一种独立之精神"①,国民素质的改造提升被20世纪知识界视为中国社会政治变革和国家富强独立的首要任务和前提。对国民精神的强调,是基于改造国民性的需要,因此启蒙者非常看重精神力量。

在中国人的传统观念中,"心"不仅标志思维意识活动的总体性范畴,是掌控精神的生理器官,更是中国哲学尤其是宋明理学中一个非常重要的范畴。"性是体,情是用,性情皆出于心,故心能统之。统如统兵之统,言有以主之也。"②认为"心统性情","心"能主导人的精神性格;由此,"心"在启蒙者的文学叙事中常常带有对自我的发现、自我意识的觉醒、人性解放、感情宣泄、思想观念创新等启蒙意义。"灵魂"纯粹就是一种精神存在的具体化,比如在1903年第1期、第3期和第8期的《浙江潮》分三次发表了题为《国魂》的长篇专论,介绍欧美人的国民特性"冒险魂""宗教魂""武士魂""平民魂",提出要树立中国人之"国魂",直接用"灵魂"来指代国民精神。对"脑"的重视应该是和接受西方科学观念相关联的,在明代"脑主神明说"就随着西医被介绍到中国,且为少数医学人士所接受,但对社会没有什么大影响。鸦片战争之后,各通商口岸均有西医诊所、医局设立,西医的有效性得到中国民众的广泛信任,"脑主神明说"也就随之深入人心。③ 因西方科学之发达,"盖血气之世界,已变为脑气之世界矣,所谓天衍自然之运也"④,"脑"被认为是人们学习知识、培养性情的器官,是人体的思维"司令部",梁启超就曾这样说过:"将其国古来谬误之理想,摧陷廓清,以变其脑质""取万国之新思想""他社会之事物理论,输入之而调和之"⑤,可见,"脑"所具有的启蒙意义通常是指向知识理性的学习、科学精神的建立等。无论其所侧重何种启蒙意义,"心""脑"和"灵魂"皆被视为精神力量的化身而被诉诸文学想象中是毋庸置疑的。另外,在当时的中国社会,强调精神力量的心灵学和催眠术学说十分

---

① 梁启超:《新民说》第三节"释新民之义",见《饮冰室合集》(第六册),中华书局1989年版,第6页。
② 朱熹:《朱子语类》,中华书局1986年版,第2513页。
③ 参见熊月之:《西学东渐与晚清社会》,上海人民出版社1994年版,第53—54、155页。
④ 几道、别士:《本馆附印说部缘起》,见陈平原、夏晓虹编:《20世纪中国小说理论资料》(第1卷),北京大学出版社1989年版,第27页。
⑤ 梁启超:《本馆第一百册祝辞并论报馆之责任及本馆之经历》,见张枬、王忍之等编:《辛亥革命前十年间时论选集》(第1集),生活·读书·新知三联出版社1960年版,第42页。

流行,甚至在北京、上海等地有催眠术讲习所成立[①],而且被当作西方"新学"广泛接受。这种带有神秘色彩的学说暗合着中国知识分子旧有的儒学和佛学修养,进入到小说叙事之中[②]。因此,这种想象意象的大量发生也就不奇怪了。

把国家、国民的问题想象为令人厌恶、恐惧的"疾病",表现出当时知识分子对国民性极端的批判立场,宣泄了对社会不满的强烈情绪,是晚清小说家对国家悲观情绪的戏剧化表达。"疾病意象"非常鲜明地指向了20世纪中国知识分子始终关心的"国民性"概念。中国的国民性批判思潮的形成是在1901年后,与新非写实小说的创作高潮形成的时间是一致的,新非写实小说必然会在创作中对这一思潮有所反映。所以,这种想象意象的形成,与其说是出自艺术上的考虑,还不如说是出自对中国社会政治的思考。知识分子对政府的失望,对国家的厌恶,转化为对中国社会激烈的批判。这种批判精神已经成为现代文学最重要的精神特征之一。

在启蒙热情的激励下,"疾病意象"在非写实小说中四处开花。小说中关于中国国家民族的"疾病",一般都是总括式的描绘,如中毒、昏睡、麻木不觉之类,没有具体的痛苦症状,病人总是混沌不知自己有病,不觉痛苦,更无求医之欲望,而且这些病都是全民性的,或传染性的。而认识到国民患病的人皆是革命者、发明家、科学家或者病愈者等,疾病带来的种种焦急、痛苦也都是这些启蒙者的化身在承受。因此,这种叙事一方面是对国民的动员激励,另一方面也是对自我的描述,由此也可见贯穿整个现代小说叙事中的"启蒙者"与"被启蒙者"两种叙事声音的交错模式的形成端倪。

对"疾病"的想象越概括,对疾病的救治叙述就越集中。《催醒术》中表现了救治者的苦闷和无奈,其他小说则想象用换脑、洗脑、换心、培植灵魂或者神药、神奇医术等来解决问题。那么什么样的"脑""心""灵魂"是健康、理想的呢?吴趼人的《新石头记》中幻想了一个理想国"文明境界",能够进入这里的都是用测验性质镜测试合格的人,"性质是文明的,便晶莹如冰雪;是野蛮的,便混浊如烟雾。视其烟雾之浓淡,以别其野蛮之深浅"[③]。"野蛮"和"文明"的概念应该是来自福泽谕吉1875年发表的著名的《文明论概略》。福泽把世界文明分为"文明的""半开化的"和"野蛮的",西方是文明的,中国、日本、土耳其是半开化的,非洲、澳洲是野蛮的。他还认为精神文明影响物质文明,人民的智德决定文明的程度。这种思想对流亡到日本的梁启超影响很大[④],而梁启超发表的类似观点极大地影响着国内知识界,在当时形成了对国民性的批判理论和借助西方文化复兴中国的理论观念。于是,对西方文明的追求成为进步的、新的、有生命力的未来理想。因此,医治各种

---

① 参见《北京催眠术讲习所成立》,载《教育周报》第3期,1913年4月15日。
② 参看栾伟平:《近代科学小说与灵魂》,载《中国现代文学研究丛刊》2006年第3期,第46—68页。文章集中论述了19世纪末20世纪初灵魂学和催眠术的引入和流行等问题。
③ 吴趼人:《新石头记》,见章培恒等编:《中国近代小说大系》,百花洲文艺出版社1988年版,第282页。
④ 参看杨联芬:《晚清至五四:中国文学现代性的发生》,北京大学出版社2003年版,第167页。

"国病"的良药就是现代西方文明。《介绍良医》中的救治者"外国医学博士"的身份设定就隐含着西方文明是中国之病的良药。睡狮的《革命鬼现形记》讲述徐锡麟枪杀恩铭被捕之后在行刑之时飞走,继续从事革命事业,营救出秋瑾,在客栈中突然心痛,外国孛而斯医生用X镜一照发现少了一颗心脏,于是杀了后园一只麟给他换上心,众革命者这才离开上海到英国拜会大革命家克伦威尔去了。故事中救治中国革命者徐锡麟的医生身份也是西方背景。《月球殖民地小说》中救治病人的外国医师的高明与中国医师的无能之对比,也暗合这种对西方科学文明肯定的思想。这正是20世纪中国启蒙者给贫弱的中国开出的药方。对于"药方"的评估超出了我们文学研究者的研究范畴,我们感受到的是那个时代小说家的急峻、忧郁的心情。

"疾病"和"救治"的想象,显示了启蒙者对中国千百年来形成的民族文化传统的深刻怀疑和反省。正是基于这样的怀疑立场,启蒙者们总是以摒弃传统来作为催醒民众、救治民众的方法。这也反映了中国现代化进程中对传统的态度。"从道德的角度把中国看作是'一个精神上患病的民族',这一看法造成了传统与现代性之间的一种尖锐的两极对立性:这种病态植根于中国传统之中,而现代性则意味着在本质上是对这种传统的一种反抗和叛逆,同时也是对新的解决方法所怀的一种知识上的追求。"[①]但是,我们不能忘记这种想象意象是在国家民族面临灭顶之灾的巨大的危机恐慌的现实语境中产生的,是迫于西方文化的扩张压力、受西方殖民话语大肆入侵的语境中发生的。时过境迁,我们重新审视这种精英立场的想象意象,实在是过于简单化了。毕竟这仅仅是文学想象。

[①] 李欧梵:《现代性的追求》,生活·读书·新知三联书店2000年版,第177—178页。

《总目》的历史图像构成分析
——以"苏轼"为个案

台湾政治大学　赖位政

一、问题提出

曾守正指出《总目》透过"扩散效应"呈现出以神韵说为清初批评史焦点的"王士禛现象",分为连结型与背离型两类:

> 所谓连结型,乃指受扩散效应影响,将自我的诗学主张连结于王士禛神韵说;所谓背离型,乃指受扩散效应影响,而起身批判王士禛神韵说。[①]

渔洋主盟康熙文坛,乃一不容忽视的"典范诗人"[②],馆臣透过昭彰其存在,建构历史图像、凸显学术观念。换言之,典范人物往往是掌握《总目》现象与观念的重要标的。依"扩散效应",庶几可谓在宋别集提要中,也存在一个"苏轼现象"。

《总目》涉及苏轼之处将近400,其中集部早见于唐别集提要评刘禹锡[③],下至清代仍有可考[④]。在宋别集提要中,"苏轼现象"的"扩散效应"主要体现于三方面:

（一）追述作者与苏轼直接、间接关系,以说明该作者正面风格的渊源。如论晁补之则曰:"后入元祐党籍。……初,苏轼通判杭州,补之年甫十七,随父端友宰杭州之新城。轼见所作《钱塘七述》,大为称赏,由是知名。……今观其集,古文波澜壮阔,与苏氏父子相驰

[①] 曾守正：《权力、知识与批评史图像——〈四库全书总目〉诗文评类的文学思想》,台湾学生书局2008年版,第171页。
[②] 该词援用自孙康宜：《典范诗人王士禛》,《文学经典的挑战》,百花洲文艺出版社2002年版。
[③] 此所以追述苏诗之渊源,所谓"陈师道称苏轼诗初学禹锡",见永瑢、纪昀等：《景印文渊阁四库全书·总目》(第4册),台湾"商务印书馆"1986年版《刘宾客文集》提要,第54页。
[④] 如张之翰《西岩集》提要："其诗清新宕逸,有苏轼、黄庭坚之遗。"查慎行《敬业堂集》提要："核其渊源,大抵得诸苏轼为多。观其积一生之力补注苏诗,其得力之处可见矣。"见永瑢、纪昀等：《景印文渊阁四库全书·总目》(第4册),台湾"商务印书馆"1986年版,第390、600页。

骤。诸体诗俱风骨高骞,一往俊迈。并驾于张、秦之间,亦未知孰为先后。世传苏门六君子。"①论赵鼎臣则曰:"其后尝来往大名、真定间,与苏轼、王安石诸人交好,相与酬和。故所作具有门迳,能力追古人。"②论李彭则曰:"集中所与酬倡者,如苏轼、张耒、刘羲仲等,皆一代胜流。故其诗具有轨度,无南宋人粗犷之态。"③论朱翌则曰:"翌父载上,尝从苏轼、黄庭坚游。翌承其家学,而才力又颇富健。故所著作,有元祐遗风。集中五七言古体皆跌宕纵横。近体亦伟丽伉健。喜以成语属对,率妥帖自然。"④

(二)借重苏轼的臧否意见,作为评断该作者人品与文品的权威意见,呈现出"扩散—连结"效应。如论田锡则曰:"故其没也,范仲淹作墓志,司马光作神道碑,而苏轼序其《奏议》亦比之贾谊。为之操笔者皆天下伟人,则锡之生平可知也。"⑤论潘阆则曰:"苏轼尝称其《夏日宿西禅》诗,又称其《题资福院石井》诗,不在石曼卿、苏子美下。"⑥论杨亿则曰:"三人以诗更相属和,极一时之丽。惟石介不以为然,至作《怪说》以讥之,见所著《徂徕集》中。近时吴之振作《宋诗钞》,遂置亿集不录,未免随声附和。观苏轼深以介说为谬,至形之于奏牍,知文章之不可以一格限矣。"⑦论范仲淹则曰:"苏轼称其天圣中所上《执政万言书》,天下传诵。考其平生所为,无出此者。"⑧论刘攽则曰:"苏轼草制,称其能读典、坟、丘、索之书,习知汉、魏、晋、唐之故。"⑨论文同则曰:"同未第时即以文章受知文彦博。其诗如'美人却扇坐,羞落庭下花'诸篇,亦盛为苏轼所推。"⑩论梅尧臣则曰:"案苏轼和陶诗有传本,和梅诗则未闻。然游非妄语者,必原有而今佚之。是尧臣之诗,苏轼亦心折之矣。"⑪论张耒则曰:"苏轼尝称其文汪洋冲澹,有一唱三叹之音。"⑫

(三)验覈苏轼对于作者的评断,甚至表现出一定程度之"扩散—背离"效应。如论徐积则曰:"然其文乃奇谲恣肆,不主故常。故陈振孙《书录解题》引苏轼之言,称其诗文怪而放,如玉川子。今观其集,往往纵逸自如,不可绳以格律,轼所论者诚然。"⑬论张方平则曰:"不独史所载《平戎十策》《论新法疏》为切中利弊。苏轼作序,以孔融、诸葛亮比之。虽推挹之词稍为溢量,然亦殆于近似矣。"⑭论李之仪则曰"论者因苏轼题其诗后有'暂借好诗

---

① 永瑢、纪昀等:《景印文渊阁四库全书·总目》(第4册),台湾"商务印书馆"1986年版,《鸡肋集》提要,第156页。
② 永瑢、纪昀等:《景印文渊阁四库全书·总目》(第4册),台湾"商务印书馆"1986年版,《竹隐畸士集》提要,第173页。
③ 永瑢、纪昀等:《景印文渊阁四库全书·总目》(第4册),台湾"商务印书馆"1986年版,《日涉园集》提要,第167页。
④ 永瑢、纪昀等:《景印文渊阁四库全书·总目》(第4册),台湾"商务印书馆"1986年版,《灊山集》提要,第202页。
⑤ 永瑢、纪昀等:《景印文渊阁四库全书·总目》(第4册),台湾"商务印书馆"1986年版,《咸平集》提要,第91页。
⑥ 永瑢、纪昀等:《景印文渊阁四库全书·总目》(第4册),台湾"商务印书馆"1986年版,《逍遥集》提要,第91页。
⑦ 永瑢、纪昀等:《景印文渊阁四库全书·总目》(第4册),台湾"商务印书馆"1986年版,《武夷新集》提要,第95页。
⑧ 永瑢、纪昀等:《景印文渊阁四库全书·总目》(第4册),台湾"商务印书馆"1986年版,《文正集》提要,第103页。
⑨ 永瑢、纪昀等:《景印文渊阁四库全书·总目》(第4册),台湾"商务印书馆"1986年版,《彭城集》提要,第117页。
⑩ 永瑢、纪昀等:《景印文渊阁四库全书·总目》(第4册),台湾"商务印书馆"1986年版,《丹渊集》提要,第119页。
⑪ 永瑢、纪昀等:《景印文渊阁四库全书·总目》(第4册),台湾"商务印书馆"1986年版,《宛陵集》提要,第125页。
⑫ 永瑢、纪昀等:《景印文渊阁四库全书·总目》(第4册),台湾"商务印书馆"1986年版,《宛邱集》提要,第146页。
⑬ 永瑢、纪昀等:《景印文渊阁四库全书·总目》(第4册),台湾"商务印书馆"1986年版,《节孝集》提要,第131页。
⑭ 永瑢、纪昀等:《景印文渊阁四库全书·总目》(第4册),台湾"商务印书馆"1986年版,《乐全集》提要,第133页。

消永夜,每逢佳处辄参禅'句,遂以为讽其过于僻涩。今观集中诸诗,虽魄力雄厚,不足敌轼;然大抵轩豁磊落,实无郊、岛钩棘艰苦之状。注家所论,附会其词,非轼本意矣。"①

衡诸文学史事实,苏轼之重要殆毋庸费辞,然以历史建构的角度予以思考,恐非如此理所当然——它不是事实的简单直录,而是史家的反复裁量。沟口雄三指出历史叙述的建构总关涉着史家意图:

> 具体而言,是历史学家以什么样的事实、怎样进行组合,并把它们组合成什么的问题。②

历史图像的凝定乃基于史料去取、编辑原则和解释关怀三个后设机制方可完成,而末者制导前二者的实践。《总目》作为集体官修论著,既服膺官方立场的"导引性"③,更浸润着经史子集、尊汉、崇宋等多重学术视角的叠加,这些驱力的平衡方造就其对苏轼的整体评价。过去学者多从明清之际的贰臣个案摸索《总目》书写的内在逻辑,本文拟整合集部与集部以外的材料,分析一个性质迥异的个案,从"诗—学"张力厘清《总目》建构"苏轼"的思量计较,从而揭示此一学术工程的复杂实情。

二、帝王私好与朝廷官学:两个形式论证式解释及其凿枘

海登·怀特将一种运用逻辑推定律的合成原则说明"中心思想"或"主旨"的历史叙述称为"形式论证式解释":

> 一位史家的叙事中,事件的构造都是在某种类似于规律—演绎式的论证中获得解释。④

落到《总目》撰述,便形成王汎森所谓的"指标系统""传讯系统"。即帝王透过由上而下直接指导,或制定一套指标,形成一套模式,或是一套由指标形成的传讯系统,传达特定的价值与方向,使竞逐权、利者知所以竭一身智慧在特定框架下表现、创造,以赢得青睐。⑤ 尽管黄琼谊曾透过集部中的依违之例反思金仁对《总目》"钦定性"的夸大,她认为"钦定"的影响主要在政治禁忌方面,对于无关政治的文学批评则保有很大的学术自由,馆臣可表出

---

① 永瑢、纪昀等:《景印文渊阁四库全书·总目》(第4册),台湾"商务印书馆"1986年版,《姑溪居士前、后集》提要,第161页。
② 沟口雄三:《中国的冲击》,生活·读书·新知三联书店2011年版,第199页。
③ 周彦文:《论提要的客观性、主观性与导引性》,载《书目季刊》2005年第39卷第3期,第32页。
④ 海登·怀特:《元史学——19世纪欧洲的历史想象》陈新译,译林出版社2013年版,第18页。
⑤ 王汎森:《权力的毛细管作用:清代的思想、学术与心态》,联经出版事业公司2013年版,第483—486页。

异于乾隆旨意的学术意见。① 姑不论文学、政治之间是否能如此断然分划,在"苏轼"个案上,情况诚更为复杂——馆臣面临的予其说是学术与政治的统合,毋宁言乃帝王私好与朝廷官学在"苏诗—苏学"上的裂解所引发的建构危机,这里没有无关政治的学术批评,恰恰是文学与学术因圣意而扞格。

《总目》中"根柢"(学养、人品)与文学存在着连动关系②,但并非总是协调一致,当发生冲突时,究竟要因文学而重轻根柢,或以根柢而下上文学,都必须因人设事,牵一发而动全身。《总目》从四部对苏轼的总体评价,即遭逢文学应大力表彰,而学术却不宜直接规随的窘境,若不放任歧出,便需苦思说法,否则要评价苏轼的学术或文学时将困难重重。

从御选诗集提要所形成的传讯系统,可知苏轼在《总目》中的典范地位除了个人成就外,还受到帝王私好的推波助澜。《御定四朝诗》提要曰:

> 唐诗至五代而衰,至宋初而未振。王禹偁初学白居易,如古文之有柳、穆,明而未融。杨亿等倡西崑体,流布一时。欧阳修、梅尧臣始变旧格,苏轼、黄庭坚益出新意,宋诗于时为极盛。南渡以后,《击壤集》一派参错并行。迁流至于四灵、江湖二派,遂弊极而不复焉。……大抵四朝各有其盛衰,其作者亦互有长短。而七百余年之中,著作浩繁,虽博识通儒,亦无从遍观遗集。至于澄汰沙砾,披检精英,合四朝而为一巨帙,势更有所不能矣。……我圣祖仁皇帝游心风雅,典学维勤,乙览之余,咸无遗照。用能别裁得失,勒着鸿编。非惟四朝作者得睿鉴而表章,即读者沿波以得奇,于诗家正变源流亦一一识其门径。圣人之嘉惠儒林者宁浅鲜欤?③

依其说法,宋诗乃唐诗之新变,故宋初王禹偁师法白体,虽有意承接唐人遗泽,却未形成自家面目,只具前导地位,故曰"明而未融"。而杨亿等倡导昆体,只简叙其"流布一时",却未给与价值上的肯定。可知宋诗之盛,乃由"始变旧格"的欧、梅,与"益出新意"的苏、黄四人为代表,而叙述上苏、黄的地位更加卓著。《御选唐宋诗醇》更明白标注唐四宋二的六家大宗:

> 凡唐诗四家,曰李白,曰杜甫,曰白居易,曰韩愈;宋诗二家,曰苏轼,曰陆游。诗至唐而极其盛,至宋而极其变。盛极或伏其衰,变极或失其正。亦惟两代之诗最为总

---

① 黄琼谊:《〈四库全书总目〉对乾隆旨意依违之例——以集部为考察中心》,载《东海大学图书馆馆讯》2011 年第 121 期,第 26—51 页。
② 此可参见刘德明:《四库全书总目提要的"根柢"观探究——以"经学"为主视野下的"文学"观》,收录于《第六届通俗文学与雅正文学——文学与经学全国学术研讨会论文集》(中兴大学中文系出版,新文丰出版股份有限公司 2006 年版),第 541—567 页。
③ 永瑢,纪昀等:《景印文渊阁四库全书·总目》(第 5 册),台湾"商务印书馆"1986 年版,《御定四朝诗》提要,第 96 页。

杂,于其中通评甲乙,要当以此六家为大宗。①

《御选唐宋诗醇》虽强调"温柔惇厚""兴观群怨"的诗教前提,以孔门删定之旨,鉴照风雅正轨,乃仿《诗品》就《诗》《骚》论李、杜,以平情合理论白、韩,但论宋诗时却一如《御定四朝诗》,多从诗史事实出发,只是好尚略见差异,《四朝诗》重北轻南,而《诗醇》乃南北均衡,各见作匠:

> 至于北宋之诗,苏、黄并鹜;南宋之诗,范、陆齐名。然江西宗派,实变化于韩、杜之间,既录杜、韩,可无庸复见。《石湖集》篇什无多,才力识解亦均不能出《剑南集》上。既举白以概元,自当存陆而删范。权衡至当,洵千古之定评矣。②

但"欧、梅—苏、黄"的系统改变为"苏、黄—范、陆","始变旧格"的先驱消失了,而黄庭坚因江西诗派系谱而被消纳于唐代杜、韩,北宋诗坛唯东坡岿然自立、独受圣眷。《四朝诗》和《御选唐宋诗醇》所揭之圣断作为官方传讯系统,自是鼓励馆臣抬举苏轼。

然苏轼述作原不以集部为限,而学术与政治的纽带关系更加紧密,借程朱理学包装意识形态,以维系政权合法性,更是康熙至乾隆朝一贯的官学立场③,并具化于《总目·凡例》中,形成传讯系统:

> 盖圣朝编录遗文,以阐圣学、明王道者为主,不以百氏杂学为重也。

> 其有言非立训,义或违经,则附载其名,兼匡厥谬。

学非纯粹乃必须贬斥匡正者,而苏轼会通三教、百氏杂学之根柢,自然不能称"以阐圣学、明王道者为主"。且苏氏《易》学更为朱熹《杂学辨》指名斥道:

> 宋朱子撰,以斥当代诸儒之杂于佛老者也。凡苏轼《易传》十九条,苏辙《老子解》十四条,张九成《中庸解》五十二条,吕希哲《大学解》四条,皆摘录原文,各为驳正于下。④

---

① 永瑢、纪昀等:《景印文渊阁四库全书·总目》(第5册),台湾"商务印书馆"1986年版,《御选唐宋诗醇》提要,第99页。
② 永瑢、纪昀等:《景印文渊阁四库全书·总目》(第5册),台湾"商务印书馆"1986年版,《御选唐宋诗醇》提要,第99—100页。
③ 此可参见葛兆光:《中国思想史》(第二卷),复旦大学出版社2001年版,第390—397页。
④ 永瑢、纪昀等:《景印文渊阁四库全书·总目》(第3册),台湾"商务印书馆"1986年版,《杂学辨》提要,第30页。

重以苏门与程朱之间尚有"蜀洛之争"遗下的旧怨①,《总目》书及此事时亦有"程子为苏轼所雠"②"朱子于苏氏兄弟攻击如雠"③之纪录,帝王私好与朝廷官学都是"公论"的特定框架,在苏轼身上却见难以两全之势。

三、化两难为两全:对苏学不醇的解套

汉学、宋学的角力也是影响《总目》论述的动力因,它包含了馆臣之间的汉宋之争,如姚鼐离四库馆④;朝廷与馆臣之间的汉宋之争,如纪昀任总纂官⑤。加入这条线索后,重顾今日《总目》所呈示的"苏轼",不啻是暗反宋学的馆臣将计就计,化两难为两全,既成功超克了"诗—学"的裂解,同时又因势利导地申明了汉学的立场。

该构想可行的前提在于《凡例》本身存在的弹性空间:

> 儒者著书,往往各明一义,或相反而适相成,或相攻而实相救,所谓言岂一端,各有当也。考古者无所别裁,则多歧而太杂,有所专主又胶执而过偏,左右佩剑均未协中。今所采录,惟离经判道、颠倒是非者,掊击必严;怀诈挟私、荧惑视听者,屏斥必力。至于阐明学术,各撷所长,品骘文章,不名一格,兼收并蓄,如渤澥之纳众流,庶不乖于全书之目。

拈出"言岂一端",故"各明一义",也能各有其当,将学术醇驳从"是非"淡化为"立场";即便看似相雠相悖、势如水火的"立场",从宏观辩证的角度视之,未尝不能"相反而适相成""相攻而实相救"。除了"离经判道、颠倒是非"或"怀诈挟私、荧惑视听"者外,掊击、屏斥之需要与强度便充满回旋余地。《总目》之作,无论于政治、德行、道术、文学各方面,固存别裁臧否的初衷,这个初衷甚至很大一部分只是皇权对于真理的独占愿望,但《凡例》在此仍未放弃自我澄清——其"公"无论或宽或严或善或恶,都是慎思之后的"协中"之道,绝不只名一格、胶执过偏;且所以"稽古右文",更须"各撷所长""兼收并蓄",方能回应《四库全书》名之以"全"的自诩自期。故馆臣乃以指标系统的相互诠解对治其相互冲突,显明"彰善瘅恶"、必掊必屏的纲常界线,善用相对模糊的弹性空间。馆臣所要努力之处,唯在描

---

① 参见涂美云:《朱熹论三苏之学》,秀威信息公司2005年版。
② 永瑢、纪昀等:《景印文渊阁四库全书·总目》(第2册),台湾"商务印书馆"1986年版,《尽言集》提要,第228页。
③ 永瑢、纪昀等:《景印文渊阁四库全书·总目》(第2册),台湾"商务印书馆"1986年版,《双溪集》提要,第209页。
④ 参见王达敏:《姚鼐与乾嘉学派》,学苑出版社2007年版,第2章"四库馆内:不称的颉颃"。
⑤ 参见张丽珠:《清代新义理学——传统与现代的交会》,里仁书局2005年版,第3章"纪昀反宋学的思想意义——以《四库提要》与《阅微草堂笔记》为观察线索"。汉宋问题另可参见周积明:《乾、嘉时期的汉宋之"不争"与"相争"——以〈四库全书总目〉为观察中心》,载《清史研究》2004年第4期,第1—18页;夏长朴:《〈四库全书总目〉与汉宋之学的关系》,载《故宫学术季刊》2005年第23卷第2期(冬季号),第83—128页。

述、证明苏学不醇只属"微瑕"①，无关纲常；蜀洛分歧只是"立场"，不涉是非；甚至进一步找出蜀、洛二党"相反而适相成""相攻而实相救"的事实。

在《吕氏杂记》提要里，便可见前述倾向：

> 希哲少从焦千之、孙复、石介学，又从二程子、张子及王安石父子游，故其学问亦出入于数家之中，醇疵互见。《朱子语录》称其学于程氏，意欲直造圣人，尽其平生之力，乃反见佛与圣人合。今观此书，喜言禅理，每混儒墨而一之，诚不免如朱子所言。……又记司马光辟佛之语；又斥老子剖斗折衡之说，而深辨孔子非师老子；又极论礼乐之不可废。则其所见特如苏轼、苏辙之流，时时出入二氏，固未可尽以异学斥。②

此则评吕希哲，于苏学颇有借篷使风之作用。先缕述吕氏师承，点出因出入数家故"醇疵互见"。"醇"的对立面有两种情形——一则"陷于二氏，迷而不返"；一则"出入二氏，醇疵互见"。二者虽皆非正学，但情节自有轻重。馆臣观《吕氏杂记》喜言禅理、混同儒墨，固如《语类》所摘，欲直造圣人而反见佛与圣人合；然书中亦不乏"记司马光辟佛之语""斥老子剖斗折衡之说""深辨孔子非师老子""极论礼乐之不可废"等"阐圣学、明王道"的堂皇之论，故虽"时时出入二氏，固未可尽以异学斥"。吕氏既不可尽斥，则与之相如的苏学自然也不受"尽斥"之灾。

除了从侧面表示如吕、苏人等之"醇疵互见"只属"微瑕"外，馆臣更从"蜀洛之争的剖析"与"苏学特质的强调"两点，正面阐述"蜀党之学，所以迥异于洛党，亦毋庸执一格相绳"③的观点。"门户"是《总目》描述蜀洛之争的文眼旨要，如评邵博《闻见后录》：

> 伯温书盛推二程，博乃排程氏而宗苏轼。观所记游酢、谢良佐之事，知康节没后，程氏之徒，欲尊其师而抑邵，故博有激以报之。盖怙权者务争利，必先合力以攻异党，异党既尽，病利之不独擅，则同类复相攻；讲学者务争名，亦先合力以攻异党，异党既尽，病名之不独擅，则同类复相攻。固势之必然，不足怪也。④

邵博乃邵伯温之子，大儒邵雍之孙。馆臣从"父推二程，子宗苏轼"这则琐细事件展开推

---

① 参《凡例》第16则："至于姚广孝之《逃虚子集》，严嵩之《钤山堂诗》，虽词华之美足以方轨文坛，而广孝则助逆兴兵，嵩则怙权蠹国，绳以名义非止微瑕。凡兹之流，并着其见斥之由，附存其目用见圣朝彰善瘅恶，悉准千秋之公论焉。"第1册，第39页。
② 永瑢、纪昀等：《景印文渊阁四库全书·总目》（第3册），台湾"商务印书馆"1986年版，《吕氏杂记》提要，第610页。
③ 永瑢、纪昀等：《景印文渊阁四库全书·总目》（第3册），台湾"商务印书馆"1986年版，《晁氏客语》提要，第609页。
④ 永瑢、纪昀等：《景印文渊阁四库全书·总目》（第3册），台湾"商务印书馆"1986年版，《闻见后录》提要，第978页。

敲,认为邵博所以不克绍箕裘,乃因程门后学排抑乃祖,故激愤而生报复之举。馆臣借此大肆演绎一番道理:名利之争,总跳脱不出"先合而攘外,再分而哄内,以求独擅"的必然之势与人性之恶,怙权者争利如此,讲学者争名亦然。箇中情实,姑不细究,但馆臣明里以必然之势说明相争之所起,暗中却将人性之恶冠诸讲学者,而被邵博宗仰的苏轼则作为一背景,恍惚于程、邵同类相攻之后,此实用皮里阳秋之法微歌其对蜀洛是非的观点。馆臣的倾向在论孔平仲《珩璜新论》更见晓然:

> 考平仲与同时刘安世、苏轼,南宋林栗、唐仲友,立身皆不愧君子。徒以平仲、安世与轼不协于程子,栗与仲友不协于朱子,讲学家遂以皆寇雠视之。夫人心不同,有如其面。虽均一贤者,意见不必相符。论者但当据所争之一事,断其是非,不可因一事之争,遂断其终身之贤否。韩琦、富弼不相能,不能谓二人之中,有一小人也。因其一事之忤程、朱,遂并其学问、文章、德行、政事,一概斥之不道,是何异佛氏之法,不问其人之善恶,但皈五戒者有福,谤三宝者有罪乎? 安世与轼,炳然与日月争光,讲学家百计诋排,终不能灭其著述。平仲则惟存本集、《谈苑》及此书。栗惟存《周易经传集解》一书,仲友惟存《帝王经世图谱》一书,援寡势微,铄于众口,遂俱在若存若亡间。实抑于门户之私,非至公之论。①

此段分为几个部分,首先肯定孔、刘、苏、林、唐五人"立身皆不愧君子",却只因与程、朱不协,致讲学视若寇雠。再层层递推——设若五君子与程、朱"均一贤者",而贤者之间本不必所见必同,正如韩琦、富弼因故生隙②,但却不能因而否定任何一人。执史反鉴,倘只因"一事之忤程、朱",便将其人之学问、文章、德行、政事全盘抹杀,反堕入但计亲疏、无有善恶的佛氏之法(虽然,如此说法于佛氏未必公允),依循饱受《凡例》贬斥之二氏的价值判准。接着,馆臣赞许孔、苏之著作,终非讲学家百计诋排所能磨灭者。又带叙孔、林、唐因"援寡势微,铄于众口",身后著作处于存亡之间,以一顿挫翻出"实抑于门户之私,非至公之论"的总结。馆臣援事论理,甚至不辞偏颇,亟将讲学家形象、价值引向官方所力斥的外道与门户,却淡化苏轼在蜀洛之争中也只是居于门户之一端,悄将蜀洛之争从情势使然换置为程朱应负过咎。

同时,馆臣又列举例证,陈说苏学明势切事,以至理学诸儒亦不得不心服。朝向以"相反而适相成""相攻而实相救"论断理学与苏学之分歧:

> 但就其书而论,则轼究心经世之学,明于事势,又长于议论,于治乱兴亡披抉明

---

① 永瑢、纪昀等:《景印文渊阁四库全书·总目》(第4册),台湾"商务印书馆"1986年版,《珩璜新论》提要,第608—609页。
② 司马光:《涑水纪闻》,中华书局1997年版,第344—345页。

畅,较他经独为擅长。……后《与蔡沈帖》虽有"苏氏失之简"之语,然《语录》又称:"或问诸家《书》解谁最好,莫是东坡?曰:然。又问但若失之太简?曰:亦有只须如此解者。"则又未尝以简为病。洛、闽诸儒以程子之故,与苏氏如水火,惟于此书有取焉,则其书可知矣。①

胡一桂记晁说之之言,谓轼作《易传》自恨不知数学,而其学又杂以禅,故朱子作《杂学辨》,以轼是书为首,然朱子所驳,不过一十九条,其中辨文义者四条。又一条谓"苏说无病,然有未尽其说者",则朱子所不取者仅十四条,未足以为是书病。况《朱子语类》又尝谓其"于物理上亦有看得着处",则亦未尝竟废之矣。今观其书,如解《干卦·象传》性命之理诸条,诚不免杳冥恍惚,沦于异学,至其他推阐理势,言简意明,往往足以达难显之情,而深得曲譬之旨,盖大体近于王弼,而弼之说惟畅元风,轼之说多切人事,其文辞博辨,足资启发,又乌可一概屏斥耶?②

朱子《与蔡沈帖》虽批评苏轼《书》学"失之简",然馆臣引《语类》之答问指出朱子亦承认诸家《书》解以《东坡书传》最佳,且平心而论,或有不当如此简者,但"亦有只须如此解者",可见"太简"不过白璧微瑕。而理学阵营不独朱子心肯此书,与苏氏势如水火的洛、闽诸儒,亦"惟于此书有取焉",可见其《书》学虽与程、朱异路,却仍堪称经典。至于《东坡易传》虽居《杂学辨》驳斥者之首位,然扣除辨文义而无关思想者四条,虽未尽其说者而实无病者一条,朱子所不取者仅只十四条,计其数诚"未足以为是书病";且旁观《语类》载记,朱子亦承认"于物理上亦有看得着处",未尝竟废。这些论证,都淡化了蜀洛之争在学术上的断裂,而馆臣又宽免了苏轼在情势上应担负的罪咎,则看似与官方学术相雠的苏学又更显无须深究了。另外,馆臣对苏学的描述,着意强化其切于事情、足堪致用的面向,所谓"究心经世之学,明于事势,又长于议论,于治乱兴亡披抉明畅""推阐理势,言简意明,往往足以达难显之情,而深得曲譬之旨""多切人事,其文辞博辨,足资启发"云云,这些特质正合于《凡例》"考证精核论辨明确为主,庶几可谢彼虚谈,敦兹实学"③"黜彼空言,庶读者知致远经方,务求为有用之学"④。帝王虽因纲常而表彰宋学,然而在"崇实绌虚"⑤上却与汉学合辙,而理学家之空言、高论,昧于事情,恰是汉学家所抨击且理由正当者;而苏学之实同程朱之虚也在理论上产生"相反而适相成""相攻而实相救"的可能,故不醇之苏学看似偏离官学立场,实则从辨证性互补的层次回应了《凡例》的指标系统。就心怀汉宋的馆臣而言,对苏学切事致用的描述,除了以《凡例》解消不醇的策略外,更是借机给予宋学的一计

---

① 永瑢、纪昀等:《景印文渊阁四库全书·总目》(第1册),台湾"商务印书馆"1986年版,《东坡书传》提要,第255页。
② 永瑢、纪昀等:《景印文渊阁四库全书·总目》(第1册),台湾"商务印书馆"1986年版,《东坡易传》提要,第65—66页。
③ 永瑢、纪昀等:《景印文渊阁四库全书·总目》(第1册),台湾"商务印书馆"1986年版,《凡例》第12则,第37页。
④ 永瑢、纪昀等:《景印文渊阁四库全书·总目》(第1册),台湾"商务印书馆"1986年版,《凡例》第14则,第38页。
⑤ 许嘉玮:《"崇实"作为一种批评方法论〈四库全书总目〉"楚辞类"提要呈现之文学思想》,载《淡江中文学报》2012年第27期,第225—252页。

绵里针。

四、余论

从横跨四部的视阈观照"苏轼",对馆臣而言,论断这个文名炳耀、违碍无干的古代名人,远非想象中易与。虽然《凡例》曾揭:"韩、柳、欧、苏之文章,濂、洛、关、闽之道学,定论久孚,无庸更赘一语者,则但论其刊刻传写之异同,编次增删之始末,著是本之善否而已。盖不可不辨者,不敢因袭旧文;无可复议者,亦不敢横生别解。凡以求归至当以昭去取之至公。"①今观宋别集苏轼著作的提要,确做到"但论版本,不赘一语"的地步。然则"定论久孚"者乃"濂、洛、关、闽之'道学'""韩、柳、欧、苏之'文章'",而道学家有文章,文章家有道学,整体视之,则"韩、柳、欧、苏""濂、洛、关、闽"乃由"无可复议者"转为"不可不辨者"。

苏轼文学,地位烜赫,即便没有康、乾二帝推波助澜,也不致得到太低的评价。惟学术,官方表彰程朱之心甚坚,而蜀洛交争之事甚烈,再加上四库馆中的汉宋伏流,加剧了论断的复杂。馆臣透过对蜀洛之争的重述乃至曲述,以及对苏学切事致用特质的发挥,既绾合了前述"诗-学"的裂解,同时也对宋学暗施打击,化两难为两全。《提要》论渔洋曾曰:"国朝之有士禛,亦如宋有苏轼,元有虞集,明有高启。而尊之者必跻诸古人之上,激而反唇,异论遂渐生焉。此传其说者之过,非士禛之过也。是录具存,其造诣浅深可以覆案。一切党同伐异之见,置之不议可矣。"②四朝各举一人,足见苏轼之地位如何;然更引起笔者关注者乃"激而反唇,异论渐生"至"党同伐异,置之不议"一段议论,虽是为渔洋而发,未尝不可移以总结打造苏轼时所面临的挑战与心情;更提醒学者,即便崇隆如渔洋,都需经过排纷论争,方得论定。他日专就异论之生灭,逐一细检《提要》,当有助于更加深入《四库》的理念真际。

---

① 永瑢、纪昀等:《景印文渊阁四库全书·总目》(第1册),台湾"商务印书馆"1986年版,《凡例》第20则,第40页。
② 永瑢、纪昀等:《景印文渊阁四库全书·总目》(第4册),台湾"商务印书馆"1986年版,《精华录》提要,第585页。

二里头文化及其同时期陶器文字性符号研究

陕西师范大学　王　晖　高　芳

自从1899年发现了比周代金文更早的殷墟甲骨文之后,探讨中国文字起源的问题便逐渐形成了热潮。随着20世纪我国考古事业的发展,学术界都把殷商之前文字发现的希望寄托在考古出土的文物上。特别是20世纪50年代以后出土考古新资料层出不穷,二里头文化遗址及其同时期的周边文化中也有不少陶器文字性符号的考古发现,这些为我们探讨殷墟文字的来源提供了可供比较的可贵资料,是值得我们重视并进行比较的。

一、二里头文化陶文

图1　二里头陶文[①]

在上面图1二里头陶文中,1为殷周甲骨金文中的"十";2为"廿(二十)";3为"卅(三十)";4为"六";5为"七";6为"八"。这一组陶文是数字,其中"廿(二十)""卅(三十)"与甲骨金文不同的是,甲骨金文"廿(二十)""卅(三十)"以及"四十",在二、三或四竖画下端是用弧线或横画连起来的,如《甲编》668、2382、635、954,《乙编》6795等;但在上面二里头陶文中2与3"二十""三十"下端并未连起来。但笔者认为,按照甲骨金文中"十"字均作"丨"来看,两个"丨"就可读"二十",三"丨"就可读"三十";而且在商甲骨文"四十"

---

① 杜金鹏:《关于二里头文化的刻划符号与文字问题》,载《中国书法》2001年2期

就有作四个"丨"的,见《殷墟文字乙编》921 片(见图 2.1),可为佐证。7 到 9 像箭头形状,可读为"矢"或"镞";以此可知图 17 可读为"箙",与商周甲骨金文中把"矢"盛放在木匣中的会意字相似(见图 2.2、图 2.3)。10 是"木"字;11、12 是"丰"字,与商周甲骨金文相似(图 2.4);13 是"叶"字的象形初文;15 是本义为盘的"凡",与商周甲骨金文相似(图 2.5);16 是其下虽无一画但山峰之义甚明的"山"字,与商甲骨文形体相似(图 2.6);14 是庐屋之"庐"的初文①,与"六"同字但"六"为其借字(图 2.7);18 为象形字"鱼",与商周金文形体相似(图 2.8);19 为两个竖目之状的"䀠"字,与商周金文族徽文字相似(图 2.9);20 为"亚"字,与商甲骨金文"亚"字相似(图 2.10)。

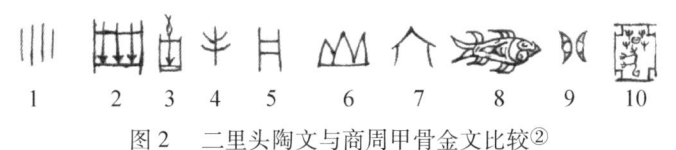

图 2　二里头陶文与商周甲骨金文比较②

从上面二里头陶文与商周甲骨金文中的字形比较来看,二里头陶文已经与后来甲骨金文的写书形式比较接近;而且从字体构造方式来看也基本相同,如"箙""䀠"和"亚"字,构形比较复杂,"箙""䀠"已属会意字范畴,可见早期文字在相当于二里头文化时期已形成了。

二、内蒙古赤峰三座店夏家店下层陶文符号

2005 年至 2006 年间出土于内蒙古赤峰市三座店夏家店下层文化石城中陶器上的文字性符号,其时代与二里头文化基本相同。图 3 中,1 笔者认为是"其"字,一是会意兼形声字,上部像簸箕形的"其",只是更为简练。与商周甲骨文金文相比,它缺少内部一横,也没有内面象征篾竹的"×"字符,但从它的外部形状看,则似乎更为象形,像一只侧面看的簸箕形;它的下部是一"丌"字符,虽然这一字符在商代甲骨文中尚未见到,但从周初以及春秋时的金文中已经出现,它的形状像是一个"几案"(图 3.6、图 3.7、图 3.8),张亚初《殷周金文集成引得》17.10806、17.10807 释之为"丌(其、箕)"以及 18.11769 释为"丌(其)",我认为其字释为"丌"是对的,但读为"其"或"箕"就不对了;从其字的字形看,它更像是一张"几案"之形。而且特别值得注意的是,这几件西周初年和春秋时代的青铜兵器,《集成》10806 与 10807 两件是"丌戟",皆是 1975 年出土于北京昌平白浮龙山养鹿场 2 号墓;《集成》11769 为"丌斧",是春秋时期,出土于辽宁建平县夏家店上层文化的墓葬中。根据青

---

① 此字于省吾释为"宀",认为是"宅"的初文,见《甲骨文字释林·释宀》第 334—337 页。而蔡哲茂认为"六"、"宀"、"宂"等字皆为"庐"的初文,见氏著《说金文"陆"、"睦"二字——兼论六、入、宀、亘为一字》,(台北)《故宫学术季刊》第 6 卷第 1 期。笔者认为蔡哲茂之说是对的。
② 图 2 中 1 为甲骨文"四十",见《殷墟文字乙编》(下简称《乙编》)921;2 为金文"箙"字,见《集成》5169;3 为甲骨文"箙"字,见《铁云藏龟》2·4;4 为甲骨文"丰"字,见《乙编》8688;5 为甲骨文"凡"字,见《殷虚书契前编》(下简称《后编》)2·35·2;6 为甲骨文"山"字,见《甲编》3642;7 为甲骨文"六"字,为"庐"之本字,见《殷虚书契菁华》1·1;8 金文"鱼"字,见《集成》4916;9 为周初金文"䀠",见《集成》5363;10 为商金文"亚獏"合文,见《集成》5086·1。

铜兵器所铸所刻铭文或为人名,或为方国名,或为部族之名的特点可知,从三件兵器出土于不同地点不同时代但刻铭相同这一现象来看,这三件兵器上的"丌"不是方国名就是部族之名。

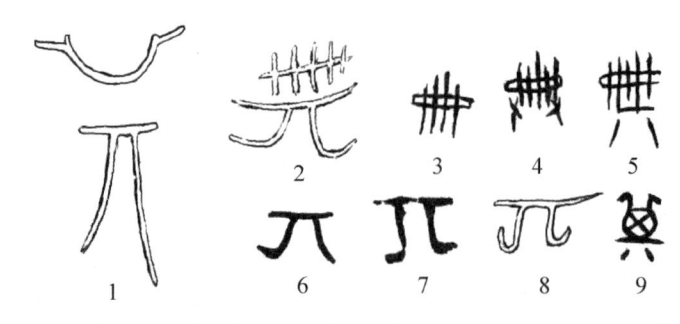

图3　赤峰三座店夏家店下层陶文"其"、"典"与甲骨金文比较 ①

从上面这几件西周春秋时期的兵器我们就会发现一个值得注意的现象:这些与"丌"有关的陶文、金文皆出土于夏家店下层文化与夏家店上层文化的区域之中,新近所见陶器、陶片上字符"其"与"典"出土于内蒙古赤峰市三座店夏家店下层文化石城中,而两件"丌戟"出土于北京昌平白浮龙山养鹿场2号墓,"丌斧"出土于辽宁建平县夏家店上层文化的墓葬。

回头再看图3中1"其"和6、7、8的"丌"及9"其",上古韵皆为见母之部,或读为群母之部,可能是同一方国文字在不同时期的不同写法,也就是商代甲骨文中的"基方"。这一问题我们拟另属文讨论,此不详述。赤峰市三座店夏家店下层文化石城中陶器上的字符图2"典",也是一个上"册"下"丌"的会意字,与西周金文中的写法相似,如图七图5召伯簋。至于商代甲骨文中的"典"(图3.4,《合集》21186),写法却与三座店夏家店下层文化陶文"典"写法不同,笔者认为这可能是由于文字还有一个地域性的问题。但是既然夏家店上层文化中有个特殊的"丌"字,那么作为一种特殊形状的"几案"字符很可能是一种特殊地区器物的写照,那么出现上"册"下"丌"的"典"字就不奇怪了。

三座店夏家店下层文化陶文"其""典",属于汉字造字法之中的形声字和会意字,其文字结构是比较成熟造字法。夏家店下层文化是距今4000年至3500年或3400年之间的北方文化,这也就是说在夏代到商代中期之前,在北方夏家店下层文化中应该文字的使用了。

三、上海马桥遗址马桥文化陶符

马桥文化是承继良渚文化之后的一种考古学文化类型,这些上海马桥文化早中期是相当于二里头文化到郑州商城相当,下限与殷墟文化接近,本文便把马桥文化有关陶器刻

---

① 图3.1、图3.2为内蒙古赤峰三座店夏家店下层陶文,1见《2006年中国重要考古发现》(文物出版社2007年版)47页第3图,2见第8图。3见《合集》438正,4见《合集》21186,5见召伯簋,6见《集成》第17册10806"丌戟",7见《集成》第17册10807"丌戟",8见《集成》第18册11769"丌斧",9见卫盉。

划符号也放在这里一起进行讨论。

图3中,1是"×"形符号,2像几何形符号,3的形义不明,4像月牙形符号,5的形义不明,6像"Z"形符号,这一符号在双墩遗址、半坡遗址等地陶符皆曾出现过,7似为一象形性的符号,与殷墟甲骨文"囜"字相似。唐兰认为"囜字本象簟形","囜即丙字"[①];《说文》竹部"簟,竹席也",一般是指用竹子或芦苇编成的席子。姚孝遂先生说"《说文》席字古文作囜,丙字古文作囜,均系甲骨文囜形之讹变","实则'丙'与'席'初本同字。《说文》训为'舌皃'之'丙',本属子虚乌有,典籍无证。'簟'与'席'乃后世区别之文。追本溯源,于甲骨文均作囜"[②]。图3中7像"簟席"之形,但"簟"是形声字,从象形字来看就是甲骨文"囜",而马桥文化中这个字形与甲骨文"囜"字十分相似,可能就是"囜"。

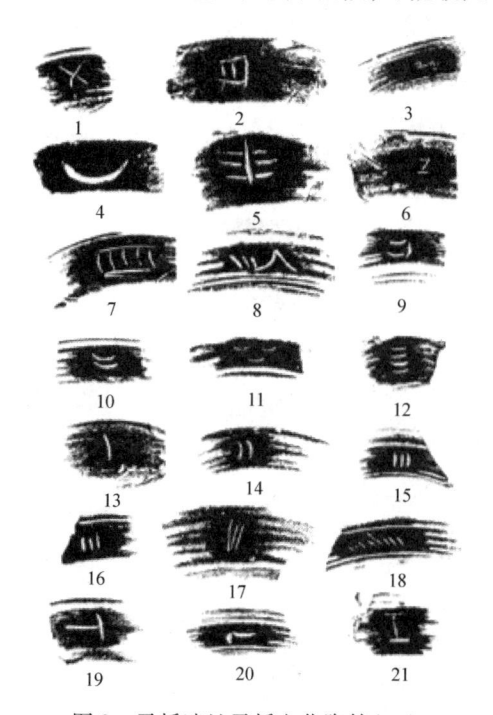

图3 马桥遗址马桥文化陶符(一)

1. ⅡT917③B 2. ⅡT521③F 3. ⅡT825③B 4. ⅡT522③E 5. ⅡT722③E 6. ⅡT722③B 7. ⅡT520③D 8. ⅡT932③B 9. ⅡT620③D 10. ⅡT519③F 11. ⅡH246 12. ⅡT720③C 13. ⅡT620③F 14. ⅡT932③B 15. ⅡT522③F 16. ⅡT922③D 17. ⅡT1032③D 18. ⅡT922B 19. ⅡTD203 20. ⅡT735③C 21. ⅡT148

图3的8到18均为简单的刻划符号,但如果这些是数字型符号的话,那么这些陶符就可以解读。8可能是"卅六"。9是数位记号"二十"或"十二"。10是数位记号"二"。11是数位记号"三"。12是数位记号"四"。13是数位记号"十"。14是数位记号"廿"。15、16、17是数位记号"卅"。18是数位记号"八十"(?)。19、20、21都是简单的刻划符号,形

---

① 唐兰:《古文字导论》(增订本),齐鲁书社1981年,第247页。
② 于省吾主编:《甲骨文字诂林》(第3册),中华书局1996年版,第2138—2139页,姚孝遂"丙"字下"按"语。

义不知。

图 4 中,1 至 3 皆是简单的刻划符号,形义不清。4、6、7、8 像栅栏形符号。5 可能是数位记号"卅一"合文。9 结构简单,形义不清。10 至 15 可能都是数位记号,10 是"七",11、12 是"五",13、14 是"七",15 是"五"。16 至 18 初看也是简单的符号,但如果从数位排列的角度去看,那么 16 应是"十五"的合文,17、18 应是"十"、"五"、"十"的合文。同样,19 至 22 如果按数位记号来看,19、20 是数位记号"六",与殷墟甲骨文写法同;21、22 是数位记号"六"的倒写形式。

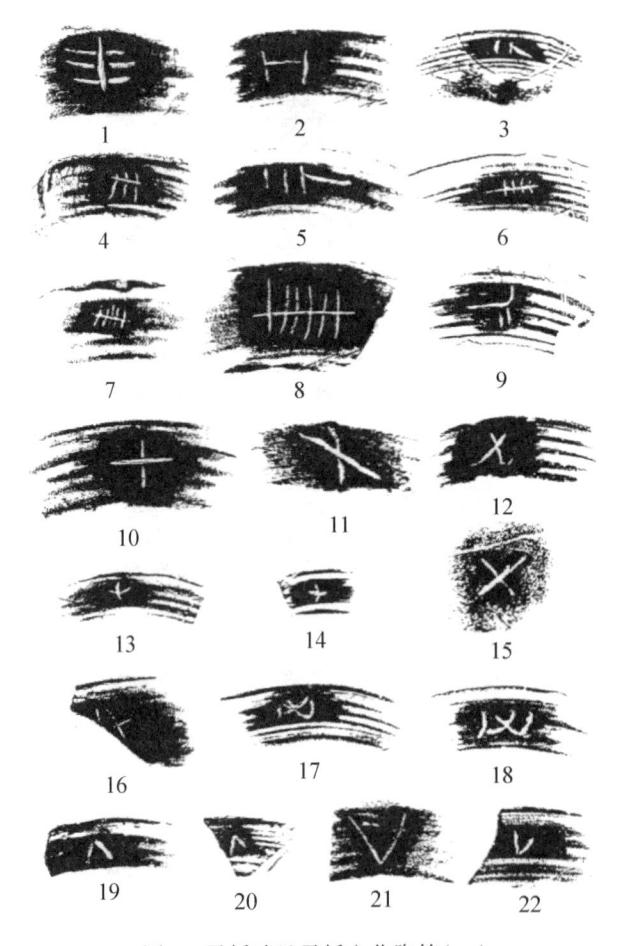

图 4 马桥遗址马桥文化陶符(二)

1. ⅡT722③E 2. ⅡT621③F 3. ⅡT825③B 4. ⅡH118 5. ⅡT1120③E 6. ⅡT519③E 7. ⅡT931③B 8. ⅡT723③D 9. ⅡT521③B 10. ⅡT1134③D 11. IT1308③B 12. ⅡT1019③A 13. ⅡT620③F 14. ⅡT522③D 15. ⅡT921③F 16. ⅡT723③D 17. ⅡT735③C 18. ⅡT720③C 19. ⅡT521③F 20. ⅡT720③B 21. ⅡT1020③E 22. ⅡT835③B

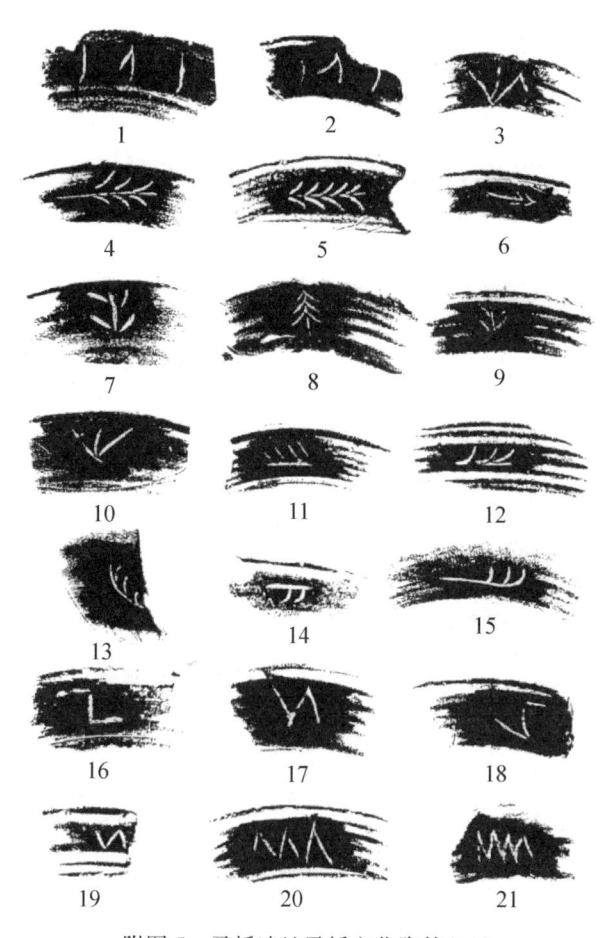

附图 5　马桥遗址马桥文化陶符(三)

1. ⅡT621③F　2. ⅡT924③B　3. ⅡTD201　4. ⅡT1233③D　5. ⅡT621③D　6. ⅡT1031③B　7. ⅡT931③B　8. ⅡT521③F　9. ⅡT723③D　10. ⅡT719③F　11. ⅡT720③B　12. ⅡT1035③B　13. ⅡT1121③E　14. ⅡT931③B　15. ⅡTD201　16. ⅡH148　17. ⅡT722③C　18. ⅡT735③C　19. ⅡT624③B　20. ⅡT620③　21. ⅡT931③

图 5 中,笔者以为 1 和 2 仍然可能是数位记号的组合,1、2 可能都是"十、六、十"的几个数位记号的排列。3 的形义不明。4 至 15 似乎都是植物类的刻划符号,多数像是树叶类的形状。7 似是"屮("草"初文)"字符号。16 至 19 是"Z"字形符号,这一符号在半坡、姜寨、蚌埠双墩遗址中都出现过,但形义是否一致,还不清楚。20、21 好像是山峰的形状,是否"山"字符的初形? 需进一步考察。

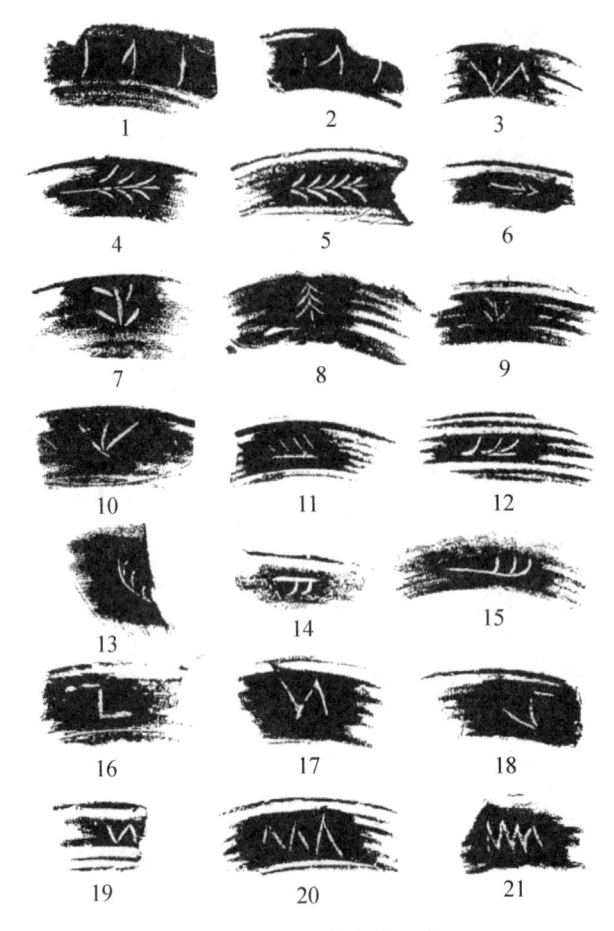

图 6　马桥遗址马桥文化陶符（四）

1. ⅡT722③B　2. ⅡT722③E　3. ⅡT932③D　4. ⅡT1231③B　5. ⅡT522③F　6. ⅡT521③F　7. ⅡT722③B　8. ⅡT722③C　9. ⅡT722③B　10. ⅡT825③B　11. ⅡT③A　12. ⅡT924③B　13. ⅡT622③F　14. ⅡTD203　15. ⅡT923③A　16. ⅡT721③E　17. ⅡT931③B　18. ⅡT623③B　19. ⅡT825③B　20. ⅡT1035③B　21. ⅡT720③E　22. ⅡT720③E　23. ⅡT1031③B

图6中，多数似乎是几何形的符号，形义不太清楚。有的似乎是象形符号，如11像是"戌"一类的器物。其余暂时都可以归于几何形刻划符号，不宜把它们作为象形性的刻划符号，更不宜看作文字性刻划符号。

在图7中，从1至9为上海马桥文化陶器刻划符号的组合形式，有的是同类组合，有的异类组合，其形符意义多数不大清楚。有的可能是文字性符号，如1的左边可能是"六"，3两个"×"可能是两个"五"的排列。9可能是"艹"（"草"字初文）字符号。

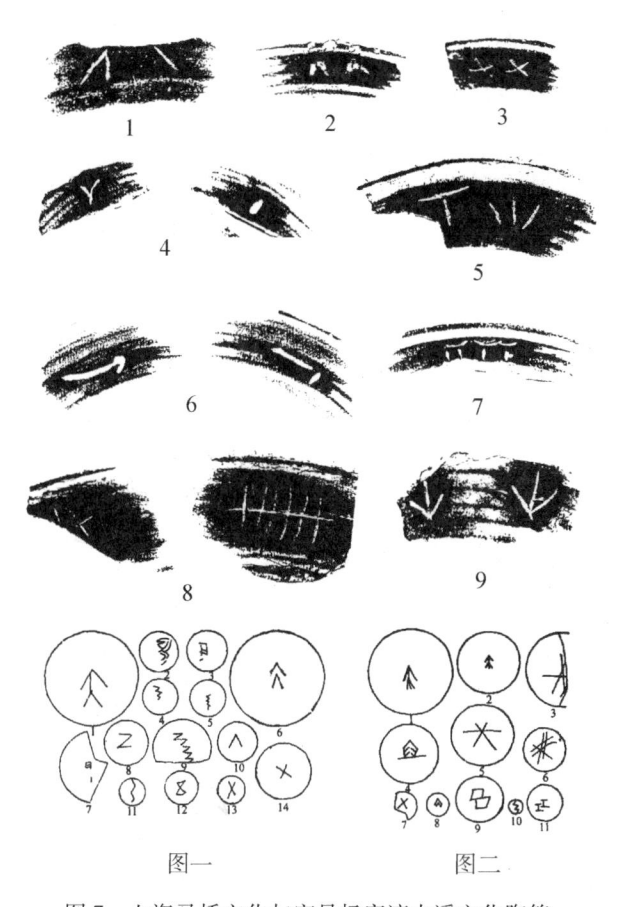

图7　上海马桥文化与宜昌杨家湾大溪文化陶符

1. ⅡT932③E　2. ⅠT110③B　3. ⅡT719③B　4. ⅠT1208③B　5. ⅡT1121③E
6. T1108③B　7. ⅡTD101　8. ⅡT723③D　9. ⅡTD201

上海马桥文化的整理者认为,"这批陶文相对固定在红褐陶系(可能是"器"误字)大类可能与它们的工艺过程比较复杂有关,在这类陶器上刻陶文是为了记录一些与制陶相关的事情"①。不过笔者认为这批上海马桥文化遗址出土陶器刻划符号虽然不少,也的确有一些文字性符号,但是也还有更多的是几何形刻划符号,其形义不大清楚,不可勉强索解。

四、甘青地区宗日、菜园、四坝等文化遗址的陶文符号

我国西方地区史前出土的陶器刻划符号和图像、图案很多,其中有大地湾一期文化、仰韶文化、马家窑文化、宗日文化、齐家文化、四坝文化、辛店文化、寺洼文化等文化遗址的

---

① 上海市文物管理委员会:《马桥——1993—1997年发掘报告》,上海书画出版社2002年版,第392—393页。

出土资料,其中不少陶符和图像图形象形性程度很高。其中宗日文化、齐家文化、四坝文化与二里头文化时期比较接近,而仰韶文化、马家窑文化和四坝文化之后文化类型的陶符暂不予讨论。

图8中,1像光芒四射的"日"字形。2像是"甲"字形(也可能是"七")。3为"卐"字符。4像二人共抬一物,似为"共"字符。5像是"田"字符,甲骨文中既有"田"字形的"田",也有六个格子形的"田"。6可能是数位记号"十"。7是双十字元。8、9是数位记号"廿"(？)字符。10形义不明。11可能是数位记号"卅"。12形义不明。13可能是数位记号"七"。14像是变体"蛙"字纹。15像是群"羊"之状。16周边还有"玉"字符号,中心为一圆圈,四周有脚步围着走,这种情况与甲骨金文中"韦"(本义即"围")的写法很相似。

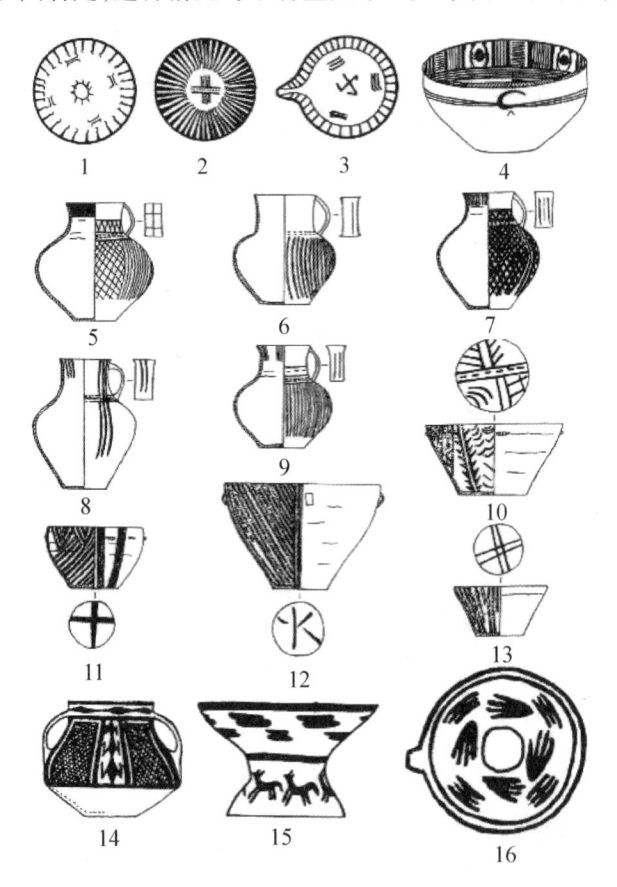

图8　宗日、菜园、四坝等文化陶符

图8中1、2、3、4为宗日文化陶符与图形,见中国社会科学院考古研究所《考古学集刊》第16集,第103页图9.1、2、3、8;5至13为菜园文化陶符,见中国社会科学院考古研究所《考古学集刊》第16集,第104页图10.1—9;14至16为四坝文化陶符,见中国社会科学院考古研究所《考古学集刊》第16集,第107页图12.1、2、6。

五、小结

笔者曾经指出,那种完全肯定和完全否定陶器刻划符号是文字的学者都是不对的。我们既要从其形体结构上看到它们与后来汉字之间的联系,但是同时又要从文字是记录语言的符号系统这一性质上去分清它们与早期汉字的区别。对于殷墟文化之前二里头文化、上海马桥文化、宗日等文化遗址中的个别图案、图形及刻划符号,我们既不能完全肯定它们就是早期汉字,也不能完全否定它们与早期汉字的关系,它们的性质是"文字性的图形或符号",只有那种在陶器出现两个或两个以上文字性符号连用的情况,才能看作中国汉字正式的起源时代。[①] 因此前所举河南二里头文化、内蒙古赤峰市三座店夏家店下层文化、上海马桥文化、青海宗日等文化遗址的图形或刻划符号等,都应是文字性的图形或符号,但尚不能视为正式汉字。

[①] 王晖:《新石器晚期组词成句类陶文与汉字的起源》,见《古文字研究》(第 27 辑),中华书局 2013 年版,第 20—27 页。

"明清乐"在长崎的传播与变迁

长崎大学 王 维

所谓的"明清乐",指的是在江户时代通过长崎传入日本的近代中国音乐的总称,其中也包括用日语和长崎方言演唱的歌谣。中国音乐在日本的传播由来已久,特别是在中国的唐代,即日本奈良、平安时代的中期,达到了高潮。至中国的宋朝,即日本平安时代后期至镰仓时代初期,中国音乐在日本的传播只是小规模的民间形式在继续。到了明清时代,亦即日本江户时代,迎来了中国音乐在日本传播的新时期,其典型的例子是通过长崎传到日本的明乐和清乐,即明清乐。

一、明清乐的由来及内容

"明清乐"在长崎也称之为"唐乐"。"唐乐"一词,在中国是"大唐雅乐"的同义词,是在古老的雅乐基础上发展起来的唐代雅乐。雅乐主要用于宫廷祭祀和朝会,其起源可以追溯到中国的周朝。在唐代,雅乐也包括具有仪式性质的燕乐[①]在内。传入日本后,被称为"大唐雅乐""唐乐",并作为日本的"雅乐"传承至今(中国艺术研究院音乐研究所编 1985:444—447)。

在日本,"唐乐"除了有雅乐的意思外,也指江户时代传入日本的中国音乐,包括后来华侨在寺院演出的传统音乐,同时也是"明清乐"的代名词。"明清乐"一词,是明治以后开始在日本关西地区使用的。有关这一点越中哲曾在"长崎的明清乐"中写道:"'明清乐'一词先是在京都、大阪等地开始使用,明治十年(1877)大阪出版的书籍中有《明清乐教授本》、《明清乐歌谣集》,明治初期京舞井上流也出现过'明清乐合奏'。当时,在京都、大阪明清乐一词似乎很流行。明治十二年(1879)的"长崎新闻"中只写有'清乐'一词,'明乐'的用语还没有出现。尽管在京都、大阪有被称作"明清乐"的演奏,但其实演奏的只是清乐而不是明乐。"(越中 1977:4—5)[②]

[①] 即为宴乐,在周朝时也被称为房中乐。是宫廷里民俗音乐的总称。
[②] 另有一种说法:相传最初是在明治十年(1877年),《明清乐谱摘要》(佐佐木千编)中使用的(广井 1981:35)。

明治以后,尽管"明乐"逐渐废除,只有"清乐",但是"明清乐"一词已经成为日本民间社会约定俗成的名称,以及表示日本音乐种类之一的专业术语(广井 1981:357),亦被视为日本大众传统音乐之一(小泉 1977:242—250)。

实际上,中国并没有相当于日本"明清乐"这一专有名词的概念。在提到明代音乐和清代音乐的时候,往往指的是明清时代的各种音乐。至于"明乐"一词,则带有"明乐八调"的意思①,而"明乐八调"则是流传到明代的南宋燕乐乐调的一部分②,其中部分乐谱保存在《魏氏乐谱》里。

在中国,虽然有"清乐"一词,但是它与日本所谓的"清乐"之概念是不同的。所谓"清乐",全称为"清商乐",是东晋到南北朝时期形成的中国宫廷俗乐的总称。唐代以后,"清商乐"成为唐代燕乐的一部分,并称之为"清乐"(中国艺术研究所音乐研究所 1985:272—316)。

中国传统音乐的种类大致可以分为以下几类:宫廷音乐(朝廷音乐)③、文人音乐④、民间音乐和宗教音乐等四类。但四类音乐之间并不是完全独立的,彼此存在相互影响、兼容并存的关系。从音乐的分类来看,日本"明清乐"中的"明乐",带有一定的宫廷音乐和文人音乐的性质。由魏双候传到日本的"明乐"乐谱中记载的"迎神""初献""亚献""终献""送神"等,应该属于宫廷的祭祀音乐,"关雎""清平调"等与诗经、唐诗、宋词有关,具有词调音乐的性质。《魏氏乐器图》中记载的"明乐"乐器——瑟,一般只是在宫廷音乐中使用。"明乐"的月琴也与"清乐"的月琴不同,一般被视为是雅乐的中阮咸的一种⑤。

"明乐"部分带有宫廷俗乐的性质,并与地方戏曲音乐以及民间俗曲有关,具有民间音乐的特征。例如,"水仙子""江南曲"等即是如此,其中的一部分后来被吸收到"清乐"里。另外,"明乐"的"五供养""六供养""音乐咒"等很明显地具有佛教和道教等宗教音乐的特征。由此可见,"明乐"其实是具有明代音乐各种特征的一种音乐形式。

此外,当时到日本的华侨(唐人),很多是很有教养的高僧、知识分子以及流亡者,由此可以推测他们带来的音乐是诸如文人音乐那样的雅乐。

与此相对,"清乐"的很多曲调与中国的民间俗曲很相似,因此被视为民间音乐⑥。中国传统音乐主要有中国音乐、欧洲音乐和波斯音乐三大体系,根据地域还可以进一步分为

---

① 调也被称为调式,是指音阶的形式。明乐八调就是越调、双角调、道宫调、双调、小石调、正平调、仙吕调、黄羽调八调。
② 林谦三也指出明乐八调和中国的南曲、北曲(南剧音乐和北剧音乐的一种)以及日本的雅乐所用的唐乐调有密切的关系,是南宋风格的乐调(林谦三 1943:578)。
③ 一般称作雅乐,也包括在宫廷中俗乐的一部分,是历代在朝廷仪式和宫廷内部使用的音乐。
④ 有时也被称为雅乐,主要有士大夫、文人创作的古琴(七弦琴)音乐和词调音乐。
⑤ 林谦三在《东亚乐器考》中记载了其对于阮咸这种乐器所进行的考证。由此可以得出结论,月琴就是阮咸。换言之月琴就是根据阮咸所制作出来的乐器。这种乐器在唐太宗的时代,被用作雅乐的乐器之一(钱稻孙译 1962:244—256)。
⑥ 杨桂香在《明清音乐——传入长崎的中国音乐》一书中用乐谱举例说明了清朝音乐和中国民俗音乐的关系(扬 1993:78)

九个支脉（王耀华 1990：167—279）。"清乐"中的大部分属于以上海、江苏、浙江、安徽、江西、福建省的北部和东部等长江下游地区为中心的吴越支脉，少部分属于以福建省南部为中心的闽台支脉的民间音乐。例如，"九连环""茉莉花""凤阳花鼓""纱窗"等属于前者，"月儿高""漳州曲"等属于后者。另外，民间音乐之外的以"满江红""阳关曲"等琴曲为代表的文人音乐也包括在"清乐"里。

通过"清乐"使用的乐器也能看出其民间音乐的性质。"清乐"中的主要乐器——月琴在江苏、浙江以及安徽、福建等江南地区很流行，常用于歌舞伴奏、特别是说唱音乐和戏曲音乐。另外，从江苏、浙江地区的弹词（月琴、琵琶、三弦、二胡），福建的锦歌、南词（月琴、三弦、琵琶、二弦、洞箫以及部分打击乐器）等说唱音乐里使用的乐器及其演奏形式可以看出与"清乐"的共同性。

此外，"清乐"里还包含一部分的"明乐"。对此，越中哲也指出："'狮子…'等曲谱在清乐谱中并不存在，但是，目前在长崎市田中町的狮子舞中有与其相似的曲谱…中略…这种狮子舞则是以前由安南、东京（越南）传入，可以看作是魏氏传到日本的"明乐"的一部分。……神户市立南蛮美术馆馆藏的唐馆画卷中有 1690 年前后唐人馆的奏乐图，唐人手持的乐器是箫、柏板、蛇皮线等，按理说清乐里没有箫，明乐里没有蛇皮线，而在绘图上却表现了唐馆同时使用明乐和清乐乐器的形式。"（越中 1977：5）

《月琴新谱》（中西、冢原 1990）所记载的明清乐乐曲"狮子"曲原本属于明乐，在江户时代传入日本后，作为长崎诹访神社宫日节酬神舞的音乐相传下来，之后被视为"清乐"的曲目。从奏乐图中可以窥见，当时唐人在演奏时同时使用着"明乐"和"清乐"的乐器。

另外从"清乐"的传承者来看，当时来日的长崎华侨（唐人）中，除了知识分子外，还有很多商人和船员，他们大多出生在三江（江苏、浙江、江西）、福建等地，由他们传入的中国音乐很有可能是来自其家乡的民间音乐。

通过以上考察，可以看出"明清乐"中的"明乐"是以古诗词歌曲与宫廷雅乐为主，亦包括明代的各种音乐，"清乐"则是以吴越支脉为中心的清代社会的民间音乐。

二、"明清乐"的传播

与长崎华侨的历史一样，"明清乐"的传入可以追溯到唐人贸易时代。早期华侨来日的时间可以追溯到 16 世纪长崎开放港口（1571 年），即庆长年间（1596—1611 年）。据说平户（在开放港口时创建的港口城市之一）的英国商馆馆长查特·考克斯（音译）在其逗留期间曾观看唐人的狮子舞（渡边 1930）可见，唐船来日的同时，唐人的音乐和艺能文化也被传入日本。

（一）"明清乐"的传播者

根据文献记载，"明乐"是在江户时代（1666 年左右），由在福建省福州府出生、后来成为东京(越南)船主的魏之琰(魏双候)传入长崎的。魏氏后入日本籍并任唐通事①,其后代亦历任华人社会的唐通事。魏家第四代魏君山自称巨鹿民部规贞,赴京都时曾在近卫相公、东本愿寺法主、冷泉为村卿等达官贵人面前演奏,促进了"明乐"在日本的流传。其弟子平信红古在1768年将魏氏演奏的五十余首曲目编成《魏氏乐谱》。据说,巨鹿民部生前"拥有百余名弟子"(中村1944)。民部赴京都后不久去世,"明乐"此后便逐渐衰退,其中一部分被新传入的"清乐"所吸收。民部死后,他的弟子筒井郁景将魏之琰带来的乐器以《魏氏乐谱图》为名初步,其中的乐器有龙笛、笙篥、琵琶、月琴、云锣、檀板等(宫田1979:962—968)。

"清乐"的传入有两个体系。一是在江户时代后期文政年间(1818—1830)东渡来日的金琴江开创的一派,另一是天保年间(1830—1844)由东渡来日的林德健开创的一派(滨1966:3)。中村重嘉曾对"清乐"的传入做了如下叙述:"从文化末年开始,唐船的船主及其他船员中很多人会演奏清乐,诸如江云阁、沈萍香、李少白等人。他们不仅长于清乐,而且很会吟诗作画,并与知识界有交往,来长崎游览的日本文人等在学习吟诗作画的同时,亦学习月琴明笛等乐器。来长崎的清国(中国)人中,金琴江很有名,文政八、九、十年在长崎逗留之际,僧侣一圭远山荷塘和医师曾谷长春都曾求教于他"(中村1940)。

林德建(号音奇,福建人)1830年从福建来到长崎,并一直居留至1844年。在此期间,他曾教过颖川连和三宅瑞连。对此,《长崎市史》记载道:"文政时期,颖川连拜唐人林建德为师,学习清乐的奥秘。三宅瑞连女亦向其学习曲调和唱谱,后来成为当时的月琴名人。大阪的龟龄轩斗亦慕名而来,在长崎向唐人学习月琴曲,后来又传给和歌诗人大隅言志。……津田南竹等人也擅长月琴。当时在长崎的商人中间月琴曾经很流行"(长崎市政府编1938:325—326)

小曾根干堂②是瑞连的弟子,"清乐"后来由他继承,成为小曾根流派。干堂将清乐的技艺传授给自己的子女星海、菊,又由女儿菊传授给中村绮罗和渡濑绪子等人。1969年,两人的演奏技艺成为长崎市非物质文化遗产。现在的"长崎明清乐保存会"则属于林德建的系谱。另外,属于金琴江系谱的江户人平井连山去大阪开创了连山派,平井之妹在江户也曾经另立了一派,但是后来这一系谱不幸中断了。

(二) 明清乐的传播途径演奏空间

唐寺和唐馆对明清乐传播起到了重要的作用。唐寺是指1620年代,华侨建立的祖籍地不同的唐寺——兴福寺,福济寺,崇福寺等,唐馆则是1689年在江户德川幕府的锁国政策下建立的唐人集中居住社区。如下文所述,唐寺曾经是当时华侨的精神寄托。"(唐人)

---

① 唐人翻译兼负责当时中日贸易间的商务、事务的管理。
② 小曾根干堂是长崎人,长于书画,尤其擅长隶书并精于篆刻。1878年创设小曾根小学,致力于教育普及。文久年间(1861—1863年)小曾根干堂居住的地区以其名字将城镇命名为小曾根町,后来这里成为外国人居留地。

不习惯既无云彩又无阴影,如同关帝闪烁的目光那样照射的长崎的阳光,难忍异乡酷暑的唐商们在清澈的明笛声中想起了故乡的绿荫。……这也许是当时他们唯一的乐趣吧"(中村1940)。其中的明笛也叫唐笛,是明乐乐器的一种。据日本音乐学家林谦三所言:"声乐在明乐中的地位和它在其他中国音乐中一样,是极其重要的,旋律乐器随歌齐奏,使歌声更动听,音色更富有变化。但是,歌者在歌唱中往往会以跟着笛子的旋律,所以笛,特别是被称作明笛的龙笛、长箫在乐器中受到格外的重视,所谓的明笛工尺谱歌谱更具有笛谱的体裁性质。特别是对于我们国人,唐音不适合演唱,明乐自然由以声乐为中心转为以明笛为中心"(林1943:574—575)。说明了明笛在明乐中的地位。可见,当时在唐寺院中已经有唐人用明笛等乐器进行演奏。唐寺院当时是对当地日本人开放的,也是唐人与长崎人交流的空间。因此,在唐寺演奏的明代音乐,对后明乐在长崎的传播起到了一定的作用。

不仅如此,如下文记载,唐寺院举行妈祖和普度等祭祀活动时,往往"在集市中搭建临时的舞台,每年从唐国邀请两组表演队来表演各种歌舞"(朝仓1983:118)。而且"上元(正月十五)的蛇舞(龙舞)、端午节的龙船舞被用来作为诹访神社神事(仪式)时的酬神舞"(长崎市政府1938:25)。文献中虽然并没有很清楚地记载年代,但是从这些文献可以推测伴随华侨的祭祀活动,明代的音乐和民间艺能活动在17世纪中期的时候已经传入了日本社会,并且也被用来作为诹访神社的祭祀表演,后来演变为长崎的地方文化。

另外,"明乐"中不可缺少的乐器七弦琴(即古琴),是1677年的唐僧心越东渡带到日本的。后来,心越访问唐寺院,不少日本的知识界人士跟随心越及其弟子学习七弦琴(渡边1930)。1780年左右的《长崎古今集览名胜图绘》里亦有在唐馆弹唐琴(七弦琴)的唐人与手持三弦琴的艺伎的合奏图(越中1977:5)。可见,唐寺和唐馆都有华侨(唐人)与日本人进行音乐交流的情景。

明治维新以后,唐馆的功能迅速减退,然而,下面的记载显示了在唐寺院的祭祀活动中,仍然可以看到唐人的艺能表演。"1885年10月6日,兴福寺修缮落成,举办诸佛开光祭祀十分热闹。当天,临济派的中国僧人演奏了月琴、胡琴、拍板、笛、鼓、铜锣、木鱼、尺八以及其他19种乐器"(渡边1930年4月1日)。唐寺院传承的传统音乐大部分衰退,但亦有一部分已演变为日本的音乐艺能文化(蛇舞、唢呐、唐子踊等)。可见唐寺院对"明清乐"的传承起到了一定的作用。

以上可见,"明乐"传入日本应该是在唐馆建成之前,在这个时期,唐人与日本人之间的交流比较自由。而"清乐"传入的时候,长崎唐馆已经建成,唐人与日本人之间的交流仅限于唐通事和艺伎,唐通事和艺伎作为这个时期音乐的传播者,将"清乐"逐步地传到了日本长崎的普通人家庭中。

《长崎名胜图绘》中记载:"(他们)经常在馆内或是月夜楼上吹笛,其声清亮,寄托着思乡之情。昔人称其为华馆笛风,镇治十二景之一。"可以窥见往日在唐人间戏曲音乐等十分盛行(长崎史谈会 1931:205)。同时,该书中还记载了在宴会和各种活动中也演奏华丽音乐的史实(长崎史谈会 1931:220—234)。特别是艺伎常常光顾唐馆,并与唐人一起伴随着"九连环"的曲子跳起"看看踊"(唐人舞蹈),甚至有时连长崎奉行下属奉行所的官员们也会去观看唐人的音乐歌舞表演(山本 1983:328—329)。

"清乐"的代表乐器是月琴,除此以外,还有胡琴、三弦、琵琶、清笛、木琴、拍板、鼓(又称片鼓)等八种,有时亦伴随歌舞。"清乐"的乐谱有很多,《月琴新谱》中比较系统地记录了其目录和曲名,四十二册中收录了约二百四十首曲子,但是后来的"明清乐"传承者能够演奏的只有"算命曲""九连环""茉莉花""纱窗""平板""狮子""法界节""金钱花""逍遥节"等少数曲目。

到了 19 世纪后半期,"清乐"九连环等曲子在日本社会广为传唱,成为中上层家庭子女的必学音乐。长崎的商家中,很多男女都会演奏月琴。在长崎诹访神社的祭祀活动中,也有清乐的伴奏祭祀舞蹈。特别是在 1870 年代后半期,在长崎丸山花柳巷中盛行清乐演奏。

然而,日清甲午战争以后,明清乐被视为敌国音乐,各地清乐的演奏几乎是销声匿迹。但是在大正年间(1912—1926 年)和昭和年代初期,在长崎出现了明清乐的一时复兴。比如东洋日出新闻上曾经连载了渡边库辅的《长崎风物记》,1930 年 4 月 1 日的连载中报道了"唐人戏剧",刊登的是有关当时日本艺伎演奏"清乐"时的情形。《写真集明之大正昭和长崎》(国书刊行会编)也登载了这一时期的清乐演奏的照片。后来由于中日战争,明清乐演奏中断,直到 1960 年代才得以恢复。

明清乐作为近代的外来音乐对日本的音乐产生了很大的影响。因此,1969 年明清乐被指定为长崎县非物质文化财产,1971 年曾是艺伎的明清乐传承人之一中村绮罗等人成立了明清乐保存会,第一任会长是小曾根菊子的孙子小曾根均次郎。此后,明清乐曾在日本国立剧场、NHK(日本国际广播台)和国民体育大会等重要活动上演出。长崎明清乐保存会保存着大约十九首清乐歌曲和一些清乐演奏的录音。作为长崎的乡土艺能文化,明清乐保存会大概每两三年为长崎市市民进行一次明清乐的公开演出。另外,他们也参加从小学到大学的音乐教学活动,以及社会上的其他文化活动,而且定期在指定酒店为旅游客人进行演出。

三、"明清乐"的变迁

首先来看"明清乐"之词的变化。"明乐"或"清乐",作为当时唯一的外来音乐传入日本的时候,民众是怎么称呼它的呢?迄今为止的研究几乎都没有涉及这一点。1764 年出版的蟠桃舍绿柳的《万艺间似合袋》里写道:"明乐近来十分流行,也有很多人在私下摆弄"。"这里所说的'明乐'即便不是明代音乐,但是从把中国人称为唐人的例子看,明末清初的笼统的中国音乐已相当流行……"（中村 1942：134）。总之，很有可能是把"明乐"作为当时传入日本的中国音乐的总称。

另外，在保存下来的唐通事的会所录里，有如下记载（山野 1991：14）：

"叫来近江守、藤五郎以及唐人，让他们演奏琵琶、三味弦、笛等乐器，还演唱了'唐歌'。在场的人都被这音乐所感染。"［唐通事会所目录（五）1699 年 4 月 14 日］

"土井周防守…叫来船头三人，又叫了手持唐琵琶和吹笛子的唐人，一边听着唐乐一边游玩，乘兴而返。"

上述资料中写到的"唐歌""唐乐"等，是否指后来所说的"明乐"或者"清乐"，尚不能确定，但至少能肯定的是，当时还没有"明乐"或"清乐"这样的词汇。而且现在在长崎，唐乐之用语被理解为中国音乐，长崎诹访神社宫日节的酬神舞"唐子踊"，凡是由中国传入的都被加上"唐"这个代名词。由此可以推测，当时的人们很有可能将"明清乐"称为唐乐、唐歌或唐音。

关于"清乐"，正如下述记载的那样：宽政十二年（1800 年），漂泊到远江神志之浦的唐人在漂泊异国的空闲时，歌舞九连环（中村，1940 年 7 月 31 日），"此九连环后演变为长崎人的看看舞，连同蛇舞在大阪阿弥陀院前的荒木座戏院、名古屋的大须观音庙、江户的回向院、深川八幡等地演出并且非常成功"（中村，1940 年 8 月 20 日）。可想而知，"清乐"传入以前，清朝音乐已经传到日本，而且在各地演奏并流行，以至于文政五年（1822 年）江户幕府下达禁止令。幕府的禁止，使其衰退下来，直到后来"清乐"再次传到日本，其音乐才获得兴盛之机（中村，1940 年 8 月 2 日）。总之，在当时，一部分清代音乐已为日本社会所接受，而且很可能被称为日本的音乐。

因此，"明乐"和"清乐"以及作为其总称的"明清乐"，也许如同当时一般对中国的事物的称呼一样，被称作为"唐乐""唐歌""唐音"，甚至被起上日本式的名称。

其次是有关"明清乐"曲调的演变。如前所述，"明清乐"特别是"清乐"，与吴越地方（江南、福建北部等）的民间俗曲有密切的关系，这些地方的俗曲中很多具有与清乐同样或相似的曲调，因此被认为是"清乐"的起源，其中有与中国的俗曲名称相同但曲调不同的，亦有名称不同而曲调相同的，以及名称和曲调都相同的。可以认为这些异同是在传承过程中的逐渐演变。其主要原因可以列举以下三点：

一是由于音乐本身的动态的因素。与社会和文化一样，音乐不是恒久不变的，而是经常发生变化。这是由于社会和文化本身的变化，以及与不同文化和音乐等交流和互动而产生的变化所造成的。"明清乐"也是如此，在中国的原来的曲调等由于后来中国社会文化等的变动产生了一定的变化；另一方面，传到日本的曲调等也为了适应日本社会状况而发生变化。这些变化必然导致曲目和曲调的演变。

二是日本人的传承所带来的演变。与第 1 点相关,在以中国音乐为基础的"明清乐"的传承过程中,传承人中多数为日本人。我们知道即使是同一民族在传播过程中也很难保证原汁原味,更何况是不同民族,所以曲调和歌词等在传承过程中逐渐演变为日本式的也不难理解。

三是传承中断的因素。"明清乐"传入后的三百年历史中,至少有两次中断。首先,明治十八年(1885 年)小曾根干堂去世后,女儿星海创业,菊移居横滨、东京,加之甲午战争的影响,在长崎有很长时间无法听到"明清乐"。直到 1920 年代前后,菊七十六岁的时候,为了给父亲干堂扫墓回到长崎后,才重新开始教授"明清乐"(小曾根 1980:63)。

其次,当时得到菊传授的中村绮罗,于 1940 年 27 岁时就已经不再从艺,从此也没有人再演奏明清乐,直到中村六十六岁时才再次接受弟子教月琴(花和 1981:158)。"明清乐"的传授法是口传身授,本来经过长年累月发生变化是不足为奇的。况且是数十年后重操旧业,难免发生淡忘。因此,尽管"明清乐"是断断续续地被传承下来,但是中断等因素造成的曲目减少以及曲调发生变化,是不难想象的。

最后,有关乐器的变化。前文中提到的《写真集明之大正昭和长崎》里登有"明清乐"的演奏照片①。照片里小曾根菊子坐在前面,广赖绪子拉二胡、中村绮罗打半鼓,总共有 19 名艺伎。根据照片的解说,明清乐在江户时代传入日本,但是到了明治时代一度失传。大正末年,经过迎阳亭饭店的主人衫山吉太郎努力,如同照片上的编制一样,得到了一定的复兴。但是,"现在(二战后),不可能再有这样的演奏了。"照片上的琵琶,与中国现代的琵琶形制很近,在清代,琵琶已具当今琵琶的形状,因此可以推定这是清代的琵琶。

现在"明清乐"里使用的琵琶(明清乐里称之为唐琵琶)是原荷兰大使弗·富利克②(音译)赠送给中村绮罗的,照片上看其弹奏法似乎与月琴的弹奏法相同,这大概是中村绮罗自习而成的,使用的是日本琵琶弦。

"明清乐"的琵琶与现代的中国琵琶相同,其前身是四弦曲颈琵琶。曲颈琵琶大约在南北朝时期从波斯经丝绸之路传到中国,在隋唐时期,其形状、称呼等已固定,在宋代和元代,其形状和演奏法等得到进一步发展,到了明清时代,目前所见的琵琶形状已经基本形成。明代和清代,与"明清乐"一起传到日本的琵琶,作为时代的产物,应该是与当时的演奏方式相同,不会是像中村绮罗那样用拨子弹奏,而是用手指弹的。

其次有关月琴。月琴有着像月亮一样的琴箱,四弦二音③,十三柱,琴杆短,虾尾稍微向后弯曲,用龟甲拨子弹奏。月琴是琵琶类乐器的一种,可以说是从正仓院保存下来的三种琵琶(阮咸、四弦曲颈琵琶、五弦直颈琵琶)演变而来的。秦代的弦鼓是一种对西域传入

---

① 照片现存于长崎市立博物馆,由已故田中恒寄赠。
② 对月琴抱有强烈兴趣的原荷兰大使,东洋学学者弗里克(已故)。1978 年其周年祭时,中村绮罗在圣无动寺演奏了"明清乐",之后将其活动称为"月琴祭"。
③ 指调弦法,即外二弦同音,内二弦也是同音。因此虽说有四根弦,但空弦只有两个音。

的四弦琵琶有很大影响的乐器,六朝称其为秦琵琶或秦汉子。魏晋"竹林七贤"之一的阮咸经常弹奏这种乐器,使其在唐代得了阮咸之名称。据说阮咸是直颈、四弦、圆形,用手弹奏。可以认为"明乐"的月琴是属于杆部较长的阮咸或阮咸类乐器。明清时代,产生了以阮咸为基础,短杆、整体大阮咸一圈的月琴。这就是在"明清乐"中使用的月琴。月琴作为用于戏剧和曲艺音乐的乐器,在中国,从20世纪60年代开始,根据各种音乐的需要进行了改造。因此,现在除了少数民族的月琴,以前的月琴只能在日本的"明清乐"里看到。目前,长崎"明清乐"的演奏团体都使用中国现代的月琴。

同样是四弦月琴,却与以前"明清乐"里使用的四弦二音不同,是中国使用的四弦四音的月琴。而且,使用的弦也从以前日本的三弦的琴弦变成与中国月琴一样的金属弦。出现此般变化的原因在于,日本不再有人制作"明清乐"的月琴,已很难找到这种月琴,而月琴在现代中国则大量生产,这可以说是"明清乐"的一种新的演变。

结语

"明清乐"的传播过程中华侨和唐寺院等起到了重要的作用。"明清乐"源于中国,但并非是中国的明清音乐,而是经过日本人加工再改造,并由日本人继承的明清乐,作为近代日本的外来音乐,已经过了数百年历史。"明清乐"与其用语一样,传承过程中受到日本文化的影响,演变至今,并成为长崎乡土艺术和旅游资源。

参考资料（以日语读音为序）

[1] 朝仓治彦 1983『日本名胜风俗図絵』角川书店
[2] 越中哲也 1977 "長崎の明清楽"『第4回日本音楽の流れ——近世の外来音楽』pp.4—8. 国立劇場
[3] 魏皓子明编 1872『魏氏楽譜』平信好师古考订　须原屋茂兵卫
[4] 小泉文夫 1977『日本の音－世界中の日本音楽』青土社
[5] 小曽根吉郎 1980 "明清楽の復興にかける"『旅——九州新風土記』6:122—123. 日本交通
[6] 长崎史谈会 1931『长崎名胜図絵』藤木博英社
[7] 长崎市役所编 1938『长崎市史　风俗编』清文堂
[8] 中村重嘉 1940(1968) "清楽书目" 田中享一编『长崎谈丛』27:60—63. 藤木博英社
　　　　　　1940 "明清楽" 長崎民友新聞（中村ブック）
[9] 中西启·塚原ヒロ子 1990『月琴新譜－長崎明清楽のあゆみ』長崎文献社
[10] 浜一卫 1966 "明清楽覚え书"『文学論輯』pp.1—18. 九州大学文学部

[11] 林謙三 1943 "明楽八調について" 岸辺成雄編『田邊先生還暦記念　東亜音楽論叢』山一书房

1962『东亚乐器考』钱稻孙译，人民音乐出版社

[12] 广井荣子 1981 "九連環とその周辺—明清楽への問題提起"『音楽文化』9：35—67．大阪音乐大学研究所

[13] 宫田安 1979『唐通事家系论攷』长崎文献社

[14] 杨桂香 1993 "明清楽 - 長崎に伝えられた中国音楽"『中央音乐学院学报』1：77—80

[15] 山本纪纲 1983『长崎唐人屋敷』谦光社

[16] 渡部库 1930『長崎風物記』東洋日之出新聞（中村ブック）

宋代士人古琴论述与"直溯三代"理想析探

明新科技大学　郭玲妦

一、前言

在中国诸多传统乐器里,古琴因其悠久的历史发展,以及蕴含着深远的文化意义,而在中国古代众多乐器中居于显要之位,所谓"八音之中,唯弦为最,而琴为之首"[1]"雅琴者,乐之统也,与八音并行"[2]足以证之。虽然在中国诸多传统艺术里,"琴艺"并非显学,但历代文人却多以兼具"琴、棋、书、画"技艺相标榜,而琴艺位居四艺之首。古琴作为古代最重要的乐器,被视为雅、正音乐的代表,是"圣庙之乐",是传统儒家礼乐观的象征,故深受历代文人的重视,除了对古琴技艺孜孜以求,对古琴的相关研究论述也多所用力,成就斐然。

古琴的创制诸说,虽不尽一致,但都定于上古三皇五帝时期,并赋予古琴神秘与神圣性。在崇礼尚乐的周朝,又以礼乐来区分社会等级,依礼制,琴分配给士阶层,成为士人身份的表征,所谓"士无故不撤琴瑟"[3];因此其发展与演变,与文人士大夫群体最为紧密相连。本文乃从梳理古琴创制诸说、士阶层与古琴的关系、古琴与"三代"的联系,层层递进论述,并透过宋代士人对古琴的相关论述,析探士人透过古琴寄托淑世情怀、传达治世理念,并以古琴作为"直溯三代"理想的重要载体。

二、古琴创制说

古琴,在中国古代仅称"琴",为平放的弹拨弦类乐器,由琴体与琴弦两大部分组成。琴体的基本形制是由弧形的琴面板与平直底板相胶合而成一长型音箱[4],长约一百三十厘

---

[1] 桓谭:《新论·琴道篇》,台湾"中华书局"1992年版,第3页。
[2] 应劭:《风俗通义》,台湾"中华书局"1992年版,第4页。
[3] 郑玄注、[唐]颖达疏、李学勤主编:《礼记正义》,台湾古籍出版有限公司2002年版,第140页。
[4] 据《淮南子·脩务训》所载:"山桐之琴,涧梓之腹。"琴面板与琴底板当是分别用软硬不同的桐木与梓木为材。(《淮南子·脩务训》,世界书局1965年版,第343页)

米,宽约二十厘米,厚约六厘米。琴面由琴首至琴尾分别有头、额、项、颈、肩、腰、脚等拟人名称,另有十三个标示泛音音位的圆点,称为"徽"。底板通常有两个名为"龙池"和"凤沼"的发音孔。琴弦数目则因历代琴制的不同,有一弦琴、五弦琴、七弦琴、九弦琴及二十弦琴等之别①。20世纪以来,为与其他弦乐器有所区分,乃以其为中国最古老的弦乐器,而称作古琴。

关于古琴的创制,古籍说法不尽一致,但大抵都定于三皇五帝时期,并有着上古时期的神话色彩,例如:

①伏羲(又称庖犧、宓牺)作琴说:

> 太皞庖犧氏,风姓。……作三十五弦之瑟,木德王,注春令。②

> 昔伏羲氏作琴,所以御邪僻,防心淫,以修身理性,反其天真也。③

再由《世本·帝系篇》所载"伏羲乐名《扶来》,亦曰《立命》"④,可知伏羲除了造琴,还创作了琴曲。

②炎帝朱襄氏造琴说:

> 昔古朱襄氏之治天下也,多风而阳气蓄积,万物散解,果实不成,故士达作五弦瑟,以来阴气,以定群生。⑤

③神农作琴说:

> 神农之初作琴也,以归神,及其淫也,反其天心。⑥

> 昔有神农造琴以定神,禁淫僻,去邪欲,反其天真。⑦

---

① 据清代嵇璜、曹仁虎等奉敕编撰《钦定续文献通考·乐考》所载:"琴制古惟五弦、七弦,宋太宗加为九弦,又作两仪琴二弦,更有一弦、三弦者,皆非古也。大晟乐府罢一、三、九弦不用是矣,并七弦罢之,则过矣。后复俱用,金元并沿袭之。……(太庙)登歌乐一弦琴、三弦琴、五弦琴、七弦琴、九弦琴,琴各二。"(嵇璜、曹仁虎等编:《钦定续文献通考》,台湾"商务印书馆"1983年版,第196页)历代琴制的沿革可参考赵璞:《中国乐器学——古琴篇》第二章"琴制"(文艺基金管理委员会出版,1919年版,第46—161页);赵璞:《中国乐器学——古琴篇》(文艺基金管理委员会1919年版,第46—161页)
② 司马贞:《补史记·三皇本纪》,见泷川龟太郎《史记会注考证》(文史哲出版社,1993年),第7页。[唐]司马贞:《补史记·三皇本纪》,泷川龟太郎:《史记会注考证》,文史哲出版社1993年版,第7页。
③ 蔡邕:《琴操·上序首卷》,艺文印书馆1966年版,第1页。
④ 杜佑:《通典》,上海人民出版社2007年版,第270页。
⑤ 吕不韦:《吕氏春秋》,台湾"中华书局"1979年版,第8页。
⑥ 刘安:《淮南子》,世界书局1965年版,第352页。
⑦ 扬雄:《琴清英》,艺文印书馆1970年版,第1页。

宓羲作瑟，神农作琴。①

神农氏琴长三尺六寸六分，上有五弦，曰：宫、商、角、徵、羽。文武增二弦，曰：少宫、少商。②

琴，禁也。神农所作。洞越，练朱五弦，周加二弦，象形。③

关于神农造琴传说，又以汉桓谭《新论·琴道》的记载最为完整，包含琴体大小、琴弦的数目，以及琴制蕴含法天地的论述：

琴，神农造也。……琴隐长四十五分，隐以前长八分。……昔神农氏继宓义而王天下，上观法于天，下取法于地，于是始削桐为琴，绳丝为弦，以通神明之德，合天地之和焉。……琴三尺六寸有六分，象期之数。厚寸有八，象三六数。广六分，象六律。上圆而敛，法天。下方而平，法地。上广下狭，法尊卑之体。……五弦，第一弦为宫，其次商、角、徵、羽。文王、武王各加一弦，以为少宫、少商。④

④祝融造琴说：

祝融取榣山之榡作琴，弹之有异声，能致五色鸟舞于庭中。琴之至宝者，一曰皇来，二曰鸾来，三曰凤来，故生长子，即名曰琴。⑤

⑤黄帝改琴说，传说古有五十弦琴，不知何人创制，黄帝一剖为二改为二十五弦琴：

古者祠天地皆有乐……太帝使素女鼓五十弦瑟，悲，帝禁不止，故破其瑟为二十五弦。⑥

⑥尧作琴说：

帝尧立，乃命质为乐。质乃效山林、溪谷之音以歌，乃以麋鞈置缶而鼓之，乃拊石

---

① 宋衷：《世本》，艺文印书馆1970年版，第3页。
② 张揖撰、王念孙疏：《广雅疏证》，台湾"中华书局"1966年版，第3页。
③ 许慎：《说文解字》，黎明文化出版1992年版，第639页。
④ 桓谭：《新论·琴道篇》，中华书局1992年版，第3页。
⑤ 虞汝明：《古琴疏》，见《说郛三种》（第7册），上海古籍出版社1988年版，第4583页。
⑥ 司马迁：《史记》，鼎文书局1979年版，第1396页。

击石,以象上帝玉磬之音,以致舞百兽。瞽叟乃拌五弦之瑟,以为十五弦之瑟。命之曰大章,以祭上帝。①

尧使母句作琴,五弦。②

⑦舜作琴说:

昔者,舜作五弦之琴以歌《南风》,夔始制乐以赏诸侯。③

昔者舜作五弦之琴,以歌南风;夔始作乐,以赏诸侯。故天子之为乐也,以赏诸侯之有德者也。德盛而教尊,五谷时孰,然后赏之以乐。④

舜弹五弦之琴而天下化,尧加二弦,以合君臣之恩。⑤

舜为天子,弹五弦之琴,歌《南风》之诗,而天下治。⑥

昔者,舜弹五弦之琴,造《南风》之诗,其诗曰:"南风之薰兮,可以解吾民之愠兮;南风之时兮,可以阜吾民之财兮。"唯修此化,故其兴也勃焉。⑦

上述有关古琴创制的传说,完全未言及古琴所具备的审美功能与音乐性,却有着神秘而不科学的色彩与教化功能的阐述;或是因为古琴所拥有的悠久历史,使得后人增添了许多想象、附会。虽今日面对这些古籍资料已难以判断是非真假,但值得思考的是这些传说中的古琴创制者,都一一指向上古时期的圣王,而且他们不单只是握有治理天下权力的人,更是中国古文明的创造者,本身都具有非凡的能力,是神、人的合体,是品高德众、心系天下生灵的圣王。因此之故,古琴也就赋予着上古圣王德泽布于民的精神,圣人造琴以"通神明之德,合天之之和"⑧,古琴不仅蕴涵着神圣性,更扮演神与人间的沟通角色,使神道下达于人世,具有促使天地和谐的教化性功能。

---

① 吕不韦:《吕氏春秋》,台湾"中华书局"1979年版,第10页。
② 高承:《事物纪原》,艺文印书馆1966年版,第35页。
③ 郑玄注、[唐]孔颖达疏、李学勤主编:《礼记正义》,古籍出版社有限公司2002年版,第1281页。
④ 司马迁:《史记》,鼎文书局1979年版,第1197页。
⑤ 扬雄:《琴清英》,艺文印书馆1970年版,第1页。
⑥ 刘安:《淮南子》,世界书局1965年版,第355页。
⑦ 王肃:《孔子家语》,艺文印书馆1975年版,第88页。
⑧ 桓谭:《新论》,台湾"中华书局"1992年版,第3页。

三、士无故不撤琴瑟

在崇礼尚乐的周朝,行仪规范的礼与雅乐德音,具有"别异和同"、安顿社会等级之差,又有使不同阶层的人和睦共处的教化功能,诚如《礼记.乐记》所载:

> 乐者,天地之和也;礼者,天地之序也。和故百物皆化;序故群物皆别。乐由天作,礼以地制。①

> 故圣人作乐以应天,制礼以配地。礼乐明备,天地官矣。②

人有尊卑等级之序,如天子、诸侯、士大夫与庶民,也有上下亲疏之别,如父子、夫妇、兄弟、朋友等,然这些不同的等级亲疏关系又共处于同一既定的社会结构之中,而礼能别异以教民,乐能和同以化民,礼乐的创制能兴教化,达到身修、家齐、国治而天下平的理想。

上述古琴的创制诸说,虽不尽一致,但都定于上古三皇五帝时期,并赋予古琴神秘与神圣性。但由于琴的创制晚于吹奏和打击乐器,诚如《礼记·乐记》所云:

> 圣人作为鼗、鼓、椌、楬、埙、篪。此六者,德音之音也。然后钟、磬、竽、瑟以和之,干、戚、旄、狄以舞之,此所以祭先王之庙也,所以献、酬、酳、酢也,所以官序贵贱各得其宜也,所以示后世有尊卑长幼之序也。③

圣人所做的六种"德音之音",鼗、鼓、椌、楬四者为打击乐器,埙、篪二者为吹奏乐器④。在崇尚祭礼的时代,祭祀时所使用的打击与吹奏乐器,被尊为道德的直接化身,自是有其崇高的神圣地位。再据《礼记·礼运》载礼乐的起源:

> 夫礼之初,始诸饮食,其燔黍捭豚,污尊而抔饮,蒉桴而土鼓,犹若可以致其敬于鬼神。⑤

可知早期先民乃是以蒉草抟土块做成鼓槌(即"蒉桴"),再筑土为鼓而成"土鼓",用以祭祀鬼神;由此可知,打击乐器的出现早于琴瑟,而且与礼乐祭祀有关,具有崇高地位。

琴因为创制晚于鼗、鼓、椌、楬、埙、篪等打击与吹奏乐器,故在祭礼中的地位较低;而

---

① 《礼记》,台湾古籍出版有限公司 2002 年版,第 1270 页。
② 《礼记》,台湾古籍出版有限公司 2002 年版,第 1274 页。
③ 《礼记》,台湾古籍出版有限公司 2002 年版,第 1312—1313 页。
④ 李纯一:《中国上古出土乐器综论》,文物出版社 1996 年版。
⑤ 《礼记》,台湾古籍出版有限公司 2002 年版,第 777 页。

统治者又以礼乐来区分社会等级,祭礼中乐器的等级反映在祭礼中所持乐器者的社会等级里,琴只能分配给了士阶层,所谓"礼,天子之乐宫县(悬),诸侯之乐轩县(悬),大夫直县(悬),士有琴瑟。"①

琴既分配给了士阶层,成了士阶层的表征乐器,所以"士无故不撤琴瑟"②,琴常伴士人左右。其地位虽无法和被尊为"德音之音"的鞉、鼓、椌、楬、埙、箎等六种乐器相比,然而,因为在中国古代,士不仅是当时知识阶层代表,更是文明发展的创发者,也是带领文化发展的灵魂人物,而琴既成了士阶层的表征乐器,因此琴就在士人的推动下,有了走出祭乐藩篱的契机,在其他领域里发光发热。秦汉以后,琴在士人生活中所扮演的角色,慢慢地从祭礼的伴奏乐器,到士人涵养性情与诗酒娱乐常伴左右的乐器,成为士人"常御之器",诚如汉代应劭所云:

> 君子所常御者,琴最亲密,不离于身,非必陈设于宗庙乡党,非若钟鼓罗列于虡悬也,虽在穷阎陋巷,深山幽谷,犹不失琴。③

琴不仅成了士人"常御之器",甚至大规模地进入文人雅士的诗词歌赋作品里,成为寄托情怀、传达治世理念、展现处世态度的重要载体:"如有所穷困,其道闭塞,不得施行,及有所通达而用事,则着之于琴,以杼其意,以示后人。"④并且随着各时代士大夫的学术思想、政治理念、审美观与价值观的发展,琴学、琴技、琴思等也披露出各时代不同的风采,"琴"乃走出了祭礼乐器的藩篱,就此有了不一样的发展命运与价值。

四、"三代"的叙述意涵

在古代儒家的思维中,"三代"乃指由尧、舜、禹圣王贤相所创造的理想化时代。先秦孔孟论述里早已揭橥,例如《论语·为政篇》云:"殷因于夏礼,所损益,可知也。周因于殷礼,所损益,可知也。"⑤另外,在《礼记·礼运》云:"大道之行也,与三代之英,丘未之逮也,而有志焉。"⑥《孟子》也盛赞"三代"及尧、舜等典范人物,强调:"道性善,言必称尧舜。"⑦此外,孟子更以尧舜为君臣的典型:

---

① 贾谊:《新书》,艺文印书馆1975年版,第19页。
② 郑玄注、颖达疏、李学勤主编:《礼记正义》,台湾古籍出版有限公司2002年版,第140页。
③ 应劭:《风俗通义》,台湾"中华书局"1992年版,第4页。
④ 应劭:《风俗通义》,台湾"中华书局"1992年版,第4页。
⑤ 何晏注、邢昺疏、李学勤主编:《论语注疏》,台湾古籍出版有限公司2002年版,第25—26页。
⑥ 《礼记》,台湾古籍出版有限公司2002年版,第766页。
⑦ 赵岐注、孙奭疏:《孟子注疏》,台湾古籍出版有限公司2001年版,第153页。

> 圣人，人伦之至也。欲为君，尽君道；欲为臣，尽臣道：二者皆法尧、舜而已矣。不以舜之所以事尧事君，不敬其君者也。不以尧之所以治民治民，贼其民者也。①

自孔孟以降，历代儒家学者阐述政治理念、盛世典范时，莫不以"三代之治"尧、舜、禹等圣贤为典范，其目的乃欲透过历史典范的叙述，以建立具体的普遍性理则，甚至是用以表述对美好家国的理想。诚如黄俊杰所述：

> 在古代中国思想史上，"三代"这个概念具有强烈的"非事实性"，古代思想家常运用"三代"这个概念，注入他们想注入的意义内涵，企图以这种赋"历史"以新意的方式，使历史经验对"现在"产生撞击并指引"未来"。这种历史思维方法，通贯古代中国的思想家，而以"言必称尧舜"的儒家最为显著。②

对"三代之治"的向往之情，以及对上古尧、舜等圣王典范的推崇，叙述的重点不在过去的历史或圣王，而是借由对典范的叙述（包括具体或传说的历史事件，以及人物）以批判现况，尤其是指引未来。

入宋后，由于赵宋王朝是在社会风气败坏与宗法关系紊乱之际立国，面对五季动荡"世道衰，人伦坏"③的种种社会乱象，让宋代这群"不但是文化主体，而且也是一定程度的政治主体"④"集官僚、文士、学者三位于一身"⑤的士大夫普遍关注政治改革，积极参与理想社会的实现，总以"兼磨断佞剑，拟树直言旗"⑥为自任，并以"开口揽时事，论议争煌煌"⑦而自豪。尽管三百多年的历史里，宋代士人时有因政治观点的不同，致使党争不断；但他们所抱持的淑世情怀、重建社会秩序、再造盛世的理想却别无二致；而尧、舜等圣王所统治下的"三代盛世"，便是这群急于走出五季动荡阴霾，重建社会秩序、安顿国家体制的士大夫们最常援引并注入新意涵以批判现况、指引未来的典范。例如，宋初石介推崇柳开"著数万言，皆尧、舜、三王治人之道。"⑧又如《宋史》中记载推行改革运动的王安石劝勉宋神宗应以尧、舜为典范：

> 陛下当法尧、舜……尧、舜之道，至简而不烦，至要而不迂，至易而不难。……陛

---

① 《孟子注疏》，台湾古籍出版有限公司2001年版，第224—225页。
② 黄俊杰：《中国古代儒家历史思维的方法及其运用》，《中国古代思维方式》，正中书局1996年版，第24页。
③ 欧阳修：《新五代史》，鼎文书局1976年版，第385页。
④ 余英时：《朱熹的历史世界——宋代士大夫政治文化的研究》，生活·读书·新知三联书店2004年版，第1页。
⑤ 王水照：《宋代文学通论》，河南大学出版社1997年版，第27页。
⑥ 王禹偁：《谪居感事》，见《小畜集》，台湾"商务印书馆"1968年版，第97页。
⑦ 欧阳修：《镇阳读书》，见《欧阳修全集》，河洛图书出版社1975年版，第15页。
⑧ 石介：《送刘先之序》，曾枣庄、刘琳主编：《全宋文》，上海辞书出版社2006年版，第281页。

下诚能为尧、舜,则必有皋、夔、稷。①

王安石正是以"三代"为治世典范、尧舜为圣王楷模来劝勉宋神宗,以作为他向神宗皇帝论述政治革新的参考典范。南宋时,朱熹也曾说:

> 国初人便已崇礼义、尊经术,欲复二帝三代,已自胜如唐人,但说未透在。直到二程出,此理始说得透。②

显见宋初至南宋以来的士人,在论述有关历史或政治现况时,莫不以"三代"与尧舜等圣王为典范出发。另外,苏轼在自述其学之本时,曾云:"臣之学也,以适用为本,而耻空言;故其仕也,以及民为心。"③基于"以适用为本""以民为心"的为学根本,故面对五代以来颓靡不振的文风,苏轼乃倡议"两汉""三代"之文为典范以挽之,其云:

> 自昔五代之余,文教衰落,风俗靡靡,日以涂地。圣上慨然太意,思有以澄其源,疏其流,明诏天下,晓谕厥旨。于是招来雄俊魁伟敦厚朴直之士,罢去浮巧轻媚丛错采绣之文,将以追两汉之余,而渐复三代之故。④

苏轼高举"追两汉之余,而渐复三代之故"的复古之旗,既批判五代以来文教的衰败与文风的萎靡,也揭示了文学创作发展的典范。因此,钱穆曾评述宋代士人时说:

> 他们用明白朴质的古文,来推翻当时的文体。他们因此辟佛老,尊儒学,尊六经。他们在政制上,几乎全体有一种革新的要求。他们更进一步看不起唐代,而大呼三代上古。他们说唐代乱日多、治日少。⑤

宋代士人这般"大呼三代上古"以重建社会理想秩序、安顿家国体制的现象,余英时也曾论述道:

> 无论就思维方式或行动风格说,宋代士大夫作为一个社会集体都展现了独特的新面貌,相形之下,不但前面的汉、唐为之逊色,后来的元、明、清也望尘莫及。……以

---

① 脱脱:《宋史》,中华书局 2007 年版,第 10543 页。
② 朱熹:《语类》,正中书局 1973 年版,第 4943 页。
③ 苏轼:《谢除两职守礼部尚书表·之二》,见《苏轼全集校注》,河北人民出版社 2010 年版,第 2759 页。
④ 苏轼:《谢欧阳内翰书》,见《苏轼全集校注》,河北人民出版社 2010 年版,第 5310 页。
⑤ 钱穆:《国史大纲》,台湾"商务印书馆"2009 年版,第 560 页。

政治思维而论,宋代士大夫的"创造少数"从一开始便要求重建一个理想的人间秩序,当时称之为"三代之治"。无论他们是真心相信尧、舜、三代曾经出现过完美的秩序,还是借远古为乌托邦,总之,由于对现状的极端不满,他们时时表现出彻底改造世界的冲动。这一思维倾向通两宋皆然。[1]

正是因为"对现状的极端不满",宋代士人无论是真心相信"三代盛世"的存在,还是在复古思潮下,承袭孔孟对三代、尧舜的钦慕之情,并借古以发心志、借古以革现况。总之,宋代士人在"直溯三代"理想的号召下,对两宋的政治、社会与文化等领域提出诸多的革新运动,以重建社会秩序,达成超越汉、唐,直溯三代的目标。[2]

五、古琴为宋代士人"直溯三代"理想的载体

宋朝以来,"物质文明和精神文明所达到的高度,在中国整个封建社会历史时期之内,可以说是空前绝后的"[3]。古琴既作为士人的"常御之器",宋代的士人在倾全力发展有宋一代文明时,自是竭尽才智,全方位发展琴学,无论是琴人、琴曲、琴论、琴画皆有丰硕成果,如卓有成就的古琴演奏家与作曲家有朱文济、郭楚望、汪元量、毛敏仲等人,而崔遵度、朱长文、成玉礀、刘籍等人则有琴史与琴论传世,此外,范仲淹、欧阳修、苏轼等宋代文士也都是当时著名的古琴鉴赏家,留有多篇古琴诗文佳作。古琴乃在士人们的推波助澜下,获得了其他古乐器无法企及的地位。

另一方面,古琴自从成为士人"常御之器",受士人依赖与器重。同时,"古之圣贤,留神于琴也"[4],传说中的古琴创制者,乃上古时期的三皇五帝诸圣王,而且"昔圣人之作琴也,天地万物之声皆在乎其中矣"[5]"八音广播,琴德最优"[6]。诚如宋室后代赵孟頫所云:

> 琴也者,上古之器也。所以谓上古之器者,非谓其存上古之制也,存上古之

---

[1] 余英时:《朱熹的历史世界:宋代士大夫政治文化的研究》,生活·读书·新知三联书店 2004 年版,第 5—6 页。所谓"创造少数",余英时乃援引英国著名历史学家阿诺尔得·约瑟·汤因比(Arnold Joseph Toynbee,1889—1975)之说,余英时指出:"他们(宋代士大夫)不但在思想上推陈出新,而且通过政治实践将若干重要的儒家观念纳入法度与习惯之中,成为结构性的存在。这一型的士大夫虽然只是汤因比(Ar-nold J. Toynbee)所说的'创造少数'(creative minority),但他们的影响是不容低估的。"(第 4 页)
[2] 在宋代学术研究文献中,显见"三代之说"确实是两宋时期十分显著的论述,前代所少见,本文碍于篇幅所限,实未详述,余英时:《朱熹的历史世界:宋代士大夫政治文化的研究》,生活·读书·新知三联书店 2004 年版,第 184—198 页。
[3] 邓广铭:《谈谈有关宋史研究的几个问题》,见《邓广铭全集》(第 7 卷),河北教育出版社 2005 年版,第 61 页。
[4] 朱长文:《琴史》,上海古籍出版社 1991 年版,第 66 页。
[5] 朱长文:《琴史》,上海古籍出版社 1991 年版,第 67 页。
[6] 桓谭:《新论》,台湾"中华书局"1992 年版,第 3 页。

声也。[1]

古琴既为"上古之器""存上古之声",因此古琴乃被宋代士人视为"三代之音"的遗存,所以张方平《秋夕听弹五弦琴》云:

> 古风久已坏,今夕闻遗声。恍若忘身世,怡然通性情。缅怀有虞氏,旷想三代英。此时知此意,青天秋月明。[2]

欧阳修也曾云:

> 夫琴……其忧深思远,则舜与文王、孔子之遗音也;悲愁感愤,则伯奇孤子、屈原忠臣之所叹也。喜怒哀乐,动人必深。而纯古淡泊,与夫尧、舜、三代之言语,孔子之文章,《易》之忧患,《诗》之怨刺,无以异……是不可以不学也。[3]

欧阳修以为古琴所展现的"忧思深远"之思,实就是虞舜、周文王和孔子之遗音;而古琴纯厚、古雅、淡泊的音色,正体现着三代尧、舜的治世思想、孔子仁德之章、《易》的忧患之思与《诗》所蕴含的怨刺精神,所以古琴是不可以不学的技艺。

再者,宋代朱长文在《琴史》中提到焦与梧桐乃上古圣人择以制琴的良材,而"焦与梧桐皆至清之物,而可见人心者"[4],人们从古琴里可以看见上古圣人至诚(即至清)的心意,所以后人"其能听之以耳,应之以手,取其和者,道其堙郁,写其忧思,则感人之际亦有至者焉"[5],故宋代士人在发展古琴文化的同时,也将古琴视为"三代盛世"的表征,透过古琴"直溯三代"的思维时有所见,如范仲淹所述:

> 思古理鸣琴,声声动金玉。何以报昔人,传此尧舜曲。[6]

> 诗书对周孔,琴瑟亲羲黄。[7]

> 明月万里时,何必开绿琴。凤皇下云霓,锵锵鸣中林。淳如葛天歌,太古传于今。

---

[1] 赵孟頫:《松雪斋集》,杨讷编:《元史研究资料汇编》,中华书局2014年版,第235—236页。
[2] 张方平:《秋夕听弹五弦琴》,见《乐全集》(第3卷),台湾"商务印书馆"1983年版,第25页。
[3] 欧阳修:《送杨寘序》,《全宋文》,上海辞书出版社2006年版,第24页。
[4] 朱长文:《琴史》,上海古籍出版社1991年版,第67页。
[5] 欧阳修:《送杨寘序》,《全宋文》,上海辞书出版社2006年版,第24页。
[6] 范仲淹:《鸣琴》,见《范文正公集》(第1卷),艺文印书馆1975年版,第16页。
[7] 范仲淹:《书海陵滕从事文会堂》,见《范文正公集》(第1卷),艺文印书馆1975年版,第16页。

洁如庖羲易，洗人平生心。安得嘉宾来，当之共披襟。①

古琴是葛天、庖羲、羲黄、尧舜等上古三代圣王所创，是"太古传于今"的圣王、治世之遗音，透过古琴"思古理""传此尧舜曲"，乃得以"亲羲黄"，由古琴以"直溯三代"。

诚如上节所述，宋代士人"直溯三代"的论述，往往是为了传达革新现况、重建社会秩序的理想，因此作为"三代之音"的古琴也具有政治改革、治平教化的功能，诚如张方平《雅乐》所云："教化治世之要，必本于礼乐焉"②，而古琴"淳和太平风，简淡邈古时"③，所以宋代士人主张"天下语宰邑之贤者，率以宓不齐为称首，以其弹琴化民，民不忍欺，谓得致理之要也"④。面对五季以来人心不古、世道沦亡的情况，北宋陈襄《古琴赋》中提出：

> 方今朝廷淑清，天下化成，愿以古人之风，变今人之情；以今人之乐，复古人之声。则斯琴心，可以易俗而移民，而斯世也可以背伪而归真。⑤

陈襄欲以"古人之风"的琴音，"变今人之情"，由复三代"古人之声"以"易俗移民""背伪归真"。换言之，古琴不仅是"三代之治"的表征，更是宋人表述"直溯三代"理想世界的载体。因此，宋代士人屡屡在诗歌中表达这样的思想，例如吕陶《送冯枢密》：

> 悟主言称舜，论兵谕借秦。无为群动悦，不陈四夷宾。宝鼎千钧重，薰琴九奏纯。放怀留化日，反掌叙彝伦。邦体还清静，王纲务率循。太平勋业就，寰海被尧仁。⑥

又如《送师厚》：

> 巍冕登车后，薰琴易柱时，迂方新视听，赤子系安危。罗网难投足，锥刀渐削肌，激昂忠论发，络绎奏封驰。⑦

以及黄庶《赋小桐》：

---

① 范仲淹：《松风阁》，《范文正公集》（第1卷），艺文印书馆1975年版，第17页。
② 张方平：《雅》，见《乐全集》（第11卷），台湾"商务印书馆"1983年版，第94页。
③ 刘敞：《和永叔夜坐鼓琴二首之一》，见《公是集》（15卷），艺文印书馆1966年版，第2页。
④ 王禹偁：《长洲县令厅记》，见《小畜集》（第16卷），台湾"商务印书馆"1968年版，第22页。
⑤ 陈襄：《古琴赋》，见《全宋文》（第1077卷），上海辞书出版社2006年版，第326页。
⑥ 吕陶：《送冯枢密》，《净德集》（第33卷），台湾"商务印书馆"1983年版，第250页。
⑦ 吕陶：《送师厚》，《净德集》（第33卷），台湾"商务印书馆"1983年版，第251页。

天地有和气,想为桐之腴。我愿刳作琴,献上九重居。坐使薰风还,虽死骨不枯。①

综上所述,宋代士人对古琴的叙述,既是士人们对政治与社会现况的批判,更承载着士人欲建构理想社会秩序、家国体制的理念。古琴显然成为宋代士人倡导传统儒学复兴、寄托淑世情怀、传达治世理念的重要载体。

六、结语

历代以来,古琴的发展和演变与士人群体紧密相连,所谓"士无故不撤琴瑟"②,古琴的相关论述,反映着各时代士人的价值观与理想性。因古琴的创制传说,古琴被视为"三代之音"的遗存,被赋予上古圣王德泽布于民的治世精神。入宋以来,以"以天下为己任"③的士人,急于走出五季动荡阴霾,重建社会秩序,安顿国家体制;因此,士人在抱持高度淑世情怀、高举复古旗帜以重建儒家理想社会背景影响下,对"三代遗音"的古琴相关阐述里渗进了强烈的儒家礼乐观,展现着《礼记·乐记》所云"丝声哀,哀以立廉,廉以立志。君子听琴瑟之声,则思志义之臣"④的精神。古琴不仅只是士人诗酒风流、怡情养性的乐器,更是士人传达"直溯三代"治世理想的载体。

---

① 黄庶:《赋小桐》,见《伐檀集》(上卷),台湾"商务印书馆"1983年版,第778页。
② 郑玄注、颖达疏、李学勤主编:《礼记正义》,台湾古籍出版有限公司2002年版,第140页。
③ 脱脱:《宋史》,中华书局2007年版,第10275页。
④ 郑玄注、颖达疏、李宗勤主编:《礼记正义》,台湾古籍出版有限公司2002年版,第1314页。

文津阁《四库全书》复印件所载誊录生员信息

台湾师范大学　黄明理

一、前言

编修《四库全书》，是清乾隆朝的文化盛事。最初规划的四阁《全书》，以及两部率先完成的《荟要》，在帝王的高度重视下，开馆十余年，动员的工作人员、投入的精神物力，实旷古罕见。

为期早日藏事，当时以手抄替代刊刻。一部《全书》约8亿字，一部《荟要》约3亿字，还有书中各式各样的图绘，都靠约聘来的在京善书生员，以每人每日不超过千字的速度进行誊录；誊写生员五年期限内合格完成一定字数，得以议叙授官，自备资斧，期间参加科考的权利依旧，并未受到限制。[①] 五年之期说短不短，可想而知，成功获得酬报的必有其人，但不能达到规定成绩，因病因事，或丁艰，或得隽而离去者，也必有其人；有离有补，前后在馆誊录的生员阵容是浮动的。

向来四库学讨论誊录的问题，多停留在誊录人数的统计上。20世纪70年代，吴哲夫撰《四库全书荟要纂修考》，曾钩辑摘藻堂《荟要》的誊绘人员，分作12类，采得文字（汉字与非汉字）誊录、绘图共约775人的姓名，[②] 才首见关于誊录生员更进一步的描述。90年代，吴氏又有《四库全书纂修之研究》，但于《四库全书》的誊写者并未特别着墨，誊录名单无所扩展。2012年张升《四库全书馆研究》较精准地估算誊录者总数外，书中多处引用传记资料，提及某些誊录者的生平片段，代表另一种关于誊录人的研究方向。约此同时，笔者为了观察书手书写风格，全面搜讨《四库全书》誊录生员，于2013年整理得《文渊阁本〈四库全书〉誊绘人名录与辨析》[③]一文，去掉疑名，扣除重复，加上只见于吴氏所辑的誊绘人，约得2600余较可靠的名字。

[①] 张升：《四库全书馆研究》，北京师范大学出版社2012年版，第223—247页。
[②] 《四库全书荟要纂修考》，台湾"故宫博物院"1976年版，第10—21页。人数经笔者核查，去其重复计算而得，与原书略有出入。
[③] 此文发表于《中国学术年刊》第36期，台湾师范大学国文系，2014年，第45—92页。

然而，率先成书的《荟要》与文渊阁本，承担其抄写工作者，毕竟是四库馆早、中期投入的，当中有些人不会延续到誊录文津阁本。成书晚三年的文津阁本，自应有一批不同于早期的书手。因此，笔者于2014年10月起利用台湾大学图书馆，翻查北京商务印书馆影印的《文津阁四库全书》，继续逐册逐卷搜寻登记于书首、卷尾的誊录者资料，两年以来翻览已毕。此文主要目的即在呈献搜寻成果，俾对《四库全书》誊录生员名册的建立，做一有始有终的交代。

文题中"誊录生员"的称呼，不同于以往称"誊绘"，原因是：所见《文津阁四库全书》异于文渊阁本，从头至尾未曾有区别绘图者、篆隶誊录者的记载。文渊阁本6名篆隶写手，全不复见；文渊阁本57名绘图者中，则有14名见于此，然注记的身份是誊录者而非绘图者。[①] 在此情形下若沿用之前称为"誊绘生员"，语意已不准确。

至于对所见《四库全书》，一改"某阁本"的指称方式，标示"文津阁《四库全书》复印件"则为凸显其与"原本"的差异。之前翻阅影印文渊阁《四库全书》时，以为面对的就是缩印复制的"原本"，忽略了二者之间的差异，但再度翻查影印文津阁《四库全书》，却惊觉复制本与原本不只是尺寸大小的差异，当中存有许多制作过程中有意或不以为意的"变异"。甚至，出版社同批生产的各套书之间，犹存在印刷、装订时造成的差别。[②] 是故文章标题如是，并在此明示所见、所述只是藏于台湾大学图书馆的1500册[③]，不敢类推其他"复印件"皆同于此。

二、"复印件"与"原本"差异可能的影响

北京商务印书馆影印《文津阁四库全书》2006年正式出版，2005年底曾于北京人民大会堂搭配部分《四库全书》原本对外展示，《人民日报》的相关报道谓："此次影印文津阁本《四库全书》全部采用精密数码照相制版，这在国内大型出版项目中尚属首次……经历了拍照、编辑制版、印刷3个环节的工序，其中，拍摄工作历时2年，一共拍了约320万页；使用了当下最先进的数码照相技术"[④]。与历次《四库全书》的出版工作相比，此次复制耗时最少，版本样式最丰富。

但新技术的方便性，却在看似不重要的书册誊校资料处，严重改变了原貌。不同于台湾"商务印书馆"《景印文渊阁四库全书》在每一册的"书名卷次栏"左侧空白处呈现誊录、校对资料，文津阁《四库全书》复印件同一本书只一见书名栏，栏左一般也印有誊校资料，

---

① 57名绘图者中，有18名（与文津阁本之14名重复者7人）同时是文渊阁本的楷书誊录。参见《中国学术年刊》第36期，台湾师范大学国文系，2014年，第57页。
② 如《景印文渊阁四库全书》，台湾师范大学总图书馆与国文研究所各藏一套，其1081册杜牧《樊川文集》，总图本卷12、13阑入《白香山诗集》内容，国文所本则无误。
③ 所藏为：北京商务印书馆2006年第一版，第一次印刷。
④ 见中国政府门户网站，2005年12月23日。又《文津阁四库全书·前言》于翻印技术亦有所介绍，第1—17页。

然并非指整本书由此誊录者、校对者负责,因为在同书不同卷内还会出现或同或不同的誊校者,这些资料放在卷尾的空白处,代表此卷或之前几卷由某人誊录、某些人校对。卷尾留下的空白处有大有小,这些誊校资料的规格大小也不一致,有别于文渊阁复印件的整齐划一,这绝非阁本原貌,而是经过照相制版比例缩放的操作。①

数码照相存档资料,还可以复制贴上。当连续几笔誊校人员相同时,诸阁本制作时必然是一次又一次写上,同一书写者的字迹极近似,但毕竟不完全吻合。但今日影印,却不用一次一次照相——后面出现的相同信息,以第一次复制的图像贴上,即可省时省力。文津阁《四库全书》复印件中,类此情况非常多,对保存《全书》而言,当然无关宏旨,但以采集誊录人为目的时,不免疑虑会否失实。②

文津阁《四库全书》复印件自 1110 册至 1112 册《东坡集》共 115 卷,竟只有书籍开头一笔誊录资料,颇令人怀疑是否合乎"原本"。而此下到 1170 册,计有 120 余家宋人别集,也都只书首一笔誊校记录,卷帙少的不论,诸如《栾城集》《柯山集》《淮海集》《鸡肋集》《龟山集》《梁谿集》《松隐集》《华阳集》《苕溪集》《卢溪文集》《北海集》《鸿庆居士集》《北山集》《嵩山集》《于湖集》《晦庵集》《止斋集》《盘洲文集》《诚斋集》《剑南诗稿》《渭南文集》《江湖长翁集》都是 40 卷以上甚至超过百卷大著,誊录者应该都不止一人。周必大《文忠集》更特别,1—102 卷(1151 册),誊校资料出现频率如常,然 103—200 卷(1152、1153 册),却一笔资料也无,落差甚大。到了 1170 册以后(1179 册除外)才大致恢复常见誊校记载情形。这异常现象,是否复制时懈怠不谨所造成的呢?③ 当然,"原本"如此或流传中遗逸,也有可能,但不管如何,其中的失常已影响誊录人名的搜检。

另外,"复印件"装订疏失,又有违"原本"。台湾大学图书馆的《文津阁四库全书》,册中漏缺、阑入、错乱者,足以使人觉得"频仍",而其中连续缺数卷者,亦可能遗落誊录资料。所见有:

开册即缺脱者,如 0160 册缺页 1—16,《春秋大全》书首、提要、序等皆不见,也少了书名栏左的誊校资料。

册中缺脱者,如:0435 册《历代名臣奏议》缺卷 123—126、143—146;0703 册《朱子语类》缺卷 134—137;1278 册《遵巖集》缺卷 19 后半至卷 23 前半;1362 册《江湖后集》缺卷 15 后半至卷 21 前半;0240 册《史记集解》卷 41 后半至卷 47 前半脱,而阑入前册(0239)《史记》卷 93—101 的内容;0897 册《太平御览》卷 331—334 脱,而重复该书卷 131—134。

卷末缺脱者,如:0673 册末《崇文总目》缺卷 7 后半至卷 12;0734 册末《巢氏诸病源候

---

① 《文津阁四库全书》复印件 1072 册,第 362 页,《九家集注杜诗·18 卷》,誊校资料便因未适度缩小而仅存诸人的姓氏,其下的名字都被截掉了。
② 举例来说,1193 册第 619 页王鎡《月洞吟》书名栏左,其实复制同一册第 577 页的《山民诗集》誊校资料:誊录监生铙锡光、校对官编修范来宗;书仅一卷的《月洞吟》,卷尾又载:誊录监生路泰、校对官修撰戴衢亨。这显然是今人编辑制版时的疏失。
③ 《四库全书》内也有未载誊录者的书籍,如一些"钦定"书籍,或因别有缮制系统,与此似是"失载"的情况不同。

总论》缺卷 46 后半至卷 50;0899 册末《太平御览》缺卷 562 后半至卷 566;1047 册末《太平广记》缺卷 97 后半至卷 103;1289 册末《伐檀集》缺卷 8 后半至卷 12;1434 册末《御定全唐诗》缺卷 792 后半至卷 796;1487 册末《历代诗话》缺卷 24 后半至卷 27。

以上罗列的变异与缺失,看似不少,然比起一部《四库全书》所有卷帙,比例不算太高,尤其想到文源阁本已无从搜寻、文溯阁本尚未曾经眼,这些"不见",对誊录人资料的统整而言,影响虽有而甚微。在诸处消失的名字,可能都于前于后被采辑得到,所以,对誊录生员全体阵容的掌握,还不会有结构性的破坏。

其实统整誊录人员的工作,比采集不全更棘手的问题,是名字的辨识。

三、姓名登录传写衍生的难题

北宋宋绶博学喜藏异书,手自雠校,尝谓:"校书如扫尘,一面扫,一面生。"①书籍传抄刊刻间,总难免造成错误,或脱漏,或增衍,或讹误,或倒置,至今犹然,即使自行输入的自撰文稿,往往还有意外的错误,所以凡是文字载记,都应勤于校勘。四库馆臣中人数最多的就是分校官(誊录生更多,但他们不算"馆臣"),原因在此,而誊录进度每日 1000 字为限,字数不太多,除酌量可以仔细誊写外,也是考虑校对工作的负荷。② 但四阁书成后,仍让高宗发现错误所在多有,于是一面惩戒致误人员,一面即展开详校复勘。由此可见,要求文字传抄无误是多么困难。

手抄书籍内容是经过一再校对的,而《四库全书》书册副页上所载誊录生员抄写范围以及负责校对官员的资料,大概就少了这番功夫,所以存有的错误非常多,尤其都是难用上下文意推断的符号——人名。

虽然现在看到的二阁书籍上记载着这些资料,形式上很有"物勒工名,以考其成,功有不当,必行其罪"③的担责意味,让人直觉范围内文字即出于他们所抄写校订;但自翻对文渊阁图书开始,笔者即发现不然,其中誊录人同而笔迹相异、誊录人异而笔迹相同者比比皆是,根本无法靠这些记录系联书人与书迹的关系。④ 而且,人名未经核对,一有笔误即成"另一人",如何据以论功究责?今翻阅文津阁图书,书人与书迹依然不能对应,而记录中专业的篆隶誊录、绘图者一律从缺,更令人深信核抄书成绩的依据,不该是阁本上呈现的誊录资料,否则如何追究篆隶、图绘者的责任呢?换个方向想,誊写、绘图成绩攸关誊录生的前途,四库馆据以考成的缮写内容,本该经过彼此确认,以常理推测:当事人至少会签名

---

① 彭大翼:《山堂肆考》,见《文津阁四库全书·0979 册·124 卷》,商务印书馆 2006 年版,第 12 页。
② 参见乾隆四十年(1775)4 月 15 日《多罗质郡王永瑢等奏戈源请将誊录计字议叙应毋庸议折》,张书才编:《纂修四库全书档案》,上海古籍出版社 1997 年版,第 378 页。
③ 《礼记注疏·17 卷〈月令〉》,艺文印书馆 1986 年版,第 343 页。
④ 《文渊阁本〈四库全书〉誊绘人名录与辨析》,载《中国学术年刊》第 36 期,第 48 页。誊录生请人代写的情况相当普遍,也是造成书人书迹无法一一对应的原因。

画押表示认可。但阁本上整齐划一的记名,却非誊录者自署。那么,若未经确认,誊录人会安心接受凭此进行考核吗?若要确认,阁本装制之时或之后,可有时间让众多生员去检核自己完成的范围?职是之故,《全书》最后制作阶段,写手在书册副页登载誊校资料时,应知此与实际成绩考核关系不大,目的是为书册的完整性与美观进行修饰,所以只需根据四库馆提供的资料,一笔一画化作端楷填写,而不须质疑挂名誊录者与范围内笔迹不一致的问题,也不用太在意写下的人名是否正确。

登载誊校资料的写手,并不是本文讨论的《四库全书》誊录生员,他们是另一批装制图书的工作人员,知识水平应不如誊录生员。登写记录中常有错字,例如"恭"下半部写成水,"黎"下半部反而写成如恭字下的心;示部的"礼"、"祖",偶尔误写为衣部;耳部的"聘",或误写成日部,或写成目部,有时又写成左日右再的怪字;"甯"中的心写成必,"茂"下的戊写成戌,"昂"下卬写得似印,"漆"字右上部件写得似来,都是增笔致误;而"槐"少厶、"宽"少一点,都是减笔致误;"戀"的矛写作爻,"穎"的禾写作天,"隆"的右下部件写作缶,"涵"的函写作亟,"肇"的聿写作手,"鋟"的金写作今,都是含糊字形而易换部件致误;等等。这些常用字的误写,反映了对文字构造理解不足,也透露书写时不严谨的心态(在采集名字时,此类错写皆直接更正,不另计一名)。

不严谨,所以通同字、俗写简字、异体字的使用很普遍,有时用了别字,以致"佘景奎"、"余景奎"难分孰是,"嵇"姓或写作"稽",而"锡"字随时可被写为"錫"。现时分得清楚的"锺"、"钟"二字,不管作为姓或名,都见互通互替。还有错认通用字的,如文津阁复印件1281册页490,出现一次"陈冀","冀"早在汉代就通"翼"字,①但文渊、文津誊录生中都无"陈冀",而有多笔"陈翼",这便有可能是写手看错字,或者误以为"冀"是"翼"的通同字。尤有甚者,有些像故意捉弄,如1343册页183"锺拔【元鸟】"(应是拔元,期望极高的名字上被讹加"鸟"字),0167册页151"萧文诬"(应是文钲),0186册页572"刘星输"(应是星轸),0381册页643"周超偏"(应是超伦),0730册页742"刘福微"(应是福征),0731册页251"朱锡卤"(应是锡卣),1258册页215"憨悥诚"(应是意诚),1402册页368"李愚德"(同书前有李惠德、后有李思德)。【元鸟】字,字书所无,而诬、输、偏、微、卤、悥、愚等字,组合成负面含意的名字,为汉人社会中所罕见,写手于登载时,若不是心存促狭,就是无动于衷、懒于查证。

正因如此,从《全书》采得的名字总数,会比实际人数多得多,当中充斥因写错而没有对应人的"虚名字",绝不会等于誊录人员的总数。

《文渊阁本〈四库全书〉誊绘人名录与辨析》文中,笔者拈出令人怀疑的姓名约有四类:一是残字漏字;二是字序倒置;三是字书未收字或错字;四是误书别字,此类又分字音近同、字形相似,以及书写时为他名影响等小类。这些情况在文津阁誊校资料中仍时时可

---

① 文津阁誊录生名中有"冀元亨",有时即写作"翼元亨"。见下小节,十六画。

见,当然还会有其他类型,比如字形拆合(张曷变成"张曰丙"、汪兆鲲误为"汪兆鱿"、龚霖雨误为"龚霖林"),或名中某字重复(吴映熙误为"吴熙熙"、吴星耀误为"吴耀耀"),等等。不过,最需提醒的还是行草书写而形近的问题,登载誊校人名的写手面对的原始资料,不全是端楷所书,应有带行带草的签名,其中笔画减化或牵连,极易被误认为另一字,逮写成楷书后,往往会是两个差异甚大的名字,上文已经有所整理,在此略作补充。如:

方维翰/方经翰	王方维/王方旌	五云/王云	王云同/王云间
白种德/白种玉	史光阳/史光得	沙元中/何元中	李焕霞/李煐霞
杜锋/杜铎	周范衍/周范【彳斤】	胡纪勋/胡纯勋	武铠/武锭
金以诚/金以城	秦联佩/李联佩	秦沆/秦沅	张潾/张隣
张友柏/张友相	张光湘/张光湖	麦凤岐/李凤岐	叶芳淑①/叶芳洲
萧德敏/萧注敏	谢惇/附惇	苏尔通阿/苏尔通河	

这几组名字,斜线两旁差异的楷字,在写成草书后,相似性就会很大。这是习惯标准字形、印刷字体的今人常忽略的。

姓名传写间衍生的疑名,不胜枚举,仅能于采录时多注意前后笔资料,或于采辑后慎作比对,以期减少错误。待查的情况诚属棻杂,然而从文津阁复印件上搜集到的大量誊录资料,对于之前采辑的名录,还是具有比对修正的功能的;而增多的可确定名姓,也可继续扩充对《全书》誊录群体的认识。收集结果,名字与摛藻堂《荟要》誊录相同的,共 15 人;与文渊阁誊绘者相同的,共 1251 人;另有不见于前二群体者 800 余人,罗列于下节,名上有注记的,估量可疑成分较高,但必然也有少许笔者误判者;较可肯定的名字恐怕只有 500 名左右。

四、采自文津阁"复印件"的新增名字

其字后加 * 者,标记此字为错别或增衍字。

其连续二字加 * 者,标记此名颠倒或二字均有误。

其名中有短杠 - 者,标记此处遗漏一字。

其字右加( )并陈者,标记二者为正异、通用字。

其以【 】括住拼合说明者,标记其字不见于字书或甚罕见。

(一)非汉字誊写者 26 名

五十三、王栢龄、王宁、西成、色布星额、吴敏、松龄、法世善、花尚阿、容海、祥临、通保、舒汕、富明、富敏、富灵、杨镐、德俊、德陞、慧林、卢铭刚、穆精阿、噶尔炳阿、丰绅、龄山、龄椿

---

① 淑,有异体字作"㸫",行笔带草字形如洲。

（二）汉字誊写者 482 名

以下依姓氏笔画数次序排列（笔画数以姓氏的繁体字为准，排版时用简体字）：

1. 二画

丁文莲、丁方*州*、丁成宗*、丁垧*、丁炯、丁垌*、丁瑷、丁裴*圣、丁端*麟、丁维庸*、丁兴圣、丁观国

2. 三画

于瑷福*

3. 四画

牛炳文（文渊绘）

元机*、元玑

孔继邹

文恒昌

方岳、方经*翰

毛世运、毛廷珍、毛林鸿

王大*偏、王千里、王之藩、王方淮*、王方维、王方旌*、王元亮、王天佑、王天凤、王文*吕、王文*侣、王世浒、王-仁、王令纷*、王中地、王臣、王辰*、王再鳌*、王载*鳌、王同獣*、王仰曾、王兆态、王兆鏐*、王成*冠*、王圻、王侣、王廷钧、王宗箓、王宗献（獻）、王宗獣、王长吉、王柽、王秉均*、王恒华、王恒璋、王勖（勇）着、王若濬、王茂先、王茂林、王家杞、王家珍*、王容、王时澜*、王-倬、王起选、王航、王章、王逢-、王清奇、王清芹、王云、王云秀、王云间*、王朝辅*、王-源、王恺、王华澍、王铣*、王铣、王梦寿、王凤翔、王嘉宾、王梁、王震、王锡田、王锡培、王锦方、王锦龙、王谨*、王应涵、王应瑞、王鸿远*、王燮、王瀚*、王显普*

五*云

支敏学

4. 五画

包人杰

史光得*、史光巨、史巨*光*、史兆兰、史廷爽、史述曾、史述善*、史书笏

玉麟

古锡（錫）

石景、石毓栋

左奉安、左清*濬

田霖

申廷*桂

白种德

冉可椿、冉琼

功＊元直

5. 六画

向宗望

任衔蕙

安秉亨、安秉义

曲【宀部下贞】(寘)

米＊永贵

朱大年、朱及、朱玉＊林、朱圻、朱昆＊、朱【土部右冉】、朱思＊、朱-政、朱伦＊、朱抡、朱复、朱惪玠、朱惪珍＊、朱填＊玠、朱惠＊玠、朱赓-、朱赓祁＊、朱乐、朱锡召、朱锡卤＊、朱锡卤＊、朱锡黻、朱锡黼、朱庆贵、朱鹤

江敦礼、江纶

6. 七画

何＊元中、何际＊盛、何谨

余元瑞、余＊兆鼎、余兆＊锡、余凤苞

吴于宣、吴曰＊仁、吴中＊秀、吴兆晋、吴光裕、吴裕＊光、吴廷奇、吴宗衍、吴芸、吴弈材、吴＊是光、吴星耀、吴耀＊耀、吴祖年、吴时＊敬＊、吴涯、吴葆光、吴瑃、吴【玉部右奏】＊、吴嘉植、吴嘉【木部右真】＊、吴熙＊熙、吴稼书、吴锡纬、吴镐

吕虬、吕沛淳＊、吕伟、吕瑛、吕映＊、吕端、吕【玉部右乔】、吕灿

宋-濂、宋杲、宋星炜、宋逢宸＊、宋国瑛＊、宋翔凤、宋凤＊翔＊

扶龍川＊

李大鲲(文渊绘)、李元亨、李元春、李天＊任、李文焘、李之奎、李予修、李世法、李永祺＊、李永观、李汝南、李汝楠＊、李汝揖＊、李圻＊、李炘、李志靖、李金趯、李承记＊、李芬、李长法、李弈潽、李昭贤、李昭质、李贻＊质、李祖＊信＊、李培资、李清＊、李＊逢震、李连＊、李琏＊、李隆祁＊、李惠＊德、李愚＊德、李健＊、李晖、李煁＊霞、李梦奎、李楫＊玉、李＊凤岐、李鼎、李朴、李＊联佩、李韵、李誉＊芳、李腾方＊、李腾茅＊、李铸

杜兆萱、杜＊均邦、杜茂村＊、杜茂林、杜＊桂森、杜朝阳、杜裕棠、杜＊然、杜犖-、杜鹏程、杜鹏远、杜铎＊

沙中＊元＊、沙遵祖

沈汾、沈廷焯、沈近勇、沈峻、沈俊＊、沈琳、沈云尊、沈朝宗、沈远标、沈维基

汪日荌、汪中浚、汪本庄、汪本义、汪兆鯢＊、汪度、汪承汸、汪承炯、汪承洞、汪承洞＊、汪朝辅＊、汪朝黼、汪巨(文渊绘)、汪润＊、汪养源、汪应鳌＊、汪显忠＊、汪颢＊宗

狄勋＊

邢夙＊竹

那昌

7. 八画

周士＊升＊、周世德、周本中＊、周充＊瑾、周光-、周廷瑛、周长泰、周范＊衍、周范【彳斤】＊、周庶琦、周庶衡、周清辅、周绍芬、周-复、周超伦、周超偏＊、周履衢、周树萼

孟裕观

季垣、季恒＊

来期鳞

林克镠、林鸿英＊、林鸿暎＊、林＊鹏远

武铠、武锭＊

长经翱

门庆泰

尚安

邵天＊惠、邵垣

邱士典＊、邱士倎、邱士琠＊、邱绎年

金以城＊、金以诚、金淏、金维-＊、金维康、金润

附＊惇

8. 九画

侯赐荣、侯卫

俞世求、俞世琦、俞世倚＊、俞沅、俞敦信

南光晋＊

姜贻谋、姜树善＊

姚永年、姚廷仪、姚英、姚阶成

施尊

查玑＊

柳勋文＊

-洪勋

纪＊奎文

范光复、范炎＊、范-泰、范准

胡文锦、胡明阶＊、胡是光、胡士＊光、胡纯＊勋、胡牲、胡森-、胡瑛、胡学渊

洗元钦

度＊锋、度＊三泰

连郎＊

9. 十画

倪政

唐之＊善、唐凤池

孙起南＊、孙国珍＊、孙焕文、孙瑾、孙树本、孙檩、孙锡煆、孙曙沧

宫春

徐士林、徐元燮、徐立朝、徐宗麟、徐书受、徐绍新＊、徐然、徐照、徐赋、徐镕、徐宝麟

殷修家

秦廷釪、秦栢林

秘锺唐＊

翁德政

郝松平＊

袁文揆、袁文拨＊

马中龙、马文耀、马孔晖、马九＊晖、马孔挥＊、马沅、马崐（昆）、马维岳（岳）

纳＊凤鸾

高弈孝、高象观、高寿、高肇晋、高潮、高模楷、高楷＊模＊、高镐＊

10. 十一画

崔湘七、崔汉源、崔德心

巢夙＊、巢凤山＊

常汝梅

康仪民、康润

张大升＊、张大纶、张中灏、张五伦、张曰＊丙＊、张曰株＊、张曰球、张世＊铨、张友相＊、张宁阳、张永振、张光湘、张光厢＊、张光湖＊、张光鉴、张同治、张兆桂、张兆柱＊、张彤、张枋＊、张宗潆、张宗峄、张秉麟、张其翰＊、张其瀚、张政、张思诏、张恩、张烜、张纯、张跂（岐）【山部右阜】（阜）、张跂＊【山阜】、张＊跂、张曾位、张曾圻、张曾良、张曾贻＊、张曾诏＊、张恺、张裕昆、张铬、张瑗、张瑛奎、张筮和、张说＊、张网＊、张聚楼＊、张德懋、张凤鸾、张隣＊、张墀、张龙井＊、张鸿、张荐馨、张鹏程、张宝材（文渊绘）、张体公

曹如璧、曹清选、曹凤元、曹锡横＊

梁坦＊、梁恒＊

梅-调

毕所滽＊、毕所铛＊、毕所档＊

盛惇复

符瑞

莫廷绶

庄绳武

许力＊学＊、许立荣、许元仲、许桂、许候＊璋、许祖焘、许登陛、许登陞、许凤库

连篙、连簫

郭文炯

陈光钟、陈自＊华、陈兆雄、陈宏献＊、陈君＊实＊、陈金＊、陈念本、陈奉玺、陈炎＊瑛＊、陈炎＊英、陈柄＊德、陈拭＊、陈惠、陈阳＊、陈杨＊、陈圣恩、陈夑＊、陈图＊泰、陈瑞、陈琏、陈德－陈锤毂、陈燧、陈韵、陈怀德、陈鹤瑞

陆之灿（文渊绘）、陆以诚、陆以誠、陆光洛、陆珍、陆春庆、陆逢瑞、陆启坦＊、陆德灿

陶元直、陶必容＊、陶必溶＊、陶衡、陶鹗

章跋

11. 十二画

傅商林＊、傅商＊林＊

劳涵

单可椿、单可瑾、单筠

喻懋＊龄＊

彭令典、彭希纬、彭辂、彭选

曾廷栋（楝）、曾逵、曾与＊宗

汤晟、阳＊晟、汤恺、汤垲＊、汤＊观澜

焦汝甸

犹元律、犹元伟

程全、程任、程锤（钟）（文渊绘）、程鹏（文渊绘）

童旦＊、童亘

舒正戴＊、舒其侣＊

华光-

费瑛

贺云鸿、贺智＊贤＊

闵荣青＊

翔麟

冯伟＊、冯炜＊、冯循＊、冯像、冯豫、冯【水部右新】、冯观朝＊、冯观润＊、冯观澜

黄士償＊、黄允洙、黄令典、黄本谐、黄廷授＊、黄冈（岗）、黄明＊苏、黄昭苏、黄若伊、黄挺＊、黄珽、黄越＊、黄钺、黄椿、黄鸣泰、黄图泰、黄屿＊、黄鎌＊、黄馨性

黑时＊夏＊、墨＊夏时

12. 十三画

廉永纶＊、廉承＊伦

杨又＊宪、杨三元、杨世鳌、杨用敷、杨兆鳣、杨法南、杨珵、杨程＊、杨桯＊、杨理＊、杨渤文、杨毓-、杨毓莲、杨毓【木部右鼐】、杨庆元、杨庆光＊、杨庆先、杨应昌、杨应瑞

敬惇典

叶方＊淑、叶芳洲＊、叶全、叶汝芝、叶秉礼(礼)、叶濂

葛世宽、葛廷栋、葛瀛之＊

董芳薰＊、董昌-、董昌遇、董家麟

葵＊暎

裘堂

贾吕＊、贾世瑛＊、贾湘、贾镛

邹有汶＊

雷之纯、雷＊光璐、雷轩

13. 十四画

熊之垣、熊之堂

管城

翟一＊机＊

赵乃锻、赵世模＊、赵世谟、赵本魁、赵廷伦＊、赵林、赵升＊基＊、赵基-、赵爽＊、赵墌＊、赵辂、赵焕章、赵与昱、赵舆＊昱、赵兴＊存＊、赵学诗、赵皷、赵瞻云

齐泰年、齐逢年

14. 十五画

刘汝＊阜、刘兆绳、刘成佑＊、刘均＊、刘恂＊、刘枸＊、刘星曜、刘星输＊、刘浩、刘纯性、刘国安、刘安＊国＊、刘晔、刘源浩、刘辂、刘格＊、刘运培、刘义遵(尊)、刘铜、刘桐＊、刘荫庠、刘纬＊勋、刘锡爵、刘濩＊、刘获＊

樊宗＊捷

欧阳跻

潘世浒、潘元濂＊、潘元㷉、潘尚清、潘堂、潘锺鼎

蒋原＊传

蔡本仁＊、蔡国湖＊、蔡培基、蔡鋐

卫甯朴(朴)

谈颖

郑宏猷、郑澂

邓世＊品、邓王＊麟

鲁扬清

黎文润＊

潭＊廷相

15. 十六画

冀(巽)元亨

卢光骆＊、卢问＊鼎

萧文诬＊、萧注＊敏、萧恂、萧-敏、萧诏＊、萧韶、萧德敬、萧总＊敏

钱中鉴、钱廷＊鹏、钱楷、钱铸

阎（闫）成化

憨怠＊诚

16. 十七画

应书绅

戴天锡、戴念高

济东阿

薛名＊扬＊、薛茂育、薛晋蕃、薛凤椒、薛梦＊蕃

薛＊翰

谢玉田、谢田＊玉＊、谢式楠＊、谢廷诚＊、谢纯钰、谢理馨、谢朝銮、谢朝鸾＊、谢斯熊

锺拔【左元右鸟】＊、锺贵、锺（钟）翯

韩近曾、韩桂＊、韩伟、韩纬＊、韩谷庭、韩宝晋、韩宝善

纵司焬

17. 十八画

谬＊汝和

蓝霈

颜崇礼

魏廷孝、魏鎽

18. 十九画

罗华

谭湘-、谭荣光＊、谭荣先

19. 二十画

严跃＊霄

苏尔通河＊、苏载

饶鍚＊-

铙＊锡光

20. 二十一画

顾文＊新、顾光显、顾桂森、顾超、顾瑞-

21. 二十二画

龚履平、龚霖雨、龚霖林＊、龚济＊美、龚丽＊正

22. 二十五画

观＊成

政治美学的两张面孔

——论"翻身"叙事中文学与图像的互文性

陕西师范大学　李跃力

20世纪40年代末到50年代初,在中国共产党的领导和发动下,一场翻天覆地的土地改革运动席卷了中国大地。对于这场从根本上改变了中国乡村社会结构和权力关系的运动,文学和图像均有细致而经典的描写。它们都致力于凸显土改运动的"翻身"主题,描写农民通过诉苦会、清算会、批斗会、群众大会等手段,打倒了作为剥削者与权威者的地主,获得了经济与精神的双重解放,"翻身"是对这一结果的形象化说法。意味深长的是,文学与图像所用符号虽截然相异,但在"翻身"叙事上却存在惊人的互通之处,可相互阐释,甚可相互转化,呈现出明显的"互文性"。对这一互文性的研究,不仅有助于加深我们对"十七年"文学与图像的理解,更有助于探讨文学符号与视觉符号之间的深层关联。

一、"翻身"图文的同质化

应该说,文学与图像中的"翻身"叙事由来已久,1930年代的革命小说和左翼美术中就出现过对此主题的描写。但只有在土地改革成为一场由政党和国家权力支持的全国性运动之后,图像和文学集中而持续地展开对土地改革的书写,"翻身"叙事才成为文艺史上一个特殊且重要的现象。

1946年5月4日,中共中央发出《关于清算减租及土地问题的指示》(亦称"五四指示"),标志着全局性的土地改革运动的开始。而在此之前,延安已出现了不少此类题材的木刻作品,有名者如江丰的《清算斗争》(1942,图1)和古元的《减租会》(1943,图2)。

图1　　　　　　　　　　　　　图2

"五四指示"发布后的1947年10月10日,中共中央颁布了《中国土地法大纲》,土地改革运动在全国各地掀起了高潮。到了1953年,除新疆、西藏等少数民族地区外,土地改革得以全部完成。

土地改革运动轰轰烈烈席卷全国之际,正是以此为内容的图像和文学作品大量产出之时。图像对这一运动的表现,多选择诉苦会、清算会、斗争会、群众大会等仪式化场景,通过构图、色彩、线条的特殊使用强化阶级对立、突出人物特征、表现斗争结果,进而凸显"翻身"的主题。新中国成立前,代表性的图像大致有:马达的木刻《土改》(1947),彦涵的木刻《斗争地主》(1947)和《审问》(1948),莫朴的木刻《清算图》(1949),以及石鲁的木刻《说理》(1949)。新中国成立后,代表性的图像有:刘岘的木刻《斗争恶霸》(1950),张怀江的木刻《斗争恶霸大会》(1950),王流秋的素描《反恶霸斗争》(1950),陈尊三的纸本水墨《暴风骤雨》插图(1956),王式廓的素描《血衣》(1959),贺友直、应野平的中国画《控诉地主》(1959),张奠宇、赵宗藻、曹剑锋的铜版画《斗争恶霸》(1959),以及周波的中国画《变不了天》(1965)等。需要说明的是,土地改革在1953年虽已初步完成,但为了回应毛泽东提出的"千万不要忘记阶级斗争"的口号,被批斗的地主形象又重新显现在图像之中。在现代中国美术史上,这些作品因题材重大、表现生动而影响甚巨,有不少艺术家如古元等借此奠定了在美术界的地位。尤为重要的是,这些作品前后相继,形成了一种描写此类题材的"典范"。

文学作品中"翻身"叙事的发展轨迹与图像大体相同。新中国成立前,以描写土改闻名的小说有周立波《暴风骤雨》(1948—1949)、丁玲《太阳照在桑干河上》(1948)、赵树理《邪不压正》等;新中国成立后"十七年"这样的小说更是层出不穷,代表性的有陈学昭《土地》(1953)、陆地《美丽的南方》(1960)、李乔《欢笑的金沙江》(1961—1963)、王西彦《春回地暖》(1963)等等。丁玲的《太阳照在桑干河上》和周立波的《暴风骤雨》在1952年获得"斯大林文艺奖金",其在"十七年"文学中的"正典"地位自不待言;其他描写土地改革运动的小说在"十七年"也产生过重要影响。与图像中固定化的时空不同的是,文学作品往往试图展现土地改革运动斗争复杂而惊心动魄的全过程,土地改革的胜利也常常以诉苦会、清算会、斗争会的召开为前提或标志,作为文本叙事高潮的诉苦会、清算会、斗争会也同样是图像着力描写之处。

统观图像与文学的"翻身"叙事,无不具有公式化、模式化的特征。若忽略一些无关紧要的细节描写,这些图像在人员构成、人物塑造及表现手法上并无太大差异;而小说对诉苦会、清算会、斗争会的叙述也具有模式化、同质化的特征。这样,不仅图与图、文与文趋同,图与文也可互通互配,任一图像几乎可与任一小说中的描写相互搭配、相互阐释。例如,在小说所描写的斗争会、批斗会上,寡妇和老年妇女往往扮演着重要的控诉者的角色,也是点燃群众怨恨怒火的主要因素,如陈学昭《土地》中批斗地主俞有升的场面:"他被押到台上以后,拼命地想钻到台角落里去,可是台下的人们喊起来了:'跪下来!跪到台前来!'他只得跪倒在台前。……控诉的人排着队伍地立在通主席台的楼梯边,长长的一行。当林队长宣布斗争大会开始了,前面的人便争先地到了台上。周雪珍同了周德才的娘和葛炳林的妻,老早就坐在台边的一只长凳上,德才的娘今天是支了一根拐杖来的,这时候她抢先立起来,雪珍一把把她扶到了台前,……这时候,黄墩村的人们喊起了口号:'撤换狗腿子村长!打倒狗腿子!'"[1]而在图像中同样如此,这段描写配以上文所举的《斗争恶霸》(图3)、《斗争恶霸大会》(图4)等做插图亦无太大不妥,这就是高度同质化的图文叙事所造成的后果。

图 3   图 4

二、"包围式结构"与作为"中心"的地主

在"翻身"叙事的文学与图像中,地主都是描写的中心。在图像中,作为视觉中心的地主形象是通过构图上的包围式结构和焦点透视的方式来实现的。而在文学作品中,群众滔滔不绝的控诉包围着地主,几乎被剥夺了语言权利的地主却成了群众语言暴力的中心。

这里所谓的"包围式结构",并不是美术理论或美术史上的既定概念,而是对"翻身"叙

---

[1] 陈学昭:《土地》,人民文学出版社1953年版,第74—75页。

事图像在构图上的整体特征的形象化概括。一般来说,"翻身"图像由土改工作人员、农民群众和地主三种类型的人物组成,整个画面中,土改工作人员和农民群众对地主形成了包围或者半包围的态势。这种包围式结构无疑是隐喻性的,它传达的意义十分丰厚:既表明土改小组作为发动者和组织者的身份,又突出了组织起来的农民群众形成的排山倒海般的力量;同时也显现出在两者的包围下,地主插翅难逃、败局已定。在这一包围式结构中,地主作为中心的地位还被农民的动作所强化,农民的手指、眼光、身体无不朝向地主,地主可谓处于"千夫所指"之中。这一包围式结构在符罗飞的《斗争地主大会》(图5)中表现得尤为明显:群情激奋的农民群众包围着低头认罪的地主,有的高举拳头、高呼口号,有的忍不住冲上前去,有的指斥地主,所有愤怒的眼神都聚焦于一点。因此,包围式结构中的地主绝不仅仅是被人群所包围,而且还被愤怒的情感以及由这种情感所催生的巨大力量所包围。

图 5   图 6

"翻身"图像对地主中心地位的表现并不采用中国传统绘画散点透视的方法,而是采取西方绘画焦点透视的方法,其原因在于:"民间传统绘画中虽然有描绘冲突场景的图像,但在比例、透视、人物形象及气氛营造等方面都不能达到激烈且逼真的效果。像斗争会这样的多人物的复杂构图便不得不借助于西方写实绘画。"然而,"翻身"图像并不将作为视觉中心的地主置于画面的中心位置,而是中间偏左或偏右一点。这就使得以地主为焦点的整个画面并不对称,相反却是倾斜乃至失衡的,这自然与图像语言想要传达的群众与地主力量的巨大反差有关。在有的"翻身"图像中,作者干脆将控诉者与地主并置,用农民来反衬地主。"地主当然是处于众目睽睽之中,但他的位置决不能因为集中而得到拔高,应该突出的是农民,尤其是走到前台的核心控诉者的形象。"[1]在王式廓的名作《血衣》(图6)中,作者干脆用控诉者取代了地主的视觉中心地位。在图像中心,一名女性站在台阶上双手高举血衣,身体因极度痛苦和愤怒而向左后方扭动;她身边一位白发苍苍的老妇手扶拐杖,右手伸出,痛苦的往事似乎就要脱口而出;地主却敛首低眉立于台阶之下。王式廓"把受压害最深重的控诉者或即将进行控诉的农民集中在一起,置于画面中心,以求揭露

---

[1] 胡斌:《解放区土改斗争会图像的文化语境与意识形态建构》,载《文艺研究》2009年第7期。

封建恶霸地主过去的种种罪恶的活动事实,表现被难者的忿恨","强调农民向地主斗争是主要方面,农民的斗争正是由于地主阶级对农民的残酷剥削与迫害所激起的"。[①] 无论地主是否为画面的焦点,"翻身"图像中的地主形象均处于被群众力量包围的态势之中,其败亡的命运已经无可改变。

"翻身"意味着旧有的权力关系的解体,必然要经历一个旧权威被彻底打倒的过程。因此,小说的"翻身"叙事常常展开这一曲折艰难的斗争过程。在小说的叙事链条中,诉苦会、斗争会、清算会是一个至关重要的转折点,它本身就是一场仪式,终结旧秩序旧时代,开启新秩序新时代,它的作用无可替代。这也是图像大多以此为表现对象从而与文学形成互文的根本原因。与图像中被包围的境遇一样,小说文本中的地主同样处在农民群众的包围之中,处在愤怒的情感洪流之中。图像通过构图的处理,突出地主的中心地位;而小说则将地主置于语言暴力乃至身体暴力的中心。

在马加的《江山村十日》中,当金成把地主高福彬拉进斗争会会场的主席台前时,"两边的人流向着中间挤过来,左右打旋",高福彬便被人群所包围了。诉苦一开始,高福彬便陷入了语言的旋涡:

> 一个穿着靰鞡的中农李成林出来诉苦说:"高福彬,你当屯长,克扣我的配给布,还有洋火,放豆油你掺假……"
> 高福彬不敢吱声,低下头,像瘪了的茄子,斜着窟窿眼,看见大家伙把他围得风丝不透,乱糟糟一阵。
> "你抓我的劳工!"
> "你领警尉翻出荷粮,洋刀叮当山响,吓得小孩直哭……"
> "打倒地主!"

小说通常并不将斗争会进行简单化处理,而是突出斗争会的"斗争"性质。地主虽然处于群众语言的中心,但他不会甘心轻易放弃自己的言说权力。因此,斗争会往往呈现为语言的交锋,实际上是话语权力的斗争。斗争会也必定会以地主的"失语"和农民群众高呼口号而告终。《江山村十日》中的高福彬看到"心慈面软"的金老板子上来诉苦,就"使了软招子":"金大哥,咱们两家父一辈子一辈的处了多年,隔壁邻居,有什么过不去的地方!""金大哥,不要提了,咱们都是开荒占草的老户。""我置地也不容易呀!"高福彬的"感情牌"不仅无效,反而激起了农民更大的愤恨,由此将其推入更严重的暴力中心:"这个老骚货,有多少钱都填窟窿了!""这个老鸡巴头子,不打他是不输嘴!""打这个老杂种操的!"[②]在王西彦的《春回地暖》中,地主甘愚斋的每一次辩解都会引来暴力的狂潮,有扯他

[①] 王式廓:《"血衣"创作过程中接触到的几个问题》,载《美术研究》1960年第1期。
[②] 马加:《江山村十日》,上海文艺出版社1959年版,第127—132页。

胡子的,有打他的光脑壳的,有喊把他吊起来的,有想把他拖出去丢池塘的。① 陈学昭《土地》中的地主俞有升则根本没有辩解的机会,在群众的控诉结束之后,他被区人民法庭判处死刑,当场执行。②

三、对立模式与艺术张力

文学对"翻身"的描写和图像还有一个共通之处,那就是对地主和农民群众的两极对立关系的凸显,无论是文学作品还是图像中,都嵌着一种正反对比、善恶对立的叙述模式。

在图像和小说中,地主都是被特别突出的形象。图像对地主形象的"标出",不仅要通过对地主衣着、动作、神态、形体等的精心描写,还需要在构图、色彩和线条上与农民群众形成强烈对比,在众与寡、强和弱、明和暗的对比中塑造反面形象。王流秋1950年的《反恶霸斗争》(图7)就因在此方面做得不够而受到批评。在《反恶霸斗争》中,斗争会在断壁残碑的破庙里进行,画面的中心是手拿宣判书的工作人员,她和身边一站一跪的地主被处理为远景,线条粗疏,面目模糊;而近处手握农具的群众则描写细腻,充满了力量。钟惦棐对此批评道:"台上的两个恶霸,一站一跪,但他们的位置被处理得太远,只能作速写似的描写。这在作为造型艺术的特质来说,如此牵动着整个会场情绪的两个人物,作这样简单的描写,是很不容易在观众心理引起同样愤怒情绪来的。特别是垂手而立的那个老头子,屡弱得有些近乎可怜,这便不能使观众直接通过画面的形象,去认识前列人物的动作是完全自然和合理的。"③因此,地主形象的塑造,关系着意识形态能否被充分表达,这也是图像在艺术上能否成功的关键。与王流秋相比,刘岘的《斗争恶霸》(图3)就比较成功。首先,在《斗争恶霸》中,地主是被精心刻画的形象,他被凸显于台前,低头跪着,胸口牌子上的"恶霸地主"四个字引人注目。尤为重要的是,作者在色彩上进行了鲜明的对比,跪着的地主被处理成黑色;他胸前的牌子,身边高大健硕、拳头高举的农民,身后的工作人员,以及台下人头攒动的群众都被处理成亮色,再加上远处人群尽头的留白,无不彰显出地主的气息奄奄和未来光明的远景。地主和农民群众之间的尖锐对立,恰恰是通过这般鲜明的对比表现出来的。在古元为《暴风骤雨》所做的插图(图8)中,正在控诉的老田头、面对观众的农民群众和被绑着背对观众的韩老六的明暗对比也十分鲜明。而陈尊三为《暴风骤雨》所做的插图(图9),则通过大量的留白与地主自身衣服的明暗对比来突出地主形象。与这些相比,《反恶霸斗争》则"缺乏高度的在艺术描写上所必需的对比与协调"。④

---

① 王西彦:《春回地暖》,作家出版社1963年版,第475—488页。
② 陈学昭:《土地》,人民文学出版社1953年版,第75页。
③ 钟惦棐:《对〈反恶霸斗争〉的看法》,载《人民美术》1950年第5期。
④ 钟惦棐:《对〈反恶霸斗争〉的看法》,载《人民美术》1950年第5期。

图 7

图 8

图 9

  小说也同样强化地主和农民群众之间的极端对立。"诉苦"是将这种对立公开化、尖锐化的重要手段。诉苦所展开的,是地主盘剥、压榨、欺辱农民的漫长历史。在《土地》中,地主俞有升"强买田地、放印子钱",还害死了德才娘和葛月娥的丈夫,"逼死了我们村里这许多人"。① 这些字字血、声声泪的现场讲述,激起了巨大的情感共鸣,不仅点燃农民的愤怒之火,构成施展暴力、当场判决的合法性基础,也将农民群众组织成与地主势不两立的整体,其意义自然非同寻常:"通过新旧对比、善恶判断,构成两极性的典型与象征:作为万苦之源、万恶之源的以地主阶级为代表的旧社会、旧制度和作为万众救星的社会主义新国家"。②

  图像在色彩上对地主形象的阴暗化处理不只具有政治意义,它还是道德的和伦理的。

---

① 陈学昭:《土地》,人民文学出版社 1953 年版,第 74—75 页。
② 郭于华、孙立平:《诉苦:一种农民国家观念形成的中介机制》,见中国社会科学院社会学研究所编:《中国社会学》第五卷,上海人民出版社 2006 年版,第 184 页。

图像艺术中色彩的明暗对立象征着善与恶的对立、正义与非正义的对立。在小说文本中，地主的恶也不仅仅表现在经济上对农民的盘剥、在法律上的害人性命，更为重要的是欺男霸女、荒淫糜烂等难为民间道德伦理所容忍的品性。如《春回地暖》中的甘愚斋年老好色，糟蹋害死了不少姑娘，"北乡胡塘那细妹子"、"唱戏的安徽妹子"、"白鹭塘那妹子"、"冬妹子"等，有的被甘愚斋所凌辱，有的宁死不屈被害死。①

图像与文学中两极对立模式对地主的描写，都充满着张力。图像将反面人物置于群众运动的激流旋涡之中，在色彩和线条上对反面人物进行突出，形成一种强大的画面张力。除此之外，图像还着力于对群众暴力的宣泄-抑制的描写，这也是画面张力的重要来源。同样的，文学作品中对群众暴力的描写，也存在一个宣泄-抑制-疏导的机制。

这一机制的形成来自土地改革政策的变化。1950年6月28日，中央人民政府委员会第八次会议通过了《中华人民共和国土地改革法》，其中第32条明确规定："为保证土地改革的实行，在土地改革期间，各县应组织人民法庭，用巡回审判方法，对于罪大恶极为广大人民群众所痛恨并要求惩办的恶霸分子及一切违抗或破坏土地改革法令的罪犯，依法予以审判及处分。严禁乱捕、乱打、乱杀及各种肉刑和变相肉刑。"②刘少奇在1950年6月14日的人民政协全国委员会第二次会议上做了题为《关于土地改革问题的报告》，指出："我们在今后的土地改革中，不能容许混乱现象的发生，不能容许在偏向和混乱现象发生之后很久不加纠正，而必须完全依照中央人民政府和各级人民政府所颁布的法令及其所决定的方针、政策和步骤，有领导地、有计划地、有秩序地去进行。"③这无疑是针对前期土改中暴力滥用的情况。因此，1950年之后土地改革所举行的诉苦会、斗争会中，地主不应该在现场。然而，无论是图像和小说，却都选择了地主在场的方式，这无疑是艺术作品营造矛盾冲突的需要。王式廓在谈及《血衣》的构思时说："例如土改后期，在斗争会上，地主是不出场的，我曾经想尊重这个生活真实，让地主不出场。我想通过干部的一个瞬间动作，把群众斗争的目标引向地主的住宅。这样处理的结果是不好的。群众斗争的目的性不鲜明，矛盾揭露得不尖锐，就容易削弱作品的思想性和感染力。其实地主出不出场绝不会影响生活本质和党的政策问题。因此，我又决定把地主安置在画面上。"④王流秋的《反恶霸斗争》应和王式廓的想法一致。但曼因却对此批评道："依现在的政策和法令不论在土改或尚未土改地区中的反恶霸地主斗争，被斗争的对象——恶霸或地主是不准到场的，农民也不得任意处理罪犯，这是为了保持农村的革命秩序。如果这幅画是描写人民法庭或治安机关审讯恶霸分子的话，在审判中亦不能加诸刑罚。现在这个恶霸被捆着并强迫他跪

---

① 王西彦：《春回地暖》，作家出版社1963年版，第480—485页。
② 《中华人民共和国土地改革法》，见新华书店山东总分店编辑部编：《土地改革手册》，新华书店山东总分店1950年版，第11页。
③ 刘少奇：《关于土地改革问题的报告》，见新华书店山东总分店编辑部编：《土地改革手册》，新华书店山东总分店1950年版，第17页。
④ 王式廓：《"血衣"创作过程中接触到的几个问题》，载《美术研究》1960年第1期。

在台阶上,显然在法令上是不容许的。"因此,《反恶霸斗争》"在表现方法上违犯了当前的政策与法令,而产生了严重的政治错误"。①

政治要求与艺术要求之间的两难,却造就了文学与图像中别样的艺术张力。声势浩大的群众力量固然是要表现的重点,但绝不可能放纵它使其逾越政策与法令的界线。这样,在地主和群众力量之间,就总有抑制性力量的存在。一方是奔腾肆虐意欲吞噬地主的狂潮,一方是工作人员或其他群众极力阻拦、安抚与疏导,这宣泄与抑制之间的张力,是"翻身"图像和文学的独有特征。

图 10

这种张力在贺友直、应野平的中国画《控诉地》中表现得十分明显,图像的视觉中心是身着长袍的地主,他身旁的地上是一件作为罪证的血衣,包围着地主的,是满眼怒火、挥舞拳头、身体前倾的群众。画面的包围式结构,群众的神态、动作,尤其是色彩上由近及远的逐渐淡化,营构出群众绵延汹涌的怒涛。但这怒涛并未得到倾泻,而是被压抑的。图像中颇为引人注目的是被两位女性拖住而身体后倾的中年女子,显现出欲扑向地主而不得的姿态;地主对面两位要冲上前去的男子也被工作人员劝阻着。整个画面因此而充满了紧张。

在小说中,"诉苦"不仅是一种情感的宣泄机制,更是一种情感的整合和升华机制。通过"诉苦",农民的个人仇恨被整合起来且升华为阶级仇恨,为暴力的实施确立了合法性。但这一合法性却需要国家意志的确认,需要符合政策和法令的规定。在斗争会上,群众为情感所激起的暴力冲动常常服膺于强大的国家意志,暴力的实施也需要抑制和经疏导由国家来完成。《春回地暖》中,当群众喊着"打得好!放肆打!""敲破那老不要脸的狗脑

---

① 曼因:《对〈反恶霸斗争〉的几点意见》,载《人民美术》1950 年第 5 期。

壳!看他还能造么子孽!""扯胡子!先扯掉他那把狗胡子!"时,女村长甘彩凤喊着"大家先莫打人","用自己的身子遮住甘愚斋",呼吁大家要"说理斗争"。当诉苦的寅大婶忍不住要扑过去用牙咬甘愚斋的时候,人们"立刻爆发出一阵吼叫":"咬!放肆咬!咬死他!""打死他!今天要他这老不要脸的狗命!""拿绳子来!把他吊起!"……"拖他出去!丢到门口塘里去!"面对群众喷薄而出的暴力冲动,甘彩凤说:"现在,我们叫这老狗先承认,寅大婶有没有捏他半句白?他承认啦,我们再诉……大家记得他造了哪些孽,好把他送人民政府……"乡主席从旁给她补充:"送人民法庭!区人民法庭就要在我们回马乡成立啦!""对!送人民法庭!"有个同志也马上加添道,"土改改到哪里,人民法庭就立到哪里,专审地主不法分子!"[①]为集体代言的国家意志更具合法性,集体暴力的冲动由此被抑制进而升华了。因此,小说文本中不仅存在着情感的张力,也存在着情感的被压抑而产生的张力,这和图像无疑是互通的。

文学与图像在"翻身"叙事中的互文性,主要来源于1942年《在延安文艺座谈会上的讲话》发表后所形成的政治美学。这种政治美学突出阶级差异,主张斗争美学,将身份与道德高度政治化。在新中国成立后,这一政治美学在国家权力的支持下演变为一种不容置疑的美学规范或曰国家美学,以一种超乎寻常的力量统摄着文学与图像。文学与图像以及它们之间的互通互融,无不是这一政治美学作用下的产物。

[①] 王西彦:《春回地暖》,作家出版社1963年版,第483—486页。

情为何物

——从"白石有格而无情"看《人间词话》所论之"情"

台湾政治大学　许嘉玮

一、清代词论中"情"的几种面向

"情"作为文学的重要概念,意义层次极为丰富,有情绪、情感、情志、情性、情实等,应放回每个使用者的观念与理论框架下才能看出价值所在。词体要眇宜修,长于"言情",已是共识。清代词学最为凸出者在于理论的建构,而自晚明到晚清,重情说在词学的发展,也逐渐从专主闺襜男女的婉娈柔靡变得更加广泛。沈祥龙便指出:"词之言情,贵得其真,劳人思妇,孝子忠臣,各有其情。古无无情之词,亦无假托其情之词。柳、秦之妍婉,苏、辛之豪放,皆自言其情者也。必专言《懊侬》、《子夜》之情,情之为用,亦隘矣哉。"[①]由此可知,词作所述之情除却闺情外,更容纳其他内容,风格则婉约、豪放多元并陈。此外,因常派词论盛行与道、咸以后政局动荡的缘故,即便是男女情事的描写,解读时也多半强调艳而不亵、别有寄托的意旨。

王国维身处清末民初,恰为一代学术总结之际,而其人学识渊博,对中西学术均有涉猎,《人间词话》[②]面世至今,相关研究众多,重要性可见一斑。王国维的论词观点与晚清盛行的常派相出入,他尤其不喜张惠言深文罗织的诠释方式,但论及非大词人所不能道的"三境界",却又自言"遽以此意解释诸词,恐为晏、欧诸公所不许也"(89页)。显然他并非不知此说局限,而是别有用意。"三境界"的"言外之意"并非具体指涉特定现实事件,而是某种情怀与人生观照。张惠言推尊温庭筠,与自身不遇之情密切相关,而此恓惶忧叹之感,不过一己际遇之感怀,尚未提升到更高层次的人类普遍共通之情。王国维对李后主与

[①] 沈祥龙:《论词随笔》,见唐圭璋编:《词话丛编》,中华书局2005年版,第4053页。
[②] 彭玉平:《人间词话疏证》,中华书局2013年版,以下简称《疏证》。彭氏指出此书底本乃以词话手稿为基础,并参酌滕咸惠的《人间词话新注》(以下简称《新注》),二者除去顺序的变动外,仅有若干文字差异。此外,《疏证》后出转精,除收录初刊本与重编本可资对照外,对内容辨析、理论源流、征引文献有较多着墨,并申发不少一己之见,堪称目前最具学术价值的版本。为洁篇幅,文中引用词话时,但于文后标示页码,不另加注。

温韦的评价,更与常派中坚周济的意见相左,他以为"词至李后主而眼界始大,感慨遂深,遂变伶工之词而为士大夫之词。周介存置诸温、韦之下,可谓颠倒黑白矣"(357页)。对照其他则词话,可知温、韦、张惠言的感触近乎政治家之眼,"域于一人一事",无法如诗人之眼般"通古今而观之"(335页)。

至于浙西词派,王国维对其效法的典范名家姜夔批评甚多,认为"古今词人格调之高,无如白石。惜不于意境上用力,故觉吾言外之味,弦外之响,终落第二手"(153页)。甚至直截指出"白石有格而无情",顺带抨击周济与晚清四大家所称誉的吴文英只是"龌龊小生"(121页)。这恐怕不只是推崇五代北宋而贬抑南宋的个人偏嗜而已。① 独标境界说的王国维,无疑对"情感"二字有着自己的思维和论述框架,这也让他的词论在晚清独树一帜。然而《人间词话》的"情"所指为何,放回王国维的词学思想如何诠释,正是本文所欲展开之处。

二、格调与情感——《人间词话》对白石词的评价与定位

刘少雄曾从用情态度与表现手法两个角度去讨论姜夔词情的美感特质,阐发清空幽冷而又精致雕琢的作品背后,含蓄委婉地隐藏着姜夔一生的行迹与情事,这样的作品较难获得读者直接的兴发感动。同时批评清代词学主流对寄托身世之感的解读落入循环论证的泥沼,且牵强附会具体情事的说法令人无法信服。文中更指出王国维认为"白石词有格而无情",主要原因是姜夔面对现实人生不能有所承担,却又无法超脱,是以在文学表现上,既不能深入内里,体物写情,也不能超然物外,穷神观化,于是内外无法贯通,导致作品有隔。② 此说颇有见地,然而放回《人间词话》以境界为基础的理论框架,王国维是如何以格调与情感作为定位框架去评价白石词呢?

首先必须说明,王国维对姜夔并非一味贬抑,如对"淮南皓月冷千山,冥冥归去无人管"二语仍颇为称赏,显然在"词以境界为最上。有境界则自成高格,自有名句"(181页)的标准下,仍能称得上是有境界之作。毕竟王国维以为"北宋之词有句,南宋以后便无句。如玉田、草窗之词,所谓'一日作百首也得'者也"(307页),此处南、北宋之别当属概括而论,毕竟大量用典却句句有境界的辛弃疾也是南宋人。耐人寻味的是,王国维虽反复陈述南宋词家中只有辛弃疾可称名家,甚至常以苏轼、辛弃疾对比姜夔,但批评炮火最猛烈者往往在于梦窗与玉田,对姜夔则批判之中仍略见正面评价。浙派取法姜、张,常派后期心醉梦窗,王国维藉批评典范人物确立自身批评高度的策略,不难想见。浙派最重要的效法对象是姜夔,王氏却对白石犹有一丝欣赏,甚至不喜用韵、咏物、长调之作,仍有"《齐天乐》

---

① 周邦彦与姜夔在《人间词话》获得的评价颇为相似,都是从格调精工的角度观察,同样被批评为缺乏意趣。甚至从品格出发,认为与欧、秦相比,不啻淑女、倡伎之别,雅郑在神不在貌之说,亦不妨视为姜夔与苏轼、辛弃疾之对比。
② 刘少雄:《重探清空笔调下的白石词情》,见《词学文体与史观新论》,里仁书局2010年版,第123—136页。

咏蟋蟀,用白石均"之作。王国维虽自道偶尔游戏,但姜夔却仍与苏轼《水龙吟》咏杨花的和韵之作并列(158 页)。此外,对词作的评价偶尔也与姜夔所见略同,这些都是难以忽略的事实。① 整体论之,《人间词话》对咏物作品几无好感可言,在另一则词话中同样将东坡与白石并列,却是批评"《疏影》、《暗香》,格调虽高,然无词组道着"(283 页)。无词组道着,究竟所指为何?创作咏物词,若必须围绕物自身展开,则大量使用相关典故,未尝不是一种书写策略。其弊在于作者与摹写物之间的距离便被拉开,看不出作者性情。

若检视王国维对浙派的整体评价,可以发现他主要抨击之处有二,一是缺乏内在真实情感的应酬之作,一是徒务字句雕饰的游戏之作。其中又以无情感本质、意趣枯槁者最令他厌恶。然而,姜夔一生浪迹江湖,作为敏感的文人,寄人篱下岂能无感?有感而无情本属不可能成立的悖论,且姜夔在南宋颇受推崇,也有一定的影响力②,显然情感的有无不是核心,而是情感的本质为何。一般认为浙派的弊病在于堆积饾饤,若形式即意义,那么王国维评判的显然不只是谋篇炼字的问题,而是形式如何恰如其分让感情得以透过作品呈现。《人间词话》对境界与情景的关系有以下陈述:

> 境非独谓景物。感情③亦人心中之一境界。故能写真景物、真感情者,谓之有境界。否则谓之无境界。(194 页)

是知"无情"二字不能从字面去解,只能推断姜夔缺乏王国维所肯认的"情"。苏珊玉认为王国维所谓的"真感情",乃指作者对宇宙人生和人类命运的终极关怀,姜夔情感的缺点在于对人类的终极关怀过于浅薄。④ 此诠释聚焦于对感情的定义,但词人情感是否具备足够的终极关怀,仍取决评论者的价值取向,"真"却牵涉读者能否从作品当下"感受"到作者抒发的情感。"真"与"伪"相对,所指并非虚假,而是人为造作的痕迹未除,不够自然天真。王国维以为"昔人论诗词,有景语、情语之别。不知一切景语,皆情语也。"(230 页)毫无疑问,在他的论述框架中,情必须依靠景来彰显。于是"真景物"就成为判断是否有"真情感"的具体依据。

王国维曾道:"词家多以景寓情。"(232 页)此语透露王国维在意的是景如何适切地作

---

① 该则词话为:"贺黄公谓:'姜论史词',不称其'软语商量',而称其'柳昏花暝',固知不免项羽学兵法之恨。然'柳昏花暝',自是欧、秦辈吐属。吾从白石,不能附和黄公矣。"参见彭玉平:《人间词话疏证》,中华书局 2013 年版,第 281 页。
② 林淑华从选本、词论等角度探讨姜夔词在南宋的影响与接受程度,参见《姜夔词接受史》,台南成功大学中国文学系 2013 年博士论文,第 65—80、276—289 页。
③ "感情"二字,在初刊本作"喜怒哀乐",参见彭玉平:《人间词话疏证》,中华书局 2013 年版,第 409 页。显然能够在应物待人时让喜怒哀乐之情自然流露,而不是压抑本性。这与四书中的《中庸》首章可相对照,如"喜怒哀乐之未发,谓之中","中也者,天下之大本也"。引见朱熹著、王浩整理:《四书集注》,凤凰出版社 2008 年版,第 17 页。在理学家的论述中,性情是与生俱来的,占据核心且根本的位置,于是独自一人时更需要谨慎、真诚面对自己幽暗细微的内在。因此,不能只是率性而为,还须修持品节。
④ 苏珊玉:《人间词话之审美观》,里仁书局 2009 年版,第 68—69 页。

为情的载体,方能交融无间。这带出另一重要命题"隔与不隔"。据《人间词话》所载,理想的言情写景应是"脱口而出,无矫揉装束之态"(110页)。有隔则是肇因于无法"语语如在目前"。如"梅溪、梦窗诸家写景之病,皆在一隔字"(286页)。考虑《人间词话》对情的论述,可以知道"隔"表面上说的是"写景之病",实际上则是探究人与自然物之间的情感转换是否明朗、直截。以词作言之,姜夔有不少作品是以客观描写的手法,勾勒出古雅峭拔的空灵之感,这种看似将"我"的痕迹尽量冲淡,仿佛不着色相,进而产生一定程度的距离感。张炎称姜夔词"如野云孤飞,去留无迹"①,当与此种描写模式有关。但退后一步是否让景物形象更加明晰呢?《人间词话》有两则内容涉及白石写景之作"隔"与"不隔"的评价,分别为:

  白石写景之作,如"二十四桥仍在,波心荡、冷月无声"、"数峰清苦,商略黄昏雨"、"高树晚蝉,说西风消息",虽格韵高绝,然如雾里看花,终隔一层。(286页)
  白石《翠楼吟》"此地。宜有词僊,拥素云黄鹤,与君游戏。玉梯凝望久,叹芳草、萋萋千里",便是不隔。至"酒祓清愁,花消英气",则隔矣。(288页)

彭玉平认为王国维秉持情、景分别叙写的立场,以为用拟人手法,写景反而不够明晰。同时指出在《人间词话》手稿的原稿中,"不隔"本由"真"字而来。② 过于朦胧、抽离的美感,容易让意义与情感趋于隐晦,属于人为加工后的产物,不是景物当下的自然面目。王国维在词话中曾援引前人说法,来分判南、北宋对情景叙写的差异,并说此事自有公论,其言云:

  北宋词多就景叙情,故珠圆玉润,四照玲珑。至稼轩、白石,一变而为即事叙景,使深者反浅,曲者反直。(264页)

然而王国维对稼轩之评价却高于白石,可见有一更重要、深刻的本质问题,超越情景叙写模式,不是形式可以涵盖者。此或可从其他几则词话内容窥知一二:

  入乎其内,故有生气;出乎其外,故有高致。美成能入而不能出;白石以降,于此二事皆未梦见。(383页)

能入,意指感受生命,抒发一己之情感;能出,则能够超越个我的体验,达到更高的层次,从普遍性的角度去观照万物。然而出入生命终究是自我的事,称姜夔不能入也不能出

---

① 张炎:《词源》,见唐圭璋编:《词话丛编》,中华书局2005年版,第259页。
② 参见彭玉平:《人间词话疏证》,中华书局2013年版,第288、290页。

未必公平,姑且不论他能否臻于精神上的超越,若词本有言情特质,那么日常生活必定也能触动他的情思,何以评价如此不堪?这其实牵涉两个层面:其一,姜夔的抒情方式,是否让情感无法轻易被读者体知;其二,姜夔之情与王国维肯认之情是否相同。第一个问题此段落已略加分析,依《人间词话》所述,姜夔擅长的手法是即事叙景,但太过迂回曲折,使用大量典故而非纯然写景,写景时又不以景物的自然呈现为主,有时更将景物拟人化处理,算不上是"真景物"。但彭玉平发现王国维《点绛唇》"数峰着雨,相对青无雨"之句,几乎蹈袭自姜夔有"隔"之作"数峰清苦,商略黄昏雨",并由此推论王国维理论与创作有落差。① 然而,当形式的选择是为了更妥切表达情感,勾起读者的共感,一切景语就必须是情语。如王国维指出李璟词"菡萏香销翠叶残,西风愁起绿波间"二语"大有众芳芜秽,美人迟暮之感"(105页),但"西风愁起"四字难道比"波心荡、冷月无声"的描写更加直接自然吗?

梳理《人间词话》的脉络,格高调响而无高致,无疑是空有格调而缺乏意致与真感情的缘故。从评价周邦彦与姜夔之语可知,相较容易过度诠释的常派,王国维对浙派偏重形式、忽略内容的流弊有更深切的批评。推尊南宋、重视形式、堆砌典故,这些批评固然可见晚清民初浙派之流风余绪,但放到更宏观的文学批评发展,可以发现他关注的是时代风气如何推动知识阶层的内心与创作,重视更实际的作为,而非字斟句酌。《人间词话》有两则是这么说的:

> 朱子谓:"梅圣俞诗,不是平淡,乃是枯槁。"余谓草窗、玉田之词亦然。(309页)
> 竹垞以降之论词者,大似沈归愚,其失也枯槁而庸陋。(377页)

一般而言,浙派兴于清代相对稳定的盛世,然朱彝尊之辈却缺乏骨气胆力,表面看来符合朝廷的文教政策,自身的真实情感却压抑隐晦,也无明确事功可言。如周密与张炎在易代背景下形迹落拓,却追忆过往美好,心口不一,难免抽离于生存环境之外,略带浮而不实之感。词拥有音乐文学的本质,声音本是传递情感的媒介,从际遇和人格特质观察,梅尧臣、周密、张炎、朱彝尊、沈德潜等人的内心未必平淡,不能出入于自然人生,反而容易流于枯槁。身处晚清变革,王国维的现世关怀与当代视野更加强烈,这是他评价词人的重要标准。从词话内容看来,恶评确实更集中在周密、张炎等身上。前文曾提到王国维对姜夔的正、反两面评价,理论虽然明确,但对姜夔的态度隐隐有些暧昧。② 假设"白石有格而无情"的评价不仅在于形式,那么更该追问的是姜夔流露出何种感情?强调修饰、清空骚雅

---

① 参见彭玉平:《人间词话疏证》,中华书局2013年版,第288页。
② 如"梅溪、梦窗、玉田、草窗、西麓诸家,词虽不同,然同失之肤浅。虽时代使然,亦其才分有限也"(第155页),所批评的对象无不属于浙西词派所推崇者;另一则词话,王国维甚至将宋末诸家"譬之腐烂制艺"(第174页)。八股文的形式固定,素有僵化之讥评,与格高调响的正面评价不可相提并论。

的词风,让姜夔词读来具备刚劲超拔之气,然而这与他的人格特质是否相符,有待进一步商榷。

三、内美与修能——不悔、承担与超越的人格特质

王国维将人格与词品紧密联结的倾向,侧面指出内在特质应优先于词作塑造的文字风格。他心目中情感与形式、人格与风格的最完美结合者无疑是屈原。《人间词话》数次援引屈原作品阐发其关键论述,除"要眇宜修"取自《湘君》"美要眇兮宜修,沛吾乘兮桂舟",另一则词话内容也援引《离骚》的句子:

> "纷吾既有此内美兮,又重之以修能。"文学之事,于此二者,不可缺一。然词乃抒情之作,故尤重内美。无内美而但有修能,则白石耳。(393 页)

王国维没有具体说明何谓内美与修能,但回到《离骚》的脉络,二语的位置在胪列家世、降生时星象、命名等诸般美善后("帝高阳之苗裔兮"到"字余曰灵均"),以及佩戴与此美善的芬芳花草前("扈江离与辟芷兮,纫秋兰以为佩")①。后天的修饰和先天血脉所赋予的本质必须相符,其中又以内美为首要,透过"重之"二字,可知修饰只是锦上添花,即《论语》中"绘事后素"的概念②。简言之,外在修饰必须以内在质地为基础。再回头检视词话内容,内美对应抒情,显然强调的是与生俱来的情感,若结合王国维一贯的文学观,则此一情感应联结至高尚伟大的人格。他在《文学小言》提到屈原、陶潜、杜甫、苏轼四人,纵使没有文学天才,"人格亦自足千古",并说"无高尚伟大之人格,而有高尚伟大之文学者,殆未之有也"③。毫无疑问,王国维的文学批评带有道德人格批评的成分。同时,历史环境、人格才性、文学形式,三者必须统合起来整体评价,其中人格才性为天之禀赋,尤为关键。作为王国维心目中高尚伟大人格的代表,屈原的"真感情"在于能够"感自己之感,言自己之言"④,将自身遭遇透过作品毫无掩饰地传达出来。

屈为楚之国姓,屈原任职三闾大夫却被流放南方,内心郁结可想而知。在《离骚》中,他的形象美好芬芳,只盼哲王一寤,有机会远游天际,却缱绻故国不忍离去。在历史流传的形象,他确实也因不愿同流合污,选择自沉,而王国维对"亦余心之所善兮,虽九死其犹未悔"的坚忍与执着甚是看重。此一特点,透过苏、辛与姜夔的对比,更能清楚看出。王国

---

① 《湘君》与《离骚》句子,依序见洪兴祖:《楚辞补注》,中华书局 1983 年版,第 3、5、60 页。
② 朱熹注解此则时以为"礼必以忠信为质",同样强调内、外相符,并以忠、信德目为礼制仪度的基础,而非空具繁文缛节。引见朱熹著、王浩整理:《四书集注》,凤凰出版社 2008 年版,第 60 页。此外,可以延伸思考的是,王逸将《离骚》"荃不察余之中情"的"中情"解为"忠信之情",汉儒之说,恰可与朱注呼应。
③ 王国维:《文学小言》,见《王观堂先生全集》(第 5 册),文华出版公司 1968 年版,第 1843 页。
④ 王国维:《文学小言》,见《王观堂先生全集》(第 5 册),文华出版公司 1968 年版,第 1844 页。

维在《人间词话》提到:

> 读东坡、稼轩词,须观其雅量高致,有伯夷、柳下惠之风。白石虽似蝉蜕尘埃,然如韦、柳之视陶公,非徒有上下床之别。(346页)
> 东坡、稼轩,词中之狂;白石,词中之狷也。梦窗、玉田、西麓、草窗之词,则乡愿而已。(348页)

这两则依序当与《孟子》《论语》对参。《孟子·万章下》称伯夷为"目不视恶色,耳不听恶声。非其君不事,非其民不使。治则进,乱则退"的圣之清者;称柳下惠为"不羞污君,不辞小官;进不隐贤,必以其道,遗佚而不怨,阨穷而不悯。与乡人处,由由然不忍去也"的圣之和者。[①] 伯夷、柳下惠呈现之特质,确实分别可与苏、辛二人相对照。苏轼因党争与乌台诗案一生颇见起伏,初贬黄州时虽有"幽人独往来""拣尽寒枝不肯栖"之作。一段时间后却也能欣赏当地盛产的猪肉,可知他仍有情绪,却能自我调适。元丰六年(1083)写给好友王巩《定风波》一词时,他尚未遭贬海南,半开玩笑问出"试问岭南应不好",却得到"此心安处是吾乡"的回复。苏轼并非不知盛名将遭外界所忌,晚年渡海"远游",环境何其困顿,他却认为"天容海色本澄清",更写下"九死南荒吾不恨,兹游奇绝冠平生"之句。北人南归的辛弃疾,志图北伐,虽不被重用,官职卑微,甚至屡遭弹劾,仍不改其志。64岁再度被起用,他欣然赴任,丝毫不以长期赋闲为念。辛弃疾一生奋发,尽管隐居时写了不少农村况味的作品,一旦有任何机会他都不放弃,积极进取之心,可见一斑。苏、辛二人无疑清楚世间未必能够让他们完成志向,其可贵处在于经过矛盾冲突与现实艰厄,仍有所坚持,此一执着与不悔的人格特质,正是王国维誉二人为词中之"狂"的原因。

狂、狷的评价出于《论语·子路》中"狂者进取,狷者有所不为"[②]。《孟子·尽心下》对此有一番诠释,认为狂者是"夷考其行,而不掩焉者也","狂者又不可得,欲得不屑不洁之士而与之,是狷也,是又其次也"。朱熹则在孟子的基础上,进一步点出:"狂,有志者也。狷,有守者也。有志者能进于道,有守者不失其身。"[③] 姜夔被称为"词中之狷",盖与性格孤高清冷有关。他屡试不第,投身幕客,却未阿附权贵,可谓洁身自爱。然而,有所不为并非真正淡远旷达。王国维在另二则词话中,将人格特质、精神状态与词作的紧密联结,说得更为清楚通透:

> 东坡之词旷,稼轩之词豪,无二人之胸襟而学其词,犹东施之效捧心也。(378页)
> 东坡之旷在神,白石之旷在貌。白石如王衍,口不言阿堵物,而暗中为营三窟之

[①] 参见朱熹著、王治整理:《四书集注》,凤凰出版社2008年版,第298页。
[②] 参见朱熹著、王治整理:《四书集注》,凤凰出版社2008年版,第143页。
[③] 参见朱熹著、王治整理:《四书集注》,凤凰出版社2008年版,第357页。

计,此其所以可鄙也。(380页)

"东施效颦"、"暗中为营"等评价对流落江湖,经济窘迫的姜夔来说,或许稍嫌苛刻,却能可看出情感本质与外显形式不相称的缺失。作品流露清空骚雅气质的姜夔,若要真正依照其天赋性情,应当直接隐居山林,而非奔走营生。因此在王国维眼中,姜夔终究只是"看似"蝉蜕尘埃,无法与苏、辛相提并论。

《人间词话》曾援引李希声之言,认为唐诗"意远语疏"者,必须"风调高古"方为佳作。此标准同样能用以批评词作高下,其文曰:"余谓北宋词意不妨疏远。若梅溪以降,正所谓切近的当,气格凡下者也。"(316页)史达祖为韩侂胄之幕僚,吴文英则赠词给贾似道,故在王国维眼里,能以偷字断定史达祖之贪,吴文英则为媚俗伪善的乡愿。[1] 尽管以人论词的理论框架可能过于强调人、文的必然关系,忽略文学由文字构筑,本身具有独立的艺术美感,但放回以"境界"为核心宗旨的《人间词话》理论体系,则顺理成章。若最宜抒情的词体未能抒发作者内心真实的情感,便与文体特质相悖。

有此认知,我们方能更真切明白何以王国维认定"白石有格而无情"。总体而论,姜夔缺乏宁死不悔的深情,在人格修养上未能臻于王国维预定之理想境界。诚实、坦率面对自己的过去与缺陷并不可耻,反而是认清内心,呈现真实人格的态度。循此,回头重新观察"三境界"之说,可发现个中旨趣同样与人格修养与应世态度遥相符契:

古今之成大事业、大学问者,罔不经过三种之境界:"昨夜西风凋碧树。独上高楼,望尽天涯路",此第一境界也;"衣带渐宽终不悔。为伊消得人憔悴"(欧阳永叔),此第二境界也;"众里寻他千百度。回头蓦见,那人正在、灯火阑珊处"(辛幼安),此第三境界也。(88—89页)

对王国维来说,境界并不是虚浮空谈,是否成就大事业、大学问,也应回到个人如何安顿自我身、心的脉络下进行判断。从"独上高楼"的忧虑,知其不可而为之的"不悔"精神,到"蓦然回首"后肯认自己的定位,实有次第之别,亦隐隐透露儒家修养工夫论的意味。在较早发表的《文学小言》第五则,王国维已提及三阕词作,以"阶级"取代"境界",指出"未有不阅第一第二阶级,而能遽跻第三阶级者。文学亦然。此有文学上之天才者,所以又需莫大之修养也。"[2]姜夔无疑有文学上之天才,却未能有足够的修养,故在词作中隐匿甚至回避自己的真实情感,自然也就无法从个人际遇超脱到书写人类普遍面对生命的感叹。

依前所论,大抵已能得出王国维肯认的情感高度,实与人格修养、生命历练密不可分。

---

[1] 评价吴文英为乡愿,见前揭文。对史达祖的看法,则是援引周济、刘溪载之语。参见彭玉平:《人间词话疏证》,中华书局2013年版,第279页。
[2] 参见王国维:《王观堂先生全集》(第5册),文华出版公司1968年版,第1843页。

最后,我们不妨以《人间词话》对李后主的评价作为补充的证据,说明"有情"者要能超脱个人际遇不幸的局限,提供更多具备足堪共感的普遍性基础。王国维曾说:"词人者,不失其赤子之心者也。"(359页)赤子之心,典出《孟子·离娄下》之"大人者,不失其赤子之心者也"。朱熹注此,提到"大人之所以为大人,正以其不为物诱,而有以全其纯一无伪之本然"[①],赤子之心并非考量世间一切局势、利害关系而做出各种努力,而是全其天真本然。孟子一系的儒家学说主张善性乃天生禀赋,人皆有之,非由外铄我,是以贫贱、富贵、威武都不能易其心志性情。若汲汲于小我与外在,便非永恒不变的真理。对应王国维以下说法,当能贴近他的终极关怀:

> 尼采谓:一切文学,余爱以血书者。后主之词,真所谓"以血书者"也。宋道君皇帝《燕山亭》词亦略似之。然道君不过自道身世之感,后主则俨然有释迦、基督担荷人类罪恶之意,其大小固不同矣。(364页)

事实上,李后主抒发的同样是一己之感,但不聚焦于一时一地一人之悲,而是表达某种情怀与感慨,是人类所共有的对生命、时间的无可奈何。若比附三境界,姜夔还处于彷徨忧生的第一境界,苏、辛的一往情深则晋于第二境界,李后主应属第三境界。从李煜生平观察,他本非继承皇位的第一人选,在宫廷斗争中更以声色、读书为乐。意外登基前,南唐早就已奉宋为正朔,李后主即位后的依然故我,虽属性情之真,但完全不是人君所应为。不过,历经亡国之痛后的蓦然回首、体悟,近乎是对人生存在的凝视逼问,故王国维认为"词至李后主而眼界始大,感慨遂深"(357页)。

四、结论

总观全文,可知姜夔绝非没有真实情感,只是用抽离的表现形式,在王国维看来便缺乏承担的勇气。加上选择使用大量事类典故及时空的跳接变换进行铺陈,未能言自己之言,与北宋借景物寄情的手法大相径庭。姜词中的"自我"显得幽深曲折,无法直接触动读者之心,与"自我"明确的苏轼和辛弃疾、忠实"自我"的李后主相比,风格明显不同。王国维曾谓:

> 词人之忠实,不独对人事宜然,即对一草一木,亦须有忠实之意,否则所谓"游词"也。(353页)

---

① 参见朱熹著、王治整理:《四书集注》,凤凰出版社2008年版,第279页。

此概念是从金应珪《词选后序》对"游词"的描述而来。金氏认为游词是"规模物类、依托歌舞,哀乐不衷其性,虑叹无与乎情",虽"雅而不艳",但"有句无章"①。这段话堪为《人间词话》对姜夔词之脚注。

王国维应知人有个别差异,却依旧聚焦于同情共感与向上超越的可能,盖因他臧否的基础是禀赋、才性等天生而成的内在特质,这与他本身具备个性与期待视野密切相关。故面对困顿挫折,他称许执着不悔,反对掩映退转。故此,他对姜夔,乃至江湖词人因经济压力,选择依附幕府、权贵而无法向内探询、坚定志向,提出明确的批判。对姜夔而言,无力承担必有其内外缘因素,只是王国维面对晚清剧烈变局,那份危机意识的敏感化为批评文字,难免激切。但冀望知识阶层都必须百折不挠,无疑忽略天生气性差异而显得苛求。王国维并不是客观上无法理解姜夔词作呈现的美感特质,而是带着"怒其不争"的情绪。从人生选择上,王国维对姜夔的批评,很大部分来自双方人格、性情的不相应。同为清华四大导师的梁启超认为王国维虽有知识阶层的自觉,却无法改变当时日趋衰颓的文化精神与社会价值,造成自我情感与社会的紧张冲突,与其说他从容自沉,不如说是恶社会杀了王国维。②

---

① 参见金应珪:《词选后序》,见唐圭璋编:《词话丛编》,中华书局2005年版,第1619页。
② 参见林志宏:《民国乃敌国也:政治文化转型下的清遗民》,联经出版事业股份有限公司2009年版,第289—291页。

古文"字"字形义构建解析

陕西师范大学 吕亚虎

甲骨文未见"字"字,商代金文有🔲(字父己觯)、🔲(字父己觯)、🔲(字瓠)等形①,两周金文有🔲(善夫梁其簋)、🔲(善夫梁其簋)、🔲(叔夷镈)、🔲(余赎儿钟)、🔲(吴王光鉴)等形②,秦简牍文字有🔲(睡封86)、🔲(《睡》甲150正三)、🔲(《里耶》J1(16)1正)等形③,战国秦汉玺印文字有🔲、🔲、🔲等形④。以上字形,从宀从子(或子),诸家皆释作"字"字。从以上赘列该字字形来看,其与《说文·子部》所说"字,乳也,从子在宀下,子亦声"之"从子在宀下"的构形正相一致。

目前学术界有关古文"字"字形义的探求,有以《说文》"从子在宀下"为依据而申言者,也有驳《说文》所述而另创新说者。但无论哪种观点,多就其字形而略论其义,未能进一步分析古文"字"字构形所蕴含的上古民众的思维认知和相关文化信仰。就此而论,对古文"字"字形义的认知仍有进一步探讨的必要。

一、古文"字"字构形辨析

对古文"字"字形义的讨论,驳《说文》"从子在宀下"之说者,主要有马叙伦、夏渌等先生。如马叙伦先生认为,古文"字"字"从子在宀下为乳,于义不可通。伦谓古书言'字'者,若《易·屯》之'女子贞不字,十年乃字',《墨子·节用》'若纯三年而字子'。'字'实皆'孕'之讹。……《山海经·中山经》'苦山有木,服之不字','不字'明谓'不孕'也。故郭璞注曰'生也',此训'乳'也。'乳'为卵孚之'孚'本字,见'乳'字下,义亦与孕将毋不同。然从'宀'必不能会意,而宀亦非声。以音言之,似从'子'得声,则从宀为何义耶?伦

---

① 严志斌编著:《商金文编》,中国社会科学出版社2016年版,第447页。
② 江学旺编著:《西周文字字形表》,上海古籍出版社2017年版,第602页;吴国升编著:《春秋文字字形表》,上海古籍出版社2017年版,第633页。
③ 汤余惠主编:《战国文字编》,福建人民出版社2001年版,第966页;方勇编著:《秦简牍文字编》,福建人民出版社2012年版,第415页。
④ 方介堪编:《玺印文综》,上海书店1989年版,第859页;罗福颐编:《汉印文字征》,文物出版社1978年版,第16页。

以为'乳'、'字'本是一字,形误为'字'。"①夏渌先生则云:"'字',《说文》释为'乳也',是'生孩子'的意思。析形谓'从子在宀下'就比较牵强。宀,实际是'文'和'大'的下半部,代表母亲大人的下肢,'人'为'腿'的象形初文。甲骨文有⌘形,金文《王子申匜》作⌘形,很明显上部为下肢形,中为产儿,下部双手表助产者接生之意。甲骨文⌘即'娩'初文,也是母体娩子(头顶先出)之形。""'字'相当由大人孳生的子女。"②田望生先生则云:"这个'宀'如金文该是子宫,一个宫颈张开的子宫,婴儿从那里生出来了。'字'与'孕'义近,孕是怀孩子,还没有出生,生孩子是'字'。字,'宀'下方的'子'和'孕'字下面的那个'子'是同一个形象,都是一个两只小手在活动的婴儿形,两只脚绞在一起,没有分开,一分开可就要难产了。"③等等。

　　以上诸说中,马氏以"乳"、"字"本是一字,"字"为"乳"字之形误。核之古文"乳"字,甲骨文作⌘形④,商周金文未见,马王堆汉墓简帛文字作⌘(足011)、⌘(谈045)、⌘(合107)、⌘(周026)等形⑤。《说文》所收"乳"字小篆作⌘形,与上引简帛文字字形同。此字之甲骨文形体,李孝定以为象怀子哺乳之形,从母,但着一乳。⑥ 其说可从。至简帛文字,"爪"形与母形分离,母形又截取跽跪之人体部分而作⌘形。《说文·乞部》谓"乳"乃"从孚、从乞,乞者玄鸟也"⑦,显误。从上引字、乳二字构形及形体演化看,明非一字之形误而分者。另,《说文·子部》所谓"字,乳也"之"乳",乃是生育之义,而非乳哺也。《说文·乞部》释"乳"字即云:"人及鸟生子曰乳。"《说文·子部》"毂,乳也",段注云:"上文之乳,谓生子也。此乳者,谓既生而乳哺之也。"⑧段氏所谓的"上文之乳",即《说文·子部》所谓"字,乳也"之"乳"。可见,字、乳二字均有生子之义,故《说文》释其义而互见。此亦明字、乳本为二字,而非"乳"字形误而生"字"字。夏、李二氏以"字"字上所从非"宀"而是产妇下肢形,其说与"字"字形体不符。夏氏所引释作"字"字的甲骨文"⌘",各家甲骨文字编均未收录,恐是对甲骨文"孕"(作⌘)字的误摹误读。而其所引并释作"字"字的金文⌘形,乃是鸟虫书的"子"字⑨。虽然"子"、"字"二字可相通假,但在此处应释读为"子",而非"字"字。因此,其据鸟虫书的"子"字来解读"字"字的形体构造蕴意,显然不妥。至于其所引释作"娩"字的甲骨文⌘,商代卜辞中多见,该字又有⌘、⌘、⌘等不同写法,李宗焜先生将其统

---

① 马叙伦:《说文解字六书疏证》,上海书店1985年版,第71—72页。
② 夏渌:《古文字演变趣谈》,文物出版社2009年版,第259页。
③ 田望生:《字里乾坤——汉字文化随笔》,华文出版社2004年版,第325页。
④ 李宗焜编著:《甲骨文字编》,中华书局2012年版,第13页。
⑤ 陈松长编著:《马王堆简帛文字编》,文物出版社2001年版,第471页。
⑥ 李孝定编述:《甲骨文字集释》,"中央研究院"历史语言研究所1970年版,第3493页。
⑦ 许慎:《说文解字》,中华书局2013年版,第247页。
⑧ 段玉裁:《说文解字注》,中华书局2013年版,第750页。
⑨ 裘锡圭:《文字学概要·修订本》,商务印书馆2013年版,第53页。

归于♀形符下。① 郭沫若先生释♀为冥,认为"盖挽之古文,从♀、从𠬞(攀),𠬞亦声也"。② 金祥恒先生释为挽,认为"甲骨文♀象分娩之形,分娩乃妇女之事,故字又从女"。③ 李瑾先生析其形云:"冥字甲骨文雏形(♀、♀、♀),上部象妇女下肢,中部棱形,半月形、口形或省作一竖画者,则象阴道孔开口处,后来'口'形在发展中取得优势,又衍一羡画讹变为日形;其下从𠬞者,象助产者背反两手向左右用力撑开产妇两腿以导产之状。"④其说可从。商代金文有❓(《铭图》01176)、❓(《铭图》08330)等形,吴镇烽先生释作"字"⑤。严志斌先生释作"挽"⑥,夏大兆先生则将二字附于"字"字下。⑦ 二字上部构形♀与上引释作"冥",读为"挽"的卜辞文字♀、♀、♀相同,均为产妇下肢之形。加下部之"子",其形正象产妇下肢有子产出之状,故释其为"挽"字至确。而"字"字所从之"宀",甲骨文作∩、∩、∩等形,徐中舒先生释其构形云:"象宫室外围轮廓形,……∩为具有两坡顶之简易棚舍,为临时寄居之处,因其外露部分较多,故名为庐。故∩、∩形近而其当初有别,卜辞皆混用不复区别。合体字中或简化为∧形。"⑧在古文字中,凡是从"宀"的字,本义大多与房屋、居室、寝处、寄栖、止息、安宁等相关。如表示建筑类型的宫、室、牢、宇、宋等,表示建筑空间状态或部位的宽、宏、向等,表示人与建筑的起居行为的安、宿、寝、定等。"字"字之构形,亦如《说文》所说,乃是"从子在宀下","宀,交覆深屋也。象形"。而从卜辞及金文"冥(挽、娩)"字构形,其上部表示产妇下肢的♀形来看,与"字"上部所从之∩(房屋之形)显然不同。夏、李等所释者,揆之文义,乃是"冥(挽、娩)"字之构形,而非"字"字,其说自难从信。

认同许慎《说文》"字,从子在宀下"之说者,多将"宀"理解为房屋之形并依之立说。如清人徐灏云:"从子在宀下,指事兼会意,妇人乳子居室中也。"⑨林尹、高明等先生按曰:"字之本义训乳子,从子在宀下,会意。宀,交覆深屋也,象屋两下四注之形。从子在宀下者,谓妇人居室中乳子也,引申为文字孳乳之称。"⑩焦传生先生云:"字之本义为乳,动词。从子在宀下,谓婴儿在屋中也。引申有抚爱之义。文字义,实由孳乳衍生而渐多引申而来。此引申义大兴于后世,而本义渐晦。"⑪张儒甫先生云:"字,以表屋子的宝盖头和表小

---

① 李宗焜编著:《甲骨文字编》,中华书局2012年版,第798页。
② 郭沫若:《甲骨文字研究·骨臼刻辞之一考察》,见《郭沫若全集·考古编》(第1卷),科学出版社1982年版,第424页。
③ 金祥恒:《说褯》,见《中国文字》,台湾大学文学院中国文学系1972年版,第5031页。
④ 李瑾:《"冥"字与"龟勉"词两者音义关系分析》,载《华中师范大学学报》(哲社版)1987年第3期。
⑤ 吴镇烽:《商周青铜器铭文暨图像集成》,上海古籍出版社2012年版,第2册第403页,第16册第430页。
⑥ 严志斌:《商金文编》,中国社会科学出版社2016年版,第447页。
⑦ 夏大兆编著:《商代文字字形表》,上海古籍出版社2017年版,第585页。
⑧ 徐中舒主编:《甲骨文字典》,四川辞书出版社2006年版,第797—798页。
⑨ 徐灏:《说文解字注笺》,上海古籍出版社2002年版,第113页。
⑩ 林尹、高明主编:《中文大辞典》,中国文化大学出版部1985年版,第3758页。
⑪ 焦传生:《说文释例举要》,青岛出版社1997年版,第382页。

儿的'子'会意,'子'亦兼读声。本指女子生育后在室内给孩子哺乳,引表女子已许嫁。今文借表记录语言的符号。"①陈炜湛先生云:"'字'的本义是妇女生子,以'子'代表婴儿,置之室内(宀),以示妇女分娩得子(古不分男女皆可曰子)而哺乳之意。"②许进雄先生则云:"金文的'字'字,作一个婴儿于家庙之中(𡩟),表示介绍婴儿于祖先之前,成为家族的一员。给予名字的小孩才是可计数的下代子孙,故而引申以称滋生越来越多的文字。"③等等。

以上诸家据《说文》"字,从子在宀下"之说来探析"字"字构形及文义,抓住了"字"字上部𠆢形为房屋、下部孑为初生儿的构字特点,有其合理性。但均未能深入分析何以宀下有子的"字"字本义为生育,并引申为爱、养也,孳乳增加等义。要正确把握古文"字"字构形所蕴含的此等义项,须从早期先民对处于特殊生理期女性的诸多禁忌观念谈起。

二、古文"字"字构形与古代产育禁忌观念

在早期先民的观念中,常把处于月经期、产育期的女子看作是污秽的,故须加以避忌,这一习俗至今在我国许多民族中仍有保留。从古文"字"字形体构造上看,其从"宀"从"子",象房屋中有子之状,正是古人基于将妇女生育看作污秽之事而须加避忌,故特为孕妇设置待产之场所——乳舍(或产舍)的形体构建及相关俗信在古文字构形中的反映。

由于认知水平的有限,古代先民对处于特殊生理期的女性产生诸多禁忌的观念,有时甚至上升为国家律令的禁制。如《说文·女部》引《汉律》"见姅变,不得侍祠",并谓"姅,妇人污也"。何谓"妇人污"?《说文·女部》"姅"字下段注云:"谓月事及免身及伤孕皆是也。……按,见姅变,如今俗忌入产妇房也,不可以侍祭祀。《内则》曰'夫斋则不入侧室之门',正此意。《汉律》与《周礼》相为表里。"④余云岫按曰:"月事者,月经也;免身者,生子,谓有恶露也;伤孕者,若小产及胎盘剥离等是也。要之,皆子宫出血之候也。"⑤则《汉律》所谓"姅"之范围界定,妇女之月事、免身及伤孕等皆是也。

《汉律》"见姅变,不得侍祠"的规定,乃是基于姅为"妇人污"的观念。正因古人将妇女月事、伤孕出血、分娩等看作是极为污秽之事,故常须对此一特殊生理状态下的妇女加以避忌。段注所谓"《汉律》与《周礼》相为表里"的《周礼》,其内容即见于《礼记·内则》所载:"妻将生子,及月辰,居侧室。夫使人日在问之。作而自问之。妻不敢见,使姆衣服而对。至于生子,夫复使人日再问之。夫齐,则不入侧室之门","公庶子生,就侧室。三月

---

① 张儒甫:《汉字解惑》,青海人民出版社2002年版,第545页。
② 陈炜湛:《古文字趣谈》,上海古籍出版社2005年版,第312页。
③ 许进雄:《中国古代社会——文字与人类学的透视》,中国人民大学出版社2008年版,第404页。
④ 段玉裁:《说文解字注》,中华书局2013年版,第631—632页。
⑤ 余云岫编著:《古代疾病名候疏义》,学苑出版社2012年版,第204页。

之末,其母沐浴,朝服见于君,摈者以其子见","庶人无侧室者,及月辰,夫出居群室"。孔颖达疏曰:"此论国君以下至庶人生子之礼,及嫡庶差别,妻妾异等,所生男女养教之法。""夫正寝之室在前,燕寝在后,侧室又次燕寝,在燕寝之旁,故谓之侧室。妻既居侧室,则妾亦当然也。""生子不于夫正室及妻之燕寝,必于侧室者,以正室、燕寝尊故也。""庶人以无侧室,妻在夫寝,妻将生子,故夫出辟之。若有侧室,则妻在侧室,夫自居正寝,不须出居群室也。"①这是说,上至国君,下到庶人,在其妻妾生子时,必须要加以避忌,不能与其同居。国君、士大夫等贵族上层有条件者,则其妻妾须移居侧室以待产;庶人因条件所限而无侧室者,则在其妻待产时,仍须出而避之。这反映出古代先民对于待产之孕妇,无论贵贱,皆须避忌的礼俗。在这里,侧室成为贵族孕妇待产的特定场所。

《礼记·内则》所载孕妇临产移居侧室的礼俗,在《左传·昭公二十九年》已有记载:"公衍、公为之生也,其母偕出。公衍先生,公为之母曰:'相与偕出,请相与偕告。'三日,公为生。其母先以告,公为兄。""相与偕出"者,杜预云:"出之产舍。"孔颖达疏引《礼记·内则》"妻将生子,及月辰,居侧室"认为,产舍即侧室也。② 杨伯峻注曰:"据《礼记·内则》,古代贵族妇人将生子,出居于侧室。侧室又谓之产舍,《大戴礼记·保傅篇》谓之宴室。此同出居产舍也。""相与偕告"者,杨注曰:"谓一同出居产舍,生子便一同向公报告。"③则在当时,国君妻妾生子,即须至侧室(即产舍)进行。值得注意的是,商代卜辞云:"令喙宅正,叀延宅正。"(《合集》22324)"……三妇宅新寝◇宅。十月。"(《合集》24951)彭邦炯先生指出,卜辞中的喙为人名,宅为居处,正即征,为治理、整治之义。延有延后、延缓之义。"寝"后不识之"◇"字可能是新寝名或宅名。前条卜辞,乃是关于收拾整理住宅以备孕妇居住的记录。而后条卜辞"宅新寝"之卜说明,古者王后怀孕而"出居别宫"之事是有据的,而且商代已存在。④ 若此说成立,则古代贵族妇女出居别室待产之俗,至迟可上溯至商代后期。

古代妇女临产别居的产育禁忌礼俗,在两汉时期,尚有专为孕妇待产而设置的"乳舍(或称'产舍')"以为资证,《风俗通义·佚文》所载两则故事,即言及此俗:"颍川有富室,兄弟同居,两妇皆怀妊,数月,长妇胎伤,因闭匿之;产期至,同到乳舍,弟妇生男,夜因盗取之,争讼三年,州郡不能决。"又云:"汝南周霸,字翁仲,为太尉掾,妇于乳舍生女,自毒无男,时屠妇比卧得男,因相与私货易,裨钱数万。"⑤此两条文字中的"乳舍",就是当时某些地方专用于孕妇待产生育的场所。两则故事所涉人物身份,一为富室,一为太尉掾,皆非一般民众,说明在当时,即使是官宦或富贵人家的妇女,生育时,也要到专为她们完成生育

---

① 孔颖达:《礼记正义》,上海古籍出版社2008年版,第1156—1166页。
② 孔颖达:《春秋左传正义》,见《十三经注疏》,中华书局1980年版,第2122页。
③ 杨伯峻:《春秋左传注》,中华书局1990年版,第1500页。
④ 彭邦炯:《甲骨文医学资料释文考辨与研究》,人民卫生出版社2008年版,第182—183页。
⑤ 应劭撰、王利器校注:《风俗通义校注》,中华书局1981年版,第590—591页。

过程而设立的乳舍中待产。王充《论衡·四讳篇》即载:"讳妇人乳子,以为不吉。将举吉事,入山林,远行,度川泽者,皆不与之交通。乳子之家,亦忌恶之,丘墓庐道畔,逾月乃入,恶之甚也。"黄晖按曰:"产妇不吉,在月内,邻舍禁其往来。虽母家,亦忌之。俗习尚然。"①崔寔《四民月令》"八月"条下亦云:"祠岁时常所奉尊神,前期七日,举家毋到丧家及产乳家。"②此皆汉时妇女分娩须加避忌习俗之明证。

这种把妇女生产看作污秽而须避忌的生育禁忌观念,在我国后世的一些民族仍有保留。如西南地区的佤、藏、哈尼、基诺、纳西、彝、普米、独龙、珞巴等族均有视妇女分娩为不洁的习俗。③而藏、哈尼、仫佬、鄂温克、独龙、鄂伦春、赫哲、基诺等族仍保留着妇女在分娩时,须离开常居之室,在专门准备的产室中分娩的遗俗。如独龙族十分忌讳产妇在室内分娩,认为其"不洁"之体会冲犯室内的弓弩等狩猎用具,致使狩猎无获。因此,产妇分娩时必须到室外,待生下婴儿洗净后方可抱回室内。④鄂伦春族旧时"当孕妇临产时,另搭'斜仁柱'作产房,将其移居那里分娩,禁止在家人住的、供有神像的屋内生小孩。在产房,一般头胎住29天,二胎住28天,以此类推。从游猎生活转为定居生活后,鄂伦春自治旗在各村盖了公共产房,产妇到那里去分娩"⑤。这与《礼记·内则》所载孕妇移居"侧室"待产及汉代孕妇移居"乳舍"生产的习俗相一致。

古人造字有"六书"之说,其中会意者,"比类合谊,以见指撝"。古文"字"字构形"从子在宀下",象房屋中有子之状,会意兼形声,指产妇用来进行生育之事的场所,故本义即生也。此也正是古人基于将妇女生育看作污秽之事而须加避忌,故特为孕妇设置待产之场所——乳舍(或产舍)习俗在古文字构形中的反映。

三、古文"字"字文义探析

(一)字,生也

因"字"字是古代孕妇临产时移居用于生育之事的特殊场所——乳舍(或产舍)的习俗在古文字中的反映,是以"字"字便有了生子、产育的本义。如《汉书·严安传》"五谷蕃熟,六畜遂字",颜师古注:"字,生也。"⑥《说文·子部》云:"字,乳也。"《说文·乙部》云:"人及鸟生子曰乳,兽曰产。"又,《说文·子部》"㝆,乳也",段注:"上文之乳谓生子也,此

---

① 王充撰、黄晖校释:《论衡校释》,中华书局1990年版,第975页。
② 崔寔撰、石声汉校注:《四民月令校注》,中华书局2013年版,第60页。
③ 杨筑慧:《中国西南民族生育文化研究》,中央民族大学出版社2006年版,第118—121页。
④ 方素梅主编:《中国少数民族禁忌大观》,广西民族出版社1996年版,第356页。
⑤ 方素梅主编:《中国少数民族禁忌大观》,广西民族出版社1996年版,第364页。
⑥ 班固撰、颜师古注:《汉书》,中华书局1962年版,第2810页。

乳者,谓既生而乳哺之也。"①这里的"上文之乳",即《说文·字部》所说"字,乳也"之"乳"。《论衡·气寿》云:"妇人疏字者子活,数乳者子死。""疏字"与"数乳"对文,正是字、乳皆为"生也"之义的例证。周家台秦简简文有"产子占"②,马王堆汉墓帛书《胎产书》有"我欲殖人产子"、"故人之产殹(也)"、"欲产男"、"欲产女"、"必产男"、"怀子产男"、"女子鲜字者产"等语③,香港中文大学文物馆所藏汉简《日书·生子》篇有"产一日"、"产二日"、"产三日"、"产五日"等④,北京大学藏汉简载有"占产子图",其篇题作"占产子"⑤。此数处"产"字皆作"生""生育"之义,是人生子也可曰"产"。是以《广雅·释诂一》云:"字、乳,生也。"⑥

(二)字,爱也,养也

由上所引相关文献可知,妇女在侧室或乳舍分娩后,因其被认为不洁,故常须在用于孕妇生产的地方留居一段时间方可回归原居处。至于需要留居多长时间,各家记载似并不一致。如《礼记·内则》为"三月之末",《论衡·四讳篇》为"逾月乃入",《小品方》为"产后满月"。所谓"满月者,非为数满三十日,是跨月故也。若是正月产,跨二月入三月,是跨月耳"⑦。如此,则产妇分娩后短者月余,长者则须三月方可允许其回归原居处,恢复正常的生活状态。基此,孕妇待产的地方也就成为产妇与初生婴儿临时共处之所。在这里,产妇要照看、喂养初生儿一段时间。乳舍也就成为产妇对初生儿表达母爱的初始之所。而作为分娩场所的建筑形体的反映——"字"也就引申出"爱""养"之义。

古文"字"字的此一义项,在古代文献中也多有例证。如《尚书·康诰》云:"于父不能字厥子。"孙星衍云:"字,爱也。"⑧《左传·成公四年》:"又不能字人之孤而杀之。"杜预注:"字,爱也。"⑨《资治通鉴·魏纪八》"若皆从死,谁当字孤",胡三省注引《说文》云:"字,乳也,爱也。"⑩《说文解字系传·子部》云:"字,乳也,爱也。"又,《左传·昭公十一年》云:"其僚无子,使字敬叔。"杜预注:"字,养也。"《左传·昭公十六年》:"侨闻为国,非不能事大字小之难。"孔颖达疏引服虔云:"字,养也。"⑪以上"字"字,皆为爱、养之义。是以《玉篇·子部》云:"字,爱也,养也,生也。"⑫

---

① 段玉裁:《说文解字注》,中华书局 2013 年版,第 750 页。
② 湖北省荆州市周梁玉桥遗址博物馆编:《关沮秦汉墓简牍》,中华书局 2001 年版,第 121 页。
③ 裘锡圭主编:《长沙马王堆汉墓简帛集成·六》,中华书局 2014 年版,第 93—98 页。
④ 陈松长编著:《香港中文大学文物馆藏简牍》,香港中文大学文物馆 2001 年版,第 41—42 页。
⑤ 北京大学出土文献研究所编:《北京大学藏西汉竹书墨迹选粹》,人民美术出版社 2012 年版,第 37 页。
⑥ 王念孙:《广雅疏证》,上海古籍出版社 2016 年版,第 145 页。
⑦ 陈延之著、高文柱辑校:《小品方辑校》,天津科学技术出版社 1983 年版,第 24 页。
⑧ 孙星衍:《尚书今古文注疏》,中华书局 2004 年版,第 367 页。
⑨ 杜预:《春秋左传集解》,上海人民出版社 1977 年版,第 673 页。
⑩ 司马光著、胡三省音注:《资治通鉴》,中华书局 1956 年版,第 2413 页。
⑪ 孔颖达:《春秋左传正义》,见《十三经注疏》,中华书局 1980 年版,第 2079 页。
⑫ 顾野王:《大广益会玉篇》,中华书局 1987 年版,第 134 页。

(三)字,孳乳增加也

正因"字"字为古代产妇待产及对初生儿养育的场所,"字"也就有生育之义,并引申出爱、养之义,进而增生出孳乳增加之义。《说文·序》云:"仓颉之初作书,盖依类象形,故谓之文;其后形声相益,即谓之字。字者,言孳乳而浸多也。"王安石《字说序》云:"字者始于一,一而生于无穷,如母之字子,故谓之字。"① 林尹、高明等先生云:"字之本义训乳子,……引申为文字孳乳之称,盖独体为文,合体为字,指事、象形多属原始之初文,是谓之文。其后形与声相益,形与形相益,是为形声与会意,皆合二体而成,是孳乳而浸多者,故谓之字。"② 此均言"字"乃是由"文"孳乳而生者。

古文"字"字的孳乳增加之义,亦可由古人幼名冠字礼俗进一步申论之。古人有名有字,先名后字。于子生三月而"名"之,及其行成年礼后又加"字"。如《礼记·曲礼》云:"男女异长。男子二十,冠而字。……女子许嫁,笄而字。"《仪礼·士昏礼记》云:"女子许嫁,笄而醴之,称字。"古代于"名"外有"字"之用意,一则以示其成人,二则乃在于敬名之故。《仪礼·士冠礼记》云:"冠而字之,敬其名也。"《礼记·冠义》"已冠而字之"郑玄注:"字,所以相尊也。"《白虎通义·姓名》云:"人所以有字何?所以冠德明功,敬成人也。"③《颜氏家训·风操》云:"古者,名以正体,字以表德。"④《册府元龟·总录部·名字》云:"古称:孩而名之,冠而字之。盖以名者,义之制;字者,名之饰。"⑤ 王引之云:"名字者,自昔相承诂言也。《白虎通》曰:'闻名既知其字,闻字即知其名。'盖名之与字,义相比附,故叔重《说文》屡引古人名字,发明古训,莫着于此。"⑥ 高田忠周云:"《说文·叙》'仓颉之初作书,盖依类象形,故谓之文;其后形声相益,即谓之字。字者,孳乳而浸多也',又《礼记·冠义》'已冠而字之'注:'字所以相尊也。'皆谓增加之义,即'字'字转义也。"⑦ 正因古人之"字"由"名"而生,冠字乃是敬其名也。故古人的字常与名相应,即其"字"由"名"孳乳而来。

四、八字命理术与"字"字之"许嫁"衍义

南宋以来,"字"字又衍生出"许嫁"之义。如朱熹赞同两宋之际学者耿南仲之说云:"耿氏解《易》'女子贞不字',作嫁笄而字。'贞不字'者,谓未许嫁也,却与婚媾之义相通,亦说得有理。……'十年乃字',耿南仲亦如此说。"⑧ 清人王引之则驳之云:"宋耿南仲《周

---

① 王安石著、唐武标校:《王文公文集》,上海人民出版社1974年版,第428页。
② 林尹、高明主编:《中文大辞典》,中国文化大学出版部1985年版,第3758页。
③ 陈立:《白虎通疏证》,中华书局1994年版,第415页。
④ 王利器:《颜氏家训集解·增补本》,中华书局1993年版,第92页。
⑤ 王钦若等编著、周勋初等校订:《册府元龟》,凤凰出版社2006年版,第9580页。
⑥ 王引之:《经义述闻》,上海古籍出版社2016年版,第1451页。
⑦ 高田忠周:《古籀篇》,大通书局1982年版,第1146页。
⑧ 黎靖德编、王星贤点校:《朱子语类》,中华书局1986年版,第1744—1745页。

易新讲义》乃解之以《曲礼》'女子许嫁笄而字'曰:'贞不字者,未许嫁也。'案:《曲礼》'男子二十冠而字,女子许嫁笄而字',则'字'为'名字'之'字',《士婚礼记》'女子许嫁,笄而醴之,称字'是也。许嫁而后字,'字'非即许嫁明矣。《杂记》:'女虽未许嫁,年二十而笄,礼之,妇人执其礼。'女子之笄犹男子之冠,男子之冠有字辞,则女子亦当然。未许嫁者,年二十而亦笄而字之,则不得以'不字'为未许嫁也。……偏考经传及唐以前书,无以'字'为许嫁者,而自南宋至今,相称谓许嫁为'许字',甚矣其谬也。"① 王氏所驳甚确。

然耿、朱二氏训"字"有"许嫁"之义的观点在后世影响深远,以至后世研《周易》者,多有附和此说者。如清人李道平云:"'字'为'许嫁'之义,二不许初,故'不字'。"② 宋祚胤先生云:"不字,不许嫁给人。"③ 黄寿祺、张善文先生云:"字,谓女子许嫁,《礼记·曲礼上》:'女子许嫁笄而字。'"④ 楼宇烈先生云:"'字',女子许嫁。"⑤ 高亨先生甚至反驳王引之说云:"其说似是而非。盖《周易》妇、女二字,截然有别。……然则女子决不能言不妊娠,不生育,而字为许嫁之义,明矣。女子贞不字十年乃字者,谓筮遇此爻,若占问女子不许嫁之事,则十年乃克许嫁也。"⑥ 可知高氏亦持耿说,足见其说影响之深远。至于高氏谓"《周易》妇、女二字,截然有别"之说,此细言也。若泛论之,古代妇女也可称女子。如下文王氏驳耿说所引《内则》、《大戴礼·本命篇》即是其证。且如王氏所言,唐前确无"字"训"许嫁"之例。单以《易·屯》"女子贞不字,十年乃字"之"字"训"许嫁"之义略显突兀。

自宋以降,"字"训"许嫁"之义,王引之认为其误"盖有二焉:一曰女子未嫁之称,可言'受爱',可言'许嫁',不可言'孕妊'也。案:《内则》曰:'道路,男子由右,女子由左。'《大戴礼·本命篇》:'男子谓之丈夫,女子谓之妇人。'是妇人亦称'女子'也。一曰上言'昏媾',故以为受爱,又以为许嫁也。案:一爻数象,类相近而事则殊。《贲》六四曰'匪寇昏媾',而其上曰'白马翰如';《睽》上九曰'匪寇昏媾',而其下曰'往遇雨则吉'。不必皆为一事也。自解者承上'昏媾'言之,而其义始不可通矣。"⑦ 除王说之因由外,宋以降多以"字"有许嫁之义的另一原因,恐与唐宋以来术士所造八字命理术的流布有关。

用人之生辰年月日干支生克来论命之贵贱寿夭的八字命理术,据宋人徐大升据东海徐子平先师论命成果所编《渊海子平》卷一"论日为主"所云"予尝观唐书所载,有李虚中者,取人所生年、月、日、时干支生克论命之贵贱、寿夭之说,已详之矣。至于宋时,方有子平之说,取日干为主,以年为根,以日为花,以时为果,以生旺死绝,休囚制化决人生休咎"⑧,以及明人万民英主编《三命通会》卷二"凡论人命,年月日时排成四柱,遁月从年,则

---

① 王引之:《经义述闻》,上海古籍出版社2016年版,第14页。
② 李道平:《周易集解纂疏》,中华书局1994年版,第100页。
③ 祚胤注译:《周易》,岳麓书社2001年版,第27页。
④ 黄寿祺、张善文:《周易译注》,上海古籍出版社1989年版,第43页。
⑤ 王弼撰、楼宇烈校释:《周易注》,中华书局2011年版,第29页。
⑥ 高亨:《周易古经今注·重订本》,中华书局1984年版,第171页。
⑦ 王引之:《经义述闻》,上海古籍出版社2016年版,第14页。
⑧ 徐子平:《渊海子平》,海南出版社2002年版,第89页。

以年为本。遁时从日,则以日为主。古法以年看,子平以日看,本此。……唐李虚中独以日干为主,却以年月时合看生克制化、旺相休囚,取立格局。……此发前贤所未发,故今术家宗之"①,其首创者为唐人李虚中。至五代宋初,术士徐子平在李虚中三柱法(年、月、日推算法)基础上发明了四柱法(年、月、日、时推算法),以四柱的干支为八字,以八字中的生克制化关系来预测人生命运,以至成年男女谈婚论嫁,先须推算双方八字命理是否相合。此术对世俗影响较大,明清学人笔下多有论及。如《三遂平妖传》第三十六回云:"张鸾道:'贫道在东京时,多闻文彦博之名。曾有异人推他八字,说他出将入相,一生富贵无比。年近八旬,再为朝廷建大功劳,安邦定国,寿近百岁而终。此乃天上福神,不可轻也!'"②《初刻拍案惊奇》卷五云:"张尚书闻得李老许多神奇灵应,便叫人接他过来,把女儿八字与婚期,教他合一合看,怕有什么冲犯不宜。李老接过八字,看了一看,道:'此命喜事不在今年,亦不在此方。'"③《三刻拍案惊奇》第二十四回云:"蔡婆便说了八字,他把手来轮一轮,道:'婆婆,莫怪我直嘴,此造生于庚日,产在申时,作身旺而断。只是目下正交酉运,是财、官两绝之乡。子平叫做'身旺无依',这应离祖。'"④以上均是时人以八字命理术预测人生命运的例证。

至于成年男女以八字论婚嫁适否,时人笔下亦多有载。如《剪灯余话》卷三云:"女见生来,喜气溢面,辍纺叙礼,与生对坐,且纺且谈。因以己年庚告生,使生推算,卜其谐否。"⑤《二刻拍案惊奇》卷九云:"员外闲在家里,偶然一个牙婆走来卖珠翠,说起钱塘门里冯家有个女儿,才貌双全,尚未许人。员外叫讨了她八字来,与外甥合一合看。那看命的看得是一对上好到头夫妻,夫荣妻贵,并无冲犯。员外大喜,即央人去说合。"⑥可见,成年男女在谈婚论嫁之前,常须推算其"八字"是否相合。基此,"八字"之"字"也就与"许嫁"相联系,以至产生"待字闺中""待字深闺"等俗语。而耿、朱等解《易·屯》"女子贞不字"之"字"为"许嫁"之义,虽是基于对《礼记·曲礼上》"女子许嫁笄而字"经义的误解。然其误解经文之由,或与当时社会流行的八字命理术推算男女是否适婚的俗信不无关系。后人沿其误说而不加申辩,又受时俗八字命理术的影响,以至多有以"字"为"许嫁"之义者。此显为"字"字后世之衍生义,非古文"字"字形体所蕴含之本义及引申义了。

---

① 万民英:《三命通会》,见《文渊阁四库全书》(810 册),台湾"商务印书馆"1986 年版,第 89 页。
② 罗贯中:《三遂平妖传》,中华书局 2004 年版,第 270 页。
③ 凌濛初:《初刻拍案惊奇》,中国文联出版社 2001 年版,第 52 页。
④ 凌濛初:《三刻拍案惊奇》,北京大学出版社 1987 年版,第 257 页。
⑤ 李昌祺:《剪灯余话》,天一出版社 1985 年版,第 3 页。
⑥ 凌濛初:《二刻拍案惊奇》,中华书局 2009 年版,第 114 页。

汉日并列结构顺序的制约因素

樱美林大学 雷桂林

一、问题所在

日语中许多词来自汉语,语义上却发生了很大改变。比如"开放"一词,尽管例(1)a中保留了汉语用法,但在例(2)中,"開放厳禁"①并不含不能开门的意思,所禁止的而是使门一直处于开着的状态。如要像汉语一样表达禁止开门的含义,通常要换成"利用禁止"(禁止使用)、"開閉禁止"(禁止开关)之类的说法②。

(1) a. 大戦を通じて急激にその実力を充実したアメリカも、やはり中国に対する日本の態度に疑惑をいだいていた。そこでワシントン軍縮会議を機会に、中国に対する機会均等、門戸開放の原則をふりかざあいて、日本を牽制する手を打ちはじめた。

b. 通过大战迅速充实了实力的美国,对于日本的对华态度也抱有怀疑。因此,利用华盛顿裁军会议的机会,标榜对华机会均等,门户开放的原则,开始采取了牵制日本的措施。

————(对)激荡的百年史

(2) 開放厳禁
扉は開けたら閉めましょう
KEEP CLOSED !
[严禁开放。请随手关门③。]

此外,日语中还存在着大量汉词("漢語")与汉语语义相近却顺序相反。如(3)所示,

---

① 以""标示的字体为日语字词,下同。
② 含"(对)"的例句皆出自北京日本学研究中心《中日对译语料库》(2003)。
③ 如无特殊说明,汉语译文皆由笔者所加。

这种顺序相反的情况在形容词、动词、名词等词性上皆有分布。

  （3）日语 汉语
    苦痛 痛苦
    平和 和平
    白黑 黑白
    凸凹 凹凸
    赏赞 赞赏
    探侦 侦探
    期日 日期
    兵士 士兵

  中川(2005)指出,汉词引入日语后,与和词("和语")在功能上出现了分工。汉词与和词甚至以反转词("反転语")的形式构成了世界语("世界语")和世间语("世间语")两套词汇体系。

  （4）世界语 世间语
    祖先   先祖
    命运   运命
    劳苦   苦劳

  根据中川(2005),世界语和世间语分别表达两种不同领域的事物或事件。前者抽象,带有集团性特征,与现实距离远;后者具体,与个人关系密切,与现实距离近。前者多表达属性,具有分类性特征;后者通常是临时的,表达某种短时的情况。日语还可用音读和训读等不同发音形式对世界语和世间语进行区分。比如"冷酒"读作"レイシュ"时,和"日本酒"(清酒)、"葡萄酒"(葡萄酒)一样,用音读体现出酒的属性和分类性特征。与此相比,"冷酒"读作"ひやざけ"时,和"祝い酒"(喜酒)、"やけ酒"(自暴自弃时喝的闷酒)一样,训读时会浮现出喝酒时的具体场景①。

  无论是借用汉字读音还是使用反转词来表示世界语,都属于借用外来语的手段。不难理解,借用外来语,首先是为了填补概念的空白。例如日语借用了铜铁等金属概念、肠胃等内脏器官概念,这些概念都只有音读形式。除此之外,中川(2005:55)认为外来语的一个重要功能就是用于表达时尚性(ファッショナブル),并做了以下说明。

---

① 除音读、训读和反转词外,中川(2005)还指出日语汉字的吴音、汉音的区别(如"罚"读汉音"バツ"时是世界语,读吴音"バチ"时是世间语)以及近义词(如"未来"是世界语"将来"是世间语)也是区分世界语和世间语的重要手段。

(5)语言的功能并不仅仅局限于狭义的"交流"的工具,它同时还传达说话人对谈话内容的主观态度(在语言学中叫作"情态 modality"),说话人的年龄、性别、教养甚至对时尚的敏感程度等等。我个人认为语言在时尚性方面的重要程度还远未得到充分认识。而实际上时尚性正是语言发展变化的主要动力之一。

这里说的时尚的敏感度,是一种"明明已有可用之词却要喜新厌旧"的感觉。从几千年前大量引进吸收汉语的古代到现今为止,日本人在这方面实在是非常热衷。例如,已经有"都会生活[tokai seikatsu]",却又造出一个"シティーライフ[shiti:raifu] city life"(两者都为"都市生活"之意)。其中一个重要因素是为了试图去掉"生活"这个词带来的柴米油盐的世俗气,因为脱离了日常性的东西才是时尚的。一个词语使用时间越长,越能被理解接受,同时也就越俗。服装、化妆品的价值大半取决于其是否时尚。只要想想我们是怎样不断地创造出一个又一个新词,就能理解我说的语言的时尚性吧。而日语中最能体现这一点的就是外来语。(中川正之著,杨虹等译 2014:29—30)

从汉词的抽象性来看,日语借用汉词,在极大程度上是为了去生活化,以更抽象的形式表达语言的时尚性。日语在使用自身语言中固有的和词来表达生活化明显的概念的同时,借用汉词来表达意义抽象的概念,构成了两套不同的词汇体系。"足迹"、"墓穴"训读作"あしあと"、"はかあな"时的具体性,以及音读作"ソクセキ"、"ボケツ"时的抽象性,也表明和词和汉词的这种不同分工。

那么,是什么原因促使日语出现与汉语词序反转的情况?中川(2005)指出对于表示移动的并列结构词,日语要符合远为先("远ざかるものが先"),汉语要符合近为先("近づくものが先")的原则,二者恰恰顺序相反。

  (6) 汉语 日语
    买卖 売买=売り买い
    来去 去来=行き来
    借贷 贷借=贷し借り

问题是,如下所示,无明显移动义的词在汉语和日语中同样也存在着反转的情况。这该如何解释?

  (7)=(3) 日语 汉语
      苦痛 痛苦

平和	和平
白黑	黑白
凸凹	凹凸
赏赞	赞赏
探侦	侦探
期日	日期
兵士	士兵

实际上,汉语由近及远的顺序也就是时间顺序原则这一语法规则的体现。日语由远及近的特征也体现在"あちこち"(到处。直译:那里这里)、"抜き足差し足"(蹑手蹑脚。直译:拔腿伸腿)、"なんだかんだ"(这样那样。直译:什么这么)等词、词组以及更大的语法结构上。

戴浩一(2007)等将词汇、成语、短语、句子都看成是概念化后的成分,词汇与句法是概念化的两端。这种连续性决定了制约句法的原则在很大程度上也制约着词汇,尤其对前后语义相似的并列结构词在顺序编排上容易带来影响①。以下从汉日词序特征出发,以考察由近义语素构成的并列关系的词汇为中心,分析制约汉日词汇结构顺序的因素。

二、重心位置与汉日并列结构

如中川(2005:129)所示,同样是"迷路",汉语为动宾结构,日语意为"迷宫"因而是偏正结构,SVO语言和SOV语言在结构整体上存在着词性差异。本文认为,汉日并列词的顺序也体现了汉语和日语分别所具有的SVO语言和SOV语言的基本语序。

Greenberg(1963)指出世界上的语言就简单句中的动词和名词的顺序而言可分为VSO、SVO、SOV三大类。动词是句子的核心成分,动词在前的VSO型(如威尔士语)将核心成分放在最左边,属于"急躁型"("あせり型"),动词在最后的SOV型(如土耳其语、日语)将核心成分放在最右边,属于"轻松型"("ゆとり型")。核心动词在前、核心动词在后的语言往往具有以下区别。

---

① 内部具有主谓关系、偏正关系、动宾关系的词汇为强制性、有标记词序,这类词在借用过程中不易受句法顺序的影响。

(8) 跟动词和宾语之相关位置有关联的特征(Li & Thompson 著,黄宣范译 2005:18)

VO 语言	OV 语言
被修饰语/修饰语	修饰语/被修饰语
动词/副词	副词/动词
名词/形容词	形容词/名词
名词/关系子句	关系子句/名词
名词/所有格("off the box")	所有格/名词
其他关联性	
助动词/动词("can","have")	动词/助动词
前置词/名词	名词/前置词
无句末疑问助词	句末疑问助词

木村(1996:39)指出,汉语属于前置词语言("在屋顶"),但前置词结构出现在动词左侧("在屋顶晒太阳"),表现出英语和日语之间的折中性特征。中川(1997:7—18)证明汉语在句法等多方面体现出英语和日语的中间特征。比如在词序上同时具有"吃饭"(VO)和"把饭吃"(OV)、"去北京"(VO)和"到北京去"(OV)结构;人名、地名从大到小,具有修饰语在前的 SOV 语特征;通常定语在中心语前,但也存在着"有事要做"这类中心语在前的结构;汉语不需要像英语那样前移疑问词,但又像日语那样可在句末添加疑问助词"吗""呢"等。

关于汉语的并列结构,中川(2005:130)也指出,"中国语に并列语が多いことも言语类型论的に言えば中国语の中间的な性格を物语るものであるのかもしれない"。(汉语中并列型词非常多。从语言类型学的角度来讲,这也许正说明了汉语的非前非后的特征。中川著,杨虹等译 2014:74。)

实际上,汉语不仅并列结构多,在构词形式上也比日语更自由。比如下例(9)所示的以表度量衡为中心的抽象名词是由正反义并列的词构成的,日语则很难以同样方式构词。

(9) 大小、多少、多寡、高低、高矮、深浅、长短、厚薄、浓淡、远近、宽窄、强弱、快慢(汤廷池 1982:18)

此外,"尺寸"表长度,用"方圆(百里)"表土地大小,用"婆婆妈妈"表"絮叨",这种用同类名词抽象出其典型特征的构词方式,也是日语所不具备的。

由上述分析来看,似乎可以将汉语视为一种非前非后无重心的语言。但是,从语言经济原则来看,汉语并列结构的内部顺序不应是任意的,例如(9)所示的并列结构词通常不能左右互调，"尺寸"、"方圆"也都不能说成"寸尺"、"圆方"，"婆婆妈妈"通常也不能说成"妈妈婆婆"。应该说，与汉语基本语序 V 在 O 前相一致、重心在左的结构形式才是最理想的。以下从汉语双音节并列结构词的构成特点，以及引入日语后所受影响的角度展开分析。

（一）

从汉语双音节构词手段来看，表示后方语义弱化的形式发达。比如汉语后缀和准后缀多，有"子""头""儿""者""家""师""员""度""学""士""法""手""长""性"等多个（卢福波 2011）。前缀却寥寥无几（"老""小""第""初"等）。

在现代汉语中，例（10）右侧的"子"和"儿"语义虚灵，只有左侧的"儿""妻""女"保留字义。

（10）儿子
　　　妻子
　　　女儿

从语音重心来看，双音节后方的字比前方更容易轻声化。以下双音节词右侧的字都已失去声调而成为轻声字（小学馆《中日辞典》第 3 版）：

（11）凉快　liángkuai
　　　热闹　rènao
　　　认识　rènshi
　　　知识　zhīshi
　　　厉害　lìhai

汉语重叠形式的亲属称谓词也都是右侧轻声化。

（12）爸爸　bàba
　　　妈妈　māma
　　　哥哥　gēge
　　　姐姐　jiějie
　　　弟弟　dìdi
　　　妹妹　mèimei
　　　伯伯　bóbo

叔叔　shūshu
姑姑　gūgu
舅舅　jiùjiu

汉语不存在左侧轻声的双音节,也间接表明汉语重心不在左而在右的特征。例(13)中"老"不能读轻声,即便做前缀,如例(14)所示,"小""第""初"等都无法轻声化。

(13) 老大　＊laodà
　　　老小　＊laoxiǎo
(14) 小王　＊xiaowáng
　　　第三　＊disān
　　　初二　＊chuèr

（二）

由以上分析可知,汉语并列结构易在语义和语音上显示出重心偏左的特征。相比之下,日语属于重心在右的语言(中川 2005:128),其并列结构左侧容易出现语义弱化。比如"立ち会う"、"出会う"、"落ち合う"(见面)等左侧成分语义虚化的现象很普遍,"立入禁止"(禁止入内)、"立読禁止"(禁止阅读)并未禁止"站着"的移动和阅读方式,即左侧表站立义的"立"并不构成被否定的要素。

同样,下例(15)日语中"开放严禁"的"开"并未被禁止,右侧的"放"成为被否定的焦点。同样语境下汉语使用"严禁开放"不自然,说明此时"开"已成为被否定的对象。

(15)=(2) 开放严禁
扉は開けたら閉めましょう
KEEP CLOSED !
［严禁开放。请随手关门。］

一般来讲,外来语的借用通常是语义和用法上的部分借用,因而会出现适用范围缩小、用法简化的情况。比如"最近"一词在汉语中既有空间用法("山口县离山东省最近。")又有时间用法,时间用法中既用于过去("你最近去哪儿了?")也用于未来("你最近要去哪儿?"),但在日语中只保留了时间用法中用于过去的部分。

"发展"一词在汉语中既有自动词用法,也有他动词用法,日语中只具备自动词用法,出现了词性种类上的减少。比如下例(17)b很难使用"発展"的他动词形式。

(16) a. 革命需要,越难越得闯。刚刚学着能对付马队了,革命又往前发展,要我指挥火车铁路。难不难呢? 更难。

b. しかし、革命が要求するなら、難かしいほど、がんばらなければなりません。やっと騎兵隊の仕事をこなせるようになったら、革命はさらに発展して、鉄道の指揮をとるように言われた。難かしかったかどうか? いっそう難かしかった。

——(对)金光大道

(17) a. 要继续加强基础设施和基础工业,大力振兴支柱产业,积极发展第三产业。

b. 基礎施設および基礎工業を引き続き強化し、支柱産業を大いに振興させ、第三次産業を積極的に発展させる。

——(对)人大报告96

→第三次産業を積極的に発展する。

值得注意的是,外来语往往是借用典型用法,符合自身语言机制的部分也最容易保留下来。日语自动词发达,语言类型也倾向于表达"变化性事态",因而"发展"到了日语中只保留自动词用法也是与日语内在特征相一致的。

不过,所借用的词汇在语言内在机制作用下发生语义转变,甚至出现用法上的增加也是合乎常理的。上述(15)"开放严禁"的"开放"将语义重心转移到右侧的"放"上,出现了新用法的增加。下例"视察""报告"也出现了语义适用范围的扩大。

(18) a. グレーの帽子を上げて国民の歓呼にこたえながら、各地を視察された英勇気どりのない静かな天皇の態度は、皇室のイメージを変えるとともに、皇室とそれが象徴する日本への静かな愛着の心を国民の間に生み出したのであった。

b. 天皇在视察各地时,举起灰帽回答国民的欢呼。天皇那种温文儒雅不以英雄自居的态度改变了皇室的形象,同时在国民中间产生出一种对于皇室和它所象征的日本的默默爱慕之情。

——(对)激荡的百年史

(19) a. 昼は、各国のビジネスについて討論がなされたり、日本のビジネスの現状を視察に行ったり。そして、夜は夜で大盛り上がり。やはり、そこは学生だ。

b. 白天,各国大学生就本国经济和亚洲乃至全球贸易状况展开讨论,或到日本有关企业参观,了解日本的商务贸易现状;晚上,举行各种联欢。

——(对)五体不满足

(20) a. 田中君がそれを富士田工場長に報告すると、"では、尉官級の軍人も来たのだな。军人たち、もうそこまで頽廃していたのかね"と工厂长が気色ばんで、ぴくぴく唇を震わした。

b. 田中君向富士田厂长报告后,厂长怒容满面,嘴唇微微颤动地说:"这么说,尉级军官也来啦,军人们怎么堕落到这种地步了呢?"

——(对)黑雨

(21)a. その后、顺番に交代しながらボクのボールの相手をする子どもたちを见て、その先生は高木先生に、"1组の子どもたちは、みんなとても亲切な子たちなのですね"と报告した。もちろん、高木先生は、鼻が高かったに违いない。

b. 课上,同学们轮流和我结对投球,人人都那么认真,而且小心地俯就我。这位老师看到这一切,心中充满感慨。高木老师回来后,他情不自禁地夸赞道:"一班的同学,个个都那么热情,真是些好孩子。"高木老师听后,脸上不由得现出一副自得的神情。

——(对)五体不满足

在(18)中,当"视察"用于天皇时,是表示上对下的行为动作,此时日语和汉语用法相类似。如(19)所示,大学生参观企业这种非上对下的行为,日语也可以用"视察"来表示。之所以如此,是因为汉语重心在易带观察视角的"视"上,而日语则重心右移,转到表示"调查研究"的"察"上的缘故。在(20)中,田中君向富士田厂长报告,日语保留了汉语下对上的用法,相比之下,日语的"报告"还可以像(21)一样用于并无等级差别的同事之间,语义适用范围得到了扩大。"报"在古语中有"报恩,报答"[《古代汉语辞典》(以下简称《古辞典》),四川辞书出版社,28页],现代汉语中也有自下而上的含义(通常说"上报"不说"下报")。日语将重心移至右侧表信息传递的"告"上,失去下对上的含义,因而也可用于无明显等级之差的同事之间。

本节分析了日语在借用汉词时出现的语义变化情况。"开放""视察""报告"等并列结构词都在借用时将重心转移至右侧,出现了语义适用范围的扩大。

(三)

下例(22)所示反转词也都符合汉语重心在左,日语重心在右的情况。

(22)=(3)=(7) 日语　　汉语
　　　　　　　苦痛　　痛苦
　　　　　　　平和　　和平
　　　　　　　白黑　　黑白
　　　　　　　凸凹　　凹凸

赏赞	赞赏
探侦	侦探
期日	日期
兵士	士兵

"痛"为痛痒感,"苦"为味觉。尽管"痛"和"苦"是一种相通的感受(木村 2012:275),但相比之下,痛痒感不需要明示外在刺激物,是比味觉更为直接的感受形式。比如"我疼""我舌头疼"要比"我苦""我舌头苦"更容易成立。也就是说,"痛"和"苦"并列时,"痛"比"苦"更容易成为表感觉的无标记成分。汉语"痛苦"、日语"苦痛"的顺序也就成为各自无标记的排序形式。

在"和"与"平"的组合中,"和"为"相安,协调"[《新华字典》第 11 版(以下简称《字典》),185 页]义,比表"安定,安宁"(《字典》,387 页)的"平"字更能体现组合后的"和平"义。关于"黑白",从日常认知体验来看,人们通常在白日起居,在光下捕捉认识事物,且就凸显度来看,"黑"凸显度大,更易成为图形(figure),而"白"凸显度小,更易做背景(ground)理解。

(23)a. 三分間の沈黙ののち三人は一斉に倪萍を叱りつけた。相当にきい言叶で叱られて、倪萍は真青になり目を白黒させている。

b. 沉默三分钟以后,三个人一起骂起倪萍来。骂的话相当狠重,骂得倪萍面如土色,翻起了白眼。

——(对)黑雨

(23)是日语中"白黑"用于描写眼睛的实例。通常情况下,眼睛给人的常态是以"黑"色为显著特征("黄皮肤,黑眼睛""黑葡萄似的眼睛"),只有在生气等出现异常情况时才凸显"白"的一面。

常态的概念也可以解释和"凸"相比"凹"更容易成为不平的典型代表形式。日常生活经验表明,"凹"容易在自然力的作用下形成,而"凸"多需借助更多外力,比如"时间一长那条路就凹下去了"要比"时间一长那条路就凸起来了"更容易为人所接受。

接下来看动词性并列结构词。"赞赏"的"赞"义为"夸奖,称扬"(《字典》,622 页),"赏"义为"指地位高的人或长辈给地位低的人或晚辈财物"(《字典》,441—442 页),相比之下,"赞"更容易成为"赞赏"的代表成分。在"侦探"一词中,"侦"表示"探听,暗中观察"(《字典》,640 页),"探"本义为"寻求,探索"(《字典》,483 页),"侦"比"探"字"暗中"义明显,更接近"侦探"的语义。

在名词性并列结构词中,"日期"和"士兵"也都是左侧的字更具有并列结构词的典型义。"日"是时间的典型代表。针对事件发生的时间,汉语可以使用"日"(此时口语中常用"号")或包含"日"在内的"年"、"月"、"星期(周)"等时间词进行回答。(雷桂林 2018:661)

(24) a. 那天是 31 号。
 b. 那天是 5 月 31 号。
 c. 那天是 2019 年 5 月 31 号。
 d. 那天是 2019 年 5 月 31 号星期五。

相比之下,"期"表示"规定的时间或一段时间"(《字典》,393 页),不像"日"那样更直接表达"日期"所示的"哪一月哪一日"的含义。

最后看"士兵"一词。"士"本义为"男子"(《古辞典》,735 页),"兵"本义为"兵器;武器"(《古辞典》,54 页)。"士"比"兵"更接近"士兵"的本义。

以上形容词性、动词性、名词性并列结构表明,汉语左侧的"痛"、"和"、"黑"、"凹"、"赞"、"侦"、"日"、"士"等在"痛苦"、"和平"、"黑白"、"凹凸""赞赏"、"侦探"、"日期"、"士兵"中表现出更具代表性的特征,成为并列结构中更核心的成分。它们在借用到重心在右的日语时会在语义作用下调换顺序,成为反转词。

三、汉日并列结构词序反转的动因

前文指出汉语虽有英语和日语的中间性特征,但并列结构词语义和语音上都体现出重心在左的特征。通常日语重心在右,将汉语并列结构词借用到日语中,语义上易受阻碍,会导致同一词序的词发生语义变化,或出现词序逆转的反转词。

实际上,汉语自身也存在着包括出现两种词序的动因问题。关于并列结构词的顺序,汤廷池(1982:20—26)从语义限制的角度总结出"上—下""里—外""人—物""长—幼""尊—卑""优—劣"等 15 条规则。谭达人(1989)则从语义和声调两方面对单音反义词构成的并列结构进行统计,从数量对比上指出调序的作用基本大于义序。守屋(1991)在汤廷池(1982)、谭达人(1989)及其他前贤研究的基础上将单音字 AB 组成的音义顺序规则优化为以下两条,同时指出"古今/今古""巧拙/拙巧""问答/答问"等两种词序的存在仍不好解释。

(25) AB 的平仄为"平平、仄仄、仄平"时,语义优先。AB 的平仄为"平仄"时,声调优先,平声在前仄声在后。(守屋 1991:61)

从日语借用汉语词汇时产生大量反转词这一事实来看,语义在并列词中的作用应是首要的。就双音节并列结构词而言,语义上符合左侧优先的应是无标记形式,语义或声调冲突以及其他句式需求(如"没有功劳有苦劳"这种结构对仗等)存在时才会出现另外一种有标记形式。比如上述三组反转词在北京大学中国语言学研究中心 CCL 语料库检索到的实例中,符合义序的明显多与符合调序的反转词(2019 年 5 月 15 日检索)。

(26) 巧拙 14 例 > 拙巧 3 例
　　 古今 3765 例 > 今古 220 例
　　 问答 999 例 > 答问 755 例

这些数字也说明,符合义序的形式应是典型的无标记形式。再比如先贤研究中常讨论的"早晚"一词同时也存在着不合义序的另一变体形式"迟早"。"早晚"的无标记性体现在既可以有表时间先后的本义用法(27),也可以像(28)一样淡化时间顺序,用于指某一状况总有一天会出现。

(27) <u>早晚</u>各刷一次牙,费牙粉,费牙刷,费水,也费漱口盂子,还费牙呢!
　　　　　　　　　　　　　　　　　　　　　　　　——(对)活动变人形
(28) 寻找了半天,倪吾诚原来跑到梨园观测星星。母亲叫他回去,他抨击说那些迷信活动纯粹是自欺欺人,他<u>早晚</u>要把这些祖宗牌位砸烂。
　　　　　　　　　　　　　　　　　　　　　　　　——(对)活动变人形

相比之下,不合常规义序合调序的变体形式"迟早"不能用于表时间先后,如(29)所示,它用于表示一种变化,而且这种变化往往是不可控的。比如上例(28)使用了带有强烈意志的"要把……砸烂","早晚"换成"迟早"会大大降低句子的可接受性。

(27') 迟早各刷一次牙,费牙粉,费牙刷,费水,也费漱口盂子,还费牙呢!
(29) 这样胡干哪,迟早要挨批评,不及时改,还得挨处分……"朱铁汉打断了他的话,说:"你也不用吓唬人,我不怕!"
　　　　　　　　　　　　　　　　　　　　　　　　——(对)金光大道
(28') 他迟早要把这些祖宗牌位砸烂。

由此看来,不合常规的义序形式往往用于表达一种反常规的主观义。与"生死"相比,"死活"更多情况下用于表达(30)这样的逆境中的坚强意志。这种逆境的含义是由将

"死"置于左侧所带来的。从这层意义上讲,"死"字仍然是并列结构的核心。

(30) 看着王一生稳稳地坐在那里,我又替他赌一口气:死顶吧! 我们在山上扛木料,两个人一根,不管路不是路,沟不是沟,也得咬牙,死活不能放手。谁若是顶不住软了,自己伤了不说,另一个也得被木头震得吐血。

——(对)棋王

日语在借用汉语词汇时,也要面临语义上是否受逆序阻扰的情况。众所周知,日语的主观性表达在语法结构上有着丰富的体现。比如(31)在缺少表示说话人视角的"てくる"时是很难成立的。

(31) a. 彼は私にリンゴを送った。　　[他给我寄了苹果。]
　　 b. 彼は私にリンゴを送ってきた。[他给我寄来了苹果。]

这种主观性在并列结构次序上也有着明确的体现。由远及近的词序形式就是表相对方向的典型代表,它与汉语表时间顺序的词序形成鲜明对照。借用这类汉语词汇受阻力最大,通常要扭转成符合日语习惯的反转词才能使用。

与表相对方向的词形成对照的是,表绝对方向的词("上下"、"善恶"与主观性无直接关系),也就不与汉语词序发生冲突从而可以直接使用。

结合上述分析,根据借用时所受阻力大小,可将日语并列结构词整理如下。
1. 主观位置关系:
①词序反转。不使用原词。
例:典型表示相对位置的移动的词,如"去来""卖买""贷借"等。
②词序逆转。部分词也使用原词。例:
逆转后语义更具体(世间语):"祖先""运命""苦劳"等。
逆转后语义更抽象(世界语):"利便""右左""段阶"等。
③词序不变。语义上适用范围扩大。客观位置关系等语义消失。
例:"开放""视察""报告"等。
2. 客观位置关系:
例:"上下""善恶"等。

四、结语

本文着眼于作为外来语引入日语时并列结构词出现词序交替的现象,指出汉语词序与 VO 语序相一致,具有明显的重心在左的特征。分析表明,汉语词序与语义功能息息相关,最终决定词序的是义序而不是调序。

日语表相对位置关系的并列结构词重心在右侧,借用重心在左侧的汉词时会因词序相反而发生反转现象。日语表客观位置关系(上下、善恶等)的并列词则与汉语词序一致,说明日语词序的确定使用主观和客观两套参数。这一现象耐人寻味,值得深入研究。

参考资料

[1] Greenberg, J. H. 1963. Some universals of grammar with particular reference to the order of meaningful elements. In J. H. Greenberg (Ed.), *Universals of Language*. Cambridge, MA: MIT Press, pp. 66-82.

[2] Li, Charles N. & Thompson, Sandra A. 1981. *Mandarin Chinese: A Functional Reference Grammar*. Berkeley: University of California Press. (中译本:《汉语语法》,黄宣范译,文鹤出版公司 2005 年版。)

[3] 戴浩一:《中文构词与句法的概念结构》,载《华语文教学研究》2007 年 4 月 1 日,第 1—30 页。

[4] 木村英树:《中国语はじめの一步》,ちくま新书 1996 年版。

[5] 木村英树:《中国语文法の意味とかたち—"虚"的意味の形态化と构造化に关する研究—》,白帝社 2012 年版。(中译本:《汉语语法的语义和形式》,雷桂林、张佩茹、陈玥译,商务印书馆 2018 年版,第 177 页。)

[6] 守屋弘则:《中国语の反义并列型二音节语の构造》,见《明治大学教养论集》1991 年第 237 期,第 51—66 页。

[7] 中川正之:《类型论からみた中国语・日本语・英语》,见《日本语と中国语の对照研究论文集》,くろしお出版 1997 年版。

[8] 中川正之:《汉语からみえる世界と世间》,岩波书店 2005 年版。(中译本:《日语中的汉字　日本人的世界》,杨虹、王庆燕、张丽娜译,北京大学出版社 2014 年版。)

[9] 大堀寿夫:《认知言语学》,东京大学出版会 2002 年版。

[10] 雷桂林:《时间词的语义特征与语法表现》,见《岛津幸子教授追悼论文集ことばとそのひろがり(6)》,立命馆大学法学会 2018 年版,第 653—667 页。

[11] 卢福波:《对外汉语教学使用语法・修订本》,北京语言大学出版社 2011 年版。

[12] 谭达人:《略论反义相成词》,载《语文研究》1989 年第 1 期,第 27—33 页。

[13] 汤廷池:《国语词汇学导论:词汇结构与构词规律》,见《汉语词法句法论集》,台湾学生书局 1982 年版,第 1—28 页。

小说研究的"内"与"外"

——评小南一郎《唐代传奇小说论》

教育部社科中心　李彦姝

日本汉学家小南一郎教授秉承京都学派学统,在中国古典历史、文学研究等方面颇有建树,对于唐传奇研究甚为用力,《唐代传奇小说论》是这方面的代表作。在这部论著中,他充分借鉴和综合学界前辈及同仁的研究思路与成果,以《古镜记》《莺莺传》《李娃传》《霍小玉传》四部唐传奇为代表,以点带面,考察了唐传奇出现的时代背景、繁荣发展的状况等,并以比较的手法勾连出对于中国古代其他文体及后世小说的认识。《唐代传奇小说论》沿袭京都学派治学路径,做了大量翔实而驳杂的考据工作,一方面围绕文本对作家创作意图、作品人物形象、故事情节、叙事结构等进行考察,另一方面在文本之外,从历史、政治、考古、民俗、都市文化等角度对唐传奇进行关照,从使得论著不拘于一般的小说批评,将我们带入绵延千载的历史流变现场,并获得了一种对于唐代社会生活的总体性认识。小南一郎对于唐传奇所采取的内外兼顾、虚实互照的研究方式是引发笔者学术兴趣的地方。

一

小南一郎在问题意识的牵引下进入唐传奇研究,他所思考的核心问题是:唐代小说原动力是什么？为何唐传奇在中、晚唐时期异军突起？"力求确定作品在历史环境中的位置"是其展开研究的基础。如迟公绪所言:"作为科学的文学史研究来说,最为基本的要求就是:承认文学是按照历史的规律性而展开的,在这种展开之中,应当考虑为什么各个时代会具有其特定的文学？亦即,为什么某一时代不具有该时代之外的文学？"[①]安史之乱成为思考此问题的重要节点。安史之乱是中国漫长封建时代前、后期的转折点,中央政权失去昔日的威势,各地军阀割据,门阀贵族体制受严重打击。然而在中、晚唐这样的混乱而

---

① 迟公绪:《小南一郎论中国文学史研究问题》,载《文学遗产》1980年第2期。

非全然黑暗的时代中,新的元素被注入社会,新型士大夫阶层的价值观形成,门阀士族的瓦解和市民阶层的壮大为唐传奇注入了活力,传奇小说从门阀贵族内部的口头传承之物,过渡到中唐时期新的人生观的结晶。

沿着对唐传奇历史位置的追问,《唐代传奇小说论》序论部分介绍唐传奇这一文体的缘起及文本生成背景与过程,即某些不可思议的奇闻逸事在一种特定的交谈场合(士大夫阶层的人或公务之暇,或在旅途之中,时间充裕之际举行的叙谈)中被转述给众人,由某位文思涌动、文采盎然的听者记录下来:"宴会席间由一名参加者将相熟人物的亲身经历在众人面前披露出来,然后由在场人物重文笔特立者把它记录成文字。"①比如沈亚之《异梦录》中的情节就来自聚会时陇西公、姚合席间的讲述。话的主导者与参与者在中唐和晚唐又有所不同,中唐时期主要是年轻官僚以及参加科举想要成为备选官僚的年轻人,晚唐则主要是寄生藩镇幕府的幕客。总之,成为唐代传奇小说基础的,是知识人聚谈的"话"。"话"在此处的所指不同于"说"和"语":知识人聚谈时讲的故事,叙述形态多称之以"话","话"的叙述中有虚构和现实的交错;"说""语"则是针对讲述者和那些没有直接关系的物件之间的叙述。②

小南一郎认为,唐传奇来自"话",但是话录小说和传奇小说之间还是存在着本质的不同。话录作品基本上是话题的记录;而传奇小说多称为"传",如《莺莺传》《李娃传》《霍小玉传》等都是建立在作者创作欲之上。前者是实录,后者中的"传"字则不是单纯的记录,而是体现了作者有意识的创作态度和基于叙述时在场者共识的个人主张、价值判断。"话"是传奇作品问世的基础,"异"是所"话"内容的基本特征。"异"的含义所指范围更广:"除了鬼神以及超自然力引起的不可思议事件外,和人类有关的异常事态、男女恋爱等等也被视作'异'事件。即超越时间一般常识的事件,就被看成是'异'事件。"③而这种"异事"不是远古绝域时代的特异事件,也不同于《搜神记》这类神怪小说中的故事,它就发生在常人身上,是平常人遭遇的不平常经历。因为以某种现实性为依据,因此传奇小说中除完整故事情节外,还有记叙作品成立经过的说明注解性文字,注解性文字是强调"异事"真实性的手段。故事性建立在真实性基础上,而又生发出超验性内容,使得故事世界与现实世界若即若离,相互纠缠。

二

《唐代传奇小说论》的序论反映了小南一郎的"唐传奇生成论"观点,到了《李娃传》这一章,小南一郎开始进入文本个案研究。他起初意欲从小说人物研究入手,但是发现用人

---

① 小南一郎:《唐代传奇小说论》,童岭译、伊藤令子校,北京大学出版社2015年版,第4页。
② 小南一郎:《唐代传奇小说论》,童岭译、伊藤令子校,北京大学出版社2015年版,第15页。
③ 小南一郎:《唐代传奇小说论》,童岭译、伊藤令子校,北京大学出版社2015年版,第8页。

物形象分析的方法无法解释《李娃传》人物性格、行为方式中存在的矛盾:李娃起初的薄情与后来的慈悲,郑生父亲起初的残酷无情与后来的深明大义,都是难以被理解的人物性格的"割裂"。因此小南一郎的研究视角从"人物"转向"情节",认为《李娃传》故事的逻辑是郑生境遇的"下降—上升"的V字形逆转,而这一情节发展轨迹主宰了小说中人物性格中看似难以理解的前后矛盾。

小南一郎认为,时间性的情节研究也可以转换为一种对于承载人物活动、情节发展的空间的研究。曾在陕西师范大学留学的日本学者妹尾达彦对于隋唐时期长安城有较为细致的研究,他在《唐代后半期的长安与传奇小说》一文中即提出《李娃传》研究应与长安城空间构造相联系[1]:长安的街道以天门街为轴,按纵向大致可以进行二等分划分,即以天门街为中心的东半区(街东)和西半区(街西)两个对照性的区域。天门街具有公共空间的外观和功能,是都市居民大量集聚并进行公共活动的场所,在这样一个公共场域中,市民的集体生活样态展现无遗。而被天门街分割的东西二肆折射出不同的空间等级:街东是官僚文化主导的区域,代表着士大夫阶层的价值观;而街西则是庶民文化繁荣的区域,代表着都市普通市民的价值观。这种"东高西低"的空间构造影响了小说中郑生命运的变化:当他活动于街西时,命运直线下降,转折地是东西两肆之间的天门街,继而当他活动于街东时,命运逐渐上行。

小南一郎延续妹尾达彦等学者的观点,认为《李娃传》情节的起伏轨迹与故事发生地点的空间结构——长安城的东西空间构造密切相关。可以看出,无论对于东西二街的区别,还是对于天门街的观察,小南一郎都将"长安城"作为小说研究不可忽略的空间要素,将"城与人"的互动作为研究的一种独特视角。唐代是中国封建社会发展最为辉煌的时代,相应的,唐代都城长安的建设和发展也空前繁荣,于是都市文明、市民文化自然也就随之发达,并反映在文学作品之中。市井生活进入小说,是小说从文人创作下沉到民间的一个证明,也直接导致了小说接受群体的扩大。"都市性"成为唐传奇以后的宋元话本中日渐鲜明的一种特征,至于明清近代以降的小说中就更富都市气息了。

长安城空间维度的东西对峙,从深层次上也透射出士大夫价值观与庶民价值观的对立。小南一郎重视对于唐传奇价值观的研究,他分析了唐传奇中价值观杂糅的现象,并认为"唐代传奇小说的精华,应该说就是建筑在士大夫阶层价值观和都市居民价值观的矛盾与统一上"[2]。具体到《李娃传》,他认为庶民价值观与士大夫价值观分别体现在前半段"下降"和后半段"上升"的情节中。都市居民的新的价值观在此时已经初见端倪,小说前半部分对于男女恋情的书写,反映了都市居民的生活意识,具有通俗文艺的特征;从读者身份来看,都市居民的阅读期待在支撑着这种叙述的全面展开。通过对于《李娃传》成书时间的推断,小南一郎认为《李娃传》是白行简在听取民间艺人说唱作品《一枝花》的基础

---

[1] 小南一郎:《唐代传奇小说论》,童岭译、伊藤令子校,北京大学出版社2015年版,第112—113页。
[2] 小南一郎:《唐代传奇小说论》,童岭译、伊藤令子校,北京大学出版社2015年版,第153页。

上敷衍出来的文人创作。《李娃传》在传承民间文艺要素的同时,又注入作者本人所持有的士大夫价值观。《李娃传》中体现士大夫价值观的部分亦非来自抽象理念,而是来自白行简的人生经历,李娃以母亲的姿态救济、勉励郑生的情节,映射了自己所在的白氏一族女性的事迹,尽管李娃出身低贱,但是她在小说后半段的表现确为古代士大夫家族女性模范的缩影。

同样表现士大夫价值观与市民价值观龃龉的还有《霍小玉传》,突出代表市民价值观的是遵守着"义"的行动规律的黄衣豪侠。霍小玉因受李益背叛的打击卧床弥留之际,豪侠挺身而出为霍小玉打抱不平,挟持李益至霍小玉住处,使得霍小玉临终前得以与李益相见。豪侠在长安城是一种普遍性的存在:"这些豪侠一方面动用暴力给民众带来麻烦,另一方面也不服从支配阶层的规则。从后一点来看,某种程度上他们代表了都市居民的意识与价值观。"[1]豪侠的行动会引起城市居民的关注,往往因为其能代表人们的普遍诉求。[2] 晚唐时期,豪侠、剑客成为作品主人公的例子明显增多,与中唐时期的豪侠相比,他们往往具有某种"超能力",以及异质于常人的性格和行为方式,呈现出从"义侠到武侠"[3]的变化趋势。所谓乱世出枭雄,豪侠在市民生活中的作用不断彰显,从一个角度反映了晚唐社会秩序的日益混乱。

在众多唐传奇作品中,小南一郎用"狭义传奇"或曰"本质上的传奇"来定性《霍小玉传》《李娃传》等作品,将其看作唐传奇中少量拔群的优秀作品。狭义传奇是最能代表唐传奇思想深度、艺术水平、文体特征的作品,对狭义传奇的关注,意味着小南一郎对于唐传奇内部研究的深化。小南一郎将"作品的叙述力、描写力,以及附托于作品的问题意识的强度与深度"[4]看作高水平的狭义传奇的必备要素。问题意识是小南一郎特别看重的一点,他认为《霍小玉传》《莺莺传》之所以以悲剧结局,不应追责至男主人公李益或张生的个人之恶,而是应该反思导致悲剧结局的人物性格因素以及社会政治因素。恶人制造的悲剧在艺术感染力方面,很可能比不上常人引发的悲剧,后者更加真实,更引人唏嘘,也更能彰显出一种"沉重的挫折"[5]。《霍小玉传》《莺莺传》悲剧结局带出的问题意识是"色爱"[6]与"婚仕"之间不可调和的矛盾,也就是青年男女自发自愿的恋爱行为与官僚制度、家族利益、门第观念之间的矛盾。与此相比,"《李娃传》以主人公超越社会共同观念的行为为基础,构筑起了小说的固有世界"[7],这一具有反叛性的作品与《霍小玉传》《莺莺传》等相互

---

[1] 小南一郎:《唐代传奇小说论》,童岭译、伊藤令子校,北京大学出版社2015年版,第175页。
[2] 小南一郎:《唐代传奇小说论》,童岭译、伊藤令子校,北京大学出版社2015年版,第178页。
[3] 熊海英:《"武"与"侠"的合流和分异——论唐传奇中侠客形象的演变》,载《中华文化论坛》2004年第3期。
[4] 小南一郎:《唐代传奇小说论》,童岭译、伊藤令子校,北京大学出版社2015年版,第157页。
[5] 小南一郎:《唐代传奇小说论》,童岭译、伊藤令子校,北京大学出版社2015年版,第157页。
[6] 色爱狭义上是指男性知识人与出身卑微、样貌出众的女子的缠绵之爱,此处应取其广义,即不问门第、出于个体真挚情感需求的男女之爱。
[7] 小南一郎:《唐代传奇小说论》,童岭译、伊藤令子校,北京大学出版社2015年版,第169页。

补益,基于"在婚仕之际鲜明地针对官僚阶层不近人情的观念产生深深的疑惑"①,以两种不同的处理方式和叙事路径回应了同一个问题。

三

总的来说,我将小南一郎《唐代传奇小说论》的研究方法及风格概括为以下几点。

第一,基于史料的大胆推测。这可称之为一种充满"学术构想力"的研究。小南一郎通过对于各类史料的整理、借鉴和征用,在"不确定"中推断出与唐传奇作者身份、创作意图、故事情节、人物形象等相关的各种"可能性",并借种种可能性,将思路不断外散,将研究推向文学世界以外更广的社会政治空间。当然小南一郎的推测并非完全出于个人独创,而是综合借鉴了中、日学界前辈及同仁已有的推测,比如妹尾达彦对于《李娃传》中长安城空间结构与故事情节发展关系的推测,卞孝萱对于《霍小玉传》执笔背景和政治性意图的推测②,等等。唐传奇距今久远,难得定论是常态,"推测"也就成了推进研究的一种有效手段。当然,这种开放式、开拓性的研究也并非无懈可击,推论的真实度和精确性还有待考察和求证。

第二,驳杂的知识构成。前文已提到过,小南一郎在《唐代传奇小说论》中善于跳出文本,从历史、政治、考古、民俗等角度对唐传奇进行立体式考察,从而使得这部论著具有某种百科全书式的特征。比如小南一郎在《古镜记》中搜集众多前代知识,对于"古镜"的来源、纹样、功能等做了文物学、卦象学意义上的阐发。他认为古镜的客观实在性与超验性的交织,使其在作品中发挥了既富有历史感又充满神秘气息的叙事功能。再比如,小南一郎将《李娃传》中郑生在李娃救济下起死回生的时刻看作小说情节转折的节点,认为其带有一种神话逻辑,反映了一种"神话性传承"。因女性之爱而使得男性起死回生这一母题,在埃及、日本等东西方神话中古已有之,这一神话结构是农耕文化的产物,女性与被救赎的男性有着"母神-谷灵"这样一种对应关系,这种分析带有鲜明的跨文化比较特征。小南一郎还利用民俗学的知识,从"都市-乡土"互照的维度指出,"《李娃传》故事中最具有都市性的场面——天门街的二凶肆之大比赛,其背后隐藏着乡村祭祀活动的一面"③。由此,他又继续考察求雨、纲引(拔河)等民间祭祀方式所折射的民间信仰,得出"'纲引'并非简单的游戏,而是起源于驱除灾厄、祈求丰穰的宗教性祭祀"④的结论。小南一郎利用丰富的知识储备,揭示唐传奇隐含的文物学、卦象学、神话学、民俗学等意义,赋予唐传奇以新的阐释维度。

---

① 小南一郎:《唐代传奇小说论》,童岭译、伊藤令子校,北京大学出版社2015年版,第93页。
② 小南一郎:《唐代传奇小说论》,童岭译、伊藤令子校,北京大学出版社2015年版,第165页。
③ 小南一郎:《唐代传奇小说论》,童岭译、伊藤令子校,北京大学出版社2015年版,第135页。
④ 小南一郎:《唐代传奇小说论》,童岭译、伊藤令子校,北京大学出版社2015年版,第140页。

第三,强烈的家族谱系意识。小南一郎善于从家族史角度关照唐传奇文本。从创作者角度看,小南一郎认为唐传奇的创作并非纯粹的文学行为,而是因为处于社会生活中的作者有着传扬家族事迹的历史考量和现实意图。小南一郎借着分析《古镜记》和《李娃传》,对于王氏家族、苏氏家族、郑氏家族等唐代门阀士族的传承谱系、人物关系等都做了相当详细的梳理。比如,他借分析《古镜记》对于王氏家族谱系的整理就很有代表性。在对《古镜记》的分析中,他参考了大量平行的、甚至真伪掺杂的历史典籍(如对于《文中子中说》的考证,小南一郎认为即使是伪书,也可抽演绎出虚构背后的"真"的成分)、考古发现(《王婍墓志》等),苦心搜集文献史料,企图探寻《古镜记》真事隐去的究竟,这是一种解谜式的研究,试图在小说虚构与历史事实间搭建桥梁的研究。小南一郎认为,借助古镜等宝器,门阀后代为祖先事迹注入神秘性因素,认为门阀发展延续过程中得到某种神秘力量的加持、荫庇。而宝器的获得和丧失,也象征性地表明了家族乃至整个王朝的繁荣和衰亡的更迭历程。《古镜记》作者王度赋予祖先事迹以双重感情色彩:一为褒扬祖先关心社会、积极入世、充满对王道的理想;一为对于祖先生不逢时的命运的感叹与对贵族没落的哀叹。再比如,从《李娃传》中的郑生联系到荥阳郑氏事迹,然后跨越千年联想到先秦《春秋左氏传》隐公元年的郑国记事,甚至更进一步,追溯到新时期时代农耕社会中的宗教传承。[①] 上追先秦,下至唐代,小南一郎认为唐传奇中的主人公在历史上大都有着对应的真实人物,因此不遗余力为小说中的人物寻找历史原型。

结语

内外兼顾是小南一郎唐传奇研究的主要特征:在文本之内,他对于作品的思想、人物、结构、审美等诸要素做出有新意的分析;在文本之外,他对历史、政治、时代等多种要素对于唐传奇的共同作用也做出了推测和辨析。

小南一郎早在《中国的神话传说与古小说》序言中就谈到自己对于传承学的重视,对于传承学,他也给出了自己的定义:"探讨在这传承过程里有所变化的面貌之中反映着的不同时代的价值观,并试图分析其具体过程与意义,这就是传承学。"[②]而这种传承学的观点与方法在《唐代传奇小说论》中也得到鲜明呈现。一部传奇作品在小南一郎看来都不是一个孤立的文本,它有着深厚绵长的历史渊源,它不是横空出世之物,而是早就在一个巨大而无形的母体中酝酿,携带着历史基因降临到它所处的时代之中。作为母体的历史场域所散布的无所不在的影响力,是小南一郎推开唐传奇研究大门的密码。历史是唐传奇之母,而时代在唐传奇分娩过程中也发挥了不可磨灭的"催生"作用。历史与时代的合力,使得唐传奇在漫长的文化传承中,获得了自己的独特位置。

---

① 小南一郎:《唐代传奇小说论》,童岭译、伊藤令子校,北京大学出版社2015年版,第150页。
② 小南一郎:《中国的神话传说与古小说》,孙昌武译,中华书局1993年版,第1页。

唐传奇与史传叙事有绕不开的关系,唐传奇得以保存,很大程度上依赖于《太平广记》这样的大型文言纪实小说总集的流传。尽管唐传奇作品可能以某种历史上或现实中的"本事"为依托,但毕竟虚构性是小说区别于其他文体的突出特性[①]。历史与文学间的吊诡关系提示我们,历史在某些时候是研究文学(尤其是古典文学)的有利借助,但同时也可能成为影响文学作品审美判断的一种限制。对于比较文学研究中常见的"平行""影响"两种研究方法,小南一郎运用得十分纯熟,但是这样的研究也存在客观性被削弱的风险。因此,文史杂糅的研究方法与研究思路在多大程度上可以有效应用于阐释小说类作品,是这部论著启示我们继续思考的问题。

---

① 小南一郎也充分肯定唐传奇的虚构性:"唐代的传奇小说在中国文学史上的地位在于,它第一次有意识地使用了虚构写法,是可以在真正意义上被称为'小说'的作品群。"见小南一郎:《唐代传奇小说论》,童岭译、伊藤令子校,北京大学出版社2015年版,第155页。

隐匿的太伯：六朝吴地太伯庙考察

台湾大学　何维刚

一、前言

三吴虽为江南地区重要的枢纽，但在南朝时期，却往往被政治中心建康与军事中心京口的辉煌掩盖。单就祠祀信仰这一层面而言，受限于史料存留之多寡，今人论述多聚焦于建康蒋子文、钱塘江伍子胥、吴兴项羽等厉鬼信仰[1]，而吴地本土的太伯、季札等儒家先贤祭祀信仰，则多为六朝研究者所忽略。然《旧唐书·狄仁杰传》：

> 吴、楚之俗多淫祠，仁杰奏毁一千七百所，唯留夏禹、吴太伯、季札、伍员四祠。[2]

《旧唐书·于頔传》：

> 吴俗事鬼，（于）頔疾其淫祀废生业，神宇皆撤去，唯吴太伯、伍员等三数庙存焉。[3]

狄、于同以吴太伯作为留存代表，固然有其儒家正统的观念影响，亦从侧面说明了太伯祠祀于地方应有相当的兴盛程度与影响力。水越知曾以大运河的开通，解释隋唐以后苏州文化圈凌驾于南京文化圈之上，而使大运河周围之太伯、季札、伍子胥祭祀蓬勃兴起。[4] 但在此之前，江南儒家先贤祠祀状况，则仍有许多有待阐释的空间。

对于吴地而言，太伯的存在意义非凡。《史记》列太伯为世家第一，《吴地记》将太伯视作吴地历史开展之指标。此一现象亦见于文学作品。左思《吴都赋》："且有吴之开国也，

---

[1] 相关之研究著作，以宫川尚志之论述最具代表性。详参宫川尚志：《六朝史研究：宗教篇》，平乐寺书店1992年版。
[2] 刘昫：《旧唐书》，中华书局1975年版，第2887页。
[3] 刘昫：《旧唐书》，中华书局1975年版，第4129页。
[4] 水越知撰：《伍子胥信仰与江南地域社会——信仰圈结构分析》，杨洪鉴译，见平田茂树、远藤隆俊、冈元司编：《宋代社会的空间与交流》，河南大学出版社2008年版，第316—351页。

造自太伯,宣于延陵。"①又陆云《与陆典书书》:

> 云再拜:国土之邦,实钟俊哲。太伯清风,遁世立德,龙蜿东岳,三让天下,垂化迈迹,百代所晞。高踪越于先民,盛德称乎在昔。续及延陵,继响驰声,沈沦漂流,优游上国。听音察微,智越众俊,通幽畅遐,明同圣荷。②

此都反复以太伯作为吴文化之象征。矛盾的是,太伯之于吴地何其重要,但在两汉六朝期间,不论是官方文献或是小说笔记,关于吴地太伯祠祀的记载却极为疏简。本文试图耙梳六朝存留的太伯祠祀文献,参照并考释后代对于六朝太伯祠祀的文化记忆,以探讨六朝时期太伯祠祀的文化意涵。相关文献之时代、出处汇整,可参看文末"两汉魏晋南朝太伯庙相关史料系年表"。

二、吴郡阊门之太伯庙

阊门作为六朝吴郡的历史城门,曾是孙武、伍子胥伐楚的往返之地,时常以跌宕巍峨之姿出现在叙述者的笔下。陆机《吴趋行》:"吴趋自有始,请从昌门起。昌门何峨峨,飞阁跨通波。"③相传孔子曾望阊门而叹,此始见《论衡·书虚》:

> 传书或言:颜渊与孔子俱上鲁太山,孔子东南望,吴阊门外有系白马,引颜渊指以示之,曰:"若见吴昌门乎?"颜渊曰:"见之。"孔子曰:"门外何有?"曰:"有如系练之状。"④

依常理而言,由泰山望向吴郡阊门直如天方夜谭,但到了唐朝陆广微《吴地记》则又加以衍伸,着重逐渐由孔子"所望"转向"所叹"。《吴地记》载:

> 孔子登山望东吴阊门,叹曰:"吴门有白气如练"。今置曳练坊及望舒坊因此。⑤

吴地多有孔子传说,除此则孔子望阊门一事外,尚有延陵季子庙孔子十字碑故事。范

---

① 萧统编、李善注:《文选》,艺文印书馆1998年版,第203页。
② 严可均:《全上古三代秦汉三国六朝文》,中华书局1991年版,第2048页。
③ 萧统编、李善注:《文选》,艺文印书馆1998年版,第399页。
④ 黄晖:《论衡校释》,中华书局1990年版,第170页。
⑤ 陆广微:《吴地记》,见《江苏地方文献丛书》,江苏古籍出版社1999年版,第18页。

泰《吴季子札赞》:"夫子戾止,爱诏作名。"①但孔子入吴一事,欧阳修以来已多所质疑。②虽据史料记载孔子并未入吴,世传孔子望阊门而叹、题延陵季子十字碑,未能排除为后人加油添醋之说。但何以中古时期吴郡地区开始产生此类孔子传说,背后试图联结孔子之儒家形象与吴郡之地方性质,其神迹制作的意图则更值得关注。

然而,在阊门辉煌的历史底下,位址同处阊门、祭祀儒家贤者太伯的太伯庙,却时常为治文史者忽视。《南史·刘粹附族弟损传》:

> (刘)损元嘉中为吴郡太守,至昌门,便入太伯庙。时庙室颓毁,垣墙不修,损怆然曰:"清尘尚可髣髴,衡宇一何摧颓!"即令修葺。③

太伯庙与阊门地理位置相近,甚至可视为阊门文学地景之一环。《梁书·文学传下·陆云公》:

> 累迁宣惠武陵王、平西湘东王行参军。云公先制太伯庙碑,吴兴太守张缵罢郡经途,读其文叹曰:"今之蔡伯喈也。"④

张缵由吴兴返回建康为梁武帝大同二年(556)十二月事,事见《梁书》本传。⑤ 刘损由京口东向至吴郡、张缵由吴郡西向前往建康,皆会通过吴郡西门阊门。此或意味着由宋元嘉至梁大同,太伯庙的位置邻近阊门未有移动。而从刘损对于地方贤者祠祀太伯庙之修缮,到陆云公撰碑、张缵读碑,也暗示着太伯庙逐渐受到士族阶层的关注,尤以"碑"的出现,形塑了以士族为代表的雅文化。实际上,士族参与太伯庙的修缮与创作可能起源更早,《文馆词林》载东晋王洽《修太伯庙教》:

> 太伯既至德高让,风流千载。加端委垂化,真所谓大造于吴。而仪形所□,殆同逆旅。殊非所以崇礼贤达,奖训后昆之谓。便可筹量修护,使有常制。⑥

王洽所奏见于《文馆词林》,未详撰写时间。但王洽曾官任吴郡内史,《中兴书》谓王洽"累

---

① 欧阳询:《艺文类聚》,上海古籍出版社 2010 年版,第 652 页。
② 欧阳修《唐重摹吴季子墓铭》:"按孔子平生未尝至吴,以《史记》世家考之,其历聘诸侯,南不逾楚。推其岁月踪迹,未尝过吴。"欧阳修撰,邓宝剑、王怡琳笺注:《唐重摹吴季子墓铭》,见《集古录跋尾》,人民美术出版社 2010 年版,第 173 页。
③ 李延寿:《南史》,中华书局 1975 年版,第 481—482 页。
④ 姚思廉:《梁书》,中华书局 1973 年版,第 724 页。
⑤ 姚思廉:《梁书》,中华书局 1973 年版,第 493 页。
⑥ 许敬宗编:《日藏弘仁本文馆词林校证》,中华书局 2001 年版,第 461 页。

迁吴郡内史,为士民所怀"①,《北堂书钞》卷156亦载王洽《临吴郡上表》,或可推测《修太伯庙教》当是作于任职吴郡内史期间。王洽生于东晋明帝太宁元年(323),早年仕宦经历不详,本传于"弱冠"之后叙其历职,说明王洽主要的仕宦当在于二十岁后,即晋穆帝永和年间(345—357),而《修太伯庙教》应当作于这段时间。另可注意的是"教"之文体问题。《文选》李善注引:"蔡邕《独断》曰:诸侯言曰教。"②《文心雕龙·诏策》亦谓:"教者,效也;出言而民效也。契敷五教,故王侯称教。"③从史料来看,王洽未曾封侯,《修太伯庙教》之施用文体并不符合王洽身份,或可说明此篇教文之撰作动机并非出于自身,极有可能为代笔所作。而王洽是为何人所代笔？最有可能的是当时的琅邪王司马丕④,亦即后来的晋哀帝。司马丕于晋成帝咸康八年(342)封琅邪王,至晋穆帝升平五年(362)后继承大统。王洽生平仕宦,琅邪王皆由司马丕担任未曾更换,考量到太伯庙于吴郡之地缘关系,《修太伯庙教》最有可能是王洽为司马丕代笔所作。此则意味着对于太伯庙的修整,并非仅是出于吴郡内史王洽的一己之见,而是身为皇亲宗室的琅邪王司马丕对于领地太伯信仰的关注。

六朝时期太伯庙的史料多已亡散,但到了明清时期,追溯太伯墓、庙沿革的文献却逐步增多。其中清人钱泳(1759—1844)的记载颇详,能为读者概括两汉六朝太伯庙沿革之概况。钱泳《履园丛话·商吴泰伯墓》:

> 吴泰伯墓在吾邑之鸿山,旧名皇山。南徐记泰伯宅东九里,有皇山,泰伯所葬地。按史记世家正义注云,泰伯居梅里平墟,在无锡东南三十里是也。汉桓帝永兴二年,诏吴郡太守糜豹修之,周以垣墉,给五十户守卫其墓。晋肃宗太宁元年,诏祀泰伯用王者礼乐,具王者冕服,建庙于茔城南三十步,命晋陵太守殷师领焉。宋武帝永初元年,敕泰伯以太牢祀。⑤

其说可能增补于与之同时秦瀛(1743—1821)所作《重修泰伯墓碑》:

> 南徐记称泰伯宅东九里有皇山。泰伯所葬地皇山即鸿山,其地为无锡古梅里。今析隶金匮县,山去县城三十五里。旧制冢高一丈四尺,周三十五步。晋太宁元年诏祀泰伯用王者礼。殷师为晋陵太守,尝表其墓,置守冢一家。唐宋以来兴替无可考。⑥

---

① 余嘉锡:《世说新语笺疏》,中华书局1983年版,第481页。
② 萧统编、李善注:《文选》,艺文印书馆1998年版,第505页。
③ 范文澜:《文心雕龙注》,艺文印书馆1998年版,第360页。
④ 琅邪归属上向来属于南徐州,但在东晋初年,琅邪郡新立,然食邑犹属吴郡。《宋书·五行志》:"康帝为吴王,于时虽改封琅邪,而犹食吴郡为邑。"
⑤ 钱泳:《履园丛话》,中华书局1979年版,第493页。
⑥ 秦瀛:《小岘山人集》,见《续修四库全书》,上海古籍出版社2002年版,第327页。

从上述两段文献可以看出几点信息：一是泰伯墓与皇山之关系，二是麋豹修太伯庙，三是太宁元年殷师建庙，四是宋武帝敕祀泰伯。下文将分以此四点加以论述。

吴郡太守麋豹修太伯庙一事。《通典》："太伯祠，后汉桓帝时，太守麋豹所建。后至晋内史虞潭改理焉。"①麋豹建太伯祠事，于史不详。惠栋《后汉书补注》曾云："列女后传曰：麋府君闻荣高行，遣主簿祭之。又出钱助县为冢于嘉兴郭里墟北，名曰义妇坂。卢熊曰：麋府君即麋豹，永兴二年吴郡太守。"②关于中古时期东汉麋豹的材料甚少，文献所存多是唐宋以后加以追述，并非第一手材料。且吴郡太守麋豹有东汉与晋二人，《史记·伍子胥列传》："至晋会稽太守麋豹移庙吴郭东门内道南，今庙见在。"③不知是同名同姓，抑或二者有混淆之可能。相对于此，《通典》谓太伯祠"后至晋内史虞潭改理焉"，虞潭则于史料数见，并曾为太伯庙立碑。《晋书》《文苑列传·庾阐》："吴国内史虞潭为太伯立碑，阐制其文。"④若虞潭立碑与张缵经途的太伯庙同为一处，则太伯庙至少有庾阐、陆云公两块碑文。《文录》谓庾阐等人"名显当世"，《南史》谓陆云公"士流称重"⑤，可见当时太伯庙除了具有吴地信仰的特质外，同时也为士族们提供了文本风景。虞潭担任吴国内史的时间不详，然《宋书·符瑞志中》："晋成帝咸和九年五月癸酉，白麞见吴国，吴县内史虞潭获以献。"并于《符瑞志下》又上献白鹅。⑥ 又《晋书·康帝本纪》："（咸康）二年春正月辛巳，彗星见于奎。以吴国内史虞潭为卫将军。"⑦可知咸和九年（335）至咸康二年（337）这期间，是虞潭最有可能"改理"、立碑的时间。

前文论及《通典》："太伯祠，后汉桓帝时太守麋豹所建。"但麋豹所建之太伯祠位置则有二说，此则涉及太伯冢与太伯庙的问题。一说即阊门外之太伯庙，此见范成大《（绍定）吴郡志·祠庙》：

> 至德庙即泰伯庙，东汉永兴二年郡守麋豹建于阊门外。《辨疑志》载吴阊门外有泰伯庙，庙东又有一宅，祀泰伯长子三郎。吴越钱武肃王始徙之城中。《纂异记》又云：吴泰伯庙在阊门西。⑧

皇甫汸《重修至德桥碑》亦谓：

> 吴祀太伯，自汉永兴始，太守麋豹建庙于阊阖门外。其徙于内则自梁乾化间钱武

---

① 杜佑：《通典》，中华书局1988年版，第4827页。
② 惠栋：《后汉书补注》，见《后汉书补注等四书》，鼎文书局1977年版，第937页。
③ 司马迁：《史记》，中华书局2014年版，第2180页。
④ 房玄龄：《晋书》，中华书局1974年版，第2386页。
⑤ 余嘉锡：《世说新语笺疏》，中华书局1983年版，第140页。
⑥ 沈约：《宋书》，中华书局1975年版，第871页。
⑦ 房玄龄：《晋书》，中华书局1974年版，第180页。
⑧ 范成大：《（绍定）吴郡志》，见《江苏地方文献丛书》，江苏古籍出版社1999年版，第164页。

肃始也。①

但一说认为糜豹所修恐非吴郡阊门所见太伯庙,而可能是东皇山太伯冢的附设祠庙。此见清人钱泳《履园丛话·商吴泰伯墓》:

> 吴泰伯墓在吾邑之鸿山,旧名皇山。……汉桓帝永兴二年,诏吴郡太守糜豹修之,周以垣墉,给五十户守卫其墓。②

可惜的是,钱泳谓糜豹曾"周以垣墉",难以就史料找出明确证据。作为最早记录吴郡太守糜豹事迹的《通典》,将太伯庙置于"苏州"条目之下,暗示太伯庙地缘当与吴郡相接。六朝以后对于太伯庙的地理位置,主要仍指涉阊门外的太伯庙,梁鸿墓的位置亦有助于断定太伯庙。陆龟蒙《祭梁鸿墓文并序》:"梁伯鸾墓在吴西门金昌亭下几一里"。③ 范成大《(绍定)吴郡志》:"梁鸿墓在金昌亭,南皋伯通以要离烈士,梁生清高,因附葬之。《吴地记》云:在太伯庙南与要离坟相并。"④相对于太伯、季札、伍子胥等吴地著名先贤,逐渐由坟冢发展成祠庙、信仰,在信仰上往往有祠庙分散或冢墓与祠庙不同处等问题。《吴地记》作为唐代作品,对于太伯庙的认识仍主要指涉阊门外之太伯庙,而非梅里、东皇山太伯冢。从《通典》《吴地记》界定太伯庙址位处阊门,由此反观同一时期对于太伯庙的界定如《旧唐书·狄仁杰传》"唯留夏禹、吴太伯、季札、伍员四祠"及《于頔传》中"唯吴太伯、伍员等三数庙存焉"之太伯庙,或许亦都指涉阊门旧址。

三、无锡鸿山之太伯冢

在史料的记载中,太伯冢有梅里与皇山二处。《史记》:"吴地记曰:'泰伯居梅里,在阖闾城北五十里许。'"⑤赵晔《吴越春秋》亦云:"太伯祖卒葬于梅里平墟,即太伯故城之地。"⑥刘劭等人所编《皇览》仍袭旧说。但是至晚到了梁朝,对于太伯墓的位置开始产生分歧。《后汉书》《扬州·吴郡》:

> 《皇览》曰:"吴王太伯冢在吴县北梅里聚,去城十里。太伯始所居地名句吴。"臣昭案:无锡县东皇山有太伯冢,民世修敬焉。去墓十里有旧宅、井犹存。臣昭以为即

---

① 皇甫汸:《皇甫司勋集》,见《四库全书珍本三集》,台湾"商务印书馆"1972年版,第120页。
② 钱泳:《履园丛话》,上海古籍出版社2012年版,第332—333页。
③ 董诰等编:《全唐文》,中华书局1987年版,第8421页。
④ 范成大:《(绍定)吴郡志》,见《江苏地方文献丛书》,江苏古籍出版社1999年版,第558页。
⑤ 司马迁:《史记》,中华书局2014年版,第1445页。
⑥ 赵晔:《吴越春秋》,见《四库丛刊初编》,上海书店1989年版,第4页。

宅为置庙,不如皇览所说也。①

刘昭注《后汉书》,《梁书》本传称"至昭又集后汉同异以注范晔书,世称博悉"②。梁朝时期所以对于太伯墓的地理位置产生质疑,主要在于对于"梅里"一地的认识不同。《吴越春秋》《越绝书》《皇览》等书认为梅里所在地于吴县北,而刘昭注、唐人李泰《括地志》、陆广征《吴地记》,都将梅里位置视为无锡县皇山。即使是张守节《史记正义》,论及梅里所在之地,恐亦有调和二说之意。③ 从今天所存文献阙如的状况来看,恐怕难以轻言断定太伯冢是位处吴县北或是无锡皇山,而应当反向思考的是,太伯墓位置的混淆,可能意味着太伯祭祀活动、信仰之兴盛,已超出梅里(或皇山)一地的祭祀圈。换言之,至迟于梁朝刘昭注《后汉书》之际,皇山、梅里以及吴郡阊门的太伯庙祭祀,间接暗示吴郡地区太伯祠祀的扩展。

东晋时期尚有殷师建太伯庙一说,此见钱泳《履园丛话·商吴泰伯墓》:"晋肃宗太宁元年,诏祀泰伯用王者礼乐,具王者冕服,建庙于埜城南三十步,命晋陵太守殷师领焉。"④太宁元年(323)王敦已入建康城,正史记载中鲜见晋明帝时期的祠祀记录,较为著名者当为太宁三年(325)"诏给事奉圣亭侯孔亭四时祠孔子,祭宜如泰始故事"⑤,此时王敦之乱则已平定。殷师祭祀太伯一事于史难征,然按宋人史能之《(咸淳)重修毗陵志·山水》:"皇山一名鸿山,在县东五十里。《舆地志》云:太伯宅东九里为皇山,卒葬山南城。殷师守晋陵,复吴氏一户奉祠下。"又同书《陵墓》:"泰伯墓,在梅里墟。冢高一丈四尺,周三十五步。《皇览》云:泰伯冢在会稽吴城梅里墟。刘昭云:县东皇山有泰伯冢。《南徐记》云:晋殷师为晋陵太守,尝表其墓,复一户护守云。"⑥东晋时晋陵太守治所于京口,领晋陵、延陵、无锡等县,并未涉及吴郡,故此太伯庙指的乃是无锡皇山太伯冢,而非阊门外之太伯庙明矣。此外,史能之的记载中并未点明殷师任晋陵太守的时间,或谓当在东晋成帝咸和年间(326—335)。清人吴熙《泰伯梅里志》:"晋咸和中,殷师为晋陵太守,表其墓,置守冢一家。"⑦未详何据。依六朝时期官守以三年为限来看,殷师任晋陵太守的时间中,太宁元年与咸和年间必然一者有误。但就今所见相对应时间的晋陵太守任职来看,太宁元年以前

---

① 范晔:《后汉书》,中华书局1965年版,第3490页。
② 姚思廉:《梁书》,中华书局1973年版,第692页。
③ 《史记·周本纪》:"正义:太伯奔吴所居城在苏州北五十里常州无锡县界梅里村。其城及冢见存。"《史记·吴太伯世家》:"太伯居梅里,在常州无锡县东南六十里。至十九世孙寿梦居之,号句吴。寿梦卒,诸樊南徙吴。至二十一代孙光,使子胥筑阖闾城都之,今苏州也。"二说皆刻意涉及太伯所居与苏州之地理位置。
④ 钱泳:《履园丛话》,上海古籍出版社2012年版,第493页。
⑤ 沈约:《宋书》,中华书局1975年版,第484页。
⑥ 史能之:《(咸淳)重修毗陵志》,见《续修四库全书》,上海古籍出版社1995年版,第134、241—242页。
⑦ 吴熙:《泰伯梅里志》[光绪丁酉(1897)泰伯庙东院藏版]。本文据哈佛燕京图书馆扫描电子档,卷4,1a页。

羊曼曾任晋陵太守,①顾和亦于咸和年间担任晋陵太守。② 太宁年间(323—326)与咸和初年(326—329),这段时间并无任何晋陵太守任职之记录流传。是以殷师对于无锡皇山太伯庙的修建,当在于太宁、咸和(323—329)之间。从钱泳《履园丛话·商吴泰伯墓》来看,这类后出精详的夸大叙述,却于前代史籍中无据可征,难免使人怀疑太宁元年用王者礼乐是否为后人杜撰。但《艺文类聚》载陆云公《太伯碑》:"吾启金车,晋迁紫盖。寔号帝乡,爰是天邑。"③紫盖为帝王仪仗,此则颇与《履园丛话》所谓"王者礼乐""王者冕服"有互通之处。秦瀛《重修太伯庙碑》谓"晋太宁元年诏祀泰伯用王者礼",《履园丛话》谓殷师以"王者礼乐"祭祀泰伯,虽于史料上难以找到明确证据支持。但从陆云公碑的记载观照,晋朝时应有高规格祭祀泰伯的事实。

至于无锡皇山的太伯祭祀,为何并未朝京口、晋陵等地发展,而是往太湖东南之吴郡发展,原因可能有三。其一,无锡与吴郡同属吴语之"苏嘉湖小片"区,而晋陵(常州)、京口(镇江)则属吴语之"毘陵片"区,语言的差异可能直接影响了信仰传播的方向。④ 其二,无锡西面即为常州,古称晋陵,晋陵再西则为延陵。山谦之《丹阳记》:"季子旧有三庙,南庙在晋陵东郭外,北庙在武进县博落城西,西庙即此是也。"⑤换言之,若季子祠祀以延陵为中心展开,晋陵则为延陵文化圈的东陲。相对于六朝太伯庙资料之欠缺,季子庙祠祀的文献史料则相对丰富,除了正史文献外,亦保留六朝时期的庙记、碑刻等材料,此或间接说明了季子庙祠祀的兴盛。⑥ 因此就地域性与文化圈而言,晋陵一带可能接受季子信仰甚于泰伯祠祀。其三,梅里旧称故吴,至阖闾始将都城迁移至今之苏州,二者本有历史上的迁移关系,此可能也影响了太伯祠祀传播之可能。

四、结语

历往六朝民间信仰的研究,多着墨于蒋子文、青溪小姑等厉鬼信仰,虽说多出于文献存留之考量,但难免有限缩观照视野之虞。《隋唐嘉话》记录:

> 狄内史仁杰始为江南安抚使,以周赧王、楚王项羽、吴王夫差、越王勾践、吴夫槩、楚春申君、赵佗、马援、吴桓王等神庙七百余所,有害于人悉除之。唯夏禹、吴太伯、季

---

① 《晋书·羊曼传》:"避难渡江,元帝以为镇东参军,转丞相主簿,委以机密。历黄门侍郎、尚书吏部郎、晋陵太守,以公事免。"王敦于东晋元帝永昌元年(322)入建康城后"羁录朝士,曼为右长史",后"敦败,代阮孚为丹杨尹"。可推测羊曼任晋陵太守当在王敦入建康城前,即晋元帝在位期间。
② 史能之《咸淳毗陵志》谓顾和:"太宁中领晋陵太守,以政绩称。"当为笔误。按《晋书·顾和传》:"司空郗鉴请为长史,领晋陵太守。"郗鉴任司空在成帝咸和四年(329),依史传笔法,顾和任晋陵太守当在咸和四年以后。
③ 欧阳询:《艺文类聚》,上海古籍出版社1999年版,第382页。
④ 中国社会科学院语言研究所等编:《中国语言地图集·汉语方言卷》,商务印书馆2012年版。
⑤ 董诰编:《全唐文》,中华书局1987年版,第1337页。
⑥ 详参何维刚:《六朝季子庙祠祀的雅俗交涉》,载《中国学术年刊》2018年第47期,第53—74页。

札、伍胥四庙存焉。①

可知江南当时历史人物祠祀信仰之丰富,绝非仅限于厉鬼信仰。于本文之考证中,参与太伯庙修缮、祠祀、碑刻活动者,多为地方官员、士族。但到了唐朝,太伯庙开始夹杂怪力乱神之事。《太平广记》《巫·许至庸》:

> 时方春。见少年十余辈。皆妇人装,乘画舡,将谒吴太伯庙。许君因问曰:"彼何人也,而衣裾若是。"人曰:"此州有男巫赵十四者,言事多中。为土人所敬伏,皆赵生之下辈也。"许生问曰:"赵生之术,所长者何也。"曰:"能善致人之魂耳。"②

从画舡、妇人、男巫,可知太伯庙从"庙室颓毁,垣墙不修"荒败之地,转化为士庶杂处之所,此或与大运河之开通有关。水越知已然指出,唐朝大运河的开通,造成江南信仰中心的重新调整。建康盛极一时的蒋子文信仰逐步没落,而以大运河周围之太伯、季子、伍子胥等信仰成为江南信仰新兴代表,此亦直接产生了对于当地民众的影响。从制表可知,太伯庙之修缮祠祀,半数集中于晋宋之交,亦颇值得注意。典午渡江以来,南方政权不断形塑文化正统之形象。《北史·杜弼传》:"江东复有一吴老翁萧衍,专事衣冠礼乐,中原士大夫望之,以为正朔所在。"③或许可以推测:在南北分裂之时,南方必须塑造出新的文化符码,来厚植自身的文化号召。太伯庙于两汉之际相关记录甚少,直至晋宋以降才逐渐出现记录,其原因或许在此。

两汉魏晋南朝太伯庙相关史料系年表				
时间	人物	事迹	地点	出处
东汉永兴二年(154)	麋豹	修建太伯庙	吴郡阊门外	《通典》《(绍定)吴郡志》
太宁、咸和(323—329)	殷师	表墓、置守冢	无锡皇山	《重修毗陵志》《履园丛话》
咸和、咸康年间(335—337)	虞潭、庾阐	立太伯碑	吴郡	《晋书》《文苑列传·庾阐》
永和年间(345—357)	司马昱	王洽作教修护太伯庙	吴郡	《文馆词林》
永初元年(420)	宋武帝	太牢祀太伯	未详	《履园丛话·商吴泰伯墓》
元嘉中(424—453)	刘损	修葺太伯庙	吴郡阊门	《南史·刘粹附族弟损传》
大同二年(536)	张缵	读陆云公碑	未详	《梁书》《文学传下·陆云公》

---

① 刘𫗧:《隋唐嘉话》,中华书局1979年版,第40页。
② 李昉等编:《太平广记》,中华书局1995年版,第2259页。
③ 李延寿:《北史》,中华书局1974年版,第1987页。

蓦然回首 卷首语小集

东亚汉学回顾与展望·发刊词

长崎大学　连清吉

　　长崎处东瀛西海，为日本近世与世界经贸文化交流之港市。琼浦商旅船舶穿梭往来，络绎不绝。清朝驻长崎领事余元眉称江户幕府虽自守，而长崎乃寰宇讯息会集传播之枢纽所在。东西交通要衢而英华灿烂。坂本龙马运筹维新于南山洋馆，孙文帷幄鼎革而淹留华人会馆，亦可谓长崎乃局势开成胎源之地。雨森芳洲酬酢朝鲜通信史而成就日韩亲交盛事，冈岛冠山谙华语通唐事而传崎阳学于江户，井上巽轩习英语于长崎洋塾而入学东京帝大，人才辈出而各领风骚。错落于寺町之佛寺神社，架构于高冈之西洋教堂，蜿蜒于坂道之堂皇洋馆，委曲于石阶之简陋唐屋，则是长崎东西合璧之景观写照。

　　凤昔之流风雅事，以载录而长存不朽，融合和华兰之卓袄风土岂因黑雨侵袭而灰飞烟灭。眼镜石桥之重构，出岛兰馆之再现，复苏长崎近世风华。长崎散策以悠游山川形胜，回顾掌故逸闻，而根植乡土情怀。若乎唐船持渡汉籍之汇集复刊，宗家搜藏朝鲜刊本之珍重，荷兰文书之解读，得以付诸施行，则文化之薪传可永续发扬。长崎华侨经商行医百或工艺能之从事，皆得其所在，安其所安。中土文士客居长崎渊源久远，隐元禅师朱舜水先后渡来而佛教普及儒学昌明。窃思远绍琼浦人文荟萃英华绚烂之遗风，乃集结四方同道友朋，共襄东亚文艺复兴机运之促成，或吾侪文史共学之究极理想。斯文再造，虽道远任重而期其可成，乃吾生之休。

东亚汉学研究（创刊号）·卷首语

陕西师范大学　陈学超

辛卯之春，乍暖还寒。当人们正期待着樱花线自南而北次递绽放，踏青赏花的时候，日本列岛发生了震撼世界的特大地震、海啸和核泄漏危机，美丽的宫城诸县顿时变得满目疮痍，愁云密布。一衣带水、唇亡齿寒的东亚诸国人民，纷纷伸出援手，共赴时艰。Mcluham 形象地提出世界已经是一个"Global Village 地球村"，那东亚就是这个村庄邻里实时互动、休戚相关的一角了。我们需要共同探求未来更好的生存方式，共同探求未来更好的相处模式，共同继承和发展东亚文明。作为人文社会科学学者，自知并无回天之术，然而我们却可以而且应该是一批真诚的理想主义者，为终极和未来思考，为社稷和文化求索，为东亚社会宣示真善美的价值标准，为东亚汉字文化圈文明的薪火相传竭尽绵薄，为东亚公众提出和平和谐发展的思路。这也许就是东亚汉学研究学会成立的初衷。

去年7月，在长崎大学、长崎中国学会一批学者的倡导下，在日本长崎海滨举办了主题为"东亚汉学回顾与展望"的第一届东亚汉学研讨会，大获成功。会后大家一致提议第二届东亚汉学研讨会 2011 年 6 月在中国西安召开。西安曾经是中国汉唐鼎盛时代的"首善之区"，是东亚文明的发祥地之一，加之今年世界园艺博览会在这里召开，作为西安人自然应该欣然受命。会议还没有正式召开，收集是次研讨会主要论文的东亚汉学研究学会会刊《东亚汉学研究》就出版了。这两次东亚汉学研讨会都在会前就将会议论文先行出版，会议开始大家都可以拿到论文集了，这对于提高学术会议的质量和效率作用甚大。近年我们常常看到学术会议开过一两年了，原定的论文集还没有出版。愿我们东亚汉学研究学会保持这个良好传统。在这里，我特别要感谢《东亚汉学研究》主编、长崎大学杨晓安教授的勤力，没有他在长崎的细致的编辑工作，这个刊物是不可能及时和大家见面的。

《东亚汉学研究》，将成为东亚汉学研究者共同耕耘的学术园地，成为以后每次东亚汉学研讨会学术论文的集锦荟萃，成为传播东亚文明的强力推手。让我们共同关爱她，支援她，扶助她健康成长、延绵久远。

"春风得意马蹄疾，一夜看尽长安花"。作为第二届东亚汉学研讨会的召集人，我热烈欢迎来自东亚各个国家和地区的学者，在这世园会花季，汇聚长安，深谈学术，漫话桑麻，极灵犀一点之乐。

东亚汉学研究（第 2 号）·卷首语

真理大学　戴华萱

　　东亚汉学研究学会自 2010 年开始举办国际学术会议，首届在日本长崎，次年在中国西安，第三届则来到了台湾淡水，由真理大学台湾文学系与通识教育中心博雅组共同主办，淡江大学中国文学系协办。论文发表者的阵容十分强大，除了台湾地区的教授群外，还有来自中国大陆、港澳地区，以及日本、加拿大、韩国等地数十位学者专家与会，堪称是一场国际级的东亚学术交流盛宴。

　　东亚汉学会议由台湾文学系承办，让很多人纳闷不解：东亚汉学和台湾文学似乎"八竿子打不着"？两者间的联系看似不紧密，其实不然。在 21 世纪的台湾文学已逐步超越启蒙阶段，于强化深化后需进一步与国际学术接轨认知下，毋庸置疑地，台湾文学早已跃升为东亚文学研究的一环。因此，由台湾第一所成立台湾文学系（1997 年）的真理大学举办东亚汉学研讨会反倒格外具有不同的意义。本次学术会议延续第二届博士生论坛的传统，并在一般论文外新增"专题论文"的发表，无非是希冀研讨会有更丰富多元的样貌呈现。

　　此次会议能够顺利地在台湾真理大学举办，华萱要感谢许多人，首先要谢谢政治大学曾守正教授的推荐促成，日本长崎大学连清吉教授、同时也是东亚汉学研究学会会长，放心地交给我们一手包办。此外，真理大学通识教育中心博雅组蔡造珉教授"阿莎力"的允诺共同主办，以及真理大学公关事务室高荣辉主任义不容辞地协助募款，才有了筹办这场会议的经费。还有，最辛苦的论文编辑工作，仍然由日本长崎大学的杨晓安教授统筹集结，《东亚汉学研究》第 2 号才能顺利地出版。最要感谢的是淡江大学周彦文教授，也是台湾区副会长的周老师适时的指点解惑，让我们在筹办过程中遭遇的瓶颈都能很快地迎刃而解，为所有的问题打开任督二脉。

　　最后，华萱仅代表主办单位欢迎大家来到古色古香的淡水小镇，尤其在历史悠久且为古迹校园的真理大学里论学，不仅可以看到优哉散步的鸽子群、偶有穿梭跳跃于林间的松鼠，还能远眺淡水河的夕照美景，真的是一件再浪漫不过的事了。

东亚汉学研究（第 3 号）·卷首语

厦门大学　郑通涛

由东亚汉学研究学会、厦门大学、西北大学和台湾淡江大学共同主办的"东亚汉学研究学会第四届国际学术会议暨首届新汉学国际学术研讨会"于 2013 年 9 月在厦门大学隆重召开。

本届研讨会既延续了前几届的学术传统，又与时俱进地将新汉学纳入东亚汉学的研究视野，成为此次会议的一个亮点。

当代新汉学是随着中国的改革开放、世界各国与中国的经济文化联系日益频繁而迅速发展起来的，它几乎涉及所有当代中国问题研究领域。由于中国的发展与自身文化及思想史背景密不可分，因而新汉学与传统汉学之间无疑有着天然的密切联系。传统汉学对中国历史及文化的深入研究，为新汉学研究奠定了深厚的根基，而新汉学研究也将为传统汉学研究的拓展增添新的活力。我们相信，传统汉学和新汉学这两种汉学形态必然会在演进中不断丰富发展着自己，又在日趋融合中创造出能够融通两种模式的汉学形态。

东亚汉学研究会国际学术会议汇聚了来自中外 31 所大学与学术研究机构的 50 余位专家学者共同参与研讨，进而搭建起东亚汉学与中国本土学术对话的平台，共同探究中华文化的深层内涵及其在东亚乃至世界传播的途径、方式和影响，可谓是"察古而立于今，视往以究未来"。这对于繁荣国际汉学研究和推动中国学术研究国际化，无疑具有重要的学术价值与现实意义。

值此盛会的召开，谨向来自海内外的与会者表示诚挚的欢迎，并祝研讨会取得圆满成功！

东亚汉学研究（第 4 号）·卷首语

中国传媒大学　逄增玉

20 世纪 40 年代胡兰成给张爱玲的婚约上写有"岁月静好,现世安稳"之句,生当大动荡时代的张爱玲确实企盼岁月静好,可惜她写作才华喷发之际,世界与中国却经历着天塌地陷的大动荡。今年以来,华夏大地有昆明之难,随即是马航客机失联而去向不明（日语该称之为行方不明吧）,继之是乌克兰动荡,强人普京大兵压境,克里米亚公投加入俄罗斯,一度以为东西方冷战结束而可以马放南山刀枪入库了,不料现在其实又进入后冷战时代,世界还没有走出民族国家时代和争强争利之途。茫茫世界,谁主沉浮？喧嚣之中,何为净土？书生黎民心忧天下又无力救世于倒悬,奈何？古人有"何以解忧唯有杜康"之语,喝酒对身体不好,于是吾侪曰：何以救世排忧,唯有研究汉学。汉学即是中国之思想文化,究天人之际,察古今之变,天人合一、和合圆融、和平共处、天下大同,是汉学千古未变之价值,于世道人心,都大有裨益,值得赓续昌明,薪火相传,永以为好。

这可能有点小题大做,凡事都要找出价值意义云云,是冬烘八股之遗风,说得庄严重要点,是为我等在此世界变迁之际开个小会,找个合理性与合法性的由头。确实,文章与汉学,于古于今,皆非经国之大业,不朽之盛事,在当今之东亚,既非荣登官场之敲门砖,也不能带来黄金屋和颜如玉,只是几个素心人,皆热爱汉学,凑在华夏之京城,权当江边茅舍,切磋交流,俾有所得,对己之研究琢磨有所交代,为学术之林略添柴薪,既是宽慰,也是贡献——天下事本都是一点一滴做出来的,正如涓涓溪流汇成奔腾江河。而中国传媒大学汉语国际教育学院,受东亚汉学会之委托,承办此次会议,至感荣幸。传媒大学是中国传媒教育之重镇,汉学国学本非所长,但文史乃大学文化之表征,学养之基石,得为传媒学子增益素养,故善莫大焉。本拟将此会规模扩大,而国家大力提倡俭朴之风,俭朴也是中国文化之传统,汉学会议理当体现中国传统文化之精神,以符合道统,契合明德,于是对会议调整如斯,海内外学界同仁当能理解支持。

在会议筹办中间,陈学超会长和日本长崎大学杨晓安先生,关心过问,不辞劬劳,鼎力操持,为会议如期顺利举行付出良多。而各位先生及时提交论文,赶赴会议,贡献新知,作为此次会议的召集人和出版者,与有荣焉,诚致谢忱！

杜甫诗云:"好雨知时节,当春乃发生。随风潜入夜,润物细无声。"当此时此世,我们来自各国和地区的学者,汇聚古都,看长城之内外,听故宫之暮鼓,不辞旅途之辛劳,不计食宿之简陋,交流汉学研究之心得,这是一种什么精神？这是一种为学术而幸福的精神,是一种唯愿在学问的土壤上播种稼穑的情怀。精神和文化的好雨伴随着辛勤的播种,定然会润物养心润世,无声胜有声。

时当初夏,岁在甲午。

东亚汉学研究（第 5 号）·卷首语

澳门大学　侍建国

本学会第六届国际学术研讨会今年在澳门举办,具有特殊的现实意义。澳门曾经是近代西方文明向中国传播的第一站,当年传教士们都在澳门学习汉语再进入广东;今天一批研究汉学的专家再次聚首澳门,讨论中国思想文化,研究如何以中国的"和而不同"看待当前的东西方文明之争,对比四百多年前的耶稣会士罗明坚(Michele Ruggieri)从澳门进入内地传教,正可"究天人之际,通古今之变"。

东亚汉学研究学会由中国内地、港澳和台湾地区,以及日本的一批学者于2010年在日本长崎创立,至今在长崎、西安、淡水、厦门、北京开了五次会议,形成了一些好传统,如会前就将优秀论文辑集《东亚汉学研究》出版,代表们会上就可以拿到论文集。今年的研讨会在澳门大学召开,会议承办方至感荣幸。一是能够让各位学者在刚建成的澳大新校园内进行学术讨论,并实地体验澳门回归祖国十五年以后更加"中西荟萃、山海交融"的人文及自然景观;二是借此机会让澳大中文系的教授和研究生跟与会学者切磋交流,促进本系的学术研究。中文系是澳门大学最早建立的学科之一,近年来澳门大学加大对中文学科的支援力度,使得该系在教学、科研和学科建设方面取得了长足进展,形成了学科相对完备、师资较为雄厚、教学体制完备、学风严谨开放的良好态势。希望这次东亚汉学研究盛会为本系师生提供一个与各地学者深入交流的良机。

此次会议能够在澳大举办,首先要感谢会长陈学超教授,是他一直提议由澳门大学举办一届会议,只因澳大新校园去年落成,所以才轮上本届。其次要感谢学会秘书长杨晓安教授,他与本人经常联系,介绍往届的做法,并统筹集结本期的《东亚汉学研究》。还要特别鸣谢澳大中文系的会议筹备团队。由于澳门的特殊地理位置,澳大中文系承担了较多的国际学术会议,具体的筹备工作和会场服务都由以本系研究生为主体的服务团队负责,团队以老带新,传承好的做法,以求为与会代表提供一个温馨而周到的会议服务。

最后本人代表会议承办方预祝研讨会圆满成功！各位代表论学酣畅、旅途愉快！

东亚汉学研究（第6号）·卷首语

淡江大学　周彦文

　　第七届东亚汉学研究学会的年会又要如期召开了。东亚汉学研究学会是2011年6月8日，借由与陕西师范大学及西北大学合办学术会议的时机，由首倡者连清吉教授召集各地学者，聚合于西北大学国际文化交流中心会议室共同研议成立的。依惯例，这个会议是"一年一会，一会一地，一会一刊"，也就是每年有一次年会，每次年会都在不同的地方举行，而且每次会议前都先将论文集以学术期刊的形式正式出版。事实上，学会成立将近六年以来，除了每年正式的年会以外，还有非常态性的特别会，本次已经是学会主办的第十一次会议了。

　　一会一地，弊在无法传承办会的复杂流程经验，但在学术交流的成效上却大有其功。数年来，我们借由合作途径，成功地邀请了长崎大学、真理大学、陕西师范大学、西北大学、中国传媒大学、厦门大学、澳门大学、京都女子大学等校的学界人士，同时也破除了本学会因严格执行会员制所带来的局限。

　　本学会标举"东亚"，并非要排斥欧美地区的汉学研究者。此东亚，并非地理上划地自限之东亚，而是学术概念上可无限扩充之东亚。盖就汉学而言，自发源至发展，毕竟是以海峡两岸及日韩为主体。而当今全球化及扁平化已是必然的世界趋势，在两者的交互作用下，汉学的研究若不能矗然独出，则必定淹没在科技、商业及泛俗文化的喧嚣之中。东亚地区的汉学研究者，已经不能再有互较优劣或彼此相轻的心态。若想要汉学的研究能够永续，则以东亚为概念上的汉学研究基地，学界间相识相知、互撷长短、融合统整、分进合击，应是唯一的途径。

　　言说及此，我就亟欲推崇本学会的创会者长崎大学连清吉教授。在连教授的学术研究生涯中，最为特别的是他系统化地著书推介日本历代汉学家的学术成就。这是"板凳需坐十年冷"，却未必"一举成名天下知"的孤寂学术工作；连教授却能持之以恒地著书立说，使一系列介绍日本汉学家的著述，已经成为认识日本汉学的指南。东亚汉学的研究发展，在文字语言未必彼此相通的客观情况下，最需要的就是这种桥梁式的著作。六年前，他提出东亚汉学研究学会的构想，并成立了本学会。在学会的年会中，除一般的学术论文发表外,他更提出青年学者奖及博士生论坛的构想,使提携后进成为本学会的一大特色。若以儒家而言,他无疑应属"旁推交通""学与道合"的事功学派,力事而立功。

本届年会,有幸与淡江大学合作举办,不但又再度扩大了学术交流的对象、提高了学术研究的水平,更因淡江大学中文系强大的工作团队,使繁杂的会务能顺利推展。感谢淡江大学中文系殷善培主任的支持,感谢台湾分区副会长江淑君教授主持此次会议。同时,更要感谢本会秘书长杨晓安教授,杨晓安教授多年来默然担起一切联系及论文集编辑出版的重任,没有他的付出,会务是无法如此运行顺畅的。

四月天,淡水小镇的阳光未必全然晴朗,但是我们在淡水,毫无保留地展开双臂,欢迎来此相聚的朋友们。

东亚汉学研究（第 7 号）·卷首语

亚洲大学　黄淑贞

第八届东亚汉学研究学会的年度盛会再次隆重召开了。依惯例，年会是"一年一会，一会一地，一会一刊"，从创会开始，分别在长崎大学、西北大学、真理大学、陕西师范大学、中国传媒大学、厦门大学、澳门大学、京都女子大学、淡江大学举办过年会。很荣幸，这一届年会由亚洲大学承办，我们是以办喜事的心情来承办的，因为这对于一个创校仅十六年的新校与一个没有中文系的学校而言，是创举，也是历史，是荣耀，也是责任。

亚洲大学虽然是新兴学校，但一直努力办学，从创校就朝国际化迈进。这几年更是成绩斐然，已有四个百大殊荣（英国泰晤士报高等教育特刊公布，2014 年亚洲百大最佳大学排行榜第 93 名；创校五十年内，全球百大潜力学校第 99 名；金砖五国暨新兴经济体 23 国百大学校第 8 名；2016 年全球八百大最佳大学第 670 名）；虽然没有中文系，但推动全校文学与生命教育六七年来，获得教育部的补助经费超过两千万元。除此之外，以文学为核心，大力推动文化与艺术的三品教育（做人有品德，做事有质量，生活有品位）与人文亚大系列活动，获得师生与社区民众的一致好评。

这次可以承办第八届东亚汉学学术研讨会，将国际知名学者与淳厚的汉学学术带进来，让全校师生感受到人文底蕴的丰华，这对于长年默默耕耘文学教育与学术研究的我们，是一件大事，因此全体同仁皆以办喜宴的心态在筹办这次盛会。

本次论文发表者的阵容强大，来自海内外 26 所大学、52 位专家学者齐聚一堂，共同研讨东亚汉学的精华，探究中华文化的内涵，堪称一场国际级的学术交流盛会。无论是古典领域或现代范畴，对于国际汉学的研究与中国学术研究的国际化，都具有实质的意义与学术价值。

可以承办本届的研讨会，要感谢的人非常多。首先感谢的是东亚汉学研究学会会长、淡江大学周彦文教授的信任，副会长、台湾师范大学江淑君教授给予的大力协助，真理大学戴华萱教授与淡江大学黄文倩教授的经验传承与三不五时的加油打气。更要感谢通识教育中心全体同仁，不分彼此，贡献心力、劳力，大家再一次完成革命性的创举，我真心觉得可以和大家共事，是前世修来的福气。

有"花园大学"之称的亚洲大学,四月正值杜鹃花、山樱花、阿伯勒争相绽放时刻,像似展开笑靥,欢迎远道而来的学术同好,在此进行学术论坛的盛宴,预祝本次研讨会圆满成功。

东亚汉学研究（第 8 号）·卷首语

长崎大学　连清吉

　　一会一地一论集的东亚汉学研究学会，一个周期循环，再由日本担纲轮值。往昔在日本召开的学会大抵于九州各地巡回，今年的东亚汉学研究会不但离开九州，跨越关门海峡，也横渡津轻海峡，移师到北海道的札幌，别开生面。譬诸河伯游学九州，乃局促于西海僻处。北海若由西而东，由北而南，流衍万里，阅历山水，接纳百川，风云聚会。与会学者的襄助亦有开新的符应。

　　专题讲演的龚鹏程先生天纵睿智，博闻强记，通辨古今，引领风骚，张眉叔师称之为百年的英才。龚先生是东亚汉学研究学会的顾问，支持会议举行不遗余力，然首次莅临，是意外的惊喜。

　　韩国全北大学金炳基教授披沥"韩国书艺所面临的问题及其解决的方案"，力挽东亚汉学不兴，当代轻忽人文的狂澜，倡言书法传承于不坠的取向，足资拍案称赞。金教授家世显赫，诗礼传家，书艺名门，堪称泰斗。龚先生是当代书法名家，刚健婀娜兼而有之。创会理事李继凯先生的书法亦自成一体，兹咸集于东瀛北海，岂非斯道之流芳雅事耶。

东亚汉学研究(第9号)·卷首语

陕西师范大学　李继凯

东亚汉学研究学会的同仁每年都有机会雅集,通过"一会一刊一奖"等交流方式,切磋学问,增广见闻,加深友谊,不亦乐乎! 正是由于有多国、多地老中青朋友们的齐心协力、配合默契、积极奉献,才有了本学会的诞生和发展。

记得2010年7月下旬,朋友们在炎热的夏季聚于长崎参加汉学会,那个会议的主办单位彼时还叫"长崎中国研究学会"(陕西师范大学是长崎汉学会的协办单位之一)。会议期间,多位朋友进行了深入交流,于是便有了学会更名并扩大活动范围,包括在古都西安召开会议等具体设想,会后不久,在日本朋友的努力下,就有了在日本注册的"东亚汉学研究学会"。次年,就以这个学会的名义在西安召开了规模较大的"第二届东亚汉学研讨会"(追认长崎汉学会为第一届汉学会议)。关于西安会议的新闻报道至今网上还可以查到,2011年6月22日陕西师范大学新闻网以"第二届东亚汉学研讨会在陕西师范大学举行"为题进行了报道(有多家网站转发),其第一节内容便是:"近日,'第二届东亚汉学研讨会'在陕西师范大学召开。此次会议由东亚汉学研究学会和陕西师范大学国际汉学院联合主办,来自美国、东亚各国,港澳台地区,以及中国大陆的60多位专家和博士研究生,就东亚历史文化、语言文字、国际关系等学术前沿课题进行探讨。"不过,这次会议还有个特殊而又重要的安排,就是把最后阶段的会议及闭幕式转移到西北大学进行了,且进行了学会后续工作的安排。我作为学会的参与者和经历者,在感到荣幸之至的同时,还形成了这样的深切印象:就"东亚汉学研究学会"的诞生而言,长崎会议是基础,西安会议是广告;长崎是策源地、诞生地,西安是亮牌地、出发地,而东亚各国、各地区都应是研究地、目的地,甚至是能够有力推动学会发展的根据地。事实上,学会已经在东亚多国、多地都成功地开过学术会议,这些地方都是学会名副其实的福地! 自然,希望有更多的地方能够成为学会的福地,有更多的朋友参加学会并协助学会开展后续工作。

我在九年前那次长崎会议上有个闭幕式致辞,在此不妨援引其中的几句话,既可以表明当时参会的"初心",也可以表达对学会的美好记忆和未来希冀:

各位学者同道,在此共话"东亚汉学",后顾前瞻,各抒高见妙论,或宏观或微观,或古代或今世,或个案或比较,虽角度有异,见解不同,未必皆能达成共识,却能够切磋互补,拓宽视域,分享思想自由、学术有道之快乐,更能以文会友,增益人生及学缘之友谊!

东亚汉学研究（2013年特别号）·卷首语

西北大学　贾三强

东亚汉学研究学会、西北大学文学院和陕西省社会科学院古籍整理研究所联合举办的"陕西地方文献国际学术研讨会"，2013年3月在古长安举行，可喜可庆。

陕西是中华文明的原生地之一，也是诞生中国历史文献的重镇。本人在拙著《清·雍正〈陕西通志·经籍志〉著录文集研究》的后记中曾说："秦人素以抱负雄大著称，《周易》欲究宇宙之至道，传说中周公制礼，为亿万世立则，司马迁'究天人之际，通古今之变，成一家之言'，张载'为天地立心，为生民立命，为往圣继绝学，为万世开太平'，均已化入秦人血脉。"这些与秦地相关的历史文献中体现出的精神，也是中华文明精神宝库中的重要部分。仅此一端，亦可见对陕西地方文献进行系统整理的必要。尤其是唐代以后，中华文明的重心东移，长安风光不再，其文化亦日益边缘化，文献散佚严重，更令人痛惜。抢救陕西地方文献并进行整理研究，已成为迫在眉睫之事。

近年来，西安正在努力建设成国际化大都市。比政治之重要，西安自不如北京，比金融经济之显赫，亦与上海远甚，故只能从文化建设入手。故此周秦汉唐故地故址的开发修复，成为陕西和西安建设中的重要环节。本人尝谓，历史上的文明，文物只是其一，而文献则构成另外一极。无文物则不睹其容，无文献则不知其故。文物为体，文献则为神，着此一睛，则飞龙在天。

陕西省政府投入巨资，对陕西历史上形成的文献进行整理，诚所谓知时知世之举，我辈义不容辞。传说三千年前，凤鸣岐山，《诗经》云："凤凰鸣矣，于彼高岗；梧桐生矣，于彼朝阳。"值此春和景明，万象更新之季，海内外少长咸集，群贤毕至，诚所谓盛举也。希望与会的中外学者，鸣黄钟大吕之音，对陕西地方文献研究整理传道解惑，出谋划策，为我们将陕西地方文献整理成传世之作，奠定一个好的基础。

诚祝各位在西安度过一段愉快的日子，我辈当尽地主之谊，尽心尽力。

东亚汉学研究（2014年特别号）·卷首语

长崎大学 连清吉

中日学术文化交流渊远流长。奈良平安朝遣隋遣唐使节朝贡长安，中华学术文物渡海东瀛。江户幕府尊崇儒学，四书之学盛行，又开放长崎港市贸易，"唐通事"媒介通译，物产书籍流通。明治维新，文明开化，清朝派遣使节生员船舶扶桑，和制汉语，东学，东书传入中土，启蒙近代化思维。

日本僧侣文人朝圣向往之长安者，汉唐盛事钟灵神秀之所在，东西文明汇集辉煌之枢纽。中华商旅去国东来之长崎者，扶桑江户海洋贸易之锁钥，近世中华荷兰日本文物交会繁盛之港市。二地分别为中国古代欧陆丝路之要衢，日本近世海上丝路之津梁，以东西交通而文化鼎盛。

抚今思古，希冀以汉学为焦点，再生中日古代以来文化交流之盛事，乃邀集二地斯文共学适道之士，或以诗者心之所之为意，咀嚼文苑英华之蕴含，体贴迁客骚人遣词造句之当下心灵。或以戏剧科白细诉历史传说为事，再现千古风流人物之神情举止。或以文字声韵为学问之底据，探寻古典文献之要义指归。编辑成册，以"历史记忆与文学艺术"名篇，俾记存再兴汉学之微意。

东亚汉学研究（2016年特别号）·卷首语（一）

西北大学 段建军

学术乃天下之公器。超越民族、种族、国界的学术交流,是人类文明共同进步的重要阶梯。而同一文化圈里的学术文化交流,因为有着共同的研究目标,在学术视野和学术理论等诸多方面有着更为广阔深入的交流空间,也能够更加切实有力地推动该文化圈学术研究的深入进行。

东亚汉学研究学会自2010年以来,先后在长崎、西安、台湾淡水、厦门、北京、澳门举办国际学术会议。围绕不同的议题,来自不同国家和地区的学者济济一堂,畅所欲言,展开深入广泛的学术讨论,很好地实现了学术文化的国际化交流与研讨。

本次国际研讨会,由东亚汉学研究学会和长崎大学、西北大学、台湾政治大学共同主办。东亚汉学研究学会和西安以及西北大学颇有缘分。2011年的第二届东亚汉学研讨会就是在古城西安举办的。2013年3月,东亚汉学研究学会又与西北大学、陕西省社科院古籍整理研究所在西安联合举办"陕西文献与长安"的主题研讨会。西安乃十三朝古都,承载着数千年的历史文化记忆,是东亚汉学文化圈给予密切关注的焦点之一。西北大学是一所具有一百多年历史的综合性研究型大学,拥有优秀的学术传统和浓郁的人文情怀,理应在汉学研究中担当义不容辞的责任。

本次会议的主要议题是"东亚汉学与21世纪文艺复兴"。这是一个继承传统、立足当下、面向未来的开放性议题。相信这次研讨会,学者们围绕东亚汉学以及汉学与21世纪的文化与文明建设,会有精辟深入的高论。本次会议能够顺利举办,要感谢许多方面及参会的各位专家学者的大力支持与配合,特别要感谢会议召集人长崎大学的连清吉教授和杨晓安教授的鼎力促成。杨晓安教授在会议筹备期间的许多具体环节和会议论文集的编辑过程中,尤其付出了大量的心力,使我们至为感激。

二月的京都,应该还是冬意浓浓。但是这场群贤毕至的热烈的学术讨论会,将会使我们感受到盎然的春天般的和暖。祝愿本次会议顺利举行,祝愿各位与会学者都收获满满,不虚此行。

东亚汉学研究（2016年特别号）·卷首语（二）

长崎大学　连清吉

宫崎市定在其所著《东洋的近世》说："文艺复兴是中世走向近世的关键。其形成的动力是中世动乱，文化濒临灭绝危机的自觉，而以古代为媒介，创造出近世的文艺"。如何突破中世的困境，继承古代，开创近世新文化，是"人文自觉"的主体超越。欧洲文艺复兴如此，韩愈"文起八代之衰，道济天下之溺"，宋儒辟佛老，传承孔孟绝学，超越汉唐注疏，别出心性义理奥义，亦复如此。产业革命以降，西学东渐，清末"中学为体，西学为用"的提倡，也是"人文自觉"。

20世纪50年代以来，欧美学术挂帅，中国学的研究，辄以西方理论展开论述为风尚。吉川幸次郎晚年讲述"读书之学"，推崇其师狩野直喜"中国文学研究，唯有细密读书而已，不咀嚼玩味一字一句的意义，就不是读书。文学鉴赏的方法是细密咀嚼"的主张，强调中日传统的古典文献注疏之学是诠释中国学的究极。武内义雄说王引之所谓的"舌人之学"是诠释古典文献的圭臬。黄侃对吉川幸次郎直指"中国之学不在发现，在发明"，则说明后人为古人喉舌，以继往圣，开绝学的要谛。

吉川幸次郎说中国古典诗文的解读，要在探究诗人文士创作诗文当下的心理与遣词造句的用心所在。著作《陶渊明传》，融入陶渊明的诗赋，主客合一，不知吉川是渊明，抑或渊明是吉川。讲述杜甫四十余年，体贴杜甫的人生，解读杜诗的意境，探究杜甫的心像风景，洵可谓杜甫千年之后的异国知己。张师眉叔讲述杜诗，先征引《详注》《心解》《镜诠》《钱注》的解诂，解释诗句的意义，再以自身作诗的感受，剖析杜甫用字的精细，对仗的工稳，前后呼应的脉络，揣摩杜甫遣词造句的用心所在。王邦雄老师讲述儒道思想四十余年，述作《老子道德经现代解读》《庄子内七篇·外秋水·杂天下现代解读》，取舍前贤注疏，既会通儒道，又以老解老，以庄解庄，老庄互注，发明老君庄生的义理。要皆中日传统诠释方法的体现。

西学以理论见长，学人以理论的引述而展开哲学论辩，文学赏析和史学叙述，固然便捷可行，然因而轻忽文本字句的咀嚼和作者著述立说的玩味，则是舍本逐末，不求甚解，岂能通透洞察。取径中日传统解读文献之学，发明古典的新义，或为21世纪讲述中国学的"人文自觉"。由西安共学的发起，京都适道的契合，连接中日古代的风华，再生斯文的含蕴，则是会集"东亚汉学与文艺复兴"的旨归。

东亚汉学研究(2017年特别号)·卷首语(一)

陕西理工大学　付兴林

东亚,是由中日韩等国家和地区组成的地理区域和文化区域。中国,作为东亚最大的国家,其文化对东亚文化有着久远而深刻的影响。东亚文化圈是汉文化或者中华文化向外扩展辐射的第一区间,其文化血脉具有内在的关联性。东亚汉学会自成立以来,通过召开学术研讨会,编辑《东亚汉学研究》,起到了推动东亚汉学研究和东亚学人交流的良好效果。

本次由东亚汉学会发起,由日本长崎大学、台湾华梵大学以及陕西理工大学共同主办的"新国学的历史定位"学术研讨会,是东亚汉学会的一次特别会议,是三校在学术交流上的一件盛事。2016年9月,台湾华梵大学校长高柏园教授,台湾政治大学文学院长林启屏教授、中文系主任曾守正教授,日本长崎大学连清吉教授、杨晓安教授等一行五人到陕西理工大学进行考察访问和学术交流,倡议共同组织此次学术研讨会。经过半年的筹备,会议即将如期召开,我谨代表会议筹办方之一的陕西理工大学,表示衷心的祝贺。

陕西理工大学坐落在中国历史文化名城——汉中市。汉中北倚秦岭,南屏巴山,汉水横贯东西,蜀道沟通南北,山川壮丽,物产丰饶,古有"天府"之美誉。"高祖受命,兴于汉中。"(《石门颂》)汉元年(前206),刘邦受封汉王,"王巴蜀、汉中,都南郑"(《史记·项羽本纪》),封坛拜将,明修栈道,暗度陈仓,还定三秦,一统天下,最终开创汉王朝四百年基业。汉中,是汉王朝是龙兴之地,是汉文化的重要源头。陕西理工大学深受汉中悠久历史文化的滋养,在人文社会科学领域有突出特色和丰硕成果。此次与三校共同承办学术研讨会,对于进一步彰显我校人文社会科学的学术实力、促进与东亚学人的学术交流、扩大学术影响力具有重要意义。

汉学与国学的概念,虽然都出现在20世纪初期,并用来指称中华文化,但是其视角却有内外之别。"国学"是中国人对于自身传统文化的概括,带有鲜明的文化复古主义色彩。"汉学"则是海外学人对于中华文化的概括,其视角更多的是由外部透视中国,是在西方文化背景下对中华文化的审视和研究,视野更加横通和开阔。本次研讨会确定以"新国学的历史定位"为主题,既体现了东亚汉学会对中华文化研究的本位意识,又体现了在新的时代背景下对国学复兴的反思意识,还体现了对国学研究现状的评判意识,可谓内涵丰富,睿智俊发,在研究视角和研究领域上具有相当大的拓展空间。相信此次研讨,必将深化对此论题的阐发,在确定新国学的历史定位的基础上,奠定东亚汉学研究的新起点。

此次会议,得到日本长崎大学连清吉、杨晓安先生的周密组织和细心安排,他们对于学术的赤诚和对学人的关爱,令我们十分感佩。在此,对他们付出的辛劳表示由衷谢意。

时值深冬,汉中虽然松柏常青,绿草茵茵,仍不免有萧瑟之意。瞻望丁酉年元月在日本长崎召开的学术会议,想象各位学人以文会友、切磋研琢的风采,油然而生向往之情。愿此次东亚汉学会取得圆满成功,愿新年的春天和学术的春天早日到来。

东亚汉学研究（2017年特别号）·卷首语（二）

台湾政治大学　曾守正

> 伐木丁丁，鸟鸣嘤嘤，出自幽谷，迁于乔木。
> 嘤其鸣矣，求其友声，相彼鸟矣，犹求友声。
> 矧伊人矣，不求友生，神之听之，终和且平。
>
> ——《诗经·小雅·伐木》

日本国立长崎大学连清吉教授、杨晓安教授为性情笃厚、学养丰赡、热情无私的理想主义者，两位先生远赴东瀛，讲学庠序，传扬汉学不遗余力。2010年，更在日本长崎成立"长崎中国学会"（翌年更名为"东亚汉学研究学会"），凝聚师友心力，每年举办研讨会、定期发行学刊、提携年轻学人、玉成校际合作与学者交流等，居功至伟。

去年9月初，在杨晓安教授安排下，华梵大学校长高柏园教授、政治大学文学院长林启屏教授与我三人访问陕西理工大学。陕西理工大学创立于1958年，历经汉中大学、汉中师范学院、北京大学汉中分校、陕西工学院、陕西理工学院等阶段，如今已成为规模完备的综合大学。访问期间，承蒙刘保民党委书记、张社民校长亲自接待，分享办学愿景与经验，令人受益；傅明星副校长、文学院付兴林院长以及诸多教授同道，或商量学术慧命，或擘画合作蓝图，昂扬奋发的心志，令人崇敬。

兼集教育家、宗教家与艺术家为一身的晓云法师，1990年于石碇大仑山创办深具人文精神与实践关怀的华梵大学。现任校长高柏园教授则为当代新儒学著名学者，学殖丰厚，办学创新，素为学界敬重。去年汉中之行，得以见证两岸著名大学结盟缔约，嘉惠学子，深觉荣幸。邃深知识、传习慧命是大学的灵魂，因此东亚汉学研究会常务理事连清吉教授倡议，由长崎大学、陕西理工大学、华梵大学、东亚汉学研究学会合办"新国学的历史定位"国际学术研讨会，会议地点在中西文化汇入日本的要津——长崎，时间为万物萌生的初春，种种设想，皆寓意深远。东亚汉学研究学会会长周彦文教授支持会务，亲自筹备台湾会员与会事宜，收录会议论文于《东亚汉学研究（2017特别号）》，副会长杨晓安教授承担会议庶务，总揽学刊编务，默默付出，至为辛劳。凡此殊胜因缘，合和"求其友声"的聚会，谨遵连教授嘱咐，敬志会议缘起，并祝祷学术交流合作圆满，是为卷首语。

东亚汉学研究（2018年特别号）·卷首语

长崎大学　连清吉

　　《论语》开宗明义共学适道的悦乐，孔子传授政事酬酢的诗歌，立身行事的礼仪，优游于美善的乐舞。门下弟子既博学于文，克己复礼，又以依仁游艺为纲领，或以道德是尚，或明于言语，或通于政事，或深于文学，安于所安，各得其所。西汉设立学官，授受五经，而标举六艺致用，彰显经世的理念。东汉以迄唐代，以训诂注疏为要，宋明穷究性理与心体的奥义。清朝乾嘉考证复兴汉唐经传注疏的风尚，道咸义理发明西汉经术政道的幽微，孔门学艺的传承于是大成。

　　东亚汉学研究会既有一地一会的年会，又有专题探究的文会。今年的年会由日本九州移师北海道是东亚汉学研究会的开展，文会由日本京都跨海韩国全州则是东亚汉学研究会的创举。京都、全州与东亚汉学研究会倡议的西安为日、韩、中三国的古都，为东亚人文荟萃的渊薮，或沈潜蕴藉，或高明英华，继往开来，源远流长。

　　全北大学金炳基教授诗礼传家，涵咏诗赋，潜心书帖，娴熟乐舞，为博雅恭谦的君子，以兴复斯文道统为己任，尝言修葺宗庙古厝，建构书院，邀约知交，传诵诗文，笙歌舞蹈，承继人文的美善。

　　全北文会以"东亚学艺"名篇，抑或记存东亚文苑绍述儒雅传承，孜矻问学，砥砺适道之一端而已。

东亚汉学研究（2019年特别号）·卷首语

陕西师范大学　陈学超

  光阴似箭，日月如梭。2010年春天在日本岛南端的长崎大学举办第一次东亚汉学研讨会、出版学术研究论文集以来，已经几近十年了。继而先后成立了东亚汉学研究学会，在世界多地举办了十四次东亚汉学研究国际学术会议，出版了十四本《东亚汉学研究》学刊，蔚为大观，成为东亚汉学研究者的精神家园之一。此刻回望，这一学坛创举首先要感谢日本长崎大学连清吉、杨晓安两位教授倡导注册，开拓泉之功，特别是杨晓安教授每次会前大半年，负责广泛收集稿件，组织评审选优，精心编辑出版，功莫大焉。如此，便创造了国际学术研讨会开会之前编辑出版好会议论文集的先例。于是，我把东亚汉学研究学会的规程总结为：高端小型，学术至上，一会一地，风格独具。遂逐步形成规约，绵延不断，广受佳评。

  这一次东亚国际学术研讨会，在历史文化名城桂林举办。这里不但"山水甲天下"，而且是"万圣智慧圣地"。特别是历史悠久、人文荟萃的广西师范大学，居于此等山水圣贤之中，协助承办是次会议，幸甚至哉。广西师范大学，是东亚地区历史悠久、风格独特的一所综合大学，人杰地灵，贤能辈出。在文学院领导和教授们的鼎力支持下，会议顺利举办，学刊按时出版。是次会议规模虽并不太大，但学术报告和论文的质量，绝不逊于以往。特别值得一提的是，我的学生刘惠博士，作为文学院副院长，承担了会议大量的组织工作，费心勤力，为大家服务，使国内外专家不胜感动，我也与有荣焉。

  这期学刊，借着桂林山水，为我们东亚汉学研究学会的历史留下了浓墨重彩的一笔。今年11月枫叶红了的时候，本学会将要在日本名古屋召开"第十届东亚汉学国际学术会议"，盼东亚汉学研究者再会东瀛，共襄盛举，且看另一版本映着霜月枫红的《东亚汉学研究》面世。

附 录

附录一 东亚汉学研究学会章程

第一条　学会名称
　　　　学会名称为东亚汉学研究学会。（以下简称为本会）
第二条　学会宗旨
　　　　本会以东亚汉学研究与会员交流为目的。
第三条　学会活动
　　　　本会为达成前一条之目的而举行下列活动：
　　　　一、每年举行一次学术研讨会及学会总会。
　　　　二、原则上每年刊行一次研讨会论文集《东亚汉学研究》。
　　　　三、与东亚各学术团体进行学术交流活动。
第四条　学会会员
　　　　赞同本会宗旨者。会员有于研讨会发表论文与论文集投稿之资格。
第五条　入会费
　　　　本会入会费作为研讨会举行与会务营运之用。入会费依会员所在地而定为：
　　　　日本（教师：3000日元；研究生：1000日元）
　　　　台湾地区（教师：1000台币；研究生：500台币）
　　　　中国内地、港澳地区（教师：300人民币；研究生：100人民币）
　　　　欧美（教师：40美元；研究生：15美元）
　　　　韩国（教师：30000韩币；研究生：10000韩币）
第六条　学会组织及任期
　　　　本会设顾问若干名，会长1名，副会长若干名，秘书长1名，理事若干名。
　　　　会长任期两年。
第七条　会长、副会长的职责与权利
　　　　会长负责学会的全盘工作，主持学会总会。
　　　　副会长有以下几项职责与权利：
　　　　职责：

(1)有于所在地招收会员的义务。

(2)于所在地举办学会年会时有全程协助的义务。

权利:

(1)可以用学会的名义召开区域性的座谈会、论坛等学术讨论会。

(2)可以用学会的名义举办区域性的邀访或演讲等学术性活动。

(3)可以用学会名义在网络和纸本刊物上发表学术性文章,但不可有妨害学会名誉的言论。

第八条 学会总会

学会总会于学术研讨会时召开,会中作会务与会计报告。

第九条 规章修改

本会规则之修改需取得总会决议后实施。

附 则

第一条 本会秘书处设置于日本长崎大学。

第二条 本会规则自 2011 年 6 月 8 日施行。

附录二 《东亚汉学研究》编委会

任　期：2011年5月—2018年12月
主　编：杨晓安（长崎大学）
编　委：

王德威（哈佛大学）　　　　　郑培凯（香港城市大学）
祁建民（长崎县立大学）　　　周国强（长崎县立大学）
高木智见（山口大学）　　　　陈学超（陕西师范大学）
李继凯（陕西师范大学）　　　李　浩（西北大学）
贾三强（西北大学）　　　　　李京奎（江原大学）
严翼相（汉阳大学）　　　　　高柏园（淡江大学）
周彦文（淡江大学）　　　　　曾守正（台湾政治大学）
胡衍南（台湾师范大学）

任　期：2018年12月—至今
主　编：杨晓安（长崎大学）
副主编：李继凯（陕西师范大学）　　江淑君（台湾师范大学）
编　委：

王　晖（陕西师范大学）　　　金炳基（全北大学）
爱甲弘志（京都女子大学）　　贾三强（西北大学）
逢增玉（中国传媒大学）　　　胡衍南（台湾师范大学）
赵学清（陕西师范大学）　　　祁建民（长崎县立大学）
林伟淑（淡江大学）　　　　　黄文倩（淡江大学）
戴华萱（真理大学）

附录三　东亚汉学研究学会历任理事会名单

第一届东亚汉学研究学会理事会名单

顾　问

王德威（哈佛大学）　　　　郑培凯（香港城市大学）
町田三郎（九州大学）　　　高柏园（淡江大学）
魏宏运（南开大学）　　　　赵世超（陕西师范大学）

会　长

连清吉（长崎大学）

副会长

陈学超（陕西师范大学）　　周彦文（淡江大学）
刘乐宁（哥伦比亚大学）　　杨晓安（长崎大学）
李　浩（西北大学）　　　　李京奎（江原大学）

秘书长

杨晓安（长崎大学）

理　事

连清吉（长崎大学）　　　　陈学超（陕西师范大学）
周彦文（淡江大学）　　　　李哲贤（云林科技大学）
刘乐宁（哥伦比亚大学）　　杨晓安（长崎大学）
李　浩（西北大学）　　　　李京奎（江原大学）
祁建民（长崎县立大学）　　周国强（长崎县立大学）
黄名时（名古屋学院大学）　严翼相（汉阳大学）
王　晖（陕西师范大学）　　李继凯（陕西师范大学）
贾三强（西北大学）　　　　张鸿声（中国传媒大学）
曾守正（台湾政治大学）　　胡衍南（台湾师范大学）
张连航（香港教育大学）　　侍建国（澳门大学）

第二届东亚汉学研究学会理事会名单

顾　问

王德威（哈佛大学）　　　　郑培凯（香港城市大学）
町田三郎（九州大学）　　　高柏园（淡江大学）
魏宏运（南开大学）　　　　赵世超（陕西师范大学）
郑通涛（厦门大学）

名誉会长

连清吉（长崎大学）

会　长

陈学超（陕西师范大学）

副会长

周彦文（淡江大学）　　　　杨晓安（长崎大学）
刘乐宁（哥伦比亚大学）　　李继凯（陕西师范大学）
李　浩（西北大学）　　　　李京奎（江原大学）

秘书长

杨晓安（长崎大学）

理　事

连清吉（长崎大学）　　　　陈学超（陕西师范大学）
周彦文（淡江大学）　　　　李哲贤（云林科技大学）
刘乐宁（哥伦比亚大学）　　杨晓安（长崎大学）
李　浩（西北大学）　　　　李京奎（江原大学）
祁建民（长崎县立大学）　　周国强（长崎县立大学）
黄名时（名古屋学院大学）　严翼相（汉阳大学）
王　晖（陕西师范大学）　　李继凯（陕西师范大学）
贾三强（西北大学）　　　　张鸿声（中国传媒大学）
曾守正（台湾政治大学）　　胡衍南（台湾师范大学）
张连航（香港教育大学）　　侍建国（澳门大学）
方环海（厦门大学）　　　　江淑君（台湾师范大学）
逢增玉（中国传媒大学）

第三届东亚汉学研究学会理事会名单

顾　问

王德威(哈佛大学)　　　　　郑培凯(香港城市大学)
町田三郎(九州大学)　　　　高柏园(淡江大学)
赵世超(陕西师范大学)　　　郑通涛(厦门大学)

名誉会长

陈学超(陕西师范大学)

会　长

周彦文(淡江大学)

副会长

杨晓安(长崎大学)　　　　　李继凯(陕西师范大学)
江淑君(台湾师范大学)

秘书长

杨晓安(长崎大学)

常务理事

连清吉(长崎大学)　　　　　杨晓安(长崎大学)
周彦文(淡江大学)　　　　　陈学超(陕西师范大学)
李继凯(陕西师范大学)

理　事

江淑君(台湾师范大学)　　　刘乐宁(哥伦比亚大学)
李　浩(西北大学)　　　　　贾三强(西北大学)
赵学清(陕西师范大学)　　　李京奎(江原大学)
严翼相(汉阳大学)　　　　　祁建民(长崎县立大学)
周国强(长崎县立大学)　　　黄名时(名古屋学院大学)
王　晖(陕西师范大学)　　　张鸿声(中国传媒大学)
曾守正(台湾政治大学)　　　胡衍南(台湾师范大学)
徐　杰(澳门大学)　　　　　侍建国(澳门大学)
张连航(香港教育大学)　　　方环海(厦门大学)
李哲贤(云林科技大学)　　　逄增玉(中国传媒大学)
李幸玲(台湾师范大学)　　　戴华萱(真理大学)

第四届东亚汉学研究学会理事会名单

顾 问

王德威(哈佛大学) 高柏园(淡江大学)
李 浩(西北大学)

名誉会长

周彦文(淡江大学)

会 长

杨晓安(长崎大学)

副会长

连清吉(长崎大学) 李继凯(陕西师范大学)
江淑君(台湾师范大学)

秘书长

连清吉(长崎大学)

常务理事

连清吉(长崎大学) 杨晓安(长崎大学)
周彦文(淡江大学) 陈学超(陕西师范大学)
李继凯(陕西师范大学)

理 事

江淑君(台湾师范大学) 贾三强(西北大学)
赵学清(陕西师范大学) 爱甲弘志(京都女子大学)
李京奎(江原大学) 李幸玲(台湾师范大学)
严翼相(汉阳大学) 祁建民(长崎县立大学)
周国强(长崎县立大学) 黄名时(名古屋学院大学)
王 晖(陕西师范大学) 张鸿声(中国传媒大学)
曾守正(台湾政治大学) 胡衍南(台湾师范大学)
侍建国(澳门大学) 张连航(香港教育大学)
方环海(厦门大学) 逄增玉(中国传媒大学)
戴华萱(真理大学) 段建军(西北大学)
王 维(长崎大学) 陈思广(四川大学)
黄文倩(淡江大学) 林伟淑(淡江大学)

第五届东亚汉学研究学会理事会名单

顾　问

王德威(哈佛大学)　　　　　高柏园(淡江大学)

李　浩(西北大学)

名誉会长

杨晓安(长崎大学)

会　长

李继凯(陕西师范大学)

副会长

江淑君(台湾师范大学)　　　赵学清(陕西师范大学)

祁建民(长崎县立大学)

秘书长

杨晓安(长崎大学)

常务理事

连清吉(长崎大学)　　　　　杨晓安(长崎大学)

周彦文(淡江大学)　　　　　陈学超(陕西师范大学)

李继凯(陕西师范大学)

理　事

江淑君(台湾师范大学)　　　贾三强(西北大学)

赵学清(陕西师范大学)　　　爱甲弘志(京都女子大学)

李京奎(江原大学)　　　　　黄明理(台湾师范大学)

李幸玲(台湾师范大学)　　　金炳基(全北大学)

严翼相(汉阳大学)　　　　　祁建民(长崎县立大学)

周国强(长崎县立大学)　　　黄名时(名古屋学院大学)

王　晖(陕西师范大学)　　　张鸿声(中国传媒大学)

曾守正(台湾政治大学)　　　胡衍南(台湾师范大学)

侍建国(澳门大学)　　　　　张连航(香港教育大学)

方环海(厦门大学)　　　　　逄增玉(中国传媒大学)

戴华萱(真理大学)　　　　　段建军(西北大学)

王　维(长崎大学)　　　　　陈思广(四川大学)

黄文倩(淡江大学)　　　　　林伟淑(淡江大学)

刘　惠(广西师范大学)

附录四　东亚汉学研究学会历届青年学者奖获奖名单

东亚汉学研究学会第五届学术年会（《东亚汉学研究》第4号）

王珂（陕西省社会科学院助理研究员）
《试探图像在古典文献研究中的作用——以元刊日用类书〈事林广记〉插图为例》
李懿纯（台湾大同大学通识教育中心助理教授）：
《释性通〈南华发覆〉解庄系统初探：以"心性"、"真宰"为解读进路》

东亚汉学研究学会第六届学术年会（《东亚汉学研究》第5号）

黄文倩（淡江大学助理教授）
《新世纪台湾现代小说中的"被污辱与被损害的"》
张媛媛（澳门大学博士生）
《语言景观中的澳门多语状况》

东亚汉学研究学会第七届学术年会（《东亚汉学研究》第6号）

杨炎华（西北大学副教授）
《句子中心差异与空主语（pro）现象》
赖位政（台湾政治大学博士生兼任讲师）
《〈总目〉的历史图像构成分析——以"苏轼"为个案》

东亚汉学研究学会第八届学术年会（《东亚汉学研究》第7号）

阳清（云南师范大学副教授）　刘静（云南师范大学图书馆）
《刘孝标〈世说注〉征引僧人别传述微——兼论僧人别传在中世僧传文献中的地位》

吕昭明(台湾政治大学助理教授)
《文献的音类结构与时空拟推:以〈谐声韵学〉为例》

东亚汉学研究学会第九届学术年会(《东亚汉学研究》第8号)

李跃力(陕西师范大学教授)
《政治美学的两张面孔——论"翻身"叙事中文学与图像的互文性》
许嘉玮(台湾政治大学博士)
《情为何物——从"白石有格而无情"看〈人间词话〉所论之"情"》

东亚汉学研究学会第十届学术年会(《东亚汉学研究》第9号)

李彦姝(教育部社科中心副研究员)
《小说研究的"内"与"外"——评小南一郎〈唐代传奇小说论〉》
何维刚(台湾大学博士候选人)
《隐匿的太伯:六朝吴地太伯庙考察》

附录五　东亚汉学研究学会会刊《东亚汉学研究》十年总目

论文题目	作者	《东亚汉学研究》
林中路:《四库全书总目》文学思想研究刍议	曾守正	东亚汉学回顾与展望(2010)
四书"官学化"进程:《四书大全》纂修及其体例	陈逢源	东亚汉学回顾与展望(2010)
国际汉字规范化的艰难历程	陈学超	东亚汉学回顾与展望(2010)
清官难逃猾吏手——《杜骗新书》中的衙役故事探析	冯艺超	东亚汉学回顾与展望(2010)
论朱子思想的定位问题——以陈荣捷、牟宗三为中心	高柏园	东亚汉学回顾与展望(2010)
"太平天国"叙事中的亲历文本	高桂惠	东亚汉学回顾与展望(2010)
19世纪初期旅居澳门、广东传教士对日语的研究	宫泽真一	东亚汉学回顾与展望(2010)
日本近代的扶桑传说研究评述	贺南	东亚汉学回顾与展望(2010)
论贾宝玉的双重异化	贾三强	东亚汉学回顾与展望(2010)
秦愚黔首非本于老子	江淑君	东亚汉学回顾与展望(2010)
线性概念前置句式的描写性特征	雷桂林	东亚汉学回顾与展望(2010)
基督教的中国化	李贵森	东亚汉学回顾与展望(2010)
中国现当代作家论书法文化	李继凯	东亚汉学回顾与展望(2010)
吉藏对《法华经》声闻授记的诠释	李幸玲	东亚汉学回顾与展望(2010)
宫崎市定的东洋史观——素朴主义民族与文明主义社会的交替循环	连清吉	东亚汉学回顾与展望(2010)
多副面孔的鲁迅	刘应争	东亚汉学回顾与展望(2010)
吉川幸次郎的中国文学论	孟伟	东亚汉学回顾与展望(2010)
近代华北村政实态分析	祁建民	东亚汉学回顾与展望(2010)
中国历史上的文化大变革	王晖	东亚汉学回顾与展望(2010)
中国家族文化与《红楼梦》之家族叙事	王建科	东亚汉学回顾与展望(2010)

续表

论文题目	作者	《东亚汉学研究》
武内义雄的《论语》研究	吴鹏	东亚汉学回顾与展望(2010)
语义理解与语音弱化——汉日"N1的(の)N2"结构的韵律考察	杨晓安	东亚汉学回顾与展望(2010)
"公共领域"、绅商社会与国家性——兼谈现代中国城市文学研究的本土化	张鸿声	东亚汉学回顾与展望(2010)
晚清小说《新中国未来记》《新石头记》的大旅行叙事与新中国想象	张惠珍	东亚汉学回顾与展望(2010)
楚地出土材料中的纪年	张连航	东亚汉学回顾与展望(2010)
战前留日学生唯美主义文学活动考	周国强	东亚汉学回顾与展望(2010)
论跨文化交际对象的直觉判断对交际者的素质要求	白玉波	东亚汉学研究(创刊号,2011,西安)
西安的城市文脉与城市色彩	陈静	东亚汉学研究(创刊号,2011,西安)
世园会与西安可持续发展	陈学超	东亚汉学研究(创刊号,2011,西安)
"诗的散文美"与艾青的探索实践	程国君	东亚汉学研究(创刊号,2011,西安)
新故乡还是他乡？——张友渔《西贡小子》中的身份追寻与成长论述	戴华萱	东亚汉学研究(创刊号,2011,西安)
故乡想象——解析鲁迅之独特话语	冯鸽	东亚汉学研究(创刊号,2011,西安)
日本神话中雉的文化意蕴——中国经典对"天若日子"神话的影响	贺南	东亚汉学研究(创刊号,2011,西安)
古都文化再生——以京都为例	黄婕	东亚汉学研究(创刊号,2011,西安)
知与趣的遇合——论《闲情偶寄》草木世界的文人趣味	黄培青	东亚汉学研究(创刊号,2011,西安)
论元杂剧的本色派	贾三强	东亚汉学研究(创刊号,2011,西安)
老子之学非独任虚无——以薛蕙《老子集解》为观察之核心	江淑君	东亚汉学研究(创刊号,2011,西安)
点性事象、线性事象与两种数量成分前置句式	雷桂林	东亚汉学研究(创刊号,2011,西安)
《尔雅》同训词语释读	李凤兰	东亚汉学研究(创刊号,2011,西安)
书法文化视域中的鲁迅与日本	李继凯	东亚汉学研究(创刊号,2011,西安)
语默之间:戏论、卮言以及默然	李幸玲	东亚汉学研究(创刊号,2011,西安)
论近代日本学界之荀子名学研究——一种初步考察	李哲贤	东亚汉学研究(创刊号,2011,西安)

续表

论文题目	作者	《东亚汉学研究》
宫崎市定的东洋近世论——宋代是中国文艺复兴时代	连清吉	东亚汉学研究(创刊号,2011,西安)
试论《林兰香》家庭宅院的空间隐喻	林伟淑	东亚汉学研究(创刊号,2011,西安)
态势语在对外汉语教学中的作用与运用策略	刘惠	东亚汉学研究(创刊号,2011,西安)
近现代华北村落中的宗族与村政	祁建民	东亚汉学研究(创刊号,2011,西安)
试析"动词+施事宾语"的句法发展——以"晒太阳"为例	钱珍	东亚汉学研究(创刊号,2011,西安)
社会认同与中文教学——香港的"两文三语"问题	侍建国、卓琼妍	东亚汉学研究(创刊号,2011,西安)
从"艺(埶、蓺)"与 culture 的本义比较说到"文化"概念的来源	王晖	东亚汉学研究(创刊号,2011,西安)
民族文化中的纠葛——以回族文学中少年形象为例的考察	王继霞	东亚汉学研究(创刊号,2011,西安)
森槐南《杜诗讲义》的特色	王琨	东亚汉学研究(创刊号,2011,西安)
从个性及审美的角度看杜牧和李商隐对晚唐社会的不同感知	王美玲、张鸿雁	东亚汉学研究(创刊号,2011,西安)
对外汉语教学中跨文化交际障碍及化解途径	王晓音	东亚汉学研究(创刊号,2011,西安)
从埃及学的发展看西安学	王乐	东亚汉学研究(创刊号,2011,西安)
文化的共命慧——以儒家王道哲学为中心	吴进安	东亚汉学研究(创刊号,2011,西安)
从"农家类"论中国古农书文献的发展	吴丽雯	东亚汉学研究(创刊号,2011,西安)
吉川幸次郎的《论语》研究	吴鹏	东亚汉学研究(创刊号,2011,西安)
朱文颖小说中的乌托邦意象	杨俊国	东亚汉学研究(创刊号,2011,西安)
疑问句类型辨别的韵律特征	杨晓安	东亚汉学研究(创刊号,2011,西安)
汉语单元音时长与音高的关系	杨晓安、高芳	东亚汉学研究(创刊号,2011,西安)
先秦儒学成德之教的现代诠释与商榷——兼论儒学如何与廿一世纪人类文明接榫	袁保新	东亚汉学研究(创刊号,2011,西安)
《史记·楚世家》与新出清华简《楚居》篇王名校读	张连航	东亚汉学研究(创刊号,2011,西安)

续表

论文题目	作者	《东亚汉学研究》
海内外互动与海外华文教育发展	赵学清	东亚汉学研究(创刊号,2011,西安)
关于长崎方言中的外来语汇	周国强	东亚汉学研究(创刊号,2011,西安)
文献研究的时序	周彦文	东亚汉学研究(创刊号,2011,西安)
谈南宫搏历史小说的情爱书写	蔡造珉	东亚汉学研究(第2号,2012,台湾)
彻悟禅师"般若净土两门大义"发隐	陈剑锽	东亚汉学研究(第2号,2012,台湾)
后现代城市美学视野下的西咸新区建设理念刍议	陈静	东亚汉学研究(第2号,2012,台湾)
试论金代"中州"与"国朝文派"定义	陈蕾安	东亚汉学研究(第2号,2012,台湾)
借古鉴今:饮食礼仪	陈淑贞	东亚汉学研究(第2号,2012,台湾)
海外华语教材的文化"内化"	陈学超	东亚汉学研究(第2号,2012,台湾)
论钟肇政《浊流三部曲》台湾意识的书写策略	戴华萱	东亚汉学研究(第2号,2012,台湾)
庄子之"智"的含义	邓城锋	东亚汉学研究(第2号,2012,台湾)
从言意之辨到语义解构——对钱锺书"字名论"的阐释	方环海	东亚汉学研究(第2号,2012,台湾)
赖际熙的港大岁月	方骏	东亚汉学研究(第2号,2012,台湾)
唐通事与日本近代汉语教育	高芳	东亚汉学研究(第2号,2012,台湾)
洋腔洋调与纯正地道——加拿大大学生汉语学习策略与汉语水平的调查与分析	何丽芳	东亚汉学研究(第2号,2012,台湾)
东汉时代洛阳的文化象征和历史风土	黄婕	东亚汉学研究(第2号,2012,台湾)
癖花赏色——由《闲情偶寄》论李渔"香草美人"观的建构	黄培青	东亚汉学研究(第2号,2012,台湾)
张治道嘉靖二十三年诗作考论	贾三强	东亚汉学研究(第2号,2012,台湾)
中国常常"错失"世界大奖的理性思考	李贵森	东亚汉学研究(第2号,2012,台湾)
沈一贯《庄子通》"以儒解庄"思想探论	李懿纯	东亚汉学研究(第2号,2012,台湾)
《金瓶梅》时空叙事所展现的抒情视域	林伟淑	东亚汉学研究(第2号,2012,台湾)
《左传》中鬼的寓意探释	林温芳	东亚汉学研究(第2号,2012,台湾)
陈寅恪与20世纪汉学	刘克敌	东亚汉学研究(第2号,2012,台湾)

续表

论文题目	作者	《东亚汉学研究》
钟文音《伤歌行》的家国想象与族群意识	刘依洁	东亚汉学研究（第2号,2012,台湾）
吉川幸次郎著作《元杂剧研究》的经纬及特色	孟伟	东亚汉学研究（第2号,2012,台湾）
梁启超的《新民说》——如何评价《论私德》	木山爱莉	东亚汉学研究（第2号,2012,台湾）
中共资本主义观的形成及其演变	祁建民	东亚汉学研究（第2号,2012,台湾）
"诗法"东传——乐善堂本《诗法纂论》及《诗法纂论续编》考述	邱怡瑄	东亚汉学研究（第2号,2012,台湾）
韩愈文集"杂文"类中的《毛颖传》	沈秀蓉	东亚汉学研究（第2号,2012,台湾）
论皮锡瑞（1850—1908）的经学正统观	宋惠如	东亚汉学研究（第2号,2012,台湾）
论文字性符号、非文字性符号、"文字画"与原始文字之别	王晖	东亚汉学研究（第2号,2012,台湾）
兴观群怨：香港粤语流行曲词的文学与本土文化意识	谢家浩	东亚汉学研究（第2号,2012,台湾）
万历中后期楚地文人诗学中的楚地思维	谢旻琪	东亚汉学研究（第2号,2012,台湾）
韩语中一些源于上古汉语日、疑母字的鼻音声母	严翼相	东亚汉学研究（第2号,2012,台湾）
中日名词性独词疑问句语义比较	杨晓安	东亚汉学研究（第2号,2012,台湾）
苦难与救赎：女性神话的建立与幻灭	余婉儿	东亚汉学研究（第2号,2012,台湾）
近现代书刊中的北京记述（1900—1949）	张鸿声	东亚汉学研究（第2号,2012,台湾）
通人事以致用——试论孙奇逢的"实学"思想	张晓芬	东亚汉学研究（第2号,2012,台湾）
救亡图存——程憬建立中国神话体系的初衷	赵惠瑜	东亚汉学研究（第2号,2012,台湾）
由忠义传到烈士传：殉国传记的书写传统	郑尊仁	东亚汉学研究（第2号,2012,台湾）
《制造革命的日本人——评传·梅屋庄吉》与大陆、台湾译本的比较	周国强	东亚汉学研究（第2号,2012,台湾）

续表

论文题目	作者	《东亚汉学研究》
《齐民要术》制曲工法中宗教仪式研究	诸葛俊元	东亚汉学研究(第2号,2012,台湾)
《四库全书总目》中的"诗史"	曾守正	东亚汉学研究(第3号,2013,厦门)
从孔子的语言实践谈对外汉语教学	曾小红	东亚汉学研究(第3号,2013,厦门)
《论语》"仁爱"含义考释	常大群	东亚汉学研究(第3号,2013,厦门)
伪齐时期散文及其系年考	陈蕾安	东亚汉学研究(第3号,2013,厦门)
从传统汉学、现代汉学到新汉学的嬗变	陈荣岚	东亚汉学研究(第3号,2013,厦门)
法藏"如来林菩萨偈"之心识思想研究——以"水波喻"及空性为解读线索	陈绍圣	东亚汉学研究(第3号,2013,厦门)
论孙奇逢"道统观"之建立及其作用	陈升辉	东亚汉学研究(第3号,2013,厦门)
王国维超功利的文学观	陈学超	东亚汉学研究(第3号,2013,厦门)
台湾女声——七〇年代台湾女性散文家的乡土书写	戴华萱	东亚汉学研究(第3号,2013,厦门)
唐代藩镇地理特征研究	党斌	东亚汉学研究(第3号,2013,厦门)
论《红楼梦》的场景设计——以第二十七回为例	董淑玲	东亚汉学研究(第3号,2013,厦门)
《中华竹枝词》、《历代竹枝词》补遗——兼及屈复《变竹枝词》中的民俗史料	杜学林	东亚汉学研究(第3号,2013,厦门)
西方汉学中的汉语词类及其特征意识	方环海、胡荣、崔丹丹、林文琪	东亚汉学研究(第3号,2013,厦门)
唐通事唐话教本中的文化教育管窥	高芳	东亚汉学研究(第3号,2013,厦门)
中古五言诗之上尾、鹤膝考论	胡旭	东亚汉学研究(第3号,2013,厦门)
从小说到电影叙事视角的改变——以《风声》为例	黄淑贞	东亚汉学研究(第3号,2013,厦门)
莫言在台湾被接受的典律意义	黄文倩	东亚汉学研究(第3号,2013,厦门)
《陕西戏曲史》引言	贾三强	东亚汉学研究(第3号,2013,厦门)
朱得之《老子通义》中的心学论述	江淑君	东亚汉学研究(第3号,2013,厦门)

续表

论文题目	作者	《东亚汉学研究》
最是橙黄橘绿时——论苏轼元祐时期诗歌特色与生命治理	赖静玫	东亚汉学研究(第3号,2013,厦门)
论鲁迅"新三立"的人生境界	李继凯	东亚汉学研究(第3号,2013,厦门)
发覆道真、厘定老庄——释性通《南华发覆》解庄立场析论	李懿纯	东亚汉学研究(第3号,2013,厦门)
吉川幸次郎的中日近代中国学综述	连清吉	东亚汉学研究(第3号,2013,厦门)
寻找记忆:白先勇《台北人》"不在场"之叙事策略	林淑贞	东亚汉学研究(第3号,2013,厦门)
明代词选对梦窗词的选录与评点	普义南	东亚汉学研究(第3号,2013,厦门)
绥远事变与全民抗战局面的形成	祁建民	东亚汉学研究(第3号,2013,厦门)
以学问治诗:近藤光男(1921—)之《清诗选》与其清诗批评观	邱怡瑄	东亚汉学研究(第3号,2013,厦门)
1950年代《许地山选集》の編纂から——"読芝兰与茉莉因而想及我的祖母"について	松冈纯子	东亚汉学研究(第3号,2013,厦门)
再论沈从文与书法文化	孙晓涛、李继凯	东亚汉学研究(第3号,2013,厦门)
简论中国先秦编年体史书在世界古代史学中的地位	王晖	东亚汉学研究(第3号,2013,厦门)
"陕西地方文献国际学术研讨会"会议综述	王珂	东亚汉学研究(第3号,2013,厦门)
古农书文献中蕴含之饮食文化探究——以《齐民要术》为例	吴丽雯	东亚汉学研究(第3号,2013,厦门)
梦了为觉,情了为佛——谈汤显祖的后二梦	吴美幸	东亚汉学研究(第3号,2013,厦门)
贝冢茂树的《论语》研究	吴鹏	东亚汉学研究(第3号,2013,厦门)
许学夷对元和时期诗歌的看法	谢旻琪	东亚汉学研究(第3号,2013,厦门)
先秦诸子家数论	薛榕婷	东亚汉学研究(第3号,2013,厦门)
汉语亲属称谓词"姊"与"姐"的演变关系考	杨彩贤	东亚汉学研究(第3号,2013,厦门)
《玉光剑气集》中的明末史事考述	杨闽威	东亚汉学研究(第3号,2013,厦门)

续表

论文题目	作者	《东亚汉学研究》
区别句法语义关系的韵律手段——以汉日两种语言为例	杨晓安	东亚汉学研究(第3号,2013,厦门)
从台阁体到复古派:政治视阈下的文学话语转型	杨遇青	东亚汉学研究(第3号,2013,厦门)
《逸周书》《皇门解》的年代标记	张连航	东亚汉学研究(第3号,2013,厦门)
陈梦家的神话研究——以水的神话为例	赵惠瑜	东亚汉学研究(第3号,2013,厦门)
嘉靖壬午本《三国志通俗演义》底本新探	赵望秦	东亚汉学研究(第3号,2013,厦门)
论对外汉语教师的素质	郑通涛	东亚汉学研究(第3号,2013,厦门)
由唐代诗人论文学史的书写	周彦文	东亚汉学研究(第3号,2013,厦门)
多元化视角下高级汉语写作课程的设计与实施	包学菊	东亚汉学研究(第4号,2014,北京)
异龙现,江湖变,灵剑泣,野火熄——论郑丰武侠小说的自我超越	蔡造珉	东亚汉学研究(第4号,2014,北京)
女子弄文——论张漱菡五〇年代的女性教育小说	戴华萱	东亚汉学研究(第4号,2014,北京)
初唐权力之争与国史的篡改——李建成夫妇墓志相关问题	党斌	东亚汉学研究(第4号,2014,北京)
"东亚汉学研究学会第四届国际学术会议暨首届新汉学国际学术研讨会"综述	方环海	东亚汉学研究(第4号,2014,北京)
白居易的科考及科举观	付兴林	东亚汉学研究(第4号,2014,北京)
论李渔品花赏卉的诗性书写	黄培青	东亚汉学研究(第4号,2014,北京)
在普世与入世间——70年代后夏志清的现代文学批评	黄文倩	东亚汉学研究(第4号,2014,北京)
上古时期陕西地区戏剧类表演艺术述论	贾三强	东亚汉学研究(第4号,2014,北京)
论朱自清与中国书法文化	李继凯	东亚汉学研究(第4号,2014,北京)
毕沅《关中金石记》考述	李向菲	东亚汉学研究(第4号,2014,北京)
《法华经》与云冈石窟"三世佛"造像	李幸玲	东亚汉学研究(第4号,2014,北京)
释性通《南华发覆》解庄系统初探:以"心性"、"真宰"为解读进路	李懿纯	东亚汉学研究(第4号,2014,北京)

续表

论文题目	作者	《东亚汉学研究》
吉川幸次郎的"读书之学"	连清吉	东亚汉学研究(第4号,2014,北京)
长崎唐话中对伊东走私事件叙述差异的探讨——江户时代唐通事养成教材研究之二	林庆勋	东亚汉学研究(第4号,2014,北京)
《金瓶梅》中性别所展现的身体空间及其文化意义——以武大、武松、吴月娘、潘金莲、李瓶儿为例	林伟淑	东亚汉学研究(第4号,2014,北京)
现代汉语形容词的语义功能及其相关问题	刘妍	东亚汉学研究(第4号,2014,北京)
売茶翁の売茶活動に関する一考察——京都通仙亭開業までの空白の期間	马丛慧	东亚汉学研究(第4号,2014,北京)
对外汉语多媒体教材编写理论的若干问题	逄增玉、刘海燕	东亚汉学研究(第4号,2014,北京)
华人节庆文化活动认知探究	彭妮丝	东亚汉学研究(第4号,2014,北京)
陕西关中土改中的清浊河水利民主改革	祁建民	东亚汉学研究(第4号,2014,北京)
论杨逵小说中的底层民众形象	宋颖慧	东亚汉学研究(第4号,2014,北京)
试探图像在古典文献研究中的作用——以元刊日用类书《事林广记》插图为例	王珂	东亚汉学研究(第4号,2014,北京)
论《封神演义》对儒家五伦的消解与重构	王猛	东亚汉学研究(第4号,2014,北京)
网络口语教学中自主性学习能力培养现状分析	王乐	东亚汉学研究(第4号,2014,北京)
月令体农书与农民生活样貌——以《农桑衣食撮要》为探究对象	吴丽雯	东亚汉学研究(第4号,2014,北京)
内藤湖南螺旋循环史观评析	吴鹏、杨延峰	东亚汉学研究(第4号,2014,北京)
商代"亚"为内服职官考——以青铜器"亚羌"铭文释义为中心	武刚	东亚汉学研究(第4号,2014,北京)
汉学家的文化艺术史:雅士高罗佩及其《秘戏图考》	夏小双	东亚汉学研究(第4号,2014,北京)

续表

论文题目	作者	《东亚汉学研究》
张岱修辞美学初探——以《琅嬛文集》铭文举隅为例	徐纪芳	东亚汉学研究(第4号,2014,北京)
从六观法论施蛰存《薄暮的舞女》	严纪华	东亚汉学研究(第4号,2014,北京)
行走在《论语》与《圣经》之外——读解刘震云《一句顶一万句》的一个视角	杨俊国	东亚汉学研究(第4号,2014,北京)
短语结构消歧中的韵律特征实验研究——关于"没有VP的NP"结构韵律的声学分析	杨晓安	东亚汉学研究(第4号,2014,北京)
汉语国际教育中《中国现代文学》课程建设思考	乐琦	东亚汉学研究(第4号,2014,北京)
清代女作家的西施接受研究	张海燕	东亚汉学研究(第4号,2014,北京)
关于日本"天天中文"汉语学习网站的调查报告	张婧、崔昊为	东亚汉学研究(第4号,2014,北京)
清华简《程寤》篇中的㢑和𢼸	张连航	东亚汉学研究(第4号,2014,北京)
李庭训及其《酰鸡吟》考论	赵望秦	东亚汉学研究(第4号,2014,北京)
中国语の新しい受身构文"被XX"と日本语への翻訳	智晓敏	东亚汉学研究(第4号,2014,北京)
论《第二次握手》的文学性——以1979年版为中心	钟海波	东亚汉学研究(第4号,2014,北京)
长崎离岛的观光资源与中国观光客	周国强	东亚汉学研究(第4号,2014,北京)
由《隋书·经籍志》论浮动式分类法	周彦文	东亚汉学研究(第4号,2014,北京)
由意物关系论文学创作方法:陆机《文赋》之文学观念抉发	朱天	东亚汉学研究(第4号,2014,北京)
《史记》"三代循环说"试探	诸葛俊元	东亚汉学研究(第4号,2014,北京)
问题设计与大学二年级中国当代文学阅读教学——以谢冕、洪子诚主编《中国当代文学作品精选》为例	陈思广	东亚汉学研究(第5号,2015,澳门)
通俗与闲适:二十世纪九十年代中国散文潮流	陈学超	东亚汉学研究(第5号,2015,澳门)
日中における《三国志演义》の"三绝"评価ついて	陈卓然、南诚	东亚汉学研究(第5号,2015,澳门)
真理与救赎:李昂的寓言小说探析	戴华萱	东亚汉学研究(第5号,2015,澳门)

续表

论文题目	作者	《东亚汉学研究》
英语汉学界宋元话本小说研究述评	邓骏捷、曾嘉文	东亚汉学研究(第5号,2015,澳门)
权力的游弋与移动的江南书写——谈双红堂藏清末四川唱本《铍罗当游江南》	丁淑梅	东亚汉学研究(第5号,2015,澳门)
汉英假设标记比较	董秀英	东亚汉学研究(第5号,2015,澳门)
西方汉学与汉语量词类型特征研究	方环海、叶祎琳	东亚汉学研究(第5号,2015,澳门)
传统与现代的交替叙事——以《新法螺先生谭》为例	冯鸽	东亚汉学研究(第5号,2015,澳门)
非独予亲戚,亦朋友也——论王适与苏轼、苏辙之交游与诗文酬唱	郭玲姈	东亚汉学研究(第5号,2015,澳门)
中国の環境影響評価における公衆参加関す考察——厦門PX事件を通じて	郭云亮	东亚汉学研究(第5号,2015,澳门)
日本正仓院藏《王勃诗序》的特色与价值	胡凌燕	东亚汉学研究(第5号,2015,澳门)
张弘靖、李德裕太原唱和群体考论	胡秋妍	东亚汉学研究(第5号,2015,澳门)
溪水悠悠春自来——论柳宗元"愚溪"诸咏	黄培青	东亚汉学研究(第5号,2015,澳门)
新世纪台湾现代小说中的"被污辱与被损害的"	黄文倩	东亚汉学研究(第5号,2015,澳门)
人生地狱的巡礼——大江健三郎《人生的亲戚》论	霍士富	东亚汉学研究(第5号,2015,澳门)
明代陕西戏曲创作与表演述论	贾三强	东亚汉学研究(第5号,2015,澳门)
宋人论庄子与道教	简光明	东亚汉学研究(第5号,2015,澳门)
王真的兵战论述	江淑君	东亚汉学研究(第5号,2015,澳门)
唐代士人的政治理念和转型分化——以"致君尧舜"为中心	蒋金珅	东亚汉学研究(第5号,2015,澳门)
论朱淑真之民俗词	金贤珠、李秀珍	东亚汉学研究(第5号,2015,澳门)
在日朝鲜人的族群认同与民族想象	金英明	东亚汉学研究(第5号,2015,澳门)
《总目》宋别集提要中的"韩柳之波"	赖位政	东亚汉学研究(第5号,2015,澳门)
彰显生命"正能量"——以《山川记》和《盐道》的人物形象塑造为例	李继凯	东亚汉学研究(第5号,2015,澳门)
战船与沉船	李其霖	东亚汉学研究(第5号,2015,澳门)

续表

论文题目	作者	《东亚汉学研究》
新疆佛教石窟燃灯佛授记图像	李幸玲	东亚汉学研究(第5号,2015,澳门)
论日本汉学研究之意义	李哲贤	东亚汉学研究(第5号,2015,澳门)
吉川幸次郎的中国精神史论	连清吉	东亚汉学研究(第5号,2015,澳门)
唐传奇"空间结构"之构写技法与义蕴	林淑贞	东亚汉学研究(第5号,2015,澳门)
是醒觉？还是痴迷？	林伟淑	东亚汉学研究(第5号,2015,澳门)
感叹词的篇章功能及其实验研究	刘惠、邓宏丽	东亚汉学研究(第5号,2015,澳门)
"语言特区"理论下现当代诗歌语法的动态考察	刘颖	东亚汉学研究(第5号,2015,澳门)
独特的"扒灰"笑话——兼论民间故事的翁媳关系	鹿忆鹿	东亚汉学研究(第5号,2015,澳门)
殖民语境裂痕与"满映"娱民片的复杂装置及认识视角	逄增玉	东亚汉学研究(第5号,2015,澳门)
中国文化价值与国际汉学研究——东亚汉学研究会第五届国际学术会议综述	逄增玉、乐琦	东亚汉学研究(第5号,2015,澳门)
中国关于"普世价值"争论的核心问题及其后果	祁建民	东亚汉学研究(第5号,2015,澳门)
"港味普通话"现象的若干思考	钱芳	东亚汉学研究(第5号,2015,澳门)
副词"最"总括义和程度的来源	钱珍	东亚汉学研究(第5号,2015,澳门)
论民族语的口语	侍建国	东亚汉学研究(第5号,2015,澳门)
"土龙安能而致雨？"——论王充对董仲舒灾异说的省察	宋惠如	东亚汉学研究(第5号,2015,澳门)
武关古址及其迁徙时代考	王晖、高芳	东亚汉学研究(第5号,2015,澳门)
论明代小说戏曲中的寻亲主题	王建科	东亚汉学研究(第5号,2015,澳门)
华侨传统文化在长崎	王维	东亚汉学研究(第5号,2015,澳门)
台湾儒学的回顾与前瞻	吴进安	东亚汉学研究(第5号,2015,澳门)
五等爵制的形成——左氏诸侯爵制说之考证(下)	小川茂树原作,高芳、王晖译	东亚汉学研究(第5号,2015,澳门)
李商隐樱桃诗的诠释问题	谢旻琪	东亚汉学研究(第5号,2015,澳门)
从文史叙事整合的角度论述黄仁宇《万历十五年》	杨闽威	东亚汉学研究(第5号,2015,澳门)
语义指向消歧之韵律特征——一个有关副词"才"的声学实验	杨晓安	东亚汉学研究(第5号,2015,澳门)
《论语》内外的时空考	杨义	东亚汉学研究(第5号,2015,澳门)

续表

论文题目	作者	《东亚汉学研究》
新文学初期上海城市现代性表达中的日本因素	张鸿声	东亚汉学研究(第5号,2015,澳门)
汉英句子功能中心与虚主语的使用	张萤	东亚汉学研究(第5号,2015,澳门)
语言景观中的澳门多语状况	张媛媛	东亚汉学研究(第5号,2015,澳门)
近百年来"花儿"研究概述	赵学清、曹强	东亚汉学研究(第5号,2015,澳门)
汉代"更受命"说研究	诸葛俊元	东亚汉学研究(第5号,2015,澳门)
The Confucian Sage and the Christian Saint: Two Paradigmatic Figures in World Religions	Richard Shek	东亚汉学研究(第6号,2016,淡江)
乱世武侠的平凡英雄述写——以张草《庖人志》三部曲为探讨范畴	蔡造珉	东亚汉学研究(第6号,2016,淡江)
台湾新北市淡水区における景观と音の印象评价に关する研究	陈萍	东亚汉学研究(第6号,2016,淡江)
国学、汉学与华学	陈学超	东亚汉学研究(第6号,2016,淡江)
"三教"融合与"因果"故事——丝路河西宝卷的文化形态、文体特征与文化价值	程国君	东亚汉学研究(第6号,2016,淡江)
试论梁启超关于朝鲜的两首诗歌——《秋风断藤曲》、《朝鲜哀词》五律二十四首中所表现的对朝鲜的认识和感情	崔亨旭	东亚汉学研究(第6号,2016,淡江)
李昂饮食散文中的台湾历史关怀与世界观	戴华萱	东亚汉学研究(第6号,2016,淡江)
双红堂藏清末四川唱本《一台戏他四种》研究	丁淑梅	东亚汉学研究(第6号,2016,淡江)
美国汉学对汉语语音特征的认识及研究——以卫三畏《中国总论》为中心	方环海、沈玲、尹叶	东亚汉学研究(第6号,2016,淡江)
论晚清幻想小说中的疾病意象	冯鸽	东亚汉学研究(第6号,2016,淡江)
唐诗宋词误读与正辩	付兴林	东亚汉学研究(第6号,2016,淡江)
助动词"そうだ""ようだ"所对应的中文表现	贺南	东亚汉学研究(第6号,2016,淡江)

续表

论文题目	作者	《东亚汉学研究》
晚清"时新小说"《花柳深情传》研究——作为清代中期世情小说的对照坐标	胡衍南	东亚汉学研究(第6号,2016,淡江)
法国传教士白晋(Joachim Bouvet)与《易》图——以梵蒂冈图书馆馆藏《易经》手稿为中心	许维萍	东亚汉学研究(第6号,2016,淡江)
《礼记·乐记》文艺思想刍议	黄培青	东亚汉学研究(第6号,2016,淡江)
分析《许三观卖血记》中的黑色幽默	黄淑贞	东亚汉学研究(第6号,2016,淡江)
从人格成神的生成谈台湾民间信仰传播——以台中地区之廖添丁与王勋为例	黄文成	东亚汉学研究(第6号,2016,淡江)
旁观者的介入与限度——以吕途与梁鸿的"打工"书写为例	黄文倩	东亚汉学研究(第6号,2016,淡江)
梁启超与《新中国未来记》的"进化论"色彩	纪俊龙	东亚汉学研究(第6号,2016,淡江)
杨爵诗歌的关学精神发微	蒋鹏举、吴亚媛	东亚汉学研究(第6号,2016,淡江)
"敦煌二十咏"之文学地理的考察	金贤珠、李秀珍	东亚汉学研究(第6号,2016,淡江)
《总目》的历史图像构成分析——以"苏轼"为个案	赖位政	东亚汉学研究(第6号,2016,淡江)
《北溪大全集》中的理与礼	李蕙如	东亚汉学研究(第6号,2016,淡江)
论于右任诗文与书法的关联	李继凯、景辉	东亚汉学研究(第6号,2016,淡江)
憨山德清注《庄》思想中的圣人观——以《齐物论》为考察对象	李懿纯	东亚汉学研究(第6号,2016,淡江)
从毛郑对《诗经》"兴诗"的笺释——论"诗性文化符码"类型	林菁菁	东亚汉学研究(第6号,2016,淡江)
凝视历史分界点的选择——吴宓对传统诗学择取与承继之意义	林淑贞	东亚汉学研究(第6号,2016,淡江)
《水浒传》三写元宵节的叙事意义	林伟淑	东亚汉学研究(第6号,2016,淡江)
从篇章视角看口语教材编写与教学	刘惠	东亚汉学研究(第6号,2016,淡江)

续表

论文题目	作者	《东亚汉学研究》
从迈克尔·斯洛特"移情"关怀论戴震"以情絜情"	罗雅纯	东亚汉学研究（第6号,2016,淡江）
战国秦汉时期的疾病疗治信仰——以出土简帛文献为中心的考察	吕亚虎	东亚汉学研究（第6号,2016,淡江）
论史华慈之《老子》与《庄子》神秘主义:《道家之道》的研究	彭振利	东亚汉学研究（第6号,2016,淡江）
阶级观念在中国农村的形成（1947—1976）	祁建民	东亚汉学研究（第6号,2016,淡江）
特殊形制的青铜簠研究	任雪莉	东亚汉学研究（第6号,2016,淡江）
美、每、敃为异字同源考	邵英	东亚汉学研究（第6号,2016,淡江）
中国思想文化与国际汉学研究——东亚汉学研究学会第六届国际术议综述	侍建国、张律	东亚汉学研究（第6号,2016,淡江）
汉水流域三国戏中的曹操故事与曹操形象	王建科	东亚汉学研究（第6号,2016,淡江）
全球化视野下中国内地儿童电视动画片的创作与审美研究	王利丽	东亚汉学研究（第6号,2016,淡江）
西周金文字体演变三例	王帅	东亚汉学研究（第6号,2016,淡江）
日本中国音乐的传播与脉络	王维	东亚汉学研究（第6号,2016,淡江）
论韦庄诗中"遇酒且呵呵,人生能几何"的忧伤情调——兼论以诗证词之可能性	谢旻琪	东亚汉学研究（第6号,2016,淡江）
支僧载及其《外国事》综议	阳清	东亚汉学研究（第6号,2016,淡江）
清末外来词初探——以李伯元《文明小史》为例	杨闽威	东亚汉学研究（第6号,2016,淡江）
语音单位的连断对句法语义关系的影响	杨晓安	东亚汉学研究（第6号,2016,淡江）
句子中心差异与空主语(pro)现象	杨炎华	东亚汉学研究（第6号,2016,淡江）
汉郊祀歌《帝临》章考释	殷善培	东亚汉学研究（第6号,2016,淡江）
《逸周书·大匡解》的撰述年代	张连航	东亚汉学研究（第6号,2016,淡江）
源于古羌语的两个汉语单词	赵小刚	东亚汉学研究（第6号,2016,淡江）
陕北说书"研究范式"刍议	赵学清、孙鸿亮	东亚汉学研究（第6号,2016,淡江）
网帖标题的特点与应用	周国强	东亚汉学研究（第6号,2016,淡江）

续表

论文题目	作者	《东亚汉学研究》
由象生趣,凭象咏情:论《沧浪诗话》中的"兴趣"和"吟咏情性"	朱天	东亚汉学研究(第6号,2016,淡江)
试论先秦天命思想之沿革	诸葛俊元	东亚汉学研究(第6号,2016,淡江)
殖民主义阴影下的家园:时间模式与空间意象——对东北沦陷区文学中家族叙事的一种考察	包学菊	东亚汉学研究(第7号,2017,台中)
《五藏山经》的标准动物与熟知动物——以《尔雅》作为参照对象的讨论	陈峻志	东亚汉学研究(第7号,2017,台中)
内藤湖南近世文学地势二元中心论	陈凌弘	东亚汉学研究(第7号,2017,台中)
六朝天子"后"、"妃"死后神主入庙配食议论考	陈燕梅	东亚汉学研究(第7号,2017,台中)
元儒胡一桂对朱熹易学的增补与匡正	陈咏琳	东亚汉学研究(第7号,2017,台中)
唐代的采诗制度	陈正平	东亚汉学研究(第7号,2017,台中)
《唐话纂要》中"话"作为汉语教学单位的韵律分析	方环海、沈玲、黄莉萍	东亚汉学研究(第7号,2017,台中)
宋代士人古琴论述与"直溯三代"理想析探	郭玲妦	东亚汉学研究(第7号,2017,台中)
郑板桥论艺术家的主体修养	许松	东亚汉学研究(第7号,2017,台中)
《洛阳伽蓝记》中文化融合现象的考察与探源	黄婕	东亚汉学研究(第7号,2017,台中)
文津阁《四库全书》复印件所载誊录生员信息	黄明理	东亚汉学研究(第7号,2017,台中)
林纾古文中的妇女形象及其道德教化意涵	黄雅雯	东亚汉学研究(第7号,2017,台中)
从西方学术理论看《诗经》的多元诠释	黄忠慎	东亚汉学研究(第7号,2017,台中)
周瘦鹃小说的底层关怀	纪俊龙	东亚汉学研究(第7号,2017,台中)
宇宙生成的图式——以王道《老子亿》四十二章为论述之核心	江淑君	东亚汉学研究(第7号,2017,台中)
人的教育还是公民教育?——鲁迅与国家主义教育思想	姜彩燕	东亚汉学研究(第7号,2017,台中)

续表

论文题目	作者	《东亚汉学研究》
第七届东亚汉学暨第十六届社会与文化国际学术研讨会综述	赖位政	东亚汉学研究(第7号,2017,台中)
简媜散文虚实交错的叙述策略析论——以《女儿红》为例	赖昭吟	东亚汉学研究(第7号,2017,台中)
憨山德清注《庄》思想中的圣人观——以《大宗师》为考察对象	李懿纯	东亚汉学研究(第7号,2017,台中)
日本九州与中国学、东亚汉学会议的缘起	连清吉	东亚汉学研究(第7号,2017,台中)
聚焦与缩影——黄春明《死去活来》所示现的隐喻意涵	林淑贞	东亚汉学研究(第7号,2017,台中)
《金瓶梅》女性身体书写的反思——以"性别政治"、"身体感知"为思考角度	林伟淑	东亚汉学研究(第7号,2017,台中)
唐代"女报亲仇"故事初探	林温芳	东亚汉学研究(第7号,2017,台中)
许宣大改造：从物质研究视角重探《白娘子永镇雷峰塔》	林怡君	东亚汉学研究(第7号,2017,台中)
从自治到统制：十七世纪长崎唐人管理变化	吕品晶	东亚汉学研究(第7号,2017,台中)
文献的音类结构与时空拟推：以《谐声韵学》为例	吕昭明	东亚汉学研究(第7号,2017,台中)
闻一多文化选择的独特性及其历史价值	逄增玉	东亚汉学研究(第7号,2017,台中)
"人民社会主义"论争述评	祁建民	东亚汉学研究(第7号,2017,台中)
莫言在美国的传播与接受	任虎军	东亚汉学研究(第7号,2017,台中)
论汉语言文字中的古代洪水记忆	山本周	东亚汉学研究(第7号,2017,台中)
芳贺矢一の日本汉文学史论	沈日中	东亚汉学研究(第7号,2017,台中)
二里头文化及其同时期陶器文字性符号研究	王晖、高芳	东亚汉学研究(第7号,2017,台中)
民国时期回族社会的郑和阐释——以回族报刊为中心的考察	王继霞	东亚汉学研究(第7号,2017,台中)
电视剧中的城市想象	王利丽	东亚汉学研究(第7号,2017,台中)
"明清乐"在长崎的传播与变迁	王维	东亚汉学研究(第7号,2017,台中)
阿城小说与中国抒情传统	夏雪飞	东亚汉学研究(第7号,2017,台中)

续表

论文题目	作者	《东亚汉学研究》
中国语境下身体美学问题研究新进展	徐向阳	东亚汉学研究(第7号,2017,台中)
刘孝标《世说注》征引僧人别传述微——兼论僧人别传在中世僧传文献中的地位	阳清、刘静	东亚汉学研究(第7号,2017,台中)
汉日否定疑问与反问的韵律区别特征——对名词中心语疑问句的声学考察	杨晓安	东亚汉学研究(第7号,2017,台中)
苏轼《续欧阳子朋党论》作年论析	余历雄	东亚汉学研究(第7号,2017,台中)
乙未割台战争诗中遭遇战乱的切身经验类型书写	张柏恩	东亚汉学研究(第7号,2017,台中)
古代文学中的开封城市叙述	张鸿声、王文勋	东亚汉学研究(第7号,2017,台中)
钱澄之《田间易学》中的经世致用	张晓芬	东亚汉学研究(第7号,2017,台中)
1940年代:沈从文的思想与创作	赵学勇	东亚汉学研究(第7号,2017,台中)
《白鹿原》:文学经典及其"未完成性"	周燕芬	东亚汉学研究(第7号,2017,台中)
陕西碑刻文献数字化及其前景展望	白宽犁	东亚汉学研究(第8号,2018,札幌)
井上哲次郎的伊藤仁斋论	陈凌弘	东亚汉学研究(第8号,2018,札幌)
第八届东亚汉学国际学术研讨会综述	陈燕梅	东亚汉学研究(第8号,2018,札幌)
三毛旋风——以女性读者的角度探析七〇年代的首波三毛热	戴华萱	东亚汉学研究(第8号,2018,札幌)
艳缘截断与喜谑转关——论双红堂藏清末四川唱本《花仙剑》兼北碚图书馆藏民国抄本	丁淑梅	东亚汉学研究(第8号,2018,札幌)
东欧危机における中国共产党の関与と平和五原则	杜世鑫	东亚汉学研究(第8号,2018,札幌)
挣扎・坚守・无奈——从谢冰莹弃编《黄河》看国统区文化人的生存困境	冯超	东亚汉学研究(第8号,2018,札幌)
中国科幻小说的精英叙事——以王晋康的《生死平衡》为例	冯鸽	东亚汉学研究(第8号,2018,札幌)
近代文人的藏书目录	冯佳	东亚汉学研究(第8号,2018,札幌)

续表

论文题目	作者	《东亚汉学研究》
日本汉检读解文的话题构成分析——以2007年—2016年读解文为例	高芳	东亚汉学研究(第8号,2018,札幌)
关于民国初年以来旧文学的思考	龚鹏程	东亚汉学研究(第8号,2018,札幌)
情为何物——从"白石有格而无情"看《人间词话》所论之"情"	许嘉玮	东亚汉学研究(第8号,2018,札幌)
朝鲜时期管仲评价研究	许宁	东亚汉学研究(第8号,2018,札幌)
论龚用卿《使朝鲜录》中行旅地志与外交仪制的互见书写	黄铃棋	东亚汉学研究(第8号,2018,札幌)
成长的凝视——论《少女小渔》的成长小说特质	黄培青	东亚汉学研究(第8号,2018,札幌)
新中国建早期的劳动书写美学与渊源初探——以《三里湾》、《创业史》及《山乡巨变》为考察的起点	黄文倩	东亚汉学研究(第8号,2018,札幌)
《玉坡奏议》与明代正德嘉靖年间的朝廷政治	贾三强	东亚汉学研究(第8号,2018,札幌)
唐玄宗《道德真经》注、疏的几点观察	江淑君	东亚汉学研究(第8号,2018,札幌)
鲁迅"父范"命题的缘起及意义	姜彩燕	东亚汉学研究(第8号,2018,札幌)
韩国书艺所面临的问题与"世界书艺全北双年展"对解决问题的作用	金炳基	东亚汉学研究(第8号,2018,札幌)
儒家经典于当代日本社会——作为"万能药"的人间《论语》学	金培懿	东亚汉学研究(第8号,2018,札幌)
安徽竹友斋刊本《梨园集成》编选考	李东东	东亚汉学研究(第8号,2018,札幌)
《大义觉迷录》与《阐义昭鉴》之比较	李京勋	东亚汉学研究(第8号,2018,札幌)
胡风、唐弢与鲁迅遗产——以藏书为考察视角	李明刚、张鸿声	东亚汉学研究(第8号,2018,札幌)
台湾敦煌写卷《法华经义记》研究	李幸玲	东亚汉学研究(第8号,2018,札幌)
林云铭《庄子因》解特色及其立场探论	李懿纯	东亚汉学研究(第8号,2018,札幌)
政治美学的两张面孔——论"翻身"叙事中文学与图像的互文性	李跃力	东亚汉学研究(第8号,2018,札幌)
小川环树の中国文学の风景论	梁雨	东亚汉学研究(第8号,2018,札幌)

续表

论文题目	作者	《东亚汉学研究》
理想譬喻世界的建立与经典诠释——毛郑说诗的手法举隅	林菁菁	东亚汉学研究(第8号,2018,札幌)
镜像下的存在感受——帝国与民国更迭下的诗话书写类型	林淑贞	东亚汉学研究(第8号,2018,札幌)
没有神所在的一道微光—韩爱姐在《金瓶梅》中的隐喻	林伟淑	东亚汉学研究(第8号,2018,札幌)
草丛古冢卧秋风——论纪信名声	刘锦源	东亚汉学研究(第8号,2018,札幌)
女鬼的"命运反叛"——"鬼妻化生型"故事研究	刘亚惟	东亚汉学研究(第8号,2018,札幌)
说"寤生"——民俗学视野下的生育禁忌信仰探析	吕亚虎	东亚汉学研究(第8号,2018,札幌)
时空意识与老派市民家国观念的更生和嬗变——以老舍小说《四世同堂》为中心	逄增玉、孙晓平	东亚汉学研究(第8号,2018,札幌)
《论语·学而》11章解释小考——以"其"字为中心	朴晞娜	东亚汉学研究(第8号,2018,札幌)
毛泽东的阶级划分战略与中国传统社会结构	祁建民	东亚汉学研究(第8号,2018,札幌)
《周易·系辞下》所载发明创造的古文字验证	邵英	东亚汉学研究(第8号,2018,札幌)
日本汉文学史的时代区分论	沈日中	东亚汉学研究(第8号,2018,札幌)
东亚"汉学"的问题与现代意义	藤井伦明	东亚汉学研究(第8号,2018,札幌)
台湾眷村电影的历史流变与文化主题	王利丽	东亚汉学研究(第8号,2018,札幌)
都市经验与"漫游者"身份意识:论纪弦(路易士)的文学活动	王小平	东亚汉学研究(第8号,2018,札幌)
南朝正史中蕴含的农业政策——以《宋书》为例	吴丽雯	东亚汉学研究(第8号,2018,札幌)
读房伟的抗战小说《中国野人》	塩旗伸一郎	东亚汉学研究(第8号,2018,札幌)
竺法维及其《佛国记》探赜	阳清	东亚汉学研究(第8号,2018,札幌)
汉语名词独词句的调域变化	杨晓安	东亚汉学研究(第8号,2018,札幌)

续表

论文题目	作者	《东亚汉学研究》
朱熹《资治通鉴纲目》唐史卷名家论赞析评——以"守礼""寡欲"为讨论主题	姚彦淇	东亚汉学研究（第8号,2018,札幌）
莫今文《尚书》中的话题结构及话题性	周国强	东亚汉学研究（第8号,2018,札幌）
幽默和讽刺之于贾平凹乡土叙事的艺术贡献	周燕芬、李斌	东亚汉学研究（第8号,2018,札幌）
论《三国演义》105回后"魏之忠臣"人物及其叙事意义	曾世豪	东亚汉学研究（第9号,2019,名古屋）
农业文明视角下的城市意象——以贾平凹小说为例	陈静、马春燕	东亚汉学研究（第9号,2019,名古屋）
井上哲次郎之荻生徂徕政治论的哲学思考	陈凌弘	东亚汉学研究（第9号,2019,名古屋）
陈舜臣《秘本三国志》の创作视点について	陈卓然	东亚汉学研究（第9号,2019,名古屋）
谢霜天《梅村心曲》中的客家女性日常探析	戴华萱	东亚汉学研究（第9号,2019,名古屋）
清代以来沈德符《万历野获编》研究的回顾与思考	杜学林	东亚汉学研究（第9号,2019,名古屋）
欧阳修《六一诗话》文学地位的确认	宫臻祥	东亚汉学研究（第9号,2019,名古屋）
隐匿的太伯：六朝吴地太伯庙考察	何维刚	东亚汉学研究（第9号,2019,名古屋）
《金瓶梅词话》与明朝万历年间艳情小说性描写比较研究	胡衍南	东亚汉学研究（第9号,2019,名古屋）
浙西词派初期之词体认知与模习典范探赜	许嘉玮	东亚汉学研究（第9号,2019,名古屋）
故宫藏杨守敬赴日所搜宋、元版史籍及其递藏脉络	许媛婷	东亚汉学研究（第9号,2019,名古屋）
论《日瓦戈医生》的劳动书写与美感	黄文倩	东亚汉学研究（第9号,2019,名古屋）
林纾笔记小说中的台湾地景	黄雅雯	东亚汉学研究（第9号,2019,名古屋）
第九届东亚汉学国际术研讨会综述	贾三强、许嘉玮	东亚汉学研究（第9号,2019,名古屋）
虚极至道：唐玄宗《道德真经》注、疏的妙本义	江淑君	东亚汉学研究（第9号,2019,名古屋）
中国京剧选本的副文本广告	李东东	东亚汉学研究（第9号,2019,名古屋）

续表

论文题目	作者	《东亚汉学研究》
在文化磨合中建构中国近代文体	李继凯	东亚汉学研究(第9号,2019,名古屋)
小说研究的"内"与"外"——评小南一郎《唐代传奇小说论》	李彦姝	东亚汉学研究(第9号,2019,名古屋)
斯波六郎の中国文学の孤独感について	梁雨	东亚汉学研究(第9号,2019,名古屋)
《醋葫芦》的世情书写	林伟淑	东亚汉学研究(第9号,2019,名古屋)
"说得上话"与"说不上话"——《一句顶一万句》中杨百顺的话语交际特点	刘惠、辛儒靖	东亚汉学研究(第9号,2019,名古屋)
从种姓制度到众生无别——以汉译佛典"种姓起源神话"论述为核心	刘镡靖	东亚汉学研究(第9号,2019,名古屋)
新疆曲子戏词汇特征研究	马静	东亚汉学研究(第9号,2019,名古屋)
1960年代农村干部的"阶级"话语	祁建民	东亚汉学研究(第9号,2019,名古屋)
香港社会语言生态的历史嬗变	钱芳	东亚汉学研究(第9号,2019,名古屋)
龟井昭阳论《左传》"《春秋》之称"——兼论竹添光鸿《左氏会笺》之承与变	宋惠如	东亚汉学研究(第9号,2019,名古屋)
论中国当代首批蒙古族作家的生成	孙静	东亚汉学研究(第9号,2019,名古屋)
君臣人身依附契约关系的建立:西周册命礼性质研究	王晖	东亚汉学研究(第9号,2019,名古屋)
吴宓的"影因"	王奎	东亚汉学研究(第9号,2019,名古屋)
广州题材电视剧中的城市空间与文化意义	王利丽	东亚汉学研究(第9号,2019,名古屋)
西安地区出土商周金文资料琐谈	王帅	东亚汉学研究(第9号,2019,名古屋)
"牙门、渠与旗"辨释	闫艳	东亚汉学研究(第9号,2019,名古屋)
马礼逊《华英字典》中文化负载词译介研究	杨琳	东亚汉学研究(第9号,2019,名古屋)
疑问副词"怎么"的语义转换与音高变化	杨晓安	东亚汉学研究(第9号,2019,名古屋)
东亚译者对 William Le Queux "Recounts the mystery of a front door"的翻译与改造	詹宜颖	东亚汉学研究(第9号,2019,名古屋)
中国学习者应注意的日语汉字问题	张桦	东亚汉学研究(第9号,2019,名古屋)

续表

论文题目	作者	《东亚汉学研究》
汉语语言多样性的保持及传播途径研究	张璐	东亚汉学研究(第9号,2019,名古屋)
陕北民歌语言口头程序研究——语词程式	张文倩	东亚汉学研究(第9号,2019,名古屋)
新旧交替中的艺术人生观:宗白华"意境"论与王国维"境界"论之关系	张艳	东亚汉学研究(第9号,2019,名古屋)
为情造文:论温庭筠《菩萨蛮》十四首的政治解读	赵雄健	东亚汉学研究(第9号,2019,名古屋)
汉代隐逸文化与政治、社会评价的"互动关系"	朱锦雄	东亚汉学研究(第9号,2019,名古屋)
法藏《华严发菩提心章》对《大乘起信论》心识思想的融摄与超越——以菩提心、三心、五教教判为进路	陈绍圣	东亚汉学研究(特别号,2013,西安)
冯从吾《关学编》之学术意涵探论	陈升辉	东亚汉学研究(特别号,2013,西安)
秦岭南麓碑刻的考察——兼论其反映的地区性宗教信仰问题	党斌	东亚汉学研究(特别号,2013,西安)
屈复研究资料述略	杜学林	东亚汉学研究(特别号,2013,西安)
日本人的杨贵妃情结	高芳	东亚汉学研究(特别号,2013,西安)
《松门稿》集外诗文钩沉	高璐	东亚汉学研究(特别号,2013,西安)
胡侍著述和家世简考	耿李元	东亚汉学研究(特别号,2013,西安)
《逸园新诗》作者耿志炜生平交游考略	郝晶	东亚汉学研究(特别号,2013,西安)
康乃心生平及其心与李颙交游简考	何柳	东亚汉学研究(特别号,2013,西安)
寇准人物形象演变述论	胡世强	东亚汉学研究(特别号,2013,西安)
张治道嘉靖二十四、二十五年诗作考	贾三强	东亚汉学研究(特别号,2013,西安)
朱枫与《雍州金石记》	李向菲	东亚汉学研究(特别号,2013,西安)
马鲁《南华沥摘萃》之思想探论	李懿纯	东亚汉学研究(特别号,2013,西安)
金代华州城隍庙碑考	李宇航	东亚汉学研究(特别号,2013,西安)
京都中国学派的西汉学术论	连清吉	东亚汉学研究(特别号,2013,西安)
《全唐文补遗》考证数则	刘思怡	东亚汉学研究(特别号,2013,西安)
温日知诗歌艺术探微——以《屿浮阁集》为例	刘燕歌	东亚汉学研究(特别号,2013,西安)

续表

论文题目	作者	《东亚汉学研究》
明关中金石学家郭宗昌及其《金石史》考论	马梅玉、赵阳阳	东亚汉学研究(特别号,2013,西安)
马汝骥与《西玄集》	潘晓玲	东亚汉学研究(特别号,2013,西安)
以诗为谏——从白居易《秦中吟》看诗歌讽谏传统与舆论功能	普义南	东亚汉学研究(特别号,2013,西安)
从清代清峪河水案看古代国家的水利理念	祁建民	东亚汉学研究(特别号,2013,西安)
商量旧学加邃密,培养新知转深沉——李梦阳传记文的追求与新变	师海军	东亚汉学研究(特别号,2013,西安)
牛运震《史记评注》纠驳旧注辨析——以司马贞《史记索隐》为主	石风、马志林	东亚汉学研究(特别号,2013,西安)
赵统年谱简编	石磊	东亚汉学研究(特别号,2013,西安)
傅增湘藏《通典》题记考辨一则	孙靖	东亚汉学研究(特别号,2013,西安)
温纯家世生平综述	王超	东亚汉学研究(特别号,2013,西安)
"伙颐"考	王珂	东亚汉学研究(特别号,2013,西安)
张鹏一生平著作考论	王培峰、王璐	东亚汉学研究(特别号,2013,西安)
华阴弘农杨氏诸墓志所见之北魏末年政局	王永莉	东亚汉学研究(特别号,2013,西安)
从《泛胜之书》到《农言著实》	吴丽雯	东亚汉学研究(特别号,2013,西安)
陕西古籍整理出版事业三十年综述	吴敏霞	东亚汉学研究(特别号,2013,西安)
末世的图景——论杜牧诗中的长安	谢旻琪	东亚汉学研究(特别号,2013,西安)
《沧溟先生集》明隆庆刻本及明徐履道起凤馆刻本版本梳理	姜妮	东亚汉学研究(特别号,2013,西安)
语言融合与人口移动迁徙——对白河方言的考察	杨晓安	东亚汉学研究(特别号,2013,西安)
康海《对山集》版本补考	余春柯	东亚汉学研究(特别号,2013,西安)
孙枝蔚咏史诗创作考论	张海燕	东亚汉学研究(特别号,2013,西安)
朱颜在昔久成尘,唤起芳魂笔有神——论刘世奇、杨秀芝《女史吟》	张焕玲	东亚汉学研究(特别号,2013,西安)
唐玄宗生平著作略述	赵金丹	东亚汉学研究(特别号,2013,西安)
从出版物看日本人的长安情结	周国强	东亚汉学研究(特别号,2013,西安)
陕西省图书馆藏清稿本《温与亨先生诗草原本》考略	周喜存	东亚汉学研究(特别号,2013,西安)
《元史·同恕传》考略	周彦文	东亚汉学研究(特别号,2013,西安)

续表

论文题目	作者	《东亚汉学研究》
论郭熙《林泉高致》中的儒道思想	陈升辉	东亚汉学研究(特别号,2014,东京)
囚禁的盐屋——论李昂《花季》的成长困境	戴华萱	东亚汉学研究(特别号,2014,东京)
论秦末汉初的门客及其辞赋创作	高一农	东亚汉学研究(特别号,2014,东京)
秦—六朝陕西戏剧类表演艺术述论	贾三强	东亚汉学研究(特别号,2014,东京)
自卑与"超越"——鲁迅《高老夫子》的心理学解读	姜彩燕	东亚汉学研究(特别号,2014,东京)
毛凤枝金石学著作三种述评	李向菲	东亚汉学研究(特别号,2014,东京)
"燃灯佛授记"叙事与图像互文性之系谱考察——以汉译佛典与犍陀罗佛教图像为例	李幸玲	东亚汉学研究(特别号,2014,东京)
晚明注《庄》思想流变研究:以释德清到释性通的"逍遥"为例	李懿纯	东亚汉学研究(特别号,2014,东京)
近五年陕北民歌研究现状及今后的研究取向	李占平	东亚汉学研究(特别号,2014,东京)
吉川幸次郎的"书不尽言"论	连清吉	东亚汉学研究(特别号,2014,东京)
中日文化交往源流论略	梁瑜霞	东亚汉学研究(特别号,2014,东京)
《旅顺博物馆所藏甲骨》新缀廿一组	林宏明	东亚汉学研究(特别号,2014,东京)
试论唐三寺住持与长崎唐人的互动	林庆勋	东亚汉学研究(特别号,2014,东京)
西北地区皮影戏研究情况概述	刘琨	东亚汉学研究(特别号,2014,东京)
"十七年文学"中的少数民族女性形象	逄增玉、孙晓平	东亚汉学研究(特别号,2014,东京)
21世纪中国对美国汉学界的中国小说研究之研究	任虎军	东亚汉学研究(特别号,2014,东京)
清末民国鼓词文献综述	孙宏亮	东亚汉学研究(特别号,2014,东京)
秦腔研究述评	王怀中	东亚汉学研究(特别号,2014,东京)
周代近亲庙制考	王晖、高芳	东亚汉学研究(特别号,2014,东京)
文学教育与文学秩序:现代中国大学的"文学史"学科及其教育	王荣	东亚汉学研究(特别号,2014,东京)
王厚之生平考述	王晓娟	东亚汉学研究(特别号,2014,东京)
秦岭碑刻历史发展述论	吴敏霞	东亚汉学研究(特别号,2014,东京)
五等爵制的成立——左氏诸侯爵制度说之考证(上)	小川茂树,高芳、王晖译	东亚汉学研究(特别号,2014,东京)

续表

论文题目	作者	《东亚汉学研究》
从"风格"到"作用"——论许学夷"正对阶级"说的意义	谢旻琪	东亚汉学研究(特别号,2014,东京)
汉日形容词独词句语调形式与语义之比较	杨晓安	东亚汉学研究(特别号,2014,东京)
中国西北地区戏曲歌谣语言文化研究概述	赵学清	东亚汉学研究(特别号,2014,东京)
东方智慧:寻找"身体"的自由之境——老舍与村上春树短篇小说中的"身体"意象之比较	赵学勇	东亚汉学研究(特别号,2014,东京)
1950年代初中国文艺运动中的文学问题	周燕芬	东亚汉学研究(特别号,2014,东京)
"天数"、"人欲"的自然性与社会性——中国二十世纪初的庄、荀论述与治道	周志煌	东亚汉学研究(特别号,2014,东京)
陕西古籍整理的现状与发展前景	白宽犁	东亚汉学研究(特别号,2016,京都)
吉川英治《三国志》における"三绝"の人物像について	陈卓然	东亚汉学研究(特别号,2016,京都)
禁色的爱?——论李昂的同志小说	戴华萱	东亚汉学研究(特别号,2016,京都)
新见唐《独孤瑛墓志》小考	党斌	东亚汉学研究(特别号,2016,京都)
为历史而烦——《白鹿原》的乡土生命哲学及其叙事价值	段建军	东亚汉学研究(特别号,2016,京都)
先秦天人思想之嬗变——"轴心突破"时期天人思想之分化	段永升	东亚汉学研究(特别号,2016,京都)
白居易昭君诗所折射的仕宦心路历程——兼论白居易昭君诗的文学史价值及其启示意义	付兴林	东亚汉学研究(特别号,2016,京都)
陕西靖边县旧志述略	高叶青	东亚汉学研究(特别号,2016,京都)
从演化论的视角看地方文保护的意义	葛岩、岳晨昕	东亚汉学研究(特别号,2016,京都)
《文心雕龙》在美国"中国文学史"书写与"文选"编译中的经典重构问题	谷鹏飞	东亚汉学研究(特别号,2016,京都)
日本古代汉诗中的长安	郭雪妮	东亚汉学研究(特别号,2016,京都)
身处边缘:论金元时期耶律楚材家族的尴尬处境	和谈	东亚汉学研究(特别号,2016,京都)
"红色经典"情爱叙事的边界、隐言与盲区	惠雁冰	东亚汉学研究(特别号,2016,京都)

续表

论文题目	作者	《东亚汉学研究》
严如熤《三省山内风土杂识》述考	贾三强、李雪峰	东亚汉学研究（特别号,2016,京都）
王道《老子亿》诠解《老子》首章的几点观察	江淑君	东亚汉学研究（特别号,2016,京都）
鲁迅与福泽渝吉——以教育思想为中心的考察	姜彩燕	东亚汉学研究（特别号,2016,京都）
《知非斋剧本》小考	敬晓庆	东亚汉学研究（特别号,2016,京都）
试论饮酒的文化功能——以陶渊明为中心的考察	李红岩	东亚汉学研究（特别号,2016,京都）
论创业文学与丝路文学	李继凯	东亚汉学研究（特别号,2016,京都）
中国美学的诗性智慧及现代意义	李西建	东亚汉学研究（特别号,2016,京都）
顾炎武与清初金石学的复兴	李向菲	东亚汉学研究（特别号,2016,京都）
敦煌文献中的燃灯佛授记析论	李幸玲	东亚汉学研究（特别号,2016,京都）
京都中国学者的学问意识——读书求是、有心印而无雷同	连清吉	东亚汉学研究（特别号,2016,京都）
路遥作品在日本的传播	梁向阳、丁亚琴	东亚汉学研究（特别号,2016,京都）
涂朱甲骨缀合八组	林宏明	东亚汉学研究（特别号,2016,京都）
唐代宗室法律管理情况研究	刘思怡	东亚汉学研究（特别号,2016,京都）
现当代中国文学中的中医形象及其价值承担——对几部中医题材作品的抽样分析	逄增玉	东亚汉学研究（特别号,2016,京都）
唐《律书乐图》辑考	亓娟莉	东亚汉学研究（特别号,2016,京都）
威严与逍遥：唐代华山诗的双重主题	邱晓	东亚汉学研究（特别号,2016,京都）
神田喜一郎的日本汉文学论	沈日中	东亚汉学研究（特别号,2016,京都）
陕西古代的音韵学研究——对《陕西省志·著述志》所录音韵学书目的补正	沈文君	东亚汉学研究（特别号,2016,京都）
诗与真——论鲁迅《朝花夕拾》的史料真实问题	田刚	东亚汉学研究（特别号,2016,京都）
古文字形体与远古住宅形制研究	王晖	东亚汉学研究（特别号,2016,京都）
历史叙事与文学叙事中的韩信——兼论汉水流域戏曲中的韩信戏	王建科	东亚汉学研究（特别号,2016,京都）
宋初医籍编撰史实考略——以太祖、太宗两朝为中心	王珂	东亚汉学研究（特别号,2016,京都）

续表

论文题目	作者	《东亚汉学研究》
论20世纪40年代"国统区"的延安文艺及其传播	王荣	东亚汉学研究(特别号,2016,京都)
遣唐使与唐长安文化	杨晓安、高芳	东亚汉学研究(特别号,2016,京都)
再论《论语》的编纂——兼评杨义先生《论语还原》	杨遇青	东亚汉学研究(特别号,2016,京都)
异质文化间的沟通——威廉·琼斯的汉学研究及其价值	于俊青	东亚汉学研究(特别号,2016,京都)
晚清文学中的上海	张鸿声、王文勋	东亚汉学研究(特别号,2016,京都)
辛弃疾与陈亮"鹅湖之会"文学意义之重估	张文利	东亚汉学研究(特别号,2016,京都)
论汉语背景下的字义与词义	赵小刚	东亚汉学研究(特别号,2016,京都)
人性书写:表层的相异与深层的契合——沈从文与张爱玲比较论	赵学勇	东亚汉学研究(特别号,2016,京都)
论传统类书中的互文性	周彦文	东亚汉学研究(特别号,2016,京都)
20世纪中国文学视野的《创业史》研究	周燕芬	东亚汉学研究(特别号,2016,京都)
秦岭文化系统及文化资源开发研究	蔡云辉	东亚汉学研究(特别号2017长崎)
抒情传统与中国戏剧	曹飞	东亚汉学研究(特别号2017长崎)
尺寸千里:王昌龄诗论对山水景象之探讨	曾令愉	东亚汉学研究(特别号,2017,长崎)
清代神韵与桐城"诗、学"论域的分歧——以王士禛、梅曾亮为讨论对象	曾守正	东亚汉学研究(特别号,2017,长崎)
抗争与考验——美狄亚故事与中国"难题求婚"型故事的比较	陈祎满	东亚汉学研究(特别号,2017,长崎)
北方谦三の《三国志》の创作视点について	陈卓然	东亚汉学研究(特别号,2017,长崎)
少女阿玉与街的变迁:作为成长小说的李渝"温州街系列"	戴华萱	东亚汉学研究(特别号,2017,长崎)
内圣外王与人间佛教	高柏园	东亚汉学研究(特别号,2017,长崎)
元人《白翎雀》乐舞诗初探	高林广	东亚汉学研究(特别号,2017,长崎)
传统文化的生态智慧	关嵩山	东亚汉学研究(特别号,2017,长崎)

续表

论文题目	作者	《东亚汉学研究》
陈忠实文学的当代意义与《白鹿原》的超越性价值	韩伟	东亚汉学研究（特别号,2017,长崎）
浅析"祥子"和"高兴"的城市生存悲剧	侯旭	东亚汉学研究（特别号,2017,长崎）
追忆、想象与认同：明代"后台阁体"的诗歌书写探析	许逢仁	东亚汉学研究（特别号,2017,长崎）
从史家到夫子：论萧颖士人生转向的社会意义	黄大宏	东亚汉学研究（特别号,2017,长崎）
解析《催眠大师》叙事结构三部曲	黄淑贞	东亚汉学研究（特别号,2017,长崎）
"非虚构"的深度如何可能？——马奎斯《百年孤寂》的一种会通反思	黄文倩	东亚汉学研究（特别号,2017,长崎）
《陕西古代文献集成》编纂札记	贾三强	东亚汉学研究（特别号,2017,长崎）
韩邦奇诗词曲的关学意蕴探析——兼谈学术思想与文学写作的交互影响	蒋鹏举	东亚汉学研究（特别号,2017,长崎）
环境文学についての考察——"被遗忘的一九七九：台湾油症事件30年"（2010年）を中心に	金星	东亚汉学研究（特别号,2017,长崎）
近代学派论争之回响——钱锺书南北文学论之解构倾向	赖位政	东亚汉学研究（特别号,2017,长崎）
明代隋唐历史题材小说的文体探索	雷勇	东亚汉学研究（特别号,2017,长崎）
文化驱动与社会行为——浅析《新教伦理与资本主义精神》	李雪娇	东亚汉学研究（特别号,2017,长崎）
诗教与诗谏说的理论溯源	李宜蓬	东亚汉学研究（特别号,2017,长崎）
建国后新文学家的旧体诗写作转向	李仲凡	东亚汉学研究（特别号,2017,长崎）
狩野直喜于汉代公羊学的论述	连清吉	东亚汉学研究（特别号,2017,长崎）
贵族时代与平民社会——《三国演义》形成的文化历程	梁中效	东亚汉学研究（特别号,2017,长崎）
以"知行一贯结构"论《大学》古本首章"原义"——儒家"成德之学"世界化的反本探索	林碧玲	东亚汉学研究（特别号,2017,长崎）
一杯为品——《红楼梦》的茶文化	林素玟	东亚汉学研究（特别号,2017,长崎）
论《诗经》植物的药用价值及文化内涵	刘昌安	东亚汉学研究（特别号,2017,长崎）

续表

论文题目	作者	《东亚汉学研究》
华阴老腔剧本的语言特点	刘琨	东亚汉学研究(特别号,2017,长崎)
《说文解字》重文声符的异部变换与"合韵"论析	刘忠华	东亚汉学研究(特别号,2017,长崎)
《三国演义》中的说客及其游说艺术	罗晓芳	东亚汉学研究(特别号,2017,长崎)
王国维之"活文学"观刍议	孟伟	东亚汉学研究(特别号,2017,长崎)
《玉水物语》と"封三娘"の比较——影响关系にする有无の再检讨を中心	穆雪梅	东亚汉学研究(特别号,2017,长崎)
曹操形象在宋词中的接受研究	史秀洋	东亚汉学研究(特别号,2017,长崎)
法藏《华严经明法品内立三宝章》的佛性思想探讨	释天观	东亚汉学研究(特别号,2017,长崎)
祩宏《阿弥陀经疏钞》"通序大意"的譬喻所彰显的净业修行意涵	释养行	东亚汉学研究(特别号,2017,长崎)
《阅微草堂笔记》中的狐女形象	田于庭	东亚汉学研究(特别号,2017,长崎)
如其所是和自己而然——现代性视野下的主体范式	王保中	东亚汉学研究(特别号,2017,长崎)
韦庄在杜诗接收史上的位置——以《又玄集》为中心	王伟	东亚汉学研究(特别号,2017,长崎)
哲思与玄想:博尔赫斯对芝诺悖论的文学演绎	吴金涛	东亚汉学研究(特别号,2017,长崎)
陕西碑刻的文字学研究价值	吴敏霞	东亚汉学研究(特别号,2017,长崎)
竹添光鸿《论语会笺》研究	吴鹏	东亚汉学研究(特别号,2017,长崎)
陶渊明《咏贫士》等诗的美学诠释	吴幸姬	东亚汉学研究(特别号,2017,长崎)
中国建筑史回归"地域性"的可能进路:以泰顺蜈蚣木拱廊桥研究为例	萧百兴	东亚汉学研究(特别号,2017,长崎)
日本汉字音辅音与中古音声母及现代西安方言的对应关系	杨晓安	东亚汉学研究(特别号,2017,长崎)
以阴阳道之兴盛看唐代国教道教之式微	杨馨贤	东亚汉学研究(特别号,2017,长崎)
吴澄《道德真经注》的诠解向度——以"道德"为讨论中心	杨筑	东亚汉学研究(特别号,2017,长崎)
小学与新国学研究刍议	赵学清	东亚汉学研究(特别号,2017,长崎)
历代书目中对教育类文献的处置及思维	周彦文	东亚汉学研究(特别号,2017,长崎)

续表

论文题目	作者	《东亚汉学研究》
"三经义疏"与圣德太子佛教主张	庄兵	东亚汉学研究(特别号,2017,长崎)
井上哲次郎论伊藤仁斋在江户儒学史上的地位	陈凌弘	东亚汉学研究(特别号,2018,全州)
《文季》系列重探——以尉天聪为观察中心	戴华萱	东亚汉学研究(特别号,2018,全州)
地志书写与异族叙述:以魏濬《西事珥》《峤南琐记》为主的考察	范宜如	东亚汉学研究(特别号,2018,全州)
书院楹联之当代校园文化建构参与性研究——以鹅湖、信江书院为例	方云	东亚汉学研究(特别号,2018,全州)
白居易经行商州之因由及其商州诗之多维情怀与创作特色	付兴林	东亚汉学研究(特别号,2018,全州)
《文心雕龙》张华批评述论	高林广	东亚汉学研究(特别号,2018,全州)
唐代吴郡陆氏的迁徙流动	高淑君	东亚汉学研究(特别号,2018,全州)
论地理文化环境对陆游汉中诗风变迁之影响	宫臻祥	东亚汉学研究(特别号,2018,全州)
《西游记》中的妖魔修道叙述及其意涵	洪恩敬	东亚汉学研究(特别号,2018,全州)
喻鉴现世:论宋濂《燕书》的互文性书写	许逢仁	东亚汉学研究(特别号,2018,全州)
论日本汉学家白川静的《说文》研究及其影响	黄庭颀	东亚汉学研究(特别号,2018,全州)
大陆改革开放后文学批评对俄苏文学正典的接受与会通作用——以洪子诚和王晓明的论著为例	黄文倩	东亚汉学研究(特别号,2018,全州)
从商业思想浅谈韩非义利观	黄月	东亚汉学研究(特别号,2018,全州)
隋唐时期长安的戏剧类表演	贾三强	东亚汉学研究(特别号,2018,全州)
处实行权:唐玄宗《道德真经》注、疏的权实思想	江淑君	东亚汉学研究(特别号,2018,全州)
4차산업혁명시대의예술——이전에대한성찰과이후의대안모색	金炳基	东亚汉学研究(特别号,2018,全州)
翁方纲《与姬川郎中论何、李书》的渔洋话头	赖位政	东亚汉学研究(特别号,2018,全州)
中国高僧与书法文化窥探	李继凯	东亚汉学研究(特别号,2018,全州)

续表

论文题目	作者	《东亚汉学研究》
中国乡村振兴的乡贤——以河南兰考、陕西西乡、贵州普定三县为例	李锐	东亚汉学研究(特别号,2018,全州)
论王弘撰的金石学成就及影响	李向菲	东亚汉学研究(特别号,2018,全州)
"大闹":"热闹"的内在结构与文化编码	李永平	东亚汉学研究(特别号,2018,全州)
提纯与魅化:"红色经典"的"文""图"互动	李跃力	东亚汉学研究(特别号,2018,全州)
日原利国的公羊传侠勇论	连清吉	东亚汉学研究(特别号,2018,全州)
《金瓶梅》后二十回的叙事概念与指涉意义	林伟淑	东亚汉学研究(特别号,2018,全州)
流动的风景:民国中等国文教材中的巴金选篇	刘绪才	东亚汉学研究(特别号,2018,全州)
《朴通事谚解》와《朴通事新释谚解》중속어의사용오류분석——"狗有溅草之恩,马有垂缰之报"와"福不至万事难"을중심으로	刘禹	东亚汉学研究(特别号,2018,全州)
西王母与伴随的瑞兽珍禽——以明清《山海经》图像为例	鹿忆鹿	东亚汉学研究(特别号,2018,全州)
浅论辟谷的养生作用	马沂春	东亚汉学研究(特别号,2018,全州)
《熔裁》对留学生写作教学的启发及指导意义探究	马英骁	东亚汉学研究(特别号,2018,全州)
颐斋黄胤锡의佛教观과活动	朴顺哲	东亚汉学研究(特别号,2018,全州)
苏洵《名二子说》연구——顾名思义의作名来历과二子의"父训"수용양상을중심으로중심으로	朴晞娜	东亚汉学研究(特别号,2018,全州)
中国70后小说中的城乡流动书写初探	石晓枫	东亚汉学研究(特别号,2018,全州)
陕甘宁文人书画艺术	王奎	东亚汉学研究(特别号,2018,全州)
论蒙古史诗的文学治疗功能	王艳凤	东亚汉学研究(特别号,2018,全州)
汉语前辅音对一级元音的影响	杨航	东亚汉学研究(特别号,2018,全州)
韵律区别手段的同异与主次关系——以两例汉日韵律手段比较为例	杨晓安	东亚汉学研究(特别号,2018,全州)
论康海和王九思的自寿曲	张文利	东亚汉学研究(特别号,2018,全州)

续表

论文题目	作者	《东亚汉学研究》
"白话"影像与启蒙理念的视觉再现：一位第三世界现代主义者黎民伟的早期纪录片实践	张颖	东亚汉学研究（特别号，2018，全州）
词要清空：张炎《词源》的佛教思维	赵雄健	东亚汉学研究（特别号，2018，全州）
传统时期汉中两国의逐疫의에커니즘（mechanism）	郑元祉	东亚汉学研究（特别号，2018，全州）
"九七"前后香港女作家的家园意识——以西西、黄碧云为中心	郑贞	东亚汉学研究（特别号，2018，全州）
抗战时期郭沫若和茅盾的文化活动	钟海波	东亚汉学研究（特别号，2018，全州）
从"维权谈判"看论辩语境下的篇章话题结构	蔡宗翰	东亚汉学研究（特别号，2019，桂林）
人，不能真正逃出他的故乡——王鼎钧《左心房漩涡》的乡愁美学与艺术创作	程国君	东亚汉学研究（特别号，2019，桂林）
谢霜天《梅村心曲》的客家女性形象研究	戴华萱	东亚汉学研究（特别号，2019，桂林）
论量移忠州之于白居易的政治意义	付兴林	东亚汉学研究（特别号，2019，桂林）
20世纪80年代以后的日本宝卷研究俯瞰——以国会图书馆馆藏文献和日本知网文献为对象	何彬	东亚汉学研究（特别号，2019，桂林）
从逻辑的角度看汉语否定词位置偏误	何伟、王海燕	东亚汉学研究（特别号，2019，桂林）
歌与诗的交响——论夏宇诗词交错的爱情影像	黄培青	东亚汉学研究（特别号，2019，桂林）
解析电影《七月与安生》三大交错手法的改编策略	黄淑贞	东亚汉学研究（特别号，2019，桂林）
汉日并列结构顺序的制约因素	雷桂林	东亚汉学研究（特别号，2019，桂林）
美国与中国霍桑研究比较	李瑞春	东亚汉学研究（特别号，2019，桂林）
唐《于哲墓志》考释及所载民族边疆事发微	李胜振	东亚汉学研究（特别号，2019，桂林）
日原利国的公羊传王霸论	连清吉	东亚汉学研究（特别号，2019，桂林）

续表

论文题目	作者	《东亚汉学研究》
横浜、神户、长崎における中国狮子舞——伝承の実态とその役割	凉松育子	东亚汉学研究(特别号,2019,桂林)
再论网络语言的修辞特点	刘自晖	东亚汉学研究(特别号,2019,桂林)
桂台地缘网路文化认同测度调查报告	刘惠、王瑞琪、郑志发、罗婧	东亚汉学研究(特别号,2019,桂林)
"日本文化とは何ぞや"から内藤湖南の日本文化史论を探る	刘璐	东亚汉学研究(特别号,2019,桂林)
昭君故事演变及其文学情感价值论	刘伟	东亚汉学研究(特别号,2019,桂林)
论苏轼词中的空间叙事	罗浩春	东亚汉学研究(特别号,2019,桂林)
古文"字"字形义构建解析	吕亚虎	东亚汉学研究(特别号,2019,桂林)
"X里X气"构式研究	马沙木嘎	东亚汉学研究(特别号,2019,桂林)
美国在汉学传播中的影响和作用	马晓华	东亚汉学研究(特别号,2019,桂林)
1960年代农村干部的"阶级"话语	祁建民	东亚汉学研究(特别号,2019,桂林)
汉语味觉类词语的文化意义	邵英	东亚汉学研究(特别号,2019,桂林)
21世纪汉语课堂游戏教学法研究	石旭、俞燕君	东亚汉学研究(特别号,2019,桂林)
文化磨合视野中的"文学终结论"	孙旭	东亚汉学研究(特别号,2019,桂林)
史前南方地区陶器文字性符号研究	王晖	东亚汉学研究(特别号,2019,桂林)
汉水流域历史剧剧目初探	王建科	东亚汉学研究(特别号,2019,桂林)
西汉初期士不遇文学主题及士人遭遇探究	王璟	东亚汉学研究(特别号,2019,桂林)
从语言认同视角看闽南方言的海外传播	王曦	东亚汉学研究(特别号,2019,桂林)
魏晋南北朝时期华胡音乐交流及其机制	吴大顺	东亚汉学研究(特别号,2019,桂林)
《全清词》收录女性词勘误、补遗	徐梦	东亚汉学研究(特别号,2019,桂林)
东去的语脉(一)——关于日本近世黄檗宗唐音	杨春宇	东亚汉学研究(特别号,2019,桂林)
中国汉字与西方字母文字起源与认知差别研究	杨琳	东亚汉学研究(特别号,2019,桂林)
疑问副词"怎么"的时长变化与语义转换	杨晓安	东亚汉学研究(特别号,2019,桂林)
语言模因视域下的"佛系XX"流行现象	于乐琪	东亚汉学研究(特别号,2019,桂林)

续表

论文题目	作者	《东亚汉学研究》
中国语言资源保护视阈下省际毗邻区域方言研究	张璐	东亚汉学研究(特别号,2019,桂林)
孙一元及其《太白山人漫稿》版本考述	赵望秦	东亚汉学研究(特别号,2019,桂林)

跋
十年艰辛不寻常

顷奉继凯、晓安教授的微信大札,约我为刚刚编定的《东亚汉学研究学会十年集》作跋。十年了,岁月蹉跎,忽然而已,"东亚汉学研究学会"匆匆走过了十度春秋的风雨历程!十年前海内外几十位汉学家聚集陕西师范大学我所主持的国际汉学院成立学会的热烈气氛,还有此前我们几位热心同仁在日本长崎大学酝酿注册学会、出版学刊的激越亢奋,已然依稀如梦如烟,淡然散远。然而,学会十年来主编的十本厚厚的《东亚汉学研究》,学刊发表的数百篇研究论文,以及本册选编的几十篇佳作,却如史碑明鉴,卷卷在案,留下了一代东亚汉学学人的研究成果和文化遗产。

这是一个不同寻常的学会,这是一本不同凡响的学刊。世界各国热心东亚汉学研究的学者们每年聚会一次,在西安,在北京,在长崎,在台北,在澳门,在厦门,在札幌,在桂林,在名古屋。坚持"高端小型,学术至上,一会一地,一会一刊,风格独具"。严格要求与会者开会前一个月必须把完整的论文稿递交学刊主编们审查,并保证会前完成择优编排、正式出版,开会时与会者各执一册,确保研讨会深入研讨交流。每年还特别评选出青年学者研究论文予以奖励,以推后浪。这样逐步形成规约,坚持实行,对于推进学科前沿探索,提高学术会议效能,助力个人学术成长,均大有裨益,颇受嘉评。这是当今众多的专业学会大都难以做到的。究其因,首先在于对东亚汉学研究的文化自信和历史承担,在于对学术探索的严肃执着。当然,组织者、编辑者和论文作者的操守和坚持,亦功莫大焉,当肃然致敬。

时代变迁,每一个学术社团、学刊,都有自己的"发展时区",一如每个人有自己的人生"发展时区",有每代人特别的使命、担当、激情和局限。当我认真回眸凝视,十年间自己在国内外为东亚汉学倾情办会办刊的人文风景、活动细节,不免欣然陶醉。与那么多卓尔不群的专家学者相遇相知,与那么多朝气蓬勃的青年才俊交流分享,心里充溢着温馨、自豪和眷恋。东亚汉学研究是一个有着深厚历史传统和广泛开掘空间的学科,是一个大学科、宽口径的跨文化研究项目。它需要历史、哲学、宗教、经济、文学、语言文字、比较文化等多学科学人共同研究,需要各国汉学家合作探讨,更需要一代又一代学人不断耕耘。先行者十年的孜孜组织、研讨,开创先河,留下了浓墨重彩的一笔。在这个新的起点上,相信更年轻睿智的一代一定会继续努力,共襄盛举。愿我们的"学会"和"学刊"在第二个十年,取得更加丰硕的成果。

最后要郑重向具体负责编辑此书的马杰、王奎等同志表示衷心的感谢!也谢谢一直支持陕西师范大学人文社科高等研究院工作的学校学科建设处处长姚若侠教授和支持本书出版的高研院李胜振副院长,还要感谢陕西师范大学出版总社的倾力支持!我现在身居加拿大多伦多,在特殊岁月里,也顺祝大家包括读者诸君吉安如意、多福多乐!

陈学超

2020 年 7 月 20 日